von Kutschera · Ausgewählte Aufsätze

Franz von Kutschera

AUSGEWÄHLTE AUFSÄTZE

mentis
PADERBORN

Einbandabbildung: © Franz von Kutschera

Bibliografische Information Der Deutschen Bibliothek

Die Deutsche Bibliothek verzeichnet diese Publikation
in der Deutschen Nationalbibliografie; detaillierte
bibliografische Daten sind im Internet über
http://dnb.ddb.de abrufbar.

Gedruckt auf umweltfreundlichem, chlorfrei gebleichtem
und alterungsbeständigem Papier ∞ ISO 9706

© 2004 mentis Verlag GmbH
Schulze-Delitzsch-Straße 19, D-33100 Paderborn
www.mentis.de

Alle Rechte vorbehalten. Dieses Werk sowie einzelne Teile desselben sind urheberrechtlich geschützt.
Jede Verwertung in anderen als den gesetzlich zulässigen Fällen ist ohne vorherige Zustimmung des
Verlages nicht zulässig.

Printed in Germany
Einbandgestaltung: Anna Braungart, Regensburg
Satz: Rhema – Tim Doherty, Münster [ChH] (www.rhema-verlag.de)
Druck: AZ Druck und Datentechnik GmbH, Kempten
ISBN 3-89785-374-4

Inhalt

Einleitung 7

— 1 —
Freges Begründung der Analysis (1967) 19

— 2 —
Die Vollständigkeit des Systems von Negation,
Konjunktion, Adjunktion und Implikation
für die intuitionistische Aussagenlogik
im Rahmen der Gentzensemantik (1968) 31

— 3 —
Ein verallgemeinerter Widerlegungsbegriff
für Gentzenkalküle (1969) 47

— 4 —
Eine logische Analyse des
sprachwissenschaftlichen Feldbegriffs (1973) 63

— 5 —
Das Humesche Gesetz (1977) 77

— 6 —
Goodman über Induktion (1978) 91

— 7 —
Das Fragment 34 von Xenophanes und der Beginn
erkenntnistheoretischer Fragestellungen (1983) 111

— 8 —
Bewirken (1986) 123

— 9 —
Zwei modallogische Argumente für den
Determinismus: Aristoteles und Diodor (1986) 149

— 10 —
Ursachen (1993) 163

— 11 —
Sebastians Spaziergänge (1993) 189

— 12 —
Globale Supervenienz und Überzeugungen (1994) 203

— 13 —
Moralischer Realismus (1994) 213

— 14 —
Drei Versuche einer rationalen Begründung
der Ethik: Singer, Hare, Gewirth (1995) 231

— 15 —
Die Vollständigkeit einer T×W-Logik (1997) 251

— 16 —
Pragmatische Sprachauffassung, Bedeutungen
und semantische Antinomien (1998) 261

— 17 —
Teile von Ideen in Platons ‚Parmenides' (1998) 273

— 18 —
Was ist eine Menge? (2001) 293

— 19 —
Intervenierende Beobachtungen
und die Quantenmechanik (2003) 303

— 20 —
Jenseits des Materialismus (2003) 323

— 21 —
Philosophie und die Wissenschaften (1998) 339

Verzeichnis meiner Schriften 351

Einleitung

Die in diesem Band vereinten Aufsätze befassen sich mit Themen aus ganz verschiedenen philosophischen Teildisziplinen. Ich habe sie nicht nach Gesichtspunkten inhaltlichen Zusammenhangs oder der Repräsentativität für meine Arbeit ausgewählt – manche meiner Arbeitsgebiete wie Ästhetik oder Religionsphilosophie sind gar nicht vertreten –, sondern allein unter dem Aspekt, daß sie sich mit über den Tag hinaus wichtigen Themen befassen und dazu, wie ich auch im Rückblick glaube, nützliche Beiträge liefern. Ich will das zunächst kurz erläutern, indem ich sage, worum es in den einzelnen Aufsätzen geht.

1

Dieser Aufsatz enthält die erste Darstellung von Gottlob Freges Begründung der Theorie der reellen Zahlen. Von seiner *Begriffsschrift* von 1879 an war es das Ziel Freges, die Mathematik inhaltlich überzeugend und formal solide zu begründen. Sein Hauptwerk, das den krönenden Abschluß seiner Bemühungen bringen sollte, waren die *Grundgesetze der Arithmetik*. Deren erster Band von 1893 enthält die Grundlagen der Arithmetik, der zweite von 1903 im wesentlichen jene der Theorie der reellen Zahlen. Während der erste Band bei den Interpreten breite Beachtung fand, blieb der zweite lange Zeit völlig unbeachtet, obwohl auch er interessante und originelle Ideen enthält. Mein Aufsatz dazu ist die erste Interpretation des zweiten Bandes des Fregeschen Hauptwerkes überhaupt.

2

Im zweiten Aufsatz wird die Vollständigkeit des Operatorensystems der intuitionistischen Aussagenlogik im Rahmen einer konstruktiven Semantik bewiesen. Dieser Nachweis ist für die Brauchbarkeit der intuitionistischen Logik unverzichtbar. Kurz vorher war sie zum ersten Mal von K. Lorenz bewiesen worden, jedoch im Rahmen einer spieltheoretischen Semantik, von der her die intuitionistische Logik nicht gegenüber der klassischen ausgezeichnet ist. Die Semantik, die ich verwende, unterscheidet sich grundlegend von der üblichen mengentheoretischen Semantik. Während dort beliebige, auch konstruktiv undefinierte Wahrheitswertzuordnungen zu den Sätzen der ausslagenlogischen Sprache betrachtet werden, mit denen dann der Begriff des gültigen Schlusses erklärt wird, gehe ich, in Verallgemeinerung von Ideen von H. B. Curry und P. Lorenzen, von Schlüssen aus und charakterisiere Sätze dadurch semantisch, daß ich angebe, aus welchen anderen Sätzen sie folgen und was aus ihnen folgt. Die gültigen Schlüsse sind dabei jene, die sich in einem Kalkül beweisen lassen. Die Verallgemeinerung dieser Idee besteht darin, daß nicht nur Folgerungsbeziehungen zwischen Sätzen betrachtet werden, sondern auch solche zwischen Schlüssen. Dieser generelle Rahmen für die Einführung von logischen Operatoren wird als „Gentzensemantik" bezeichnet. Diese Semantik ist in einem sehr viel strikteren Sinn „konstruktiv" zu nennen als die spieltheoretische Semantik.

3

Im dritten Aufsatz wird diese Gentzensemantik dadurch verallgemeinert, daß nicht nur Folgerungsbeziehungen betrachtet werden, die Wahrheit vererben, sondern auch solche, die Falschheit vererben. Es werden also bedingte Zuordnungen von beiden Wahrheitswerten der Form betrachtet: „Sind die Sätze $A_1, A_2, ..., A_m$ wahr und die Sätze $B_1, B_2, ..., B_n$ falsch, so ist der Satz C wahr (bzw. falsch)." In diesem Rahmen ist nun nicht mehr die intuitionistische Aussagenlogik ausgezeichnet, sondern zunächst eine „direkte", in der es keine indirekten Schlußweisen gibt, oder aber – bei symmetrischen Zusammenhängen zwischen Wahrheits- und Falschheitszuordnungen – die klassische. Die intuitionistische und eine antiintuitionistische, zur intuitionistischen gleichsam duale Logik ergeben sich bei asymmetrischen Zusammenhängen zwischen Wahrheits- und Falschheitszuordnungen. Der Rahmen erweist sich so als hinreichend allgemein für einen Vergleich unterschiedlicher Logiksysteme. Für sie werden auch äquivalente Formelkalküle angegeben, und es wird die Vollständigkeit von Operatorensystemen bewiesen. Die Überlegungen in diesem Aufsatz habe ich noch einmal im ersten Teil meines Buches *Der Satz vom ausgeschlossenen Dritten* (**B11**)[1] aufgenommen und ergänzt. Da es dabei aber nur um konstruktive Wahrheitswertzuordnungen geht, ist der Ansatz auf die elementare Logik beschränkt. Für Systeme der höheren Prädikatenlogik oder der Mengenlehre ist ein Konstruktivismus auf sprachlicher Ebene zu eng. Spätestens hier muß man zu einem Konstruktivismus auf der Sachebene

---

[1] Die Hinweise **A**... und **B**... beziehen sich auf das Verzeichnis meiner Schriften am Ende des Buches. **A12** ist der Aufsatz mit der Nr. 12, **B11** das Buch mit der Nr. 11.

übergehen, zu einem Konstruktivismus bzgl. abstrakter Objekte wie Mengen, Begriffe und Propositionen. Wie der im Fall der Mengenlehre aussehen kann, wird im Aufsatz Nr. 18 geschildert. Die in den Aufsätzen 2 und 3 entwickelte Semantik führt zu Wahrheitswertlücken, d. h. zu Sätzen, die weder wahr noch falsch sind, und damit zur Aufgabe des Satzes vom ausgeschlossenen Dritten. Mit solchen Wahrheitswertlücken, die in der normalen Sprache eine große Rolle spielen, befaßt sich, von einer mengentheoretischen Semantik her, auch der Aufsatz **A36**.

4

Der vierte Aufsatz war ursprünglich ein Vortrag, den ich am 15.11.1971 auf einer Leibniz-Tagung in Hannover gehalten habe. Darin gebe ich nicht nur ein einfaches logisches Modell für sprachliche Felder an, sondern analysiere auch Typenbegriffe. Der Aufsatz führt darüber hinaus auf Probleme der Klassifikation und auf die damals – und, soweit mir bekannt ist, auch heute – noch ungelöste Frage der Metrisierbarkeit von Ähnlichkeitssystemen, auf die ich im Nachwort kurz eingehe.

5

Hume moniert, daß in ethischen Erörterungen oft ohne weitere Begründung von Tatsachenaussagen „Dies ist so" zu normativen Aussagen „Dies soll so sein" übergegangen wird, und meint, das ließe sich wohl kaum rechtfertigen. Daraus ist das „Humesche Gesetz" geworden, daß man aus Tatsachen nicht auf Normen schließen kann. Angesichts seiner enormen Bedeutung für die ethische Grundlagendiskussion ist es erstaunlich, daß sich lange Zeit niemand um seine Begründung gekümmert hat. Das habe ich zuerst, nur ganz skizzenhaft, in **B7** getan und dann ausführlich im fünften Aufsatz dieser Sammlung. Ihm sind bald andere Arbeiten gefolgt, wie Stuhlmann-Laeisz' *Das Sein-Sollen-Problem* (1983) und Schurz' *The Is-Ought Problem* (1997), in denen die Überlegungen auf reichere Sprachen ausgedehnt werden.

6

Bis in die 80er Jahre des 20. Jahrhunderts war das Induktionsproblem eines der am meisten diskutierten Probleme der anlytischen Philosophie. Man akzeptierte Humes Einsicht, daß sich induktive Schlüsse nicht rechtfertigen lassen, aber damit endete die Gemeinsamkeit auch schon. Während Karl Popper induktive Argumente generell verwarf und nicht an die Begründbarkeit genereller Hypothesen glaubte, sondern nur an ihre Falsifizierbarkeit, rechtfertige Bruno de Finetti induktive Prinzipien im Rahmen der von ihm entwickelten subjektiven Wahrscheinlichkeitstheorie, freilich nur unter gewissen Voraussetzungen über die Ausgangswahrscheinlichkeiten. Da seine Gedanken nur langsam Verbreitung fanden, konnte Rudolf Carnap seine induktive Logik weitgehend unabhängig entwickeln, obwohl man sie am besten im Rahmen der subjektiven Wahrtscheinlichkeitstheorie interpretiert. Carnap hat auch versucht, die Voraussetzungen von Finettis Induktionsprinzipien als Rationalitätsbedingungen für Anfangswahrscheinlichkeiten auszuweisen und so zu rechtfertigen. Goodmans wichtiger Beitrag zur Diskussion bestand in seinem „neuen Rätsel der Induktion", in dem er zeigte, daß die induktiven Prinzipien, die Hume betrachtete, gar nicht allgemein gelten können, ohne in Widersprüche zu führen. Das hatte, wie andere erkannten, auch Konsequenzen für Carnaps Überlegungen und zeigte, daß sich die Finettischen Voraussetzungen induktiven Schließens nicht alle als allgemeine Rationalitätsforderungen ansehen lassen. Goodmans zweiter Beitrag zur Diskussion bestand in seiner damals viel beachteten Projektierbarkeitstheorie, mit der er sein neues Rätsel der Induktion lösen wollte. Dieser Versuch ist gescheitert, und das festzustellen, ist das Hauptanliegen des sechsten Aufsatzes dieser Sammlung. Heute spielt Goodmans Projektierbarkeitstheorie schon lange keine Rolle mehr, und daher ist das von größerem Interesse, was der Aufsatz zur Einordnung der Goodmanschen Gedanken in den Rahmen der gesamten Erörterung des Induktionsproblems sagt und zum Ergebnis dieser Erörterung, denn darüber ist man seither nicht hinausgekommen.

7

Der siebte hier abgedruckte Aufsatz war ein Vortrag, den ich auf dem 7. Wittgensteinkongreß in Kirchberg a.W. vom 22. bis 29.8.1982 gehalten habe. Darin geht es um den ersten erkenntnistheoretischen Text, der uns aus der Antike überliefert ist. Der Aufsatz war der erste einer Reihe von Arbeiten, in denen ich mich mit antiken Texten befaßt und ihre Gedanken mit moderner Begrifflichkeit so analysiert habe, daß ihre Aktualität deutlich wird. Das ist solange nicht unhistorisch, als man sich bewußt bleibt, daß die Autoren oft nicht über die Begriffe verfügt haben, mit denen wir ihre Ideen interpretieren. Es ist aber notwendig, um diese Ideen wiederzubeleben und für die gegenwärtige Diskussion fruchtbar zu machen. Mit dem Problem von Xenophanes schlagen sich Erkenntnistheoretiker bis heute herum: Da Überzeugungen sich als falsch erweisen können und Urteile über ihre Richtigkeit sich auf andere Überzeugungen stützen, kommen wir nie über Meinungen hinaus und können unserer Wissensansprüche nie sicher sein.

8

Der achte Aufsatz *Bewirken* baut auf einer früheren Arbeit, **A28**, zur Handlungslogik auf, der wiederum Ideen generalisiert, die zuerst von L. Aquist in *A new approach to the logical theory of action and causality* (1974) entwickelt worden sind. Als Rahmen wird eine Kombination von Zeit- und Modallogik entwickelt – auch das war 1984, als ich den Aufsatz einreichte, eine neue Sache, denn R. H. Thomasons *Combinations of tense and modality* (in D. Gabbay und F. Guenthner (Hrsg.): *Handbook of Philosophical Logic*, 2. Bd., Dordrecht 1984) war noch nicht erschienen. In diesem Rahmen werden verschiene Typen von Propositionen unterschieden – ich rede von Ereignissen, Zuständen, Vorgängen und Prozessen – und dann handlungstheoretische Begriffe bestimmt wie Bewirken, Verhindern, Bewirkenkönnen, Verhindernkönnen, Zulassen und Unterlassen. Die Erörterung bewegt sich auf semantischer Ebene, denn damals verfügt man ja nicht einmal für die kombinierte Zeit- und Modallogik über beweisbar adäquate Kalküle. Zur Darstellung dessen, was Agenten tun können, wird der Rahmen um Mengen von Alternativen für jeden Agenten und jeden Weltzustand erweitert. Die Arbeit, auf Deutsch veröffentlicht, fand zunächst kein Echo. Beachtung fand sie erst, als Nuel Belnap in einer Reihe von Arbeiten seit 1989 unabhängig von mir genau den gleichen Ansatz machte, vgl. N. Belnap und M. Perloff „Seeing to it that: a canonical form for agentives", *Theoria* 54 (1989), 175–199, und N. Belnap „Before refraining", *Erkenntnis* 34 (1991), 137–169. Seitdem wurde er in zahlreichen Arbeiten weiter verfolgt. Der Aufsatz stellte damals also so etwas wie eine Pioniertat auf dem Gebiet der logischen Analyse von Handlungsbegriffen dar.

9

Der Aufsatz zum Meisterargument und zum Problem der morgigen Seeschlacht von Aristoteles enthält die, soweit ich sehe, erste brauchbare Lösung der beiden Probleme, die in der Antike so große Bedeutung hatten. Er belegt zweitens die Nützlichkeit einer Kombination von Zeit- und Modallogik, die damals, wie gerade schon betont wurde, erst im Entstehen war. Über die neuere Diskussion der beiden Probleme informiert Richard Gaskin in *The Sea Battle and the Master Argument* (Berlin 1995).

10

Die drei heute bekanntesten Theorien der Kausalität, die Regularitätstheorie, die Wahrscheinlichkeitstheorie nach P. Suppes und die Theorie von J. Mackie und D. Lewis, nach der die Ursache ein Ereignis ist, ohne das die Wirkung nicht eintreten würde, gehen in ihren Grundgedanken auf Hume zurück. Die modale Theorie, die im Aufsatz das erste Mal in brauchbarer Form entwickelt worden ist, geht hingegen hinter Hume zurück, denn sie war es, die er mit der Bemerkung kritisierte, Notwendigkeiten ließen sich empirisch nicht feststellen. Ich betone, daß die Verwendung von Kausalaussagen im Alltag und in den Wissenschaften unterschiedlichen Intuitionen folgt, die sich kaum durch ein einziges präzises Konzept erfassen lassen. Im Aufsatz geht es mir denn auch nur um den Begriff der Erstursache, und ich bestimme die Erstursache eines Ereignisses als jenes Ereignis, dessen Eintreten zuerst garantiert hat, daß auch die Wirkung eintreten würde. Diese Konzeption der Ereigniskausalität wird mit der im Aufsatz Nr. 8 entwickelten Vorstellung der Agenskausalität verglichen, und es werden im gleichen semantischen Rahmen auch Konditionale interpretiert, mit deren Hilfe sich notwendige Bedingungen für das Eintreten der Wirkung angeben und von Ursachen unterscheiden lassen – eine Unterscheidung von Ursachen und notwendigen Bedingungen für die Wirkung hat schon Platon gefordert.

11

Sebastians Spaziergänge sind ein Beispiel, an dem Donald Davidson Ereignisse diskutiert hat. Davidson hat in mehreren Aufsätzen seit 1967, die in seinen *Essays on Actions and Events* (Oxford 1980) abgedruckt sind, das Problem des ontologischen Status von Ereignissen in die Diskussion gebracht. Wir unterscheiden normalerweise Objekte, Attribute (oder Begriffe) und Sachverhalte (oder Propositionen) als Grundkategorien. Die Frage ist jedoch, ob man Ereignisse in diese Katergorien einordnen kann, oder ob man sie, wie Davidson meinte, einer eigenen Kategorie zuordnen muß. Mit Richard Montague und David Lewis plädiere ich für eine Auffassung von Ereignissen als Sachverhalten. Die eigentliche Schwierigkeit bei diesem Ansatz ist die Behandlung sogenannter „grobkörniger Ereignisse". Caesars Ermordung ist z.B. identisch mit Brutus' Verbrechen, obwohl die Sätze „Caesar wird ermordet" und „Brutus begeht ein Verbrechen" ganz verschiedene Sachverhalte ausdrücken. In meinem Aufsatz mache ich einen Vorschlag für die Behandlung solcher grobkörniger Ereignisse.

12

Der Materialismus ist so etwas wie die offizielle Doktrin unserer Tage. Er gilt zudem weithin als ein Standard der Rationalität, so daß Argumente gegen ihn kaum mehr ernst genommen werden. Ich habe mich trotzdem mehrfach ausführlich mit ihm auseinandergesetzt, vor allem in **B15** und **B20**. Der Aufsatz argumentiert so: Hätte der Materialismus recht, so müßten unsere Überzeugungen zumindest global supervenient sein bzgl. physikalischer Sachverhalte, d.h. jedem Unterschied in den Überzeugungen müßte auch ein Unterschied in den physikalsichen Sachverhalten entsprechen, insbesondere in den neurophysiologischen Zuständen der entsprechenden Personen. Eine solche Supervenienz kann aber aus Dimensionsgründen nicht bestehen, weil es zu jeder Menge physikalischer Sachverhalte eine weit größere Menge von Überzeugungen bzgl. dieser Sachverhalte gibt. Selbst die Annahme, daß die Supervenienz nur für jene Welten gilt, in welchen dieselben Naturgesetze gelten wie in unserer Welt, hat absurde Folgen, etwa die, daß jeder, für den es für jeden möglichen physikalischen Sachverhalt analytisch möglich ist, daß er diesen Sachverhalt glaubt, aus naturgesetzlichen Gründen allwissend sein muß. Wenn Materialisten sich mit derart massiven Einwänden nicht auseinandersetzen, sind sie nicht Bannerträger der Rationalität, sondern der Irrationalität.

13

Der grundsätzlichste Unterschied zwischen den gegenwärtigen Theorien der Ethik ist der zwischen realistischen und subjektivistischen Theorien. Der moralische Realismus behauptet, daß es objektive, von unseren Präferenzen und sozialen Konventionen unabhängige moralische Tatsachen gibt, Werttatsachen ebenso wie normative Tatsachen. Der Subjektivismus bestreitet das. Für ihn ergibt sich der moralische Wert eines Zustands oder Vorgangs aus den subjektiven Interessen der davon Betroffenen, während normative Tatsachen wie Gebote, Verbote und Erlaubnisse lediglich aufgrund sozialer Konventionen bestehen. Während der Subjektivismus heute so etwas wie eine offizielle Doktrin ist, wird der moralische Realismus nur von wenigen Autoren vertreten. Ich sage in meinem Aufsatz etwas zu seiner Verteidigung und mache insbesondere deutlich, daß eine Ethik, die ihre traditionelle Aufgabe erfüllt und uns sagt, was wir tun sollen, nur im realistischen Rahmen möglich ist. Man kann daher heute die Rehabilitation des Realismus als wichtigste Aufgabe der Ethik bezeichnen. Ich betone aber, daß die Kontroverse zwischen Realismus und Subjektivismus so tief geht, daß eine argumentative Entscheidung, die auch der Unterlegene nach seinen eigenen Voraussetzungen akzeptieren müßte, kaum möglich ist.

14

Kants Projekt einer rein rationalen Begründung der Ethik ist in der zweiten Hälfte des 20. Jahhunderts vor allem von drei Autoren wieder aufgenommen worden, von Marcus Singer, Richard Hare und Alan Gewirth. Ihre Ansätze sind miteinander verwandt, da sie alle drei vom Prinzip der Universalisierbarkeit ausgehen, das sich für sie aus der Inferentialität moralischer Urteile ergibt und damit analytischen Charakter haben soll. Die Bedeutung einer rationaler Begründung ethischer Prinzipien ergibt sich erstens daraus, daß sie ihnen Objektivität in dem Sinn sichern würde, daß jeder rational Urteilende sie anerkennen müßte, zweitens aber auch aus der gegenwärtigen Situation der Ethik, in der man sich einerseits weithin weigert, objektive, materiale moralische Tatsachen anzuerkennen, andererseits aber doch deutlich wird, daß subjektive Präferenzen nicht zu objektiven Normen führen können. Die drei Ansätze werden verglichen und kritisiert. Die Kritik ergibt sich dabei unmittelbar aus der logischen Rekonstruktion, die argumentative Lücken deutlich werden läßt. Das negative Gesamtergebnis kann nicht überraschen, da nach dem Humeschen Gesetz aus analytischen Wahrheiten keine substantiellen moralischen Prinzipien folgen können.

15

Die T×W-Logik ist eine Kombination von Zeit- und Modallogik, und zwar eine Logik für alternative Weltgeschichten, denen allen dieselbe Zeitordnung zugrunde liegt. Ich habe schon bei den Aufsätzen 8, 9, 10 und 11 darauf hingewiesen, daß diese Logik die Grundlage für viele philosophisch bedeutende Begriffsbildungen und Prinzipien ist. Nachdem die Semantik dieser Logik von R.H.Thomason u.a. angegeben worden war, fehlte noch eine passende Axiomatisierung, und diese Lücke hat dieser Aufsatz geschlossen. Es gab vorher Vollständigkeitsbeweise für Weltgeschichten mit verschiedenen Zeitordnungen, insbesondere in kontrafaktischen Aussagen setzen wir jedoch dieselbe Zeitordnung voraus und machen z.B. Aussagen wie: „Wäre das Attentat auf Hitler am 20. Juli gelungen, so hätte der Krieg nicht drei Monate später deutsches Gebiet erreicht."

16

Dies ist der Text eines Vortrages, den ich auf der Wittgenstein-Tagung im August 1997 in Kirchberg a.W. gehalten habe. In ihm stelle ich dem realistischen Parasdigma der Semantik ein pragmatisches gegenüber, nach dem Sprache nicht als

Darstellungsmittel für eine von ihr unabhängige Realität, für eine vorgegebene Welt von Objekten, Begriffen und Propositionen, verstanden wird, sondern als die Form, in der sich unser Denken bildet und vollzieht. Der für eine Sprache evidentermaßen unverzichtbare konstruktive Aufbau überträgt sich damit auf die Welt der Begriffe, Propositionen und abstrakten Objekte und führt zu einer konzeptualistischen Auffassung von ihnen. Ich versuche zu zeigen, daß dieser Ansatz dem Phänomen der Offenheit der Bedeutungen besser gerecht wird als der realistische, und daß er einen intuitiv befriedigenden Ausweg aus den semantischen Antinomien weist.

17

Dies ist der Text eines Vortrages, den ich am 9.6.1994 an der Universität Salzburg gehalten habe, und die Vorlage der englischen Übersetzung in *Philosophiegeschichte und logische Analyse*. Ich referiere die Grundgedanken meiner Arbeit über Platons *Parmenides* (**B16**), ohne den in diesem Fall erheblichen philologischen Aufwand, der für eine gründliche Darstellung unverzichtbar ist. Der *Parmenides* ist in seinem längeren, zweiten Teil jener Dialog Platons, der dem Verständnis die größten Schwierigkeiten bereitet. Ich deute die Übung, die der alte Parmenides hier dem jungen Sokrates vorführt, als eine logische Übung, in der es um eine neu entwickelte mereologische Logik von Begriffsverhältnissen geht. Diese Deutung ist kühn und wegen der komplexen Struktur der Erörterung auch schwer zu belegen, sie bringt aber Licht in jenes Meer von Unsinn, als das der zweite Teil bisher denen erschienen ist, die logischen Unsinn zu erkennen überhaupt in der Lage sind.

18

In dieser Arbeit wird der Konzeptualismus, für den ich im Aufsatz Nr. 16 plädiert habe, für die Mengenlehre ausgeführt; sie ist also eine Ergänzung zu 16. Ich gehe der Frage nach, wie sich der klassische Begriff einer Menge als Umfang eines Begriffs so reformieren läßt, daß er einerseits nichts von seiner intuitiven Klarheit verliert und sich die Axiome der Mengenlehre weiterhin direkt aus ihm ergeben, während andererseits doch die mengentheoretischen Widersprüche der klassischen Mengenlehre verschwinden. Meine Antwort ist: Am klassischen Begriff kann man festhalten, man muß nur den klassischen Begriffsrealismus aufgeben und zu einem konzeptualistischen Verständnis von Begriffen und ihren Umfängen übergehen. Der Vortrag wurde auf der Tagung des Seminars für Logik und Grundlagenforschung in Bonn gehalten, die vom 7. bis 10.10.1998 anläßlich Freges 150. Geburtstag stattfand.

19

1932 erschien das Buch *Mathematische Grundlagen der Quantenmechanik* von Johann von Neumann, das die Quantenmechanik zu einem ersten Abschluß brachte, die Werner Heisenberg, Erwin Schrödinger und andere seit der Mitte der 20er Jahre entwickelt hatten. Seitdem versucht man, diese Theorie, die sich von allen klassischen physikalischen Theorien grundlegend unterscheidet, auch intuitiv zu verstehen und einzusehen, woher diese tiefgreifenden Unterschiede kommen. Während sich die Quantenmechanik als physikalische Theorie als überaus erfolgreich erwies und sich in unzähligen Anwendungen glänzend bestätigte, kam man mit ihrem Verständnis in diesen 70 Jahren trotz abenteuerlichster Interpretationsansätze keinen Schritt voran. Die Spezialisten sehen die Bemühungen naturgemäß nicht so negativ, fest steht aber doch, daß alle diese Ansätze Minderheitsmeinungen geblieben sind. Mein Aufsatz zur Quantenmechanik ist ein weiterer Versuch, zu einem Verständnis zu kommen. Ich befasse mich darin mit der klassischen Quantentheorie, wie sie in v. Neumanns Buch dargestellt ist, und gehe von Gedanken aus, die Heisenberg schon früh in den Mittelpunkt seiner Überlegungen gestellt hat, daß sich nämlich der Geltungsbereich der Quantenmechanik dadurch auszeichnet, daß alle Beobachtungen mit Störungen der beobachteten Systeme verbunden sind. Beobachtungen sind also Interventionen, und daraus, so versuche ich zu zeigen, ergibt sich bereits eine sehr einfache Interpretation der Quantentheorie, wenn man diesen Gedanken nur systematisch verfolgt. Ich habe diese Gedanken Ende Mai 2003 in München auf dem Symposium zum Gedenken an Wolfgang Stegmüller vorgetragen.

20

Das ist der Text eines Vortrages, den ich im November 2003 in Münster im Rahmen der Münsteraner Vorlesungen zur Philosophie gehalten habe. In ihm sind die zentralen Gedanken zur Widerlegung des Materialismus und zum Aufweis einer brauchbaren dualistischen Alternative aus **B20** zusammengefaßt.

21

Der letzte Aufsatz ist der Text meiner Abschiedsvorlesung, die ich am 19.2.1998 an der Universität Regensburg gehalten habe.

Gern hätte ich auch einen Aufsatz oder Vortrag zum Thema „Kunst und Erkenntnis", zu meiner These vom kognitiven Wert von Kunst, in diese Sammlung aufgenommen. Als ich 1988 mein Buch zur Ästhetik (**B12**) veröffentlichte, wurde dieser Wert in der Literatur weithin übersehen. Erst in den letzten Jahren findet er endlich wieder Aufmerksamkeit, wird jedoch nach meiner Auffassung oft nicht richtig analysiert. Da man die These im Fall der Bildenden Kunst jedoch schlecht ohne Abbildungen plausibel machen kann, und Abbildungen nicht in den Rahmen dieser Aufsatzsammlung passen, muß ich dazu neben **B12** auf **A76** verweisen.

Die Aufsätze sind nach Erscheinungsjahren geordnet, nicht nach Sachgebieten.[2] Zur formalen Logik gehören die Aufsätze mit den Nummern 2, 3 und 18. Sie sind insofern inhaltlich miteinander verwandt, als sie von Gedanken zu einer konstruktiven Semantik zu Ideen zu einer konstruktiven Ontologie im Bereich abstrakter Objekte führen. Zur Philosophischen Logik zählen die Aufsätze 8, 10 und 15. Auch sie sind thematisch verwandt, da sich verzweigende Weltgeschichten ihren gemeinsamen Rahmen bilden. Die Brücke zur *Ethik* schlägt der Aufsatz 5, eine philosophisch-logische Untersuchung zu einem wichtigen Thema der Ethik. Zur Ethik gehören daneben die Aufsätze 13 und 14. Die Aufsätze 4 und 16 zählen zur Sprachphilosophie, der letzteren liegen aber ähnlich Gedanken zugrunde wie dem mengentheoretischen Aufsatz 18. Zur Wissenschaftstheorie gehören die Aufsätze 6 und 19, eigentlich auch 8 und 10, weil es dort um Kausalität geht; wegen ihres vorwiegend logischen Charakters habe ich diese beiden Aufsätze aber zur Philosophischen Logik gerechnet. Zur Ontologie zählt der Aufsatz 11 über Ereignisse, zur Metaphysik das Argument gegen den Materialismus in 12 und die Skizze des polaren Dualismus in 20. Zur Geschichte von Logik und Philosophie gehören endlich die Aufsätze 1, 7, 9 und 17.

Über den Erscheinungsort der Aufsätze informiert das Schriftenverzeichnis am Ende des Buches. Einige von ihnen habe ich für diese Sammlung ins Deutsche übersetzt. Manchen Aufsätzen habe ich ein kurzes Nachwort beigefügt, in dem auf neue Literatur zum Thema hingewiesen wird oder etwas an meinen Ausführungen verbessert oder zu ihnen hinzugefügt wird.

Manche der hier vereinten Aufsätze sind in Logik-Zeitschriften erschienen, andere in Zeitschriften wie der *Erkenntnis*, bei deren Lesern ich die Kenntnis

---

[2] Die Erscheinungsjahre hinken allerdings gelegentlich erheblich hinter dem Zeitpunkt her, zu dem die Texte vorgetragen wurden, so ist z.B. die Nr. 14 1995 veröffentlicht, aber 1990 vorgetragen worden.

logischer Symbole voraussetzen konnte. Auch bei anderen Erscheinungsorten habe ich aber solche Symbole aus heutiger Sicht erstaunlich unbefangen benützt. Meine Entschuldigung ist, daß diese Aufsätze in jenen goldenen Jahren entstanden sind, in denen man noch nicht glaubte, den Lesern prinzipiell logischen Analphabethismus unterstellen zu müssen. Die logische Symbolsprache ist dazu erfunden worden, Gedanken möglichst klar und übersichtlich darzustellen, und daher habe ich oft auch dort von ihr Gebrauch gemacht, wo es nicht um im engeren Sinn logische oder mathematische Themen geht. Wer mit den verwendeten Symbolen nicht vertraut ist, kann ein Lehrbuch der elementaren Logik zu Rate ziehen, z. B. mein **B4**.

Herrn Dr. Michael Kienecker vom mentis Verlag danke ich für die wiederum gute und vertrauensvolle Zusammenarbeit bei der Redaktion dieses Bandes.

1
Freges Begründung der Analysis

Im zweiten Band seines Haupwerkes, der *Grundgesetze der Arithmetik*, Jena 1903, hat Gottlob Frege seine Begründung der Analysis formuliert, die bisher nur wenig Beachtung gefunden hat. Da eine exakte Definition der reellen Zahlen vor Frege schon von Weierstraß, Dedekind und Cantor angegeben worden war, fand Frege in diesem Punkt nicht das gleiche Interesse wie bzgl. seiner Begründung von Logik und Arithmetik. Zudem hat Frege in den *Grundgesetzen* seinen Ansatz zur Definition der reellen Zahlen nicht vollständig durchgeführt. Er plante wohl einen dritten Band dieses Werkes, der jedoch nicht erschien, da die Grundlagen des Fregeschen Systems durch die Entdeckung der Antinomie von Russell im Jahre 1902 erschüttert wurden. Davon gibt der Anhang zum zweiten Band der *Grundgesetze* Zeugnis. Immerhin enthält dieser Band aber ein so fest umrissenes Programm der Begründung der Analysis, daß es keine Schwierigkeiten macht, Freges Gedanken zu Ende zu führen. Da diese Gedanken sich schon in ihrem ersten Ansatz von den heute üblichen Konstruktionen unterscheiden, können sie neben dem historischen auch ein gewisses systematisches Interesse beanspruchen. Der leichteren Verständlichkeit wegen wollen wir ihrer Darstellung im folgenden die moderne Begriffsbildung und Symbolik zugrunde legen. Die dadurch bedingten inhaltlichen Abweichungen von den Definitionen Freges sind jedoch nur unwesentlich. Der Rahmen der Darstellung ist naturgemäß die klassische (naive) Mengenlehre, wie sie von Frege verwendet wurde.

1

Üblicherweise definiert man in der Mengenlehre die natürlichen Zahlen ohne Bezugnahme auf ihre Anwendung zum Zählen. Die Definition nach v. Neumann lautet etwa[1]:

$0 := \emptyset$ – die Null wird mit der leeren Menge identifiziert,

$x' := x \cup \{x\}$ – der Nachfolger von x ist die Vereinigung von x mit der Einermenge aus x,

---

[1] J. v. Neumann: Eine Axiomatisierung der Mengenlehre. *J. f. Math.* 154, 1925, S. 219–240.

$N := \lambda x \, \forall y \, (I(y) \to x \in y)$, wobei man setzt $I(y) := 0 \in y \wedge \forall z(z \in y \to z' \in y)$ – die Menge der natürlichen Zahlen ist der Durchschnitt aller induktiven Klassen.

Wenn man die so definierten Zahlen zum Zählen der Elemente einer endlichen Menge verwenden will, so muß man zusätzlich noch den Begriff der Gleichmächtigkeit von Mengen einführen – symbolisch $x \sim y$ – und kann dann setzen:

$A(x) := \iota y (y \in N \wedge y \sim x)$ – die Anzahl einer endlichen Menge x ist diejenige natürliche Zahl, die mit x gleichmächtig ist.

2

Ebenso definiert man üblicherweise die reellen Zahlen ohne Bezugnahme auf ihre Verwendung zum Messen von Größen: von Längen, Kräften, Geschwindigkeiten usw. Man kann etwa – Frege bezieht sich auf diese Darstellung [161][2] – die reellen Zahlen definieren als geordnete Paare $\langle m, M \rangle$, gebildet aus einer ganzen Zahl m und einer unendlichen Menge M von natürlichen Zahlen mit Ausschluß der 0. Die Möglichkeit dieser Darstellung erhellt aus der eindeutigen Darstellbarkeit aller reellen Zahlen in der Form $m + \sum_{i=1}^{\infty} \frac{c_i^M}{2^i}$, wobei gilt: $c_i^M = 1$, wenn $i \in M$ und $c_i^M = 0$, wenn nicht $i \in M$.

Definiert man bzgl. dieser Darstellung der reellen Zahlen als Paare $\langle m, M \rangle$ die Addition $+$, die Kleiner-Beziehung $<$ und das Einselement 1 in passender Weise und definiert R als Menge der Paare $\langle m, M \rangle$, so kann man zeigen, daß $\langle R, <, +, 1 \rangle$ ein Modell des Axiomensystems der reellen Zahlen von Tarski bildet[3]:

2.1 **A1:** $x \neq y \to x < y \vee y < x$
    A2: $x < y \to \neg y < x$
    A3: $x < y \to \exists z (x < z \wedge z < y)$
    A4: $u \subseteq R \wedge v \subseteq R \wedge \forall xy (x \in u \wedge y \in v \to x < y) \to \exists z \, \forall xy (x \in u \wedge x \neq z \wedge y \in v \wedge y \neq z \to x < z \wedge z < y)$
    A5: $x + (y + z) = (x + z) + y$[4]
    A6: $\forall xy \, \exists z (x = y + z)$
    A7: $x + z < y + t \to x < y \vee z < t$

---

[2] Die Ziffern in eckigen Klammern stellen Seitenangaben für den 2. Bd. der *Grundgesetze der Arithmetik* dar.

[3] Vgl. A. Tarski: Introduction to Logic and to the Methodology of Deductive Sciences, New York, ²1945, §61.

[4] Aus A5, A6 folgt die Kommutativität der Addition: Sind x, y vorgegeben, so läßt sich y nach A6 in der Form $y = x + z$ darstellen. Nach A5 gilt $x + (x + z) = (x + z) + x$, also $x + y + x$. Umgekehrt folgt aus der Kommutativität und der Assoziativität $x + (y + z) = (x + y) + z$ der Addition sofort A5.

A8: $1 \in R$
A9: $1 < 1 + 1$.

Da man die ganzen Zahlen $+m$ und $-m$ ausgehend von den natürlichen Zahlen m als geordnete Paare $\langle 0, m \rangle$ und $\langle m, 0 \rangle$ definieren kann, hat man damit eine Definition der reellen Zahlen unter Bezugnahme nur auf die natürlichen Zahlen gewonnen.

3

Will man die so definierten reellen Zahlen zum Messen von Größen verwenden, so muß man eine solche Anwendung zusätzlich erklären. Das kann etwa in folgender Weise geschehen: Man faßt die Größen eines eindimensionalen Bereichs $\bar{s}$ auf als Vektoren auf einer Geraden. Ein Vektor sei dabei charakterisiert als Verschiebung eines Punktes in einer bestimmten Richtung um einen bestimmten Betrag. Man fordert, daß jeder Vektor im Endpunkt jedes anderen angreifen kann und daß er im Angriffspunkt jedes anderen enden kann. Dann läßt sich die Addition $\mathfrak{a} + \mathfrak{b}$ zweier Vektoren erklären als Verschiebung $\mathfrak{a}$, gefolgt von der Verschiebung $\mathfrak{b}$ und $\mathfrak{a} + \mathfrak{b}$ liegt in $\bar{s}$, wenn $\mathfrak{a}$ und $\mathfrak{b}$ in $\bar{s}$ liegen. Diese Addition ist assoziativ und kommutativ. Ferner fordert man, daß zu jedem Vektor $\mathfrak{a}$ von $\bar{s}$, der einen Punkt A in einen Punkt B verschiebt, der Vektor $-\mathfrak{a}$ in $\bar{s}$ existiert, der B in A verschiebt. Dann ist die Differenz $\mathfrak{a} - \mathfrak{b}$ als $\mathfrak{a} + (-\mathfrak{b})$ erklärt. Der Nullvektor $\mathfrak{o}$ sei definiert duch $\mathfrak{o} := \mathfrak{a} - \mathfrak{a}$. Weiter zeichnet man eine Richtung als positiv aus und damit eine Klasse s positiver Vektoren dieser Richtung, so daß gilt:

3.1 $\forall \mathfrak{a} \mathfrak{b} \, (\mathfrak{a} \in s \wedge \mathfrak{b} \in s \to \mathfrak{a} + \mathfrak{b} \in s \wedge \neg \mathfrak{a} = \mathfrak{o} \wedge (\mathfrak{a} \neq \mathfrak{b} \to \mathfrak{a} - \mathfrak{b} \in s \vee \mathfrak{b} - \mathfrak{a} \in s))$
und $\bar{s} = \lambda \mathfrak{a} (\mathfrak{a} \in s \vee \mathfrak{a} = \mathfrak{o})$.

Dann kann man setzen: $\mathfrak{a} <_s \mathfrak{b} := \mathfrak{b} - \mathfrak{a} \in s$.

Zur Einführung der reellen Zahlen als Maßzahlen für die Vektoren aus $\bar{s}$ fehlen noch Forderungen, die Dichte und Existenz der oberen Grenze sicherstellen:

3.2 $\forall \mathfrak{a} \mathfrak{b} \, (\mathfrak{a} \in s \wedge \mathfrak{b} \in s \wedge \mathfrak{a} <_s \mathfrak{b} \to \exists \mathfrak{c} \, (\mathfrak{a} <_s \mathfrak{c} \wedge \mathfrak{c} <_s \mathfrak{b}))$ und

3.3 $\forall u v \, (u \subseteq \bar{s} \wedge v \subseteq \bar{s} \wedge \forall \mathfrak{a} \mathfrak{b} \, (\mathfrak{a} \in u \wedge \mathfrak{b} \in v \to \mathfrak{a} <_s \mathfrak{b}) \to \exists \mathfrak{c} \, \forall \mathfrak{a} \mathfrak{b} \, (\mathfrak{a} \in u \wedge \mathfrak{a} \neq \mathfrak{c} \wedge \mathfrak{b} \in v \wedge \mathfrak{b} \neq \mathfrak{c} \to \mathfrak{a} <_s \mathfrak{c} \wedge \mathfrak{c} <_s \mathfrak{b}))$.

Sind diese Forderungen erfüllt, so bildet $\langle \bar{s}, +, <_s, \mathfrak{e} \rangle$ – der Einheitsvektor $\mathfrak{e}$ sei ein festes Element aus s – ein Modell des Axiomensystems 2.1. Man setzt nun: $0 \cdot \mathfrak{a} = \mathfrak{o}$, $n' \cdot \mathfrak{a} = n \cdot \mathfrak{a} + \mathfrak{a}$ und $-n \cdot \mathfrak{a} = n \cdot (-\mathfrak{a})$, und definiert so die Multiplikation der Vektoren mit ganzen Zahlen. Wegen 3.2 und 3.3 gilt auch $\forall \mathfrak{a} \, (\mathfrak{a} \in s \to \exists ! \mathfrak{b}$

($\mathfrak{b} \in \mathfrak{s} \wedge \mathfrak{b} + \mathfrak{b} = \mathfrak{a}$)), so daß wir setzen können $\frac{\mathfrak{e}}{2^1} = \iota\mathfrak{b}(\mathfrak{b}+\mathfrak{b}=\mathfrak{e})$ und $\frac{\mathfrak{e}}{2^{n\prime}} = \iota\,\mathfrak{b}$ $\left(\mathfrak{b} + \mathfrak{b} = \frac{\mathfrak{e}}{2^n}\right)$. Damit sind dann die Summen $\sum_{i=1}^{n} \frac{c_i^M \cdot \mathfrak{e}}{2^i}$ für alle n definiert und nach 3.3 ist auch $\sum_{i=1}^{\infty} \frac{c_i^M \cdot \mathfrak{e}}{2^i}$ als obere Grenze dieser Summen definiert.

Da $\langle \mathfrak{s}, +, <_\mathfrak{s}, \mathfrak{e}\rangle$ Modell des Axiomensystems 2.1 ist, läßt sich wie allgemein für reelle Zahlen die eindeutige Darstellbarkeit der Vektoren aus $\bar{\mathfrak{s}}$ in der Form:

3.4 $\quad \mathfrak{a} = m \cdot \mathfrak{e} + \sum_{i=1}^{\infty} \frac{c_i^M \cdot \mathfrak{e}}{2^i}$ beweisen.

Man kann dann sagen: Dem Vektor $\mathfrak{a}$ von $\bar{\mathfrak{s}}$ kommt bzgl. $\mathfrak{e}$ die Maßzahl $\langle m, M\rangle$ zu, wenn die Beziehung 3.4 besteht. Für die eineindeutige Abbildung $F(\mathfrak{a}) = \langle m, M\rangle$ von $\bar{\mathfrak{s}}$ in die Menge R der reellen Zahlen gilt dann: $F(\mathfrak{e}) = 1$, $\mathfrak{a} <_\mathfrak{s} \mathfrak{b} \leftrightarrow F(\mathfrak{a}) < F(\mathfrak{b})$ und $\mathfrak{a} + \mathfrak{b} = \mathfrak{c} \leftrightarrow F(\mathfrak{a}) + F(\mathfrak{b}) = F(\mathfrak{c})$. Damit ist die Verwendung der reellen Zahlen zum Messen der Größen eines Gebietes $\bar{\mathfrak{s}}$ mit den angegebenen Eigenschaften erklärt.

4

Die Verschiedenheit des Fregeschen Ansatzes zur Definition der Zahlen von den heute üblichen Methoden läßt sich nun darauf zurückführen, daß Frege der Ansicht war, die Art und Weise der Anwendung der Zahlen zum Zählen oder Messen müsse schon in ihre Definition eingehen und dürfe nicht „rein äußerlich angeflickt" werden [157]. Er unterschied bzgl. der Anwendung zwei Arten von Zahlen: *Anzahlen*, mit denen wir antworten auf die Frage: Wieviele Elemente enthält eine Menge? – und *Maßzahlen*, mit denen wir auf die Frage antworten: Wie groß ist eine Größe, verglichen mit der Einheitsgröße? Die natürlichen Zahlen (wie allgemein die Mächtigkeiten) sind dann Anzahlen, die ganzen, die rationalen und die reellen Zahlen sind Maßzahlen. Daher kann man auch nicht von einer „Erweiterung" der Klasse der natürlichen etwa zu derjenigen der ganzen oder reellen Zahlen sprechen, denn diese Zahlarten sind ganz verschiedener Natur [155]. Wie die Anwendung der Anzahlen zum Zählen in ihre Definition bei Frege eingeht, ist bekannt: Er definiert die Anzahl $A(x)$ einer Menge x als Klasse aller mit x gleichmächtigen Mengen $\lambda y\,(y \sim x)$. Frege setzt dann z. B. $0 := A(\emptyset)$ und daraus ergibt sich sofort $A(x) = 0 \leftrightarrow x \sim \emptyset$. Der Begriff der Gleichmächtigkeit, den wir oben der Definition der natürlichen Zahlen für ihre Anwendung zum Zählen noch hinzufügen mußten, ist so bei Frege bereits in seiner Definition der Anzahlen enthalten. Er definiert also gewissermaßen die Anzahlen von ihrer Anwendung zum Zählen her.

5

Ähnlich ist Freges Vorgehen auch bei der Einführung der reellen Zahlen: Er definiert sie als Verhältnisse von Größen zu Einheitsgrößen, als Maßrelationen also. Was sind nun Größen? Freges Antwort auf diese Frage ist aufgrund der obigen Darstellung von Größen durch Vektoren sofort verständlich: Größen sind für Frege eineindeutige zweistellige Relationen. Einem Vektor $\mathfrak{a}$ können wir als solche Relation zuordnen die Menge der Punktpaare $\langle A, B\rangle$, für die gilt, daß B aus A durch die Verschiebung $\mathfrak{a}$ hervorgeht. Wie oben ein Größengebiet als Menge von Vektoren definiert wurde, bzgl. deren Elementen sich die reellen Zahlen als Maßzahlen einführen ließen, so definiert Frege entsprechende Größengebiete allgemein für Relationen.

Zweistellige Relationen sind in moderner Auffassung Klassen von geordneten Paaren. In diesem Sinn verstehen wir das Prädikat $Rel(r)$ – r ist eine zweistellige Relation[5]. Wir setzen $r(x, y) := \langle x, y\rangle \in r$ – x und y stehen in der Relation r zueinander, $Ne(r) := \forall xyz\, (r(x, y) \wedge r(x, z) \to y = z)$ – die Relation r ist nacheindeutig. $D_1(r)$ sei der Vorbereich, $\lambda x\, \exists y\, r(x, y)$, $D_2(r)$ sei der Nachbereich, $\lambda y\, \exists x\, r(x, y)$ von r [171], $r\,|\,t$ sei das Relationsprodukt [72], r^m die m-te Relationspotenz von r, $r^{\geq 0}$ die Relationskette 1. Art zu r[6]. Es sei $0 := r^0$, $r^0 = \lambda z\, \exists x (z = \langle x, x\rangle) = r\,|\,r^{-1}$ für $Ne(r^{-1})$, $r^{-1}(x, y) = r(y, x)$ und $r^{-m} = (r^m)^{-1}$. Entsprechen den Relationen r und t die Vektoren $\mathfrak{a}$ und $\mathfrak{b}$, so entspricht also r^{-1} der Vektor $-\mathfrak{a}$, $r\,|\,t$ die Summe $\mathfrak{a} + \mathfrak{b}$ und $r\,|\,t^{-1}$ die Differenz $\mathfrak{a} - \mathfrak{b}$.

Damit $\bar{s}$ ein Größengebiet ist, muß man in der Entsprechung zu 3 verlangen: $r \in \bar{s} \wedge t \in \bar{s} \to Rel(r) \wedge Ne(r) \wedge r\,|\,t \in \bar{s} \wedge r^{-1} \in \bar{s} \wedge D_1(r) = D_2(t)$. Um eine Klasse s von positiven Größen aus $\bar{s}$ auszuzeichnen, spannt Frege seine Größengebiete durch Angabe einer solchen Klasse auf. Er definiert:

5.1 $\bar{s} := \lambda r\, (r \in s \vee r^{-1} \in s \vee r = 0)$ – das Größengebiet von s [169],

5.2 $P(s) := \forall rt\, (r \in s \wedge t \in s \to Ne(r) \wedge Ne(r^{-1}) \wedge Rel(r) \wedge r\,|\,t \in s \wedge \neg 0 \in s \wedge r\,|\,t^{-1} \in \bar{s} \wedge t^{-1}\,|\,r \in \bar{s})$ –

s ist eine Klasse positiver Größen oder *Positivklasse* [171][7].

---

[5] Freges Definition für das Prädikat *Rel(r)* lautet anders [171]: Er bestimmt Relationen als Doppelwertverläufe von zweistelligen Funktionen, deren Wertebereich nur die beiden Wahrheitswerte enthält.

[6] Vgl. dazu R. Carnap: Einführung in die symbolische Logik, Wien ²1960, S.149. Frege hatte die Relationsketten schon in seiner *Begriffsschrift* (1879) definiert. In den *Grundgesetzen* finden sich seine Definitionen im 1. Bd., S. 60.

[7] Die Definitionsglieder $r\,|\,t \in s$, $r\,|\,t^{-1} \in \bar{s}$ und $t^{-1}\,|\,r \in \bar{s}$ stellen sicher, daß gilt $r \in \bar{s} \wedge t \in \bar{s} \to r\,|\,t \in \bar{s}$.

5.3 $r \underset{s}{<} t := P(s) \wedge r \in \bar{s} \wedge t \in \bar{s} \wedge t \,|\, r^{-1} \in s$ – r ist kleiner als t bzgl. s [185].

Damit sich die reellen Zahlen später als Maßrelationen zwischen den Größen eines Gebietes definieren lassen, muß man für $\bar{s}$, bzw. für s Eigenschaften in Entsprechung zu 3.2 und 3.3 fordern. Frege definiert:

5.4 $u \underset{s}{\lim} t := P(s) \wedge t \in s \wedge \forall r\, (r \in s \wedge r \underset{s}{<} t \to r \in u) \wedge \forall r\, (t \underset{s}{<} r \to \exists q\, (q \in s \wedge q \underset{s}{<} r \wedge \neg q \in u))$ – t ist s-Grenze von u [187].

5.5 $P^*(s) := P(s) \wedge \forall t\, (t \in s \to \exists r\, (r \in s \wedge r \underset{s}{<} t)) \wedge \forall u\, (\exists r\, (r \in s \wedge \forall t\, (t \underset{s}{<} r \to t \in u)) \wedge \exists r\, (r \in s \wedge \neg r \in u) \to \exists t\, (u \underset{s}{\lim} t))$ – s ist eine *Positivklasse* [190] [8].

Ist s eine Positivklasse und ist s nicht leer, so kann man in s ein Einselement e auszeichnen. Man kann dann zeigen, daß $\langle \bar{s}, |, \underset{s}{<}, e \rangle$ ein Modell des Axiomensystems 2.1 bildet. Dieser Aufgabe wenden wir uns nun zu. Der Definitionsbereich der Relationsvariablen r, t, q, p sei im folgenden immer die Menge $\bar{s}$.

T1: $r \,|\, (t \,|\, q) = (r \,|\, t) \,|\, q$, [165], Satz 489.

Diese Assoziativität des Relationenprodukts gilt allgemein.

A1: $r \neq t \to r \underset{s}{<} t \vee t \underset{s}{<} r$, [186], Satz 588.

Ist $r \neq t$ und $\neg t \,|\, r^{-1} \in s$, dann gilt nach 5.2 und 5.1 $(t \,|\, r^{-1})^{-1} = r \,|\, t^{-1} \in s$, also nach 5.3 $t \underset{s}{<} r$.

A2: $r \underset{s}{<} t \to \neg t \underset{s}{<} r$, [186], Satz 589.

Ist $t \,|\, r^{-1} \in s$, so gilt $\neg r \,|\, t^{-1} \in s$. Andernfalls erhielten wir aus 5.2 $t \,|\, r^{-1} \,|\, r \,|\, t^{-1} \in s$, also $0 \in s$ im Widerspruch zu 5.2.

A3: $r \underset{s}{<} t \to \exists p\, (r \underset{s}{<} p \wedge p \underset{s}{<} t)$.

Ist $t \,|\, r^{-1} \in s$, so gibt es nach 5.5 in s ein q, so daß $q \underset{s}{<} t \,|\, r^{-1}$. Aus $q \in s$ folgt $q \,|\, r \,|\, r^{-1} = q \in s$, also $r \underset{s}{<} q \,|\, r$. Aus $t \,|\, r^{-1} \,|\, q^{-1} \in s$ folgt $t \,|\, (q \,|\, r)^{-1} \in s$, also $q \,|\, r \underset{s}{<} t$. $q \,|\, r$ ist also ein p der verlangten Art.

A4: $u \subseteq \bar{s} \wedge v \subseteq \bar{s} \wedge \forall rt\, (r \in u \wedge t \in v \to r \underset{s}{<} t) \to \exists q\, \forall rt\, (r \in u \wedge r \neq q \wedge t \in v \wedge t \neq q \to r \underset{s}{<} q \wedge q \underset{s}{<} t)$.

Beweis: Ist u oder v leer, so ist die Behauptung trivial. Wir können also für das folgende annehmen $u \neq \emptyset$ und $v \neq \emptyset$.

---

[8] Statt der Existenz der s-Grenze von u könnte man natürlich mit dem gleichen Effekt auch die Existenz der oberen Grenze von u fordern, sofern u nach oben beschränkt ist.

1. Fall: $u \cap s \neq \emptyset$. Wir setzen $u^* := \lambda r \, \exists t \, (t \in u \wedge r \leqq_s t)$ und $v^* := \lambda r \, \exists t \, (t \in v \wedge t \leqq_s r)$. Nach 5.5 gibt es dann ein t, so daß $u^* \lim_s t$, also $r \in s \wedge r <_s t \to r \in u^*$ und $t <_s r \to \exists q \, (q \in s \wedge q <_s r \wedge \neg q \in u^*)$. Nach Definition von u^* gilt dann $t <_s r \to \neg r \in u^*$, also wegen A1 $r \in u^* \wedge r \neq t \to r <_s t$, wegen $r \in u \to r \in u^*$, also $r \in u \wedge r \neq t \to r <_s t$. Aus $r \in v^* \to \neg r \in u^*$ und $\neg r \in u^* \wedge r \neq t \to t <_s r$ erhalten wir mit $r \in v \to r \in v^*$ auch $r \in v \wedge r \neq t \to t <_s r$. t ist also ein q, wie es A4 verlangt.

2. Fall: $u \cap s = \emptyset$. Wegen $u \neq \emptyset$ gibt es ein p aus u und wir können annehmen $p \neq 0$, denn für $u = \{0\}$ ist 0 das in A4 gesuchte q. Die Menge $u' := \lambda r \, \exists t \, (t \in u \wedge r = t \mid p^{-2})$ enthält dann Elemente aus s, z.B. $p \mid p^{-2}$. Wenn wir setzen $v' := \lambda r \, \exists t \, (t \in v \wedge r = t \mid p^{-2})$, so gibt man also ein q', so daß gilt $\forall rt \, (r \in u' \wedge r \neq q' \wedge t \in v' \wedge t \neq q' \to r <_s q' \wedge q' <_s t)$. Setzt man nun $q := q' \mid p^2$, so gilt $r \in u \wedge r \neq q \to r <_s q$. Denn aus $r \in u \wedge r \neq q$ folgt $r \mid p^{-2} \in u'$ und $r \mid p^{-2} \neq q'$, daraus $q' \mid (r \mid p^{-2})^{-1} = q' \mid p^2 \mid r^{-1} = q \mid r^{-1} \in s$. Ferner gilt: $t \in v \wedge t \neq q \to q <_s t$. Denn aus $t \in v \wedge t \neq q$ folgt $t \mid p^{-2} \in v'$ und $t \mid p^{-2} \neq q'$, daraus $t \mid p^{-2} \mid q'^{-1} = t \mid (q' \mid p^2)^{-1} = t \mid q^{-1} \in s$. Die letztere Betrachtung ergibt, sofern wir setzen $u' := \lambda r \, \exists t \, (t \in u \wedge r = t \mid p)$, allgemein den Satz:

T2: $u \lim_s t \to u' \lim_s t \mid p$.

T3: $u \lim_s t \wedge \lim_s r \to t = r$, [189], Satz 602.

Wäre $t \neq r$ und z.B. $t <_s r$, so erhielten wir aus $u \lim_s r$ nach 5.4 $\forall q \, (q \in s \wedge q <_s r \to q \in u)$ und daher $\exists r \, (t <_s r \wedge \neg \exists q \, (q \in s \wedge q <_s r \wedge \neg q \in u))$, also $\neg u \lim_s t$.

T4: $r \in s \wedge t \in s \to \exists q ({}_*r^{\geqq 0} (r, q) \wedge \neg q <_s t)$, [203], Satz 635.

Dabei sei ${}_*p \, (r, t) := r \mid p = t$, so daß also gilt $\exists t \, {}_*p^{\geqq 0} (p, t)$ genau dann, wenn es eine nicht negative ganze Zahl m gibt, so daß $t = p^m$ ist [166].

Beweis: Wir setzen $u := \lambda p \, \exists q \, ({}_*r^{\geqq 0} (r, q) \wedge p <_s q)$ und $v := \lambda p \, \exists q \, ({}_*r^{\geqq 0} (r^2, q) \wedge p <_s q)$. Würde nun gelten $\forall q \, ({}_*r^{\geqq 0}(r, q) \to q <_s t)$, so gäbe es wegen $t \in s$ und $\neg t \in u$ ein p^+ mit $u \lim_s p^+$, also nach T3 $v \lim_s p^+ \mid r$. Nun gilt aber $u = v$ und nach T3 würden wir somit erhalten $p^+ = p^+ \mid r$, im Widerspruch zu Annahme $r \in s$, d.h. zu $r \neq 0$.

T5: $t \in s \to r \mid t \mid r^{-1} \in s$, [206f].

Beweis: 1. Fall: $r = 0$. Es gilt dann $r \mid t \mid r^{-1} = t \in s$.

2. Fall: $r \in s$. Ist dann $t \mid r^{-1} \in s$, so $r \mid t \mid r^{-1} \in s$ nach 5.2. Ist $t = r$, so ist $r \mid t \mid r^{-1} = r$ und $r \in s$. Andernfalls ist wegen A1 $r \mid t^{-1} \in s$. Nach T4 gibt es dann eine Zahl m,

so daß gilt: $t^m \underset{s}{<} r \underset{s}{\leq} t^{m+1}$. Sei $r = t^{m+1}$, dann ist $r \,|\, t \,|\, r^{-1} = t^{m+1} \,|\, t \,|\, t^{-m-1} = t \in s$. Sei $r \underset{s}{<} t^{m+1}$, so erhalten wir $r \,|\, t \,|\, r^{-1} = (r \,|\, t^{-m}) \,|\, (t^{m+1} \,|\, r^{-1}) \in s$, da beide Faktoren nach Voraussetzung Elemente von s sind.

3. Fall: Wir beweisen $r \in s \wedge t \in s \to r^{-1} \,|\, t \,|\, r \in s$. Daraus folgt dann für $\neg r \in s$ und $r \neq 0$, also für $r^{-1} \in s$: $(r^{-1})^{-1} \,|\, t \,|\, r^{-1} = r \,|\, t \,|\, r^{-1} \in s$. – Gilt $r^{-1} \,|\, t \in s$, so nach 5.2 auch $r^{-1} \,|\, t \,|\, r \in s$. Ist $r = t$, so erhalten wir $r^{-1} \,|\, t \,|\, r = r \in s$. Andernfalls gilt wegen A1 und 5.2 $t^{-1} \,|\, r \in s$. Aus unseren Überlegungen zum 2. Fall folgt I) $p \in s \wedge q \in s \wedge p^{-1} \,|\, q \in s \to p \,|\, (p^{-1} \,|\, q) \,|\, p^{-1} \in s$. Also gilt auch II) $p \in s \wedge q \in s \wedge p \,|\, q^{-1} \in s \to q^{-1} \,|\, p \in s$. Denn nach A1 und 5.2 gilt $q^{-1} \,|\, p \in s$ oder $q = p$ oder $p^{-1} \,|\, q \in s$. Ist $q = p$, so ist $p \,|\, q^{-1} = 0$, also $\neg p \,|\, q^{-1} \in s$. Ist $p^{-1} \,|\, q \in s$, so nach (I) $q \,|\, p^{-1} \in s$, also wegen $q \,|\, p^{-1} \,|\, p \,|\, q^{-1} = 0$ $\neg p \,|\, q^{-1} \in s$.

Aus $t^{-1} \,|\, r \in s$ erhalten wir mit (I) $r \,|\, t^{-1} \in s$. Es gibt dann ein m, so daß gilt $t^m \underset{s}{<} r \underset{s}{\leq} t^{m+1}$. Für $r = t^{m+1}$ finden wir $r^{-1} \,|\, t \,|\, r = t^{-m-1} \,|\, t \,|\, t^{m+1} = t \in s$. Für $r \underset{s}{<} t^{m+1}$ finden wir $t^{m+1} \,|\, r^{-1} \in s$, also nach (II) $r^{-1} \,|\, t^{m+1} \in s$. Aus $r \,|\, t^{-m} \in s$ folgt nach (II) $t^{-m} \,|\, r \in s$, also $r^{-1} \,|\, t \,|\, r = (r^{-1} \,|\, t^{m+1}) \,|\, (t^{-m} \,|\, r) \in s$. Damit ist die Behauptung $r \in s \wedge t \in s \to r^{-1} \,|\, t \,|\, r \in s$ bewiesen und also auch T5.

T6: $p \underset{s}{<} r \wedge r \underset{s}{<} t \to p \underset{s}{<} t$.

Aus $t \,|\, r^{-1} \in s$ und $r \,|\, p^{-1} \in s$ folgt nach 5.2 $t \,|\, r^{-1} \,|\, r \,|\, p^{-1} = t \,|\, p^{-1} \in s$.

T7: $q \underset{s}{<} p \to r \,|\, q \underset{s}{<} r \,|\, p \wedge q \,|\, r \underset{s}{<} p \,|\, r$.

Wegen $p \,|\, q^{-1} \in s$ gilt nach T5 $r \,|\, p \,|\, (r \,|\, q)^{-1} = r \,|\, p \,|\, q^{-1} \,|\, r^{-1} \in s$ und $p \,|\, r \,|\, (q \,|\, r)^{-1} = p \,|\, r \,|\, r^{-1} \,|\, q^{-1} = p \,|\, q^{-1} \in s$.

T8: $t \in s \to \exists q \, (q \in s \wedge q \,|\, q \underset{s}{<} t)$, [233], Satz 670.

Denn nach 5.5 gibt es zu t in s ein kleineres Element p, so daß $t \,|\, p^{-1} \in s$. Gilt nun $p \,|\, p \underset{s}{<} t$, so ist p das gesuchte q. Gilt $t \underset{s}{<} p \,|\, p$, so auch $t^2 \underset{s}{<} t \,|\, p^2$, $t^2 \,|\, p^{-2} \underset{s}{<} t$, $t \,|\, p^{-2} \underset{s}{<} 0$, $t \,|\, p^{-1} \underset{s}{<} p$, $(t \,|\, p^{-1})^2 \underset{s}{<} t \,|\, p^{-1} \,|\, p$ und $(t \,|\, p^{-1})^2 \underset{s}{<} t$ nach T7. Also ist dann $t \,|\, p^{-1}$ ein q der gesuchten Art. Gilt endlich $p^2 = t$, so gibt es ein $q \in s$, so daß $q \underset{s}{<} p$. Dann ist $q \,|\, q \underset{s}{<} p \,|\, q$ und $p \,|\, q \underset{s}{<} p \,|\, p$, also nach T6 $q \,|\, q \underset{s}{<} t$.

T9: $r \,|\, t = t \,|\, r$, [243], Satz 689.

Beweis: 1. Fall $r \in s$ und $t \in s$. Wir setzen: $u_1 := \lambda p \, (p \in s \wedge p \underset{s}{<} r \,|\, t)$, $u_2 := \lambda p \, (p \in s \wedge p \underset{s}{<} t \,|\, r)$, $v_1 := \lambda p \, \exists q_1 q_2 q_3 \, (*q_1^{\geq 0}(q_1, q_2) \wedge *q_1^{\geq 0}(q_1, q_3) \wedge q_2 \underset{s}{<} r \wedge q_3 \underset{s}{<} t \wedge p \underset{s}{<} q_3 \,|\, q_2)$ und $v_2 := \lambda p \, \exists q_1 q_2 q_3 \, (*q_1^{\geq 0}(q_1, q_2) \wedge *q_1^{\geq 0}(q_1, q_3) \wedge q_2 \underset{s}{<} r \wedge q_3 \underset{s}{<} t \wedge p \underset{s}{<} q_3 \,|\, q_2)$. Es gilt nun: $u_1 = v_1$. Denn aus $p \underset{s}{<} q_2 \,|\, q_3$ und $q_2 \underset{s}{<} r$ und $q_3 \underset{s}{<} t$ folgt $q_2 \,|\, q_3 \underset{s}{<} r \,|\, q_3 \underset{s}{<} r \,|\, t$, also $p \underset{s}{<} r \,|\, t$. Und wenn gilt $p \underset{s}{<} r \,|\, t$, so gibt es auch ein q aus s, so daß $q^m \underset{s}{<} r$ und $q^n \underset{s}{<} t$ und $p \underset{s}{<} q^{m+n}$. Denn nach 5.5 und T8 gibt es q aus s, so daß gilt $q \underset{s}{<} r$, $q \underset{s}{<} t$ und $q^2 \underset{s}{<} r|t|p^{-1}$. Nach T4 gibt es dann ein m und ein n, so daß $q^m \underset{s}{<} r \underset{s}{\leq} q^{m+1}$ und $q^n \underset{s}{<} t \underset{s}{\leq} q^{n+1}$. Aus $q^{n+1}|t^{-1} \underset{s}{\geq} 0$ folgt nach T5 $r|q^{n+1}|t^{-1}|r^{-1} \underset{s}{\geq} 0$, aus $q^{m+1}|r^{-1} \underset{s}{\geq} 0$ folgt dann $q^{m+1}|r^{-1}|r|q^{n+1}|t^{-1}|r^{-1} = q^{m+n+2}|(r|t)^{-1} \underset{s}{\geq} 0$, d.h. $r|t \underset{s}{<} q^{m+n+2}$.[9] Aus $q^2 \underset{s}{<} r|t|p^{-1}$ folgt mit T7 $q^2|p \underset{s}{<} r|t$ und $q^2|p \underset{s}{<} q^{m+n+2}$, also $p \underset{s}{<} q^{m+n}$. – Ebenso zeigt man $u_2 = v_2$.

Wegen $q^m|q^n = q^n|q^m$ gilt nun auch $({}_*q_1^{\geq 0}(q_1, q_2) \land {}_*q_1^{\geq 0}(q_1, q_3)) \to q_2|q_3 = q_3|q_2$. Es ist also auch $v_1 = v_2$. Also folgt aus $u_1 \underset{s}{lim}\, r|t$ und $u_2 \underset{s}{lim}\, t|r$ mit T3 $r|t = t|r$. Die Behauptung $u_1 \underset{s}{lim}\, r|t$ erhält man aber aus der Definition von u_1 und 5.4 sofort, wenn man beachtet: aus $r|t \underset{s}{<} p$ folgt $p|(r|t)^{-1} \in s$, also gibt es nach 5.5 ein q aus s, so daß $q \underset{s}{<} p|(r|t)^{-1}$. Es ist dann $r|t \underset{s}{<} q|r|t$ und $q|r|t \underset{s}{<} p$, also gilt $\forall p\, (r|t \underset{s}{<} p \to \exists q\, (q \in s \land q \underset{s}{<} p \land \neg q \in u_1))$. Ebenso erhält man $u_2 \underset{s}{lim}\, t|r$.

2. Fall: $r^{-1} \in s$ und $t^{-1} \in s$. Dann gilt $r|t = (t^{-1}|r^{-1})^{-1} = (r^{-1}|t^{-1})^{-1} = t|r$.

3. Fall: $r \in s$ und $t^{-1} \in s$. Dann gilt $r|t = r|t|t^{-2}|t^2 = t|t^{-2}|r|t^2$, da nach Voraussetzung $t|t^{-2} = t^{-1}$ und r in s liegen. Ferner gilt $t|t^{-2}|r|t^2 = t|r|t^{-2}|t^2 = t|r$, da $r \in s$ und $t^{-2} \in s$. – Ebenso argumentiert man im Fall, daß $r^{-1} \in s$ und $t \in s$. Ist $r = 0$ oder $t = 0$, so ist die Behauptung von T9 trivial. Damit ist T9 für alle r und t aus $\bar{s}$ bewiesen.

Aus T1 und T9 erhält man nun sofort:

A5: $r|(t|p) = (r|p)|t$.

A6: $\forall r\, t\, \exists q\, (r = t|q)$.

Man setzt für $q\ t^{-1}|r$. Dann gilt $r = t|q = t|t^{-1}|r$.

A7: $r|t \underset{s}{<} p|q \to r \underset{s}{<} p \lor t \underset{s}{<} q$.

Wenn gilt $p|q|(r|t)^{-1} \in s$ und $\neg r \underset{s}{<} p$, so gilt nach A1 entweder $r = p$ – dann finden wir $p|q|(r|t)^{-1} = p|q|t^{-1}|p^{-1} = p|p^{-1}|q|t^{-1} = q|t^{-1} \in s$, also $t \underset{s}{<} q$ – oder es gilt $p \underset{s}{<} r$, dann finden wir $r|p^{-1} \in s$, also mit $p|q|t^{-1}|r^{-1} = q|t^{-1}|(r|p^{-1})^{-1} \in s$ auch $q|t^{-1} \in s$.

---

[9] Setzt man $r \underset{s}{\geq} t := \neg r \underset{s}{<} t$, so gilt $r \underset{s}{\geq} 0 \leftrightarrow r \in s \lor r = 0$. Man beachte ferner: Aus $q \in s$ folgt $Ne(q)$ und $Ne(q^{-1})$ und $D_1(q) = D_2(q)$, also $\forall xy\, (q(x, y) \to \exists uv\, (q\, (u, x) \land q\, (y, v)))$. Daraus erhält man $q^m|q^n = q^{m+n}$ für beliebige ganze m und n.

A8: $e \in \bar{s}$.

Das folgt direkt aus der Voraussetzung $e \in s$ und 5.1.

A9: $e \underset{s}{<} e^2$.

Es gilt $e^2 \mid e^{-1} = e \in s$.

Damit ist unsere Behauptung bewiesen, daß $\langle \bar{s}, \mid, \underset{s}{<}, e \rangle$ ein Modell des Axiomensystems 2.1 bildet, wenn gilt $P^*(s)$ und $e \in s$.

Als Folgesatz aus T8 und T9 führen wir noch folgendes Theorem an:

T10: $r \in \bar{s} \to \exists t \, (t \in s \wedge t \mid t = r)$.

Beweis: Die Klasse $u := \lambda t \, (t \in s \wedge t \mid t \underset{s}{<} r)$ enthält kein größtes Element. Sei $t \in s$ und $t \mid t \underset{s}{<} r$, so gibt es nach T8 ein q, so daß $q \in s$ und $q^2 \underset{s}{<} r \mid t^{-2}$, also wegen T9 $(q \mid t)^2 \underset{s}{<} r$ und $q \mid t \in u$ und $t \underset{s}{<} q \mid t$ gilt. Ebenso zeigt man, daß die Klasse $v := \lambda t \, (t \in s \wedge r \underset{s}{<} t \mid t)$ kein kleinstes Element enthält: Sei $r \underset{s}{<} t \mid t$, $q \in s$ und $q^2 \underset{s}{<} t^2 \mid r^{-1}$, so ist $q^2 \mid r \underset{s}{<} t^2$ und $r \underset{s}{<} q^{-2} \mid t^2$, also nach T9 $(q^{-1} \mid t) \in v$ und $q^{-1} \mid t \underset{s}{<} t$, denn $t \mid (q^{-1} \mid t)^{-1} = t \mid t^{-1} \mid q \in s$. Nach 5.5 gibt es nun ein t, so daß gilt $u \underset{s}{lim} t$ und aus unseren Resultaten über u und v und $u \cap v = \emptyset$ ergibt sich sofort $t \mid t = r$.

Man kann nun, in Entsprechung zu dem Vorgehen im Abschnitt 3, für die Größen des Gebietes einer Positivklasse s die Darstellung in der Form $r = m \cdot e + \sum_{i=1}^{\infty} \frac{c_i^M \cdot e}{2^i}$ erklären, wo e aus s ist. Man setzt dazu $m \cdot e = e^m$ und definiert vermittels T10 und A4 die Summen $\sum_{i=1}^{\infty} \frac{c_i^M \cdot e}{2^i}$. Dabei stehe nun $r + t$ für $r \mid t$.

Die Eindeutigkeit dieser Darstellung sowie die Darstellbarkeit jeder Relation aus s in dieser Form beweist man wie für die reellen Zahlen nach 2. Wir brauchen darauf hier nicht näher einzugehen, da wir die Eigenschaften der reellen Zahlen für die Relationen aus $\bar{s}$ bereits nachgewiesen haben.

Die reellen Zahlen lassen sich dann nach dem Plan Freges als Relationen zwischen den Größen eines Größengebietes einführen, das über einer Positivklasse aufgespannt ist.

5.6 $R_{\langle m, M \rangle}(r, t) := \exists s \left(P^*(s) \wedge r \in s \wedge t = m \cdot r + \sum_{i=1}^{\infty} \frac{c_i^M \cdot r}{2^i} \right)$.

Diese Konstruktion ist erfolgreich, wenn es gelingt zu zeigen, daß es eine Positivklasse gibt. Frege hatte dafür folgenden Plan [161, 243]: Man definiert, ausgehend von den natürlichen Zahlen die reellen Zahlen nach 2 als geordnete Paare $\langle m, M \rangle$ und zeigt, daß die Relationen $x + a = y$ für positive reelle Zahlen a eine Positivklasse bilden. Um die Existenz der Fregeschen reellen Zahlen nachzuweisen, benützt man also die reellen Zahlen in der Charakterisierung nach 2. Der Nachweis selbst ist sehr einfach, wenn man die Eigenschaften der reellen Zahlen für die Paare $\langle m, M \rangle$ bereits bewiesen hat. Setzt man $\bar{a} := \lambda z\, \exists xy\, (z = \langle x, y \rangle \wedge x + a = y)$ und $s :=$ Klasse der $\bar{a}$ für positive a, so gilt: $\bar{a}^{-1} = \overline{-a}$, $\bar{a} \mid \bar{b} = \overline{a + b}$, $\bar{a} \mid \bar{b}^{-1} = \overline{a - b}$ und $\bar{s} =$ Klasse der $\bar{a}$ für beliebige reelle a. Aus 5.2 erhalten wir dann sofort $P(s)$ und aus A3 und A4 auch $P^*(s)$. Die Klassen $R_{\langle m,M \rangle}$ sind also für kein $\langle m, M \rangle$ leer. Ferner gilt $R_{\langle m,M \rangle} \cap R_{\langle m',M' \rangle} = \emptyset$ für $m \neq m'$ oder $M \neq M'$. Denn wegen der Darstellbarkeit aller Elemente einer Positivklasse s in der Form $m \cdot r + \sum_{i=1}^{\infty} \frac{c_i^M}{2^i}$, wo $m \geqq -1$ und $r \in s$ ist, gilt $r \in s \wedge P^*(s) \wedge r \in s' \wedge P^*(s') \to s = s'$. Wegen der Eindeutigkeit dieser Darstellung gilt aber auch $m \cdot r + \sum_{i=1}^{\infty} \frac{c_i^M \cdot r}{2^i} = m' \cdot r + \sum_{i=1}^{\infty} \frac{c_i^{M'} \cdot r}{2^i} \to m = m' \wedge M = M'$. Es besteht also eine eineindeutige Zuordnung zwischen den Paaren $\langle m, M \rangle$ und den Fregeschen Maßzahlen $R_{\langle m,M \rangle}$.

Für die Fregeschen reellen Zahlen, die Relationen $R_{\langle m,M \rangle}$, hat man endlich noch die Addition, die Kleiner-Beziehung und das Einselement in Analogie zu den entsprechenden Definitionen für die Paare $\langle m, M \rangle$ zu erklären. Man setzt also $\mathbf{R} :=$ Klasse aller Relationen $R_{\langle m,M \rangle}$, wo m eine ganze Zahl ist, N' die Menge der natürlichen Zahlen mit Ausschluß der Null und $M \subseteq N'$ (M unendlich). Ferner $\mathbf{1} := R_{\langle 0, N' \rangle}$ und $R_{\langle m,M \rangle} + R_{\langle m',M' \rangle} := R_{\langle m,M \rangle + \langle m',M' \rangle}$, wobei gelten soll $\langle m, M \rangle + \langle m', M' \rangle = \langle m + m' + m'', M'' \rangle$, wenn $m'' + \sum_{i=1}^{\infty} \frac{c_i^{M''}}{2^i}$ die Entwicklung der Summe $\sum_{i=1}^{\infty} \frac{c_i^M + c_i^{M'}}{2^i}$ in die Normalform $c_i^{M''} = 0$ oder 1 ist. Endlich setzt man $R_{\langle m,M \rangle} < R_{\langle m',M' \rangle} := \langle m, M \rangle < \langle m', M' \rangle$, wobei $\langle m, M \rangle < \langle m', M' \rangle \leftrightarrow m < m' \vee m = m' \wedge \exists i\, (c_i^M < c_i^{M'} \wedge \forall k\, (k < i \to c_k^M = c_k^{M'}))$. Man findet dann kraft der Isomorphie zwischen den Fregeschen Maßzahlen und den reellen Zahlen nach 2, daß auch $\langle \mathbf{R}, +, <, \mathbf{1} \rangle$ ein Modell des Axiomensystems 2.1 bildet.

Die reellen Zahlen Freges lassen sich nun ihrer Definition nach direkt für Maßangaben verwenden. Wie aus der Fregeschen Definition der Anzahlen nach 4 folgt: $Ax = n \leftrightarrow x \in n$, so erhalten wir aus 5.6: die Größe t hat, gemessen bzgl. der Größe r einer Positivklasse den reellen Wert $\langle m, M \rangle$ genau dann, wenn gilt $\langle r, t \rangle \in R_{\langle m,M \rangle}$. Wir können also zusammenfassen: Reell meßbare Größen lassen sich als Relationen einer Klasse auffassen, die bzgl. Relationsprodukt, Kleiner-Beziehung und Einselement ein Modell eines Axiomensystems der reellen Zahlen bildet. Über solche Größen kann man die reellen Zahlen nach Frege als Maßrelationen einführen.

Bei der Übertragung der Fregeschen Definitionen der reellen Zahlen in ein System der axiomatischen Mengenlehre ergibt sich, wie für seine Definition der natürlichen Zahlen, die Schwierigkeit, daß sich der Mengencharakter der Zahlen nicht nachweisen läßt, so daß man sich bei der Definition der Positivklassen z.B. auf die Betrachtung von Größengebieten beschränken müßte, deren Relationen über Teilmengen einer festen Menge hinreichender Mächtigkeit definiert sind.

Nachwort

Historisch ist es interessant, Freges Einführung der reellen Zahlen mit jener zu vergleichen, die im Anschluß an die Theorie der Größenverhältnisse von Eudoxos von Knidos, einem Zeitgenossen Platons, nahe liegt.[10] Eudoxos betrachtet Mengen G extensiver Größen wie Strecken oder Gewichte. Auf G soll also eine schwache Ordnung $\leq$ erklärt sein und eine Addition, und damit auch die Multiplikation $m \cdot x$ einer Größe x mit einer positiven ganzen Zahl m als m-fache Addition von x mit sich selbst. Es soll ferner das Archimedische Prinzip gelten, das Eudoxos anscheinend zuerst formuliert hat, nach dem es für alle x, y aus G eine positive ganze Zahl m gibt mit $m \cdot x > y$.[11] Es werden nun Verhältnisse x/y von Größen x und y aus G eingeführt. Für sie werden Vergleichsrelationen definiert:

$$x/y \approx u/v := \forall mn(m \cdot x < n \cdot y \equiv m \cdot u < n \cdot v) \text{ und}$$
$$x/y < u/v := \exists mn(m \cdot x \leq n \cdot y \land m \cdot u > n \cdot v).$$

Ist R^+ die Menge der positiven rationalen Zahlen, so entspricht jedem Größenverhältnis x/y eineindeutig die Teilmenge $\{n/m : m \cdot x \geq n \cdot y\}$ von R^+. Diese Mengen sind nichtleere, echte Teilmengen von R^+, die zu jeder Zahl aus R^+ alle kleineren enthalten, und zu jeder Zahl eine größere. Es sei Q die Menge dieser Teilmengen von R^+. Dann entsprechen die $X \in Q$ über $X = \{r \in R^+ : r < \xi\}$ eineindeutig den positiven reellen Zahlen ξ. Definiert man für X und Y aus Q: $X < Y := X \subset Y$, $X + Y := \{z \in R^+ : \exists xy(x \in X \land y \in Y \land z = x+y)\}$, sowie $\mathbf{1} := \{x \in R^+ : x < 1\}$ (wobei die 1 im Definiens eine rationale Zahl ist, jene im Definiendum eine Menge aus Q), so bildet das Quadrupel aus Q, $<$, $+$ und $\mathbf{1}$ ein Modell des im Aufsatz angegebenen Tarskischen Axiomensystems für reelle Zahlen. Die reellen Zahlen charakterisieren zunächst Größenverhältnisse, zeichnet man im Größengebiet G eine Einheitsgröße aus, so charakterisieren sie über die Verhältnisse von Größen zur Einheitsgröße aber auch die Größen selbst.

---

[10] Diese Theorie wird im Buch V von Euklids *Elementen* dargestellt.
[11] Vgl. zu extensiven Strukturen z.B. D.H. Krantz, R.D. Luce, P. Suppes, A. Tversky: *Foundations of Measurement*, Bd. I, New York 1971, Kap. 3.

2

Die Vollständigkeit des Operatorensystems $\{\neg, \wedge, \vee, \supset\}$ für die intuitionistische Aussagenlogik im Rahmen der Gentzensemantik

K. Lorenz hat die Vollständigkeit des Operatorensystems, bestehend aus Negation, Konjunktion, Disjunktion und Implikation, für die intuitionistische Aussagenlogik im Rahmen der spieltheoretischen Semantik bewiesen, wie sie von P. Lorenzen (1962) entwickelt worden ist. Hier soll der entsprechende Beweis unter Zugrundelegung der auf G. Gentzen (1934) zurückgehenden Semantik geführt werden, wie sie insbesondere von H. B. Curry (1963) und P. Lorenzen (1955) in verschiedenen Versionen entwickelt wurde. Dazu muß zunächst die hier verwendete Fassung dieser Semantik genauer bestimmt werden.

1 Gentzenkalküle

1.1 *S-Formeln*

Wir setzen eine Sprache L voraus, für die ein Formelbegriff definiert ist. Als Mitteilungszeichen für Formeln und L verwenden wir die Buchstaben „A", „B", „C", ... Der Begriff der *S-Formel* über L sei dann bestimmt durch folgende Bedingungen:

a) Formeln von L sind *S-Formeln* über L.
b) ($\rightarrow$) ist eine *S*-Formel über L
c) Sind $S_1, \ldots, S_n, T$, bzw. $S_1, \ldots, S_n$, bzw. T *S*-Formeln über L, so sind auch die Ausdrücke ($S_1, \ldots, S_n \rightarrow T$), bzw. ($S_1, \ldots, S_n \rightarrow$), bzw. ($\rightarrow T$) *S*-Formeln über L. Dabei nennen wir $S_1, \ldots, S_n$ die *Vorderformeln* und T die *Hinterformel* der entsprechenden *S*-Formeln.
d) Nur die Ausdrücke nach den Bedingungen (a) bis (c) sind *S*-Formeln über L. Die äußeren Klammern um *S*-Formeln werden gelegentlich auch weggelassen. Als Mitteilungszeichen für *S*-Formeln verwenden wir die Buchstaben „S", „T", „U", „V", „W". Δ, Γ, Π seien im folgenden endliche (ev. leere) Reihen von *S*-Formeln, die durch Kommata getrennt sind, Ω, Ω', sind stets *S*-Formelreihen, die aus höchstens einem Glied bestehen.

32   Die Vollständigkeit des Operatorensystems { ¬, ∧, ∨, ⊃ }

Wir bezeichnen Formeln als S-Formeln vom S-Grad 0 und (→) als S-Formel vom S-Grad 1. Und wenn n das Maximum der S-Grade der S-Formeln $\varDelta$, $\varOmega$ ist, so sei $n+1$ der S-Grad von $\varDelta \to \varOmega$. S-Formeln vom Grad 1 bezeichnen wir wie üblich auch als *Sequenzen*.

Wir sagen, S sei S-*Teilformel* von S und die S-Teilformeln der S-Formeln $\varDelta$, $\varOmega$ seien auch S-*Teilformeln* von $\varDelta \to \varOmega$. Wir sagen ferner, S sei eine *positive* S-Formel, wenn S keine S-Teilformel ohne Hinterformel enthält. Die S-Teilformeln von S vom Grad 0 nennen wir die *Formelkomponenten* von S.

1.2 Der Beweisbegriff für positive S-*Formeln*

Es sei ein formaler Kalkül K über L definiert durch Auszeichnung einer entscheidbaren Menge von Formeln von L als Axiome und durch Angabe einer entscheidbaren Menge von Grundregeln, die besagen, wie sich aus endlich vielen Formeln eine neue Formel gewinnen läßt.[1]

Als *Ableitung* einer Formel B aus Formeln $A_1, \ldots, A_n$ in K bezeichnet man dann eine endliche Folge von Formeln, deren letztes Glied B ist und für deren sämtliche Glieder gilt: sie sind Axiome von K oder Annahmeformeln aus $A_1, \ldots, A_n$ oder gehen aus vorhergehenden Gliedern der Folge durch einmalige Anwendung einer der Grundregeln von K hervor. Man nennt demnach B in K aus $A_1, \ldots, A_n$ *ableitbar* (symbolisch $A_1, \ldots, A_n \to B$), wenn es eine solche Ableitung gibt und man nennt B in K *beweisbar*, wenn B in K aus der leeren Formelmenge ableitbar ist (symbolisch $\to B$). B ist also in K ableitbar genau dann, wenn B in dem Kalkül K' beweisbar ist, der aus K entsteht durch Hinzunahme der Formeln $A_1, \ldots, A_n$ zu den Axiomen.

Man kann nun K einen Sequenzenkalkül $\overline{K}$ zuordnen, der wie folgt bestimmt ist:

A1) Ist A Axiom von K so ist $\to A$ Axiom von $\overline{K}$,

A2) Ist $\varDelta \to A$ eine Grundregel von K, so ist $\varDelta \to A$ ein Axiom von $\overline{K}$.

Die Axiome von $\overline{K}$ nach A1 und A2 bezeichnen wir als *spezielle* Axiome von $\overline{K}$, da sie von K abhängen. Daneben soll $\overline{K}$ folgende weitere Axiome und Regeln enthalten[2]

---

[1] Wie man Axiomenschemata und Axiome unterscheidet, so sollen hier auch Regelschemata und Regeln unterschieden werden. In der Formulierung eines Regelschemas kommen also Formelschemata vor und eine Regel entsteht aus einem Regelschema durch Ersetzung aller Mitteilungszeichen für Formeln durch bestimmte Formeln der Objektsprache.
[2] Zur Formulierung der Regeln von $\overline{K}$ verwenden wir das Symbol „⊢" anstelle von „→", um klar zwischen S-Formeln und Regeln zu unterscheiden.

Die Vollständigkeit des Operatorensystems $\{\neg, \wedge, \vee, \supset\}$

RF) $A \rightarrow A$ (Prinzip der Reflexivität)
VV) $\Delta \rightarrow A \vdash \Delta, B \rightarrow A$ (Prinzip der Prämissenverdünnung)
TR) $\Delta \rightarrow A; \Delta, A \rightarrow B \vdash \Delta \rightarrow B$ (Prinzip der Transitivität)
ST) $\Delta, A, B, \Gamma \rightarrow C \vdash \Delta, B, A, \Gamma \rightarrow C$ (Prinzip der Prämissenvertauschung)
SK) $\Delta, A, A \rightarrow B \vdash \Delta, A \rightarrow B$ (Prinzip der Prämissenkontraktion)

Die Anwendung der *Strukturregeln* ST und SK wird im folgenden nicht explizit hervorgehoben.

Es gilt nun der

Satz 1: Die Sequenz $\Delta \rightarrow A$ ist in $\overline{K}$ beweisbar genau dann, wenn A in K aus den Formeln Δ ableitbar ist.

Wir führen den Beweis durch Induktion nach der Länge l der Ableitung.

a) Es liegt eine Ableitung $\mathfrak{B}$ von A aus Δ in K vor. Ist $l = 1$, so ist A Axiom von K und $\rightarrow A$ ist Axiom von $\overline{K}$ nach A 1, so daß man mit VV $\Delta \rightarrow A$ erhält, oder A ist eine Annahmeformel aus Δ und man erhält $\Delta \rightarrow A$ in $\overline{K}$ aus $A \rightarrow A$ mit VV. Sei die Behauptung bewiesen für alle $l \leq n$ und sei nun $l = n + 1$. Ist dann A Axiom oder Annahmeformel, so argumentiert man wie oben. Andernfalls geht A in $\mathfrak{B}$ durch Anwendung einer Grundregel $B_1, \ldots, B_n \rightarrow A$ von K auf vorhergehende Glieder $B_1, \ldots, B_n$ hervor. Dann ist

1) $B_1, \ldots, B_n \rightarrow A$ Axiom von $\overline{K}$ nach A 2 und nach Induktionsvoraussetzung sind die Sequenzen.

2) $\Delta \rightarrow B_1$ bis $\Delta \rightarrow B_n$ in $\overline{K}$ beweisbar. Aus (1) und (2) erhält man aber durch mehrfache Anwendung der Regeln VV und TR die Sequenz $\Delta \rightarrow A$.

b) Es liege ein Beweis $\mathfrak{B}$ von $\Delta \rightarrow A$ in $\overline{K}$ vor. Ist seine Länge $l = 1$, so ist $\Delta \rightarrow A$ Axiom von $\overline{K}$. Die Axiome von $\overline{K}$ nach A 1, A 2, RF stellen aber gültige Ableitungsbeziehungen in K dar. Sei die Behauptung bewiesen für alle $l \leq n$ und sei nun $l = n + 1$. Ist dann $\Delta \rightarrow A$ Axiom von $\overline{K}$, so argumentiert man wie oben. Andernfalls entsteht $\Delta \rightarrow A$ in $\mathfrak{B}$ durch Anwendung einer der Regeln VV bis SK und nach Induktionsvoraussetzung ist bereits bewiesen, daß die entsprechenden Prämissen gültige Ableitungsbeziehungen in K darstellen. Ist aber A aus Δ ableitbar, so erhält man eine Ableitung von A aus Δ, B, wenn man der vorliegenden Ableitung den Satz B voranstellt. Ist B aus Δ, A ableitbar, und A aus Δ, so erhält man eine Ableitung von B aus Δ, wenn man in der ersten Ableitung die Formel A durch die zweite Ableitung ersetzt. Die Strukturregeln endlich erledigen sich in einfacher Weise, da es für die Gültigkeit einer Ableitungsbeziehung nicht auf die Reihenfolge und die Häufigkeit der Aufführung der Prämissen ankommt.

Ableitungsbeziehungen in K sind bisher nur zwischen Formeln erklärt worden, d.h. zwischen positiven S-Formeln vom Grad 0. Es soll nun eine Erweiterung des Ableitungsbegriffs vorgenommen werden, durch die für K Ableitungsbeziehungen zwischen positiven S-Formeln beliebigen Grades erklärt werden.

Betrachtet man zunächst auch positive S-Formeln vom Grad 1, so lassen sich auf Grund der bisherigen Bestimmungen diejenigen Ableitungsbeziehungen für K auszeichnen, die durch positive S-Formeln vom Grad ≤ 2 dargestellt werden, die in $\overline{K}$ beweisbar sind, wofern man dort anstelle der Sequenzen nun positive S-Formeln vom Grad ≤ 2 betrachtet. Da die Axiome RF und die Grundregeln von $\overline{K}$ die allgemeinen Eigenschaften eines Ableitungsbegriffes ausdrücken, besagt diese Festsetzung, daß auch die neu einzuführenden Ableitungsbeziehungen zwischen S-Formeln vom Grad ≤ 1 diese allgemeinen Eigenschaften haben sollen. Da nun eine S-Formel $\Delta \to A$ vom Grad 1 eine Ableitungsbeziehung in K zwischen Formeln darstellt und bereits erklärt ist, wann A in K aus den Δ-Formeln ableitbar ist, wird man zusätzlich festlegen, daß $\Delta \to A$ in K beweisbar ist, wenn A in K aus Δ ableitbar ist, bzw. allgemein, daß $\Delta \to A$ in K aus Γ ableitbar ist, wenn A in K aus Γ und Δ ableitbar ist. Das ergibt für den Kalkül $\overline{K}$ die zusätzliche Regel:

PB) $\Delta, \Gamma \to S \vdash \Delta \to (\Gamma \to S)$ (Prinzip der Prämissenbeseitigung).

Ferner wird man festlegen, daß S in K aus Formeln Δ und einer Sequenz $\Gamma \to T$ ableitbar ist, wenn S in K aus den Δ-Formeln mit Hilfe der Regel $\Gamma \to T$ ableitbar ist, d.h. wenn S in dem Kalkül K' beweisbar ist, der aus K entsteht durch Hinzunahme der Δ-Formeln zu den Axiomen und der Regel $\Gamma \to T$ zu den Grundregeln von K. Ist S nun auf Grund dieser Bestimmungen ableitbar aus Δ und der Regel $\Gamma \to T$, d.h. ableitbar vermittels einer Anwendung der Sequenz $\Gamma \to T$ als Regel und nicht schon auf Grund der vorherigen Bestimmungen, so muß gelten, daß die Γ-Formeln aus Δ ableitbar sind und aus Δ und den Γ-Formeln S ableitbar ist. Das erste ist notwendig, da sonst die Regel $\Gamma \to T$ in der Ableitung nicht angewendet werden kann, das zweite, weil die Anwendung dieser Regel sonst zur Ableitung von S nicht hinreicht. Diese Bestimmung ist nun für $\overline{K}$ durch eine zusätzliche Regel auszudrücken. Schreibt man kurz $\Delta \to \Gamma$ für $\Delta \to T_1; \ldots;$ $\Delta \to T_n$, wo Γ die S-Formelreihe $T_1 \ldots T_n$ ist, so kann man diese Regel so formulieren:

PE) $\Delta \to \Gamma; \Delta, T \to S \vdash \Delta, (\Gamma \to T) \to S$ (Prinzip der Prämisseneinführung)

Die Bezeichnung diese Prinzips versteht sich daraus, daß es mit der Umkehrung PE') $\Delta \to (\Gamma \to T) \vdash \Delta, \Gamma \to T$ der Regel PB äquivalent ist.

Damit sind nun Ableitungsbeziehungen zwischen positiven S-Formeln vom Grad ≤ 1 für K erklärt. Seien nun bereits Ableitungsbeziehungen zwischen positiven S-Formeln vom Grad $\leq n$ für K erklärt und sei K_n der Kalkül, der aus $\overline{K}$ entsteht durch Hinzunahme der Regeln PB und PE und Zulassung von S-Formeln vom Grad $\leq n+1$ anstelle der Sequenzen, so sind die K-gültigen Ableitungsbeziehungen, die durch S-Formeln vom Grad $n+2$ dargestellt werden, zu erklären durch das Kalkül $\overline{K}_{n+1}$. Ist $\overline{K}_\infty$ der Kalkül, der aus $\overline{K}$ durch Hinzunahme der Regeln PB, PE und der Zulassung beliebiger positiver S-Formeln entsteht, so definiert $\overline{K}_\infty$ die in K gültigen Ableitungsbeziehungen zwischen beliebigen positiven S-Formeln. Der Satz 1 gilt dann in der Formulierung:

Satz 1': Die S-Formel $\Delta \to S$ ist in $\overline{K}_\infty$ beweisbar genau dann, wenn S in K aus den S-Formeln Δ ableitbar ist.

Um zu zeigen, daß die Bestimmung der in K gültigen Ableitungsbeziehungen durch den Kalkül $\overline{K}_\infty$ mit der skizzierten intuitiven Erklärung dieser Ableitungsbeziehungen übereinstimmt, ist noch zu zeigen, daß in $\overline{K}_n$ genau die positiven S-Formeln vom Grad $\leq n+1$ beweisbar sind, die in $\overline{K}_\infty$ beweisbar sind. Daß die in $\overline{K}_n$ beweisbaren S-Formeln auch in $\overline{K}_\infty$ beweisbar sind, ist trivial, da $\overline{K}_n$ Teilkalkül von $\overline{K}_\infty$ ist. Für die Umkehrung beweist man nach dem üblichen Verfahren die Eliminierbarkeit der Regel TR in $\overline{K}_\infty$ für alle Schnittformen vom S-Grad $> n$. Diese kommen in den gemeinsamen speziellen Axiomen von $\overline{K}_n$ und $\overline{K}_\infty$ nicht vor. Die übrigen Regeln von $\overline{K}_\infty$ haben aber bzgl. der S-Formeln rein aufbauenden Charakter, so daß in keinem schnittfreien Beweis einer S-Formel vom S-Grad $\leq n+1$ in $\overline{K}_\infty$ S-Formeln vom S-Grad $n+1$ vorkommen.

Wir waren zunächst von Kalkülen K ausgegangen, deren Axiome Formeln sind und deren Grundregeln durch Sequenzen dargestellt werden. Daraus ergab sich eine entsprechende Beschränkung der speziellen Axiome der Kalküle $\overline{K}_\infty$ auf Sequenzen, die nach der angegebenen Erweiterung des Ableitungsbegriffes überflüssig erscheint. Im folgenden können also auch solche Kalküle $\overline{K}_\infty$ betrachtet werden, die als spezielle Axiome beliebige positive S-Formeln vom Grad ≤ 1 enthalten.

Die Kalküle $\overline{K}_\infty$ sind nun *deduktiv abgeschlossen* in folgendem Sinn: Erweitert man den Beweisbegriff von $\overline{K}_\infty$ wie oben den von K, so wird $\overline{K}_\infty$ dadurch nicht echt erweitert, da für jede im erweiterten Kalkül beweisbare Regel in $\overline{K}$ selbst eine S-Formel beweisbar ist, die diese Regel ausdrückt. Das ergibt sich aus dem

Satz 2: Gilt in $\overline{K}_\infty$ $\Delta \vdash S$, so gilt auch $\vdash \Delta \to S$ in $\overline{K}_\infty$.

Wir führen den Beweis durch Induktion nach der Länge l der Ableitung von S aus Δ. Ist $l = 1$, so ist S Axiom und man erhält mit PB $\to S$, und VV also $\Delta \to S$, oder S ist in Δ und man erhält $\Delta \to S$ aus $S \to S$ mit VV. Es sei die Behauptung bewiesen für alle $l \leq n$ und es sei nun $l = n+1$. Ist S Axiom oder ist S in Δ, so argumentiert man wie oben. Entsteht $S = \Gamma, U \to T$ in der Ableitung aus Δ durch eine Anwendung von VV, so ist nach Induktionsvoraussetzung $\varDelta \to (\varGamma \to T)$ beweisbar und wir erhalten damit

$$\begin{array}{ll} \varDelta, \varGamma \to T & \text{PE}' \\ \varDelta, \varGamma, U \to T & \text{VV} \\ \varDelta \to (\varGamma, U \to T) & \text{PB} \end{array}$$

Entsteht $S = \varGamma \to T$ in der Ableitung durch Anwendung von TR, so ist nach Induktionsvoraussetzung $\varDelta \to (\varGamma \to U)$ und $\varDelta \to (\varGamma, U, \to T)$ beweisbar und wir erhalten damit

$$\begin{array}{ll} \dfrac{\varDelta \to (\varGamma \to U) \quad \varDelta \to (\varGamma, U \to T)}{\varDelta, \varGamma \to U \quad \varDelta, \varGamma, U \to T} & \text{PE} \\ \varDelta, \varGamma \to T & \text{TR} \\ \varDelta \to (\varGamma \to T) & \text{PB.} \end{array}$$

Entsteht $S = \varGamma \to (\varPi \to T)$ in der Ableitung durch Anwendung von PB, so ist nach Induktionsvoraussetzung beweisbar $\varDelta \to (\varGamma, \varPi \to T)$ und wir erhalten damit

$$\begin{array}{ll} \varDelta, \varGamma, \varPi \to T & \text{PE}' \\ \varDelta, \varGamma \to (\varPi \to T) & \text{PB} \\ \varDelta \to (\varGamma \to (\varPi \to T)) & \text{PB.} \end{array}$$

Entsteht $S = \varGamma, (\varPi \to T) \to U$ in der Ableitung durch Anwendung von PE, so ist nach Induktionsvoraussetzung beweisbar, $\varDelta \to (\varGamma, \varPi)$ und $\varDelta \to (\varGamma, T \to U)$, und wir erhalten damit

$$\begin{array}{ll} \dfrac{\varDelta, \varGamma \to \varPi \quad \varDelta, \varGamma, T \to U}{\varDelta, \varGamma, (\varPi \to T) \to U} & \text{PE}' \\ & \text{PE} \\ \varDelta \to (\varGamma, (\varPi \to T) \to U) & \text{PB.} \end{array}$$

Entsteht S in der Ableitung durch Anwendung von SV, bzw. ST, so erhalten wir auf die gleiche Weise mit PE, SV, bzw. ST und PB die Beweisbarkeit von $\varDelta \to S$. Allgemein gilt nach Satz 2 und wegen PB auch $\varDelta \vdash \varGamma \to S$, wenn $\varDelta, \varGamma \vdash S$ gilt. Die Umkehrung dieser Behauptung ergibt sich aus der Beweisbarkeit von $\varGamma$, $(\varGamma \to S) \to S$ mit PE. Die den Regeln PB und PE für $\overline{K}_\infty$ entsprechenden Regeln sind also in $\overline{K}_\infty$ beweisbar.

Für $\overline{K}_\infty$ gilt ferner das *Ersetzungstheorem*;

Satz 3: Es gilt $S \leftrightarrow T \vdash U_S \leftrightarrow U_T$.

Dabei sei U_S eine S-Formel, die an einer bestimmten Stelle ein Vorkommnis von S als S-Teilformel enthält, und U_T sei die S-Formel, die aus U_S durch Ersetzung dieses Vorkommnisses von S durch ein solches von T entsteht. $V \leftrightarrow W$ sei eine Abkürzung für $V \to W$ und $W \to V$.

Wir beweisen das Ersetzungstheorem durch Induktion nach der Zahl g, dem S-Grad von U_S minus dem S-Grad von S. Ist $g = 0$, so ist $U_S = S$ und die Behauptung ist trivial. Es sei nun die Behauptung bewiesen für alle $g \leq n$ und es sei $g = n+1$. Dann läßt sich U_S darstellen in der Form $V_S, \Delta \rightarrow W$ oder $\Delta \rightarrow V_S$, wo V_S das fragliche Vorkommnis von S enthält und vom Grad $\leq n$ ist. Nach Induktionsvoraussetzung gilt dann $S \leftrightarrow T \vdash V_S \leftrightarrow V_T$. Wir erhalten also mit TR

$$S \leftrightarrow T; V_S, \Delta \rightarrow W \vdash V_T, \Delta \rightarrow W$$
$$S \leftrightarrow T; V_T, \Delta \rightarrow W \vdash V_S, \Delta \rightarrow W$$
$$S \leftrightarrow T; \Delta \rightarrow V_S \vdash \Delta \rightarrow V_T$$
$$S \leftrightarrow T; \Delta \rightarrow V_T \vdash \Delta \rightarrow V_S.$$

Es gilt also $S \leftrightarrow T$, $U_S \vdash U_T$ und $S \leftrightarrow T$, $U_T \vdash U_S$ und daraus erhalten wir mit Satz 2 die Behauptung.

Es gilt nun $(\rightarrow T) \rightarrow (\rightarrow T)$, nach PE′ also $(\rightarrow T) \rightarrow T$ und es gilt $T \rightarrow T$, nach PB also $T \rightarrow (\rightarrow T)$. Danach lassen sich S-Formeln der Gestalt $\rightarrow T$ in allen S-Formelkontexten durch T ersetzen, wobei die Kontexte in äquivalente S-Formeln übergehen. Eine solche wechselseitige Ersetzbarkeit besteht auch für die S-Formeln $S_1, \ldots, S_n \rightarrow T$ und $S_1 \rightarrow (S_2 \rightarrow \ldots (S_n \rightarrow T) \ldots)$, da mit PB die letztere Formel aus der ersteren herleitbar ist und mit PE′ die erstere aus der letzteren.

Es sei nun $\overline{M}_\infty$ derjenige Kalkül, der keine speziellen Axiome enthält. Dann sind in $\overline{M}_\infty$ genau die S-Formeln beweisbar, die in allen Kalkülen $\overline{K}_\infty$ beweisbar sind, d.h. die allgemeingültigen S-Formeln. Denn ist S in $\overline{M}_\infty$ beweisbar, so auch in jedem $\overline{K}_\infty$, da die Axiome und Regeln von $\overline{M}_\infty$ auch solche von $\overline{K}_\infty$ sind. Und ist S in allen $\overline{K}_\infty$ beweisbar, so insbesondere auch in $\overline{M}_\infty$.

Im Hinblick auf die oben erwähnten Ersetzbarkeiten von Teilformeln der Gestalt $\rightarrow T$ und $S_1, \ldots, S_n \rightarrow T$ für $n > 1$ ist nun die Menge der Theoreme von $\overline{M}_\infty$ bestimmt durch die Menge der Theoreme, die keine S-Teilformeln dieser Gestalt enthalten. Unter diesem Aspekt erweist sich dann $\overline{M}_\infty$ als gleichwertig mit einem Kalkül der positiven Implikationslogik. Damit ist die Struktur der Kalküle $\overline{K}_\infty$ und also auch der Beweisbegriff für positive S-Formeln hinreichend charakterisiert.

1.3 Der Beweisbegriff für beliebige *S-Formeln*

Um einen Beweisbegriff für beliebige S-Formeln festzulegen, genügt es, die S-Formel $\rightarrow$ als spezielle S-Formel einzuführen. Denn im Hinblick auf die Regeln PB und PE′ sind dann die S-Formeln $\Delta \rightarrow$ zu verstehen im Sinn der äquivalenten S-Formeln $\Delta \rightarrow (\rightarrow)$. Es soll nun die S-Formel $\rightarrow$ deduktiv so charakterisiert werden, daß aus ihr jede beliebige S-Formel ableitbar ist. Man kann also das

Axiom ansetzen $(\rightarrow)\rightarrow S$, oder, gleichwertig, die Regel HV: $\varDelta\rightarrow\vdash\varDelta\rightarrow S$ (Prinzip der hinteren Verdünnung).

Denn es gilt:

$$\frac{\varDelta\rightarrow\quad\varDelta\rightarrow(\rightarrow);(\rightarrow)\rightarrow S}{\varDelta\rightarrow S}\quad\text{und}\quad\frac{(\rightarrow)\rightarrow(\rightarrow)\quad(\rightarrow)\rightarrow}{(\rightarrow)\rightarrow S}$$

Nimmt man diese Regel zu den Kalkülen $\overline{K}_\infty$ hinzu und läßt in den Axiomen und Regeln von $\overline{K}_\infty$ nun beliebige S-Formeln zu, so erhält man Kalküle, die wir als *Gentzenkalküle* bezeichnen wollen. Sie fixieren einen Beweisbegriff für beliebige S-Formeln, den wir auf Grund der angegebenen Erläuterungen auffassen können als Erweiterung des Beweisbegriffes für Formeln in Kalkülen K. Man macht sich leicht klar, daß die Sätze 1, 2 und 3 auch für solche Gentzenkalküle gelten.

Man kann sagen, daß durch die Einführung der S-Formel $\rightarrow$ ein formaler Widerlegungsbegriff für die Kalküle definiert ist: Eine S-Formel soll in K widerlegbar heißen, wenn in K beweisbar ist $S\rightarrow(\rightarrow)$, d.h. wenn in K aus S die S-Formel $\rightarrow$ ableitbar ist. Die so definierte Widerlegung einer Formel geschieht dann im Kalkül selbst, nicht mit metatheoretischen Mitteln, wie etwa bei einer Definition der Widerlegbarkeit durch die Unbeweisbarkeit im Kalkül.

2 Gentzensemantik

2.1 Grundgedanken

Die Aufgabe der aussagenlogischen Semantik besteht darin, die aussagenlogisch gültigen Schlüsse zu charakterisieren. In der mengentheoretischen Semantik geht man dazu aus von Belegungen aller Atomformeln mit genau einem der beiden Wahrheitswerte „wahr" oder „falsch". Es werden dann n-stellige aussagenlogische Operatoren F als Wahrheitsfunktionen definiert durch Angabe von hinreichenden und notwendigen Wahrheitsbedingungen für die Sätze $F(A_1,\ldots,A_n)$, wonach der Wahrheitswert dieser Sätze nur von den Wahrheitswerten der Komponenten A_1, $\ldots$, A_n abhängt. Danach legt man fest, daß ein Schluß von den Sätzen B_1, $\ldots$, B_m auf den Satz C gültig heißen soll bzgl. der Belegung $\mathfrak{B}$, wenn $\mathfrak{B}$ dem Satz C den Wert „wahr" zuordnet, sofern $\mathfrak{B}$ allen Sätzen B_1, $\ldots$, B_m den Wert „wahr" zuordnet. Die aussagenlogisch gültigen Schlüsse werden dann als diejenigen Schlüsse bestimmt, die gültig sind bzgl. aller Belegungen.

Von einem konstruktiven Standpunkt aus ist diese mengentheoretische Semantik unbefriedigend, da beliebige Belegungen der Atomformeln mit Wahrheitswerten betrachtet werden, und nicht nur solche, die sich mit Hilfe effektiver Verfahren erzeugen lassen. Will man sich auf solche Belegungen beschränken, so wird man sich zunächst einmal auf bestimmte effektive Verfahren festlegen, z.B. auf formale Kalküle. Ist für einen Kalkül K ein Beweisbegriff und ein formaler, d.h. in K induktiv definierter Widerlegungsbegriff festgelegt, so kann man bestimmen, daß die in K beweisbaren Sätze als wahr, die in K widerlegbaren Sätze als falsch ausgezeichnet sein sollen und kann so mit K Belegungen definieren. Von diesem Ansatz her ist es natürlich, sich nicht nur auf solche Kalküle zu beschränken, in denen jede Atomformel beweisbar oder widerlegbar ist, sondern auch Kalküle zu betrachten, die den Wahrheitswert gewisser Sätze undeterminiert lassen und so das Prinzip der Wahrheitsdefinitheit der Sätze aufzugeben, das der mengentheoretischen Semantik zugunde liegt.

Man wird sich nun auf einen bestimmten Kalkültyp festlegen müssen. Bezüglich der Wahl dieses Typs besteht eine gewisse Freiheit. Da sich bei verschiedenen Wahlen verschiedene Logiksysteme ergeben können, wird man daher bestrebt sein, einen möglichst allgemeinen Kalkültyp zugrunde zu legen, um keine speziellen Annahmen in die semantische Begründung der Logik hineinzutragen, die sich vom Grundgedanken einer kalkülmäßigen Definition der Belegungen nicht rechtfertigen lassen. Außerdem kann man in einem allgemeinen semantischen Rahmen auch verschiedene spezielle Logiksysteme durch Zusatzbedingungen auszeichnen und so vergleichen. Für die folgenden Überlegungen sollen Gentzenkalküle zugrundegelegt werden und die in diesem Rahmen aufzubauende Semantik soll entsprechend als *Gentzensemantik* bezeichnet werden. Diesen Kalkülen eignet eine gewisse Allgemeinheit, die sich in ihrer deduktiven Abgeschlossenheit ausdrückt. Andererseits ist der Widerlegungsbegriff in diesen Kalkülen so speziell, daß diesbezüglich noch eine weitere Verallgemeinerung anzustreben wäre. Auf diese Verallgemeinerung soll hier jedoch nicht näher eingegangen werden, da sie über den Rahmen der intuitionistischen Logik hinausführt, die uns hier beschäftigt.

Wenn man anstelle der Belegungen als Wahrheitswertzuordnungen Kalküle verwendet, so hat man auch die Möglichkeit, anstelle der Belegung gleich den Begriff des bzgl. einer Belegung gültigen Schlusses einzuführen. Ein Kalkül legt ja nicht nur fest, welche Formeln beweisbar und welche widerlegbar sind, sondern er legt allgemein gewisse deduktive Zusammenhänge, d.h. Ableitungsbeziehungen zwischen Formeln fest. Diese Ableitungsbeziehungen sollen dann semantische Schlüsse repräsentieren[3].

---

[3] Legt man Gentzenkalküle zugrunde, so ist dabei der Schlußbegriff im Sinne des Ableitungsbegriffs zu verallgemeinern. Es wird aber unten gezeigt, daß nach Einführung der Operatoren ¬, ∧, ∨, ⊃ jedem Schluß in diesem verallgemeinerten Sinn ein äquivalenter Schluß im üblichen Sinn entspricht, dessen Prämissen und Konklusion Formeln sind.

Es sei nun L eine Sprache, für die auch $F(A_1, \ldots, A_n)$ eine Formel ist, wenn $A_1, \ldots, A_n$ Formeln sind. F sei also ein n-stelliger aussagenlogischer Operator in L. K sei im folgenden ein Gentzenkalkül über L, dessen spezielle Axiome nur Atomformeln enthalten, d.h. Formeln ohne Vorkommnisse von logischen Operatoren. K legt dann die Gültigkeit gewisser Ableitungsbeziehungen zwischen Atomformeln fest, die Schlüsse für diese Formeln darstellen. Die semantische Charakterisierung eines aussagenlogischen Operators wird in diesem Rahmen nun so erfolgen, daß induktive Bedingungen für die Gültigkeit von Ableitungsbeziehungen angegeben werden, die Sätze der Gestalt $F(A_1, \ldots, A_n)$ als Prämissen oder Konklusionen enthalten. Denn wenn man sofort auf die Auszeichnung der gültigen Schlüsse abzielt und nicht, wie in der mengentheoretischen Semantik, dazu den Umweg über eine Definition der Formeln als Wahrheitswertfunktionen wählt, so sind die Sätze $F(A_1, \ldots, A_n)$ nur im Kontext von Schlüssen zu charakterisieren und nicht für sich allein.

Wenn man in der Semantik nur eine induktive Definition der gültigen Schlüsse geben wollte, so könnte man prinzipiell die Axiome und Regeln jedes beliebigen Logikkalküls als semantische Festsetzungen auffassen. An Festsetzungen, die die Bezeichnung „semantisch" verdienen, wird man aber zwei Forderungen stellen:

1. Jeder aussagenlogische Operator F soll durch eigene semantische Regelschemata charakterisiert werden, in denen außer F kein anderer Operator vorkommt, und nach denen die Funktion der Formeln $F(A_1, \ldots, A_n)$ in deduktiven Kontexten nur abhängt von den deduktiven Beziehungen zwischen den Formeln $A_1, \ldots, A_n$. Daher wird man als Regeln zur Einführung von $F(A_1, \ldots, A_n)$ als Hinterformel Regeln nach folgendem Schema wählen:

$$\Delta, \Delta_{11} \to \Omega_{11}; \ldots; \Delta, \Delta_{1s_t} \to \Omega_{1s_t} \vdash \Delta \to F(A_1, \ldots, A_n)$$
$$\Delta, \Delta_{t1} \to \Omega_{t1}; \ldots; \Delta, \Delta_{ts_t} \to \Omega_{ts_t} \vdash \Delta \to F(A_1, \ldots, A_n).$$

Dabei seien die Formeln Δ unspezifizierte Parameter und die Formeln $\Delta_{ik_i}, \Omega_{ik_i}$ ($i = 1, \ldots, t$; $k_i = 1, \ldots, s_i$) mögen nur Formelkomponenten aus $A_1, \ldots, A_n$ enthalten. Wegen PB un PE sind damit die folgenden Regeln äquivalent:

I) $\quad \Delta \to \Delta_1 \vdash \Delta \to F(A_1, \ldots, A_n)$
$\quad \Delta \to \Delta_t \vdash \Delta \to F(A_1, \ldots, A_n)$, wo Δ_i die S-Formelreihe $(\Delta_{i1} \to \Omega_{i1}), \ldots, (\Delta_{is_i} \to \Omega_{is_i})$ ist.

2. Die Regeln zur Einführung der Formeln $F(A_1, \ldots, A_n)$ müssen *nichtkreativ* sein, d.h. jeder Beweis in dem um diese Regeln erweiterten Kalkül K für eine S-Formel U, die F nicht enthält, muß sich umformen lassen in einen Beweis für U ohne Anwendung der Regeln zur Einführung von F, d.h. in einen Beweis ohne Formeln $F(A_1, \ldots, A_n)$. Da nur die Regel TR Formeln der Prämissen

eliminiert, besagt das, daß Anwendungen der Regel TR mit einer Schnittformel $F(A_1, \ldots, A_n)$ eliminierbar sein müssen. Daher muß das Regelschema zur Einführung von Formeln $F(A_1, \ldots, A_n)$ als Vorderformeln die folgende Gestalt haben:

II) $\quad\quad\quad\quad \Delta, \Delta_1 \to \Omega; \ldots; \Delta, \Delta_t \to \Omega \vdash \Delta, F(A_1 \ldots A_n) \to \Omega$.

Wäre die Forderung der Nichtkreativität verletzt, so würden sich aus den Regeln, die den Operator F semantisch charakterisieren sollen, neue Gültigkeitsbedingungen für S-Formeln ergeben, die F nicht enthalten, und über deren Gültigkeit also unabhängig von der Einführung von F verfügt werden muß.

Durch die Regeln (I) sind demnach schon die Regeln (II) bestimmt. Die Festsetzung (II) besagt zudem, daß (I) umkehrbar ist. Wegen (I) und TR ist auch die Regel (II) umkehrbar, d.h. für alle i gilt: $\Delta, F(A_1, \ldots, A_n) \to \Omega \vdash \Delta, \Delta_i \to \Omega$. Die Bedingungen (I) und (II) sind also nicht nur hinreichend, sondern auch notwendig. Wie die Formeln $F(A_1, \ldots, A_n)$ in beliebige S-Formelkontexte einzuführen sind, das ist auf Grund der Regeln (I) und (II) durch die übrigen Regeln der Gentzenkalküle, insbesondere durch die Regeln PB und PE festgelegt.

Eine über die beiden angegebenen Forderungen hinausgehende Forderung der *Eliminierbarkeit* an die semantischen Regeln für den Operator F zu stellen, ist im Rahmen der Gentzensemantik nicht gerechtfertigt. Diese Forderung besagt ja, daß es zu jeder S-Formel S, die F enthält, eine S-Formel T geben muß, die F nicht enthält, und für die gilt $S \leftrightarrow T$. Diese Bedingung ist wegen des folgenden Ersetzungstheorems offenbar genau dann erfüllt, wenn sich zu $F(A_1, \ldots, A_n)$ eine S-Formel U angeben läßt, die F nicht enthält, und für die gilt $F(A_1, \ldots, A_n) \leftrightarrow U$, d.h. wenn $F(A_1, \ldots, A_n)$ explizit definierbar ist. Es sollten aber die Formeln $F(A_1, \ldots, A_n)$ in der Gentzensemantik nicht explizit definiert werden, sondern nur im Kontext von S-Formeln. Daher verzichten wir hier auf diese Forderung.[4]

Sei nun K' der Kalkül, der aus K durch Hinzunahme der Regeln (I) und (II) entsteht. Ist dann M wieder der Gentzenkalkül ohne spezielle Axiome, so sind die in allen Kalkülen K' beweisbaren Schlüsse, d.h. die logisch gültigen Schlüsse die in M' beweisbaren Schlüsse, so daß M' der Logikkalkül ist, der sich auf Grund der Gentzensemantik ergibt.

Zum Abschluß soll noch das folgende Ersetzungstheorem bewiesen werden:

Satz 4: Es gilt $A \leftrightarrow B \vdash C_A \leftrightarrow C_B$, wobei C_A eine Formel sei, die an einer bestimmten Stelle ein Vorkommnis von A enthält, und C_B aus C_A durch Ersetzung dieses Vorkommnisses von A durch ein solches von B hervorgehe.

---

[4] Unter 3.2 wird angedeutet, wie sich eine solche Eliminierbarkeitsforderung erfüllen ließe.

Wir beweisen die Behauptung durch Induktion nach der Zahl g, dem Grad von C_A minus dem Grad von A. Dabei bezeichnen wir wie üblich die Anzahl der Vorkommnisse von logischen Operatoren in einer Formel als deren Grad. Ist $g = 0$, so ist die Behauptung trivial. Es sei nun die Behauptung schon für alle $g \leq n$ bewiesen und es sei $g = n+1$. Dann hat C_A die Gestalt $F(A_1, \ldots, A_n)$, und ein A_{kA} ($k = 1, \ldots, n$) enthält das fragliche Vorkommnis von A und es ist für A_{kA} $g \leq n$. Nach Induktionsvoraussetzung gilt dann $A \leftrightarrow B \vdash A_{kA} \leftrightarrow A_{kB}$. Nach Satz 3 folgt also $\Delta_{iA} \leftrightarrow \Delta_{iB}$ aus $A \leftrightarrow B$, wobei sich die Ersetzung von A durch B immer nur auf die Formel A_k bezieht. Aus (I) erhalten wir demnach aber $\Delta_{iB} \to C_A$ und $\Delta_{iA} \to C_B$. Aus (II) erhalten wir ferner $(\Delta_{iA} \to C_B), \ldots, (\Delta_{tA} \to C_B) \vdash C_A \to C_B$, und $(\Delta_{iB} \to C_A), \ldots, (\Delta_{iB} \to C_A) \vdash C_B \to C_A$, also $C_A \to C_B$ und $C_A \to C_B$.

Zusammen mit Satz 3 ergibt sich dann die verallgemeinerte Form dieses Ersetzungstheorems:

Satz 5; $A \leftrightarrow B \vdash S_A \leftrightarrow S_B$, wo S_A nun eine S-Formel ist, die A als Teilformel einer S-Formelkomponente enthält.

2.2 Die Vollständigkeit des Operatorensystems $\{\neg, \wedge, \vee, \supset\}$

Die Operatoren $\neg, \wedge, \vee, \supset$ werden durch folgende Regeln nach den Schemata (I) und (II) definiert:

$\Delta \to (A \to) \vdash \Delta \to \neg A$ oder äquivalent **HN**: $\Delta, A \to \vdash \Delta \to \neg A$

$\Delta, (A \to) \to \Omega \vdash \Delta, \neg A \to \Omega$,   oder äquivalent **VN**: $\Delta \to A \vdash \Delta, \neg A \to$

HK: $\Delta \to A; \Delta \to B \vdash \Delta \to A \wedge B$

$\Delta, A, B \to \Omega \vdash \Delta, A \wedge B \to \Omega$,   oder äquivalent **VK**: $\Delta, A \to \Omega \vdash \Delta, A \wedge B \to \Omega$

                                                                                                $\Delta, B \to \Omega \vdash \Delta, A \wedge B \to \Omega$

HD: $\Delta \to A \vdash \Delta \to A \vee B$

        $\Delta \to B \vdash \Delta \to A \vee B$

VD: $\Delta, A \to \Omega; \Delta, B \to \Omega \vdash \Delta, A \vee B \to \Omega$.

$\Delta \to (A \to B) \vdash \Delta \to A \supset B$,   oder äquivalent **HI**: $\Delta, A \to B \vdash \Delta \to A \supset B$

$\Delta, (A \to B) \to \Omega \vdash \Delta, A \supset B \to \Omega$,   oder äquivalent **VI**: $\Delta \to A; \Delta, B \to \Omega \vdash$

                                                                                                      $\vdash \Delta, A \supset B \to \Omega$.

Es wird nun jeder S-Formel S eine Formel $\overline{S}$ zugeordnet durch die Festsetzung: Ist S eine Formel, so ist $\overline{S}$ mit S identisch. Ist Δ die S-Formelreihe $T_1, \ldots, T_n$, so ist $\overline{\Delta}$ die Formelreihe $\overline{T}_1, \ldots, \overline{T}_n$ und $\overline{\overline{\Delta}}$ ist die Formel $\overline{T}_1 \wedge \ldots \wedge \overline{T}_n$. Ist S die S-Formel $\Delta \to U$, so ist $\overline{S}$ die Formel $\overline{\overline{\Delta}} \supset \overline{U}$, ist S die S-Formel $\Delta \to$, so ist $\overline{S}$ die Formel $\neg \overline{\overline{\Delta}}$, ist S die S-Formel $\to U$, so ist $\overline{S}$ die Formel $\overline{U}$, ist S die S-Formel $\to$, so ist $\overline{S}$ die Formel $\neg(A \supset A)$ für ein festes A.

Es gilt dann der

Satz 6: $\vdash S \leftrightarrow \overline{S}$.

Die Vollständigkeit des Operatorensystems $\{\neg, \wedge, \vee, \supset\}$ 43

Man führt den Beweis durch Induktion nach dem S-Grad g von S. Ist $g=0$, so ist die Behauptung trivial. Ist $g=1$ und hat S die Gestalt $\rightarrow$, so findet man:

$(\rightarrow)\rightarrow(\rightarrow)$ und $A\rightarrow A$
$(\rightarrow)\rightarrow$ $\rightarrow A\supset A$
$(\rightarrow), A\supset A\rightarrow$ $\neg(A\supset A)\rightarrow$
$(\rightarrow)\rightarrow\neg(A\supset A)$ $\neg(A\supset A)\rightarrow(\rightarrow)$.

Es sei die Behauptung bewiesen für alle $g\leq n$ und es sei nun $g=n+1$. Nach Induktionsvoraussetzung gilt dann $(T_1,...,T_n\rightarrow U)\leftrightarrow(\overline{T}_1,...,\overline{T}_n\rightarrow\overline{U})$, bzw. $(T_1,...,T_n\rightarrow)\leftrightarrow(\overline{T}_1,...,\overline{T}_n\rightarrow)$ bzw. $(\rightarrow U)\leftrightarrow\overline{U}$. Nach HK und VK gilt aber $\overline{T}_1,...,\overline{T}_n\leftrightarrow\overline{T}_1\wedge...\wedge\overline{T}_n$, nach HI und VI gilt $(\overline{T}\rightarrow\overline{U})\leftrightarrow\overline{T}\supset\overline{U}$ und nach HN und VN gilt $(\overline{T}\rightarrow)\leftrightarrow\neg\overline{T}$. Damit erhält man aber sofort die Behauptung auch für den Fall $g=n+1$.

Es sei nun der Operator F durch die Regeln nach (I) und (II) definiert. Aus (I) erhalten wir $\Delta_1\rightarrow F(A_1,...,A_n); ...; \Delta_t\rightarrow F(A_1,...,A_n)$ mit Satz 6 und VK also $\overline{\overline{\Delta}}_1\rightarrow F(A_1,...,A_n); ...; \overline{\overline{\Delta}}_t\rightarrow F(A_1,...,A_n)$, und mit VD also $\overline{\overline{\Delta}}_1\vee...\vee\overline{\overline{\Delta}}_t\rightarrow F(A_1,...,A_n)$. Nach Satz 6 und HK gilt auch $\Delta_i\rightarrow\overline{\overline{\Delta}}_i$, wegen HD also $\overline{\overline{\Delta}}_1\rightarrow\overline{\overline{\Delta}}_1\vee...\vee\overline{\overline{\Delta}}_t; ...; \Delta_t\rightarrow\overline{\overline{\Delta}}_1\vee...\vee\overline{\overline{\Delta}}_t$ nach (II) also auch $F(A_1,...,A_n)\rightarrow\overline{\overline{\Delta}}_1\vee...\vee\overline{\overline{\Delta}}_t$. Im Hinblick auf das Ersetzungstheorem kann man also $F(A_1,...,A_n)$ in allen S-Formelkontexten so durch die Formel $\overline{\overline{\Delta}}_1\vee...\vee\overline{\overline{\Delta}}_t$ ersetzen, daß man dabei zu äquivalenten S-Formeln übergeht. Das heißt $F(A_1,...,A_n)$ kann durch die Formel $\overline{\overline{\Delta}}_1\vee...\vee\overline{\overline{\Delta}}_t$ definiert werden, die sich aus den Formeln $A_1,...,A_n$ nur mit Hilfe der Operatoren $\neg,\wedge,\vee,\supset$ zusammensetzt. Damit ist die Vollständigkeit der Gentzensemantik bewiesen.

Es bleibt nur noch zu zeigen, daß die Gentzensemantik eine adäquate Semantik für die intuitionistische Logik ist, damit die Vollständigkeit des Operatorensystems auch für die intuitionistische Logik behauptet werden kann.

2.3 Die Gentzensemantik als Semantik der intuitionistischen Logik

Es sei K^+ der Kalkül, der aus einem Gentzenkalkül K, dessen spezielle Axiome nur Atomformeln enthalten, durch Hinzunahme der semantischen Regeln HN bis VI entsteht. In M^+ sind dann genau diejenigen S-Formeln beweisbar, die durch die Gentzensemantik als allgemeingültig ausgezeichnet sind. Es soll nun der folgende Satz bewiesen werden:

Satz 7: In M^+ sind genau die Sequenzen beweisbar, die in dem intuitionistischen Sequenzenkalkül LJ von Gentzen in (1934) bewiesen werden können.

Ist $M^{+\prime}$ der Kalkül, der aus M^+ entsteht durch Streichung der Regeln PB und PE und Einschränkung der Axiome und der Prämissen und Konklusionen aller

Regeln auf Sequenzen, so ist in $M^{+\prime}$ eine Sequenz genau dann beweisbar, wenn sie in M^+ beweisbar ist. Denn einerseits ist $M^{+\prime}$ Teilkalkül von M^+, so daß jeder Beweis in $M^{+\prime}$ auch ein Beweis in M^+ ist. Andererseits ist aber die Regel TR in M^+ eliminierbar und jeder schnittfreie Beweis einer Sequenz in M^+ ist auch ein Beweis in $M^{+\prime}$. Der Kalkül $M^{+\prime}$ ist nun aber mit dem aussagenlogischen Teil des Kalküls LJ äquivalent, wie der Vergleich der beiden Kalküle sofort zeigt.

Ist aber $M^{+\prime}$ ein Kalkül der intuitionistischen Aussagenlogik, so kann man auch M^+ als Kalkül der intuitionistischen Aussagenlogik ansprechen, denn M^+ ist nichts anderes als die deduktive Erweiterung von $M^{+\prime}$ durch Hinzunahme der Regeln PB und PE. Ferner läßt sich jeder S-Formel vom S-Grad > 1 nach den Sätzen 5 und 6 eine äquivalente Sequenz zuordnen, so daß die Menge der in M^+ beweisbaren Sequenzen schon die Menge der in M^+ beweisbaren S-Formeln festlegt.

3 Abschließende Bemerkungen

3.1 Ein Vergleich des oben skizzierten semantischen Begründungssatzes mit dem operativen Ansatz von P. Lorenzen in (1955) zeigt, daß gegenüber dem operativen Ansatz hier im wesentlichen nur anstelle der in einem Kalkül K zulässigen Regeln die in K beweisbaren Regeln betrachtet werden. Dadurch sollen die Nachteile vermieden werden, die sich mit dem Zulässigkeitsbegriff verbinden und die auch K. Lorenz in (1961) hervorgehoben hat: Der Zulässigkeitsbegriff ist zunächst ein nichtkonstruktiver Begriff. Man kann der Behauptung, die Regel A_1, ..., $A_n \to B$ sei zulässig in einem Kalkül K zwar einen konstruktiven Gehalt geben, wenn man fordert, daß eine solche Zulässigkeitsbehauptung bewiesen werden muß durch Angabe eines konstruktiven Verfahrens zur Umformung eines Beweises, der eine Anwendung der Regel A_1, ..., $A_n \to B$ enthält, in einem Beweis ohne Anwendung dieser Regel, aber diese Möglichkeit entfällt bei höheren Zulässigkeitsbehauptungen. Eine Regel wie z.B. $(\Delta \to \Omega) \to (\Gamma \to \Omega')$ gilt dann als zulässig in K, wenn sie zulässig ist in dem Metakalkül MK zu K, in dem genau die in K zulässigen Regeln beweisbar sind. Da es sich hier aber um eine Zulässigkeitsbehauptung für den nichtformalisierten Metakalkül MK handelt, kann man dieser Behauptung nicht den oben angegebenen konstruktiven Sinn unterlegen.

Ein Vorteil bei der Betrachtung zulässiger, anstelle beweisbarer Regeln liegt andererseits aber z.B. darin, daß die Regeln (II) für die Einführung des Operators F in 2.1 nicht als eigene Regeln angesetzt werden müssen, sondern über das Inversionsprinzip als zulässig beweisbar sind.

3.2 Man kann sich fragen, ob man beim Aufbau der Semantik nicht mit einfacheren Mitteln auskommt, ob man insbesondere nicht nach dem Vorbild von

Die Vollständigkeit des Operatorensystems $\{\neg, \wedge, \vee, \supset\}$ 45

H. B. Curry (1963) anstelle der Gentzenkalküle Sequenzenkalküle zugrunde legen und sich so auf die Betrachtung von Ableitungsbeziehungen zwischen Formeln beschränken kann. Dieser Gedanke liegt um so näher, als man ja durch die Regeln HI und VI die Formel $A \supset B$ in gleicher Weise einführt, wie die S-Formel $A \rightarrow B$. Daraus ergibt sich eine Äquivalenz $A \supset B \leftrightarrow (A \rightarrow B)$, die man aber nicht benötigt, da an die Einführung der Operatoren die Forderung der Eliminierbarkeit nicht gestellt werden sollte. Nach den unter 2.1 angegebenen Gedanken erhielte man dann anstelle der Regeln (I) und (II) folgende Regeln:

I') $\Delta, \Delta_{11} \rightarrow \Omega_{11}; \ldots; \Delta, \Delta_{1s_1} \rightarrow \Omega_{1s_1} \vdash \Delta \rightarrow F(A_1, \ldots, A_n)$
$\Delta, \Delta_{t1} \rightarrow \Omega_{t1}; \ldots; \Delta, \Delta_{ts_t} \rightarrow \Omega_{ts_t} \vdash \Delta \rightarrow F(A_1, \ldots, A_n)$

II') $\Delta \rightarrow \Delta_{1k_{11}}; \ldots; \Delta \rightarrow \Delta_{tk_{t1}}; \Delta, \Omega_{1k_{11}} \rightarrow \Omega; \ldots; \Delta, \Omega_{tk_{t1}} \rightarrow \Omega \vdash$
$\vdash \Delta, F(A_1, \ldots, A_n) \rightarrow \Omega$
$\Delta \rightarrow \Delta_{1k_{1r}}; \ldots; \Delta \rightarrow \Delta_{tk_{tr}}; \Delta, \Omega_{1k_{1r}} \rightarrow \Omega; \ldots; \Delta, \Omega_{tk_{tr}} \rightarrow \Omega \vdash$
$\vdash \Delta, F(A_1, \ldots, A_n) \rightarrow \Omega,$

wo $i = 1, \ldots, t$, $r = s_1 \times \ldots \times s_t$, $j = 1, \ldots, r$ und $k_{ij} = 1, \ldots, s_i$ ist. Die Formelreihen $\Delta_{ik_{ij}}$, $\Omega_{ik_{ij}}$ sollen nur Formeln aus $A_1, \ldots, A_n$ enthalten.

Aus (I') erhält man $A \rightarrow F(A_1 \ldots A_n)$, wo A die Formel $((\overline{\Delta_{11} \rightarrow \Omega_{11}}) \wedge \ldots \wedge (\overline{\Delta_{1s_1} \rightarrow \Omega_{1s_1}})) \vee \ldots \vee ((\overline{\Delta_{t1} \rightarrow \Omega_{t1}}) \wedge \ldots \wedge (\overline{\Delta_{ts_t} \rightarrow \Omega_{ts_t}}))$ ist. Aus (II') aber läßt sich $F(A_1 \ldots A_n) \rightarrow A$ nicht gewinnen. Daher kann man für diesen Ansatz die Vollständigkeit des Operatorensystems $\{\neg, \wedge, \vee, \supset\}$ nicht mehr auf dem bisherigen Weg beweisen. Definiert man z.B. den Operator F durch die Regeln:

I') $\Delta, A \rightarrow B \vdash \Delta \rightarrow F(A, B, C)$
$\Delta, C \rightarrow B \vdash \Delta \rightarrow F(A, B, C)$

II') $\Delta \rightarrow A; \Delta \rightarrow C; \Delta, B \rightarrow \Omega \vdash \Delta, F(A, B, C) \rightarrow \Omega,$

so gilt $(A \supset B) \vee (C \supset B) \rightarrow F(A, B, C)$, aber nicht $F(A, B, C) \rightarrow (A \supset B) \vee (C \supset B)$, sondern nur $F(A, B, C) \rightarrow A \wedge C \supset B$. Intuitionistisch gilt aber nicht $A \wedge C \supset B \rightarrow (A \supset B) \vee (C \supset B)$.

Es läßt sich auch (II') nun nicht mehr als Umkehrung von (I') ansprechen, und da auch (II') nicht umkehrbar ist, so erhalten (I') und (II') nur mehr hinreichende, nicht aber notwendige Bedingungen für die Beweisbarkeit der Konklusion.

Der Effekt der deduktiven Erweiterung der Sequenzenkalküle durch die Regeln PB und PE liegt also darin, daß sie erlaubt, die Definitionsbedingungen für die aussagenlogischen Operatoren so scharf zu fassen, daß sie umkehrbar werden und daß die Vollständigkeit des Operatorensystems $\{\neg, \wedge, \vee, \supset\}$ beweisbar ist.

Um die Forderung der Eliminierbarkeit aller Operatoren, auch der Grundoperatoren $\neg, \wedge, \vee, \supset$ zu erreichen, kann man den Begriff der S-Formel so erweitern, daß auch $[S, T]$ und $\{S, T\}$ S-Formeln sind, wenn S und T S-Formeln sind. Es ist dabei „$[S, T]$" wie „S und T" zu lesen und „$\{S, T\}$" wie „S oder T". Definiert man den Beweisbegriff für die neuen S-Formeln durch Hinzunahme von Regeln zu den Gentzenkalkülen, die den Regeln HK, VK und HD, VD entsprechen, und setzt $[S_1, ..., S_{n+1}]$ für $[[S_1, ..., S_n], S_{n+1}]$ und $[S]$ für S, sowie $\{S_1, ..., S_{n+1}\}$ für $\{\{S_1, ..., S_n\}, S_{n+1}\}$ und $\{S\}$ für S, so kann man dann für die Regeln (I) und (II) in 2.1 die äquivalenten Regeln

I'') $\quad \Delta \to \{[\Delta_1], ..., [\Delta_t]\} \vdash \Delta \to F(A_1, ..., A_n)$ und

II'') $\quad \Delta, \{[\Delta_1] ... [\Delta_t]\} \to \Omega \vdash \Delta, F(A_1, ..., A_n) \to \Omega$

formulieren. Aus ihnen erhält man $F(A_1, ..., A_n) \leftrightarrow \{[\Delta_1], ..., [\Delta_t]\}$, so daß die Eliminierbarkeitsforderung erfüllt ist. Ein solches Vorgehen ist methodisch sauber, da klar zwischen den beim Aufbau der Gentzenkalküle verwendeten und intuitiv in Übereinstimmung mit den Regeln der Gentzenkalküle erklärten Grundbegriffen, und den mit ihnen definierten aussagenlogischen Operatoren unterschieden wird. Ähnlich werden ja auch in der mengentheoretischen Semantik die Operatoren $\neg, \wedge, \vee, \supset$ mit Hilfe von Festsetzungen eingeführt, die die umgangssprachlichen Worte „nicht", „und", „oder", „wenn-dann" enthalten, Worte, die sich ihrerseits in ihrem genauen Sinn nur mit Hilfe analoger Bestimmungen klären lassen.

Da aber beim Aufbau der Gentzensemantik die Forderung der Eliminierbarkeit als nicht gerechtfertigt erscheint, so ist die Verwendung von S-Formeln $[A, B]$ und $\{A, B\}$ neben den Formeln $A \wedge B$ und $A \vee B$ überflüssig.

Literatur

Curry, H.B. (1963): *Foundations of Mathematical Logic*, New York
Gentzen, G. (1934): „Untersuchungen über das logische Schließen". *Math. Zeitschr.* 39, 176-210, 405-431
Lorenz, K. (1961): *Arithmetik und Logik als Spiele*, Kieler Diss.
Lorenzen, P. (1955): *Einführung in die operative Logik und Mathematik*, Berlin
Lorenzen, P. (1962): *Metamathematik*, Mannheim

3

Ein verallgemeinerter Widerlegungsbegriff für Gentzenkalküle

In (1968) habe ich wurde eine aussagenlogische Semantik skizziert, in der gültige Schlüsse durch Ableitungsbeziehungen in Kalkülen definiert werden.[1] Dabei wurde darauf hingewiesen, daß es von diesem Ansatz her wünschenswert ist, einen möglichst allgemeinen Kalkültyp zu verwenden und daß der Widerlegungsbegriff der dort verwendeten Gentzenkalküle einer Verallgemeinerung fähig ist. Eine solche Verallgemeinerung soll hier angegeben werden.

Das Interesse einer solchen Verallgemeinerung liegt erstens darin, daß sie die Frage nach der Auszeichnung der intuitionistischen Logik durch die Gentzensemantik in neuem Licht erscheinen läßt: Zunächst sieht es so aus, als ob durch den in (1968) skizzierten semantischen Ansatz die intuitionistische Logik ausgezeichnet sei und sich auf natürliche Weise aus diesem Ansatz ergäbe, während etwa die klassische Logik nur durch eine Zusatzforderung an die dort zugrundegelegten Kalküle K zu gewinnen sei, nach der jeder Satz beweisbar oder widerlegbar sein muß. Die Einführung des Widerlegungsbegriffs für die Gentzenkalküle, nach der eine Formel widerlegbar ist, wenn aus ihr beliebige Formeln ableitbar sind, ist aber keineswegs zwingend. Ebenso hätte man z.B. von einem Widerlegungsbegriff ausgehen können, der in Analogie zum skizzierten Beweisbegriff eingeführt ist, d.h. man hätte von Kalkülen K ausgehen können, die durch Antiaxiome definiert sind, die in K widerlegbar sind, und durch Deduktionsregeln, die besagen, wie aus bereits in K widerlegten Formeln eine neue in K widerlegbare Formel gewonnen werden kann. Dann hätte man den Beweisbegriff so einführen können, daß eine Formel beweisbar ist, wenn durch eine Widerlegung dieser Formel beliebige Formeln widerlegt werden können. So würde man zu einer Logik gelangen, die sich zur intuitionistischen Logik gewissermaßen spiegelbildlich bezüglich Beweis- und Widerlegungsbegriff verhält. Da aber durch den semantischen Grundgedanken einer Definition von Schlüssen durch Kalküle allein das eine Vorgehen nicht vor

---

[1] Die Bezeichnung „Semantik" versteht sich hier wie in (1968) in dem allgemeinsten Sinn dieses Wortes, in dem man es auf Untersuchungen anwendet, die sich mit der Deutung von Ausdrücken, speziell von logischen Operatoren befassen, nicht aber in der engeren Bedeutung modelltheoretischer Untersuchungen.

dem anderen ausgezeichnet ist, kann man nicht sagen, daß durch diesen Grundgedanken selbst schon die intuitionistische Logik ausgezeichnet sei.

Gelingt es, den Widerlegungsbegriff für Gentzenkalküle so zu verallgemeinern, daß sich in diesem Rahmen z.B. intuitionistische und klassische Logik auszeichnen lassen, so hat man – und darin liegt dann der zweite Vorteil dieser Verallgemeinerung – auch eine semantische Basis, bezüglich deren sich verschiedene Logiksysteme vergleichen lassen.

1 R-Formeln

Es sei L eine Sprache, für die ein Formelbegriff definiert ist. Der Begriff der R-Formel über L wird dann durch folgende Bedingungen festgelegt:

a) Formeln von L sind R-Formeln über L.
b) Ist S eine R-Formel über L, die nicht die Gestalt $\sim T$ hat, so auch $\sim S$.
c) Sind $S_1, ..., S_n, T$ R-Formeln über L ($n \geq 0$), so ist auch $(S_1, ..., S_n \to T)$ eine R-Formel über L. Die Ausdrücke $S_1, ..., S_n$ bezeichnen wir dabei als *Vorderformeln*, T als *Hinterformel* von $(S_1, ..., S_n \to T)$.
d) Nur die Ausdrücke nach den Bedingungen (a) bis (c) sind R-Formeln über L.

Die äußeren Klammern um R-Formeln lassen wir meist weg. Als Mitteilungszeichen für Formeln verwenden wir die Buchstaben „A", „B", „C", als Mitteilungszeichen für R-Formeln die Buchstaben „S", „T", „U". Die Buchstaben „Δ", „Γ", „Π" symbolisieren im folgenden (evtl. leere) Reihen von R-Formeln, die durch Kommata getrennt sind.

Wir sagen, eine Formel von L habe den R-*Grad* 0 und wenn S den R-Grad n hat, so auch $\sim S$. Ist n das Maximum der R-Grade von Δ, S, so ist $n+1$ der R-Grad von $\Delta \to S$. Als *Sequenzen* bezeichnen wir die R-Formeln vom Grad 1.

Wir sagen ferner: S ist eine R-*Teilformel* von $\sim S$ bzw. $\Delta \to S$. Als *Formelkomponenten* einer R-Formel S bezeichnen wie die R-*Teilformeln* vom R-Grad 0 von S.

2 Der Ableitungsbegriff für R-Formeln

Wir gehen aus von einem Kalkül K über der Sprache L, der definiert ist durch Angabe einer entscheidbaren Menge von Axiomen, die als in K beweisbar gelten, einer entscheidbaren Menge von Antiaxiomen, die als in K widerlegbar gelten, und einer entscheidbaren Menge von Grundregeln, die besagen, wie aus bereits in K bewiesenen Formeln $A_1, ..., A_m$ und bereits in K widerlegten Formeln

$B_1, \ldots, B_m$ ($m, n \geq 0$) eine neue in K beweisbare, bzw. widerlegbare Formel C gewonnen werden kann.

Ist A Antiaxiom von K, so wollen wir den Ausdruck $\sim A$ als Axiom von K bezeichnen, und ist A in K widerlegbar, so nennen wir den Ausdruck $\sim A$ in K beweisbar. Dann stellt sich K dar als ein Kalkül im üblichen Sinn, in dem neben Formeln auch Ausdrücke der Gestalt $\sim A$ beweisbar sind. Man wird also festlegen: Eine Ableitung eines Ausdrucks C, bzw. $\sim C$ in K aus Ausdrücken $A_1, \ldots, A_m$ und $\sim B_1, \ldots, \sim B_n$ ist eine endliche Folge von Ausdrücken, deren letztes Glied C, bzw. $\sim C$ ist und für deren sämtliche Glieder gilt: sie sind Axiome von K oder Annahmeformeln von $A_1, \ldots, A_m, \sim B_1, \ldots, \sim B_n$ oder sie gehen durch einmalige Anwendung einer der Grundregeln von K aus vorhergehenden Gliedern der Folge hervor. C, bzw. $\sim C$ ist also in K aus $A_1, \ldots, A_m, \sim B_1, \ldots, \sim B_n$ ableitbar (symbolisch: $A_1, \ldots, A_n, \sim B_1, \ldots, \sim B_n \to C$, bzw. $A_1, \ldots, A_m, \sim B_1, \ldots, \sim B_n \to \sim C$) genau dann, wenn C bzw. $\sim C$ in dem Kalkül K' beweisbar ist, der aus K hervorgeht durch die Hinzunahme von $A_1, \ldots, A_m$ zu den Axiomen und von $B_1, \ldots, B_n$ zu den Antiaxiomen.

Nach den Überlegungen in (1968), 1.2 ordnen wir nun dem Kalkül K einen Sequenzenkalkül $\overline{K}$ zu, der wie folgt bestimmt wird:

A1) Ist S Axiom von K, so ist $\to S$ Axiom von $\overline{K}$.

A2) Ist $\Delta \to S$ eine Grundregel von K, so ist $\Delta \to S$ Axiom von $\overline{K}$.

Die Axiome nach A1 und A2 bezeichnen wir wieder als *spezielle* Axiome von $\overline{K}$. Ferner enthält $\overline{K}$ folgende Axiome und Regeln:

RF) $S \to S$ (Prinzip der Reflexivität)

VV) $\Delta \to S \vdash \Delta, T \to S$ (Prinzip der Prämissenverdünnung)

TR) $\Delta \to S; \Delta, S \to T \vdash \Delta \to T$ (Prinzip der Transitivität)

ST) $\Delta, S, T, \Gamma \to U \vdash \Delta, T, S, \Gamma \to U$ (Prinzip der Prämissenvertauschung)

SK) $\Delta, S, S \to T \vdash \Delta, S \to T$ (Prinzip der Prämissenkontraktion).

Eine Anwendung der Strukturregeln ST und SK wird im folgenden nicht explizit hervorgehoben.

Man erhält dann wie in (1968) den

Satz 1: Die Sequenz $\Delta \to S$ ist in $\overline{K}$ genau dann beweisbar, wenn S in K aus den Annahmeformeln Δ ableitbar ist.

Um den Ableitungsbegriff für R-Formeln beliebigen Grades zu erklären, geht man wie in (1968), 1.2 vor. Man nimmt also zu $\overline{K}$ die Regeln PB und PE hinzu, die wir hier als Regeln 1HF und 1VF bezeichnen wollen:

1 HF: $\Delta, \Gamma \to S \vdash \Delta \to (\Gamma \to S)$ (Prinzip der Prämissenbeseitigung)

1 VF: $\Delta \to \Gamma; \Delta, S \to T \vdash \Delta, (\Gamma \to S) \to T$ (Prinzip der Prämisseneinführung[2])

Dabei stehe $\Delta \to \Gamma$ für $\Delta \to U_1; \ldots; \Delta \to U_n$, wo Γ die R-Formel-Reihe $U_1, \ldots, U_n$ ist.

Weiterhin ist nun aber auch festzulegen, unter welchen Bedingungen eine R-Formel $\Gamma \to S$ widerlegbar ist. Es liegt nahe, eine Widerlegbarkeit der Ableitungsbeziehung $\Gamma \to S$, bzw. $\Gamma \to \sim S$ durch die Beweisbarkeit der Γ-Formeln und die Widerlegbarkeit, bzw. Beweisbarkeit von S zu definieren. Um diese beiden Regeln als eine formulieren zu können, setzen wir fest, daß $\sim S$ für U stehen soll, wo S mit $\sim U$ identisch ist. Dann erhält man die Regel:

2 HF: $\Delta \to \Gamma; \Delta \to \sim S \vdash \Delta \to \sim(\Gamma \to S)$ (1. Prinzip der Widerlegung von Ableitungsbeziehungen).

Fordert man auch die Notwendigkeit dieser Bedingung, d.h. die Regeln

$$\Delta \to \sim(\Gamma \to S) \vdash \Delta \to \Gamma \quad \text{und} \quad \Delta \to \sim(\Gamma \to S) \vdash \Delta \to \sim S,$$

so erhalten wir eine Bedingung für die Ableitbarkeit aus R-Formeln der Gestalt $\sim(\Gamma \to S)$:

2 VF: $\Delta, \Gamma, \sim S \to T \vdash \Delta, \sim(\Gamma \to S) \to T$ (2. Prinzip der Widerlegung von Ableitungsbeziehungen).

Erklärt man den Ableitungsbegriff für R-Formeln in K induktiv, indem man R-Formeln von immer höherem Grad in dem Kalkül zuläßt, der aus $\overline{K}$ durch Hinzunahme der Regeln 1 HF bis 2 VF entsteht, so gilt der Satz 1 in der Formulierung

Satz 1': Ist $\overline{K}_\infty$ der Kalkül, der gegenüber $\overline{K}$ zusätzlich die Regeln 1 HF bis 2 VF enthält und in dem beliebige R-Formeln anstelle der Sequenzen in $\overline{K}$ zugelassen sind, so ist eine R-Formel $\Delta \to S$ in $\overline{K}_\infty$ beweisbar genau dann, wenn S in K aus den Δ-Formeln ableitbar ist.

Das ergibt sich wie in (1968) aus der Eliminierbarkeit der Regel TR in $\overline{K}_\infty$ für Anwendungen mit Schnittformeln von größerem R-Grad, als sie in den speziellen Axiomen von $\overline{K}_\infty$ vorkommen.

Wie in (1968) kann man auch für $\overline{K}_\infty$ das Deduktionstheorem beweisen:

Satz 2: Gilt in $\overline{K}_\infty$ $\Delta, \Gamma \vdash S$, so gilt auch $\Delta \vdash \Gamma \to S$.

---

[2] Mit 1 VF ist wieder die Umkehrung von 1 HF: $\Delta \to (\Gamma \to S) \vdash \Delta, \Gamma \to S$ äquivalent, die wir in (1968) als PE' bezeichnet haben.

Daraus folgt insbesondere, daß $\overline{K}_\infty$ abgeschlossen ist gegenüber einer deduktiven Erweiterung durch Regeln, die 1 HF bis 2 HF entsprechen, da diese Regeln in $\overline{K}_\infty$ beweisbar sind.

Es stehe $S \Rightarrow T$ für $S \to T$ und $\sim T \to \sim S$, und $S \Leftrightarrow T$ stehe für $S \Rightarrow T$ und $T \Rightarrow S$. Dann läßt sich das Ersetzungstheorem für Gentzenkalküle im Sinne von $\overline{K}_\infty$ so formulieren:

Satz 3: $S \Leftrightarrow T \vdash U_S \Leftrightarrow U_T$.

Dabei sei U_S eine R-Formel, die an einer bestimmten Stelle ein Vorkommnis von S enthält und U_T gehe aus U_S hervor durch Ersetzung dieses Vorkommnisses von S durch ein solches von T. Ist g der R-Grad von U_S minus dem R-Grad von S, so beweist man den Satz durch Induktion nach g in Entsprechung zu dem Satz 3 aus (1968).

Gilt $S \Leftrightarrow T$, so nennen wir die R-Formeln S und T auch *streng äquivalent*. Da S und $(\to S)$ streng äquivalent sind, kann man also z.B. die R-Formeln $(\to S)$ in allen Kontexten durch S ersetzen und erhält dabei streng äquivalente Formeln.

3 Die Definition aussagenlogischer Operatoren

Nach den Grundgedanken, die in (1968), 2.1 dargelegt wurden, kann man nun eine Semantik auf der Basis von Gentzenkalkülen mit verallgemeinertem Widerlegungsbegriff aufbauen. In diesem Rahmen ist dann ein n-stelliger aussagenlogischer Operator F zu definieren, durch Angabe von Regeln, die besagen, wie Ausdrücke der Gestalt $F(A_1, \ldots, A_n)$ und $\sim F(A_1, \ldots, A_n)$ als Hinter- bzw. Vorderformeln eingeführt werden können. Wie in (1968) erhält man für die Formel $F(A_1, \ldots, A_n)$ folgende Regeln:

I) $\Delta \to S_{11}; \ldots; \Delta \to S_{1s_1} \vdash \Delta \to F(A_1, \ldots, A_n),$

$\qquad \qquad \qquad \ldots$

$\Delta \to S_{t1}; \ldots; \Delta \to S_{ts_t} \vdash \Delta \to F(A_1, \ldots, A_n),$

II) $\Delta, S_{11}, \ldots, S_{1s_1} \to T; \ldots; \Delta, S_{t1}, \ldots, S_{ts_t} \to T \vdash \Delta, F(A_1, \ldots, A_n) \to T.$

Dabei seien S_{ik_i} ($i = 1, \ldots, t$, $k_i = 1, \ldots s_i$) R-Formeln, deren Formelkomponenten Formeln aus $A_1, \ldots, A_n$ sind.

Zusätzlich sind nun Regeln anzugeben für die Einführung der R-Formeln $\sim F(A_1, \ldots, A_n)$. Offenbar kann man diese Regeln nicht unabhängig von (I) und (II) ansetzen, wenn die Konsistenz der Gentzenkalküle bei der Hinzunahme der semantischen Regeln erhalten bleiben soll, so daß also nicht zugleich $\to F(A_1, \ldots, A_n)$ und $\to \sim F(A_1, \ldots, A_n)$ beweisbar ist, sofern nicht für mindestens ein A_j ($j = 1, \ldots, n$) zugleich $\to A_j$ und $\to \sim A_j$ beweisbar ist. Es liegt unter diesem

Gesichtspunkt nahe, die Regelschemata zur Einführung von $\sim F(A_1, \ldots, A_n)$ als Hinterformel so zu wählen, daß, wenn nach (I) aus der Beweisbarkeit von $S_{i1}, \ldots, S_{is_i}$ für ein i die Beweisbarkeit von $F(A_1, \ldots, A_n)$ folgt, nun aus der Widerlegbarkeit aller S-Formelreihen $S_{i1}, \ldots, S_{is_i}$, die Widerlegbarkeit von $F(A_1, \ldots, A_n)$ folgt. Man gelangt so zu den folgenden Regeln:

III) $\Delta \to \sim S_{1k_{11}}; \ldots; \Delta \to \sim S_{tk_{t1}} \vdash \Delta \to \sim F(A_1, \ldots, A_n)$,

$$\ldots$$

$\Delta \to \sim S_{1k_{1r}}; \ldots; \Delta \to \sim S_{tk_{tr}} \vdash \Delta \to \sim F(A_1, \ldots, A_n)$.

Dabei sei $r = s_1 \times \ldots \times s_t$ und $k_{il} = 1, \ldots, s_i$ für $l = 1, \ldots, r$.

Mit der Forderung der Nichtkreativität der Definitionsregeln für den Operator F erhält man dann, ebenso wie (II) aus (I), aus (III) die Regeln:

IV) $\Delta, \sim S_{1k_{11}}, \ldots, \sim S_{tk_{t1}} \to T; \ldots; \Delta, \sim S_{1k_{1r}}, \ldots,$
$\sim S_{1k_{tr}}, \to T \vdash \Delta, \sim F(A_1, \ldots, A_n) \to T$.[3]

Auf Grund dieser Regeln kann man nun das folgende Ersetzungstheorem beweisen:

Satz 4: $A \Leftrightarrow B \vdash C_A \Leftrightarrow C_B$.

Dabei sei C_A eine Formel, die ein bestimmtes Vorkommnis von A enthält und C_B entstehe aus C_A durch Ersetzung dieses Vorkommnisses durch ein solches von B. Den Beweis des Satzes führt man durch Induktion nach der Zahl g, dem Grad von C_A minus dem Grad von A. Als *Grad* einer Formel bezeichnet man dabei die Zahl der Vorkommnisse logischer Operatoren in ihr.

Mit Satz 3 erhält man auch den

Satz 5: $A \Leftrightarrow B \vdash S_A \Leftrightarrow S_B$, wobei nun S_A eine R-Formel ist, die ein Vorkommnis der Formel A enthält.

Es seien nun die Operatoren $\neg, \wedge, \vee, \supset$ durch folgende Regeln nach den Schemata (I) bis (IV) definiert:

1HN: $\Delta \to \sim A \vdash \Delta \to \neg A$ **1VN:** $\Delta, \sim A \to S \vdash \Delta, \neg A \to S$

2HN: $\Delta \to A \vdash \Delta \to \sim \neg A$ **2VN:** $\Delta, A \to S \vdash \Delta, \sim \neg A \to S$

1HK: $\Delta \to A; \Delta \to B \vdash \Delta \to A \wedge B$ **1VK:** $\Delta, A, B \to S \vdash \Delta, A \wedge B \to S$

2HK: $\Delta \to \sim A \vdash \Delta \to \sim A \wedge B$ **2VK:** $\Delta, \sim A \to S; \Delta, \sim B \to S \vdash \Delta,$
$\Delta \to \sim B \vdash \Delta \to \sim A \wedge B$ $\sim A \wedge B \to S$

1HD: $\Delta \to A \vdash \Delta \to A \vee B$ **1VD:** $\Delta, A \to S; \Delta, B \to S \vdash \Delta, A \vee B \to S$
$\Delta \to B \vdash \Delta \to A \vee B$

---

[3] Vgl. (1968), 2.1.

Ein verallgemeinerter Widerlegungsbegriff für Gentzenkalküle   53

2 HD: $\varDelta \to {\sim}A; \varDelta \to {\sim} B \vdash \varDelta \to {\sim}A \vee B$ **2 VD:** $\varDelta, {\sim}A, {\sim}B \to S \vdash \varDelta, {\sim}A \vee B \to S$

$\varDelta \to (A \to B) \vdash \varDelta \to A \supset B$,   oder äquivalent

1 HJ: $\varDelta, A \to B \vdash \varDelta \to A \supset B$

$\varDelta, (A \to B) \to S \vdash \varDelta, A \supset B \to S$,   oder äquivalent

1 VJ: $\varDelta \to A; \varDelta, B \to S \vdash \varDelta, A \supset B \to S$

$\varDelta \to {\sim}(A \to B) \vdash \varDelta \to {\sim}A \supset B$,   oder äquivalent

2 HJ: $\varDelta \to A; \varDelta \to {\sim}B \vdash \varDelta \to {\sim}A \supset B$

$\varDelta, {\sim}(A \to B) \to S \vdash \varDelta, {\sim}A \supset B \to S$,   oder äquivalent

2 VJ: $\varDelta, A, {\sim}B \to S \vdash \varDelta, {\sim}A \supset B \to S$.

Daraus ergibt sich sofort: $\neg A \Leftrightarrow {\sim}A$ und $A \supset B \Leftrightarrow (A \to B)$.

Die Vollständigkeit des Operatorensystems $\{\neg, \wedge, \vee, \supset\}$ erhält man auf folgendem Weg: Wir ordnen jeder R-Formel S eine Formel $\overline{S}$ zu. Es sei $\overline{S} = S$, wo S eine Formel ist, $\overline{{\sim}S}$ sei $\neg S$, $\overline{\varDelta}$ sei $\overline{S}_1, \ldots, \overline{S}_n$, und $\overline{\overline{\varDelta}}$ sei $\overline{S}_1 \wedge \ldots \wedge \overline{S}_n$, wo $\varDelta$ die R-Formelreihe $S_1, \ldots, S_n$ ist. $\overline{(\varDelta \to S)}$ endlich sei $\overline{\overline{\varDelta}} \supset \overline{S}$ und $\overline{(\to S)}$ sei $\overline{S}$. Dann gilt der

Satz 6: $\vdash \overline{S} \Leftrightarrow S$.

Wir führen den Beweis durch Induktion nach dem R-Grad g von S. Für $g = 1$ ist die Behauptung trivial wegen $S \Leftrightarrow S$ und ${\sim}S \Leftrightarrow \neg S$. Sei die Behauptung für alle $g \leq n$ bewiesen und sei nun $g = n+1$. Hat dann S die Gestalt $T_1, \ldots T_n \to U$, so gilt nach Induktionsvoraussetzung und Satz 5 $(T_1, \ldots, T_n \to U) \Leftrightarrow (\overline{T}_1, \ldots, \overline{T}_n \to \overline{U})$. Nach 1 HK, 1 VK, 2 VF gilt aber $(\overline{T}_1, \ldots, \overline{T}_n \to \overline{U}) \Leftrightarrow (\overline{T}_1 \wedge \ldots \wedge \overline{T}_n \to \overline{U})$ und wegen $A \supset B \Leftrightarrow (A \to B)$ gilt $(\overline{T}_1 \wedge \ldots \wedge \overline{T}_n \to \overline{U}) \Leftrightarrow \overline{T}_1 \wedge \ldots \wedge \overline{T}_n \supset \overline{U}$, so daß wir endlich erhalten $(T_1, \ldots, T_n \to U) \Leftrightarrow \overline{(T_1, \ldots, T_n \to U)}$. Wegen ${\sim}S \Leftrightarrow \neg S$ gilt dann auch ${\sim}(T_1, \ldots, T_n \to U) \Leftrightarrow \overline{{\sim}(T_1, \ldots, T_n \to U)}$.

Aus (I) und (II) erhalten wir nun wie in (1968), 2.2 $F(A_1, \ldots, A_n) \leftrightarrow B$, wo B die Formel $(\overline{S}_{11} \wedge \ldots \wedge \overline{S}_{1s_1}) \vee \ldots \vee (\overline{S}_{t1} \wedge \ldots \wedge \overline{S}_{ts_t})$ ist. Nach (III) gilt ferner:

$${\sim}S_{1k_{11}}, \ldots, {\sim}S_{tk_{t1}} \to {\sim}F(A_1, \ldots, A_n); \ldots ; {\sim}S_{1k_{1r}}, \ldots, {\sim}S_{tk_{tr}} \to {\sim}F(A_1, \ldots, A_n).$$

Daraus erhalten wir mit den Sätzen 6 und 5 und 2 VK

$${\sim}(\overline{S}_{11} \wedge \ldots \wedge \overline{S}_{1s_1}), \ldots, {\sim}(\overline{S}_{t1} \wedge \ldots \wedge \overline{S}_{ts_t}) \to {\sim}F(A_1, \ldots, A_n),$$

mit 2 VD also

$${\sim}B \to {\sim}F(A_1, \ldots, A_n).$$

Endlich gilt:

$${\sim}S_{1k_{1l}}, \ldots, {\sim}S_{tk_{tl}} \to {\sim}S_{k1l}; \ldots ; {\sim}S_{1k_{1l}}, \ldots, {\sim}S_{tk_{tl}} \to {\sim}S_{tk_{tl}} \text{ für alle } l = 1, \ldots, r.$$

Mit den Sätzen 6, 5 und 2 HK erhalten wir also:

$\sim S_{1k_1l}, \ldots, \sim S_{tk_tl} \to \sim \overline{S}_{11} \wedge \ldots \wedge \overline{S}_{1s_1}; \ldots; \sim S_{1k_1l}, \ldots, \sim S_{tk_tl} \to \sim \overline{S}_{t_1} \wedge \ldots \wedge \overline{S}_{ts}$

und mit 2HD

$\sim S_{1k_1l}, \ldots, \sim \overline{S}_{tk_tl} \to \sim B$. Daraus folgt aber mit (IV) $\sim F(A_1, \ldots, A_n) \to \sim B$.

Es gilt also $F(A_1, \ldots, A_n) \Leftrightarrow B$, so daß man $F(A_1, \ldots, A_n)$ nach Satz 5 in allen Kontexten durch B ersetzen, also durch die Formel B definieren kann, die sich aus den Formeln $A_1, \ldots, A_n$ nach Konstruktion nur mit den Operatoren $\neg$, $\wedge$, $\vee$, $\supset$ zusammensetzt. Das System dieser Operatoren ist also vollständig. Es gilt nun aber, wie man leicht verifiziert

Satz 7: $A \vee B \Leftrightarrow \neg(\neg A \wedge \neg B)$.

Man kann also auch $A \vee B$ durch $\neg(\neg A \wedge \neg B)$ definieren, so daß auch das Operatorensystem $\{\neg, \vee, \supset\}$ vollständig ist.

4 Die direkte Aussagenlogik

4.1 Ist K ein Gentzenkalkül im Sinne des Abschnitts 2, dessen spezielle Axiome nur Atomformeln als Formelkomponenten enthalten, so sei K^* die Erweiterung von K mit den semantischen Regeln 1HN bis 2VI. Ist M der Gentzenkalkül, der keine speziellen Axiome enthält, so ist dann M^* ein Logikkalkül, in dem genau diejenigen R-Formeln beweisbar sind, die in allen Kalkülen K^* bewiesen werden können. Wir wollen hier zur Vereinfachung der Bezugnahme die Aussagenlogik, wie sie in M^* formalisiert ist, als *direkte Aussagenlogik* bezeichnen, da in ihr alle indirekten Schlußweisen ausgeschlossen sind.

In M^* ist die Regel TR eliminierbar, wie man in Anlehnung an die üblichen Beweisverfahren leicht zeigen kann. Daher kann man durch Induktion nach dem R-Grad von S plus der Summe der Grade der Formelkomponenten von S die Widerspruchsfreiheit von M^* in folgendem Sinn beweisen:

Satz 8: In M^* ist für keine R-Formel S zugleich $\to S$ und $\to \sim S$ beweisbar.

Wie in (1968), 2.3 beweist man über die Eliminierbarkeit der Regel TR auch leicht den Satz, daß in M^* genau diejenigen Sequenzen beweisbar sind, die in dem Kalkül $M^{*\prime}$ bewiesen werden können, der aus M^* entsteht, indem man die Axiome auf Sequenzen beschränkt und die Regeln 1HF bis 2VF wegläßt. Da sich M^* als deduktive Erweiterung von $M^{*\prime}$ darstellt und da weiterhin die Menge der in M^* beweisbaren R-Formeln $\Delta \to S$ nach den Sätzen 6 und 5 bereits durch die Menge der in $M^{*\prime}$ beweisbaren Sequenzen $\overline{\Delta} \to \overline{S}$ festgelegt ist, kann man auch $M^{*\prime}$ als Kalkül der direkten Aussagenlogik ansprechen. Um den Gehalt dieser Logik noch einmal zu umgrenzen, orden wir $M^{*\prime}$ einen axiomatischen Formelkalkül $\mathfrak{M}$ zu, der folgende Axiome und Regeln enthält:

A 1: $A \supset (B \supset A)$
A 2: $(A \supset (B \supset C))$
       $\supset ((A \supset B) \supset (A \supset C))$
A 3: $A \supset (\neg B \supset \neg(A \supset B))$
A 4: a) $\neg(A \supset B) \supset A$
     b) $\neg(A \supset B) \supset \neg B$
A 5: $A \supset \neg\neg A$
A 6: $\neg\neg A \supset A$
A 7: $A \supset (B \supset A \wedge B)$
A 8: a) $A \wedge B \supset A$
     b) $A \wedge B \supset B$

A 9: a) $\neg A \supset \neg(A \wedge B)$
     b) $\neg B \supset \neg(A \wedge B)$
A 10: $(\neg A \supset C) \supset ((\neg B \supset C)$
       $\supset (\neg(A \wedge B) \supset C))$
A 11: a) $A \supset A \vee B$
      b) $B \supset A \vee B$
A 12: $(A \supset C) \supset ((B \supset C) \supset (A \vee B \supset C))$
A 13: $\neg A \supset (\neg B \supset \neg(A \vee B))$
A 14: a) $\neg(A \vee B) \supset \neg A$
      b) $\neg(A \vee B) \supset \neg B$

R: $A, A \supset B \vdash B$.

Satz 9: In $\mathfrak{M}$ ist eine Formel A aus Formeln Δ genau dann ableitbar, wenn die Sequenz $\Delta \to A$ in $M^{*\prime}$ beweisbar ist.

Der Beweis des Satzes wird durch Induktion nach der Länge l der Ableitung von A aus Δ in $\mathfrak{M}$, bzw. des Beweises von $\Delta \to A$ in $M^{*\prime}$ geführt, wobei man zeigt: ist $\Delta \to S$ in $M^{*\prime}$ beweisbar, so gilt in $\mathfrak{M}$ $\overline{\Delta} \vdash \overline{S}$.

4.2   Wenn oben gezeigt gezeigt wurde, wie durch eine Semantik auf der Grundlage der Gentzenkalküle mit verallgemeinertem Widerlegungsbegriff die direkte Aussagenlogik ausgezeichnet wird, so soll in den folgenden Abschnitten untersucht werden, wie sich durch Zusatzforderungen, die einen Zusammenhang zwischen den bisher als unabhängig betrachteten Beweis- und Widerlegungsbegriffen herstellen, andere Logiksysteme gewinnen lassen.

Wir betrachten zunächst die Forderung, daß aus einer zugleich beweisbaren und widerlegbaren R-Formel beliebige R-Formeln gewonnen werden können. Diese Forderung kann man für die Gentzenkalküle durch das folgende zusätzliche Axiomenschema formulieren:

WS: $S, \sim S \to T$ (Widerspruchsprinzip).

Dieses Axiomenschema ist gleichwertig mit dem Regelschema $\Delta \to \sim S \vdash \Delta, S \to T$ und enthält so die Festsetzung, daß eine Ableitungsbeziehung beweisbar ist, wenn eine ihrer Prämissen widerlegbar ist. Das entspricht einer oft gebrauchten Konvention.

Nach Hinzunahme des Schemas WS besteht kein Anlaß, die Regeln 1 HF bis 2 VF oder die semantischen Regeln abzuändern, denn die intuitiven Überlegungen, auf die sich die Formulierung dieser Regeln stützt, bleiben weiterhin gültig. Ebenso ändert sich durch die Hinzunahme von WS nichts an den Grundeigenschaften der Gentzenkalküle. So bleibt die Regel TR weiterhin eliminierbar und die Sätze 2 bis 8 bleiben erhalten. An der Deutung der Operatoren ändert sich nur insofern etwas, als wegen der Definition von $A \supset B$ durch $A \to B$ nun auch gilt $\neg A \to A \supset B$. Das ist aber ganz im Sinn der üblichen Deutung der Implikation und hat zudem den Vorteil, daß nun für alle aussagenlogischen Operatoren F das Prinzip gilt, daß $F(A_1, ..., A_n)$ entscheidbar ist, d.h. daß gilt $\to F(A_1, ..., A_n)$ oder $\to \sim F(A_1, ..., A_n)$, wenn alle $A_1, ..., A_n$ entscheidbar sind. Das galt bisher nicht für die Implikation, denn aus $\to \sim A$ und $\to \sim B$ konnte man weder $\to A \supset B$, noch $\to \sim A \supset B$ gewinnen. Mit WS aber erhält man:

$$\frac{\to \sim A;\ A, \sim A \to B}{A \to B}$$
$$\to A \supset B.$$

Gilt aber dieses Prinzip der relativen Entscheidbarkeit für die Operatoren $\neg$, $\wedge$, $\vee$, $\supset$, so wegen der Vollständigkeit dieses Operatorensystems auch für alle Operatoren F.

Entsteht der Kalkül M_W^* aus M^* durch Hinzunahme von WS und entsteht $M_W^{*\prime}$ aus M_W^* durch Beschränkung auf Sequenzen als Theoreme, so ist $M_W^{*\prime}$ im Sinne von Satz 9 äquivalent mit dem Kalkül $\mathfrak{M}_W$, der aus $\mathfrak{M}$ entsteht durch Hinzunahme des Axiomenschemas

A15: $\neg A \supset (A \supset B)$.

Wir bezeichnen M_W^* bzw. $\mathfrak{M}_W$ als Kalküle der *erweiterten direkten Logik*[4]. Diese Logik hat eine ähnliche Struktur wie das aussagenlogische System von W. Ackermann in (1950) und das System der fundamentalen Aussagenlogik von K. Schütte in (1960).

5 Intuitionistische und klassische Aussagenlogik

5.1 Da im folgenden eine Asymmetrie zwischen Beweis und Widerlegungsbegriff eingeführt wird, verwenden wir Ausdrücke der Gestalt $\sim\sim S$ (für S) nicht mehr. Wo also im folgenden ein Ausdruck $\sim S$ vorkommt, besagt das, daß S nicht die Gestalt $\sim T$ hat.

Der Ableitungsbegriff der Kalküle K sei nun so gefaßt, daß in $\overline{K}_\infty$ das Axiomenschema WS gilt sowie zusätzlich die Regeln

V1: $\Delta, S \to \sim T;\ \Delta, \sim S \to \sim T \vdash \Delta \to \sim T$.

---

[4] Durch eine zusätzliche Erweiterung der direkten Logik mit der Regel V aus Abschnitt 5.2 könnte man von hier aus auch zur klassischen Logik übergehen. In diesem Abschnitt soll aber gezeigt werden, daß die Hinzunahme dieser Regel unter dem Gesichtspunkt des semantischen Begründungsansatzes eine tiefergreifende Modifikation der direkten Logik erfordert.

(T kann also nicht die Gestalt $\sim U$ haben.)

Diese Regeln erscheinen intuitiv gesehen nur dann berechtigt, wenn alle R-Formeln S entscheidbar sind. Das ist aber eine sehr weitgehende Forderung, die wir bisher nicht gestellt haben und die den Kalkülbegriff stark einengen würde. Sehen wir aber von der Frage der intuitiven Berechtigung der Regeln V1 einmal ab und untersuchen, welche Konsequenzen die Regeln V1 für den Aufbau der Gentzenkalküle haben!

Mit V1 ist äquivalent das Regelschema:

V1′: $\Delta, S \to T; \Delta, S \to \sim T \vdash \Delta \to \sim S$.

Da nun nach V1′ die Widerlegbarkeit einer Formel dadurch bestimmt ist, daß aus ihr beliebige Formeln folgen, so kann man die logischen und semantischen 2V- und 2H-Regeln nicht mehr als Grundregeln ansetzen, da die Festlegungen, die sie über die Widerlegbarkeit von R-Formeln treffen, auf Grund von V1 nicht mehr unabhängig von den Festsetzungen der 1V- und 1H-Regeln sind. Die Forderung eines so starken Zusammenhangs zwischen Beweis- und Widerlegungsbegriff, wie ihn V1 beinhaltet, bewirkt also, daß der bisher benützte semantische Begründungsansatz, wie er sich in den logischen und semantischen Grundregeln der direkten Logik ausdrückt, unter dem Gesichtspunkt der inhaltlichen Rechtfertigung überprüft werden muß. Und es zeigt sich, daß nun speziell die 2V- und 2H-Regeln ihre Berechtigung verlieren und daher zu streichen sind.

Sei M_I^* der Kalkül, der aus M_W^* durch Hinzunahme von V1 und Streichung der 2V und 2H-Regeln entsteht, so ist nun zu zeigen, daß M_I^* ein Kalkül der intuitionistischen Aussagenlogik ist. Dazu ordnen wir jeder R-Formel U einen Ausdruck U^+ zu, der aus U entsteht durch Ersetzung aller R-Teilformeln der Gestalt $\sim S$ durch Ausdrücke $(S \to)$. U^+ ist dann eine S-Formel im Sinne von (1968), 1.1, d.h. eine R-Formel ohne das Symbol „$\sim$", in deren R-Teilformeln der Gestalt $\Delta \to \Omega$, Ω auch die leere Formel sein kann. Definiert man den Ausdruck $\Delta \to$ (z.B. als $\Delta \to A \wedge \neg A$) so, daß gilt

HV: $\Delta \to \vdash \Delta \to S$,

so gilt $\sim S \leftrightarrow (S \to)^5$ und damit auch $U \leftrightarrow U^+$. Es ist also die Menge der in M_I^* beweisbaren R-Formeln festgelegt durch die Menge der in M_I^* beweisbaren S-Formeln.

---

[5] Es gilt $S, \sim S \to$ nach WS und Definition von $\Delta \to$
            $\sim S \to (S \to)$ 1 HF
und $(S \to) \to (S \to)$ RF
            $(S \to), S \to$ 1 VF
            $(S \to), S \to \sim S$ HV
            $(S \to), S \to S$ RF, VV
            $(S \to) \to \sim S$ V1′.

Diese Menge läßt sich nun induktiv definieren durch die Axiome und Regeln, die aus den Axiomen und Regeln von M_I^* durch die angegebene Transformation von R-Formeln in S-Formeln hervorgehen, denn jeder Beweis einer S-Formel läßt sich, wie man leicht verifiziert, umformen in einen Beweis, der nur von diesen transformierten Axiomen und Regeln Gebrauch macht. Die transformierten Axiome und Regeln sind aber die Axiome und Regeln der intuitionistischen Aussagenlogik, wie sie in (1968) im Kalkül M^+ formuliert wurde. Nur WS geht über in $S, (S \to) \to T$, was man in M^+ aus $(S \to) \to (S \to)$ mit PE und HV gewinnt, V1 geht über in $\Delta, S \to (T \to); \Delta, (S \to) \to (T \to) \vdash \Delta \to (T \to)$, eine Ableitungsbeziehung, die man in M^+ mit PE, PB und TR beweisen kann, und VN geht über in $\Delta, (A \to) \to S \vdash \Delta, \neg A \to S$, was man mit der intuitionistischen Regel $\Delta \to A \vdash \Delta, \neg A \to$ wie folgt erhält:

$$A \to A$$
$$A, \neg A \to$$
$$\frac{\neg A \to (A \to) \quad \Delta, (A \to) \to S}{\Delta, \neg A \to S.}$$

Umgekehrt lassen sich auch alle in M^+ beweisbaren S-Formeln in M_I^* beweisen, da die Axiome und Regeln von M^+ bis auf die Negationsregeln auch Axiome und Regeln von M_I^* sind. Die Ableitungsbeziehung $\Delta, A \to \vdash \Delta \to \neg A$ erhält man aber wegen $\Delta, A \to \vdash \Delta \to (A \to)$ aus der Transformation von HN und $\Delta \to A \vdash \Delta, \neg A \to$ erhält man wegen $A, (A \to) \to$ (der Transformation von WS) mit der Transformation von VN.

Damit ist gezeigt, daß sich die in M_I^* beweisbaren R-Formeln durch äquivalente Umformungen aus den intuitionistisch gültigen S-Formeln gewinnen lassen, so daß man auch M_I^* als Kalkül der intuitionistischen Aussagenlogik ansprechen kann.

Die Äquivalenz $\sim S \leftrightarrow (S \to)$ und die dadurch mögliche Eliminierung des Symbols „$\sim$" zeigt, daß bei Hinzunahme von V1 zu M_W^* der Widerlegungsbegriff durch den Beweisbegriff mit Hilfe einer logisch falschen Formel festgelegt ist, und präzisiert somit die obige Bemerkung, daß die 2V- und 2H-Regeln nach Hinzunahme von V1 nicht mehr unabhängig von den 1V- und 1H-Regeln angesetzt werden können.

Wegen der pauschalen Definition der Widerlegbarkeit von R-Formeln S durch die Beweisbarkeit von $S \to$ erhalten nun die negierten komplexen Formeln eine gegenüber der direkten Logik indirekte Deutung. So gilt z. B. $\neg(A \land \neg A)$, weil aus $A \land \neg A$ beliebige Formeln ableitbar sind. In diesem Sinn gilt in der direkten Logik $A \land \neg A \to T$ für beliebige R-Formeln T. Daraus kann man aber nicht $\neg(A \land \neg A)$ gewinnen. Eine negierte Konjunktion ist vielmehr in der direkten Logik nur dann wahr, wenn eines der Konjunktionsglieder falsch ist. Dann müßte aber im vorliegenden Fall gelten $\to A$ oder $\to \sim A$, d.h. alle Formeln müßten entscheidbar sein. In der intuitionistischen Logik hingegen ist $\neg(A \wedge \neg A)$ wahr, ohne daß A oder $\neg A$ falsch sein müßte.

Der Auszeichnung der intuitionistischen Semantik im Rahmen der Gentzensemantik entspricht es, wenn man in dem Kalkül $\mathfrak{M}_w$ ein Axiomenschema hinzunimmt, das der Regel V1' entspricht:

A16: $(A \supset B) \supset ((A \supset \neg B) \supset \neg A)$

und sämtliche Axiome streicht, die hinreichende oder notwendige Bedingungen für die Falschheit komplexer Sätze enthalten, d.h. also die Axiome A3 bis A6, A9, A10, A13 und A14. Der so bestimmte Kalkül heißt $\mathfrak{M}_I$.[6]

5.2 Wir nehmen nun zu M_I^* noch die Regel

V2: $\Delta, S \rightarrow T; \Delta, {\sim}S \rightarrow T \vdash \Delta \rightarrow T$ (wobei T nicht die Form ${\sim}U$ hat) hinzu,

oder äquivalent die Regel

V2': $\Delta, {\sim}S \rightarrow T; \Delta, {\sim}S \rightarrow {\sim}T \vdash \Delta \rightarrow S$,

d.h. zu M_W^* die Regel

V: $\Delta, S \rightarrow T; \Delta, {\sim}S \rightarrow T \vdash \Delta \rightarrow T$.

Die Regel V2 ist nun in M_I^* äquivalent mit der Regel $\Delta, A \rightarrow \Omega; \Delta, \neg A \rightarrow \Omega \vdash \Delta \rightarrow \Omega$, d.h. mit dem *tertium non datur* $\rightarrow A \vee \neg A$, so daß das System M_K^*, das man aus M_W^* durch Hinzunahme von V und Streichung der 2V- und 2H-Regeln erhält, ein System der klassischen Aussagenlogik ist. Daß man bei Hinzunahme der Regel V zu M_W^* die 2V- und 2H-Regeln zu streichen hat, erklärt sich wie unter 5.1 dadurch, daß der Widerlegungsbegriff über V durch den Beweisbegriff schon festgelegt ist.

Eleganter ist es, von M_K^* zu einer Formulierung der klassischen Aussagenlogik überzugehen, die der Verwendung von Sequenzen mit mehreren Hinterformeln bei Gentzen (1934) entspricht. Wir bezeichnen zu diesem Zweck als *K-Formeln* Formeln und Ausdrücke der Gestalt $(\Delta \rightarrow \Gamma)$, in denen Δ, Γ Reihen von R-Formeln sind, von denen eine auch leer sein kann. Man kann dann jeder R-Formel U eine K-Formel $\varphi(U)$ zuordnen, indem man setzt: $\varphi(A) = A, \varphi(S_1, \ldots, S_m, {\sim}T_1, \ldots, {\sim}T_n \rightarrow U) = \varphi(S_1), \ldots, \varphi(S_m) \rightarrow \varphi(U), \varphi(T_1), \ldots, \varphi(T_n)$ und $\varphi(S_1, \ldots, S_m, {\sim}T_1, \ldots, {\sim}T_n \rightarrow {\sim}U) = \varphi(S_1), \ldots, \varphi(S_m), \varphi(U) \rightarrow \varphi(T_1), \ldots, \varphi(T_n)$. Die Abbildung φ ist nicht umkehrbar eindeutig, da gilt $\varphi(S_1, \ldots, S_m, {\sim}T_1, \ldots, {\sim}T_n, {\sim}V \rightarrow {\sim}U) = \varphi(S_1, \ldots, S_m, U, {\sim}T_1, \ldots, {\sim}T_n \rightarrow V) = \varphi(S_1)$,

---

[6] Wie einleitend angedeutet wurde, kann man auch ein zur intuitionistischen Logik bezüglich Beweis- und Widerlegungsbegriff duales Logiksystem gewinnen, wenn man die unten angegebene Regel V2 anstelle von V1 annimmt und entsprechenderweise anstelle der 2V- und 2H-Regeln die 1V- und 1H-Regeln streicht.

..., $\varphi(S_m), \varphi(U) \to \varphi(V), \varphi(T_1), ..., \varphi(T_n)$. Für $\varphi(U) = \varphi(U')$ gilt aber $U \Leftrightarrow U'$, denn es gilt $\Delta, S \to T \vdash \Delta, \sim T \to \sim S$:

$$\frac{\dfrac{\Delta, S \to T; T, \sim T \to \sim S}{\Delta, \sim T, S \to \sim S; \Delta, \sim T, S \to S}}{\Delta, \sim T \to \sim S} \quad \begin{array}{l} \text{TR} \\ \text{V1}' \end{array}$$

und $\Delta, \sim T \to \sim S \vdash \Delta, S \to T$:

$$\frac{\dfrac{\Delta, \sim T \to \sim S; S, \sim S \to T}{\Delta, \sim T, S \to T; \Delta, \sim T, S \to \sim T}}{\Delta, S \to T.} \quad \begin{array}{l} \text{TR} \\ \text{V2}' \end{array}$$

Definiert man nun einen Kalkül $\mathfrak{K}$ für K-Formeln, dessen Axiome die φ-Bilder der Axiome von M_K^* sind und deren Regeln die φ-Bilder der Regeln von M_K^* sind, so ist eine R-Formel U in M_K^* beweisbar genau dann, wenn $\varphi(U)$ in $\mathfrak{K}$ beweisbar ist. $\mathfrak{K}$ ist nun, wie man leicht verifiziert, äquivalent (ja praktisch identisch) mit dem Kalkül $\mathfrak{K}'$, der folgende Axiome und Regeln enthält:

$\overline{\text{RF}}$: $S \to S$

$\overline{\text{VV}}$: $\Delta \to \Gamma \vdash \Delta, S \to \Gamma$ $\qquad$ $\overline{\text{HV}}$: $\Delta \to \Gamma \vdash \Delta \to S, \Gamma$

$\overline{\text{ST}}$: $\Delta, S, T, \Delta' \to \Gamma \vdash \Delta, T, S, \Delta' \to \Gamma$ $\qquad$ $\overline{\text{ST}}'$: $\Delta \to \Gamma, S, T, \Gamma' \vdash \Delta \to \Gamma, T, S, \Gamma'$

$\overline{\text{SK}}$: $\Delta, S, S \to \Gamma \vdash \Delta, S \to \Gamma$

$\overline{\text{SK}}'$: $\Delta \to S, S, \Gamma \vdash \Delta \to S, \Gamma$ $\qquad$ $\overline{\text{TR}}$: $\Delta \to S, \Gamma; \Delta, S \to \Gamma \vdash \Delta \to \Gamma$

$\overline{\text{HF}}$: $\Delta, \Delta' \to \Gamma', \Gamma \vdash \Delta \to (\Delta' \to \Gamma'), \Gamma$ $\qquad$ $\overline{\text{VF}}$: $\Delta \to \Delta', \Gamma; \Delta, \Gamma' \to \Gamma \vdash \Delta, (\Delta' \to \Gamma') \to \Gamma$

$\overline{\text{VN}}$: $\Delta \to A, \Gamma \vdash \Delta, \neg A \to \Gamma$ $\qquad$ $\overline{\text{HN}}$: $\Delta, A \to \Gamma \vdash \Delta \to \neg A, \Gamma$

$\overline{\text{VK}}$: $\Delta, A, B \to \Gamma \vdash \Delta, A \wedge B \to \Gamma$ $\qquad$ $\overline{\text{HK}}$: $\Delta \to A, \Gamma; \Delta \to B, \Gamma \vdash \Delta \to A \wedge B, \Gamma$

$\overline{\text{VD}}$: $\Delta, A \to \Gamma; \Delta, B \to \Gamma \vdash \Delta, A \vee B \to \Gamma$ $\qquad$ $\overline{\text{HD}}$: $\Delta \to A, B, \Gamma \vdash \Delta \to A \vee B, \Gamma$

$\overline{\text{VJ}}$: $\Delta \to A, \Gamma; \Delta, B \to \Gamma \vdash \Delta, A \supset B \to \Gamma$ $\qquad$ $\overline{\text{HJ}}$: $\Delta, A \to B, \Gamma \vdash \Delta \to A \supset B, \Gamma$.

In $\mathfrak{K}'$ ist wieder die Regel $\overline{\text{TR}}$ eliminierbar und daher sind in $\mathfrak{K}'$ genau diejenigen Sequenzen beweisbar, die in dem Kalkül $\mathfrak{K}''$ beweisbar sind, der gegenüber $\mathfrak{K}'$ die Regeln $\overline{\text{HF}}$, $\overline{\text{VF}}$ nicht enthält. Ein Vergleich von $\mathfrak{K}''$ mit dem klassischen Sequenzenkalkül LK in Genten (1934) zeigt aber sofort, daß $\mathfrak{K}''$ ein Kalkül der klassischen Aussagenlogik ist, so daß wir auch $\mathfrak{K}'$ und damit M_K^* als klassischen Logikkalkül ansprechen können.

Dem skizzierten Vorgehen zur Gewinnung der klassischen Aussagenlogik in diesem Abschnitt entspricht es, wenn wir M_K^* einen Formelkalkül zuordnen, der aus $\mathfrak{M}_I$ durch Hinzunahme des Axiomenschemas

A18: $(\neg A \supset B) \supset ((\neg A \supset \neg B) \supset A)$

entsteht.

Die aussagenlogischen Operatoren erfahren in der so begründeten klassischen Logik gegenüber der direkten Logik wiederum eine indirekte Deutung, und das in einem gegenüber der intuitionistischen Logik verstärkten Maße.

In der intuitionistischen Logik wird die Widerlegbarkeit und damit die Negation einer Formel A allgemein definiert dadurch, daß aus A beliebige Formeln ableitbar sind, ohne daß dabei auf die Teilformeln von A Bezug genommen wird. Deshalb war $\neg(A \wedge \neg A)$ im Gegensatz zur direkten Logik beweisbar, wenn aus $A \wedge \neg A$ beliebige Formeln ableitbar sind. In der klassischen Logik ist nun eine Formel A auch beweisbar, wenn aus $\neg A$ beliebige Formeln ableitbar sind. So ist z.B. auch $A \vee \neg A$ beweisbar, weil aus $\neg(A \vee \neg A)$ beliebige Formeln ableitbar sind. In diesem Sinn gilt in der erweiterten direkten Logik auch $\sim A \vee \neg A \rightarrow S$ für beliebige R-Formeln S, aber daraus kann man nicht $\rightarrow A \vee \neg A$ gewinnen. Eine Disjunktion ist in der direkten Logik nur beweisbar, wenn mindestens ein Disjunktionsglied beweisbar ist, dazu müßten aber im vorliegenden Fall alle Formeln A entscheidbar sein[7].

---

[7] Für die Begründung der klassischen Logik ist die deduktive Erweiterung der Sequenzenkalküle mit den Regeln $\overline{\text{HF}}$ und $\overline{\text{VF}}$ überflüssig. Diese Erweiterung wurde bei der Begründung der intuitionistischen Aussagenlogik, wie in (1968), 3.2 hervorgehoben, verwendet, um die Vollständigkeit des Operatorensystems $\neg, \wedge, \vee, \supset$ zu beweisen. Setzt man aber im Sinne von (1968), 3.2 die Regelschemata an:

I') $\Delta, \Delta_{11} \rightarrow \Gamma_{11}, \Gamma; \ldots; \Delta, \Delta_{1s_1} \rightarrow \Gamma_{1s_1}, \Gamma \vdash \Delta \rightarrow F(A_1, \ldots, A_n), \Gamma$
$\ldots$
$\Delta, \Delta_{t1} \rightarrow \Gamma_{t1}, \Gamma; \ldots; \Delta, \Delta_{ts_t} \rightarrow \Gamma_{ts_t}, \Gamma \vdash \Delta \rightarrow F(A_1, \ldots, A_n), \Gamma,$

wobei die Formelreihen $\Delta_{ik_i}, \Gamma_{ik_i}$ ($i=1, \ldots, t; k_i = 1, \ldots, s_i$) nur Formeln aus $A_1, \ldots, A_n$ enthalten, und

II') $\Delta \rightarrow \Delta_{1k_{11}}, \Gamma; \ldots; \Delta \rightarrow \Delta_{tk_{t1}}, \Gamma; \Delta, \Gamma_{1k_{11}} \rightarrow \Gamma; \ldots;$
$\qquad \Delta, \Gamma_{tk_{t1}} \rightarrow \Gamma \vdash \Delta, F(A_1, \ldots, A_n) \rightarrow \Gamma,$
$\Delta \rightarrow \Delta_{1k_{1r}}, \Gamma; \ldots; \Delta \rightarrow \Delta_{tk_{tr}}, \Gamma; \Delta, \Gamma_{1k_{1r}} \rightarrow \Gamma; \ldots;$
$\qquad \Delta, \Gamma_{tk_{tr}} \rightarrow \Gamma \vdash \Delta, F(A_1, \ldots, A_n) \rightarrow \Gamma,$

wobei $r = s_1 \times \ldots \times s_t$ ist und die Indices $k_{il}(l = 1, \ldots, r)$ Zahlen aus $1, \ldots, s_i$ sind, so kann man beweisen $F(A_1, \ldots, A_n) \leftrightarrow B$, wobei die Formel B sich wie folgt bestimmt:
Es sei $\overline{S} = S$, wo S eine Formel ist, $\Delta^* = \overline{S_1} \wedge \ldots \wedge \overline{S_n}$, wo $\Delta = S_1, \ldots, S_n$ ist, $\Gamma^+ = \overline{T_1} \vee \ldots \vee \overline{T_m}$, wo $\Gamma = T_1, \ldots, T_m$ ist,

$$\text{und wo gilt } \overline{(\Delta \rightarrow \Gamma)} = \begin{cases} \Delta^* \supset \Gamma^+, & \text{wo } \Delta, \Gamma \text{ nicht leer sind,} \\ \neg \Delta^*, & \text{wo } \Gamma \text{ leer ist} \\ \Gamma^+, & \text{wo } \Delta \text{ leer ist.} \end{cases}$$

Dann ist B die Formel

$$((\overline{(\Delta_{11} \rightarrow \Gamma_{11})} \wedge \ldots \wedge \overline{(\Delta_{1s_1} \rightarrow \Gamma_{1s_1})}) \vee \ldots \vee (\overline{(\Delta_{t1} \rightarrow \Gamma_{t1})} \wedge \ldots \wedge \overline{(\Delta_{ts_t} \rightarrow \Gamma_{ts_t})})),$$

die sich aus den Formeln $A_1, \ldots, A_n$ also nur mit den Operatoren $\neg, \wedge, \vee, \supset$ zusammensetzt. Alle nach (I') und (II') definierten Operatoren F lassen sich daher durch $\neg, \wedge, \vee, \supset$ definieren.

Zusammenfassend kann man sagen: Durch die hier verwendete Semantik auf der Basis von Gentzenkalkülen mit einem allgemeinen Widerlegungsbegriff wird die direkte Logik im Sinn von M^* oder M_W^* ausgezeichnet. Durch Zusatzforderungen, wie sie sich in den Regeln V1 und V2 ausdrücken, kann man in diesem Rahmen auch die intuitionistische und die klassische Aussagenlogik gewinnen, jedoch hängt die intuitive Berechtigung dieser Regeln an der Entscheidbarkeit aller Formeln in den betrachteten Kalkülen, also an einer Zusatzforderung, die die Menge der zugelassenen Kalküle sehr stark einschränkt. Ist diese Forderung nicht erfüllt, so bewirken die Regeln V1 und V2 eine indirekte Deutung der Operatoren. Will man nicht aus Gründen, die außerhalb der hier betrachteten semantischen Grundgedanken liegen, eine Asymmetrie zwischen Widerlegungs- und Beweisbegriff einführen, so ist insbesondere auch die gegenüber der Regel V1 allgemeinere Regel V ausgezeichnet und damit die klassische vor der intuitionistischen Logik.

Literatur

Ackermann, W. (1950): „Widerspruchsfreier Aufbau der Logik. Typenfreies System ohne tertium non datur", *Journal of Logic* 15, 33-57

Gentzen, G. (1934): „Untersuchungen über das logische Schließen". *Math. Zeitschr.* 39, 176-210, 405-431

Kutschera, F. v. (1968): „Die Vollständigkeit des Operatorensystems $\neg$, $\wedge$, $\vee$, $\supset$ für die intuitionistische Aussagenlogik im Rahmen der Gentzensemantik." *Archiv für mathematische Logik und Grundlagenforschung* 11/1-2, 3-16. In diesem Band S. 31 ff.

Schütte, K. (1960): *Beweistheorie*, Berlin.

4

Eine logische Analyse des sprachwissenschaftlichen Feldbegriffs

I

Der Terminus „sprachliches Feld" ist 1924 von Gunther Ipsen eingeführt worden[1] – in einer Zeit also, in der man, angeregt durch die Diskussion der allgemeinen Feldtheorie in der Physik, auch in anderen Disziplinen Felder zu entdecken begann. Das Wort ist dann u. a. von Walter Porzig, André Jolles und insbesondere von Jost Trier übernommen und mit jeweils anderen Inhalten erfüllt worden, und wird heute als Bezeichnung für eine Vielzahl verschiedenartiger sprachlicher Phänomene verwendet[2]

Ich werde mich im folgenden vor allem auf einen Feldbegriff beziehen, den J. Trier entwickelt hat, weil er mir der wichtigste und interessanteste dieser Begriffe zu sein scheint.

Was also ist in diesem Sinn ein sprachliches Feld? *Ein sprachliches Feld*, so können wir sagen, *ist eine Menge von Wörtern, die einem Sinnbezirk zugeordnet sind und deren Bedeutungen von den Bedeutungen anderer Wörter des Feldes abhängen, so daß sie sich nur zusammen mit und in Abgrenzung von ihnen bestimmen lassen*[3].

Diese „Definition" ist nun insofern noch recht unbefriedigend, als im Definiens Ausdrücke vorkommen, für deren Anwendung keine scharfen Kriterien vorliegen. Man kann sie zunächst durch zusätzliche *Erläuterungen* präzisieren und sagen, daß es sich bei den Wörtern eines Feldes in der Regel um Prädikate (im logischen Sinn dieses Wortes) derselben Kategorie handelt[4]. Und man kann hinzufügen, daß die Bedeutungsabhängigkeit zwischen den Wörtern des Feldes u. a. darin besteht, daß die Bedeutungen anderer Wörter erweitert bzw. einge-

---

[1] Vgl. Ipsen (1924), S. 225
[2] Zum Trierschen Feldbegriff vgl. Trier (1931), (1932) und (1934), zum Feldbegriff im allgemeinen vgl. z. B. Öhmann (1951), S. 72 ff. oder Grebe (1966), S. 445–455.
[3] Das ist keine Formulierung, die sich bei Trier findet. Zum Vergleich ein Zitat aus Trier (1934), S. 430:, „Felder sind die zwischen den Einzelworten und dem Wortschatzganzen lebendigen sprachlichen Wirklichkeiten, die als Teilganze mit dem Wort das Merkmal gemeinsam haben, daß sie sich ergliedern, mit dem Wortschatz hingegen, daß sie sich ausgliedern".
[4] Zum Begriff des logischen Prädikates und seiner Kategorie vgl. z. G. Kutschera (1971), 2.2.

engt werden, wenn man ein Wort eliminiert, bzw. hinzufügt, und daß sich die Bedeutungen anderer Wörter verschieben, wenn man die Bedeutung eines Wortes verändert. Diachronisch gesehen wandelt sich also die Bedeutungsstruktur des Feldes als eines Ganzen. Wir wollen uns im folgenden aber ausschließlich auf eine synchronische Betrachtung beschränken[5].

Zu diesen Erläuterungen der Definition des Feldes kommen *illustrierende Beispiele*. Ein Standardbeispiel ist das der Farben: Die Farbwörter (z.B. „rot", „orange", „gelb", „grün", „blau") bilden ein Feld. Es sind einstellige Prädikate erster Stufe, und der zugeordnete Sinnbezirk ist der der Farbigkeit. Fügt man z.B. das Wort „violett" hinzu, so werden die Bedeutungen von „rot" und „blau" eingeengt, und streicht man das Wort „orange", so werden die Bedeutungen von „rot" und „gelb" erweitert[6].

Weitere Standardbeispiele sind die Notenskalen, das von Trier analysierte Beispiel der Wörter für intellektuelle Qualitäten, die Wörter für Gefühlsregungen und Gestimmtheiten, usw.

Damit ist der Feldbegriff umrissen, den wir im folgenden analysieren wollen.

II

Die *Bedeutung*, speziell die sprachphilosophische Bedeutung dieses Feldbegriffs liegt vor allem darin, daß mit dieser Konzeption der Atomismus aufgegeben worden ist, der bis dahin implizit oder explizit den meisten Bedeutungstheorien zugrunde lag. Danach soll jedes Wort semantisch eigenständig sein[7], d.h. eine bestimmte Bedeutung haben, die vom restlichen Wortvorrat und von den Bedeutungen der übrigen Wörter unabhängig ist. Die atomistische Theorie verbindet sich meist mit einer realistischen Semantik, nach der den Wörtern konventionell vorgegebene Dinge, Eigenschaften und wohlbestimmt wie diese Bedeutungsentitäten sind dann auch die semantischen Funktionen der Wörter.

Demgegenüber betont die Feldtheorie, daß gewisse Wortgruppen semantisch eine Einheit bilden, synchronisch wie oft auch diachronisch gesehen ein Ganzes, ein Organon oder Instrumentarium zur sprachlichen Aufschlüsselung eines Phänomenbereichs. Und damit verbindet sich ein Übergang von der realistischen Semantik zu einer Konzeption, nach der die Sprache nicht immer nur vorgegebene ontologische Unterscheidungen abbildet, sondern Unterscheidungen

---

[5] Bei Trier überwiegt die diachronische Betrachtung.
[6] Das Feld der Farbwörter im Deutschen besteht natürlich an sich aus *allen* Farbwörtern, aber diese Menge wäre für die Zwecke eines Beispiels zu unhandlich.
[7] Das gilt genauer nur für Grundwörter: zusammengesetzte und abgeleitete Wörter hängen natürlich in ihrer Bedeutung von der Bedeutung der Ausgangswörter ab; das ist wohl nie übersehen worden.

vielfach erst mit sprachlichen Mitteln begründet werden[8] Ein Phänomenbereich wird erschlossen durch Unterscheidungen, die nicht immer schon, wie z.B. die Unterscheidung von Tier- und Pflanzengattungen, von Tischen und Stühlen etc., augenfällig und von der Sache her eindeutig und damit durch einzelne sprachliche Ausdrücke faßbar sind, sondern die erst konstruiert und durch sprachliche Abgrenzungen verdeutlicht werden müssen. Daher finden sich sprachliche Felder vor allem in abstrakten Sinnbezirken, wie für Gefühle, intellektuelle oder charakterliche Dispositionen etc. – aber nicht nur dort, wie das Beispiel der Farbwörter zeigt[9].

Der hier betrachtete Feldbegriff ist also nicht nur ein linguistischer Spezialbegriff, sondern ist für das Verständnis der Art und Weise, wie Sprache funktioniert, insgesamt von Bedeutung. Aber unabhängig von diesen tieferliegenden und generellen sprachphilosophischen Problemen: mit dem Feldbegriff versteht man einfach sehr viele konkrete semantische Phänomene besser als im atomistischen Modell.

III

Nachdem wir den Feldbegriff vorgestellt und auf seine Bedeutung hingewiesen haben, wollen wir versuchen, ein logisches Modell für sprachliche Felder anzugeben. Es ist ein spezielles Modell für Felder von einstelligen Prädikaten 1. Stufe – als Grundbeispiel kann uns wieder das Feld der Farbwörter dienen –, das sich aber leicht generalisieren läßt. Seine Aufgabe besteht darin, eine Form sprachlicher Felder präzise zu analysieren und damit den Weg anzudeuten, auf dem man auch andere Feldformen erfassen kann. Dadurch kann ein System exakter Begriffe entstehen, mit denen man Felder beschreiben und unterschieden kann, und damit kann zunächst eine Form des sprachwissenschaftlichen Feldbegriffs

---

[8] Vgl. dazu Kutschera (1971), insbesondere das 4. Kapitel.

[9] P. Grebe schreibt dazu: „Je ausgeprägter die Eigenstruktur des zu wortenden Gegenstandsbereiches ist oder je merkmalsreicher die Gegenstände dem Menschen erscheinen, desto mehr Anknüpfungspunkte bieten sie für die sprachliche Erfassung und desto mehr Stützung können die Wortinhalte infolgedessen von den Sachen her erfahren, desto selbstgenügsamer kann also ihr Eigenwert sein. Und umgekehrt: Je weniger Anhaltspunkte der zu wortende Gegenstandsbereich dem zugreifenden Menschengeist bietet, desto eigenmächtiger kann die sprachliche Setzung werden, desto wichtiger wird auch die Stützung des Wortinhalts von den Feldnachbarn her. Mit anderen Worten: Die Sprachbedingtheit nimmt zu. So wird verständlich, daß das Feldprinzip im Bereich abstrakter geistiger Begriffe eine besondere Wirksamkeit entfaltet, denn gerade hier erweist die Sprache ihre begriffsstiftende Kraft und schafft Inhalte, die verstärkt der Stützung durch die Feldnachbarn bedürfen. Zwar sind auch hier außersprachliche Anstöße mit im Spiel, aber die konstituierende Eigenmächtigkeit der Sprache tritt in diesen Setzungen deutlicher hervor." ((1966), S. 453f.)

aus den Vagheiten, in denen er immer noch steckt, herausgeführt und präziser und fruchtbarer gemacht werden. Die Gefahren logischer Modelle: zu starke Vereinfachung und Abstraktion, unrealistische Präzision etc. sind gegenüber dieser Aufgabe gegenwärtig noch eine cura posterior.

IV

Der Grundgedanke des anzugebenden logischen Feld-Modells besteht darin, ein Feld einstelliger Prädikate aus einer Ähnlichkeitsrelation durch Beispiele entstehen zu lassen. Damit soll der Gedanke präzisiert werden, daß sprachliche Felder dort auftreten, wo, mit Grebe zu sprechen, „der zu wortende Gegenstandsbereich dem zugreifenden Menschengeist weniger Anhaltspunkte bietet", wo also die sich anbietenden Unterscheidungen nicht klassifikatorische Eigenschaften sind, sondern nur Ähnlichkeiten. Vorgegeben ist also im Beispiel der Farbwörter nicht eine Menge von Farbbegriffen oder -unterscheidungen, sondern nur eine Relation der Farbähnlichkeit, die auf die Menge M aller bzgl. ihrer Farbe vergleichbaren Dinge erklärt ist. Eine solche Ähnlichkeitsrelation muß vierstellig sein: Eine zweistellige Relation *x ist y farbähnlich* nütze nichts, denn wenn man nicht schon Ähnlichkeiten bzgl. bestimmter Farben und damit eben diese Farben voraussetzen will, sind alle Dinge aus M gleichermaßen farbähnlich. Man braucht also eine komparative Relation. Eine dreistellige Relation *x ist dem y farbähnlicher als y dem z* ist nicht brauchbar, da wir dann immer nur die Farben zweier Dinge bzgl. eines tertium comparationis y vergleichen, nicht aber allgemein Farbähnlichkeiten konstatieren können. Diese Überlegung führt dazu, den folgenden vierstelligen Begriff zugrunde zu legen : *x ist dem y höchstens so (farb-) ähnlich wie u dem v –* symbolisch: $x, y \leq u, v$.

Aufgrund der Deutung als komparative Ähnlichkeitsrelation hat die Beziehung $\leq$ gewisse Eigenschaften, von denen man die grundlegenden in *Axiomen* für diese Relation festhalten kann. Diese Axiome lauten:

A1: $a, b \leq c, d \vee c, d \leq a, b$
A2: $a, b \leq c, d \wedge c, d \leq e, f \supset a, b \leq e, f$
A3: $a, b \leq c, d \supset b, a \leq c, d$
A4: $a, b \leq c, d \supset a, b \leq d, c$
A5: $a, b \leq c, c$
A6: $a, b = a, a \supset a, c = b, c$.

A3 und A4 besagen, daß die Relation $x, y \leq u, v$ aufgefaßt werden kann als Relation $\{x, y\} \leq \{u, v\}$ zwischen der Paarmenge $\{x, y\}$ aus x und y und der Paarmenge

$\{u, v\}$ aus u und v. A1 und A2 besagen dann, daß diese Paarmengenrelation ein komparativer Begriff ist[10].

A5 besagt, daß ein Objekt mit sich selbst maximale Ähnlichkeit aufweist, und A6 beinhaltet, daß zwei maximal farbgleiche Objekte a und b sich bzgl. aller Farbunterscheidungen, gleich verhalten. Man kann definieren:

d1: $a, b = c, d := a, b \leq c, d \wedge c, d \leq a, b$ (a und b sind sich ebenso farbähnlich wie c und d)

d2: $a, b < c, d := \neg c, d \leq a, b$ (a und b sind untereinander weniger farbähnlich als c und d)

d3: $a \sim b := \forall x \, (x, a = x, b)$ (a und b sind farbgleich)

Mithilfe einer solchen Ähnlichkeitsrelation lassen sich nun n Farbprädikate F_1, ... F_n ($n \leq 1$) mithilfe von n Beispielsklassen $B_1, \ldots B_n$ einführen: B_i soll Objekte erhalten, die als Beispiele dafür dienen, wie das Prädikat F_i verwendet wird ($i = 1, \ldots n$); es soll also gelten $B_i \subseteq F_i$, d.h. B_i ist in der Klasse der F_i-Objekte enthalten (die wir hier auch kurz durch F_i bezeichnen).

Für die Beispielsklassen muß offenbar gelten:

B1: $B_1 \neq \emptyset$ (die B_1 sind nicht leer)

B2: $a \in B_1 \wedge b \in B_k \supset \neg a \sim b$ für $i \neq k$ (verschiedene B_1 enthalten keine farbgleichen Elemente).

Wir schreiben im folgenden kurz B für die Vereinigung aller Beispielsklassen B_1 und $B-B_1$ für die Menge, die übrigbleibt, wenn wir als B alle Elemente um B_1 herausnehmen. Man kann nun die Farbklassen F_1 so definieren:

K1: $a \in F_i := \exists x (x \in B_i \wedge \forall y (y \in B - B_i \supset y, a < x, a))$.

Danach wird F_1 bestimmt als Menge aller Objekte a, die *einem* Objekt von B_i ähnlicher sind als irgendeinem Objekt aus einer anderen Beispielklasse.

Nach K1 gilt:

C1: $B_1 \subseteq F_1$ und

C2: $a \in F_i \wedge b \in F_k \supset \neg a \sim b$ für $i \neq k$.

Damit haben wir ein ganz elementares Modell für ein Wortfeld gewonnen: Das Feld besteht aus den Prädikaten $F_1, \ldots, F_n$, die einem gemeinsamen Sinnbezirk zugeordnet sind. Dieser Sinnbezirk wird durch die Relation $\leq$ bestimmt[11], und die Bedeutungen der Prädikate F_i hängen voneinander ab: Streicht man ein F_i (und damit ein B_i), so zeigt K1 unmittelbar, wie sich die Beziehungen der übri-

---

[10] Vgl. dazu z.B. Kutschera (1972), Kap. 1.
[11] Über die logische Natur dieser Bestimmung sprechen wir unten.

gen F_j ändern. Dies einfache Modell zeigt auch, wie hier die Unterscheidungen durch die Sprache, d.h. durch den Sprachgebrauch, wie die Einführung von n Prädikaten und ihre Exemplifizierung durch Beispiele in den B_i begründet, und in diesem Sinn in die Erfahrung (oder Wirklichkeit) hineingetragen, nicht aber aus ihr abstrahiert werden[12]. Daß die Unterscheidungen trotzdem einen Bezug zu vorgegebenen Unterschieden haben, ergibt sich daraus, daß sie der Relation der Farbähnlichkeit folgen. Damit ist freilich nicht gesagt, daß diese Beziehung im realistischen Sinn in der Natur vorgegeben sei – es könnte ja auch ein Feld geben, in dem sie die Rolle eines Prädikats F_i in unserem Modell spielt[13].

Dies einfache Grundmodell erlaubt es also schon, die Grundtatsachen sprachlicher Felder exakt zu beschreiben. Es läßt sich aber noch abwandeln und verfeinern.

Man könnte z.B. anstelle von K1 die Definition ansetzen:

K2: $a \in F_i := \forall xy(x \in B_i \wedge y \in B - B_i \supset y, a < x, a)$

Auch diese Definition erfüllt C1 und C2, wenn man annimmt, daß die Beispielklassen in folgendem Sinn homogen sind:

C3: $a \in B_i \wedge b \in B_i \wedge c \in B_k \supset a, c < a, b$ für $i \neq k$.

Im Gegensatz zu K1 werden nach K2 im allgemeinen viele Objekte aus M nicht klassifiziert[14]. Während K2 aus diesem Grund im Farbbeispiel inadäquat wäre, und allgemein in allen Fällen, in denen es um eine möglichst vollständige Klassifizierung aller Objekte aus M geht, kann K2 in anderen Fällen durchaus adäquat sein, in denen es darum geht, Klassen mit höherer innerer Homogenität zu konstruieren[15].

---

[12] Vgl. dazu die verschiedenartigen Farbwortfelder, die B. L. Whorf in (1956) erwähnt.
[13] Mit dieser Bemerkung soll natürlich nicht die absurde These vertreten werden, alle Unterscheidungen seien sprachlich begründet. Die sprachlichen Unterscheidungen beruhen vielmehr auf Unterscheidungen, die wir aufgrund unserer biologischen und physiologischen Konstitution immer schon üben; sie gehen aber weit darüber hinaus.
[14] Das veranschaulichen die beiden folgenden Figuren:

$$K1: \quad \overbrace{|\!-\!\text{x-x-x}\!-\!\text{x-x}\!-\!}^{F_1}\underbrace{|\!-\!\text{x-x-x}\!-\!\text{x-}|}_{}^{F_2}$$
$$\underbrace{\phantom{-\text{x-x-x}-\text{x-x}-}}_{B_1}\underbrace{\phantom{-\text{x-x-x}-\text{x-}}}_{B_2}$$

$$K2: \quad \overbrace{\underbrace{-\text{x-x-x}\!-\!\text{x-x+}}_{B_1}}^{F_1}\text{x}\overbrace{\underbrace{+\text{x-x-x}\!-\!\text{x}\!-\!|}_{B_2}}^{F_2}$$

[15] Nach K2 sind die F_i aber nicht immer in dem Sinn homogen, wie das C3 für die B_i festlegt.

Man stellt den klassifikatorischen Begriffen of *Typenbegriffe* gegenüber. Während klassifikatorische Begriffe die Grenzen abstecken, innerhalb derer ein Prädikat angewendet werden kann, geben Typenbegriffe typische Fälle für die Anwendung eines Prädikats an und legen vermittels der Ähnlichkeit zu diesen typischen Fallen einen Grad fest, in dem die Anwendung des Prädikats auf einen Gegenstand angemessen ist. So sind z.B. die charakterologischen Begriffe (*Sanguiniker, Choleriker*) und die des Körperbaus (*Phykniker, Astheniker*) Typenbegriffe, nach denen es sinnvoll ist zu sagen, a sei ein typischerer (reiner Fall) z.B. eines Cholerikers als b, während das bei einem klassifikatorischen Begriff wie *Mensch* nicht der Fall ist.

In unserem Modell kann man einen Typenbegriff in elementarer Weise z.B. so einführen, daß Objekte $b_1, \ldots, b_n$ angegeben werden, die typische Fälle für die Prädikate F_i darstellen sollen. Dann kann man auch nach K1 (oder K2) die Klassen von Objekten bestimmen, denen das Prädikat F_i überhaupt zugesprochen werden soll, und kann auf der Menge dieser Objekte einen komparativen Begriff $x \leq_i y$ – *x ist ein höchstens so typischer Fall von F_i wie y* – durch die Definition einführen:

d4: $\quad a \leq_i b := a \in F_i \land b \in F_i \land a, b_i \leq b, b_i$.

In diesem Sinn kann man also Felder klassifikatorischer Begriffe und Felder von Typenbegriffen im Modell unterscheiden und beschreiben.

VI

Eine Verfeinerung des Modells erhält man, wenn man die Eigenschaften der zugrundegelegten Ähnlicheitsrelation noch genauer fixiert, als das in A1 und A6 geschehen ist. Dabei bietet sich folgender Weg an:

Für eine genauere Beschreibung eines Ähnlichkeitsfeldes wird man versuchen, den komparativen Ähnlichkeitsbegriff zu metrisieren, d.h. man wird eine reelle Funktion d(x,y) anzugeben suchen, für die gilt:

D1: $\quad a, b \leq c, d \equiv d(a,b) \geq d(c,d)$.

Dabei ist $d(a,b)$ als Abstand zwischen a und b im Ähnlichkeitsraum aufzufassen, der umso größer ist, je unähnlicher sich a und b sind.

Diese Funktion soll zusätzlich die Eigenschaften eines Abstandsmaßes haben, d.h. es soll gelten:

D2: $\quad d(a,b) \geq 0$

D3: $\quad d(a,b) = 0 \equiv a \sim b$

D4: $d(a, b) = d(b, a)$
D5: $d(a, b) + d(b, c) \geq d(a, c)$ [16].

Nach A1 bis A6 weiß man zwar, daß genau dann, wenn es in der Menge M^* der Paarmengen aus M eine ordnungsdichte Teilmenge N^* gibt (d.h. ein $N^* \subseteq M^*$, so daß es für $a, b < c, d$ mit $\{a, b\}$ und $\{c, d\}$ aus $M^* - N^*$ ein $\{e, f\}$ aus N^* gibt mit $a, b < e, f \wedge e, f < c, d$), eine Funktion $d(x,y)$ auf M existiert, für die D1 bis D4 gilt [17]. Um aber auch D5 zu erhalten, muß man zusätzliche Annahmen über die Relation $\leq$ machen.

Dabei bietet es sich an, zu fordern, daß $\leq$ eine topologische Struktur über M definiert; denn für topologische Strukturen sind Metrisierungsbedingungen bekannt.

Ein Paar $\langle M, \mathfrak{U} \rangle$ bestehend aus einer Menge M von Objekten und einer für alle $x \in M$ erklärten Funktion $\mathfrak{U}(x)$, wobei $\mathfrak{U}(x)$ eine nichtleere Menge von Teilmengen von M ist, heißt eine *topologische Struktur* genau dann, wenn gilt

T1: $M \in \mathfrak{U}(a)$
T2: $A \in \mathfrak{U}(a) \supset a \in A$
T3: $A \in \mathfrak{U}(a) \wedge A \subseteq B \supset B \in \mathfrak{U}(a)$
T4: $A \in \mathfrak{U}(a) \wedge B \in \mathfrak{U}(a) \supset A \cap B \in \mathfrak{U}(a)$
T5: $A \in \mathfrak{U}(a) \supset \exists B (B \subseteq A \wedge B \in \mathfrak{U}(a) \wedge \forall x (x \in B \supset A \in \mathfrak{U}(x)))$.

Eine solche Struktur heißt *metrisierbar*, wenn es eine Abstandsfunktion $d(x,y)$ auf M gibt, die D2 und D5 genügt, und für die gilt: Setzt man

$U_\epsilon(a) := \{x : d(x, a) < \epsilon\}$, so gilt
$A \in \mathfrak{U}(a) \equiv \exists \epsilon (\epsilon > 0 \wedge U_\epsilon(a) \subseteq A)$.

Man wird daher sagen, durch die Ähnlichkeitsrelation $\leq$ auf M werde die topologische Struktur $\langle M, \mathfrak{U} \rangle$ induziert, wenn gilt:

Setzt man

R1: $U_b(a) := \{x : a, b < x, a\}$, so gilt
R2: $A \in \mathfrak{U}(a) \equiv \exists b (\neg a \sim b \wedge U_b(a) \subseteq A)$.

Welche Eigenschaften muß man also von der Relation $\leq$ fordern, damit eine so definierte Funktion $\mathfrak{U}$ eine topologische Struktur über M ergibt?

---

[16] Aus D1 folgt mit A1 und A6 aus $d(a, a) = 0$ sofort D2, D3 und D4. Man kann also die Axiome durch D2' $d(a, a) = 0$ ersetzen. Wenn wir hier aus drucktechnischen Gründen dasselbe Symbol $\leq$ für die Ähnlichkeitsrelation wie für die Kleiner-oder-Gleich-Beziehung von Zahlen verwenden, so kann dadurch doch bei Beachtung des Kontextes keine Verwechslung entstehen.
[17] Vgl. dazu z.B. Kutschera (1972), 1.4.

Wenn M nichttrivial ist, d.h. wenn es a, b gibt mit $\neg a \sim b$, so gibt es zu jedem a eine Umgebung $A \in \mathfrak{U}(a)$. Wegen $A \subseteq M$ gilt T1. Wegen $a, b <. a$ gilt für jedes b mit $\neg a \sim b$: $a \in U_b(a)$, also T2. T3 gilt trivialerweise. Gilt $U_b(a) \subseteq A$, $U_c(a) \subseteq B$, so gilt für $c, a \leq b, a$: $U_b(a) \subseteq U_c(a)$, also $U_b(a) \subseteq A \cap B$, also $A \cap B \in \mathfrak{U}(a)$; für $b, a <. c, a$ gilt entsprechend $U_c(a) \subseteq U_b(a)$, also $U_c(a) \subseteq A \cap B$, also $A \cap B \in \mathfrak{U}(a)$.

D.h. wir müssen nur noch fordern, daß $\leq$ eine (möglichst schwache) Eigenschaft hat, aus der auch T5 folgt. Dazu übersetzen wir T5 gemäß R1 und R2 in eine Bedingung für $\leq$ und erhalten so

A7: $\forall xyz(\neg x \sim y \supset \exists uu'(\neg u \sim u' \land \forall w(u, u' <. w, z \supset \exists vv'(\neg v \sim v' \land$
$\forall w'(v, v' <. w, w' \supset x, y <. z, w')))))$.

D.h. wir bestimmen Ähnlichkeitsrelationen genauer als solche Relationen $\leq$ nach A1 bis A6, die nach R1 und R2 eine topologische Struktur induzieren.

Die Metrisierungssätze der Topologie gehen dann über die Bedingungen der Metrisierbarkeit von Ähnlichkeitsrelationen Auskunft.

Was wird mit einer solchen Verfeinerung unseres Feldmodells geleistet? Im Fall der Farbwörter kann man z.B. den Farbenraum, wie er durch die Beziehung einer Farbähnlichkeit angegeben wird (die Farbton, Helligkeit und Sättigung berücksichtigt), als dreidimensional charakterisieren und kann die Unterscheidungen nach Farbton, Helligkeit und Sättigungsgrad auf der Grundlage dieser Relation einführen. Wir erhalten dann den Fall, daß auf der Basis einer Ähnlichkeitsrelation zunächst mehrere voneinander unabhängige Ähnlichkeitsrelationen charakterisiert werden können, die dann ihrerseits im Sinne von K1 zur Konstruktion von klassifikatorischen Begriffen führen. Ferner kann man, in realistischerer Weise, als das oben geschehen ist, Typenbegriffe einführen, indem man als typische Beispiele nicht einzelne Beispielsobjekte b_i auszeichnet, sondern statt dessen Punkte des Ähnlichkeitsraumes verwendet, für die z.B. das Mittel ihrer Abstände zu den Objekten aus B_i ein Minimum ist. Der entscheidende Gesichtspunkt ist also, allgemein gesagt, daß man durch die Verfeinerung des Feldmodells eine Vielzahl neuer Begriffe zur Analyse von Feldern in die Hand bekommt.

VII

Abschließend wollen wir noch auf zwei Probleme des oben diskutierten Feldbegriffs eingehen, die in der Diskussion umstritten sind:

1. Wie ist die Bedeutungsabhängigkeit der Wörter in einem Feld zu verstehen: Hängt die Bedeutung eines Wortes von den Bedeutungen aller oder nur von denen einiger anderer Wörter des Feldes ab?

Die erstere Forderung wäre offenbar zu stark. Im Farbbeispiel hängt die Bedeutung von „Gelb" nicht von den Grenzen zwischen Blau und Grün oder von der Hinzufügung eines Terms „Blaugrün" ab. Außerdem sind uns bei größeren Wortfeldern oftmals gar nicht alle Elemente des Feldes gegenwärtig, und das Feld unterliegt Veränderungen, ohne daß deswegen gleich das Verständnis aller Wörter im Feld gefährdet wäre. Diese nur teilweise Abhängigkeit läßt sich in unserem Modell, zumal in räumlichen Veranschaulichungen, gut verfolgen.

2. Ist ein Wortfeld F immer eine kleinste Menge von Wörtern, so daß mit einem Wort a auch jedes andere Wort b zu F gehört, von dem a bedeutungsabhängig ist?

Wäre das der Fall, so könnte man in der eingangs gegebenen „Definition" des Wortfeldes die Bezugnahme auf einen Sinnbezirk gänzlich streichen. Dagegen spricht aber folgendes Beispiel: Wenn man die Gefühle unter verschiedenen Aspekten klassifiziert, z.B. in der Dimension *Schmerz–Lust, Vergnügen–Verdruß, Trauer–Freude* etc., so kann man die Wörter jeder Dimension als Wortfeld ansprechen. Wenn man das aber nicht als verschiedene Dimensionen ansieht – und unsere sprachlichen Unterscheidungen sind diesbezüglich nicht eindeutig –, so stellt sich eine Affinität z.B. zwischen Schmerz, Trauer und Verdruß ein, so daß, wenn ein Wort für eins dieser Gefühle ausfällt, auch ein Wort für eine anderes dafür eintreten könnte; so entstehen Bedeutungsabhängigkeiten, die quer durch die verschiedenen Dimensionen laufen.

Dies Beispiel zeigt: Wegen der Vielschichtigkeit der Bedeutungen der Wörter der natürlichen Sprachen kann man ein Wortfeld nur dann in der angegebenen Weise bestimmen, wenn zuvor die Klasse der semantischen Funktionen festgelegt wird, unter denen die Wörter klassifiziert werden sollen; d.h. wenn man den „Sinnbezirk", angibt[18].

Was aber ist ein Sinnbezirk? In unserem Modell können wir sagen: Ein Sinnbezirk wird charakterisiert durch einen (einstelligen) Begriff zweiter Stufe G – im Beispiel durch den Begriff, ein Farbbegriff zu sein –, unter den die Wörter F_i des Feldes, bzw. die durch sie ausgedrückten Begriffe fallen[19]. G charakterisiert also

---

[18] Verschiedene Felder können sich also überschneiden, d.h. dasselbe Wort kann verschiedenen Feldern angehören. Aber dasselbe Wort in derselben Bedeutung kann nur einem Feld angehören. Andernfalls würden die Bedeutungsabhängigkeit über die Feldgrenzen hinausreichen und es wäre nicht einzusehen, wieso man dann mehrere Felder in Ansatz bringen sollte. Zur zusätzlichen Abgrenzung der Felder kann man auch noch andere Kriterien angeben, wie z.B. Stilkriterien, die in einem bestimmten Zusammenhang die Aufnahme eines Wortes in ein Feld verbieten. Mit einem Wort brauchen ja nicht auch alle seine Synonyma einem Feld anzugehören.

[19] Dabei ist es nicht erforderlich, daß auch alle Wörter, die unter den Begriff G fallen, zum Feld gehören: Es könnte ja z.B. auch in ein und derselben Sprache verschiedene gleichberechtigte Farbwortfelder geben.

diejenigen Eigenschaften, die sich durch die Grundrelation ≤ bestimmen lassen, die im Beispiel eine Ähnlichkeit bzgl. der Farbe ist. Diese Eigenschaft, auf die sich die Ähnlichkeiten beziehen, ist in unserem Modell mit der Ähnlichkeitsrelation gegeben, d.h. die Ähnlichkeitsrelation gibt den zugehörigen Sinnbezirk mit an, so daß er in diesem Modell keine eigenständige Funktion hat.

VIII

Der durch unser Modell erfaßte Feldbegriff läßt sich so charakterisieren:
Ein sprachliches Feld ist eine Menge von Prädikaten der gleichen logischen Kategorie, die auf der Basis einer Ähnlichkeitsrelation durch Beispielklassen definiert werden. Daß sich alle sprachlichen Felder so charakterisieren lassen, behaupten wir nicht. Wir behaupten das nicht einmal für die Felder, auf deren Diskussion wir uns bisher mit der eingangs gegebenen „Definition" beschränkt haben, obwohl diese Vermutung hier naheliegt. Wir glauben aber, daß das für eine hinreichend große Klasse typischer und systematisch interessanter Feldbeispiele gilt.

Ein Standardbeispiel für Felder, das nicht unter unsere Feld „Definition" fällt, ist das der Verwandtschaftsbezeichnungen, wie, *Vater, Bruder, Tante, Onkel, Großmutter* etc., wozu dann evtl. noch weitere Differenzierungen hinzukommen, wie *Oheim* (Mutterbruder), *Muhme* (Mutterschwester), *Base* (Vaterschwester), etc. Das Wortfeld wird hier gebildet von (zweistelligen) Verwandtschaftsbeziehungen, und damit ist auch der zugeordnete Sinnbezirk bezeichnet. Man kann hier aber nicht von einer Bedeutungsabhängigkeit der Wörter des Feldes sprechen, denn diese Prädikate sind unabhängig von einander in ihrer Bedeutung durch feste Anwendungskriterien definiert. Daher liegt hier etwas ganz anderes vor als z.B. im Fall der Farbwörter. Logisch gesehen handelt es sich einfach um eine Menge von Relationen, die sich z.B. alle mit den Begriffen *Elternteil, männlich, weiblich, Gatte* definieren lassen, und die verschiedenen Felder zu diesem Sinnbezirk unterscheiden sich dadurch, wieviele definierte Terme sie enthalten und für welche Relationen diese stehen[20].

---

[20] Man könnte einwenden: Auch Farbbegriffe lassen sich einzeln definieren; so könnte man z.B. *rotes* Licht bestimmen als Licht, dessen Wellenlänge in einem bestimmten Intervall liegt. Aber tatsächlich werden die Farben nicht so geklärt; bei derartigen Bestimmungen handelt es sich um nachträgliche Rekonstruktionen. Wir lehren und erklären die Farbwörter unter Bezugnahme auf ein vorausgesetztes Vorverständnis von Farbähnlichkeiten durch Beispiele, das bewirkt die Bedeutungsabhängigkeit, die Merkmal der Felder ist, so wie wir sie bisher verstanden haben, und ohne die das spezifische Problem solcher Felder nicht aufträte.

Wenn aber hier gänzlich andere Zusammenhänge vorliegen, ist es irreführend, beidemal von „Feldern" zu sprechen. Die Sprachwissenschaftler sollten daher eine terminologische Differenzierung zwischen Feldern verschiedener Art vornehmen.

Das gilt auch für weitere Verwendungsweisen des Wortes „Feld", wie im Falle von Sinnkopplungen *(beißen–Zähne, bellen–Hund)*, bei denen, logisch gesehen, Bedeutungsbeziehungen vorliegen, derart, daß z.B. nur Hunde bellen, daß man nur mit Zähnen beißen kann, etc., oder im Fall von Synonymen oder von Äquivalenten verschiedener Sprachschichten (z.B. *töricht, dämlich, doof*).

Die erste Aufgabe bei einer Analyse des sprachwissenschaftlichen Feldbegriffs besteht also wohl darin, die verschiedenen Phänomene, die mit dem Wort „Feld" angesprochen werden, sorgfältig zu unterscheiden und terminologisch zu differenzieren. Während, wie unsere letzten Beispiele zeigen, einige dieser sprachlichen Phänomene ihrer logischen Struktur nach sehr einfach sind und wohl auch sprachwissenschaftlich keine tieferen Probleme aufwerfen, gibt es zumindest einen Feldtyp, der, wie wir zu zeigen versucht haben, systematisch interessant ist und logische Analysen erfordert.

Literatur

Grebe, P. (Hrsg., 1966): *Duden. Grammatik der deutschen Gegenwartssprache*, Mannheim ²1966

Ipsen, G. (1924): *Stand und Aufgaben der Sprachwissenschaft*, Heidelberg

Kutschera, F. v. (1971): *Sprachphilosophie*, München

Kutschera, F. v. (1972): *Wissenschaftstheorie – Grundzüge der allgemeinen Methodologie der empirischen Wissenschaften*, München

Öhlmann, S. (1951): *Wortinhalt und Weltbild*, Stockholm

Trier, J. (1931): *Der deutsche Wortschatz im Sinnbezirk des Verstandes – Die Geschichte eines sprachlichen Feldes*, Heidelberg

Trier, J. (1932): „Sprachliche Felder", *Zeitschrift für deutsche Bildung* 8, 417–427

Trier, J. (1934): „Das sprachliche Feld", *Neue Jahrbücher für Wissenschaft und Jugendbildung* 10, 428–449

Whorf, B. L. (1956): *Language, Thought, and Reality*, hrsg. v. J. B. Carroll, New York

Nachwort

Neben der logischen Analyse des Feldbegriffs und von Typenbegriffen werden im Aufsatz zwei interessante Probleme berührt. Das erste ist ein Problem der Klassifikation: Gegeben eine Menge M von Objekten, für die eine Ähnlichkeitsrelation $\leq.$ der im Text angegebenen Art definiert ist. Wie läßt sich M in Klassen $M_1, \ldots, M_n$ einteilen, so daß einerseits deren Zahl n möglichst klein ist, die Klassen M_i ($i = 1, \ldots, n$) andererseits aber möglichst homogen sind, so daß die Elemente von jedem M_i untereinander möglichst ähnlich sind. Gesucht wird ein Kompromiß zwischen beiden Forderungen, denn je kleiner die Zahl n, desto inhomogener werden die Klassen in der Regel sein. Eine Lösung setzt voraus, daß die Relation $\leq.$ metrisierbar ist, daß also auf M eine Abstandsfunktion $d(x,y)$ existiert, welche die Bedingung *D1* im Text erfüllt. Denn dann kann man Maße für die Inhomogenität der Klassen M_i definieren. Ist I eine Menge von Indices für die Objekte aus M, ist $I(i)$ die Menge der Indices der Objekte aus M_i und $n(i)$ deren Anzahl, so kann man z.B. das arithmetische Mittel der Abstände in M_i, also die Zahl $u(i) = 1/n(i)^2 \sum_{k,l \in I(i)} d(x_k, x_l)$ als Maß der Inhomogenität von M_i verwenden. Man kann dann die Güte der Einteilung als gewichtete Summe aus ihrer Sparsamkeit und ihrer Homogenität angeben, wobei Sparsamkeit eine mit wachsendem n monoton abnehmende und Homogenität eine mit wachsender Summe der $u(i)$ monoton abnehmende Funktion ist.

Das zweite Problem ist die Metrisierbarkeit von Ähnlichkeitsrelationen. Da die Aussagen im Text dazu recht dünn sind und ich keine ausführliche Arbeit dazu kenne, auf die ich verweisen könnte, will ich den Gedanken hier etwas genauer angeben: Ein Ähnlichkeitssystem, das statt der im Text angegebenen Bedingung A7 die stärkere Bedingung erfüllt:

$$a \neq b \supset \exists xy (x \neq y \land \forall uvz(x,y <. u,v \land x,y <. v,z \supset a,b <. u,z)),$$

und eine abzählbare Umgebungsbasis besitzt, ist metrisierbar. Denn ein solches Ähnlichkeitssystem induziert mit der Menge der $\{(x,y): a,b <. x,y\}$ als Basis einen separierten uniformen Raum mit einer abzählbaren Nachbarschaftsbasis. Ein solcher Raum ist metrisierbar, und seine Metrik ist zugleich eine Metrik für das erzeugende Ähnlichkeitssystem. Ich habe hier vorausgesetzt, daß gilt $x \sim y \supset x = y$, was ohne Beschränkung der Allgemeinheit möglich ist. Ist diese Bedingung nicht erfüllt, so kann man ja von den x aus M zu den Äquivalenzklassen der x bzgl. $\sim$ übergehen.

5

Das Humesche Gesetz

In metaethischen Diskussionen, insbesondere in der Kritik an naturalistischen Theorien, spielt das sog. „Humesche Gesetz" eine große Rolle. Daher ist es ärgerlich, daß sich kaum irgendwo in der Literatur eine Präzisierung oder gar ein Beweis dieses Gesetzes findet.[1] Die vorliegende Arbeit möchte dieses metamoralische Ärgernis beseitigen.

1 Die Aussage Humes

Hume schreibt im *Treatise*[2]:

> In every system of morality which I have hitherto met with I have always remarked, that the author proceeds for some time in the ordinary way of reasoning, and establishes the being of a God, or makes observations concerning human affairs; when of a sudden I am surprised to find, that instead of the usual copulations of propositions, *is*, and *is not*, I meet with no proposition that is not connected with an *ougth*, or an *ougth not*. This change is imperceptible; but is, however, of the last consequence. For as this *ought*, or *ought not*, expresses some new relation or affirmation, it is necessary that it should be observed and explained; and that at the same time a reason should be given, for what seems altogether inconceivable, how this new relation can be a deduction from others, which are entirely different from it.

Diese Behauptung Humes, daß der Schluß von nicht-normativen „ist"-Aussagen auf normative „soll"-Aussagen einer Begründung bedarf, also kein logisch gültiger Schluß sei, nennt man das *Humesche Gesetz*.

Man formuliert es meist so:

Aus nicht-normativen Aussagen folgen keine normativen Sätze.

---

[1] Die rühmliche Ausnahme, die ich im Auge habe, stellt Kutschera (1973) dar. Dort wird jedoch erstens im Abschnitt 1.12 nur eine Formulierung und ein Beweis des Humeschen Gesetzes für nicht-bedingte Gebote angegeben, während es hier auch für bedingte Gebote und Wertaussagen begründet werden soll, und zweitens ist der Beweis sehr skizzenhaft, so daß auch diese Ausnahme so rühmlich nicht ist.

[2] *A Treatise of Human Nature* (1741), Buch 3,1,§ 2.

In dieser Form ist die Behauptung jedoch nicht richtig. Das zeigt das einfache Beispiel eines nicht-normativen Satzes A, aus dem logisch der Satz „A, oder es ist geboten, nicht zu lügen" folgt.

Diesem Einwand kann man entgegenhalten, daß der letztere Satz kein normativer Satz im engeren Sinne des Wortes sei. Aber was sind dann normative Sätze, oder normative Sätze im i.e.S:? Die erste Aufgabe für eine präzise Diskussion des Humeschen Gesetzes besteht also darin, daß man den Begriff des normativen Satzes definiert. Das läuft aber darauf hinaus, daß man eine normative Sprache angeben muß, in deren Rahmen eine präzise Abgrenzung möglich wird.

2 Die normlogische Sprache D

Normative Begriffe zerfallen in zwei Gruppen:

1) *deontische* Begriff wie ‚geboten', ‚verboten', ‚erlaubt', und
2) *Wertbegriffe* wie ‚gut', ‚schlecht', ‚indifferent' oder ‚besser als', ‚ebenso gut wie'.

In beiden Gruppen gibt es neben den eben angeführten nicht bedingten Begriffen auch bedingte. Dabei lassen sich die unbedingten deontischen Begriffe durch die bedingten definieren, während für Wertbegriffe das Umgekehrte gilt. Darauf *werden* wir unten etwas näher eingehen. Hier wenden wir uns zunächst den deontischen Begriffen zu.

Der deontische Grundbegriff ist der des bedingten Gebots. Als Standardform von Sätzen über bedingte Gebote verwendet man in der deontischen Logik die Sätze der Form wie „Unter der Bedingung daß B, ist es geboten, daß A" – symbolisch $O(A, B)$. Gehen wir von einer prädikatenlogischen Grundsprache aus, so läßt sich also eine deontische Sprache D syntaktisch wie folgt charakterisieren.

Das Alphabet von D umfaßt neben den logischen Symbolen $\neg$ (für Negation), $\supset$ (für Implikation) und $\forall$ (als Alloperator) und dem deontischen Operator O das Komma und runde Klammerzeichen als Hilfszeichen, sowie abzählbar unendlich viele Gegenstandskonstanten (kurz GK); Gegenstandvariable (GV) und Prädikatenkonstanten (kurz PK) jeder Stellenzahl ≥ 1.

Die Definition des *Satzbegriffs* für D lautet:

D1 a) Ist F eine n-stellige PK und sind $a_1, ..., a_n$ GK, so ist $F(a_1, ..., a_n)$ ein Satz von D.
     b) Ist A ein Satz von D, so auch $\neg A$.
     c) Sind A und B Sätze von D, so ist auch $(A \supset B)$ ein Satz von D.
     d) Sind A und B Sätze von D, so ist auch $O(A, B)$ ein Satz von D.

e) Ist $A[a]$ ein Satz von D, a ein GK und x ein GV, die in $A[a]$ nicht vorkommt, so ist $\forall x A[x]$ ein Satz von D.

Die eckigen Klammern verstehen sich dabei so: Ist $A[*]$ ein Ausdruck, in dem an gewissen Stellen das Zeichen $*$ vorkommt (es ist kein Grundzeichen von D), so soll $A[B]$ derjenige Ausdruck sein, der durch Ersetzung aller dieser Vorkommnisse von $*$ durch solche des Ausdrucks B entsteht.

Wir verwenden die üblichen *Klammerregeln*, nach denen äußere Klammern weggelassen werden können, und in der Reihe der Symbole $\neg, \wedge, \vee, \supset, \equiv$ jeder links von einem anderen Operator stehende Operator stärker bindet als dieser. Und wir benutzen die üblichen *Definitionen*:

D2 a) $A \vee B := \neg A \supset B$
    b) $A \wedge B := \neg(\neg A \vee \neg B)$
    c) $A \equiv B := (A \supset B \wedge (B \supset A)$
    d) $\exists x A[x] := \neg \forall x \neg A[x]$
    e) $E(A, B) := \neg O(\neg A, B)$ — Unter der Bedingung B ist A erlaubt
    f) $V(A, B) := O(\neg A, B)$ — Unter der Bedingung B ist A verboten
    g) $O(A) := O(A, T)$ — A ist (prima facie) geboten (T sei eine Tautologie)
    h) $E(A) := \neg O(\neg A)$ — A ist (prima facie) erlaubt
    i) $V(A) := O(\neg A)$ — A ist (prima facie) verboten.

Die Definition D2 e bis i führen wir hier nun an, um unseren früheren Hinweis näher zu erläutern, daß sich nichtbedingte Gebote durch bedingte Gebote definieren lassen und (bedingte oder nicht-bedingte) Erlaubnisse und Verbote durch Gebote.

Wir definieren nun die Begriffe des *deontischen* und des *rein deontischen* Satzes wie folgt:

D3 a) Sind A und B Sätze, so ist $O(A, B)$ ein (rein) deontischer Satz.
    b) Ist A ein (rein) deontischer Satz, so ist auch $\neg A$.
    c) Ist A oder B ein deontischer Satz, so auch $(A \supset B)$. Sind A und B rein deontische Sätze, so ist auch $(A \supset B)$ ein rein deontischer Satz.
    d) Ist $A[a]$ ein (rein) deontischer Satz, so auch jeder (daraus nach D1 e entstehende) Satz $\forall x A[x]$.

Die *rein* deontischen Sätze unterscheiden sich also von den deontischen Sätzen dadurch, daß sie keine nicht deontischen Teilsätze enthalten.[3]

---

[3] Wenn man die Sprache D für die Einführung anderer Satzoperatoren, z.B. von solchen der Modallogik oder der epistemischen Logik offenhalten will, kann man nicht einfach sagen, ein deontischer

Die rein deontischen Sätze sind nun die normativen, genauer: die deontischen Sätze im engeren Sinne des Wortes, von denen oben die Rede war. Daher können wir das Humesche Gesetz in Anwendung auf deontische Begriffe – und dafür wird es, ausgehend von Humes Formulierung, meist charakterisiert – so formulieren:

H1) Aus einer konsistenten Menge nicht-deontischer Sätze folgen logisch nur solche rein deontischen Sätze, die logisch wahr sind, die also auch ohne diese Prämissen beweisbar sind.

Die Ausdrücke „logisch folgen" und „logisch wahr" sind dabei naturgemäß im Sinne der deontischen Logik zu verstehen, d. h. der Logik, die für Gebotssätze einschlägig ist.

Ein Beweis dieses Satzes kann sich nicht einfach darauf stützen, daß hier ein analoger Fall vorliegt wie in der einfachen Prädikatenlogik, wo das Prinzip gilt:

Kein Satz A, in dem eine PK F wesentlich vorkommt (so daß also A nicht logisch äquivalent ist mit einem Satz, der diese PK nicht enthält), folgt logisch aus einer konsistenten Menge von Sätzen, in denen F nicht vorkommt.

Diese Analogie trägt nicht, da in der Prädikatenlogik keine speziellen Annahmen über die Interpretation von PK gemacht werden, während die deontische Logik gerade auf bestimmten Bedingungen für die Interpretation des deontischen Operators O beruht. Man kann also das Theorem H nicht beweisen, ohne auf die Semantik der Sprache D Bezug zu nehmen. Und das ist auch deshalb nötig, um die semantischen Begriffe der deontologischen Folge und des deontoloogischen wahren Satzes, die in H1 vorkommen, zu bestimmen.

3 Die Deutung der Sprache D

Der Operator O ist kein extensionaler Operator. Daher muß der Interpretationsbegriff für die Sprache D im Rahmen einer intensionalen Semantik festgelegt werden.[4]

Man bestimmt diesen Begriff wie folgt:

D4: Eine *Interpretation der Sprache D* ist ein Quadrupel $\langle U, I, g, \Phi \rangle$, für das gilt:
   1) U ist ein nichtleerer Objektbereich.
   2) I ist eine nichtleere Menge möglicher Welten.

Satz sei ein Satz, in dem der Operator O vorkommt. Denn Sätze wie „Fritz glaubt, es sei verboten zu lügen" sind keine deontischen Sätze.

[4] Zur intensionalen Semantik und zur Erörterung der hier nicht diskutierten generellen Frage dieser Semantik vgl. Kutschera (1976).

3) g ist eine Funktion auf $I \times P(I)$[5], so daß für alle $i \in I$ und $X \subseteq I$ gilt:
   a) $g(i, X) \subseteq X$
   b) $X \subseteq Y \land g(i, X) \neq \emptyset \supset g(i, Y) \neq \emptyset$
   c) $g(i, Y) \cap X \neq \emptyset \supset g(i, X \cap Y) = g(i, Y) \cap X$.
4) Φ_i sei für alle $i \in I$ eine Funktion, für die gilt:
   a) $\Phi_i(a) \in U$ für alle GK a
   b) $\Phi_i(F) \subseteq U^N$ für alle n-stelligen PK F[6]
   c) $\Phi_i(F(a_1, \ldots, a_n)) = w$ gdw. $\langle \Phi_i(a_1), \ldots, \Phi_i(a_n) \rangle \in \Phi_i(F)$[7]
   d) $\Phi_i(\neg A) = w$ gdw. $\Phi_i(A) = f$[8]
   e) $\Phi_i(A \supset B) = w$ gdw. $\Phi_i(A) = f$ oder $\Phi_i(B) = w$
   f) $\Phi_i(\forall x A[x]) = w$ gdw. für alle Φ' mit $\Phi' \underset{a}{=} \Phi$ gilt $\Phi'_i(A[a]) = w$, wo a eine GK sei, die in $\forall x A[x]$ nicht vorkommt.
   $\Phi' \underset{a}{=} \Phi$ besagt, daß die Funktionen Φ_k und Φ'_k für alle $k \in I$ übereinstimmen bis auf höchstens die Werte $\Phi_k(a)$ und $\Phi'_k(a)$ und daß für alle $k, j \in I$ gelten soll $\Phi'_k(a) = \Phi'_j(a)$.[9]
   g) $\Phi_i(O(A, B)) = w$ gdw. $g(i, B) \subseteq [A]$.

Dabei sei $[A] := \{i : \Phi_i(A) = w\}$, und für $g(i, [B])$ schreiben wir kurz $g(i, B)$.

Die Bedingungen 4a bis f entsprechen den üblichen Bedingungen für prädikatenlogische Interpretationen. 4g besagt, daß in der Welt i, unter der Bedingung, daß B gilt, genau dann A geboten ist, wenn alle unter der Bedingung B moralische idealen Welten – das sind die Welten aus der Menge $g(i, B)$ – A-Welten sind, d.h. wenn in ihnen A gilt. Die Bedingungen (3) besagen: (a) Alle unter der Bedingung X idealen Welten sind X-Welten. (b) Gibt es unter der Bedingung X ideale Welten, so gibt es auch Welten, die unter der Bedingung Y ideal sind, wenn Y eine liberalerer Bedingung ist. (c) ist eine Kohärenzforderung für die Auswahlfunktion g, die besagt: Wenn einige X-Welten unter den bei Y idealen Welten sind, so sollen diese genau die bei X und Y idealen Welten sein.[10]

---

[5] $P(I)$ ist die Potenzmenge von I, d.h. die Menge aller Teilmengen von I. $A \times B$ ist das cartesische Produkt aus A und B, d.h. die Menge der Paare, deren erstes Glied ein Element von A und deren zweites Glied ein Element von B ist.

[6] U^N sei die n-te Cartesische Potenz von U, d.h. die Menge aller n-tupel, die sich aus den Elementen von U bilden lassen.

[7] „gdw." ist hier und im folgenden eine Abkürzung von „genau dann, wenn". $\langle a_1, \ldots, a_n \rangle$ ist das n-tupel mit den Gliedern $a_1, \ldots, a_n$.

[8] „w" und „f" repräsentieren die beiden Wahrheitswerte „das Wahre" und „das Falsche".

[9] a ist danach ein *Standardname* bzgl. Φ'. Für die Erläuterung dieser Bestimmung vgl. Kutschera (1976), 2.4.

[10] Vgl. für diese und andere äquivalente Interpretationsbegriffe Lewis (1973) und Kutschera (1976), 3.2, 3.4, 4.3, und 5.2. In Kutschera (1976), 4.3 und 5.2 werden neben den Bedingungen D4,3 weitere Bedingungen für g erörtert (vgl. dort D4.3-4), die sich auf iterierte Anwendungen deontischer Operatoren beziehen, von denen wir hier aber absehen wollen. Die Bedingung D4.3-4.3d erscheint

Man kann dann deontologisch wahre Sätz und deontologisch gültige Schlüsse so definieren:

D5 a) Eine Interpretation $\mathfrak{J} = \langle U, I, g, \Phi \rangle$ erfüllt den Satz A in einer Welt $i \in I$ gdw. $\Phi_i(A) = w$. A ist *allgemeingültig* bzgl. $\mathfrak{J}$ gdw. $\mathfrak{J}$ A in allen Welten $i \in I$ erfüllt. A ist *deontologisch wahr* gdw. A bzgl. aller Interpretationen allgemeingültig ist.

b) Ein Schluß mit den Prämissen $A_1, \ldots, A_n$ und der Konklusion B ist *gültig* bzgl. $\mathfrak{J}$ gdw. für alle $i \in I$ gilt: ist $\Phi_i(A_1) = \ldots = \Phi_i(A_n) = w$, so ist auch $\Phi_i(B) = w$. Der Schluß heißt *deontologisch gültig* gdw. er ist gültig bzgl. aller Interpretationen.

4 Der Beweis des Satzes H1

Es sei $\mathfrak{M}$ eine konsistente Menge nicht-deontischer Sätze und A ein rein deontischer Satz, der nicht deontologisch wahr ist. Zum Beweis von H1 ist dann zu zeigen, daß A deontologisch nicht aus $\mathfrak{M}$ folgt, d.h. daß es eine Interpretation $\langle U, I, g, \Phi \rangle$ von D gibt und ein $i \in I$, so daß gilt:

a) $\Phi_i(B) = w$ für alle $B \in \mathfrak{M}$, und
b) $\Phi_i(A) = f$.

Aus der Annahme über $\mathfrak{M}$ folgt, daß es eine prädikatenlogische Interpretation Φ'' über der Menge U^* der natürlichen Zahlen gibt mit $\Phi''(B) = w$ für alle $B \in \mathfrak{M}$. Aus der Annahme über A folgt, daß es eine Interpretation $\langle U^*, I', g', \Phi' \rangle$ gibt und ein $j \in I'$, so daß $\Phi'_j(A) = f$.[11] Wir setzen nun $I = I' \cup \{i\}$, wo i nicht in I' sei, und

1) $\Phi_k(a) = \Phi'_k(a)$ für alle GK und PK a und alle $k \in I'$
2) $\Phi_i(a) = \Phi''(a)$ für alle GK und PK a
3) $g(k, X) = g'(k, X - \{i\})$ für alle $k \in I'$ und alle $X \subseteq I'$
4) $g(i, X) = g'(j, X - \{i\})$ für alle $X \subseteq I$.

Es ist dann $\langle U^*, I, g, \Phi \rangle$ eine Interpretation von D, denn man beweist leicht, daß g die Bedingungen D4,3 erfüllt, da das nach Voraussetzung für g' gilt. Es bleibt also zu zeigen, daß diese Interpretation (a) und (b) erfüllt.

---

für die deontische Logik nicht als sinnvoll; sie würde beinhalten, daß nur Tatsachen unbedingt geboten sind. Bei dieser Regelung würde H1 ungültig. Vgl. dazu auch die Bemerkung im Abschnitt 7 der vorliegenden Arbeit.

[11] Zu jedem deontologisch nicht wahren Satz A gibt es eine deontische Interpretation über der Menge der natürlichen Zahlen, die A nicht erfüllt. Vgl. dazu Kutschera (1976), 2.6 und 3.5.

Nach (2) gilt trivialerweise (a). Durch Induktion nach dem Modalgrad[12] der Sätze B kann man ferner den Satz

c) für alle Sätze B gilt $\forall k(k \in I' \supset \Phi_k(B) = \Phi_k'(B))$

beweisen und mit seiner Hilfe dann den Satz

d) $\Phi_i(B) = \Phi_k'(B)$ für alle rein deontischen Sätze B,

aus dem (b) folgt.

Wir setzen im folgenden $[B] = \{k \in I : \Phi_k(B) = w\}$ und $[B]' = \{k \in I' : \Phi_k'(B) = w\}$, so daß (c) also besagt $[B] - \{i\} = [B]'$.

Zu (c): Ist der Modalgrad von $B = 0$, so gilt (c) nach (1) trivialerweise. Ist die Behauptung (c) bereits für alle Sätze von einem Modalgrad $\leq n$ bewiesen, so gilt sie auch für Sätze B vom Modalgrad $n + 1$. Hat B die Gestalt $O(A,C)$, so gilt für $k \neq i$ $\Phi_k(O(A,C)) = w$ gdw. $g(k,C) \subseteq [A]$, also gdw. $g'(k,[C]-\{i\}) \subseteq [A]$ (nach (3)), also – da k nicht in $g'(k,[C]-\{i\})$ ist – gdw. $g'(k,[C]-\{i\}) \subseteq [A]-\{i\}$; nach Induktionsvoraussetzung gilt $[C]' = [C]-\{i\}$) und $[A]' = [A]-\{i\}$), da sowohl C als auch A vom Modalgrad $\leq n$ sind, also gilt $g'(k,[C]-\{i\}) \subseteq [A]-\{i\}$ gdw. $g'(k,[C]') \subseteq [A]'$ gdw. $\Phi_k'(O(A,C)) = w$. Daraus ergibt sich sofort, daß (c) allgemein für Sätze B vom Modalgrad $n + 1$ gilt. Zu (d): Ist B ein rein deontischer Satz der Gestalt $O(A,C)$, so gilt $\Phi_i(O(A,C)) = w$ gdw. $g(i,C) \subseteq [A]$, gdw. $g'(j[C]-\{i\}) \subseteq [A]$, also gdw. $g'(j[C]-\{i\}) \subseteq [A]'$, denn nach (c) ist $[A]-\{i\} = [A]'$, und i ist nicht in $g'(j[C]-\{i\})$. Es gilt also $\Phi_i(O(A,C)) = \Phi_j'(O(A,C))$. Daraus folgt wieder in einfacher Weise die Behauptung für andere rein deontische Sätze.

5 Die Sprache P und ihre Interpretation

Wir wollen nun das Humesche Gesetz auch für die zweite Gruppe normativer Aussagen, die Wertaussagen, formulieren. Dazu gehen wir so vor wie im deontischen Fall und charakterisieren zunächst die Sprache P der Wertaussagen. Als Grundbegriff unter den Wertbegriffen kann man den Begriff der *normativen Präferenz* ansehen, und als Grundform von Wertaussagen mit diesem Begriff die Sätze der Gestalt „Der Sachverhalt, daß A, ist (moralisch) nicht besser als der Sachverhalt, daß B", oder „A ist B nicht vorzuziehen".[13] Wir erhalten also P,

---

[12] Sätze, die kein Vorkommnis des Operators O enthalten, haben den Modalgrad 0. $\neg A$, bzw. $\Lambda x A[x]$ haben denselben Modalgrad wie A, bzw. $A[a]$, der Modalgrad von $A \supset B$ ist das Maximum der Modalgrade von A und B, und der Modalgrad von $O(A, B)$ ist um eins höher als das Maximum der Modalgrade von A und B.

[13] Der Begriff der *normativen* Präferenz ist von dem der *subjektiven* Präferenz zu unterscheiden, der sich auf die individuellen Präferenzen von bestimmten Personen bezieht.

wenn wir im Alphabet von D das Symbol O durch das Zeichen ≤. für normative Präferenzen ersetzen, und in der Definition des Satzbegriffs D1 „D" durch „P" und die Bedingung (d) durch

d') Sind A und B Sätze von P, so ist (A≤.B) ein Satz von P.

Die Klammerregeln und die Definitionen D2a bis d übernehmen wir für P und fügen folgende Definitionen hinzu

D6: a) $A<.B := \neg(B≤.A)$ — A ist schlechter als B
 b) $A=.B := (A≤.B) \wedge (B≤.A)$ — A und B sind gleich gut
 c) $A≤._C B := A \wedge C ≤. B \wedge C$ — unter der Bedingung C ist A nicht besser als B
 d) $P(A) := \neg A<.A$ — A ist gut
 e) $N(A) := P(\neg A)$ — A ist schlecht
 f) $I(A) := A =. \neg A$ — A ist idifferent.

(a) und (b) zeigen, wie sich andere komparative Wertbegriffe mit der Grundrelation ≤. definieren lassen. (c) belegt, daß sich bedingte Präferenzen durch nicht bedingte definieren lassen. Und (d) und (f) zeigen, wie sich klassifikatorische Wertbegriffe auf komparative zurückführen lassen.[14]

Wir definieren *Wertsätze* oder *valuative Sätze* und *rein valuative Sätze* wie in D3, wobei in (a) statt „O(A, B)" „A≤.B" zu setzen ist, und statt „deontisch" „valuativ".

Dann können wir das Humeshe Gesetz für Wertaussagen so formulieren:

H2: Aus einer konsistenten Menge nicht-valuativer Sätze folgen logisch nur solche rein valuativen Sätze, die logisch wahr sind, die also auch ohne diese Prämissen beweisbar sind.

Die Ausdrücke „logisch folgen" und „logisch wahr" sind hier nun im Sinn der Präferenzlogik zu verstehen, die für valuative Sätze einschlägig ist. Ein Beweis dieses Prinzips muß sich also wieder auf eine Semantik der Sprache P, eine Bestimmung präferenzlogisch wahrer Sätze und präferenzlogisch gültiger Schlüsse beziehen.

Der Interpretationsbegriff für P läßt sich so festlegen:

D7: Eine *Interpretation von P* ist ein Quintupel $\langle U, I, u, w, \Phi \rangle$, für das gilt:
 1) U ist ein nichtleerer Objektbereich.
 2) I ist eine nichtleere Menge möglicher Welten. Der Einfachheit halber fordern wir, daß I *endlich* ist.
 3) u_i ist für alle $i \in I$ eine reellwertige Funktion auf I.

---

[14] Quantitative Wertbegriffe sind durch Metrisierung der komparativen Relation ≤. einzuführen.

4) w_i ist für alle $i \in I$ ein Wahrscheinlichkeitsmaß auf $P(I)$.
5) Φ_i ist für alle $i \in I$ eine Funktion, welche die Bedingungen 4a bis f von D4 erfüllt, sowie die Bedingung
g') $\Phi_i(A \leqslant . B) = w$ gdw. $[A] \leqslant_i [B]$.

Dabei setzen wir für alle $i \in I$ und $X, Y \subseteq I$:

D8 a) $X \leqslant_i Y := U_i(X) \leqslant U_i(Y)$,

b) $U_i(X) := \dfrac{1}{w_i(X)} \sum\limits_{k \in X} u_i(k) \cdot w_i(\{k\})$ für $w_i(X) > 0$ und $U_i(X) = 0$ für $w_i(X) = 0$.

$u_i(k)$ ist der Wert der Welt k von der Welt i aus gesehen. $w_i(X)$ ist die Wahrscheinlichkeit, von i aus gesehen, daß eine der Welten aus X die reale Welt ist. $U_i(X)$ ist der Wert der Proposition X, von i aus gesehen, und dieser Wert wird als gewichtetes Mittel der X-Welten bestimmt, wobei die Gewichte Wahrscheinlichkeiten sind.[15] Ein Satz $A \leqslant . B$ wird dann nach (5g') so gedeutet, daß der Wert der Proposition $[A]$ nicht größer ist als der von $[B]$.

Die Definition D5 können wir übernehmen wenn wir für $\mathfrak{J}$ nun ein Quintupel $\langle U, I, u, w, \Phi \rangle$ wählen, und statt „deontologisch" „präferenzlogisch" setzen.

6 Der Beweis von H2

Der Beweis von H2 läßt sich in enger Entsprechung zu dem von H1 führen. Ist $\mathfrak{M}$ nun eine konsistente Menge nichtvaluativer Sätze und A ein rein valuativer Satz, der präferenzlogisch nicht wahr ist, so sind wieder die Bedingungen (a) und (b) zu beweisen, bezogen nun auf eine präferenzlogische Interpretation $\langle U, I, u, w, \Phi \rangle$. Φ'' sei wieder eine Interpretation über der Menge U der natürlichen Zahlen, die $\mathfrak{M}$ erfüllt und $\langle U', I', u', w', \Phi' \rangle$ sei eine Interpretation, für die gilt $\Phi'_j(A) = f$.[16] Wir setzen wieder $I = I' \cup \{i\}$, wo i nicht in I' sei und bestimmen Φ durch die früheren Bedingungen (1), (2), und u und w durch

3'a) $u_k(l) = u_k'(l)$ für $l \neq i$ und $u_k(i) = 0$, für alle $k \neq i$ und
3'b) $u_i(l) = u_j'(l)$ für $l \neq i$ und $u_i(i) = 0$.

---

[15] Es ist nicht nötig, die Gewichte auch *inhaltlich* als Wahrscheinlichkeiten zu deuten. Es genügt, daß die Gewichte die formalen Eigenschaften von Wahrscheinlichkeiten haben, daß also gilt $0 \leqslant w_i(X) \leqslant 1$, $w_i(I) = 1$ und $w_i(X \cup Y) = w_i(X) + w_i(Y)$, falls die Mengen X und Y disjunkt sind.
[16] Gibt es eine präferenzlogische Interpretation, die A nicht erfüllt, so auch eine präferenzlogische Interpretation über der Menge der natürlichen Zahlen, für die das gilt. Das ergibt sich aus dem entsprechenden Satz von Löwenheim und Skolem für die Prädikatenlogik und D7.

4'a) $w_k(X) = w_{k'}(X-\{i\})$ (also $w_k(\{i\}) = 0$) für $k \neq i$ und alle $X \subseteq I$,
4'b) $w_i(X) = w_{j'}(X-\{i\})$ für alle $X \subseteq I$.

Mit w' ist auch w eine Wahrscheinlichkeit.

Es gilt dann

$$U_k(X) = \frac{1}{w_k(X)} \sum_{l \in X} u_k(l) \cdot w_k(\{l\}) = \frac{1}{w_{k'}(X-\{i\})} \sum_{l \in X-\{i\}} u_{k'}(l) \cdot w_{k'}(\{l\})$$

$$= U'_k(X-\{i\}) \text{ für } k \neq i, \text{ und}$$

$$U_i(X) = \frac{1}{w_i(X)} \sum_{l \in X} u_i(l) \cdot w_i(\{l\}) = U'_j(X-\{i\}), \text{ also für}$$

$U_k(X) \leq U_K(Y) \equiv X \leq_k Y$:

5) $X \leq_k Y \equiv X-\{i\} \leq'_k Y-\{i\}$ für $k \neq i$, und
6) $X \leq_i Y \equiv X-\{i\} \leq'_j Y-\{i\}$.

Die Behauptung (c) aus Abschnitt 4 erhält man wieder durch Induktion nach dem Modalgrad von B.[17] Ist dieser Grad 0, so ergibt sich die Behauptung aus (1). Ist (c) für alle Sätze mit einem Modalgrad $\leq n$ bewiesen, so gilt sie auch für einen Satz B der Gestalt $A \leq . C$ vom Modalgrad $n+1$. Denn es gilt $\Phi_k(A \leq . C) = w$ gdw. $[A] \leq_k [C]$, gdw. $[A]-\{i\} \leq'_k [C]-\{i\}$ (nach (5)), gdw. $[A]' \leq'_k [C]'$ (nach Induktionsvoraussetzng), also gdw. $\Phi_{k'}(A \leq . C) = w$. Die Behauptung für andere Sätze vom Modalgrad $n+1$ ergibt sich wieder in einfacher Weise.

Die Behauptung (d) vom Abschnitt 4 erhält man mit (c) so: Es gilt $\Phi_i(A \leq . B) = w$ gdw. $[A] \leq_i [B]$ gdw. $[A]-\{i\} \leq'_j [B]-\{i\}$ (nach (6)), also gdw. $[A]' \leq'_j [B]'$ (nach (c)), also gdw. $\Phi_{j'}(A \leq . B) = w$.

Damit ist auch der Satz H2 bewiesen.

7 Gebote und Werte

Eine Subsumption deontische und valuativer Begriffe unter den gemeinsamen Obertitel „normative Begriffe" erscheint nur dann als sinnvoll, wenn es Beziehungen zwischen beiden Begriffen gibt. Eine Beziehung zwischen Geboten und normativen Prämissen ergibt sich z.B. aus folgender These, die wir uns hier ohne Begründung zu eigen machen wollen, die jedoch als hinreichend plausibel erscheint:

---

[17] Der Modalgrad ist für die Sätze von P in Entsprechung zu dem der Sätze von D zu definieren.

T: Befindet sich eine Person *a* in deiner Entscheidungssituation, so ist sie verpflichtet eine der Handlungsweisen zu vollziehen, die im Sinne entscheidungstheoritischer Kriterien optimal sind, wenn man diese nicht auf die subjektive Präferenzordnung von *a* bezieht, sondern auf die moralische Präferenzordnung.

Diese These kann man so verallgemeinern, daß man im Rahmen der Präferenzlogik setzt

D9: $g(i,x) := \{k : k \in X \wedge w_i(\{k\}) > 0 \wedge \forall j(j \in X \wedge w_i(\{j\}) > 0 \supset u_i(j) \leqslant u_i(k))\}$

Danach ist also *g(i, X)* die Menge der optimalen X-Welten mit einer Wahrscheinlichkeit >0. Man überzeugt sich leicht, daß die so definierte Funktion *g* die Bedingung von D4,3 erfüllt. Da wir jedoch den Operator O im Rahmen der Sprache *P* nicht explizit durch $\leqslant$ definieren können, können wir die deontische Logik nicht als Teil der Präferenzlogik und diese nicht einfach als *die* normative Logik ansehen, sondern müssen diese so aufbauen, daß wir die Sprache *P* durch Hinzunahme des Operators O zu einer normlogischen Sprache *N* erweitern und in den Interpretationsbegriff nach D7 für *N* die Bestimmung D4,4g aufnehmen, wobei die Funktion *g* nach D9 definiert ist.

Dann lassen sich die Begriffe des normativen und des rein normativen Satzes in Analogie zu D3 so bestimmen, daß neben $O(A, B)$ auch $A \leqslant . B$ ein (rein) normativer Satz ist.

Wir können dann das Humesche Gesetzt generell so formulieren.

H3: Aus einer konsistenten Menge nicht-normativer Sätze folgen normlogisch nur solche rein normativen Sätze, die normlogisch wahr sind.

8 Die Relevanz des Humeschen Gesetzes

Wenn sich der Leser durch unsere formalen Erörterungen bis hier her gearbeitet hat, erwartet ihn eine Enttäuschung. Dem Humeschen Gesetz kommt keineswegs die große Bedeutung zu, die ihm in der Literatur, insbesondere zur Kritik naturalistischer Theorien, oft zugemessen wird. Diese Bedeutung hätte das Humesche Gesetz nur dann, wenn man in H3 für „normlogisch folgen" allgemeiner „analytisch folgen" und für „normlogisch wahr" „analytisch wahr" setzen könnte. Das ist aber nicht zulässig.

Es ist zu beachten, daß die normlogischen Interpretationsbegriffe, die wir oben diskutiert haben, nur den allgemeinsten Rahmen für Interpretationen der Sprachen, *D*, *P* oder *N* festlegen und daher verschiedene speziellere Deutungen der normativen Ausdrücke zulassen. Jede ethische Theorie deutet aber die normativen Terme in einer speziellen Weise, und dadurch können neue Bedeutungspostulate für diese Terme zu den Prinzipien der Normalogik hinzukommen, die dann bewirken, daß auch ein stärkerer Folgerungsbegriff vorliegt als für die Normlogik. Insbesondere können solche Postulate auch analytische Beziehungen zwischen rein normativen und nichtnormativen Sätzen herstellen, die also für den entsprechenden Begriff der analytischen Folge das Humesche Gesetz außer Kraft setzen.

Dazu zwei Beispiele:

1. Nach D4 ist es möglich, $g(i,x) = X$ zu setzen. Dann gilt aber allgemein $O(A, B) \supset (A \supset B)$, so daß aus einem nicht-normativen Satz $A \land \neg B$ der rein normative, aber nicht normologisch wahre Satz $\neg O(A, B)$ folgt.
2. Es liegt nahe zu sagen, daß es einer Person a in einer Situation S nur dann geboten ist, eine Handlungsweise F zu vollziehen, wenn a in S F tatsächlich vollziehen *kann*, d.h. wenn a nicht z.B. aufgrund äußerer Umstände oder subjektiven Unvermögens daran gehindert ist, F zu tun. Danach wäre es z.B. jemand nur dann geboten, einen anderen über einen Vorgang korrekt zu informieren, wenn er über diesen Vorgang tatsächlich Bescheid weiß. Nun ist die Aussage, daß a in der Situation S nicht F tun kann, eine nicht-normative Aussage. Aus ihr folgt aber bei einer solchen Interpretation von Gebotsaussagen der rein normative Satz, daß es a in S nicht geboten ist, F zu tun.[18]

Wir können also zusammenfassend sagen: Das Humesche Gesetz gilt nur in der Form H3, in der es sich auf rein normative Gesetze bezieht und auf rein normlogische Schlüsse. Es gilt hingegen nicht generell für analytische Folgebeziehungen, die sich auf spezielle Deutungen von normativen Termen beziehen.

In der Tat wollte wohl auch Hume mit seinem Hinweis keine solche generelle Unmöglichkeitsbehauptung aufstellen, obwohl er die Wendung braucht: „… what seems altogether inconceivable". Denn er selbst vertrat ja eine Deutung normativer Aussagen, nach der sie synonym sind mit nichtnormativen Sätzen, nämlich mit Aussagen über subjektive Präferenzen, so daß sie für Humes Verständnis tatsächlich aus solchen nicht-normativen Sätzen ableitbar sind.

---

[18] Wir wollen hier nicht die Frage diskutieren, ob eine solche Interpretation von Geboten angemessen ist, oder ob man nicht besser sagen sollte, daß das Unvermögen, ein Gebot zu befolgen, dieses nicht aufhebt, sondern nur von der Verantwortlichkeit für die Nichtbefolgung befreit, und damit von einer moralischen Schuld oder von Strafe.

Literatur

Kutschera, F. v. (1973): *Einführung in die Logik der Nomen, Werte und Entscheidungen*, Freiburg
Kutschera, F. v. (1976): *Einführung in die intensionale Semantik*, Berlin
Lewis, D. (1973): *Counterfactuals*, Oxford.

Nachwort

Aus dem Ansatz zur Deutung von Präferenzaussagen im Abschnitt 5 ergibt sich ein weiteres Gegenbeispiel gegen das Humesche Gesetz: Gilt in einer Welt $w(A) = w(B) = 0$, so gilt dort nach D8b auch $U(A) = U(B)$, also $A =. B$. Das ist eine rein valuative, $w(A) = w(B) = 0$ hingegen eine nicht valuative Aussage. Für den Beweis von H2 hat sich das allein deswegen nicht als hinderlich erwiesen, weil in der Sprache P keine Wahrscheinlichkeitsaussagen vorkommen.

6

Goodman über Induktion

Nelson Goodmans Analyse induktiven Schließes ist zweifellos einer seiner wichtigsten Beiträge zur modernen Wissenschaftstheorie. Das gilt auch dann, wenn der konstruktive Teil, die Theorie der Projektierbarkeit, weniger bedeutend ist als der kritische Teil, sein neues Rätsel der Induktion. Denn mit dem letzteren hat Goodman das zentrale Problem der Induktion aufgewiesen, wie es sich heute darstellt.

Ich beginne mit einer kurzen Skizze von Humes altem Rätsel der Induktion, das den Ausgangspunkt aller modernen Diskussionen bildet, einschließlich der von Goodman. Dann formuliere ich das neue Rätsel der Induktion und Goodmans Lösungsvorschlag, seine Theorie der Projektierbarkeit. Ich werde zeigen, daß diese Theorie in fundamentalen Punkten unbefriedigend ist, und zwar selbst in ihrer neuesten Version. Schließlich werde ich angeben, in welcher Form das Induktionsproblem in der Theorie subjektiver Wahrscheinlichkeit auftritt, und zeigen, daß Goodmans Rätsel auch in dieser Transformation ein Grundproblem induktiven Schließens bleibt.

1 Humes Problem

Ein induktiver Schluß ist in seiner elementarsten Version ein Schluß der Form

(I) $Fa_1, \ldots, Fa_n \to Fa_{n+1}$ oder

(II) $Fa_1, \ldots, Fa_n \to \forall x Fx$.

In (I) soll a_{n+1} ein Objekt sein, das von den Objekten $a_1, \ldots, a_n$ verschieden ist. Bei jeder Anwendung von (I) oder (II) wird vorausgesetzt, daß $a_1, \ldots, a_n$ die einzigen Objekte sind, von denen wir wissen, daß sie F's sind, und daß keine nicht-F's bekannt sind. Für das folgende spielt es keine Rolle, wie groß die Zahl n ist. Gewöhnlich bezeichnet man Schlüsse von Typ (I) als *singuläre*, solche von Typ (II) als *generelle Voraussageschlüsse*.

Hume hat nun bewiesen, daß Schlüsse der Typen (I) und (II) nicht in dem Sinn gültig sind, daß die Wahrheit der Konklusion sich allein aus der Wahrheit der Prämissen ergibt. Sein Argument ist, kurz gesagt, dies: Diese Schlüsse sind nicht logisch gültig, weil aus Annahmen über Eigenschaften der $a_1, ..., a_n$ logisch nichts über Eigenschaften anderer Objekte folgt. Man braucht daher noch eine zusätzliche Prämisse, eine Uniformitätsannahme wie z.B., „daß Fälle, von denen wir keine Beobachtungen gemacht haben, denen gleichen müssen, die wir beobachtet haben, und daß Abläufe in der Natur immer gleich erfolgen."[1]

Ein solches Zusatzprinzip kann nicht logisch gültig sein, denn sonst wären auch die Schlüsse nach (I) und (II) logisch gültig. Als generelles Prinzip kann es auch nicht auf logisch korrekte Weise aus endlich vielen Beobachtungen abgeleitet werden, denn sonst wäre ja (II) logisch gültig. Also muß sich jeder Versuch seiner Rechtfertigung durch Beobachtungen auf induktive Schlüsse stützen, die bereits gerechtfertigt worden sind. Da man ein solches Prinzip jedoch schon für die ersten induktiven Schlüsse benötigt, wäre ein solcher Versuch entweder zirkulär oder würde in einen infiniten Regreß führen. Nach Hume lassen sich also induktive Schlüsse werder deduktiv noch induktiv begründen, so daß es keine rationale Rechtfertigung für sie gibt. Induktion läßt sich lediglich psychologisch erklären: Die Beobachtung von Regularitäten in der Vergangenheit erzeugt eine Erwartung, daß sie auch für künftige Beobachtungen gelten werden.

Goodman akzeptiert in (1965) Humes Argumente.[2] Auch er hält es für unmöglich, induktive Schlüsse in dem Sinn zu rechtfertigen, daß ihre Konklusionen als Sätze über bisher noch nicht untersuchte Objekte oder künftige Ereignisse aufgrund der Prämissen wahr sein müssen. Für Prophetie kann es keine rationalen Kriterien geben. Eine Rechtfertigung induktiver Schlüsse kann nach Goodman allein im Nachweis bestehen, daß sie mit den Regeln induktiven Schließens konform gehen. Solche Regeln werden wiederum gerechtfertigt, indem man zeigt, daß sie akzeptierter induktiver Praxis entsprechen. Induktionsregeln sind so lediglich Kodifikationen vorausgehender induktiver Gewohnheiten, von Gewohnheiten, Beobachtungen zu extrapolieren. Ihre Geltung wird über ihre Konformität mit der gängigen Praxis nachgewiesen. Für Goodman wie für Hume besteht die Grundlage induktiven Schließens so in nichts anderem als Gewohnheiten und Konventionen.

Wenn induktive Regeln induktiven Praktiken folgen und die wiederum Regeln, so liegt darin keine Zirkularität: „Eine Regel", sagt Goodman, „wird verbessert, wenn sie ein Resultat liefert, das wir nicht akzeptieren wollen; ein Schluß wird verworfen, wenn er eine Regel verletzt, die wir nicht verbessern wollen. Der Prozeß der Rechtfertigung ist so das schwierige Verfahren wechselseitige Anpassungen zwischen Regeln und akzeptierten Schlüssen vorzunehmen; und in der

---

[1] Hume: *Treatise of Human Nature*, 1, III, § 6 (p. 91 in Lindsays Ausgabe, London 1968).
[2] S. 59f.

erreichten Übereinstimmung liegt der einzige Rechtfertigung, die man für beide braucht."[3]

Goodman ist sich darüber klar, daß er sich dem Einwand aussetzt, die logische Frage einer Rechtfertigung induktiven Schließens mit der empirischen Frage der Beschreibung induktiver Praktiken zu verwechseln, also eine Frage *quid iuris* mit einer Frage *quid facti*. Er weist aber erstens darauf hin, daß eine Rechtfertigung der Induktion nach Hume unmöglich ist, so daß nur die zweite Frage noch offen ist. Zweitens stützt er sich auf eine Parallele in der Logik: Selbst hier, meint er, leiten sich die Schlußregeln aus einer vorgängigen deduktiven Praxis ab. Diese Parallele ist freilich ein schwaches Argument, denn logische Prinzipien lassen sich durch semantische Festlegungen über die Bedeutungen der logischen Operatoren begründen, ohne dabei auf irgendwelche Praktiken Bezug zu nehmen. Würde sich die Logik aus der deduktiven Praxis ableiten, so bliebe es völlig unverständlich, daß sie so weit über diese hinaus greift und daß Logiker sich so wenig mit der Psychologie und Soziologie deduktiven Verhaltens befassen. In Logik und Wissenschaftstheorie interessiert man sich nicht für die Übereinstimmung deduktiver oder induktiver Argumente mit der Art und Weise, wie die Leute üblicherweise argumentieren. Dort geht es vielmehr darum, ob die Argumente gültig sind und beweisen, was sie beweisen sollen. Sind sie gültig, so brauchen wir uns nicht um die deduktiven Praktiken der Leute kümmern, sind sie es nicht, so hilft auch keine Übereinstimmung mit diesen Praktiken. Obwohl induktive Argumente keine gültigen Schlüsse sind, werden wir sehen, daß sie sich so interpretieren lassen, daß sich ein logisches Geltungsproblem stellt. Die Rechtfertigungsfrage für induktives Argumentieren hat sich so mit Hume nicht ein für allemal erledigt. Daher werde ich im folgenden nicht mit Goodman von „Rechtfertigung" und „Gültigkeit" in einem deskriptiven Sinn reden, sondern diese Terme in ihrem normalen, normativen Sinn verwenden.

2 Goodmans Problem

Selbst wenn es Goodman nicht um das alte Problem einer Rechtfertigung der Induktion geht, sondern um das neue einer Beschreibung akzeptierter induktiver Praktiken, sieht er sich einer fundamentalen Schwierigkeit gegenüber: Die Prinzipien (I) und (II) repräsentieren unser induktives Schließen nicht korrekt. Sie sind viel zu stark, denn sie erlauben die Extrapolation beliebiger beobachteter Regularitäten in die Zukunft. Damit werden auch widersprüchliche Vorhersagen möglich, da endlich viele Fälle immer als Instanzen verschiedener Regularitäten

---
[3] Goodman (1965), S. 64.

aufgefaßt werden können. Es gibt daher noch ein anderes Problem der Induktion, das Hume nicht erkannt hat: die Unterscheidung jener Regularitäten, die wir unseren Extrapolationen tatsächlich zugrunde legen. Die Prinzipien (I) und (II) sind also durch Angabe extrapolierbarer Eigenschaften so zu beschränken, daß sie die akzeptierte induktive Praxis korrekt wiedergeben.

Dieses Problem wird nicht erst durch Goodamans deskriptive Wendung erzeugt, es besteht auch, solange wir nach einer Rechtfertigung induktiver Argumente suchen. Denn die beiden Prinzipien sind viel zu stark, als daß ein Versuch ihrer Rechtfertigung sinnvoll wäre. Goodmans neues Rätsel der Induktion ergibt sich aus der einfachen Tatsache, daß sich für jede Anwendung von (I) oder (II), also für jedes Prädikat F und jede Menge A von Objekten $a_1, ..., a_n$, die bzgl. der durch F ausgedrückten Eigenschaft untersucht worden sind, ein Prädikat F^* definieren läßt, so daß F und F^* einerseits genau auf dieselben Objekte aus A zutreffen, F^* andererseits aber für die übrigen Objekte genau auf jene zutrifft, auf die F nicht zutrifft. Wir brauchen nur zu setzen:

$F^*x := x \in A \land Fx \lor x \notin A \land \neg Fx$.

Zusammen mit den wahren Prämissen $Fa_1, ..., Fa_n$, die nach (I) bzw. (II) die Konklusionen Fa_{n+1} bzw. $\forall x Fx$ ergeben, erhalten wir also auch $F^*a_1, ..., F^*a_n$, woraus sich mit (I) bzw. (II) nun F^*a_{n+1}, d.h. $\neg Fa_{n+1}$, bzw. $\forall x F^*x$, also auch $\forall x(x \notin A \supset \neg Fx)$ ergibt. Wenn es Objekte gibt, die nicht in A sind und für die F definiert ist, kann man also mit (I) und (II) Widersprüche ableiten.

Goodmans Standardbeispiel für solche „pathologischen" Prädikate F^* ist *grue*. Dieses Prädikat ist definiert als „bzgl. seiner Farbe untersucht worden sein und grün sein, oder noch nicht auf seine Farbe hin untersucht worden sein und blau sein". Aus der Tatsache, daß alle Smaragde, die bisher auf ihre Farbe hin untersucht worden sind, sich als grün erwiesen haben, also auch als grue, kann man mit (I) also ableiten, daß sich der nächste untersuchte Smaragd sowohl als grün wie als grue, d.h. als blau erweisen wird.

Goodman hat gezeigt, daß es unmöglich ist, mit logischen oder empirischen Kriterien eine Unterscheidung zwischen *projektierbaren* Prädikaten F, für die (I) und (II) akzeptierbar sind, und pathologischen Prädikaten zu machen, für die das nicht gilt. Seine wichtigsten Argumente sind:

(1) Man hat behauptet, Goodmans Paradoxie entstehe, ebenso wie Hempels Paradoxie der Bestätigung,[4] durch eine Verletzung der Forderung der totalen Evidenz. Um (I) oder (II) korrekt anwenden zu können müßten wir die gesamte verfügbare relevante Information berücksichtigen, im Beispiel Goodmans etwa

---

[4] Vgl. Hempel (1945).

die Annahme, daß alle Typen von Edelsteinen bzgl. ihrer Farbe uniform sind. Das würde jedoch das Problem nicht lösen, sondern nur verschieben: Warum akzeptieren wir die Uniformitätshypothese und nicht ihr pathologisches Gegenstück?

(2) Man hat oft darauf hingewiesen, daß die pathologischen Prädikate F^* wie *grue*, anders als ihre projizierbaren Gegenstücke, mit Bezug auf bestimmte Zeit- oder Raumpunkte oder Objekte definiert werden.[5] Man hat daher vorgeschlagen, nur *qualitative* oder *nichtpositionale* Prädikate in (I) und (II) zuzulassen. Goodman hat jedoch betont, daß der Begriff der Qualitativität sprachabhängig ist. Wir können nur sagen: In einer Sprache S und bzgl. ihrer Grundterme ist ein Prädikat F qualitativ, wenn in ihm selbst oder in dem es definierenden Ausdruck keine Namen für bestimmte Objekte, Zeiten oder Orte vorkommen. Da wir F entsprechend durch F^* definieren können, wie wir F^* durch F definiert haben, hängt also die Frage, ob F^* oder aber F nichtqualitativ ist, von der Wahl der Sprache ab. Mit der Unterscheidung qualitativ – nichtqualitativ wird das Problem also wieder nur verschoben, nicht aber gelöst. Die Frage ist nun: Welche Sprache sollen wir wählen, so daß für ihre qualitativen Prädikate die Prinzipien (I) und (II) akzeptierbar sind? Im übrigen gibt es im Deutschen nichtqualitative Prädikate wie „mittelalterlich", „irdisch", „europäisch", „indogermanisch" etc., die wir durchaus für induktive Verallgemeinerungen verwenden.

(3) Man kann die Prädikate in (I) und (II) auch nicht auf Beobachtungsprädikate beschränken.[6] Denn erstens ist der Begriff des Beobachtungsprädikats selbst vage und problematisch. Zweitens würde man die induktive Praxis damit zu stark beschränken, da dann Hypothesen mit theoretischen Termen wie „elastisch" oder „magnetisch" nicht mehr induktiv gerechtfertigt werden könnten. Drittens kann man auch Anwendung pathologischer Prädikate wie „grue" direkt durch Beobachtungen überprüfen, wenn man einen Kalender und eine Uhr in der Hand hat, wie B. Skyrms in (1965) betont hat; auch sie sind also Beobachtungsprädikate.

(4) Endlich hat man vorgeschlagen, nur solche Prädiakte in (I) und (II) zuzulassen, mit denen sich gesetzesartige Aussagen formulieren lassen. Die Aussage „Alle Smaragde sind grün" sei z.B. gesetzesartig, nicht aber „Alle Smaragde sind grue." Wie Hempel in (1960) betont hat, genügt diese Beschränkung nicht. Er bezieht sich dabei auf das Problem, zu ermitteln, wie eine physikalische Größe y von einem Parameter x abhängt. Wenn unsere experimentellen Daten z.B. besagen, daß den Werten $x_1, ..., x_n$ des Parameters die Werte $y_1, ..., y_n$ der Größe entsprechen, gibt es unendlich viele Funtionen f, für die gilt $y_i = f(x_i)$ ($i = 1, ..., n$), die

---

[5] Vgl. Carnap (1947), S. 139f.
[6] Vgl. Salmon (1963).

aber anderen Parameterwerten ganz unterschiedliche *y*-Werte zuordnen, und mit vielen dieser Funktionen kann man gesetzesartige Aussagen formulieren. Das ist ein häufig vorkommender Fall des Goodmanschen Problems. Im übrigen gibt es auch keine allgemein anerkannte Definition von Gesetzesartigkeit, und der beste Ansatz zu einer Bestimmung bezieht sich nach Goodman auf die induktive Bestätigungsfähigkeit gesetzesartiger Aussagen. Dann kann man jedoch nicht ohne Zirkularität Projektierbarkeit durch Gesetzesartigkeit erklären.

3 Projektierbarkeit

Goodman hat aus diesen Überlegungen geschlossen, daß befriedigende Kriterien für Projektierbarkeit pragmatisch sein und sich auf tatsächliche und akzeptierte Verwendungen von Prädikaten in induktiven Argumenten beziehen müssen. Bei der Diskussion seiner Theorie der Projektierbarkeit werde ich mich auf die Version in Goodman (1970) beziehen, da das die neueste Version ist. Obwohl die Formulierung in der 2. Auflage von *Fact, Fiction, Forecast* besser bekannt ist und die meisten kritischen Erörterungen sich darauf beziehen, werde ich nicht auf sie eingehen, da ich hier nicht an der Entwicklung der Goodmanschen Ideen interessiert bin noch am Einwänden, die sich durch spätere Modifikationen erledigt haben.

Goodman betrachtet nur elementare Hypothesen der Form „Alle *F*'s sind *G*'s", symbolisch $\forall x(Fx \supset Gx)$. Ich werde im folgenden auch voraussetzen, daß diese Hypothesen synthetisch sind und wesentlich universelle Sätze. Goodman definiert:

D1: Eine Hypothese $\forall x(Fx \supset Gx)$ ist *gestützt* bzw. *verletzt* zur Zeit *t* genau dann, wenn für einige Objekte *a* bis *t* festgestellt wurde, daß $Fa \wedge Ga$ gilt bzw. $Fa \wedge \neg Ga$. Sie ist in *t erschöpft*, wenn für alle *a* mit *Fa* bis *t* festgestellt worden ist, ob *Ga* oder $\neg Ga$ gilt.

D2: Eine Hypothese *H* ist in *t zulässig*, wenn *H* in *t* gestützt, nicht verletzt und nicht erschöpft ist.

D3: Eine Hypothese *H* wird in *t* projektiert, wenn *H* in *t* zulässig ist und akzeptiert wird.

D4: Ein Prädikat *G* wird in *t* projektiert, wenn eine Hypothese der Form $\forall x(Fx \supset Gx)$ in *t* projektiert wird.

D5: Ein Prädikat *G* ist in *t besser verankert* als *G'*, wenn Prädikate, die denselben Umfang wie *G* haben, bis *t* öfter projektiert worden sind als Prädikate, die mit *G'* umfangsgleich sind.

D6: Eine Hypothese $\forall x(Fx \supset Gx)$ ist in t *mindestens so gut verankert* wie die Hypothese $\forall x(F'x \supset G'x)$, wenn F in t mindestens so gut verankert ist wie F' und G mindestens so gut wie G'.

D7: Eine zulässige Hypothese H *verdrängt* eine zulässige Hypothese H' in t, wenn H im Konflikt mit H' steht und H in t besser verankert ist als H' und H nicht im Konflikt mit einer anderen Hypothese steht, die in t besser verankert ist als H.[7]

D8: Eine zulässige Hypothese H ist *projektierbar* in t, wenn in t alle konfligierenden Hypothesen verdrängt werden. Sie ist *unprojektierbar*, wenn sie verdrängt wird. Und sie ist nicht projektierbar, wenn es eine zulässige Hypothese H' gibt, die mit H in Konflikt steht, und weder H noch H' verdrängt werden.

Die Grundgedanken hinter diesen Definitionen sind erstens, daß für induktive Bestätigungen nur gestützte, unverletzte und unerschöpfte Hypothesen in Frage kommen (D3), und zweitens, daß die Wahl zwischen konkurrierenden Hypothesen, die mit den Beobachtungsdaten verträglich sind, sich auf vergangenes induktives Verhalten stützt, und zwar so, daß man jenen Hypothesen den Vorzug gibt, deren Prädikate bisher am häufigsten bei induktiven Schlüssen verwendet wurden (D7). Die projektierbaren Hypothesen sollen jene sein, für die das Prinzip (II) gilt. Die Hypothese „Alle Smaragde sind grue" ist z.B. unprojizierbar, da sie verdrängt wird durch „Alle Smaragden sind grün", Da „grün" öfter in induktiven Argumenten verwendet worden ist als „grue", ist die letztere Hypothese besser verankert als die erstere. Die Hypothese „Alle Smarubine sind grün" ist unprojektierbar, da sie verdrängt wird von „Alle Rubine sind rot". Die letztere enthält

---

[7] In (1970), S. 606, definiert Goodman (für zulässige Hypothesen): „H *verdrängt* H', wenn beide im Konflikt miteinander stehen und H besser verankert ist und nicht im Konflikt steht mit einer noch besser verankerten Hypothese." In einer Fußnote fügt er hinzu: „In dieser Formulierung deckt das nur Hierarchien von höchstens drei gestützten, unverletzten, unerschöpften und zunehmend besser verankerten und konfligierenden Hypothesen ab. Hierarchien von mehr derartigen Hypothesen lassen sich, wo nötig, erfassen, indem man die unterste Mitglied einer Hierarchie ist, die man nicht nach oben erweitern kann und eine gerade Zahl von Mitgliedern hat." Diese Anmerkung läßt sich vielleicht so deuten: Wenn wir annehmen, für jede Hypothese gebe es nur eine endliche Menge $M(H)$ von Hypothesen, die mindestens ebenso gut verankert sind wie H, so läßt sich diese Menge ordnen in eine Folge $H = H_1 \leq \cdots \leq H_n$, wo $\leq$ für die Relation des mindestens so gut Verankertseins steht Dann wird H_n nicht verdrängt. H_{n-1} wird nur verdrängt, wenn gilt $H_{n-1} < H_n$ und H_{n-1} im Konflikt mit H_n steht, usw. Auf diese Weise kann man alle verdrängten Hypothesen der Folge eliminieren. Ist $M^*(H)$ die reduzierte Folge, so wird H genau dann verdrängt, wenn H nicht in $M^*(H)$ ist. Man kann so einen Begriff des Verdrängtwerdens definieren, für den gilt: H wird verdrängt genau dann, wenn es ein H' gibt, das mit H in Konflikt steht und nicht verdrängt wird und besser verankert ist als H.

das Prädikat „Rubin", das besser verankert ist als „Smarubin" (ein Prädikat, das definiert ist als „bzgl. der Farbe überprüft und ein Smaragd oder nicht bzgl. der Farbe überprüft und ein Rubin"), während „grün" und „rot" gleich gut verankert sind.

In (1965) definiert Goodman auch einen komparativen Begriff der Projektierbarkeit, indem er einen *Anfangsgrad* der Projektierbarkeit projektierbarer Prädikate einführt – H hat einen höheren Anfangsgrad von Projektierbarkeit in t als H', wenn H in t besser verankert ist als H' – und andeutet, wie sich dieser Anfangsgrad aufgrund von positiven oder negativen Oberhypothesen ändert. $\forall x(Fx \supset Gx)$ ist eine positive bzw. negative Oberhypothese zu $\forall x(F'x \supset G'x)$ genau dann, wenn die Extension von F' ein F ist und die Extension von G' ein G bzw. ein *nicht-G*. „Alle Sorten von Edelsteinen sind uniform bzgl. ihrer Farbe" ist z.B. eine positive Oberhypothese von „Alle Smaragden sind grün". Da jedoch nur solche Oberhypothesen in Frage kommen, die selbst in t projektierbar sind, ist der entscheidende Punkt von Goodmans Theorie die Bestimmung des Anfangsgrades der Projektierbarkeit.

Goodman hat betont, sein Vorschlag sei nur ein Programm für die Lösung des neuen Rätsels der Induktion, keine voll ausgearbeitete Theorie. Das gilt schon deswegen, weil er nur Hypothesen einer sehr einfachen Form betrachtet. Aber selbst in dieser Beschränkung sind seine Gedanken auf harte Kritik gestoßen. Die wichtigsten Einwände sind:

(1) In D7 wird ein „Konflikt" zwischen Hypothesen erwähnt. Für längere Zeit war es unklar, wie ein solcher Konflikt zu verstehen ist. Nur nach wiederholten Angriffen von H.Kahane und anderen[8] hat Goodman in (1972) klargestellt, daß zwei Hypothesen $\forall x(Fx \supset Gx)$ und $\forall x(F'x \supset G'x)$ genau dann in Konflikt miteinander stehen, wenn höchstens eine von ihnen wahr sein kann, d.h. wenn es Objekte gibt, die sowohl F's wie F''s sind, aber nicht zugleich G's und G''s.[9] Ob zwei Hypothen in Konflikt miteinander stehen, ist danach eine empirische, keine logische Frage. Man kann daher einwenden, daß man einen Konflikt zweier Hypothesen nur dann feststellen kann, wenn eine von ihnen bereits verletzt,

---

[8] Vgl. z.B. Kahane (1971).
[9] Goodman sagt: „Zwei Hypothesen stehen in Konflikt nur dann, wenn keine aus der anderen folgt und sie einem Gegenstand verschiedene Prädikate zuschreiben, so daß nur eines davon tatsächlich zutrifft." ((1972), S.84) Die letztere Bedingung läßt sich übersetzen in (a) $\exists x(Fx \wedge F'x \wedge \neg(Gx \wedge G'x))$ oder in (b) $\exists x(Fx \wedge F'x \wedge (Gx \equiv \neg G'x))$, je nachdem ob Goodman, wenn er von „nur einem" spricht, „höchstens einer" meint oder „genau einer". Aus (a) wie aus (b) folgt: $\forall x(Fx \supset Gx)$ impliziert $\neg\forall x(F'x \supset G'x)$. Danach könnte aber die erste Bedingung, daß keine der beiden Hypothesen die andere impliziert, nur dann verletzt sein, wenn eine der beiden als falsch bekannt, also unzulässig wäre. Daher ist die erste Bedingung überflüssig. Die folgenden Argumente gegen (a) können ebenso auf (b) bezogen werden.

also unzulässig ist, während sich D7 auf Konflikte zwischen zwei zulässigen Hypothesen bezieht. Goodman glaubt jedoch, daß wir, selbst wenn noch keine der beiden Hypothesen verletzt ist, gewöhnlich eine Meinung darüber haben, ob sie in Konflikt miteinander stehen oder nicht, und daß sich unsere Wahl verdrängender Hypothesen nach D7 auf solche Meinungen stützt. Wenn wir jedoch bei der Rechtfertigung induktiver Schlüsse uns immer auf Meinungen über bestehende Konflikte stützen müssen, d. h. auf Annahmen, daß Hypothesen der Form $\forall x(Fx \wedge F'x \supset Gx \wedge G'x)$ falsch sind oder wahr, müssen wir uns darauf stützen, daß gewisse induktive Schlüsse gültig sind, da solche Hypothesen keine logischen Folgen aus unseren Beobachtungsdaten sind und daher aus ihnen nur induktiv erschlossen werden können. Das ist nun einfach zirkulär: Die Kriterien für gültige induktive Schlüsse beziehen sich auf Hypothesen, die wiederum nur durch gültige induktive Schlüsse zu rechtfertigen sind. Das ist keineswegs die einzige Zirkularität. In D5 wird darauf Bezug genommen, daß Prädikate dieselbe Extension haben, aber auch $\forall x\ (Fx \equiv F'x)$ ist eine empirtische Hypothese, die sich nur induktiv rechtfertigen läßt.

Abgesehen von Zirkularitäten zeigt das folgende Beispiel zudem, daß Goodmans Konzept des Konflikts einfach inadäquat ist. Angenommen, eine neue Spezies F von Tieren werde entdeckt und nur schwarze Exemplare seien bisher auf die physiologische Eigenschaft G hin untersucht worden – alle mit positivem Resultat. Wenn wir nicht annehmen, alle F-Exemplare seien schwarz, stehen die beiden Hypothesen „Alle F's sind schwarz" und „Alle F's haben die Eigenschaft G" miteinander in Konflikt und die erste verdrängt die zweite, wenn „schwarz" besser verankert ist als G (D6, D7). Das bedeutet, daß eine zulässige, gut verankerte Hypothese, die wir für falsch halten, eine zulässige, weniger gut verankerte Hypothese verdrängt, die wir für richtig halten, und diese so unprojektierbar macht. Andererseits ist es schwierig, einen engeren Begriff des Konflikts, nach dem zwei Hypothesen $\forall x(Fx \supset Gx)$ und $\forall x(F'x \supset G'x)$ nur dann in Konflikt miteinander stehen, wenn sie miteinander analytisch unverträglich sind, so zu definieren, daß er für Goodmans Ziele passend ist. Zunächst ist $\exists x(Fx \wedge F'x \wedge \neg(Gx \wedge G'x))$ nicht analytisch wahr, da $\exists x(Fx \wedge F'x)$ nicht analytisch wahr ist. Im Beispiel der beiden Hypothesen (1) „Alle Smaragde sind grün" und (2) „Alle Smaragde sind grue" ist die Tatsache, daß es Smaragde gibt, keine analytische Wahrheit. Zweitens taugt auch der Vorschlag nichts, einen Konflikt der beiden Hypothesen durch die analytische Geltung von $\exists x(Fx \wedge F'x) \supset \exists x(Fx \wedge F'x \wedge \neg(Gx \wedge G'x))$ zu definieren. Denn aus der Tatsache, daß es Smaragde gibt, folgt nicht, daß es Smaragde gibt, die bisher nicht auf ihre Farbe hin untersucht worden sind. Ein dritter Versuch, Konflikt zu definieren als Existenz einer Menge A von Objekten, so daß (a) $\exists x(x \in A \wedge Fx \wedge F'x)$ nicht analytisch falsch ist und (b) $\forall x(x \in A \wedge Fx \wedge F'x \supset \neg(Gx \wedge G'x))$ analytisch wahr ist – in unserem Beispiel wäre A die Menge der noch nicht auf ihre Farbe hin überprüften Objekte) – ergibt einen viel zu weiten

Begriff des Konflikts. Danach würde es einen Konflikt zwischen den (vermutlich) gleich gut verankerten Hypothesen (1) und (3) „Alle Edelsteine sind wertvoll" geben, der sie beide nichtprojektierbar macht. Bestimmen wir A als Menge der nichtgrünen Dinge, so ist (a) erfüllt, da (1) nicht analytisch wahr ist, und (b) ist eine logische Wahrheit. Generell gilt: Ist $\forall x(Fx \wedge F'x \supset Gx \wedge G'x)$ nicht analytisch wahr, so zeigt die Wahl von A als Menge aller x, so daß $\neg(Gx \wedge G'x)$ einen Konflikt zwischen den beiden Hypothesen auf. So ist kein Ausweg aus den Schwierigkeiten bzgl. Konflikten in Sicht.

(2)   Es war wieder Kahane, der in (1965) und (1971) darauf hingewiesen hat, daß Hypothesen mit Prädikaten, die neu ins wissenschaftliche Vokabular eingeführt worden sind und daher ebenso schlecht verankert sind wie ihre pathologischen Gegenstücke, nach D8 nichtprojektierbar sind. Entgegen Goodmans Intentionen werden so alle Hypothesen, die neue Terme enthalten, aus der induktiven Praxis eliminiert. In seiner Erwiderung (1972) sagt Goodman, ein definierter Ausdruck könne Verankerung von den ihn definierenden Ausdrücken erben. Das entspricht aber weder D5, noch würde es theoretische Prädikate retten, die nicht explizit definiert werden, sondern nur implizit, manchmal durch die ganze Theorie, in der sie vorkommen. Woher beziehen sie ihre Anfangsverankerung?

(3)   Endlich stellt sich die Frage, wie wir Verankerung messen, d.h. die Zahl der Projektionen von Hypothesen nach D4 und D5. Wie oft ist z.B. Hookes Gesetz akzeptiert worden? Bedeutet „eine Hypothese akzeptieren", verkünden, sie sei wahr, oder bedeutet es, so handeln, als sei sie wahr? Wie will man im letzteren Fall Akzeptanzen zählen? Wenn n Individuen oder Gruppen dieselbe Hypothese zur gleichen Zeit akzeptieren oder wenn eine Person oder Gruppe sie zu n aufeinander folgenden Zeitpunkten akzeptiert, ist sie dann n mal akzeptiert worden? Der Begriff der Verankerung ist so viel zu ungenau, um als Grundlage für eine zuverlässige Beurteilung der Gültigkeit von induktiven Schlüssen dienen zu können.

Diese Einwände zeigen nach meiner Überzeugung, daß Goodmans Ansatz zur Lösung seines neuen Rätsels der Induktion ebenso hoffnungslos ist wie die anderen Versuche, die im 2. Abschnitt referiert wurden und die Goodman selbst so scharfsinnig kritisiert hat. Darüber hinaus sollte man sich daran erinnern: Selbst wenn seine Theorie der Projektierbarkeit erfolgreich wäre, würde sie nur ein Problem lösen, für das sich nur wenige Wissenschaftstheoretiker interessiert haben, nämlich die tatsächliche induktive Praxis zu beschreiben. Das ursprüngliche Problem war hingegen, ob und in welchem Sinn induktive Argumente korrekt sind, d.h. wie sie sich, im üblichen Sinn dieses Wortes, rechtfertigen lassen. Dieses ursprüngliche Problem bliebe immer noch ungelöst.

4 Vertauschbarkeit

Wie wir gesehen haben, hat Hume definitiv gezeigt, daß Schlüsse vom Typ (I) und (II) nicht in dem Sinn gültig sind, daß ihre Konklusion bei jeder Anwendung wahr ist, wenn ihre Prämissen wahr sind. Hume deutet sogar an, daß sich auch keine Schlüsse der Form

(III) $F_n^r \to p(F) = r/n \pm \varepsilon(n)$

rechtfertigen lassen, die erlauben würden zu folgern, daß die objektive Wahrscheinlichkeit von F-Ereignissen nahe bei r/n liegt, falls von n beobachteten Fällen r F-Ereignisse waren.[10] Da die objektive Wahrscheinlichkeit von F so etwas ist wie der Grenzwert der relativen Häufigkeiten von F's in einer unendlichen Versuchsfolge, ist jede Wahrscheinlichkeit $p(F)$ mit jeder relativen Häufigkeit der F's in einem endlichen Abschnitt der Folge verträglich.

Kann es also noch eine Frage der Rechtfertigung der Induktion geben?[11] Die Deduktivisten, vor allem Karl Popper, glauben nicht. Nach ihnen gibt es nur deduktive gültige Schlüsse, und wir müssen die Argumente nach (II) auf den Kopf stellen. Denn während $\forall x Fx$ nicht aus $Fa_1, \ldots, Fa_n$ folgt, folgt $\neg \forall x Fx$ aus $\neg Fa$ für irgendein a. Generelle Hypothesen lassen sich nicht aus Beobachtungen ableiten, sondern nur durch Beobachtungen falifizieren. Abgesehen davon, daß sich auch nicht alle generellen Hypothesen durch Beobachtungen falsifizieren lassen, insbesondere nicht statistische Hypothesen, ist dagegen einzuwenden, daß Falsifikation kein Ersatz für Induktion ist. Induktion soll eine Methode der Begründung von Hypothesen sein, und „begründen" heißt, als wahr oder jedenfalls als wahrscheinlich wahr erweisen.

In seiner Analyse hat Hume selbst einen anderen Ausweg aufgewiesen. Er sagt, die Prämissen von Schlüssen nach (I), (II) und (III) implizierten zwar nicht die Konklusionen, machten sie aber doch subjektiv wahrscheinlich. Wenn wir also die Frage, was sein wird, nicht ohne Gabe der Prophetie sicher beantworten können, so können wir doch die Frage beantworten, was zu erwarten ist. Auf diese Frage gibt es eine Antwort, und sie wird in der Theorie subjektiver Wahrscheinlichkeit gegeben, wie sie vor allem von Bruno de Finetti entwickelt worden ist.

Während die objektive Wahrscheinlichkeit $p(F)$ von F-Ereignissen – etwa von Münzwürfen mit dem Ergebnis „Kopf" – eine physikalische Eigenschaft, in

---

[10] Diese Interpretation des Textes ist jedoch umstritten. Vgl. Stove (1965).
[11] Es hat Versuche gegeben, induktives Schließen induktiv zu begründen, z.B. von Black in (1949), S. 86f., oder deduktiv, z.B. von Reichenbach in (1938), § 39, Braithwaite in (1953) oder Salmon in (1963), oder zu zeigen, daß Induktion gar keiner Rechtfertigung bedarf, wie von Ayer in (1956), S. 71–75, und Strawson (1952), S. 248 ff. All diese Versuche haben sich als erfolglos erwiesen, so daß wir uns hier nicht mit ihnen befassen brauchen. Vgl. dazu auch Kutschera (1972), 2.5.

unserem Beispiel: der Münze, sein soll, die mit anderen physikalischen Eigenschaften verknüpft ist wie der Form oder der Dichteverteilung, ist die subjektive Wahrscheinlichkeit $w_X(A)$ eines Ereignisses A für die Person X der Grad der subjektiven Gewißheit, mit der X (in einem gegebenen Zeitpunkt) das Eintreten von A erwartet. Obwohl so Aussagen über subjektive Wahrscheinlichkeiten einen anderen Sinn haben als solche über objektive Wahrscheinlichkeiten, haben beide Arten von Wahrscheinlichkeiten dieselben formalen Eigenschaften, die durch die Axiome von Kolmogoroff ausgedrückt werden. Im subjektiven Fall lassen sie sich aus gewissen Minimalbedingungen für die Rationalität der Wahrscheinlichkeitsbewertung ableiten.[12] Diese Axiome sind danach analytische Postulate für einen rationalen Begriff subjektiver Wahrscheinlichkeit. Wenn nun $w(A,B)$ die bedingte subjektive Wahrscheinlichkeit (für eine bestimmte Person) von A aufgrund der Kenntnis ist, daß B der Fall ist, besagt ein Theorem der subjektiven Wahrscheinlichkeitstheorie:

(IV) $lim_{n \to \infty} (w(Fa_{n+1}), F_n^r) - r/n) = 0$,
wenn (a) w regulär ist bzgl. F, und (b) die Ereignisse Fa_i vertauschbar sind bzgl. w.

Grob gesagt ist eine Wahrscheinlichkeitsbewertung *regulär* bzgl. F-Ereignissen, wenn es keiner Hypothese über den Grenzwert der relativen Häufigkeit solcher Ereignisse den Wert 0 zuordnet. (a) ist also in vielen Fällen ein Postulat der Rationalität: „Schließe nicht a priori irgendwelche statistischen Hypothesen aus!", und insofern ist diese Bedingung unproblematisch. Die Ereignisse $Fa_1, Fa_2, \ldots$ heißen *vertauschbar* bzgl. w, wenn $w(Fa_{i1}, \ldots, Fa_{in})$ nur von der Zahl n abhängt, nicht aber von der Wahl der Objekte $a_{i1}, \ldots, a_{in}$. Sind die Ereignisse Fa_i vertauschbar bzgl. w, so sagen wir auch, F sei vertauschbar bzgl. w. Sieht man die Ereignisse Fa_i als physikalisch unabhängig an, so wird man auch eine Wahrscheinlichkeitsbewertung verwenden, bzgl. derer sie vertauschbar sind. Im Fall der Münze, wo wir annehmen, daß die Resultate verschiedener Würfe einander nicht beeinflussen, wird „Kopf beim i-ten Wurf" für uns ebenso wahrscheinlich sein wie „Kopf beim k-ten Wurf" für irgendwelche i und k.

F_n^r soll wieder das Ereignis sein, daß von n Ereignissen genau r F-Ereignisse sind. Dann ist für $r=n$ F_n^r das Ereignis $Fa_1 \wedge Fa_2 \wedge \ldots \wedge Fa_n$. Für hinreichend große n gilt also

$w(Fa_{n+1}, Fa_1 \wedge \ldots \wedge Fa_n) \geq 1-\varepsilon$ für jedes $\varepsilon > 0$.

Wie groß „hinreichend groß" ist, hängt von ε und w ab und läßt sich in jedem Fall berechnen. Das also ist die probabilistische Entsprechung zu (I). Aus dem wahrscheinlichkeitstheoretischen Theorem

---

[12] Vgl. z.B. de Finetti (1937) oder Kutschera (1972), 2.1.

(V) $lim_{n \to \infty} w(p(F) = r/n \pm \varepsilon, F^r_n) = 1$ für alle $\varepsilon > 0$,

für vertauschbare F und bzgl. F reguläres w erhalten wir die folgende Entsprechung zu (III): Für hinreichend große n gilt

$w(p(F) = r/n \pm \varepsilon, F^r_n) \geq 1 - \delta$ für alle $\varepsilon, \delta > 0$.

Für die induktiven Prinzipien (IV) und (V) können wir die Rechtfertigungsfrage also positiv beantworten: Sie sind mathematische Theoreme, die sich aus analytischen Postulaten für rationale subjektive Wahrscheinlichkeiten ergeben.[13] Goodmans Problem, welche Prädikate projektierbar sind, läßt sich nun so beantworten: Genau jene Prädikate, die vertauschbare Eigenschaften ausdrücken.[14] Pathologische Prädikate wie „grue" sind daher nicht projektierbar bzgl. der Klasse der Smaragden, da wir erwarten, daß deren Farbe unabhängig davon ist, ob sie vor einer bestimmten Zeit untersucht worden sind oder nicht.

Wären induktive Prinzipien, verstanden als Aussagen über bedingte Wahrscheinlichkeiten, rein deskriptiv, d.h. Ausagen über das, was Personen, die mit bestimmten Wahrscheinlichkeitsbewertungen beginnen, nach einigen Beobachtungen tatsächlich glauben, würden sie nichts über die Legitimität dieser Annahmen besagen, und dann wären (IV) und (V) für eine Rechtfertigung der Induktion nutzlos. Der Begriff subjektiver Wahrscheinlichkeit ist aber nicht rein dekriptiv, wie wir sahen, sondern ein Begriff rationalen Glaubens.[15] Die Prinzipien sagen uns daher, was man rationalerweise glaubt, wenn man von einer gewissen apriori-Bewertung ausgeht und bestimmten Beobachtungen macht. In diesem Sinn rechtfertigen die Prinzipien bedingte Annahmen auf der Basis von apriori-Bewertun-

---

[13] Die Prinzipien (IV) und (V) sind keine Schlußschemata, sondern Aussagen über bedingte Wahrscheinlichkeiten. Etwas von der Art eines induktiven Schlusses ergibt sich aus ihnen jedoch auf dem Weg, den R. Carnap und C. G. Hempel unter dem Titel „statistischer Syllogismus" für objektive oder logische Wahrscheinlichkeiten diskutiert haben. Für eine Diskussion vgl. Kutschera (1972), 2.5.4.

[14] Wir müssen allerdings den Ausdruck „projektierbar" hier in einem modifizierten Sinn verstehen, da wir auf die Verwendung von Prädikaten in (V) statt (I) oder (II) Bezug nehmen. Vertauschbarkeit ist das probabilistische Analogon zu Humes Uniformität. Sie ist nur der einfachste Fall bei der Untersuchung induktiven Schließens, vgl. de Finettis Begriff „partieller Vertauschbarkeit" in (1972), S. 217 ff. und 229 ff. Da die folgenden Erörterungen im wesentlichen auch für liberalere Begriffe der Vertauschbarkeit gelten, beschränken wir uns hier auf den einfachsten Fall.

[15] Das heißt nicht, die Theorie subjektiver Wahrscheinlichkeiten sei explizit normativ. Auch die deduktive Logik ist weder deskriptiv noch explizit normativ. Beide Disziplinen formulieren keine Aussagen darüber, was man denken oder glauben soll, sondern nur Aussagen darüber, war man korrekterweise glaubt, wenn man etwas anderes glaubt. Daraus können natürlich Normen für korrektes Denken abgeleitet werden. Hume interessierte sich nur für die psychologischen Mechanismen des Glaubens, und hat daher seine probabilistischen Analysen nicht für eine Rechtfertigung der Induktion verwendet.

gen. Wie rational sind aber diese apriori-Wahrscheinlichkeiten, insbesondere die Vertauschbarkeitsannahmen?

Zwei Fragen sind hier wichtig:

(1) Können wir nach objektiven Kriterien Wahrscheinlichkeitsbewertungen rechtfertigen, die gewisse Prädikate gegenüber anderen als vertauschbar auszeichnen, z.B. „grün" gegenüber „grue"? Die Antwort ist negativ. Die einzigen objetiven Kriterien für Annahmen sind Kohärenz (oder Rationalität) und Wahrheit. Wissen wir nicht, was wahr ist, so ist jede kohärente Vermutung so gut wie die andere. Sicher, wir können aus Erfahrung lernen. (IV) und (V) sind grundlegende Prinzipien dafür. Sie zeigen aber auch, daß das Lernen aus Erfahrung von apriori-Wahrscheinlichkeiten abhängt, insbesondere davon, welche Ereignisse sie als vertauschbar auszeichnen. Vertauschbarkeit ist eine Vorbedingung, kein Produkt des Lernens aus Erfahrung. Unsere apriori-Erwartungen bestimmten teilweise, wie wir Beobachtungen evaluieren, und sind daher nicht direkt von ihnen abhängig.

Carnaps Versuche, rationale Anfangsbewertungen durch zusätzliche Axiome eindeutig zu bestimmen, sind gescheitert, da sie in die Goodmansche Paradoxie führen. Goodmans Kritik an den Vorschlägen für generelle Kriterien für Projektierbarkeit haben es zudem sehr wahrscheinlich gemacht, daß es keine rationalen Kriterien für Vertauschbarkeit gibt. Da Vertauschbarkeiten bestimmen, was und wie wir aus der Erfahrung lernen, und da die korrekte Extrapolation von Beobachtungen von Tatsachen abhängen, die wir noch nicht kennen, kann es dann keine rein rationalen Kriterien für korrektes Lernen aus Erfahrung geben. Was wir tun können, ist nur, nach dem Prinzip von Versuch und Irrtum vorzugehen.[16]

---

[16] Die Evolution von Vertauschbarkeiten durch Versuch und Irrtum ist jedoch sehr indirekt. Denn erstens sind Vertauschbarkeiten verträglich mit allen Beobachtungen. Zweitens sehen wir uns nur dann veranlaßt, unsere apriori-Bewertungen so zu modifizieren, daß F-Ereignisse vertauschbar werden, wenn die bedingten Wahrscheinlichkeiten mit wachsender Zahl von Beobachtungen nicht so konvergieren, wie wir das erwarten würden, wenn es eine objektive Wahrscheinlichkeit unabhängiger F-Ereignisse gäbe. Nach Carnaps Axiomen, die er in (1959) vorschlug, gilt das Prinzip positiver Instanzenrelevanz, aus dem folgt $w(Fa_{n+1}, F_n^n) > w(Fa_{n+1}, F_{n-1}^{n-1})$, für alle Prädikate F, also für die pathologischen ebenso wie die normalen Prädikate; vgl. die Aufsätze von J. Humburg und H. Gaifman in Carnap und Jeffrey (1971). Carnaps System ist nur deswegen nicht widerspruchsvoll, weil es für eine prädikatenlogische Sprache ohne Identität formuliert ist, so daß sich die pathologischen Gegenstücke von Prädikaten nicht generell definieren lassen. In seiner späteren Version induktiver Logik in (1971) hat Carnap all seine Zusatzaxiome aufgegeben, außer dem der Regularität, so daß sein System im wesentlichen mit der Theorie subjektiver Wahrscheinlichkeiten zusammenfällt.

(2) Wie läßt es sich erklären, daß unsere Wahrscheinlichkeitsbewertungen im großen Ganzen bzgl. der Vertauschbarkeit von Ereignissen übereinstimmen? Das läßt sich wohl so verstehen, daß wir uns unsere grundlegenden Überzeugungen nicht privat bilden, sondern von der Gemeinschaft übernehmen, in der wir leben. Was wir glauben, ergibt sich nicht nur aus unseren eigenen Beobachtungen sondern auch aus allgemeinen Überzeugungen, die uns durch Erziehung und kulturelle Tradition übermittelt werden. Apriori-Annahmen scheinen sich auch mit der gemeinsamen Sprache zu verbinden. Da wir die allgemeine Verwendung der Wörter durch Induktion aus beobachteten Verwendungsinstanzen erschließen, beruht der Erwerb von Prädikaten, systematisch gesehen, auf Vertauschbarkeitsannahmen für sie, und mit dem Spracherwerb übernehmen wir induktive Verfahren von der Sprachgemeinschaft.

Nun hat W. C. Salmon, aber auch N. Goodman, eingewendet,[17] wenn man Induktion probabilistisch deute, ersetze man eine Tatsachenfrage durch eine eine Glaubensfrage. Geht man von der Frage: „Was können wir aus vergangenen Beobachtungen über künftige Ereignisse *schließen?*" zur Frage über: „Was haben wir aufgrund vergangener Beobachtungen bzgl. künftiger Ereignisse *zu erwarten?*", so verfehlen wir nach ihrer Ansicht das ursprüngliche Problem der Induktion. Was für einen Nutzen haben wahrscheinliche Vorhersagen, wenn selbst eine Wahrscheinlich $w(A) = 1$ mit *nicht-A* verträglich ist, und in welchem Sinn sind sie besser gerechtfertigt als unwahrscheinliche? Nach Salmon müssen induktive Schlüsse „ampliativ" sein, d.h. bei ihnen muß der Gehalt der Konklusion über jenen der Prämissen hinausgehen; nur dadurch können sie, in Humes Worten, zum „großen Lebensführer" werden. Da eine Aussage $w(Fa_{n+1}, Fa_1 \wedge \ldots \wedge Fa_n) = 1$ in diesem Sinn nicht ampliativ ist, und ihre Wahrheit nicht garantiert, das wir Erfolg haben werden, wenn wir aufgrund von $Fa_1, \ldots, Fa_n$ unserem Handeln die Annahme zugrunde legen, daß Fa_{n+1} eintreten wird, sieht Salmon sie als nutzlos zum Zweck einer Induktion an.

Dieser Einwand beruht jedoch auf einem fundamentalen Mißverständnis dessen, was induktive Argumente leisten können: Hume hat ein für allemal gezeigt, daß es keine rationale Basis für Propethien gibt. Daher können induktive Argumente ebenso wenig ampliativ sein wie deduktive. Prophetie ist aber nicht der einzige Lebensführer, denn es ist auch eine große Hilfe zu wissen, was man angesichts vergangener Beobachtungen vernünftigerweise erwarten sollte. Das liefert uns ein Kriterium für rationales Handeln. Daß solche rationale Entscheidungen erfolgreich sein werden, ist nicht gewiß. Wahrscheinlichkeiten zu folgen, wo Sicherheiten nicht erreichbar sind, ist aber sicher ein unbezweifelbares Ratio-

---

[17] Vgl. Salmon (1967), S. 75f., sowie (1968), S. 82, und Goodman (1965), S. 62.

nalitätspostulat. Und daß wir erwarten, Erfolg zu haben, wenn wir unseren Erwartungen folgen, ist so evident wie jede andere Tautologie.

Im Blick auf die in der wissenschaftstheoretischen Literatur häufig vertretene Ansicht, die induktive Logik versage bei der Bestätigung von generellen Gesetzen, da $w(\forall xFx, F_n^n) = 0$ sei (für $w(\forall xFx) < 1$), selbst wenn n sehr groß ist, möchte ich hier noch betonen, daß es auch eine probabilistische Entsprechung zu Schlüssen vom Typ (II) gibt.[18] Ist F vertauschbar und ist w regulär bzgl. F, so gibt es auch apriori-Bewertungen, für die gilt $lim_{n \to \infty} w(\forall xFx, F_n^n) = 1$ trotz $w(\forall xFx) < 1$. In Carnap und Jeffrey (1971), S. 205 f., gibt R. Jeffrey folgendes Beispiel an: Eine Münze wird geworfen und Fa_i ist das Ereignis, daß sie beim i-ten Wurf „Kopf" zeigt. Wenn wir nun der Hypothese, daß sie immer „Kopf" zeigt (weil sie z. B. auf beiden Seiten einen Kopf hat), die Wahrscheinlichkeit 1/3 zuordnen, der Hypothese, daß sie nie Kopf zeigt, ebenfalls 1/3 und der Hypothese, daß die relative Häufigkeit von „Kopf" irgendwo zwischen 0 und 1 liegt, mit gleicher Wahrscheinlichkeit für jede dieser statistischen Hypothesen), dann ist $w(Fa_i) = $ ½ für alle i, F ist vertauschbar und w regulär bzgl. F. In diesem Fall konvergieren die $w(\forall xFx, F_n^n)$ und $w(\forall x\neg Fx, F_n^0)$ schnell gegen 1. Generell haben wir

(VI) $lim_{n \to \infty} w(\forall xFx, F_n^n) = 1$,

wo $w(\forall xFx) > 0$ ist und die Bedingungen (a) und (b) von (iv) gelten.

Wählen wir also die apriori-Wahrscheinlichkeit w so, daß die Hypothese $\forall xFx$ eine positive Anfangswahrscheinlichkeit hat, können wir diese Hypothese aufgrund endlich vieler Beobachtungen induktiv bestätigen. Das entspricht gängiger wissenschaftlicher Praxis. Nehmen wir wieder den Fall, daß F eine neu entdeckte zoologische Species ist und G eine physiologische Eigenschaft (wie z. B. zwei Herzkammern zu haben). Ein Biologe, der einige F-Exemplare bzgl. G mit positivem Resultat untersucht hat, wird oft behaupten, alle F's hätten diese Eigenschaft. Diese Zuversicht auf der Grundlage einer schmalen Basis von Daten kann man nach (VI) als rational ansehen, falls der Biologe der Hypothese von Anfang an eine nicht zu kleine Wahrscheinlichkeit zugeordnet hat. Tatsächlich mag er mit der Annahme beginnen, daß alle F's dieselben grundlegenden physiologischen Eigenschaften haben, also mit einer Uniformitätsannahme $w(\forall xy(Fx \wedge Fy \supset (Gx \equiv Gy)))$ – ein solches w wäre natürlich nicht regulär. Das wäre keine besonders kühne Vermutung, denn die die zoologischen Klassifikationen werden ja so angesetzt, daß jede Art nur Individuen mit denselben grundlegenden biologischen Eigenschaften umfassen. Wenn also der Biologe feststellen sollte, was ja durchaus möglich ist, daß weitere F's gelegentlich nur Herzen mit einer einzigen Kammer haben, würde er F nicht mehr als einheitliche Spezies ansehen und

---

[18] Keine solche Entsprechung gibt es in Carnaps ursprünglicher Version der induktiven Logik, da Wahrscheinlichkeiten von der Art, wie sie unter diskutiert werden, nicht im λ-Kontinuum sind.

sie unterteilen. Das Ziel naturwissenschaftlicher Klassifikationen ist es, möglichst viele generelle Aussagen über die Mitglieder einer Art machen zu können. Wenn wir Artbegriffe verwenden, nehmen wir also an, daß sie dieser Aufgabe entsprechen und machen die passenden Uniformitätsannahmen. Im allgemeinen sind die apriori-Bewertungen, die wir verwenden, um gesetzesartige Aussagen zu bestätigen, nicht problematischer als jene, mit denen wir singuläre Sätze induktiv begründen.

Wir kommen also zu dem Schluß, daß sich nach der probabilistischen Deutung der Induktion induktive Argumente rechtfertigen lassen, aber nur relativ zu apriori-Bewertungen. Es gibt keine rein rationalen oder empirischen Kriterien für die Korrektheit solcher Bewertungen. Das hat Goodman für den Fall der Projektierbarkeit gezeigt, und seine Argumente gelten auch für Vertauschbarkeit. Wenn wir Glaubensinhalte als Dispositionen interpretieren, auf bestimmte Beobachtungen in einer bestimmten Weise zu reagieren, dann kann sich ein Organismus mit derartigen Dispositionen nicht an eine sich wandelnde Umwelt anpassen, in der auf die beobachteten Ereignisse nicht mehr jene Bedingungen folgen, die früher den Erfolg seiner Reaktion sichergestellt haben. Das kann nur ein Organismus tun, der aus Erfahrungen lernen kann, der also eine eingebaute Propensität hat, solche Dispositionen aufgrund von Beobachtungen zu entwickeln und zu verändern. Wir Menschen verfügen nicht einmal über solche eingebauten Propensitäten, die apriori-Wahrscheinlichkeiten entsprechen, sondern können auch die Art und Weise bestimmen, wie wir aus Erfahrung lernen. Einerseits ergibt das eine abermals gesteigerte Anpassungsfähigkeit an eine sich wandelnde Umwelt, andererseits werden unsere Reaktionen auf Beobachtungen aufgrund von Dispositionen noch unsicherer. Wir können so das theoretische Problem des Lernens aus der Erfahrung als Preis betrachten, den wir für eine praktisch unbegrenzte Anpassungsfähigkeit bezahlen müssen.

Literatur

Ayer, A. J. (1956): *The Problem of Knowledge*, Harmondsworth
Black, M. (1949): *Language and Philosophy*, Ithaca/N.Y.
Braithwaite, R. B. (1953): *Scientific Explanation*, Cambridge
Carnap, R. (1947): „On the comparative concept of confirmation", *The British Journal for the Philosophy of Science* 3, 311–318
Carnap, R., und Stegmüller, W. (1959): *Induktive Logik*, Wien
Carnap, R., und Jeffrey, R. (1971): *Studies in Inductive Logic*, Bd. I, Berkeley
Finetti, B. de (1937): „La prévision,: ses lois logiques, ses sources subjectives", *Annales de l'Institut Henri Poincaré* 7
Finetti, B. de (1972): *Probability, Induction, and Statistics*, London

Goodman, N. (1965): *Fact, Fiction, Forecast*, 2. Aufl. Indianapolis
Goodman, N., Schwartz, R., und Scheffler, I. (1970): „An improvement in the theory of projectibility", *Journal of Philosophy* 67, 605–609
Goodman, N. (1972): „On Kahane's confusions", *Journal of Philosophy* 69, 83–84
Hempel, C.G. (1945): „Studies in the logic of confirmation", *Mind* 54, 1–12, 97–121
Hempel, C.G. (1960): „Inductive inconsistencies", *Synthese* 12, 439–469
Kahane, H. (1965): „N.Goodman's entrenchment theory", *Philosophy of Science* 32, 377–383
Kahane, H. (1971): „A difficulty on conflict and confirmation", *Journal of Philosophy* 68, 488–489
Kutschera, F. v. (1972): *Wissenschaftstheorie*, 2 Bde., München
Reichenbach, H. (1938): *Experience and Prediction*, Chicago
Salmon, W. C. (1963): „On vindicating induction", *Philosophy of Science* 30, 252–261
Salmon, W. C. (1967): *The Foundations of Scientific Inference*, Pittsburgh
Salmon, W. C. (1968): „The justification of inductive rules of inference", in I. Lakatos (Hrsg.): *The Problem of Inductive Logic*, Amsterdam, 24–43
Skyrms, B. (1965): „On failing to vindicate induction", *Philosophy of Science* 32, 253–268
Stove, D. (1965): „Hume, probability, and induction", *The Philosophical Review* 74, 160–177
Strawson, P.F. (1952): *Introduction to Logical Theory*, London.

Nachwort

Der Aufsatz ist englisch im 12. Band der *Erkenntnis* erschienen, dessen erste zwei Hefte der Philosophie von Nelson Goodman gewidmet waren. Am Ende sind Antworten Goodmans auf die einzelen Beiträge abgedruckt, auf die deren Autoren nicht abermals antworten konnten. Heute lohnt eine Antwort auf Goodmans *Reply* (S. 282–284) auf meinen Aufsatz auch nicht mehr, denn er ist meiner Kritik an seinen Thesen nur mit deren Wiederholung begegnet und hat die Rekonstruktion induktiver Prinzipien im Rahmen der subjektiven Wahrscheinlichkeitstheorie offenbar nicht verstanden: Deren Axiome lassen sich aus Rationalitätsforderungen für Wahrscheinlichkeitsbewertungen ableiten. Das gilt auch noch für die Forderung der Regularität – das Postulat also, keine aufgrund von Erfahrungen nicht mehr revidierbaren Vorurteile zu haben. Die Vertauschbarkeit der Ereignisse, um die es bei der Induktion geht, läßt sich hingegen nicht mehr generell durch Rationalitätserwägungen rechtfertigen. Daher lassen sich die induktiven Prinzipien (IV) und (VI) nur relativ zu einer Vertauschbarkeitsannahme rechtfertigen. Diese bedingte Rechtfertigung, die in der Theorie subjektiver Wahrscheinlichkeiten möglich ist, ist etwas völlig anderes als jene, die Goodman angezielt hat, denn für ihn bestand die ganze Rechtfertigung eines induktiven Arguments lediglich im Nachweis seiner Konformität mit einer allgemeinen Praxis. Von deren Rationalität ist bei Goodman nirgends die Rede.

Dem Panorama der Diskussion des Induktionsproblems ist heute noch der Versuch einer Rechtfertigung induktiver Argumente im Rahmen der Evolutionären Erkenntnistheorie hinzuzufügen, wie sie sich z.B. in R. Riedls *Biologie der Erkenntnis* von 1980 findet. Danach bilden wir unsere Erwartungen oder Wahrscheinlichkeiten nicht nur aufgrund von Erfahrungen, sondern sie sind uns teilweise auch angeboren. Das erklärt, warum wir gewissen Vertauschbarkeitsannahmen machen, andere aber nicht. Diese Annahmen werden nun dadurch gerechtfertigt, daß sie zu korrekten induktiven Schlüssen führen. Daß sie das tun, zeigt einfach die Tatsache, daß wir überlebt haben, denn überleben kann nur, wer die richtigen Erwartungen hat, also auch angemessen auf gegenwärtige Beobachtungen reagiert. Die evolutionären Erkenntnistheoretiker übersehen freilich, daß die Behauptung einer Anpassung an die Umwelt auf Annahmen über die Umwelt beruht, die sich nur induktiv bestätigen lassen. Die Annahmen der Evolutiontheorie werden durch induktive Prozesse gewonnen, können sie also nicht zirkelfrei begründen.

7

Das Fragment 34 von Xenophanes und der Beginn erkenntnistheoretischer Fragestellungen

Der älteste Text erkenntnistheoretischen Inhalts, der uns erhalten ist, stammt von Xenophanes. Es ist das Frg. 34, das so lautet:

καὶ τὸ μὲν οὖν σαφὲς οὔτις ἀνὴρ ἴδεν οὐδέ τις ἔσται
εἰδὼς ἀμφὶ θεῶν τε καὶ ἄσσα λέγω περὶ πάντων·
εἰ γὰρ καὶ τὰ μάλιστα τύχοι τετελεσμένον εἰπών,
αὐτὸς ὅμως οὐκ οἶδε· δόκος δ' ἐπὶ πᾶσι τέτυκται.

Und das Gewisse (Unzweifelhafte, Genaue) jedenfalls erblickte kein Mensch, und es wird auch nie einen geben, der [es] weiß (erblickt hat) in Bezug auf die Götter und alles, was ich nur immer erwähne; denn selbst wenn es einem im höchsten Maß gelänge, etwas Treffendes (Vollendetes) auszusprechen, so wüßte er selbst doch nicht [davon]; Anschein (Schein, Meinung) haftet an allem.

Diesen Text möchte ich hier etwas näher analysieren und zeigen, daß sich von ihm her ein Zugang zu zentralen Fragen der Erkenntnistheorie eröffnet, zu Fragen, die bis heute aktuell geblieben sind.

Xenophanes geht zunächst einmal von einer Unterscheidung aus, die für uns heute selbstverständlich ist, die aber keineswegs immer selbstverständlich war: der Unterscheidung zwischen *wahr sein* und *für wahr gehalten werden*. Daß wir uns gelegentlich irren, ist natürlich auch den Dichtern und Denkern vor Xenophanes nicht entgangen. Ein *erkenntnistheoretisches* Problem entsteht aber erst dann, wenn man einen grundsätzlichen Unterschied macht zwischen objektiven Tatsachen draußen in der Welt und unseren Ansichten über sie als Tatsachen einer anderen, subjektiven Sphäre, als Tatsachen, die nicht Naturprodukte sind, sondern Resultate eigenen Nachdenkens; wenn man die eigenen Überzeugungen nicht gewissermaßen als natürliche Reflektionen der Außenwelt im Innern ansieht, sonder als *Bilder*, die wir uns *machen*. Dann erst stellt sich das generelle Problem, ob die Bilder, die wir uns von einer Sache machen, mit der Sache selbst übereinstimmen; ob, und ggf. wie wir eine solche Übereinstimmung feststellen können.

Dieses erkenntnistheoretische Problem läßt sich an einem ontologischen verdeutlichen, mit dem es auch inhaltlich eng verwandt ist: Für den normalen Menschenverstand gibt es nichts Selbstverständlicheres als die Tatsache, daß physische

Ereignisse psychische Wirkungen haben (z.B. Sinnesempfindungen hervorrufen) und daß psychische Ereignisse (z.B. Entschlüsse, etwas zu tun) physische Wirkungen haben können. Erst wenn man im Sinne des cartesischen Dualismus Psychisches und Physisches als eigenständige und verschiedenartige Wirklichkeitsbereiche ansieht, wird die psycho-physische Wechselwirkung zum Problem.

Sicherlich kann man Xenophanes weder einen Dualismus noch eine systematische Unterscheidung von Seelischem und Körperlichem zuschreiben. Er der um 500 v.Chr. schrieb, war aber ein Vorläufer der griechischen Aufklärung, in der sich nicht nur die Emanzipation des Individuums aus gesellschaftlichen und politischen Bindungen vollzog, sondern in der auch Subjekt und Gegenstandswelt, Kultur und Natur, νόμος und φύσις miteinander konfrontiert wurden. Diese Gegensätze, die sich nun da auftaten, wo man früher eine einheitliche, Mensch und Natur, Seelisches und Körperliches umgreifende Wirklichkeit gesehen hatte, war das Resultat eines neuen Selbstbewußtseins, eines neuen Gefühls für die – wenn auch beschränkte – Eigenständigkeit des Menschen gegenüber seiner Umwelt und einer Reflexion auf den Anteil menschlicher Eigentätigkeit an dieser Umwelt. Und eine wichtige Komponente dieser Unterscheidung von Subjektivem und Objektivem war eben auch jene zwischen den Meinungen über eine Sache und der Sache selbst. Auch das fällt unter den Gegensatz νόμος – φύσις, denn νόμος ist nicht nur Konvention oder positives Gesetz, sondern auch Meinung. Daß Xenophanes diesen Gegensatz sehr deutlich gesehen hat, ergibt sich insbesondere auch aus jenen Fragmenten (B 11 bis 16), in denen er die überkommenen anthropomorphen Gottesvorstellungen kritisiert.

Der Prozeß der Differenzierung von Subjektivem und Objektivem spiegelt sich in der Sprachgeschichte. In den griechischen Wörtern, mit denen die ersten erkenntnistheoretischen Fragen formuliert werden mußten, wie z.B. ἀληθής, ψευδής, εἶναι, εἰδέναι, verbinden sich zunächst subjektive mit objektiven Bedeutungskomponenten, so daß die ersten Erkenntnistheoretiker gewissermaßen gegen ihre eigene Sprache andenken, mit ihrer Sprache um den Ausdruck ihrer Gedanken ringen mußten. (Das erschwert natürlich auch die Übersetzung und Interpretationen dieser Texte erheblich.) ἀληθής heißt z.B. nicht nur *wahr*, sondern auch *evident* und *wirklich*, und τὸ ὄν ist nicht nur das *Wirkliche*, sondern auch das *Wahre* (z.B. in τὰ ὄντα λέγειν). τὸ ψεῦδος ist *die Lüge*, wie auch einfach *das Falsche*. εἰδέναι heißt ursprünglich *gesehen haben*, bezeichnet also auch einen äußeren Vorgang mit, und δόξα heißt *Glaube, Meinung, Vorstellung*, wie *Anschein, Wahrscheinlichkeit, Erscheinung*.[1] Wir verstehen hier

---

[1] Vgl. dazu z.B. v. Fritz (1943), Heitsch (1979), 33 ff und Snell (1978), Kap. V. Zum Frg. 34 Heitsch (1979), 102 ff.

im Blick auf das Xenophanes-Fragment δόξα immer im Sinn von „Überzeugung".[2]

Bei Xenophanes findet sich also zunächst die Einsicht, daß Überzeugungen nicht immer richtig sind. Mit der Fallibilität der Überzeugungen konfrontiert er in unserem Fragment die Untrüglichkeit des *Wissens*. Wenn ich nur davon überzeugt bin, sagt er, daß ein Sachverhalt besteht, so kann ich nicht sicher sein, daß er besteht. Überzeugungen können ja falsch sein.[3] Wissen hingegen ist das Erblicken von etwas, das σαφής ist, also untrüglich. Wenn ich weiß, so bin ich mir dabei auch sicher, daß ich mich nicht irre.[4]

Nach Xenophanes kommen wir endlich über Überzeugungen nicht hinaus: Anschein haftet an allem. Das kann man vielleicht so deuten: Unsere Urteile folgen unseren Überzeugungen. Ein anderes Kriterium für ihre Wahrheit haben wir nicht. Gilt der Satz „Wenn q, dann p, wobei p und q irgendwelche physikalischen Sachverhalte seien, so kann man zwar auch q als Kriterium für p bezeichnen, aber für uns ist es nur dann anwendbar, wenn wir diesen Satz für wahr halten und wenn wir davon überzeugt sind, daß q gilt. Wir können nicht gewissermaßen unter Umgehung unserer eigenen Ansichten das Bestehen von Sachverhalten unmittelbar feststellen – jede Feststellung ist Ausdruck einer Überzeugung. Ohne die Brille unserer Ansichten sind wir blind.

Das Fragment enthält nun die Aussage: Weil Überzeugungen fehlbar sind und wir über sie nicht hinauskommen, gibt es kein (untrügliches) Wissen. Die Konsequenz ist also eine (Erkenntnis-)Skepsis: Es gibt kein Wissen. Sextus Empiricus hat in Adv. Math. VII, 52 diese These durch ein Bild illustriert: Wir sind wie Leute, die im Dunkeln Gold suchen; selbst wenn wir es in Händen halten, wissen wir es nicht.

Auf die Grenzen menschlicher Erkenntnis haben schon die Dichter vor Xenophanes hingewiesen. So kann bei Homer normalerweise nur das direkt Wahrgenommene gewußt werden; für das Vergangene z. B. ist der Dichter auf die Kunde der Musen angewiesen (Il. II. 484 ff). Eine grundsätzliche Skepsis wird vor Xenophanes aber nicht bzgl. menschlicher Erkenntnisfähigkeit geäußert, sondern nur bzgl. unseres Handelns: Das τέλος einer Handlung hat allein Zeus in der Hand.

---

[2] Diese Bedeutung von δόξα hat Platon im „Theätet", 189 c–190 a herausgearbeitet und von δόξα als Eindruck oder Vorstellung klar unterschieden.
[3] Guthrie weist in (1962), Bd. I, 395 darauf hin, daß die Aussage „Selbst wenn unsere Überzeugungen wahr sind, so wissen wir das nicht" von den Sophisten zu einer Paradoxie gemacht wurde: „Wie soll man etwas finden, das man noch nicht kennt (weiß)? Selbst wenn man es gefunden hat, kann man das nicht wissen, wenn man es nicht schon kennt (weiß)". Hier wird mit den zwei Bedeutungen von εἰδέναι (*wissen* und *kennen*) gespielt. Vgl. dazu Platons „Menon", 80 d.
[4] Mit der Übersetzung durch „wissen" fassen wir hier Wörter wie εἰδέναι, ἐπίστασθαι, γιγνώσκειν, νοεῖν immer in ihrem propositionalen Sinn auf, obwohl wir schon betont haben, daß sie auch im Sinn von „etwas kennen" oder „etwas (sich auf etwas) verstehen" gebraucht werden.

An ihm liegt es, ob sie zum Erfolg führt und ihr Ziel erreicht. Das ist seit Homer eine allgemein verbreitete Überzeugung. Die Götter hingegen vollenden alles nach ihrem Sinn (θεοὶ δὲ κατὰ σφέτερον πάντα τελοῦσι νόον. Theognis 141 f.). Nach E. Heitsch hat Xenophanes diesen Gedanken auf die Erkenntnis übertragen.[5] Auch unser Urteilen ist ja ein Handeln. Sein Erfolg besteht darin, daß wir damit das Wahre treffen. Das gelingt aber nach Frg. 34 nur zufällig. Der Erfolg steht nicht in unserer Macht: wir können seiner nicht sicher sein. Und das gilt nicht nur für Vermutungen über nicht direkt Wahrnehmbares, sondern generell.

Xenophanes unternimmt darüber hinaus in unserem Fragment den ersten Schritt, um den Gegensatz Überzeugung – Wissen (später δόξα – ἐπιστήμη) auf den Begriff zu bringen, und er gibt sein *Argument* für seine Ansicht an. Das Wort γάρ im Frg. 34 drückt ja sein Begründungsverhältnis aus.

Es ist oft bestritten worden, daß unser Text im Sinn einer Erkenntnisskepsis zu deuten ist. Daran scheint mir aber kein Zweifel möglich. Der erste Teilsatz besagt ganz klar: „Es gibt kein Wissen", und das ist nun einmal die These dieser Skepsis. Daraus folgt natürlich nicht, daß Xenophanes der Ansicht war, die Welt sei für uns in *dem* Sinn unerkennbar, daß wir keinerlei Anhaltspunkte dafür hätten, was wahr ist. Mit einer solchen Interpretation sind seine dezidierten Aussagen über Gott (B 23–26) und Natur (B 27–33) unverträglich.

Man wird die Ansicht von Xenophanes etwa so charakterisieren können: Untrügliches Wissen, Wissen im eigentlichen Sinn, ist für uns nicht erreichbar, also müssen wir unseren (wohlerwogenen) Überzeugungen folgen. Überzeugungen *sind* ein Anhalt für Wahrheit, wenn auch keine Garantie. Es gibt wahre Überzeugungen, und die sind, wie Platon später sagt, für praktische Zwecke ebenso gut wie ein Wissen.[6] Und wenn Xenophanes in Frg. 18 meint:

οὔτοι ἀπ᾽ ἀρχῆς πάντα θεοὶ θνητοῖσ᾽ ὑπέδειξαν,
ἀλλὰ χρόνῳ ζητοῦντες ἐφευρίσκουσι ἄμεινον.

„Wahrlich, nicht von Anfang an haben die Götter den Sterblichen alles enthüllt, sondern mit der Zeit finden sie suchend das Bessere", so ist hier von einem Erkenntnisfortschritt die Rede, den man im Sinn einer Zunahme richtiger Überzeugungen, eines Wissens in einem anspruchsloseren, dem Menschen angemesseneren Sinn deuten wird.

Das Interesse der Philosophie an ihrer eigenen Geschichte zielt nicht nur darauf ab, zu erfahren, wer wann was gesagt hat, sondern auch darauf, zu sehen, ob es richtig ist. Ist also das Argument von Xenophanes schlüssig?

---

[5] Vgl. E. Heitsch „Xenophanes", im Erscheinen. – Zur Einschätzung menschlicher Erkenntnis von Homer bis Platon vgl. a. Snell (1975), Kap. VIII.
[6] Platon, Menon 97 b.

Wenn man philosophische Fragen mit Aussicht auf Erfolg beantworten will, muß man sich zunächst einmal darum bemühen, ihnen einen genauen Sinn zu geben, und das heißt: man muß sich um die Klärung der Begriffe kümmern. Um die Klärung der Begriffe Glauben und Wissen hat man sich nun schon in der epistemischen Logik bemüht.[7] Dazu nur einige kurze Hinweise:

Der Begriff des *Überzeugtseins* (oder des *Glaubens im starken Sinn*, wie ich das in (1981) bezeichne) ist nicht ernstlich umstritten.[8] Schreiben wir „$G(a,p)$" für „Die Person a ist davon überzeugt, daß der Sachverhalt p besteht", so kann man „$G(a,p)$" erklären durch: p hat für a die (subjektive) Wahrscheinlichkeit 1. Es gibt eine respektable Theorie der subjektiven Wahrscheinlichkeit, und aus deren Gesetzen ergeben sich die für das Glaubensprädikat G. Da man in der Wahrscheinlichkeitstheorie keine iterierten Wahrscheinlichkeiten betrachtet, sind aber noch zwei wichtige Gesetze hinzuzufügen:

G1: $G(a,p) \supset G(a,G(a,p))$ — Wenn jemand etwas glaubt, so glaubt er auch, daß er es glaubt.

G2: $\neg G(a,p) \supset G(a,\neg G(a,p))$ — Wenn jemand etwas nicht glaubt, so glaubt er auch, daß er es nicht glaubt.

Niemand kann sich also darüber täuschen, ob er etwas glaubt. Daraus folgt, daß Sachverhalte eigenen Überzeugtseins problemlos sind, wenn wir definieren: Die Sachverhalte einer Menge **A** sind für die Person a *problemlos* genau dann, wenn für alle p aus **A** gilt: $p \supset G(a,p)$ und $\neg p \supset G(a,\neg p)$.

Umstritten ist dagegen der *Wissensbegriff*. Schreiben wir $W(a,p)$" für „a weiß, daß p", so muß der Begriff u.a. aber jedenfalls folgende Bedingungen erfüllen:

W1: $W(a,p) \supset p$ — Weiß a, daß p, so gilt p; nur Tatsachen können gewußt werden.

W2: $W(a,p) \supset G(a,p)$ — Weiß a, daß p, so ist a auch davon überzeugt.

W3: $W(a,p) \supset W(a,W(a,p))$ — Weiß a, daß p, so weiß a auch daß er das weiß.[9]

Der Wissensbegriff von Xenophanes ist nun ein Begriff *perfekten Wissens*, wie ich das in (1981), S. 29 genannt habe. Das heißt: Zustände des Wissens sollen wie jene des Glaubens problemlos sein. Nun folgt aus W3 und W2 $W(a,p) \supset G(a,$

---

[7] Zur epistemischen Logik vgl. Kutschera (1976), Kap. 4 und (1981), Kap. 1, sowie ausführlicher Lenzen (1980).
[8] Unbestritten ist kein einziges Postulat der epistemischen Logik, aber von den hier angegebenen ist nur W4* problematisch. Vgl. dazu die in Anm. 7 angegebene Literatur sowie Lenzen (1978).
[9] Die Prinzipien G1, G2, W1, W2, W3 werden in (1981) (in dieser Reihenfolge) als G5, G6, W1, W6, W5 bezeichnet. W4* folgt dort aus W10*.

$W(a,p)$) – Weiß a, daß p, so glaubt er auch, das zu wissen. Für einen Begriff perfekten Wissens muß daneben aber auch noch gelten:

W4* $\neg W(a,p) \supset G(a, \neg W(a,p))$ – Weiß a nicht, daß p, so glaubt er auch, das nicht zu wissen.

Kann man nun im Sinn unseres Fragments aus

1. Es gilt nicht generell $G(a,p) \wedge p \supset W(a,p)$ – Wahre Überzeugungen stellen noch kein Wissen dar

und der impliziten Voraussetzung

2. Es gilt nicht generell $G(a,p) \supset p$ – Überzeugungen sind nicht immer richtig

auf

3. Für alle a und p gilt: $\neg W(a,p)$ – Es gibt kein Wissen

schließen, wo W ein Begriff perfekten Wissens ist?

Das gilt offenbar nicht. Denn wenn man z.B., was naheliegt, annimmt, es gelte $G(a,p) \supset W(a,G(a,p))$ und $\neg G(a,p) \supset W(a, \neg G(a,p))$, so daß man in jedem Fall weiß, ob man etwas glaubt oder nicht, so gibt es perfektes Wissen (von eigenen Überzeugungen), und das ist damit verträglich, daß die Prämissen (1) und (2) gelten.

Man kann nur sagen: Wenn *alle* Überzeugungen falsch sein können, so gibt es kein perfektes Wissen. Denn können alle Überzeugungen falsch sein, so auch jene vom Typ $G(a, W(a,p))$, und dann kann das Postulat W4* nicht gelten.[10]

Alle Überzeugungen können freilich schon nach G1 und G2 nicht falsch sein, und man wird auch nicht annehmen, daß Annahmen über die Geltung einfacher analytischer Wahrheiten falsch sein können. Solche Sachverhalten hatte Xenophanes freilich kaum im Auge. Kognitiv interessant sind vor allem synthetische Sachverhalte, deren Geltung nicht nur von uns abhängt, und solche Sachverhalte sind nach W1 auch die vom Typ $W(a,p)$. Man kann also sagen: Können alle Überzeugungen falsch sein, die das Bestehen synthetischer Sachverhalte betreffen, deren Geltung nicht allein von uns abhängt, so gibt es kein perfektes Wissen bzgl. solcher Sachverhalte.[11]

Der Fehler von Xenophanes ist also im Effekt nicht sehr gravierend. Wenn schon Parmenides im Gegensatz zu ihm behauptet, es gebe perfektes Wissen, so ist das doch nur ein im Umfang sehr beschränktes Wissen: es bezieht sich auf das, was sich allein aufgrund von Vernunftüberlegungen feststellen läßt, auf

---

[10] Aus W4* folgt mit dem Prinzip $G(a,p) \supset \neg G(a,\neg p)$ $\neg W(a,p) \supset \neg G(a, W(a,p))$, also $G(a, W(a,p)) \supset W(a,p)$.

[11] Statt des vagen Ausdrucks „von uns abhängen" kann man im Sinn von (1981), S. 32 von Sachverhalten reden, sie sich auf eigene Überzeugungen (oder Wahrscheinlichkeiten) beziehen.

gewisse anaytische Sätze, wie wir sagen würden. Und auch bei Platon ist Wissen im eigentlichen Sinn – auch für ihn ist es ein perfektes Wissen – eng begrenzt: es bezieht sich allein auf Ideen.

Der Ausdruck τύχοι τετελεσμένον εἰπών im Frg. 34 legt die Deutung nahe – obwohl sie im Blick auf die anderen Fragmente von Xenophanes nicht recht plausibel ist –, daß unsere Überzeugungen nur *zufällig* richtig sind. Das folgt aber nicht aus der Ablehnung des Prinzips $G(a,p) \supset p$, vgl. (2), und erst recht nicht aus der Verwerfung der analytischen Gültigkeit dieses Prinzips. Kontingenz bedeutet nicht Zufälligkeit. Leugne ich, daß jedes Stück Kreide zu Boden fällt (weil es ja z.B. auf einem Tisch liegen kann), so folgt daraus nicht, daß es, wenn es fällt, nur *zufälligerweise* fällt; es fällt vielmehr nach dem Gesetz der Massenanziehung. Wir bilden unsere Überzeugungen nicht durch Betätigung eines Zufallmechanismus, z.B. durch Würfeln, sondern durch Wahrnehmungen, Überlegungen etc. Wir haben aufgrund langer Erfahrung eine recht gute Vorstellung davon, worauf wir uns verlassen können, und urteilen entsprechend, wenn wir das mit Überlegung und Sorgfalt tun. Solche Urteile erweisen sich in der Regel auch als richtig; sie bewähren sich in unserem Leben. Tun sie das aber, so haben wir diejenige Sicherheit, die wir brauchen und die wir allein erwarten können.

Der Begriff des Wissens, den wir im Alltag wie in den Wissenschaften verwenden und nach dem wir z.B. zurecht behaupten können „Ich weiß, daß ich zwei Hände habe", „Ich weiß, wie ich heiße", „Ich weiß, daß die Erde größer ist als der Mond", kann nach dem Argument von Xenophanes kein Begriff perfekten Wissens sein. Wittgenstein scheitert in seinen Überlegungen „Über Gewißheit" (1974) immer wieder daran, daß er einerseits am normalen Wissensbegriff festhalten will, andererseits aber auch am Begriff perfekten Wissens.[12] Das Ideal perfekten Wissens hat sich so hartnäckig gehalten, daß z.B. selbst Popper noch wiederholt sagt, da alle unsere Theorien sich als falsch erweisen könnten, könnten wir nicht *wissen*, daß eine Theorie wahr ist. Daß man durch die gesamte Geschichte der Philosophie weithin auf dieses Wissensideal fixiert blieb, liegt nicht nur daran, daß solches Wissen natürlich erstebenswert ist, wo es sich erreichen läßt, sondern auch daran, daß man immer wieder Fehlschlüssen erlegen ist, wie z.B. folgendem: Was ich weiß, kann nach W1 nicht falsch sein, also ist Wissen untrüglich. Oder ausführlicher: Nach W1 gilt mit Notwendigkeit – diese Prinzipen sollen ja Bedeutungspostulate, also analytische Wahrheiten sein –, daß man nur das wissen kann, was wahr ist. Daraus ergibt sich, so schließt man, daß nur das gewußt werden kann, was unmöglich falsch sein

---

[12] Vgl. dazu Lenzen (1980a).

kann. Aus $N(W(a,p) \supset p)$ folgt aber nicht $W(a,p) \supset Np$. Es gibt eine ganze Reihe solcher mehr oder minder expliziten „Begründungen" dafür, daß „Wissen" im Sinne von „perfektem Wissen" zu verstehen sei, deren Fehler man nur mithilfe einer präzisen Sprache aufdecken kann, wie sie uns die epistemische Logik zur Verfügung stellt.[13]

Wie läßt sich aber nun der normale Gebrauch des Wortes „Wissen" explizieren? In welchem Sinn können wir auch nach dem Argument von Xenophanes ein Wissen beanspruchen? Platon diskutiert im „Theätet" drei Vorschläge zur Definition von „Wissen". Der erste, „Wissen ist Wahrnehmung" (αἴσθησις) ist für uns hier nicht von Interesse. Platon betont zurecht, daß Wissen sich nicht auf direkt Wahrgenommenes beschränkt. Wichtiger sind die beiden anderen Vorschläge. Nach dem zweiten ist Wissen *wahre Überzeugung* (ἀληθὴς δόξα, 187 b). Dagegen wendet Platon ein (200 d–201 c): Wenn ein Richter aufgrund der Aussage eines Zeugen zu der richtigen Überzeugung kommt, daß der Angeklagte dies oder das getan hat, so ist das noch kein Wissen. Dabei spielt freilich die Bedeutung von εἰδέναι als „gesehen haben" eine Rolle, und so ist dieses Argument für uns nicht sehr überzeugend. Wenn der Richter sich einfach vom Zeugen überreden läßt oder ihm unkritisch Glauben schenkt, ohne seine Zuverlässigkeit geprüft und seine Aussage mit anderen verglichen zu haben, so würden auch wir nicht von einem „Wissen" des Richters sprechen. Es gibt jedoch wahre Überzeugungen, die aufgrund der Aussagen anderer gewonnen wurden und die wir durchaus als „Wissen" bezeichen. Man kann das Argument aber so verstärken: Wenn ein Hellseher überzeugt ist, daß im September dieses Jahres in Athen ein Erdbeben stattfindet und er damit recht hat, so würden wir nicht sagen, er habe das gewußt. Wir würden vielmehr sagen: Er konnte es gar nicht wissen, da es bisher noch keine zuverlässige Methode zur Vorhersage von Erdbeben gibt.

Der dritte Vorschlag ist: *Wissen ist wahre Überzeugung, die mit einem λόγος verbunden ist* (201 c–d). Auch diesen Vorschlag verwirft Platon. Das für uns relevante Argument läßt läßt sich dabei etwa so rekonstruieren: λόγος ist eine Begründung. Nun muß die Begründung korrekt sein, damit sie die wahre Überzeugung zu einem Wissen macht, und sie muß nicht nur objektiv korrekt sein, sondern auch subjektiv als korrekt angesehen werden, denn sie soll ja eine Einsicht vermitteln. Nun haben alle Begründungen ein Ende; sie beginnen also mit nicht mehr begründeten ersten Prämissen. Die richtige Überzeugung von deren Wahrheit ist also kein Wissen im Sinn der Definition. Das, was man mit Prämissen begründet, von denen man *nicht weiß*, daß sie wahr sind, kann man aber nicht

---

[13] Vgl. dazu (1981), Kap. 1.

als „Wissen" bezeichnen. Wollte man hingegen definieren: „Wissen ist wahre Überzeugung, die mit Sätzen (korrekt) begründet ist, von deren Richtigkeit man *weiß*", so wäre das offenbar zirkulär.[14]

---

[14] Die Interpretation der Diskussion des dritten Definitionsvorschlags im „Theätet" (201 b–210 b) ist schwierig und daher umstritten. Sokrates bezieht sich zunächst auf einen „Traum", der wohl die Ansicht von Antisthenes wiedergibt (vgl. Arsitoteles Metaphys. 1043 b 28), es gebe einfache Begriffe (Urbegriffe, πρῶτα στοιχεῖα), die undefinierbar sind. Wenn die „Erkenntnis" (Kenntnis) eines Begriffes darin besteht, daß man die Merkmale kennt, mit denen er definiert ist, so gibt es also keine Erkenntnis dieser Grundbegriffe. Und das Argument ist dann: Gibt es keine Erkenntnis einfacher, nicht im Sinn einer Definition aus anderen zusammengesetzter Begriffe, so gibt es überhaupt keine Begriffserkenntnis. Denn entweder ergibt sich das Zusammengesetzte aus seinen Teilen (Platon spricht vom Ganzen als Summe der Teile, was natürlich fragwürdig ist) – dann ist es nur erkennbar, wenn auch die Teile erkennbar sind – oder es stellt sich gegenüber den Teilen etwas Neues und insofern Einfaches dar μονοειδές τε καὶ ἀμέριστον, 205 b) – dann ist es aber ebenso wenig erkennbar wie die Grundbegriffe.

Es liegt nahe, diesen Gedanken so zu rekonstruieren: Jede Definition oder – da es sich nicht um Nominaldefinitionen handelt – jede *Begriffsanalyse* setzt analysierende Begriffe voraus, also lassen sich nicht alle jeweils verwendeten Begriffe zugleich analysieren und man muß unanalysierte Begriffe voraussetzen (ob sie überhaupt analysierbar sind, spielt dabei keine Rolle). Wenn nun Erkenntnis eines Begriffs in der Kenntnis einer korrekten Analyse besteht, so gibt es von den unanalysiert bleibenden Begriffen keine Erkenntnis. Ein durch nicht erkannte Begriffe vermitteltes Verständnis eines Begriffes ist aber keine Erkenntnis dieses Begriffes. Würde man hingegen sagen: Ein Begriff ist erkannt, wenn wir eine richtige Ansicht von seinen Merkmalen haben und diese mit einer Analyse des Begriffes begründen könnten, bei der alle analysierenden Begriffe *erkannt* sind, so wäre das offenbar zirkulär.

Für Platon war Erkenntnis wesentlich durch Erkenntnis von Begriffen vermittelt. (Vgl. dazu z.B. die intellektuelle Autobiographie von Sokrates im „Phaidon", 96 a–101 e). Daraus versteht sich diese Version des Arguments. Ich habe es oben sinngemäß auf Wissen übetragen. Besteht ein λόγος als Begründung oder Rechtfertigung im Fall einer Ansicht über die Natur eines Begriffs in der Angabe einer Definition (Analyse), so besteht er im Fall des Wissens, daß ein Sachverhalt *p* besteht, in einer Begründung von *p*. In diesem Fall ergibt sich das Argument aufgrund einer einfachen Analogie mit der Diskussion der Begriffserkenntnis, ohne daß man über Gebühr über die von Platon geäußerten Gedanken hinausgehen müße.

Im weiteren Verlauf der Diskussion im „Theätet" unterscheidet Sokrates drei mögliche Bedeutungen von λόγος (206 c–210 b) Die Bedeutung Begründung, Rechtfertigung ist nicht darunter, obwohl in dieser Lesart der dritte Definitionsvorschlag der Ansicht Platons entspricht. (Dabei ist zu beachten, daß sich die eigentliche, die wahre Erkenntnis für Platon in der Ideenschau vollzieht, zu der auch Begriffsanalysen nur hinleiten. Er spricht aber auch von Erkenntnis in einem weiteren Sinn. So weiß (kennt) im „Menon", 97 a der Mann, der den Weg nach Larissa schon einmal gegangen ist, diesen Weg, und im „Theätet", 201 b weiß der Augenzeuge das, was er gesehen hat. In diesem weiteren Sinn, um den es im „Theätet" einzig geht, gibt es also auch Erkenntnis von Empirischem. Wissen aufgrund eigener Wahrnehmung wird freilich vom dritten Definitionsvorschlag erfaßt, wenn wir λόγος als *Begründung* verstehen). Will man nicht annehmen, daß diese Deutung schon mit dem besprochenen Argument erledigt ist – und darauf findet sich kein Hinweis im Text –, so kann das nur bedeuten, daß Platon seine eigene Konzeption nicht explizit zur Diskussion stellen wollte. Ich nehme an, daß die Problematik dieser Konzeption Platon durchaus bewußt geworden

Der „Theätet" endet so mit einer Aporie, und damit will ich auch diesen Vortrag beschließen. Eine Aporie ist – wie schon Sokrates wußte – nicht nur etwas Negatives, denn sie hat den didaktischen Effekt, zum eigenen Nachdenken anzuregen, und wo man auf einen Erfolg dieses Nachdenkens hoffen kann, ist das oft wertvoller als das Präsentieren fertiger Antworten. Wer dennoch eine „fertige Antwort" vorzieht, findet sie im 1. Kapitel meiner „Erkenntnistheorie" (1981).

Literatur

Fritz, K. v. (1943): „Die Rolle des Nous". *Classical Philology* 38 (1943), S. 79–93; 40 (1945), S. 223–242; (1946), S. 12–34, Abgedr. in: H. G. Gadamer (Hrsg.), *Um die Begriffswelt der Vorsokratiker* (Darmstadt 1968)
Guthrie, W. K. C. (1962): *A History of Greek Philosophy*, Bd. I, Cambridge
Heitsch, E. (1979): *Parmenides und die Anfänge der Erkenntnistheorie und Logik*, Donauwörth
Kutschera, F. v. (1976): *Einführung in die intensionale Semantik*, Berlin
Kutschera, F. v. (1981): *Grundfragen der Erkenntnistheorie*, Berlin
Lenzen, W. (1978): „Recent Work in Epistemic Logic", *Acta Philosophica Fennica* 30. No. 1, Dordrecht
Lenzen, W. (1980): *Glauben, Wissen und Wahrscheinlichkeit*, Wien
Lenzen, W. (1980a): „Wittgensteins Zweifel über Wissen und Gewißheit", *Grazer Philosophische Studien* 10, S. 43–52
Snell, B. (1975): *Die Entdeckung des Geistes*, Göttingen

---

war – der „Theätet" gehört ja zur Gruppe der kritischen Dialoge, in denen Platon seine eigenen Ideen hinterfragt –, ohne daß er schon eine Lösung sah.
Nach anderen Interpretationen kommt Platon im „Theätet" überhaupt nicht auf seine eigene Konzeption von Wissen (im weiteren Sinn) zu sprechen. Auffällig ist in der Tat, daß Platon von den πρῶτα στοιχεῖα als Grundbegriffen zu einer Erörterung vom Ganzen und seinen Teilen übergeht, in der beides eher im Sinn von konkreten Dingen aufgefaßt zu werden scheint, und daß als Beispiel für die Teile nur Wahrnehmbares vorkommt. Daher nimmt z. B. Guthrie (1962), Bd. V, S. 117 an, es gehe Platon hier überhaupt nur um die Erkenntnis von Phainomena, um den Nachweis, daß es keine Erkenntnis der körperlichen Welt gibt, wenn es keine Erkenntnis ihrer einfachen Konstituenten gibt. Damit bliebe aber erstens die ganze Diskussion ohne Überzeugungskraft, da die Voraussetzung, von der Sokrates in seinem Traum hört, nicht in Frage gestellt wird, obwohl sie bei dieser Deutung alles andere als evident ist. Zweitens ist am Beginn der Diskussion, in 202 a–b, eindeutig von Begriffen, nicht von Dingen die Rede. (Wenn es in 202 b heißt, die στοιχεῖα seien αἰσθητά, so kann man das nicht einfach mit „sinnlich wahrnehmbar" übersetzen. αἴσθησις kann allgemeiner auch *Einsicht* oder *Intuition* heißen, wie z. B. in Rep. 608 d.) Drittens wäre unklar, auf welche Leute sich der Traum von Sokrates bezieht – die Atomisten jedenfalls hielten ihre Atome nicht für unbeschreibbar. Und viertens verfügte Platon eben noch nicht über eine Terminologie, in der Begriffliches immer klar von Physischem unterschieden wäre.

Snell, B. (1978): *Der Weg zum Denken und zur Wahrheit*, Göttingen
Wittgenstein, L. (1974): *Über Gewißheit*, hrsg. G. F. M. Anscombe und G. H. von Wright, Oxford.

Nachwort

Was ich am Ende des Aufsatzes und in der Anmerkung 14 zu Platons *Theätet* (201b210b) gesagt habe, entspricht nicht mehr ganz meinen heutigen Ansichten. Die habe ich in *Platons Philosophie*, Bd. II, 7.6 dargestellt.

8
Bewirken

In dieser Arbeit soll eine semantische Analyse einiger Grundterme der Handlungslogik versucht werden, die sich um das Prädikat „Bewirken" gruppieren. Dazu ist zunächst ein geeigneter semantischer Rahmen zu entwickeln, der in einer Verbindung von Modal- und Zeitlogik besteht. Handlungen allgemein, wie Vorgänge des Bewirkens im besonderen, sind ja zeitliche Vorgänge, und fast alle Prädikate, die wir im Zusammenhang mit Handlungen verwenden, wie „Handeln" und „Bewirken" selbst, aber auch „Wollen", „Beabsichtigen", „Glauben", „Wissen", „etwas für wahrscheinlich halten", „etwas vorziehen" sind intensionale Verben, deren Analyse den Apparat der intensionalen, also im weiteren Sinn des Wortes modallogischen Semantik voraussetzt.

Eine Verbindung von Modal- und Zeitlogik ist aber auch für die Semantik natürlicher Sprachen wichtig, für die Analyse von antiken Texten zur (alethischen) Modallogik, in denen zeitabhängige Sätze betrachtet werden und Modalaussagen ihren Wahrheitswert in der Zeit ändern können,[1] und für die Zeitlogik selbst, wenn sie auch zeitliche Aspekte erfassen will. So verwendet z.B. M. Cresswell in (1977) – einer von der Thematik her rein zeitlogischen Arbeit – mögliche Welten, um den Zusammenhang zwischen Performanzverben (*accomplishments* in der Terminologie Vendlers) und ihren Progressivformen zu analysieren. Daher gehen wir in den Abschnitten 1 bis 3 etwas ausführlicher auf den Rahmen einer kombinierten Modal- und Zeitlogik ein, als es die Analyse der handlungstheoretischen Prädikate eigentlich erfordert.

Diese Arbeit stellt im wesentlichen eine Verallgemeinerung der Gedanken in meinem Aufsatz von 1980 dar, der wiederum Ideen generalisiert, die zuerst von L. Åqvist in (1974) entwickelt worden sind. In (1980) wurden nur diskrete Zeitstrukturen behandelt, während hier nomalere zugrundegelegt werden sollen, die mindestens der Struktur der rationalen Zahlen entsprechen. Die vorliegende Arbeit setzt aber die Kenntnis der genannten früheren nicht voraus.

---

[1] Vgl. dazu Kutschera (1986).

1 I-Strukuren

In der intensionalen Logik interpretiert man Sätze über eine Menge W von möglichen Welten, auf der eine binäre Zugänglichkeitsrelation R definiert ist. Gilt wRw' (w, w', w'', ... seien hier und im folgenden Welten aus W), so ist w' eine von w aus gesehen mögliche Welt. Die verschiedenen modallogischen Systeme unterscheiden sich durch verschiedene Bedingungen (z.B. Reflexivität, Transitivität, Symmetrie), denen R genügen soll. Das Paar (W, R) können wir als *Weltenstruktur* bezeichnen, so daß in der Modallogik eine Sprache über einer Weltenstruktur interpretiert wird. Betrachtet man, wie üblich, nur ewige Sätze, so hängt der Wahrheitswert eines Satzes bei einer Interpretation von der jeweils betrachteten Welt ab.

In der Zeitlogik interpretiert man Sätze über einer Menge T von Zeitpunkten, auf der eine binäre Relation $\leq.$ zeitlicher Ordnung definiert ist. $t \leq. t'$ besage ((t, t', t'', ... seien hier wie im folgenden Zeitpunkte aus T), daß t nicht später ist als t'. Der Wahrheitswert eines Satzes hängt von dem jeweils betrachteten Zeitpunkt ab. Die Sätze werden also wie Äußerungen mit einem zeitlichen Indexausdruck „jetzt" aufgefaßt, deren Wahrheitswert sich mit dem Zeitpunkt Äußerung ändern kann. Verschiedene Autoren – so z.B. M. Cresswell in der zitierten Arbeit – haben für eine Zeitlogik plädiert, in der Sätzen Wahrheitswerte nicht in Abhängigkeit von Zeitpunkten, sondern von Zeitintervallen zugeordnet werden. Die dafür vorgebrachten Argumente entfallen aber für eine Kombination von Zeit- und Modallogik, wie sich im folgenden zeigen wird.

Verbindet man Modal- und Zeitlogik, so hat man es zunächst mit zwei Mengen: W und T, und mit zwei binären Relationen: R und $\leq.$ zu tun, und der Wahrheitswert eines Satzes hängt sowohl von der betrachteten Welt wie vom betrachteten Zeitpunkt ab. Jede Welt w erstreckt sich nun in der Zeit, sie hat eine Geschichte, und jedem Zeitpunkt t entspricht ein Zustand der Welt in t. Welten stellen sich dann als Funktionen dar, die T in eine Menge I von *Weltzuständen* (kurz WZ) abbilden. Wir müssen daher auch noch eine dritte Menge I betrachten. Die Zugänglichkeitsrelation R ist nun als Relation zwischen WZ aufzufassen: Ein Ereignis, wie es in Welt w' stattfindet, kann in w von t aus betrachtet möglich, aber von t' betrachtet unmöglich sein.

Man kann jedoch die Anzahl der Grunddaten W, T, I, R und $\leq.$ reduzieren. Das gilt insbesondere dann, wenn man Welt- und Zeitstruktur nicht als unabhängig von einander ansieht. Man kann z.B. von I und R als Grunddaten ausgehen. Zum leichteren Verständnis der folgenden Begriffsbildungen betrachten wir zunächst eine *diskrete* Struktur: I sei eine (nichtleere) Menge von WZ, r sei eine binäre Relation auf I und $\mathit{inj}(i, j, k, \ldots$ seien hier und im folgenden Elemente von I) besage, daß j unmittelbar auf i folgt. Wenn wir nun fordern, daß r voreindeutig ist, also $\forall ijk(irj \land krj \supset i = k)$, daß es einen Anfangszustand i_0 in I gibt, also $\forall j\neg(jri_0)$, und daß jedes Element von I außer i_0 unmittelbar oder mittelbar auf i_0 folgt, also $\forall j(i_0 r^{\geq 0} j)$ ($r^{\geq 0}$ sei die Relationskette 1. Art zu r, für die $ir^{\geq 0}j$ genau dann gilt, wenn $i = j$ ist oder wenn es eine Zahl $n \geq 2$ gibt mit $\exists j_1 \ldots j_n(j_1 = i \land j_n = j \land j_1 r j_2 \land \ldots \land j_{n-1} r j_n))$,[2] so ergibt sich ein *Baumuniversum*: Zeichnen wir die WZ so als Punkte, daß die unmittelbar auf i folgenden WZ über i stehen, und verbinden wir die aufeinander folgenden WZ durch Linien, so entsteht ein Baum, dessen unterster Punkt i_0 ist und dessen Äste sich nach oben verzweigen. Die Welten sind die Äste des Baums, d. h. maximale Mengen von WZ, auf denen die Relation $r^{>0}$ – die Relationskette 2. Art zu r (es gilt $ir^{>0}j \equiv ir^{\geq 0}j \land i \neq j$) – eine lineare Ordnung bildet, so daß also gilt $ir^{>0}j \lor jr^{>0}i \lor i = j$. Man kann also eine Menge W der Welten definieren durch $w \in W \equiv \emptyset \neq w \subseteq I \land \forall i(i \in w \equiv \forall j(j \in w \supset ir^{>0}j \lor i = j \lor jr^{>0}i))$.

Da jedem WZ ein Zeitpunkt entspricht, zu dem er besteht, läßt sich die Menge T durch I repräsentieren und die Zeitrelation $\leq.$ (früher als) durch die Relation $r^{>0}$. Da nun $r^{>0}$ im allgemeinen keine lineare Ordnung ist, erhalten wir so keine lineare Zeitordnung: Jede Welt hat ihre eigene Zeitstruktur, ähnlich wie jedes Bezugsystem in der Relativitätstheorie. Im diskreten Fall kann man freilich auch eine gemeinsame Zeitordnung definieren: Zu jedem WZj gibt es genau eine Zahl n mit $i_0 r^n j$, wo r^n die n-te Potenz von r ist, so daß $ir^n j$ genau dann gilt, wenn gilt $\exists j_0 \ldots j_n(j_0 = i \land j_n = j \land j_0 r j_1 \land \ldots \land j_{n-1} r j_n)$.[3] Wir können also sagen: Der Zeitpunkt $z(j)$, in dem der WZj besteht, ist jenes n, für das $i_0 r^n j$ gilt, und $i \leq .j$ steht für $z(i) \leq z(j)$.

Baumuniversen ergeben nur eine von vielen möglichen Arten von Welt-Zeit-Strukturen. Sie implizieren, daß Welten, die in einem Zustand übereinstimmen, auch in allen früheren Zuständen übereinstimmen. Ein und derselbe WZ kann also nicht Produkt verschiedener Entwicklungen, verschiedener Weltgeschichten sein. Formal ist diese Spezialisierung unbedenklich, da ja die Verschiedenheit zweier Weltzustände nicht ausschließt, daß in ihnen dieselben (sprachlich ausdrückbaren) Sachverhalte bestehen. Inhaltlich ist sie aber für die alethische Modallogik und die Handlungslogik angemessener als z. B. für die epistemische Logik. Denn nach dem, was wir wissen oder glauben, kann der gegenwärtige Weltzustand durchaus auf verschiedene Weisen entstanden sein; epistemisch sind mit ihm verschiedene Vergangenheiten verträglich. Da aber Vergangenes realiter unveränderlich ist, ergibt sich bei einem Verständnis des Möglichen, nach dem es real oder realisierbar ist, daß Vergangenes nur dann möglich ist, wenn es eine (historische) Tatsache ist.

---

[2] Vgl. dazu z. B. Kutschera (1967), 4.4.2.
[3] Vgl dazu a. a. O. 4.4.1.

Ebenso ist die Annahme, jeder WZ komme nur in einem bestimmten Zeitpunkt vor, formal unbedenklich. Sie ist auch inhaltlich weniger problematisch, denn die Wiederkehr des Gleichen ist jedenfalls keine Sache, mit der wir in normalen Kontexten zu rechnen haben. Wenn wir uns im folgenden auf die Betrachtung von Baumuniversen beschränken, so im Blick auf die geplanten Anwendungen. Wir behandeln also nur einen Spezialfall der Verbindung von Modal- und Zeitlogik, aber die folgenden Überlegungen lassen sich leicht verallgemeinern oder modifizieren.

Wir wollen nun unser einfaches diskretes Modell so verallgemeinern, daß wir eine Zeitordnung erhalten, die der normalen entspricht, die also mindestens die Struktur der rationalen Zahlen hat. Dann gibt es wegen der Dichte der rationalen Zahlen keinen unmittelbaren Nachfolger eines WZ. Wir müssen also von einer Relation R ausgehen, die der oben angeführten Relation $r^{>0}$ entspricht. Ferner wollen wir Welten betrachten, die nach „oben" (in Richtung Zukunft) wie nach „unten" (Richtung Vergangenheit) unendlich sind. Das macht keine weiteren Schwierigkeiten. Will man jedoch eine gemeinsame Zeitordnung erhalten, also eine zeitliche Vergleichbarkeit aller WZ, so muß man von einer vierstelligen Relation auf I ausgehen, mit der sich eine Abstandfunktion für Zustände derselben Welt definieren läßt.[4] Da wir in Analogie zur Forderung eines einheitlichen Ursprungs aller möglichen Welten im diskreten Fall verlangen wollen, daß alle Welten gemeinsame Zustände haben, legt dann die Wahl einer Abstandseinheit und eines Nullpunkts der Zeitrechnung in einer Welt das Entsprechende für alle anderen Welten fest, so daß man auf diese Weise eine gemeinsame Zeitordnung einführen kann. Dieses Verfahren ist jedoch technisch etwas kompliziert und nur unter Gesichtspunkten logischer Eleganz von Bedeutung. Wir verzichten hier auf die Mühen dieser Eleganz und setzen statt einer 4-stelligen zwei 2-stellige Relationen R und $\leq_0$ zwischen WZ voraus.

Dann erhalten wir Strukturen der folgenden Art:

(D1) Eine *I-Struktur* ist ein Tripel $\mathfrak{I} = (I, \leq_0, R)$, für das gilt:
(1) I ist eine nichtleere Menge (von WZ).
(2) $\leq_0$ ist eine binäre Relation auf I, für die gilt
(a) $i \leq_0 j \land j \leq_0 k \supset i \leq_0 k$ — Transitivität
(b) $i \leq_0 j \lor j \leq_0 i$ — Konnexität (Linearität)
(c) $i <_0 j \supset \exists k (i <_0 k <_0 j)$ — Dichte

---

[4] Man hätte also von einem algebraischen Differenzsystem im Sinn von Krantz, Luce, Suppes und Tversky (1971) auszugehen.

(d) $\exists j(j <_0 i)$ — Unbeschränktheit nach links (unten)

(e) $\exists j(i <_0 j)$ — Unbeschränktheit nach rechts (oben).

(3) R ist eine binäre Relation auf I, für die gilt:
   (a) $iRj \wedge jRk \supset iRk$
   (b) $iRj \supset i <_0 j$
   (c) $\exists k(iRk \wedge jRk) \wedge i =_0 j \supset i = j$
   (d) $\exists j(j =_0 k \wedge (iRj \vee jRi \vee i = j))$
   (e) $\exists k(kRi \wedge kRj)$.

Dabei sei $i <_0 j := \neg(j \leq_0 i)$ die Früher-Relation und $i =_0 j := i \leq_0 j \wedge j \leq_0 i$ die Gleichzeitigkeitsrelation für WZ. Es sei $[i]$ die Äquivalenzklasse bzgl. $=_0$, d.h. die Klasse aller WZ, die mit i gleichzeitig sind. Die Menge T der Zeitpunkte kann man dann als Menge der Äquivalenzklassen $[i]$ definieren, also durch

(D2) $T := \{[i] : i \in I\}$.

Die zeitliche Ordnung $\leq.$ auf T erhält man durch

(D3) $[i] \leq. [j] := i \leq_0 j$.

$z(i)$ sei der Zeitpunkt, zu dem der WZ i besteht:

(D4) $z(i) := [i]$.

Wir können nun anstelle der obigen Bestimmung der Welten als maximaler Klassen von WZ, auf denen R eine lineare Ordnung bildet, setzen:

(D5) $W := \{w \in I^T : \forall tt'(t <. t' \supset w(t)Rw(t')) \wedge \forall t(z(w(t)) = t)\}$.

Die Menge W der Welten ist also die Menge jener Funktionen w, die T in I abbilden, für die zwischen den früheren und den späteren WZ Zugänglichkeit besteht und die jedem Zeitpunkt t einen WZ $w(t)$ zuordnen, der in t besteht.

Die Bedingungen (2) in (D1) legen dann fest, daß die Relation $\leq_0$ auf I dieselbe Struktur hat wie die Beziehung $\leq$ auf der Menge der rationalen Zahlen.[5] Die Bedingungen (3) legen fest, daß die Zugänglichkeitsrelation transitiv ist, daß sie von früheren zu späteren WZ führt und daß gleichzeitige Vorgänger-Zustände identisch sind (c) – das ergibt eine Baumstruktur. (d) besagt, daß jede Welt zu jedem Zeitpunkt einen entsprechenden WZ enthält und (e) beinhaltet, daß alle

---

[5] Soll $(T, \leq.)$ der reellen Zeitstruktur entsprechen, so wäre zusätzlich die Vollständigkeit von $\leq.$ zu fordern, d.h. daß jede nach unten (oben) beschränkte Teilmenge von T eine größte (kleinste) untere (obere) Schranke hat. Da eine reelle Zeitstruktur einfacher ist als eine rationale, werden wir sie später gelegentlich voraussetzen.

Welten zusammenhängen, daß es also für je zwei Welten einen WZ gibt, der ihnen gemeinsam ist. Das ist formal unbedenklich, weil Welten, die nicht mit w zusammenhängen, für die Evaluation von Sätzen in w keine Rolle spielen.[6]

Die folgenden drei Sätze zeigen, daß sich die Annahmen über I, R und $\leq_0$ in Eigenschaften von W wiederspiegeln. Nach (3c) gilt:

$$\forall ww't(w(t) = w'(t) \supset \forall t'(t' \leq . t \supset w(t') = w'(t')))$$

– die Welten verzweigen sich nur in Richtung Zukunft,

$$\forall i \exists w(w(z(i)) = i)$$

– jeder WZ gehört zu mindestens einer Welt. Das ergibt sich aus (3b–d)

$$\forall ij(iRj \equiv \exists wtt'(t <. t' \land w(t) = i \land w(t') = j))$$

– ist j von i aus zugänglich, so gibt es eine Welt, die sie verbindet, und umgekehrt. Das ergibt sich aus (D5) und (3b–d).

Eine *deterministische* I-Struktur erhält man, wenn sich die Welten auch in Richtung Zukunft nicht verzweigen, so daß es nach (3e) nur eine eine einzige Welt gibt.

2 Interpretationen

Es sei L eine prädikatenlogische Sprache mit den Grundoperatoren $\neg$, $\supset$ und $\forall$, in der wir später Zeit- und Modaloperatoren einführen werden. E sei eine ausgezeichnete einstellige Prädikatenkonstante von L. Jeder Interpretation von L liegt erstens ein *universe of discourse* U zugrunde, der aus einer Menge möglicher Objekte besteht, und zweitens eine I-Struktur $(I, \leq_0, R)$. Da in verschiedenen WZ aus I verschiedene Objekte existieren können, ordnen wir jedem WZ i eine Teilmenge U_i von U zu als Menge der in i existierenden Objekte. Deuten wir E so, daß der Umfang von E in i die Klasse U_i ist, so können wir damit dann Quantifikationen über existierende Objekte definieren.[7] Damit ergibt sich folgender Interpretationsbegriff:

---

[6] Ist $w \neq w'$, so gibt es ein t mit $w(t) \neq w'(t)$, so daß die Menge $U = \{t': w(t') \neq w'(t')\}$ nicht leer ist. $G = \{t': w(t') = w'(t')\}$ ist wegen (3e) nicht leer. Ist $(T, \leq .)$ eine reelle Zeitstruktur, so gibt es also genau ein t_0 mit $\forall tt'(t \in G \land t' \in U \supset t \leq_0 \leq t')$. t_0 ist dann Verzweigungspunkt von w und w'. Ist $t_0 \in G$, so nennen wir t_0 einen *Verzweigungspunkt* 1. *Art*. Für manche Zwecke ist es nützlich anzunehmen, daß alle Verzweigungspunkte von 1. Art sind. Das entspricht der Forderung:
(f) $iRj \land iRk \land j \neq k' \land j =_0 k \supset \exists lm(l =_0 m \land l \neq m \land iRl \land lRj \land iRm \land mRk)$.
[7] Vgl. dazu Kutschera (1976), Kap. 2.

(D6) Eine *Interpretation* von L ist ein Quintupel $\mathfrak{M} = (U, I, R, \leq_0, V)$, für das gilt:
(1) U ist eine nichtleere Menge (möglicher Objekte) und für alle $i \in I$ ist U_i Teilmenge von U.
(2) $(I, R, \leq_0)$ ist ein I-Struktur nach (D1)
(3) Für alle $w \in W$ und $t \in T$ (vgl. (D2) bis (D5)) ist $V_{w,T}$ eine Funktion, für die gilt:
   (a) $V_{w,t}(a) \in U$, und für alle w', t', $V_{w',t'}(a) = V_{w,t}(a)$ – für alle Gegenstandskonstanten (kurz GK) a von L.
   (b) $V_{w,t}(F) \subseteq U^n$ für alle n-stelligen Prädikatenkonstanten $(PK)\, F$. (U^n ist die Menge der n-tupel, die sich aus Elementen von U bilden lassen.)
   (c) $V_{w,t}(E) = U_{w(t)}$.
   (d) $V_{w,t}(F(a_1, \ldots, a_n)) = w$ gdw. $V_{w,t}(a_1), \ldots, V_{w,t}(a_n) \in V_{w,t}(F)$.
   (e) $V_{w,t}(\neg A) = w$ gdw. $V_{w,t}(A) = f$.
   (f) $V_{w,t}(A \supset B) = w$ gdw. $V_{w,t}(A) = f$ oder $V_{w,t}(B) = w$.
   (g) $V_{w,t}(\forall x A[x]) = w$ gdw. $\forall V'(V' \underset{a}{=} V \supset V'_{w,t}(A[a]) = w)$, wobei die GK a nicht in $\forall x A[x]$ vorkommen soll. ($V' \underset{a}{=} V$ besage, daß sich die Funktionen V und V' höchstens bezüglich der Werte für a unterscheiden.)

Die Operatoren $\vee, \wedge, \equiv$ und $\exists$ seien wie üblich definiert, und wir setzen:

(D7) (a) $\forall.x A[x] := \forall x(Ex \supset A[x])$
(b) $\exists.x A[x] := \neg \forall.x \neg A[x]$.

Erläuterungen

(1) Mit $\forall x$ und $\exists x$ wird über U, d.h. über alle möglichen Objekte quantifiziert, mit $\forall.x$ und $\exists.x$ über die jeweils existierenden Objekte.
(2) Nach (3a) werden alle GK im Sinn von *Standardnamen* interpretiert. Das ist nicht wesentlich, andernfalls ist aber in der Bedingung von (3f) zu fordern, daß V' die GK a im Sinn eines Standardnamens interpretiert, d.h. daß gilt $\forall w't'(V_{w',t'}(a) = V_{w,t}(a))$, da man über Objekte und nicht über Individualbegriffe quantifizieren will.[8] Wir können also statt $V_{w,t}(a)$ kurz $V(a)$ schreiben.

Es würde nicht genügen, Sätzen Wahrheitswerte in Abhängigkeit von WZ zuzuordnen, d.h. die beiden V-Parameter w und t durch den einen Parameter $w(t)$ zu ersetzen. Denn der Wahrheitswert eines Satzes wie „Fritz besteigt die Alpspitze"

---

[8] Vgl. wieder Kutschera (1976), Kap. 2.

hängt nicht nur vom gegenwärtigen Zustand unserer Welt ab, also davon, ob Fritz jetzt gerade dabei ist, die Alpspitze zu besteigen (ob er zu ihr unterwegs ist), sondern auch davon, wie sich unsere Welt entwickelt: ob Fritz auch oben ankommen wird, und nicht vorher umgekehrt, abstürzt o. ä. Nicht in allen (jetzt) möglichen Welten, d.h. in allen Welten, die jetzt mit unserer übereinstimmen, gilt das; nicht in allen kann man also jetzt sagen, Fritz bestiege die Alpspitze. Denn „besteigen" ist ein Leistungsverb (ein *accomplishment*-Verb), das auf eine Tätigkeit nur dann angewendet werden kann, wenn sie zu einem bestimmten Resultat führt.

Wie üblich definiert man

(D8) Ein Satz A gilt in $\mathfrak{M} = \langle I, R, U, V \rangle$ in w, t gdw. $V_{w,t}(A) = w$.

A ist $\mathfrak{M}$-wahr gdw. gilt $\forall wt(V_{w,t}(A) = w)$.

A ist *logisch wahr* gdw. A für alle Interpretationen $\mathfrak{M}$ $\mathfrak{M}$-wahr ist. Ein Schluß von $A_1, \ldots, A_n$ auf B ist $\mathfrak{M}$-*gültig* gdw. für alle w, t gilt: $V_{w,t}(A_1) = \cdots = V_{w,t}(A_n) = w \supset V_{w,t}(B) = w$. Er ist *formal gültig* gdw. er in allen Interpretationen gültig ist.

Es gelten folgende beiden fundamentalen semantischen Theoreme:

KOINZIDENZTHEOREM: Ist $V' \underset{a}{=} V$, so gilt für alle Sätze A, die a nicht enthalten $V'_{w,t}(A) = V_{w,t}(A)$.

ÜBERFÜHRUNGSTHEOREM: Ist $V' \underset{a}{=} V$ und $V'(a) = V(b)$, so gilt $V'_{w,t}(A[a]) = V_{w,t}(A[b])$, für alle Sätze $A[b]$, die nicht a enthalten.

Als *Propositionen* wollen wir die Bedeutungen von Sätzen bei den angegebenen Interpretationen bezeichnen, d.h. Mengen von geordneten Paaren (w, t). Ein Satz A drückt dann bei der Interpretation $\mathfrak{M}$ die Proposition $[A] := \{(w, t): V_{w,t}(A) = w\}$ aus.

Die folgenden Beispiele zeigen, wie sich Unterscheidungen von der Art, wie sie z.B. Z. Vendler in (1957), A. Kenny in (1963), Kap. 8 und A. Mourelatos in (1978) machen, in unserem Rahmen präzisieren lassen. Obwohl sie für sprachliche Analysen von erheblicher Bedeutung sind, können wir hier nur kurz darauf hinweisen.

Mengen von Welten wollen wir als *Ereignisse* bezeichnen.[9] Sie sind eineindeutig *ereignisartigen Propositionen* zugeordnet, d.h. Propositionen der Gestalt $W' \times T$

---

[9] Unsere Bestimmung von *Ereignissen*, *Zuständen*, *Vorgängen* und *Prozessen* entspricht nicht dem normalen Gebrauch dieser Wörter. Eine Verwendung von Kunstwörtern wäre also passender, aber weniger einprägsam.

für $W' \subseteq W$. Ein Ereignis ist es z.B., daß ein Satz A im Zeitpunkt t gilt: Setzen wir – $P, P', \ldots$ seien im folgenden Propositionen –

(D9) $\quad P_t := \{w: (w, t) \in P\}$,

so ist $[A]_t$ dieses Ereignis und $P_t \times T$ die entsprechende ereignisartige Proposition. Daß A in einem bestimmten Zeitpunkt t gilt, ist in ein und derselben Welt entweder immer wahr oder immer falsch.

Als *Zustände* bezeichnen wir Mengen von WZ. Sie entsprechen eineindeutig den *zustandsartigen Propositionen* P, für die gilt $\forall w w' t((w, t) \in P \land w(t) = w'(t) \supset (w', t) \in P)$. Ist $X \subseteq I$, so entspricht X die zustandsartige Proposition $P(X) = \{(w, t): w(t) \in I'\}$. Einer zustandsartigen Proposition P entspricht umgekehrt die Menge $Z(P) = \{w(t):(w, t) \in P\}$, und es gilt $P(Z(P)) = P$.

Während Zustände in einem Zeitpunkt t bestehen, unabhängig davon, was darauf folgt, gibt es viele Sachverhalte, deren Bestehen von der weiteren Entwicklung der Welt abhängt. Das sind einmal zeitlich ausgedehnte Sachverhalte, die nur dann in einem Zeitpunkt t bestehen, wenn sie in einem mehr oder minder großen Zeitintervall um t herum bestehen, wie z.B. das Wachsen einer Pflanze: Gilt für alle t' mit $t < t'$, daß die Pflanze in t' nicht (mehr) wächst, so kann man für t nicht sagen, sie wachse, sondern nur, sie höre auf zu wachsen. Ein anderer Sachverhalt dieser Art ist das schon oben erwähnte Besteigen der Alpspitze, das man von Fritz in t nur dann behaupten kann, wenn er später auch den Gipfel erreicht. Solche Sachverhalte kann man durch Weltabschnitte darstellen. Wir wollen sie als *Vorgänge* bezeichnen.

Es sei $\mathfrak{R}(T)$ die Menge der konvexen Teilmengen von T, d.h. für $\tau \in \mathfrak{R}(T)$ gelte $\forall t t' t''(t, t' \in \tau \land t < t'' < t' \supset t'' \in \tau)$. $\mathfrak{R}^*(T)$ sei die Menge der nichtleeren konvexen Teilmengen von T, die nicht nur ein Element enthalten – wegen der Dichte von T enthalten die Elemente von $\mathfrak{R}^*(T)$ also unendlich viele Zeitpunkte. $\tau, \tau', \ldots$ seien Elemente von $\mathfrak{R}^*(\tau)$. Wie schreiben $\tau|\tau'$ für „τ und τ' sind getrennt", und das soll soviel bedeuten wie $\exists t(\forall t'(t' \in \tau \supset t' < t) \land \forall t''(t'' \in \tau' \supset t < t'') \lor \forall t'(t' \in \tau \supset t < t') \land \forall t''(t'' \in \tau' \supset t'' < t))$. Der Abschnitt einer Welt w im Intervall τ, d.h. w beschränkt auf τ, sei w_τ: Kommt ein Vorgang in ein und derselben Welt w mehrfach vor, so soll für zwei entsprechende Abschnitte w_τ und w_τ' gelten $\tau = \tau'$ oder $\tau|\tau'$, so daß verschiedene Vorkommnisse eines Vorgangs in w zeitlich getrennt sind und sich unterscheiden lassen. Ein *Vorgang* ist also eine nichtleere Menge Y von Weltabschnitten, für die gilt $\forall w \tau \tau'(w_\tau \in Y \land w_\tau' \in Y \supset \tau = \tau' \lor \tau|\tau')$. $Y, Y', \ldots$ sollen im folgenden immer Vorgänge sein. Wir definieren

(D10) (a) $L(Y, w, t) := \exists \tau(t \in \tau \land w_\tau \in Y)$
– Der Vorgang Y läuft in w zur Zeit t.

(b) $L(P, w, \tau) := \forall t(t \in \tau \supset (w, t) \in P)$
$\quad \land \forall \tau'(\tau \subset \tau' \supset \exists t(t \in \tau' \land \neg(w, t) \in P))$
– die Proposition P läuft genau in τ ($A \subset P$ besage, daß A echte Teilmenge von B ist, also soviel wie $A \subseteq B \land A \neq B$).

Man kann von einem Vorgang wie dem Besteigen der Alpspitze also sagen, daß er in einer Welt w zu einem Zeitpunkt t läuft, d.h. dabei ist, sich zu vollziehen, wenn sich w auch nach t für die restliche Dauer des Intervalls τ, mit dem er in w abgeschlossen ist, in gewisser Weise entwickelt. Der Satz „Fritz besteigt die Alpspitze" beinhaltet nicht, daß Fritz die Besteigung im gegenwärtigen Zeitpunkt vollendet, sondern daß er jetzt dabei ist, den Berg zu besteigen und oben ankommen wird. Daher kann man nicht behaupten, der Satz sei nur in einem Zeitintervall wahr, nicht aber in einem Zeitpunkt. Die Interpretationen der Sätze über Welten und Zeitpunkte ermöglicht es also, auch die Wahrheit von Aussagen mit futuristischen Implikationen im gegenwärtigen Zeitpunkt zu bestimmen. Vergangenheitsimplikationen werden in unseren Baumuniversen ohnehin dadurch berücksichtigt, daß alle Welten, die in t übereinstimmen, auch früher übereingestimmt haben.

Eine Proposition P heißt *vorgangsartig* genau dann, wenn gilt

$\forall wt((w, t) \in P \supset \exists \tau(t \in \tau \land L(P, w, \tau))) \land \forall ww'\tau(L(P, w, \tau) \land w_\tau = w'_\tau$
$\supset L(P, w', \tau))$.

Vorgangsartige Propositionen entsprechen eineindeutig den Vorgängen. Denn ist Y ein Vorgang, so ist $P(Y) = \{(w, t): L(Y, w, t)\}$ eine vorgangsartige Proposition. Es gilt ferner $PY = PY' \supset Y = Y'$, und es gibt zu jeder vorgangsartigen Proposition P einen Vorgang $Y(P) = \{w_\tau: L(P, w, \tau)\}$ mit $Y(P)(Y) = Y$. $P(Y)$ ist also eine umkehrbar eindeutige Abbildung der Vorgänge auf vorgangsartige Propositionen.[10]

Als *Prozeß* kann man ein Geschehen bezeichnen, das von einem Zustand X zu einem anderen, X', führt. Prozesse sind also Teilmengen von R. Mit ihnen lassen sich Operationen und Aussagen definieren, wie man sie in der *dynamischen Logik* diskutiert.[11] Dort betrachtet man nur Zustände – in unserem Rahmen also Teilmengen von I – und Übergänge zwischen Zuständen. Eine Teilmenge r von R ist ein Übergang von einem Zustand $X \subseteq I$ zu einem Zustand $X' \subseteq I$, wenn $r \subseteq X \times X'$ ist. Mit r und s sind auch ihr Produkt $r \cdot s$, die Relationskette $r^{\geq 0}$ und die Vereinigung $r \cup s$ Prozesse. Prozesse, deren Vorkommnisse in ein und derselben Welt getrennt sind, lassen sich nun als Vorgänge darstellen, für die gilt: $\forall w\tau(w_\tau \in Y \supset \exists tt'(\tau = [t, t']))$, wobei $[t, t']$ das abgeschlossene Intervall mit

---

[10] Einem Ereignis Z entspricht der Vorgang $\{w_T: w \in Z\}$, und einem Zustand X, für den gilt $\forall wtt'(w(t) \in X \supset w(t') \in X)$, entspricht das Ereignis $\{w: \exists t(w(t) \in X)\}$, so daß die Begriffe *Zustand*, *Ereignis* und *Vorgang* nicht disjunkt sind.
[11] Vgl. dazu z.B. Hoare (1969), Pratt (1976) und Harel (1979).

den Endpunkten t und t' ist. Der einem Prozeß r zugeordnete Vorgang $V(r)$ ist $\{w_{[t,t']}: (w(t), w(t') \in r\}$ und der einem Vorgang Y der angegebenen Art zugeordnete Prozeß ist

$$PR(Y) := \{(w(t), w(t')): w_{[t,t']} \in Y\}.$$

Es gilt $PR(V(r)) = r$, so daß diese Zuordnung eineindeutig ist.

In der Prozeßlogik betrachtet man Prozesse nicht nur bzgl. ihrer Ergebnisse, d.h. als Übergang von einem Zustand zu einem anderen, sondern auch in ihrem Verlauf, so daß man z.B. sagen kann, während eines Prozesses bliebe ein Zustand bestehen, es träte ein Zustand ein etc.[12] All das ist in unserem Rahmen ohnehin möglich, wenn man Prozesse als Vorgänge bzw. vorgangsartige Propositionen auffaßt. Darüber hinaus ist aber unser Ansatz so weit, daß sich darin auch andere Probleme behandeln lassen, wie z.B. Prozesse, die von Vorgängen zu Vorgängen führen.

All das sind nur Beispiele für Typen von Sachverhalten, die sich in unserem semantischen Rahmen unterscheiden lassen. Eine vollständige Erfassung aller relevanten Typen war hier weder indendiert, noch ist sie ohne Angabe der intendierten Anwendungen möglich.

3 Zeit und Modaloperatoren

Da die Angabe einer vollständigen Zeitlogik hier nicht beabsichtigt ist, genügt es zu fordern, daß die Sprache L zwei zweistellige Zeitoperatoren S und U enthalten soll. Sind A und B Sätze von L, so sollen auch $S(A, B)$ und $U(A, B)$ Sätze von L sein, und es soll gelten:

$$V_{w,t}(S(A, B)) = w \text{ gdw. } \exists t'(t' < t \wedge V_{w,t'}(B)$$
$$= w \wedge \forall t''(t' < t'' < t \supset V_{w,t''}(A) = w))$$
$$V_{w,t}(U(A, B)) = w \text{ gdw. } \exists t'(t' < t \wedge V_{w,t'}(B)$$
$$= w \wedge \forall t''(t < t'' < t' \supset V_{w,t''}(A) = w)).$$

$S(A, B)$ besagt also etwa soviel wie „A seit B" (A *since* B), und $U(A, B)$ etwa soviel wie „A bis B" (A *until* B). Hans Kamp hat in (1968) gezeigt, daß sich im Rahmen aussagenlogischer Sprachen mit diesen beiden Operatoren alle zeitlichen Verhältnisse ausdrücken lassen. In der Prädikatenlogik sind jedoch zusätzliche

---

[12] Zur Prozeßlogik vgl. z.B. Pratt (1977) und Harel, Kozen und Parikh (1980).

Zeitoperatoren zu verwenden, deren Interpretation die Verwendung von mehreren Zeitindices erfordert. Darauf soll hier nicht eingegangen werden, weil dieses Problem nicht die grundsätzlichen Fragen einer Verbindung von Modal- und Zeitlogik betrifft.

Man kann nun definieren:

(D11)   (a) PA: $= S(A \supset A, A)$
           (b) FA: $= U(A \supset A, A)$
           (c) GA: $= \neg F \neg A$
           (d) HA: $= \neg P \neg A$
           (e) IA: $= GA \wedge A \wedge HA$.

PA besagt soviel wie „Es war der Fall, daß A", und es gilt $V_{w,t}(PA) = w$ gdw. $\exists t'(t' < t \wedge V_{w,t'}(A) = w)$. FA besagt „Es wird der Fall sein, daß A" – und es gilt $V_{w,t}(FA) = w$ gdw. $\exists t'(t < t' \wedge V_{w,t'}(A) = w)$. GA besagt „Es wird immer der Fall sein, daß A" – es gilt $V_{w,t}(GA) = w$ gdw. $\forall t'(t < t' \supset V_{w,t'}(A) = w)$. HA besagt „Es war immer der Fall, daß A" – $V_{w,t}(HA) = w$ gdw. $\forall t'(t' < t \supset V_{w,t'}(A) = w)$. Und IA besagt, daß A immer der Fall war, der Fall ist, und immer der Fall sein wird.

Für ewige Propositionen ist der Begriff der Notwendigkeit, der nun zeitlich relativiert wird, wie üblich anzusetzen. Als Zugänglichkeitsrelation für Welten verwenden wir dabei $w' \in W^{w(t)}$. Dabei sei

(D12) $W^i := \{w: w(z(i)) = i\}$

W^i ist also die Menge jener Welten, die i enthalten, und daher ist $W^{w(t)}$ die Menge jener Welten, die mit w bis inclusive t übereinstimmen. Diese Zugänglichkeitsrelation ist reflexiv, transitiv und symmetrisch, so daß wir ein S5-System erhalten, wenn wir setzen:

$V_{w,t}(NA) = w$ gdw. $W^{w(t)} \subseteq [A]_t$.

Ist $[A]$ eine zeitunabhängige Proposition, so daß es ein $W' \subseteq W$ gibt mit $[A] = W' \times T$, so ist nach (D9) $[A]_t = W' = [A]_{t'}$ für beliebige t und t'. Für ewige Sätze A gilt also $NA \supset IA$. Wegen $W^{w(t')} \subseteq W^{w(t)}$ für $t \leq t'$ gilt für ewige Sätze A auch $NA \supset GNA$ – Was notwendig ist, bleibt notwendig.

Die Frage ist, wie wir den Notwendigkeitsbegriff in Anwendung auf beliebige Propositionen verallgemeinern. Für sie gilt nicht mehr, daß das, was notwendig ist, auch immer notwendig bleibt. Der Satz „Hans schläft noch ein Viertelstündchen" kann z.B. in einer Welt w im Zeitpunkt t mit Notwendigkeit gelten, ohne daß er immer wahr oder gar notwendigerweise wahr bleibt. Die Frage ist also, ob man in den Notwendigkeitsbegriff zeitliche Implikationen hineinnehmen will, so daß z.B. gilt

$NA \supset NGA$ – Was notwendig ist, bleibt notwendigerweise wahr, oder

$NA \supset GNA$ – Was notwendig ist, bleibt notwendig, oder

$NA \supset GA$ – Was notwendig ist, bleibt wahr.

Wir wollen jedoch bei unserer Definition bleiben, da man damit andere Notwendigkeitsbegriffe definieren kann wie z. B. $N^*A := N(A \wedge GA)$.

Nach unserer Definition gilt jedenfalls, daß wahre Propositionen P notwendig sind, die sich, von w und t aus betrachtet, nur auf Vergangenes und Gegenwärtiges beziehen, deren Bestehen oder Nichtbestehen also nur vom bisherigen Verlauf der Weltgeschichte abhängt, so daß gilt $\forall w't'(w'(t) = w(t) \supset ((w, t') \in P \equiv (w', t') \in P))$. Denn für solche Propositionen gilt ja für $w' \in W^{w(t)}$, also für $w'(t) = w(t)$, mit $w \in P_t$, auch $w' \in P_t$, also $W^{w(t)} \subseteq P_t$.

Möglichkeit definieren wir wie üblich durch $MA := \neg N \neg A$. Die Verbindung von Modal- und Zeitlogik ergibt dann einige neue Gesetze wie z. B.

$NGA \supset GNA$ – was notwendigerweise immer sein wird, wird immer notwendigerweise sein.

$PNA \supset NPA$ – was notwendig war, war notwendigerweise.

$HNA \supset NHA$ – was immer notwendigerweise war, ist notwendigerweise immer gewesen.

Definitionen wie $N^*A := N(A \wedge GA)$ ergeben natürlich stärkere Verbindungen zwischen Modal- und Zeitbegriffen.

4 Alternativen

Wir wollen nun im angegebenen semantischen Rahmen Wahrheitsbedingungen für einige Grundprädikate der Handlungslogik formulieren. Es handelt sich dabei um die Verben.

a bewirkt, daß A

a kann bewirken, daß A

a verhindert, daß A

a kann verhindern, daß A

a läßt es zu, daß A

a unterläßt es zu bewirken/verhindern, daß A.

Dabei sei a jeweils ein *Agent*. Die Bestimmung, welche Dinge im normalen Sinn als Agenten anzusehen sind, ist keine Aufgabe der Handlungslogik, sondern ihrer Anwendungen. Ebenso ist es kein Problem der Handlungslogik, ob es freie Agenten und Handlungsfreiheit gibt; sie will nur ein Instrumentarium zur Beschreibung freier Handlungen entwickeln. Ihr Formalismus setzt das auch nicht voraus, sondern ist mit der Annahme einer Determiniertheit allen Geschehens verträglich; er wird bei dieser Annahme freilich trivial.

Es würde naheliegen, den Begriff des Bewirkens durch jene der Handlung und der Ursache zu definieren. Man bewirkt ja, daß ein Ereignis eintritt, indem man eine Handlung vollzieht, die Ursache dieses Ereignisses ist. Die Explikation des Ursachenbegriffs würde dabei keine großen Schwierigkeiten machen, wohl aber jene des Handlungsbegriffs. Wir wollen daher hier den Begriff des Bewirkens ohne Bezugnahme auf Handlungen einführen. Wie sich zeigen wird, öffnet sich damit dann auch ein Weg zur Beschreibung von Handlungen.

Mit dem Ausdruck „Bewirken" kann man, wie wir sehen werden, definieren:

a kann bewirken, daß $A := $ Es ist möglich, daß a bewirkt, daß A.

Die Definition der übrigen Begriffe leuchtet intuitiv ohne weiteres ein:

a verhindert, daß $A := a$ bewirkt, daß nicht-A

a kann verhindern, daß $A := a$ kann bewirken, daß nicht-A

a läßt es zu, daß $A := a$ kann verhindern daß A, verhindert es aber nicht.

a unterläßt es zu bewirken/verhindern, daß $A := a$ kann bewirken/verhindern, daß A, bewirkt/verhindert es aber nicht.

Offenbar bedeutet „unterlassen zu verhindern, daß A" dasselbe wie „zulassen, daß A", abgesehen von der handlungslogisch irrelevanten Konnotation des Pflichtwidrigen, die sich mit dem Wort „unterlassen" verbindet.

Es sei S eine Menge von Agenten, insbesondere von Personen und der Natur, falls es in ihr echte Zufallsereignisse gibt. Wir nehmen im folgenden der Einfachheit halber zunächst an, daß S eine endliche Menge $\{s_1, \ldots, s_n\}$ ist. Nach dem Vorbild der Spieltheorie ordnen wir jedem Agenten s aus $S(s, s', \ldots$ seien im folgenden immer Elemente von S) und jedem WZ i aus I eine Menge $A(s, i)$ von nichtleeren Mengen von Welten aus W^i zu: die Menge der *Alternativen* von s in i. Diese Alternativen sollen eine vollständige und disjunkte Einteilung von W^i bilden. Es soll also gelten:

(a) $X \in A(s, i) \wedge X' \in A(s, i) \wedge X \neq X' \supset X \cap X' = \emptyset$

(b) $\bigcup A(s, i) = W^i$.

Dann gilt $X \in A(s, i) \supset X \subseteq W^i$. Ist $A(s, i) = \{W^i\}$, so hat s in i keine *echten* Alternativen. Diesen Fall wollen wir zulassen. Die Alternativen sollen ferner *unabhängig* sein, d.h. für jedes $X \in A(s, i)$ kann s dafür sorgen, daß eine Welt aus X realisiert wird, egal was die anderen Agenten tun, aber er kann allein nicht dafür sorgen, daß eine Welt aus einer bestimmten echten Teilmenge von X realisiert wird. Es soll also gelten

(c) $X_1 \in A(s_1, i) \wedge \ldots \wedge X_n \in A(s_n, i) \supset X_1 \cap \ldots \cap X_n \neq \emptyset$.

Damit gilt auch $X \in A(s, i) \supset X \neq \emptyset$. Die Alternativen von Gruppen $\{s_{m_1}, \ldots s_{m_r}\} \subseteq S$ von Agenten in i ($1 < m_j \leq n, 1 \leq j \leq r, 0 < r \leq n$) bestimmen wir so:

$$X \in A(\{s_{m_1}, \ldots s_{m_r}\}, i) := \exists X_1 \ldots X_r (X_1 \in A(s_{m_1}, i) \wedge \ldots \wedge X_r \in A(s_{m_r}, i))$$
$$\wedge X = X_1 \cap \ldots \cap X_r)$$

Es gelten dann (a) und (b) auch für Teilmengen von S, und (c) gilt für disjunkte Teilmengen von S.

Die weiteren Bestimmungen der Mengen von Alternativen erläutern wir zunächst an dem diskreten Modell eines Baumuniversums, von dem wir in Abschnitt 1 ausgegangen sind. *irj* besage wie dort, daß der *WZ j* unmittelbar auf den *WZ i* folgt. Dann soll gelten

(α) $X \in A(s, i) \wedge irj \wedge X \cap W^j \neq \emptyset \supset W^j \subseteq X$

und

(β) $A(S, i) = \{ W^j : irj \}$

Denn in i können die Agenten nicht zwischen Welten wählen, die sich erst nach i verzweigen, und die Alternativen aller Agenten zusammen, d.h. die Alternativen von S sollen die kleinsten mit dieser Forderung (α) veträglichen (nichtleeren) Teilmengen von W^i sein; das sind aber die W^j für *irj*. Denn alle Verzweigungen in i sollen aus Wahlen der Agenten für je eine der ihnen in i offen stehenden Alternativen resultieren. Die Alternativen von s in i sind also Vereinigungen solcher W^j (vgl. (α)).

Beispiel I

Es sei $S = \{s_1, s_2, s_3\}$ und es gebe genau vier unmittelbar auf i folgende *WZ*: j_1, j_2, j_3, j_4. Dann genügen z.B. folgende Bestimmungen den Forderungen (a)-(c) und α, β:

$A(s_1, i) = \{ W^{j_1} \cup W^{j_2}, W^{j_3} \cup W^{j_4} \}$
$A(s_2, i) = \{ W^{j_1} \cup W^{j_4}, W^{j_2} \cup W^{j_3} \}$
$A(s_3, i) = \{ W^i \} = \{ W^{j_1} \cup W^{j_2}, \cup W^{j_3} \cup W^{j_4} \}$.

Im nicht-diskreten Fall, in dem ein *WZ i* keine unmittelbaren Nachfolger hat, müssen wir nun die Mengen W^j mit *irj* durch die Mengen $T(w, t) := \bigcup \{ W^{w(t')} : t < t' \}$ ersetzen. Wir nehmen dabei an, daß $(T, \leq .)$ eine relle Zeitstruktur ist und daß alle Verzweigungspunke von 1. Art sind (vgl. Anmerkung 5 und 6). Man verifiziert leicht, daß gilt

(γ) $T(w, t) \subset W^{w(t)}$

(δ) $w \in T(w, t)$

(ε) $T(w, t) = T(w', t) \equiv \exists t'(t < t' \wedge w(t') = w'(t'))$.

Für $w(t) = w'(t)$ gilt also $T(w, t) \neq T(w', t)$ genau dann, wenn sich w und w' in t verzweigen. Ist $w(t)$ kein Verzweigungspunkt, gilt also $\forall w'(w' \in W^{w(t)} \supset \exists t'(t < t' \wedge w(t') = w'(t')))$, so ist $T(w, t) = W^{w(t)}$. Ferner gilt

(ξ) $T(w, t) \neq T(w' t) \supset T(w, t) \cap T(w' t) = \emptyset$.

Statt (α) und (β) soll nun gelten:

(d) $X \in A(s, w(t)) \wedge X \cap T(w, t) \neq \emptyset \supset T(w, t) \subseteq X$

(e) $A(S, i) = \{ T(w, t): w(t) = i \}$.

Unsere Annahme, daß es sich in allen WZ i um dieselbe Menge S von Agenten handelt, ist auf den ersten Blick nicht sehr plausibel, denn in verschiednen WZ können verschiedene Personen existieren, man wird aber nur in i existierenden Agenten eine Wahlmöglichkeit in i zusprechen. Da wir jedoch den Fall $A(s, i) = \{ W^i \}$ einer unechten Alternative zugelassen haben, ist diese Annahme harmlos, denn man kann, falls s in i nicht existiert, immer $A(s, i) = \{ W^i \}$ setzen, s also eine echte Wahlmöglichkeit absprechen.[13]

Unter Bezugnahme auf die Mengen von Alternativen kann man den Begriff des Bewirkens nun so bestimmen: Bewirkt ein Agent s aus S in w und t, daß ein Ereignis X eintritt, so vollzieht er eine Alternative $X' \in A(s, w(t))$ mit $X' \subseteq X$. Da er X' realisiert, gilt $w \in X'$. Bewirken ist aber ein Handeln und man kann von einer

---

[13] Man kann den Begriff der Alternative auch so verallgemeinern, daß man die Bedingungen (a), (b), (d) und (e) beibehält, aber auf (c) verzichtet. Dann handelt es sich nicht um unabhängige, sondern um *prima-facie*-Alternativen. Wir fügen nun im Definiens von $A(\{s_{m_1}, \ldots s_{m_r}\}, i)$ die Bedingung $X \neq \emptyset$). hinzu. Statt (c) gilt dann $X \in A(s, i) \supset \exists X'(X' \in A(S - \{s\}, i) \wedge X \cap X' \neq \emptyset)$. Ein $X \in A(s, i)$ ist eine unabhängige Alternative, wenn gilt $\forall X'(X' \in A(S - \{s\}, i) \supset X' \cap X = \emptyset)$. In der folgenden Definition von *Bewirken* ist dann auf unabhängige Alternativen Bezug zu nehmen. Der Unterschied der Ansätze wird im Vergleich von Beispiel I mit dem Fall deutlich, den wir daraus erhalten, wenn wir setzen $A(s_1, i) = \{ W^{j_1} \cup W^{j_2} (= \alpha_1), W^{j_3} \cup W^{j_4} (= \alpha_2) \}$, $A(s_2, i) = \{ W^{j_1} (= \beta_1), W^{j_2} \cup W^{j_3} \cup W^{j_4} (= \beta_2) \}$, $A(s_3, i) = \{ W^{j_1} \cup W^{j_2} \cup W^{j_3} (= \gamma_1), W^{j_4} (= \gamma_2) \}$. Hier hat kein Agent für sich allein eine unabhängige Alternative, aber die Gruppe $\{s_1, s_2\}$ hat die unabhängige Alternative $\alpha_1 \cap \alpha_2 = W^{j_2}$, die Gruppe $\{s_1, s_3\}$ die unabhängige Alternative $\alpha_1 \cap \gamma_2 = W^{j_1}$ und $\{s_2, s_3\}$ hat die unabhängige Alternative $\beta_2 \cap \gamma_1 = W^{j_3}$. Eine solche Verallgemeinerung ist aber nur sinnvoll, wenn man Aussagen über Gruppen von Agenten macht und ihnen auch dann echte Alternativen zuordnen will, wenn ihre Mitglieder für sich allein keine echten Alternativen haben. Im folgenden betrachten wir nur noch einzelne Agenten.

Handlung des s nur dann sprechen, wenn s sie auch unterlassen kann. Daher ist die angegebene Bedingung für „s bewirkt in w, t, daß X" nicht hinreichend, sondern wir müssen auch fordern, daß es ein $X'' \in A(s, i)$ gibt und ein $X''' \in A(S-\{s\}, i)$ mit $X'' \cap X''' \cap \overline{X} \neq \emptyset$, also eine Alternative X'' von s in i, bei der X ausbleiben kann. Ist im Beispiel I etwa $X = W^{j_1} \cup W^{j_2} \cup W^{j_3}$, so bewirkt s_1 bei Wahl seiner Alternative $W^{j_1} \cup W^{j_2}$, daß X eintritt; die Wahl der zweiten Alternative $W^{j_3} \cup W^{j_4}$ ergibt aber $\overline{X}$, falls s_2 seine Alternative $W^{j_1} \cup W^{j_4}$ wählt, denn das Resultat ist dann W^{j_4}. Ebenso bewirkt s_2 X, wenn er seine zweite Alternative $W^{j_2} \cup W^{j_3}$ wählt. Bei Wahl seiner ersten Alternative $W^{j_1} \cup W^{j_4}$ unterläßt er es hingegen zu bewirken, daß X eintritt, denn das ergibt, wenn s_1 seine zweite Alternative wählt, wieder W^{j_4}. Wählt s_1 seine erste und s_2 seine zweite Alternative, so bewirken beide, daß X eintritt, denn jede dieser Entscheidungen für sich ist dazu schon hinreichend.

Der Begriff des Bewirkens läßt sich für Gruppen von Agenten analog definieren, wir wollen aber darauf hier nicht eingehen.

Wir werden entsprechend sagen, s *könne* in w, t *bewirken*, daß ein Ereignis X eintritt, wenn es ein $X' \in A(s, w(t))$ mit $X' \subseteq X$ gibt sowie zwei Alternativen $X'' \in A(s, w(t))$ und $X''' \in A(S-\{s\}, w(t))$, für die gilt $X' \cap X'' \cap \overline{X} \neq \emptyset$.

Die jeweils zweite Bedingung in den beiden Definitionen von Bewirken und Bewirkenkönnen ist äquivalent mit der Möglichkeit von nicht-X. Denn gibt es ein $w' \in W^{w(t)}$ mit $\neg w' \in X$, so gibt es nach (b) und der analogen Bedingung für Gruppen von Agenten, die daraus folgt, Alternativen $X'' \in A(s, w(t))$ und $X''' \in A(S-\{s\}, w(t))$ mit $w' \in X'' \cap X'''$, so daß also $X'' \cap X''' \cap \overline{X} \neq \emptyset$ ist. Gilt umgekehrt dieses, so gibt es wegen (b) ein $w' \in W^{w(t)}$ mit $\neg w' \in X$.

Es gilt nun: s kann in w, t bewirken, daß X, genau dann, wenn es in w, t möglich ist, daß s bewirkt, daß X. Denn gilt die erste Bedingung für Bewirkenkönnen, so gibt es ein $X' \in A(s, w(t))$ mit $X' \subseteq X$. Nach (c) und (b) gibt es dann aber ein $w' \in W^{w(t)}$ mit $w' \in X$, und wegen $w'(t) = w(t)$ gilt dann auch $A(s, w'(t)) = A(s, w(t))$ und $A(S-\{s\}, w'(t)) = A(S-\{s\}, w(t))$, so daß auch die zweite Bedingung für w' erfüllt ist; also ist es möglich, daß s in w, t bewirkt, daß X. Die Umkehrung ergibt sich entsprechend.

Zum Abschluß dieser intuitiven Überlegungen noch einige Bemerkungen:

(1) Aus der Tatsache, daß s in w und t bewirkt, daß X eintritt, folgt, daß s das in $w(t)$ bewirken kann. Mann kann nicht sagen, s könne in $w(t)$ nicht bewirken, daß X eintritt, falls X die reale Welt w nicht enthält, da es dann keine $X' \in A(s, w(t))$ mit $X' \subseteq X$ und $w \in X'$ gebe. Nicht die reale Welt w bestimmt ja, was s in $w(t)$ tun kann, sondern s bestimmt durch seine Wahl, welche Welt realisiert wird.

(2) Kann s bewirken, daß X eintritt, so kann es s auch *unterlassen*, das zu bewirken. Aus der Tatsache, daß s bewirken kann, daß X eintritt, folgt

aber nicht, daß es s *verhindern* kann, daß X eintritt. Das zeigt wieder das Beispiel I: Weder s_1 noch s_2 können bewirken, daß $\overline{X} = W^{j_4}$ eintritt.
(3) Bewirkt s, daß X eintritt, so kann s das bewirken und X tritt ein. Das Umgekehrte gilt aber nicht, denn im Beispiel I kann s_1 bewirken, daß X eintritt. Wenn s_1 aber die Alternative $W^{j_3} \cup W^{j_4}$ wählt, so bewirkt s_1 das nicht, und trotzdem tritt X ein, wenn s_2 die Alternative $W^{j_2} \cup W^{j_3}$ wählt und wenn gilt $w \in W^{j_3}$.
(4) Kann a bewirken, daß X eintritt, und ist $X \subseteq X^+$, so folgt nicht, daß a auch bewirken kann, daß X^+ eintritt. Denn ist z.B. $X^+ = W^i$, so gibt es keine Alternativen X' von s und X'' von $S-\{s\}$ mit $X' \cap X'' \cap \overline{X}^+ \neq \emptyset$.

5 Auswahlfunktionen

Im letzten Abschnitt haben wir den Begriff des Bewirkens durch Bezugnahme auf Systeme von Alternativen eingeführt. Das ist intuitiv einleuchtend, formal einfacher ist es jedoch, eine Auswahlfunktion zu verwenden. Dabei wollen wir nun gleich unendliche Mengen von Agenten zulassen und alle Objekte des Grundbereichs U einer Interpretation der Sprache L als Agenten ansehen. Ist ein Objekt $x \in U$ kein „echter" Agent, so können wir ja $A(x, i) = \{W^i\}$ setzen für alle $i \in I$.

Ausgehend von $A(x, i)$ erhalten wir eine Auswahlfunktion f auf $U \times W \times T$ durch $f(x, w, t) := \iota X(X \in A(x, w(t)) \land w \in X)$. Es gibt ja nach den Bedingungen (a) und (b) aus Abschnitt 4 zu jedem w und jedem t genau eine solche Menge $X \subseteq W$. Mit dieser Definition ergeben sich aus (a) bis (e) folgende Bedingungen für f:

(a$^+$) $w \in f(x, w, t)$
(b$^+$) $f(x, w, t) \neq f(x, w', t) \supset f(x, w, t) \cap f(x, w', t) = \emptyset$
(c$^+$) $\bigcup \{f(x, w', t): w' \in W^{w(t)}\} = W^{w(t)}$
(d$^+$) $\forall x(x \in U \supset g(x) \in W^{w(t)} \supset \bigcap_{x \in U} f(x, g(x), t) \neq \emptyset$
(e$^+$) $w' \in f(x, w, t) \land t < t' \supset W^{w'(t')} \subseteq f(x, w, t)$
(f$^+$) $\bigcap_{x \in U} f(x, w, t) \subseteq T(w, t)$.

Die Bedingung (c) ist für unendliche Agentenmengen so zu generalisieren: Ist g eine Funktion auf U, die jedem $x \in U$ ein Element $g(x)$ aus $A(x, w(t))$ zuordnet, so ist $\bigcap \{g(x): x \in U\} \neq \emptyset$.

Ist umgekehrt f eine Funktion, die (a$^+$) bis (f$^+$) erfüllt, so erhalten wir daraus mithilfe von $A(x, w(t)) := \{f(x, w', t): w' \in W^{w(t)}\}$ eine Funktion A, die den Bedingungen (a) bis (e) genügt.

(D13) Eine *C-Struktur* ist ein Quintupel $\mathfrak{C} = \langle I, R, \leq_0, U, f \rangle$, für das gilt
  (1) $\langle I, R, \leq_0 \rangle$ ist eine *I-Struktur*.
  (2) U ist eine nichtleere Menge (von „Agenten").
  (3) f ist eine Funktion auf $U \times W \times T$, welche die Bedingungen (a$^+$) bis (f$^+$) erfüllt.

Wir führen nun als neues Grundprädikat nicht eines für *Bewirken* ein, sondern wählen statt dessen ein Prädikat mit einfacheren formalen Eigenschaften, mit dem sich dann das erstere definieren läßt. Es sei $Q(a, A)$ ein Satz von L, wenn a eine *GK* und A ein Satz von L ist. Inhaltlich besagt $Q(a, A)$, daß a bewirkt, daß A, oder daß A notwendig ist.

Die Sprache L mit dem neuen Prädikat Q wird nun über eine *C*-Struktur $\mathfrak{C} = \langle I, R, \leq_0, U, f \rangle$ mit U als Objektbereich im Sinn von (D6) interpretiert, wobei wir unter (3) die folgende Bedingung hinzunehmen:

(h) $V_{w,t}(Q(a, C)) = w$ gdw. $f(V(a), w, t) \subseteq [C]_t$.

Wir definieren:

(D14) (a) $B(a, C) := Q(a, C) \wedge \neg NC$ – *a bewirkt*, daß *C*
  (b) $V(a, C) := B(a, \neg C)$ – *a verhindert*, daß *C*
  (c) $KB(a, C) := MB(a, C)$ – *a kann bewirken*, daß *C*
  (d) $KV(a, C) := MV(a, C)$ – *a kann verhindern*, daß *C*
  (e) $UB(a, C) := KB(a, C) \wedge \neg B(a, C)$ – *a unterläßt es zu bewirken*, daß *C*
  (f) $UV(a, C) := KV(a, C) \wedge \neg V(a, C)$ – *a unterläßt es zu verhindern*, daß *C* (oder: *a läßt es zu*, daß *C*)

Es gilt dann

$V_{w,t}(B(a, C)) = w$ gdw. $f(V(a), w, t) \subseteq [C]_t \wedge \exists w'(w' \in W^{w(t)} \wedge \neg w' \in [C]_t)$,

also gdw. $\exists X(X \in A(V(a), w(t)) \wedge w \in X \wedge X \subseteq [C]_t)$
$\wedge \exists X'X''(X' \in A(V(a), w(t)) \wedge X'' \in A(U - \{V(a)\}, w(t)) \wedge X' \cap X'' \cap \overline{[C]_t} \neq \emptyset$,

wie wir schon sahen. Wir erhalten also die oben angegebenen Bedingungen für den Begriff des Bewirkens.

Für Q ergeben sich u.a. folgende Gesetze:

(T1) $Q(a, C) \supset C$
(T2) $Q(a, C \supset D) \wedge Q(a, C) \supset Q(a, D)$
(T3) $N(C) \supset Q(a, C)$

(T4) $\forall x Q(a, C)[x]) \supset Q(a, \forall x C[x])$

(T5) $Q(a, C) \supset Q(a, Q(a, C))$

(T6) $\neg Q(a, C) \supset Q(a, \neg Q(a, C))$

Danach hat also Q für festes a die Eigenschaften einer S5-Notwendigkeit.

Ferner gilt für $a \neq b$:

(T7) (a) $MQ(a, c) \wedge MQ(b, D) \supset M(Q(a, C) \wedge Q(b, D))$

Und stärker

(T7) (b) $\forall x MQ(x, A[x]) \supset M \forall x Q(x, A[x])$.

Schwieriger ist es, die Bedingungen (e$^+$) und (f$^+$) auszudrücken. Dazu müssen wir zunächst einen Operator J für „jetzt" nach dem Vorbild von H. Kamp in (1971) einführen. Dazu erhalten die Interpretationen neben dem Zeitindex t einen zweiten Zeitindex t_0. An den Bestimmungen nach (D6) ändert sich dadurch nichts, es wird aber der Wahrheitswert eines Satzes A in w und t durch $V_{W,t,t}$ bestimmt, und wir setzen

(i) $V_{W,t,t_0}(JA) = w$ gdw. $V_{W,t_0,t_0}(A) = w$.

Dann können wir die Bedingung (e$^+$) so formulieren:

(T8) $Q(a, A) \supset GNJA$.

Denn ist $V_{w,t_0,t_0}(Q(a, A)) = w$, so $f(V(a), w, t_0) \subseteq [A]_{t_0}$, also für $t' > t_0$ nach (e$^+$) $W^{w(t')} \subseteq [A]_{t_0}$, also $\forall t'(t_0 < t' \supset \forall w'(w' \in W^{w(t')} \supset w' \in [A]_{t_0}))$, also $V_{w,t_0,t_0}(GNJA) = w$. Um (f$^+$) ausdrücken zu können müssen wir – wenn wir nicht eine Prädikatenlogik 2. Stufe verwenden wollen, in der man (f$^+$) als $GNJA \supset \exists f(\forall x Q(x, fx) \wedge N(\forall x fx \supset A))$ wiedergeben kann – neben Q ein Prädikat Q^* mit

$V_{w,t}(Q^*(a, A)) = w$ gdw. $f(V(a), w, t) = [A]_t$

einführen. Es gilt dann

(T9) $GNJC \wedge \forall x(Q^*(x, A[x]) \supset N(\forall x A[x] \supset C)$.

Ferner gilt $Q^*(a, A) \wedge N(A \supset B) \supset Q(a, B)$. Man kann aber weder Q noch B mit Q^* definieren.

Wir wollen aber nicht versuchen, unsere semantischen Festlegungen durch ein vollständiges Axiomensystem auszudrücken. Uns kommt es hier nur auf die Semantik für das Prädikat „Bewirken" an; sie ist wichtiger als eine Axiomatisierung dieses Prädikats.

6 Strategien

Bisher haben wir Bewirken als eine momentane Aktivität aufgefaßt. Eine Tätigkeit des Bewirkens kann aber auch ein länger andauernder Vorgang sein. Wenn etwa ein Lehrer bewirkt, daß sich das Niveau seiner Klasse im Lateinischen hebt, so kann das eine langwierige Aktivität erfordern. Ein Weg zur Erfassung solcher Fälle ergibt sich, wenn wir uns wieder an der Spieltheorie orientieren und als bewirkbar nicht nur das ansehen, was sich durch Wahl einzelner Alternativen erzielen läßt, sondern auch das, was sich durch Wahl von Strategien als Mengen von Folgen von Alternativen erreichen läßt.

Im diskreten Fall läßt sich eine Strategie H von x in i als Menge von Mengen von Welten darstellen, für die gilt:

(a) $X \in H \supset \exists j((j = i \vee iRj) \wedge X \in A(x, j))$
(b) $\exists! X(X \in H_j)$ – es sei $H_j = H \cap A(x, j)$
(c) $X \in H_j \wedge w \in X \supset \exists! X'(X' \in H_{w(z(j)+1)})$
(d) $i \neq k \wedge X \in H_k \supset \exists jwX'(jRk \wedge X' \in H_j \wedge w \in X' \wedge w(z(k)) = k)$.

H ist nach (a) eine Menge von Alternativen, die x in i und nach i hat. Zu i enthält H nach (b) genau eine Alternative $X_i \in A(x, i)$. Zu jedem $WZ\,j$, der bei der Wahl von X_i unmittelbar auf i folgen kann, enthät H nach (c) wieder eine Alternative $X_j \in A(x, j)$. Zu jedem $WZ\,k$, der bei der Wahl von X_j unmittelbar auf j folgen kann, enthält H, wiederum nach (c), genau eine Alternative $X_k \in A(x, k)$, usf. (Wir betrachten also unendliche Strategien, aber diese Spezialisierung bedeutet bei dem folgenden Übergang zu Strategien i.w.S. keine Beschränkung der Allgemeinheit.) (d) besagt, daß H nur Alternativen nach (b) und (c) enthält. Ist eine Alternative $X_k \in A(x, k)$ in H und ist $i \neq k$, also nach (a) iRk, so ist k kein WZ, der aus einer unmittelbar vorhergehenden Alternative $X_j \in A(x, j)$ aus $H(jRk)$ entstehen kann.

Als Strategie i.w.S. H^* von x in i bezeichnen wir eine Vereinigung von Strategien $H_1, H_2, \ldots$ von x in i. Für jede Strategie i.e.S. H von x in i gilt für alle j mit $j = i \vee iRj$, daß H_j höchstens ein Element enthält. Diese Forderung wird nun aufgegeben. In i braucht sich also x nicht auf die Wahl einer bestimmten Alternative $X_i \in A(x, i)$ festzulegen. Und kann sich bei H^* ein $WZ\,j$ ergeben, so braucht sich x wiederum nicht auf eine bestimmte Alternative $X_j \in A(x, j)$ festzulegen. Insbesondere kann $H_j^* = H^* \cap A(x, j)$ auch *alle* Alternativen aus $A(x, j)$ enthalten. Gilt dann auch für alle k mit $jRk\ H_k^* = A(x, k)$, so endet die Strategie im Effekt mit j: Über j hinaus wird durch sie kein spezielles Verhalten von x festgelegt.

H^* ist also eine Strategie i.w.S. von x in i gdw. gilt:

(a') $X \in H^* \supset \exists j((i=j \vee iRj) \wedge X \in A(x,j))$
(b') $\exists X(X \in H_i^*)$
(c') $X \in H_j^* \wedge w \in X \supset \exists X'(X' \in H_{w(z(j)+1)}^*)$
(d') $i \neq j \wedge X \in H_k^* \supset \exists jwX'(jRk \wedge X' \in H_j^* \wedge w \in X' \wedge w(z(k))=k)$.

Jede Strategie i.w.S. H^* definiert nun durch $K := \{w: \forall t(z(i) \leq t \supset \exists X(X \in H_t^* \wedge w \in X))\}$ eine Menge von Welten. Es sei

$$H_t^* := \bigcup_{z(i)=t} H_i^* = \{X: X \in H^* \wedge \exists w(X \in A(x, w(t)))\}$$

K hat folgende Eigenschaften:

(a'') $\emptyset \neq K \subseteq W^i$
(b'') $w \in K \wedge z(i) \leq t \wedge w' \in f(x,w,t) \supset \exists w''(w'' \in K \wedge w''(t+1) = w'(t+1))$

Umgekehrt definiert jede Menge K von Welten, die (a'') und (b'') erfüllt, durch $H^* := \{f(x,w,t): z(i) \leq t \wedge w \in K\}$ eine Strategie von x in i.

Wir wollen nun den Begriff der Strategie i.w.S. – wir redem im folgenden einfach von „Strategien" – auf den nicht-diskreten Fall übetragen. Wir definieren:

(D15) Eine *Strategie* von x in i ist eine Menge K von Welten, für die gilt:
(a$^+$) $\emptyset \neq K \subseteq W^i$
(b$^+$) $w \in K \wedge z(i) \leq t \wedge w' \in f(x,w,t) \supset \exists w''t'(w'' \in K \wedge t < t' \wedge w''(t') = w'(t'))$.

Ist $F(x,i)$ die Klasse der Strategien von x in i, so gilt z.B.

(1) $X \in F(x,i) \supset X \subseteq W^i$
(2) $\forall x(x \in U \supset g(x) \in F(x,i)) \supset \bigcap_{X \in U} g(x) \neq \emptyset$
(3) $\forall w(w \in W^i \supset \exists g(\forall x(x \in U \supset g(x) \in F(x,i)) \wedge \bigcap_{X \in U} g(x) = \{w\})$.

Wir können nun die Sätze $Q(a, A)$ über C-Strukturen neu definieren durch

$$V_{w,t}(Q(a,A)) = w \quad \text{gdw.} \quad \exists X(X \in F(V(a), w(t)) \wedge w \in X \wedge X \subseteq [A]_t).$$

Bewirken ist nun kein momentanes Geschehen mehr, sondern ein Vorgang. Die Aussage „a bewirkt, daß A" beinhaltet also nicht, daß der Vorgang jetzt bereits abgeschlossen ist, sondern daß er jetzt läuft und zu einem Abschluß kommen wird, bei dem dann das Eintreten von A notwendig ist.

Der Begriff eines zeitlich extensiven Bewirkens, den wir durch Strategien erfassen, ist nun aber sehr eng, erheblich enger als der normalsprachliche Begriff. Wir wollen das am diskreten Fall veranschaulichen.

Beispiel II

Zwei Agenten, s_1 und s_2, sollen in einem WZ i und in den unmittelbar darauf folgenden WZ $j_1, ..., j_4$ die Wahl zwischen zwei Alternativen haben, z.B. einen Schalter zu betätigen oder ihn nicht zu betätigen, so daß z.B. j_1 derjenige WZ ist, der sich aus i ergibt, wenn beide Agenten ihren Schalter betätigen, j_2 derjenige WZ, der sich ergibt, wenn s_1 ihn betätigt, s_2 hingegen nicht etc. Auf j_k ($k = 1, ..., 4$) sollen unmittelbar die WZ $j_{k1}, ... j_{k4}$ folgen. Statt $W^{j11}, ... W^{j12}, ...$ schreiben wir kurz $W^{11}, W^{12}, ...$ Es sei

$$A(s_1, i) = \{ W^1 \cup W^2, W^3 \cup W^4 \},$$
$$A(s_2, i) = \{ W^1 \cup W^4, W^2 \cup W^3 \},$$
$$A(s_1, j_k) = \{ W^{k1} \cup W^{k2}, W^{k3} \cup W^{k4} \}, \text{ und}$$
$$A(s_2, j_k) = \{ W^{k1} \cup W^{k4}, W^{k2} \cup W^{k3} \}.$$

(A) Ist $X = W^{11} \cup W^{12} \cup W^{23} \cup W^{24} \cup W^{31}$, so verfügt s_1 in i über eine Strategie, mit der er X bewirken kann, egal was s_2 tut: s_1 wählt in i seine erste Alternative. Dadurch ergibt sich j_1 oder j_2. Ergibt sich j_1 (d.h. wählt auch s_2 in i seine erste Alternative), so wählt s_1 (in j_1) wiederum seine erste Alternative – das ergibt dann $W^{11} \cup W^{12}$. Ergibt sich hingegen j_2 (wählt also s_2 in i seine zweite Alternative), so wählt s_1 (in j_2) seine zweite Alternative – das ergibt dann $W^{23} \cup W^{24}$.

(B) Ist $X = W^{23} \cup W^{24} \cup W^{31}$, so verfügen weder s_1 noch s_2 in i über eine Strategie, mit der sie X bewirken können, egal was der andere tut. Wenn aber s_1 in i seine erste und s_2 seine zweite Alternative wählt, so ergibt sich j_2, und in j_2 kann s_1 durch Wahl seiner zweiten Alternative X bewirken. Würde dagegen s_1 in i seine zweite Alternative wählen, so daß sich j_3 ergäbe, so hätte s_1 dann nicht die Möglichkeit X zu bewirken; X könnte dann zwar eintreten, aber nur wenn s_1 und s_2 in j_3 ihre zweite Alternative wählen.

(C) Ist $X = W^{21} \cup W^{22} \cup W^{33} \cup W^{34} \cup W^{41}$, so verfügt s_1 in i nicht über eine Strategie, mit der X bewirken kann. Falls aber s_2 in i seine zweite Alternative wählt, so daß sich j_2 oder j_3 ergibt, so hat s_1 in diesen beiden WZ die Möglichkeit, X zu bewirken: in j_2 kann er dazu seine erste, in j_3 seine zweite Alternative wählen. Angesichts der Wahl von s_2 in i kommt es also für s_1 im Gegensatz zu (B) nicht darauf an, welche Alternative er in i wählt.

(D) Ist endlich $X = W^{22} \cup W^{24} \cup W^{42} \cup W^{44}$, so haben weder s_1 noch s_2 in i eine Strategie, mit der sie X bewirken können, und selbst wenn sich durch ihre Wahl in i ein günstiger Zustand j_2 oder j_4 ergibt, so hat dann doch keiner die Möglichkeit, X zu bewirken.

Im zeitlich extensiven Sinn ist „Bewirken" ein Leistungsverb wie „Besteigen". Die Aussage „s bewirkt, daß A" impliziert, daß s jetzt darauf hinwirkt, daß A – daß s also etwas tut, was das Eintreten von A fördert – und daß A endlich durch die Aktivität von s eintreten wird. Dazu ist es nicht erforderlich, daß s von vornherein über eine Strategie verfügt, mit der er A erreichen kann, egal was die anderen Agenten tun und tun werden. Schlägt z. B. s seinen Gegner in einer Partie Schach, so bewirkt er durch seine Spielzüge, daß dieser endlich schachmatt ist. Dabei verfügt s nicht über eine unfehlbare Gesamtstrategie, die er konsequent realisiert. Vielmehr richten sich seine Spielzüge nach dem Verhalten des Gegners und dieses gibt ihm erst die Chance zum Erfolg zu kommen. Am Ende steht dann eine Situation, in es s möglich ist, den anderen durch einen Zug matt zu setzen. Der Verlauf des Spiels zeigt auch nicht, ob s eine Strategie verfolgt und ggf. welche. Seine Aktivität besteht vielmehr in einer Folge von Zügen, also von Wahlen von Alternativen in den Situationen, die sich auch aus den Handlungen des Gegners ergeben. In diesem Sinn ist der Fall B ein allgemeinerer Fall des Bewirkens als A. Im Fall D kann von einem Bewirken von X durch s_1 sicher nicht die Rede sein, und im Fall C wird man wohl sagen daß s_1 nicht schon im WZ i auf X hinwirkt.

Ein künftiges momentanes Bewirken von A durch s ist also wohl notwendig für die Geltung des Satzes „s bewirkt, daß A". Diese Bedingung ist aber sicher nicht hinreichend. Das Problem ist, den Begriff des Hinwirkens auf A zu präzisieren. s wirkt in i sicher nicht nur dann auf A hin, wenn s in i eine Alternative wählt, die für das Eintreten von A notwendig ist oder hinreichend. Im Fall des Schachspiels ist es nicht einmal erforderlich, daß jeder Zug von s die Wahrscheinlichkeit seines Erfolges erhöht. Notwendig ist wohl, daß s eine Alternative hätte, die ihm die Chance nehmen würde, A (im momentanen Sinn) zu bewirken. Die Frage ist jedoch, ob diese schwache Bedingung genügt. Die Explikation

$$\begin{aligned}V_{w,t}(B(a, A)) = w \quad &\text{gdw.} \quad \exists t'(t \leq t' \wedge f(V(a), w, t') \subseteq [A]_t) \\ &\wedge \exists X (X \in A(V(a), w(t))) \\ &\wedge \forall w\, t'(w' \in X \wedge t \leq t' \\ &\supset f(V(a), w', t') \cap [A]_t \neq \emptyset)))\end{aligned}$$

hätte jedenfalls gegenüber jener, die wir oben unter Bezugnahme auf Strategien angegebeb haben, den Vorteil, daß z. B. das intuitiv höchst plausible Gesetz $B(a, A) \wedge B(a, C) \supset B(a, A \wedge C)$ gültig ist. Bevor man sich auf diese oder eine Explikation festlegt, ist jedoch eine eingehende intuitive Diskussion des normalen Begriffs des Bewirkens an einfachen Modellen wie dem Beispiel II erforderlich.

Der begriffliche Apparat, den wir zur Explikation von „Bewirken" verwendet haben, läßt sich nun auch für eine Explikation von „Handeln" nutzbar machen. Offenbar besteht zwischen ‚Bewirken' und ‚Handeln' ein enger Zusammenhang. Die Tätigkeit des Bewirkens ist ein Handeln, und jedes Handeln bewirkt auch etwas, nämlich den Sachverhalt, daß die Handlung vollzogen wurde. Im Fall momentanen Bewirkens, wie es im Abschnitt 5 erklärt worden ist, gilt: Bewirkt x in i durch Wahl einer Alternative $X \in A(x, i)$ ein Ereignis Y, so können wir die Tätigkeit des Bewirkens durch X darstellen, also X als die Handlung ansehen, die x in i vollzieht. Die echten Alternativen von x aus $A(x, i)$ stellen dann die möglichen (momentanen) Handlungen von x in i dar. Im Beispiel I sind also die Alternativen von s_1 $W^{j_1} \cup W^{j_2}$ und $W^{j_3} \cup W^{j_4}$, die möglichen Handlungen von s_1 in i, nicht aber z.B. $W^{j_1} \cup W^{j_2} \cup W^{j_3}$. Dann kann man sagen: Bewirkt a, daß A eintritt, so vollzieht a eine Handlung, die A bewirkt. Es gilt ja $B(a, A)$ genau dann, wenn es ein B gibt mit $Q^*(a, B) \wedge N(B \supset A) \wedge \neg NA$. Aus $Q^*(a, B)$ folgt B, und es gilt $B \wedge N(B \supset A) \wedge \neg NA$, so kann man B bestenfalls in einer ersten, groben Näherung als Ursache von A bezeichnen.[14]

Auch dieser Gedanke zur Explikation des Ausdrucks „A ist eine (mögliche) Handlung von a", ist aber noch zu präzisieren und bedarf einer eingehenden intuitiven Diskussion.

Literatur

Åqvist, L. (1974): ‚A New Approach to the Logical Theory of Action and Causality', in S. Stenlund (ed.), *Logical Theory and Semantic Analysis*, Reidel, Dordrecht, pp. 73–91
Cresswell, M. J. (1977): ‚Interval Semantics and Logical Words', in C. Rohrer (ed.), *On the Logical Analysis of Tense and Aspect*, Tübingen, pp. 7–29
Harel, D. (1979): *First Order Dynamic Logic*, Berlin
Harel, D., Kozen, D. und Parikh, R. (1980): ‚Process Logic: Expressiveness, Decidability, Completeness', *Proc. IEEE Symp. on Foundations of Comp. Sci.* 129–142
Hoare, C. A. R. (1969): ‚An Axiomatic Basis for Computer Programming', *Comm. ACM 12*, 576–580
Kamp, H. (1968): ‚Tense Logic and the Theory of Linear Order', dissertation, Univ. of California, Los Angeles
Kamp, H. (1971): ‚Formal Properties of ‚Now''', *Theoria 37*, 227–233
Kenny, A. (1963): *Action, Emotion, and Will*, New York
Krantz, D., Luce, R., Suppes, P. und Tversky, A. (1971): *Foundations of Measurement*, Bd. 1, New York
Kutschera, F. v. (1967): *Elementare Logik*, Wien
Kutschera, F. v. (1976): *Einführung in die intensionale Semantik*, Berlin
Kutschera, F. v. (1980): ‚Grundbegriffe der Handlungslogik', im H. Lenk (Hg.), *Handlungstheorien interdisziplinär*, Bd. I; *Handlungslogik, formale und sprachwissenschaftliche Handlungstheorien*, München, pp. 67–106

---

[14] Für eine Explikation von „Wenn A, dann B", die der normalen Verwendung besser entspricht als $N(A \supset B)$, muß man neben R eine Auswahlfunktion g einführen, die allen w und t und allen Ereignissen X eine Menge von „normalen" X-Welten zuordnet. Vgl. dazu Kutschera (1976), Kap. 3.

Kutschera, F. v.: (1986): ‚Zwei modallogische Argumente für den Determinismus: Aristoteles und Diodor', *Erkenntnis 24*, 203–217

Mourelatos, A. P. D. (1978): ‚Events, Processes, and States', *Linguistics and Philosophy 2*, 415–34

Pratt, V. R. (1976): ‚Semantical Considerations on Floyd-Hoare Logic', *Proc. 17th IEEE Symp. on Found. of Comp. Science* 109–121

Pratt, V. R. (1977): ‚Process Logic: Preliminary Report', *Proc. 6th ACM Symp. on Princ. of Progr. Lang.* 93–100

Vendler, Z. (1957): ‚Verbs and Times', *Philosophical Review 56*, 143–60; revidierte Fassung als Kap. 4 von *Linguistics in Philosophy*, Ithaca, New York, 1967.

9

Zwei modallogische Argumente für den Determinismus: Aristoteles und Diodor

Eine Analyse der Modallogik von Aristoteles und den Megarikern und Stoikern mit den Mitteln der modernen Logik ist die wichtigste Aufgabe, die der Aufarbeitung der antiken Logik noch verblieben ist nachdem J. Lukasiewicz die aristotelische Syllogistik und B. Mates die stoische Aussagenlogik im Licht der heutigen Logik interpretiert und andere wie G. Patzig und M. Frede ihre Einsichten erweitert und vertieft haben. Es gibt auch eine Reihe von Arbeiten, in denen moderne modallogische Unterscheidungen zur Analyse der antiken Modallogik eingesetzt werden. Ihre Ergebnisse, so wertvoll sie in einzelnen Punkten auch sein mögen, sind aber insgesamt wenig befriedigend. Der Grund dafür liegt vor allem darin, daß die moderne Modallogik nur „ewige" Sätze betrachtet, d. h. Aussagen, deren Wahrheitswert nicht vom Zeitpunkt ihrer Äußerung abhängt, während diese Beschränkung der antiken Modallogik fremd ist. Typische Beispielsätze, die dort betrachtet werden, sind etwa „Dion geht" und „Es ist Tag". Eine Äußerung des ersten Satzes ist genau dann wahr, wenn sie zu einem Zeitpunkt erfolgt, in dem Dion geht. Sie unterscheidet sich damit von der „ewigen" Aussage „Dion geht am 3.11.1984 um 12 Uhr 16", deren Äußerungen zu allen Zeitpunkten denselben Wahrheitswert haben. Zeitabhängig sind für Aristoteles wie die Stoiker insbesondere die Modalaussagen selbst: Ein künftiges Ereignis, z. B. daß es morgen regnet, ist jetzt möglich; ist es aber eingetreten, so ist es notwendig, und tritt es nicht ein, so ist es nach seinem Ausbleiben unmöglich. Darüber hinaus definiert Diodor die Modalitäten Notwendig und Möglich geradezu durch zeitliche Ausdrücke: Möglich ist für ihn genau das, was ist oder sein wird.

Aus diesem Grund bildet die moderne, nur auf ewige Sätze zugeschnittene Modallogik keine ausreichende Grundlage für die Analyse der antiken Modallogik: Was man braucht, ist vielmehr eine Kombination von Modal- und Zeitlogik. Einen ersten Ansatz dazu hat zwar A. N. Prior in (1957) gemacht, aber seine Behandlung entspricht nicht mehr heutigen Ansprüchen. Modallogik wie Zeitlogik sind seit Erscheinen seines Buches entscheidend weiter entwickelt worden, so daß Priors Projekt heute neu in Angriff genommen werden müßte.

Im folgenden sollen zwei modallogische Argumente für den Determinismus analysiert werden: das Argument von Aristoteles in *De interpretatione*, Kap. 9

und das Meisterargument von Diodor. Für diesen Zweck kommt man im wesentlichen mit den Mitteln einer einfachen Zeitlogik aus, da nur wenige elementare modallogische Prinzipien verwendet werden.

Wir beginnen mit der Erörterung des vermutlich späteren Meisterarguments, weil in ihm die Voraussetzungen der Beweisführung deutlicher werden als bei Aristoteles. Beide Argumente sind aber inhaltlich eng verwandt und erhellen sich gegenseitig.

1 Das Meisterargument des Diodor

Diodors Kronos, der bis 307 v. Chr. lebte, war Megariker, also Mitglied der bedeutendsten unter den sokratischen Schulen, in der man sich intensiv mit logischen Problemen befaßte. Neben Diodor gehörte ihr z. B. auch Eubulides an, auf den die Antionomie des „Lügners" zurückgeht – bis heute Thema lebhafter Diskussionen. Der beste Logiker der Schule scheint aber Diodor gewesen zu sein – Sextus Empiricus bezeichnet ihn als διαλεκτικώτατος.

Den einzigen genaueren Bericht von seinem Meisterargument, dem κυριεύων λόγος, gibt Arrian in den Dissertationen des Epiktet (II, 19). Danach bestand es im Nachweis der Unveträglichkeit der folgenden drei Sätze:

(I) *Jede wahre Vergangenheitsaussage ist notwendig.*
(πᾶν παρεληλυθὸς ἀληθὲς ἀναγκαῖον εἶναι)

(II) *Aus Möglichem folgt nichts Unmögliches.*
(δυνατῷ ἀδύνατον μὴ ἀκολουθεῖν)

(III) *Es gibt etwas Mögliches, das weder wahr ist noch sein wird.*
(δυνατὸν εἶναι ὃ οὔτ' ἔστιν ἀληθὲς οὔτ' ἔσται)

Das Wort παρεληλυθός bezeichnet sowohl etwas Vergangenes bzw. eine Aussage über Vergangenes wie eine Aussage in Vergangenheitsform. Diese – wie wir sehen werden für das Argument entscheidende – Ambiguität soll durch die Verwendung des Wortes „Vergangenheitsaussage" in (I) wiedergegeben werden. Mit der Rede von „Aussagen" schließen wir uns M. Frede in (1974) an: Möglich und notwendig sowie wahr und falsch sind nach antikem Verständnis Propositionen (stoisch: ἀξιώματα), aber vieles was von Propositionen gesagt wird, würden wir auf Sätze beziehen.

Wie nun die Unverträglichkeit der drei Annahmen bewiesen wurde, ist nicht überliefert. Klar ist aber, daß Diodor die Aussagen (I) und (II) als evident akzeptierte, also aufgrund seines Arguments (III) verwarf, und so den problematischen Teil seiner Definition des Möglichen rechtfertigte:

Möglich ist, was wahr ist oder sein wird.

Von dieser Definition berichten auch andere Autoren wie z.B. Boethius und Cicero[1] Ihr unproblematischer Teil ist die Behauptung, gegenwärtige oder künftige Wahrheit sei *hinreichend* für Möglichkeit – Tatsachen sind ja möglich. Der problematische Teil ist hingegen die These, gegenwärtige oder künftige Wahrheit sei auch *notwendig* für Möglichkeit. Wir sehen normalerweise vieles als möglich an, was nicht eintreten wird. So ist es sowohl möglich, daß Herr NN eines gewaltsamen Todes sterben wird, wie daß das nicht der Fall sein wird. Nur eins von beiden kann aber eintreten.

Akzeptiert man also (I) und (II), dann führ das Meisterargument, indem es (III) widerlegt und damit den problematischen Teil der Definition beweist, zum diodoreischen Möglichkeitsbegriff. Wir schreiben im folgenden

- MA für *Es ist möglich, daß A*
- NA für *Es ist notwendig, daß A*
- FA für *Es wird der Fall sein, daß A*
- PA für *Es war der Fall, daß A*
- $\neg$ für *nicht*
- $\wedge$ für *und*
- $\vee$ für *oder* (im nicht ausschließenden Sinn)
- $\supset$ für *wenn-dann* (im Sinn der materialen Implikation)
- $\equiv$ für *genau dann, wenn.*

Dann gilt nach Diodor also $MA \equiv (A \vee FA)$ – *Möglich ist was der Fall ist oder der Fall sein wird*. Da genau das notwendig ist, dessen kontradiktorisches Gegenteil nicht möglich ist – also $NA \equiv \neg M \neg A$[2] – gilt $NA \equiv A \wedge \neg F \neg A$. Schreiben wir

GA für *Es wird immer der Fall sein, daß A*,

so gilt $GA \equiv \neg F \neg A$ (A wird genau dann immer der Fall sein, wenn Nicht-A nicht der Fall sein wird), also nach Diodor $NA \equiv A \wedge GA$ – *Notwendig ist das, was der Fall ist und immer der Fall sein wird.*

Breite Beachtung fand das Meisterargument aber nicht als Begründung für die diodoreische Bestimmung des Möglichen – sie wurde schon von seinen Nachfolgern aufgegeben – sondern vor allem deswegen, weil sich aus ihm – in welcher Weise ist wiederum nicht überliefert, ab er jedenfalls aus den Prämissen (I) und (II) – ein Determinismus der Form ergab:

---

[1] Vgl. Boethius: Comm. In librum Arist. Peri hermeneias III, 9 und Cicero: De fato, 6, 12.
[2] Das gilt nicht bei einem Verständnis von „möglich" als „kontingent", wie es Aristoteles meist voraussetzt. Es gilt aber für die Megariker und Stoiker und auch Aristoteles setzt das im 9. Kap. von *De interpretatione* voraus.

Alles, was geschieht, geschieht notwendigerweise,

oder:

Jede wahre Aussage gilt mit Notwendigkeit.

Aus der diodoreischen Definition des Möglichen folgt er jedenfalls nicht unmittelbar.[3]

Die bisher vorgelegten detaillierten Versuche einer Rekonstruktion des Meisterarguments sind – soweit ich sehe – wenig überzeugend. So deutet etwa E. Zeller in (1882) das Wort ἀκολουθεῖν im Sinn zeitlichen Folgens, also (II) als (II'): „Was möglich ist, wird immer möglich sein" ($MA \supset GMA$) und (I) im Sinn von (I') „Was der Fall ist, ist notwendigerweise der Fall" ($A \supset NA$). (I') widerspricht aber dem Wortlaut, und die Deutung (II') verbietet sich, weil Chrysipps Kritik sich nicht gegen (II') richtete, sondern gegen das Prinzip, aus Möglichem könne nichts Unmögliches logisch folgen.[4] Prior verwendet in (1957) zwei Zusatzprämissen, von denen eine ($\neg A \wedge \neg FA \supset P \neg FA$) falsch ist, wenn man wie üblich davon ausgeht, daß die Zeitpunkte dicht liegen: Gilt im gegenwärtigen Zeitpunkt t_0 und danach immer $\neg A$, während bis zu t_0 immer A galt, so gibt es dann für jeden Zeitpunkt t mit $t < t_0$ einen Zeitpunkt t' mit $t < t' < t_0$, in dem A gilt, so daß in t gilt FA; $P \neg FA$ ist also falsch. J. Hintikka verwendet bei seiner Rekonstruktion in (1964) das zusätzliche Prinzip $MA \supset A \vee FA$, also den problematischen Teil der diodoreischen Möglichkeitsdefinition, so daß das ganze Argument überflüssig wird und der Widerspruch sich ohne (I) und (II) ergibt. N. Rescher bezieht sich in (1966) nur auf ewige Sätze, deutet (I) im Sinn von $PA \supset NA$ und (II) im Sinn von Zeller. Und D. Frede läßt in (1970) keine zeitabhängigen Modalitäten zu und interpretiert die dritte Prämisse von Diodor im Sinn von (III'): „Alles was möglich ist, ist weder der Fall noch wird es der Fall sein" ($MA \supset \neg A \wedge \neg FA$ – für alle A). Die Widerlegung von (III') ergibt dann aber nicht den problematischen Teil der diodoreischen Möglichkeitsdefinition, sondern nur: Es gibt eine Aussage A, für die gilt $MA \wedge A \wedge FA$. Die Rekonstruktion von M. Kneale in (1962), S. 118–122 weist in die richtige Richtung, ist aber zu wenig detailliert und schließt sich zu stark an Prior an.

---

[3] Für zeitunabhängige Aussagen gilt freilich, daß sie immer gelten, wenn sie irgendwann einmal gelten; sie sind also im Sinne von Diodor notwendig, wenn sie wahr sind.

[4] Chrypsipp führte folgendes Gegenbeispiel gegen (II) an: Weist man mit dem Wort „dieser" in der Äußerung „Wenn Dion gestorben ist, so ist dieser gestorben" auf Dion hin, so ist sie korrekt. Der Vordersatz sei möglicherweise wahr, der Hintersatz jedoch nicht, denn (bei konstantem Bezug von „dieser") könne er nicht mehr geäußert werden, wenn Dion gestorben sei. (Vgl. Alexander Aphrodidias, In Arist. Anal. Pr. p. 177, 19–178,8) – Zellers Rekonstruktion sieht so aus: Aus FA folgt nach (I') (mit $G(A \supset B) \wedge FA \supset FB$ FNA, also $F\neg M\neg A$, also nach (II') $\neg M\neg A$. Aus $FA \supset \neg M\neg A$ folgt aber $MA \supset \neg F\neg A$, also $MA \supset FA$, im Widerspruch zu (III). Zeller widerlegt so eine schwächere Annahme als (III).

Zwei modallogische Argumente für den Determinismus   153

Bei dem folgenden Versuch einer Rekonstruktion des Meisterarguments wollen wir das Wort „Vergangenheitsaussage" in (I) zunächst im Sinn von „Aussage in Vergangenheitsform" verstehen. Der Beweis könnte dann so ausgesehen haben:

(a) Diodor ging von (III) aus, also von einer Aussage A, die möglich ist, aber weder wahr ist noch sein wird: $MA \wedge \neg A \wedge \neg FA$.
(b) Er gab eine Aussage B in Vergangenheitsform an, die mit $\neg A \wedge \neg FA$ logisch äquivalent ist. Nach (a) gilt dann B.
(c) Als Aussage in Vergangenheitsform gilt B nach (I) notwendigerweise: NB.
(d) Aus A folgt ferner $A \vee FA$, daraus aber nach (b) $\neg B$. Da also $\neg B$ aus A folgt und nach (a) MA gilt, so gilt nach (II) auch $M \neg B$. Damit erhalten wir aber einen Widerspruch zu (c).

Bleibt also noch, eine passende Aussage B anzugeben. Es gilt nun für alle Aussagen C:

(IV) Aus „Es ist der Fall, daß C" folgt logisch "Es war der Fall, daß C jetzt der Fall ist", und umgekehrt.

Symbolisch: $C \equiv PJC$. Dabei sei J der von H. Kamp eingeführte Operator „Jetzt" (*now*).[5] Schreibe ich jetzt (am 4.7.1984) diesen Aufsatz, so war es der Fall, daß ich jetzt (am 4.7.1984) diesen Aufsatz schreiben würde. Und das letztere gilt auch nur dann, wenn das erstere gilt.

Eine Aussage B, für die (b) gilt, ist also: „Es war der Fall, daß es jetzt weder der Fall ist noch der Fall sein wird, daß A" - $PJ(\neg A \wedge \neg FA)$.

Ob Diodor tatsächlich so argumentiert hat, werden wir natürlich nie mit Bestimmtheit wissen. Folgende Gründe machen das aber plausibel:

---

[5] Zur Charakterisierung dieses Operators muß man von Interpretationsfunktionen V ausgehen, die neben dem Zeitparameter t und dem Parameter w für mögliche Welten noch einen zweiten Zeitparameter t_0 enthalten. Während die übrigen Zeitoperatoren wie F und P bzgl. t definiert werden, so daß z. B. gilt

$V_{w,t,t_0}(FA) = w$ gdw. $\exists t'(t < t' \wedge V_{w,t',t_0}(A) = w)$,

soll gelten

$V_{w,t,t_0}(JA) = w$ gdw. $V_{w,t_0,t_0}(A) = w$.

Der Wahrheitswert eines Satzes in einer Welt w zu Zeit t_0 wird dann als der Wert von $V_{w,t_0,t_0}(A)$ bestimmt. J erlaubt es so, den Bezug einer Aussage auf den gegenwärtigen Zeitpunkt t_0 auch im Kontext von Zeitoperatoren festzuhalten. Es gilt:

$V_{w,t_0,t_0}(PJC) = w$ gdw. $\exists t'(t' < t_0 \wedge V_{w,t',t_0}(JC) = w)$ gdw. $\exists t'(t' < t_0 \wedge V_{w,t_0,t_0}(C) = w)$
  gdw. $V_{w,t_0,t_0}(C) = w$.

(1) Die Beweiskraft des Meisterarguments ist in der Antike nie bestritten worden. Man hat nur die Thesen (I) und (II) bestritten, um an (III) festhalten zu können. So hat Kleanthes die Annahme (I) und Chrysipp, wie wir schon sahen, die Annahme (II) abgelehnt. Das Argument selbst war also vermutlich korrekt, so daß nur ein schlüssiges Argument als Rekonstruktion akzeptabel ist.

(2) Akzeptabel ist auch nur eine Rekonstruktion, die genau die drei Annahmen verwendet. Der oben skizzierte Beweis ist aber wohl einer der einfachsten, der das tut.

(3) Das Meisterargument wurde, wie eingangs betont, zum Beweis des Determinismus benutzt. Die Determinismusthese ergibt sich nun aber ebenfalls mithilfe von (IV): Gilt $A \vee FA$, so nach (IV) auch $PJ(A \vee FA)$, also nach (I) $NPJ(A \vee FA)$, also nach (IV) und (II) $N(A \vee FA)$. Denn aus (II) ergibt sich das Prinzip: Folgt D aus C, so die Notwendigkeit von D aus jener von C. (Aus der Voraussetzung ergibt sich ja, daß $\neg C$ aus $\neg D$ folgt; gilt daher NC, also $\neg M \neg C$, so nach (II) auch $\neg M \neg D$, also ND.)

Während nach (I) schon wahre Aussagen in Vergangenheitsform mit Notwendigkeit gelten, so nach diesem Argument auch Aussagen im Präsens und Futur. Daß das Determinismusargument etwa so aussah, ergibt sich daraus, daß sich die Stoiker, die zwar einen Determinismus annahmen, aber nicht in Gestalt einer absoluten Notwendigkeit alles Geschehens, sondern in der einer „bedingten Notwendigkeit", d. h. einer kausalen Determiniertheit alles Geschehens durch vorhergehende Ursachen, wieder gegen (I) bzw. (II) wandten, so daß diese Thesen im Argument eine Rolle gespielt haben müssen.

(4) Das stärkste Argument für unsere Rekonstruktion liegt aber darin, daß sich bei Aristoteles in *De int.*, 9, wie im folgenden zu zeigen sein wird, ein analoger Beweisgedanke findet. Es ist aber schon wegen der gleichen Prämissen sehr wahrscheinlich, daß sich Diodor auf Aristoteles bezogen hat oder Aristoteles auf Diodor oder eine Vorform des Meisterarguments aus dem Kreis der Megariker.

Zur Kritik des Arguments von Diodor ist nun zu sagen, daß es zwar logisch völlig korrekt ist, aber nicht das leistet, was es leisten soll. Es liefert weder eine akzeptable Begründung für die diodoreische Möglichkeitsdefinition noch für den Determinismus, weil zwar die Annahme II korrekt ist – sie ist ein grundlegendes Prinzip der Modallogik – nicht aber die Annahme (I) in der Form, wie sie im Beweis verwendet wird. Diodor wie Aristoteles gingen von einem Möglichkeitsbegriff aus, nach dem genau das möglich ist, was real oder realisierbar ist. Was vergangen ist, kann nicht mehr ungeschehen gemacht werden; es ist also in diesem Sinn unmöglich, daß es nicht war. Dann gilt:

Alles Vergangene ist notwendig,

oder:

(Ia) *Jede wahre Aussage über Vergangenes ist notwendig.*

Diese Annahme ist keineswegs unplausibel, wenn wir sie auch gewöhnlich nicht machen. Man kann eine präzise, logisch korrekte Deutung der Möglichkeit angeben, in der (Ia) gilt.[6] Aus (Ia) folgt jedoch nicht (I) in der Lesart, wie wir sie unserer Rekonstruktion zugrundelegte habe: Nicht jede Aussage in Vergangenheitsform ist eine Aussage über Vergangenes. Das zeigt gerade das Prinzip (IV): Die Aussage *PJC* handelt trotz ihrer Vergangenheitsform nicht ohne weiteres von Vergangenem. Man wird ja nur dann sagen, eine Aussage rede über Vergangenes, wenn ihr Wahrheitswert nur von dem abhängt, was in der Vergangenheit geschehen ist. *PJC* erfüllt diese Bedingung aber nur dann, wenn *C* selbst sie erfüllt. Ist aber *C*, wie im Beweis, eine Aussage über Gegenwärtiges und Künftiges, so auch *PJC*: $PJ(\neg A \land \neg FA)$ ist im gegenwärtigen Zeitpunkt t_0 genau dann wahr, wenn *A* in keinem Zeitpunkt *t* besteht, für den gilt $t_0 \leqslant t$ (vgl. Anm. 5). Der Wahrheitswert von $PJ(\neg A \land \neg FA)$ hängt also von dem ab, was ist und sein wird, nicht aber von dem, was war. Es gibt natürlich auch andere Sätze in Vergangenheitsform, die über Gegenwärtiges oder Künftiges reden, wie z.B. „Ein Kind wurde geboren, das König werden wird": Der Relativsatz bezieht sich hier nicht wie in „Ein Kind wurde geboren, das König werden würde" auf etwas von einem vergangenen Zeitpunkt aus gesehen Zukünftiges, sondern auf die Zukunft, die jetzt noch vor uns liegt.[7]

Die Annahme, jede Aussage in Vergangenheitsform sei eine Aussage über Vergangenes, liegt aber sehr nahe und wird zusätzlich durch die Ambiguität von παρεληλυθός verstärkt. Ihre Plausibilität bewirkt die Überzeugungskraft des Arguments für die diodoreische Möglichkeitsdefinition und den Determinismus.[8]

Der „Trick" des Arguments von Diodor liegt also nach unserer Rekonstruktion im Übergang von (Ia) zu jener Lesart, von (I), in der Vergangenheitsaussagen Aussagen in Vergangenheitsform sind, und im Aufweis logisch äquivalenter Sätze in Vergangenheitsform zu beliebigen Aussagen nach (IV).

---

[6] Vgl. dazu die Definition der Modaloperatoren unter Bezugnahme auf Baumuniversen in Kutschera (1986).
[7] Der erste Satz ist von der Form $P(A \land JFB)$, der zweite von der Form $P(A \land FB)$.
[8] Auf die Problematik dieser Annahme hat schon M. Kneale in (1962) hingewiesen, freilich ohne eine genauere Begründung.

2 Die Argumente von Aristoteles in De interpretatione, 9

Der Text des 9. Kapitels von *De interpretatione* ist schwierig und seine Deutung umstritten. Klar ist, daß Aristoteles zeigen will, aus der Annahme, das Prinzip der Bivalenz, nach dem jeder Aussagensatz entweder wahr oder falsch ist, gelte auch für (singuläre) Aussagen über Künftiges, folge ein Determinismus, nach dem jede wahre Aussage mit Notwendigkeit gilt.[9] Er gibt dann (in 18b26–19a23) Argumente dafür an, daß es kontingente Aussagen über Künftiges gibt, und will auf diese Weise die Annahme der Bivalenz für Aussagen über Künftiges widerlegen.

Die Probleme beginnen bereits mit dem ersten Satz der Einleitung, für Aussagen A über Vergangenes oder Gegenwärtiges gelte notwendigerweise, daß sie wahr sind oder falsch: ᾽Επὶ μὲν οὖν τῶν ὄντων καὶ γενομένων ἀνάγκη τὴν κατάφασιν ἢ τὴν ἀπόφασιν ἀληθῆ ἢ ψευδῆ εἶναι. Für singuläre Aussagen über Künftiges (τῶν καθ᾽ ἕκαστα καὶ μελλόντων) gelte das hingegen nicht. Schreiben wir WA für A ist *wahr* und beachten, daß für Aristoteles eine Aussagen nicht-A genau dann wahr ist, wenn A falsch ist, so kann man die erste Aussage entweder im Sinn von $N(WA \lor W\neg A)$ oder im Sinn von $NWA \lor NW\neg A$ lesen. Aristoteles unterscheidet zwar in 19a28–32 zwischen beiden Aussageformen und betont, daß die zweite nicht aus der ersten folgt, er macht diesen Unterschied jedoch nicht konsequent sprachlich deutlich, sondern setzt das Wort ἀνάγκη meist nur einmal vor die Adjunktion, selbst wenn er den zweiten Fall im Auge hat. Hinzukommt, daß dieses Wort auch oft einfach den logischen oder analytischen Charakter einer Aussage oder Folgerung zum Ausdruck bringt. Da nun Aristoteles in 19a28–b4 betont, daß $N(WA \lor W\neg A)$ auch für Aussagen A über Künftiges gilt, ist die Behauptung, die er in der Einleitung für Aussagen über Vergangenes und Gegenwärtiges akzeptiert, aber nicht für Aussagen über Künftiges, offenbar $NWA \lor NW\neg A$, oder besser metasprachlich:

(V) Für Gegenwarts- wie Vergangenheitsaussagen A gilt NWA oder $NW\neg A$.

---

[9] Prinzipiell ist zu unterscheiden zwischen dem (metasprachlichen) Prinzip der *Bivalenz* oder *Wahrheitsdefinitheit*, nach dem jeder Behauptungssatz wahr oder falsch ist, und dem *tertium non datur* als einem Satz der Objektsprache, nachdem $A \lor \neg A$ für alle Aussagen A gilt. Bei der normalen Deutung der Operatoren $\lor$ und $\neg$, nach der ein Satz $\neg A$ genau dann wahr ist, wenn A falsch ist, und genau dann falsch, wenn A wahr ist, während ein Satz $A \lor B$ genau dann wahr ist, wenn A oder B wahr ist, und genau dann falsch, wenn sowohl A wie B falsch sind, gilt jedoch das *tertion non datur* dann und nur dann, wenn das Prinzip der Bivalenz gilt. Der Unterschied ist für das folgende jedoch unerheblich, da Aristoteles „nicht" und „oder" im normalen Sinn deutet. Primär handelt es aber in *de int.*, 9 um die Aufgabe der Bivalenz.

Für Aristoteles gilt nun im Sinn der Adäquationstheorie der Wahrheit (vgl. 18b4)
(VI) $WA \equiv A$. Da er auch das fundamentale modallogische Prinzip (VII) $NA \supset A$
akzeptiert (vgl. 23a22), gilt daher nach (V)

(VIII) Für Gegenwarts- wie Vergangenheitsaussagen A gilt $A \supset NA$ und
$\neg A \supset N \neg A$.

Das entspricht der Annahme (I) im Meisterargument.

Das erste *Determinismusargument* (18a34–b9) lautet also nun so: „[α] Wenn jede affirmative und negative Aussage wahr oder falsch ist, dann besteht auch alles notwendigerweise oder es besteht nicht, so daß, wenn der eine sagt, etwas werde so sein, der andere, es werde nicht so sein, offenbar notwendigerweise genau einer von beiden die Wahrheit sagt – wenn [eben] jede Affirmation und jede Negation entweder wahr oder falsch ist. Denn beides kann nicht zugleich zutreffen. [β] Ist es nämlich wahr zu sagen, daß etwas weiß ist bzw. nicht weiß, so ist es notwendigerweise weiß bzw. nicht weiß, und wenn es weiß ist bzw. nicht weiß, so war es wahr, das zu behaupten bzw. zu bestreiten; und wenn es nicht besteht, so ist es falsch, es zu behaupten, und wenn es falsch ist, etwas zu behaupten, so besteht es nicht. [γ] Daher gilt notwendigerweise, daß die Behauptung oder die Verneinung wahr ist oder falsch. [δ] Dann ist aber weder etwas noch entsteht etwas durch Zufall oder kontingenterweise und nichts wird in dieser Weise sein oder nicht sein, sondern alles geschieht notwendigerweise und nicht kontingenterweise. Entweder nämlich wird derjenige die Wahrheit sagen, der etwas behauptet, oder jeder, der es verneint. [Kontingentes] würde ja gleicherweise entstehen wie nicht entstehen; denn das Kontingente verhält sich weder mehr so als so, noch wird es sich mehr so als so verhalten."

Das *zweite Argument* (18b10–16), eine Ergänzung zum ersten, lautet: „Ferner gilt: Ist etwas jetzt weiß, so war es früher wahr zu sagen, es werde weiß sein, so daß, es von [bis jetzt] Entstandenem (γενομένων) immer wahr war zu sagen, daß es sei oder sein werde. Aber wenn es immer wahr war zu sagen, daß etwas sei oder sein werde, kann es nicht sein (οὐχ οἷον) daß es nicht ist oder sein wird. Was aber nicht nicht geschehen kann, kann unmöglicherweise nicht geschehen. Was aber unmöglich nicht geschehen kann, geschieht notwendigerweise. Alles Künftige also geschieht dann notwendigerweise. Nichts wird kontingenterweise oder zufällig geschehen; wenn es nämlich zufällig geschähe, so nicht notwendigerweise".

Die Deutung des ersten Arguments ist besonders schwierig, da hier fast jeder Satz mehrere Interpretationen zuläßt. Fraglich ist erstens, wie schon betont wurde, der Bereich von ἀνάγκη in Sätzen der Form ἀνάγκη A ἢ B, d.h. ob $N(A \vee B)$ oder $NA \vee NB$ gemeint ist. Entsprechendes gilt für Sätze der Form εἰ A, ἀνάγκη B. Das kann für $N(A \supset B)$ wie für $A \supset NB$ stehen. Obwohl Aristoteles diesen Unterschied in 19a24–27 selbst hervorhebt und sagt, das zweite folge nicht aus dem ersten, macht er ihn doch sprachlich wiederum nicht systematisch deutlich. Drittens verwendet er das einfache ἤ sowohl im ausschließenden wie im nichtausschließenden Sinn, und viertens geht er mit den Zeitformen recht sorglos um. Wollte man alle möglichen Lesarten der Sätze dieses Textes kombinieren, so käme man zu einer Unzahl von rein sprachlich möglichen Interpretationen. Aus ihnen sind jene auszuwählen, die ein vernünftiges Argument ergeben und Aristoteles keine elementaren Fehler unterstellen, insbesondere nicht etwa Schlüsse der Form $N(A \vee B) \supset (NA \vee NB)$ und $N(A \supset B) \supset (A \supset NB)$, auf deren Ungültigkeit er selbst hinweist.

Klar ist zuächst, daß die Voraussetzung dew ganzen Arguments in (α) lautet

(a) WA oder $W\neg A$ für alle Aussagen A

Die These von (α) lautet, daraus folge $A \supset NA$ und $\neg A \supset N\neg A$ für alle A. Das soll bewiesen werden. Dabei geht Aristoteles vom Spezialfall

(b) WFA oder $W\neg FA$

von (a) aus. Es wird nun behauptet, aus (b) folge

(c) $NWFA$ oder $NW\neg FA$.

Das erhält man aus (b) mit (VIII), da ja WFA („Es *ist* wahr, daß A der Fall sein wird") im Gegensatz zu FA („A *wird* der Fall sein") eine Aussage im Präsens ist. Dabei sind nun die Ausdrücke „Gegenwartsaussage" und „Vergangenheitsaussage" in (VIII) im Sinn von „Aussage in Gegenwartsform" bzw. „Aussage in Vergangenheitsform" zu lesen. Die Analogie zum Argument Diodors ist offensichtlich: (VI) tritt an die Stelle von (IV) als Prinzip, nach dem sich jede Aussage eine logisch äquivalente in Gegenwartsform zuordnen läßt, und (I) wird zu (VIII) erweitert durch die These, daß auch wahre Aussagen im Präsens notwendigerweise wahr sind.

In (β) wird dann behauptet

(d) $WFA \equiv NFA$ und $\neg WFA \equiv N\neg FA$.

Wichtig ist nur die Implikation von links nach rechts, und die erhält man aus (c) mit (VI) und (II): Aus der analytischen Geltung von $WFA \supset FA$ folgt mit (II) $NWFA \supset NFA$, und ebenso im zweiten Fall. Es ergibt sich also (vgl. (γ)):

(e) NFA oder $N\neg FA$.

Daraus folgt mit (VII) aber unmittelbar

(f) $FA \supset NFA$ und $\neg FA \supset N\neg FA$,

d.h. (im Blick auf VIII) der Determinismus (vgl δ).

Das Argument beruht nach dieser Deutung also auf dem Prinzip (V), das bei einem Verständnis von „Gegenwarts-" bzw. „Vergangenheitsaussage" als „Aussage über Gegenwärtiges" bzw. „über Vergangenes" der üblichen antiken Konzeption der Modalitäten entspricht, sowie dem Gedanken, daß Aussagen der Form WA („Es ist wahr (zu sagen), daß A") Aussagen über Gegenwärtiges sind. Dieser Gedanke enthält den gleichen Fehler, der uns schon bei Diodor begegnet ist: Die Aussage „Es ist wahr, daß A sein wird" zeigt gerade, daß Aussagen im Präsens nicht immer Aussagen über Gegenwärtiges sind. Als Aussagen über Gegenwärtiges kann man nur solche ansehen, deren Wahrheitswerte durch die Entwicklung unserer Welt bis einschließlich zur Gegenwart determiniert, also unabhängig von künftigen Entwicklungen sind, und das ist bei unserem Beispiel gerade nicht der Fall.

Das *zweite Argument* bringt diesen Gedanken noch deutlicher zum Ausdruck und in einer Weise, die noch stärker dem Vorgehen von Diodor entspricht: Aus A wird dort auf „Es war der Fall daß A sein würde" (PFA) geschlossen, und stärker auf „Es war schon immer der Fall, daß A sein würde". Schreiben wir HA für „Es war immer der Fall daß A" – man kann definieren $HA := \neg P \neg A$ – so lautet die stärkere Konklusion $H(A \vee FA)$. Aristoteles schließt dann von $H(A \vee FA)$ auf $N(A \vee FA)$, insgesamt also von A auf $N(A \vee FA)$, und damit von FA auf NFA.

Dieses Argument ist nicht korrekt: Aus A folgt zwar $H(A \vee FA)$ und daraus – wenn man das als Vergangenheitsaussage ansieht – nach (VIII) $NH(A \vee FA)$, aber daraus erhält man nicht $N(A \vee FA)$. Dazu bräuchte man das Prinzip $H(A \vee FA) \supset A \vee FA$, das nicht gilt. Dieses Prinzip ist nicht einmal plausibel: $H(A \vee FA)$ ist in t_0 ja z. B. auch dann wahr, wenn vorher immer A galt. Gilt in t_0 und danach aber immer $\neg A$, so ist der Nachsatz der Implikation falsch. Plausibler wäre das Prinzip (*) $HFA \supset A \vee FA$, das jedenfalls für eine diskrete Zeitstruktur gelten würde. Zwar erweist sich auch (*) unter derselben Annahme bei Voraussetzung einer dichten Zeitstruktur als ungültig, aber trotzdem vermute ich, daß Aristoteles dieses Prinzip vor Augen gehabt hat. Dann würde das Zweite Determinismusargument also so aussehen:

(a) A (Annahme)
(b) $A \supset HFA$ (Zeitlogik)
(c) HFA (nach a, b)
(d) $NHFA$ (nach VIII)
(e) $HFA \supset A \vee FA$ (nach *)
(f) $NHFA \supset N(A \vee FA)$ (nach II)
(g) $N(A \vee FA)$ (nach d,f). Also insgesamt
(h) $A \supset N(A \vee FA)$ und daher auch
(i) $FA \supset N(FA \vee FFA)$. Nun gilt

(j) $FFA \supset FA$ (zeitlogisch), also
(k) $FA \supset NFA$ (nach j mit II).

Das Prinzip (*) ist zwar wie gesagt nicht korrekt, aber immerhin ist der Fehler bei der obigen Rekonstruktion des zweiten Arguments nicht ganz trivial. In jedem Fall legt das zweite Argument die Annahme nahe, daß Aristoteles im ersten Argument so geschlossen hat, wie wir das annahmen: Geht er im zweiten Argument von FA zu HFA und mit (VIII) zu $NHFA$ über, so im ersten von FA zu WFA und mit (VIII) zu $NWFA$. In beiden Fällen liegt derselbe „Trick" vor wie bei Diodor: Die Deutung von „Gegenwarts-" bzw. „Vergangenheitsaussage" als „Aussage in Gegenwarts-" bzw. „in Vergangenheitsform" und die Zuordnung von Aussagen im Präsens bzw. im Päterium zu Aussagen im Futur.

De int., 9 ist die einzige Stelle, an der Aristoteles die Geltung des Bivalenzprinzips einschränkt. Dieses Kapitel ist vermutlich eine späte Einschiebung, mit der er auf Argumente der Megariker für den Determinismus reagiert hat, die vielleicht ähnlich aussahen, wie seine eigenen Beweisgedanken, ohne daß dabei freilich das Prinzip vom Ausgeschlossenen Dritten explizit als Voraussetzung erwähnt worden sein wird.[10] Die Aufgabe dieses Prinzips schien ihm wohl der einzige Ausweg zur Vermeidung des Determinismus zu sein. Diese Lösung ist aber schlecht durchdacht, denn für Aristoteles gilt, wie wir sahen, daß Prinzip (VII) und daraus folgt mit dem Satz $N(FA \lor \neg FA)$, den er ebenfalls als gültig ansieht (vgl. 19a28) $FA \lor \neg FA$. Daraus ergibt sich aber mit (VI) der Satz $WFA \lor W\neg FA$, also bei der normalen Interpretation von „nicht" und „oder", die er stets verwendet, das Bivalenzprinzip WFA oder $W\neg FA$, das er widerlegen wollte. Es ist unklar, ob Aristoteles das Meisterargument schon in seiner endgültigen Fassung kannte, oder nur eine Vorform davon. Obwohl das erstere sowohl zeitlich wie sachlich möglich ist – die Aufgabe des Prinzips vom Ausgeschlossenen Dritten entzieht Diodors Annahme (III) und damit seinem Beweisgang den Boden – ist doch wohl das letztere anzunehmen, denn hätte Aristoteles bereits ein präzises Argument vorgelegen, wie es der κυριεύων zweifellos war, so hätte er sich vermutlich doch veranlaßt gesehen, auch selbst exakter zu formulieren. Diodor könnte sich also seinerseits wiederum auf Aristoteles bezogen haben, wobei dann vermutlich das Bivalenzprinzip bei ihm keine Rolle spielte, da er erkannte, daß seine Aufgabe eine starke Abweichung von der zweiwertigen Logik der normalen Sprache erzwingen würde. Aber das sind Spekulationen, deutlich ist allein die Parallelität der Argumente.

---

[10] Das Aristoteles die Megariker in *De int.*, 9 nicht erwähnt und sie sonst nur mit der Behauptung zitiert, nur Wirkliches sei möglich, ist kein Einwand, denn er nennt Zeitgenossen nur selten und die Zitate sind vermutlich früher als *De int.*, 9, da die Aufgabe des Prinzips der Bivalenz ja auch ohne Einfluß auf andere Aristotelische Schriften blieb.

Literatur

Frede, D. (1970): *Aristoteles und die Seeschlacht*, Hypomnemata 27
Hintikka, J. (1964): „Aristotle and the ‚Masterargument' of Diodorus", *American Philosophical Quarterly* 1, 101–114
Kamp, H. (1971): „Formal Properties of ‚Now' ", *Theoria* 37, 227–273
Kutschera, F. v. (1986): „Bewirken", *Erkenntnis* 24, 3, 253–281; Nr. 8 in diesem Band
Prior, A. N. (1957): *Time and Modality*, Oxford
Rescher, N. (1966): „A Version of the Master Argument of Diodorus", *Journal of Philosophy* 63, 438–445
Zeller, E. (1882) „Über den Kyrieuon des Megarikers Diodorus", *Sitzungsber. d. Berliner Akademie* Nr. 9, 151 ff.

10

Ursachen

Als Ursache geben wir oft ein Ereignis an, mit dessen Eintreten das der Wirkung erst notwendig wurde. Diese Konzeption wird in den Abschnitten I bis V im Rahmen sich verzweigender Weltgeschichten expliziert. In VI und VII wird die enge Beziehung dieses Begriffs der Ereigniskausalität zu dem der Agenskausalität, dem eines Bewirkens durch Agenten, hervorgehoben. In den letzten beiden Abschnitten geht es um die Unterscheidung zwischen Ursachen und notwendigen Bedingungen für das Eintreten der Wirkung. Dazu werden Konditionale verwendet, die hier ebenfalls im Rahmen sich verzweigender Weltgeschichten interpretiert werden, ohne eine Ähnlichkeitsrelation zwischen ihnen vorauszusetzen.

Keine einfache Definition des Verursachens kann dem komplexen Gebrauch kausaler Terme in der Alltagsssprache ganz gerecht werden. Man kann nur versuchen, die verschiedene Weisen des Gebrauchs zu entwirren und entsprechende Typen der Verursachung zu unterscheiden. Wenn ich hier eine neue Definition der Kausalbeziehung vorschlage, die sich in einigen Punkten radikal von den meisten der gängigen unterscheidet, sollte man daher im Auge behalten, daß ich mit meinem Vorschlag nicht den Anspruch verbinde, sie erfasse den „wahren" Begriff der Verursachung. Mein Ziel ist nur, eine Vorstellung zu explizieren, die unserem Gebrauch kausaler Terme zugrunde liegt: Eine Ursache ist ein Ereignis, das nicht eintreten mußte und dessen Eintreten erst das Eintreten der Wirkung garantierte. Diese Beschreibung verstehe ich hier nicht epistemisch, sondern rein ontisch. Eine Wirkung wird hier also verstanden als notwendige Folge eines Ereignisses, das seinerseits nicht notwendigerweise eintrat. Der Begriff der Notwendigkeit, auf den ich mich dabei beziehe, ist nicht der einer logischen oder naturgesetzlichen Notwendigkeit. Notwendig ist vielmehr in einer Welt und einem Zeitpunkt, was der Fall ist, egal wie die Weltgeschichte weitergeht. Der Rahmen meiner Analysen bilden daher sich verzweigende Weltgeschichten. Die radikale Verschiedenheit des hier entwickelten Begriffs der Ereigniskausalität von den in der Wissenschaftstheorie sonst üblichen wird dadurch deutlich, daß es in deterministischen, sich nicht verzweigenden Welten keine Ursachen dieser Art gibt, und daß Wirkungen nie Ursachen sein können, so daß es auch keie Kausalketten gibt. Ich werde zeigen, daß dieser Begriff der Ereigniskausalität eng mit dem der Agenskausalität verwandt ist. Daher kann man ihn auch als „aktionistisch" bezeichnen, wenn auch nur in einem weiten Sinn dieses Ausdrucks. Ein naher Verwandter ist der

Typ der Verursachung, den G. H. von Wright in (1974) analysiert hat. Ich zeige endlich, wie sich Wahrheitsbedingungen für Konditionale in diesem Rahmen angeben lassen und wie sich mit ihnen Ursachen von notwendigen Bedingungen unterscheiden lassen.

I Baumuniversen

Im folgenden gebe ich keine Sprache an, in der sich Kausalaussagen formulieren lassen, ich rede vielmehr nur von Modellen für eine solche Sprache. Die Analysen beschränken sich also auf die semantische Ebene. Ich verwende auch nur sehr einfache Modelle mit einer diskreten Zeitstruktur. Viele Anwendungen erfordern komplexere Modelle, mir geht es hier aber darum, die Grundgedanken so einfach wie möglich zu präsentieren. Die Modellstruktur, die ich hier verwende – wenngleich für eine Zeitordnung, die der Struktur der reellen Zahlen entspricht – habe ich schon in (1986) erklärt, da dieser Aufsatz jedoch in deutscher Sprache erschienen ist [der vorliegende aber ursprünglich auf Englisch], will ich hier das Wichtigste wiederholen.

Welten werden als Funktionen aufgefaßt, die Zeitpunkten (momentane) Weltzustände (kurz: WS) zuordnen. $w(t)$ ist also der Zustand der Welt w im Zeitpunkt t. Aus Gründen der Einfachheit nehme ich an, daß alle Welten einen zeitlichen Anfang haben und gleich lang dauern. Wir können daher die Menge T der Zeitpunkte als Anfangsabschnitt der Reihe der natürlichen Zahlen ansehen. Die Welten eines Universums sind die Äste eines oder mehrerer Bäume. Jeder WS $w(t)$, mit Ausnahme der Anfangszustände $w(0)$, soll also genau einen von ihm verschiedenen Vorgänger $w(t-1)$ haben und zwei Welten, w und w', die in einem Zeitpunkt t denselben WS haben, haben vor t dieselbe Geschichte, d.h. es gilt für alle $t' < t\ w(t') = w'(t')$. Ein WS kann also nicht das Produkt verschiedener Entwicklungen, verschiedener Weltgeschichten sein. Die Wahl solcher Baumuniversen bietet sich an, weil wir uns hier für einen Möglichkeitsbegriff interessieren, nach dem nur das möglich ist, was real ist oder realisierbar. Was vergangen ist oder gegenwärtig, läßt sich nicht mehr verändern, es ist also nur dann möglich, wenn es wirklich ist. Für einen Begriff epistemischer Möglichkeit wären Baumuniversen nicht passend, wie schon von Wright bemerkt hat, denn soweit wir wissen kann der gegenwärtige WS auf verschiedene Weise entstanden sein.

Wir können Baumuniversen nun auch definieren, indem wir von einer Menge I von WS und einer Relation r unmittelbarer Nachfolge auf I ausgehen statt von Mengen von Zeitpunkten und Welten:

D1: Ein *Baumuniversum* ist ein Paar $\mathbf{U} = \langle I, r \rangle$, so daß gilt
  1) I ist eine Menge von WS.
  2) r ist eine binäre Relation auf I, so daß für alle $i,j \in I$ gilt
     a) $I_0 := \{j: \neg \exists i(irj)\} \neq \emptyset$,
     b) $\forall\, i \exists j(j \in I_0 \wedge jr^{\geq 0} i)$
     c) $irj \wedge krj \supset i=k$,
     d) für alle natürlichen Zahlen m und n mit $m < n$:
        $\exists ik(i \in I_0 \wedge ir^n k) \supset \forall\, ik(i \in I_0 \wedge ir^m k \supset \exists j(krj))$.

In (a) ist I_0 die Menge der Anfangszustände. In (b) ist $r^{\geq 0}$ die Relationskette 1. Art von r, d.h. $ir^{\geq 0} j$ gilt genau dann, wenn es ein $n \geq 0$ gibt mit $ir^n j$, wo diese Relationspotenzen definiert sind durch $ir^0 j := i=j$ und $ir^{n+1} j := \exists k(ir^n k \wedge krj)$. Daher impliziert (b), daß jeder WS in I ein Anfangszustand ist oder der (unmittelbare oder mittelbare) Nachfolger eines Anfangszustandes. Nach (c) hat jeder WS nur einen Vorgänger, und im Blick auf D3 besagt (d), daß alle Welten gleich lang sind. Aus (a) bis (c) folgt, daß es für jeden WS i genau eine Zahl n gibt mit $\exists j(j \in I_0 \wedge jr^n i)$. Diese Zahl bezeichnen wir durch $z(i)$. Wir können dann die Mengen T von Zeitpunkten und W von Welten so definieren:

D2: $T := \{n: \exists i(z(i) = n)\}$.

Zeitpunkte werden im folgenden durch $t, t', \ldots$ bezeichnet.

D3: $W := \{w \in I^T : \forall\, t(w(t) r w(t+1) \wedge w(0) \in I_0)\}$.

Welten sind also Funktionen, die T in I abbilden, und zwar so, daß direkt aufeinander folgende WS in der Relation r zueinander stehen und $w(0)$ ein Anfangszustand ist. Es gilt also $z(w(t)) = t$. Man könnte Welten auch als maximale Mengen von WS definieren, auf denen $r^{\geq 0}$ eine lineare Ordnung ist.

II Ereignisse

Interpretiert man eine Sprache über Baumuniversen, so werden den Sätzen Wahrheitswerte in Abhängigkeit von Welten und Zeitpunkten zugeordnet, nicht nur in Abhängigkeit von WS. Der Wahrheitswert eines Satzes über die Zukunft hängt z.B. nicht nur vom gegenwärtigen WS ab, sondern auch von der weiteren Entwicklung der Welt. Propositionen als Satzintensionen sind also Teilmengen von $W \times T$, d.h. Mengen von Paaren von Welten und Zeitpunkten. Statt von Propositionen will ich auch von *Sachverhalten* (kurz SV) reden. In Verbindung mit Kausalsätzen sind wir speziell an *Ereignissen* interessiert. Wir wollen diesen Begriff hier so bestimmen, daß ein Ereignis in jeder Welt, in der es vorkommt, einen bestimmten Anfangspunkt, t_1, und einen bestimmten Endpunkt, t_2, hat.

Jedes Ereignis soll ferner in jeder Welt höchstens einmal vorkommen. τ, τ', τ'', ... seien Zeitintervalle $[t_1, t_2]$ mit $t_1 < t_2$. Dann definieren wir ein Ereignis als eine Menge E von Segmenten w_τ von Welten. w_τ ist die Menge alles WS $w(t)$ mit $t \in \tau$. Ist τ_1 der erste und τ_2 der letzte Zeitpunkt von τ und gilt $w_\tau \in E$ und $w'(\tau_2) = w(\tau_2)$, so soll w'_τ auch in E sein. Wir nehmen ferner an, daß dasselbe Ereignis in zwei Welten nicht zu unterschiedlichen Zeitpunkten beginnt, solange die Welten bei Beginn des Ereignisses koinzidieren. Denn haben sie dieselbe Geschichte bis das Ereignis in beiden von ihnen begonnen hat, so gibt es keinen Grund, warum es in der einen Welt später begonnen haben sollte als in der anderen. Wir nehmen jedoch für $w_\tau \in E$ und wenn es einen Zeitpunkt t gibt mit $\tau_1 \leq t < \tau_2$ und $w(t) = w'(t)$, nicht an, es gebe ein Intervall τ' mit $\tau'_1 = \tau_1$, so daß auch $w'_{\tau'}$ in E ist. Ersteigt Hans in w_τ einen Berg und ist w' bis t genau so wie w, so folgt nicht, daß Hans auch in w' den Berg ersteigt, denn er kann in w' müde werden und umkehren, bevor er den Gipfel erreicht. Wir erhalten also die Definition:

D4: Ein *Ereignis* ist eine Menge E von Weltsegmenten w_τ, so daß gilt:
a) $w_\tau, w_{\tau'} \in E \supset \tau = \tau'$,
b) $w_\tau, w'_{\tau'} \in E \land w_\tau \cap w'_{\tau'} \neq \emptyset \supset \tau_1 = \tau'_1$.

Es gibt eine eineindeutige Entsprechung zwischen ereignisartigen SV und Ereignissen. Setzen wir für $X \subseteq W \times T$

D5: $L(X,w,\tau) := \forall t(\langle w,t\rangle \in X \equiv t \in \tau)$ – X besteht in w genau in τ,

so können wir sagen:

D6: Ein SV X ist *ereignisartig* genau dann, wenn $\forall w(\exists t(\langle w,t\rangle \in X) \supset \exists \tau L(X,w,\tau)) \land \forall ww'\tau(L(X,w,\tau) \land w_\tau = w'_\tau \supset L(X,w',\tau)) \land \forall w w' \tau \tau''(L(X,w,\tau) \land L(X,w',\tau') \land w_\tau \cap w'_{\tau'} \neq \emptyset \supset \tau_1 = \tau'_1)$.

Ist X ereignisartig, so ist $\{w_\tau : L(X,w,\tau)\}$ das entsprechende Ereignis, und umgekehrt entspricht der ereignisartige SV $\{\langle w,t\rangle : \exists \tau (w_\tau \in E \land t \in \tau)\}$ dem Ereignis E.

Wir können Ereignisse „abstrakt" durch Sätze spezifizieren und z.B. von dem Ereignis reden, daß der K2 zum ersten Mal erstiegen wurde. Wir können sie aber auch „konkret" bestimmen durch (perfekte) Nominalisierungen wie „Die erste Ersteigung des K2". Das erstere Ereignis kommt in allen Welten vor, in denen der K2 zum ersten Mal bestiegen wird, egal von wem und unter welchen Bedingungen. Das letztere Ereignis ist hingegen die Erstbesteigung, wie sie sich tatsächlich vollzogen hat; es kommt daher in einer Welt nur vor, wenn es sich dort genau so vollzieht wie in unserer Welt. „Genau so" ist natürlich in vielen Fällen zu stark: Gewöhnlich legt der Kontext mehr oder minder klar gewisse Aspekte fest, unter denen das Ereignis betrachtet wird. Die Erstbesteigung des K2 ist, unter den Aspekten der Art A, ein Ereignis, das in einer anderen Welt vorkommt, wenn der K2 dort unter allen A-Aspekten in derselben Weise bestiegen wird wie er in unserer Welt das erste Mal bestiegen worden ist. „Konkrete Ereignisse" sind jedoch ebenso als Mengen von Weltabschnitten darzustellen wie „abstrakte Ereignisse". Genauer werden Ereignisse in Kutschera (1993) diskutiert.

III Notwendigkeit

Werden nur ewige Sätze betrachtet, wie in den meisten Logiken, also nur Propositionen, die Mengen von Welten sind, so besagt Notwendigkeit soviel wie Wahrheit in gewissen Welten. In unserem Rahmen hätte man analytische und nomologische Notwendigkeit darzustellen durch

$\Box(X) := \forall wt(\langle w,t\rangle \in X)$ — X ist *analytisch notwendig*

$N^*(w,X) := \forall w'(wRw' \supset \forall t(\langle w,t\rangle \in X))$ — In w ist X *nomologisch notwendig*.

Hier besagt wRw', daß in w' dieselben Naturgesetze gelten wie in w. In unserem Rahmen können wir nun auch eine zeitabhängige Notwendigkeit, eine sog. *historische Notwendigkeit*, einführen. Dazu definieren wir zunächst

D7 a) $X_t := \{w: \langle w,t\rangle \in X\}$ — Der SV, daß X in t gilt,[1]

b) $W^i := \{w: w(z(i)) = i\}$ — Die Menge aller Welten, die den WS i enthalten.

Wir können dann eine zeitabhängige Notwendigkeit definieren durch

D8: $N(w,t,X) := W^{w(t)} \subseteq X_t$.

Der SV X ist daher vom Standpunkt des WS $w(t)$ aus notwendig, wenn X in allen Welten in t gilt, die mit w in t koinzidieren. Es gilt dann

$\Box(X) \equiv \forall wt N(w,t,X)$ und $N^*(w,X) \equiv \forall w'(wRw' \supset \forall t N(w',t,X))$.

Für ein Ereignis E erhalten wir: $N(w,t,E) \equiv W^{w(t)} \subseteq \{w': \exists \tau(w'_\tau \in E \land t \in \tau)\}$.

Eine Welt ist *deterministisch*, wenn sie keine Verzweigungspunkte enthält. Jedes Ereignis, das in einer solchen Welt vorkommt, kommt dort von Anfang an notwendigerweise vor, und Wahrheit fällt mit Notwendigkeit zusammen. Ein Universum ist deterministisch, wenn alle seine Welten deterministisch sind.

---

[1] Genau gesagt ist X_t kein SV, so wie wir das Wort bestimmt haben, d.h. keine Teilmenge von $W \times T$, aber eine Menge U von Welten entspricht einem *ewigen* SV $U \times T$, d.h. einem Sachverhalt, der in jeder Welt entweder nie oder immer besteht.

IV Ursachen

Ursachen und Wirkungen sind Ereignisse. Die Kausalrelation ist also eine Beziehung zwischen Ereignissen. Daß E Ursache von E' ist, gilt in einer Welt w immer oder nie, d.h. die Beziehung ist nicht zeitabhängig. Wir können sie also in der Form $K(w,E,E')$ schreiben – in w ist E Ursache von E'. Die Grundidee für unsere Bestimmung dieser Realtion ist: E ist Ursache von E', wenn es erst mit dem Eintreten von E sicher ist, daß auch E' eintritt. Dieser Gedanke ist nun im Rahmen unserer Baumuniversen zu präzisieren. Wir verwenden die Abkürzungen:

D9 a) $E^0 := \{w: \exists \tau (w_\tau \in E)\}$ — Der SV, daß E vorkommt,

b) $D(E,w,t) := W^{w(t)} \subseteq E^0$ — In w,t ist E *determiniert*,

c) $DB(E,w) := \exists \tau (w_\tau \in E \land D(E,w,\tau_1))$ — in w ist E von Beginn an determiniert.

Dann sieht die Explikation der Kausalrelation so aus:

D10: $K(w,E,E') := \exists \tau (w_\tau \in E \land \forall w' \tau' (w' \in W^{w(\tau_1)} \land w'_{\tau'} \in E \supset DB(E',w') \land \neg D(E',w',\tau'_1)))$.

Sie ergibt sich aus folgenden Überlegungen:

1) Eine Ursache in w ist ein Ereignis E, das in w vorkommt. Es muß also ein Intervall τ geben mit $w_\tau \in E$.

2) Daß das Eintreten der Wirkung E' nicht sicher ist bis E eintritt, besagt erstens, daß es sicher ist, daß E' eintreten wird, wenn E eintritt. „Sicher" kann sowohl einen epistemischen Sinn haben wie einen ontischen. Das Vorkommen eines Ereignisses ist für eine Person epistemisch sicher, wenn sie fest davon überzeugt ist, daß es eintreten wird. Ontische Sicherheit ist hingegen eine alethische Modalität. Da es uns hier um eine Analyse der ontischen Bedeutung von Kausalaussagen geht, verstehen wir Sicherheit als historische Notwendigkeit. Die beziehen wir nun auf den Beginn von E in w, d.h. auf τ_1. Das heißt, daß wir die Umstände mit in Betracht ziehen, die in w und τ_1 bestehen. Damit erhalten wir

(*) $\forall w' (w' e W^{w(\tau_1)} \land \exists \tau' (w'_{\tau'} \in E) \supset \exists \tau'' (w'_{\tau''} \in E'))$, oder $W^{w(\tau_1)} \cap E^0 \subseteq E'^0$.

Da $\exists \tau'' (w_{\tau''} \in E')$ aus $DB(E',w')$ folgt, ergibt sich (*) aus dem zweiten Konjunktionsglied von D10. (*) ist eine Version der traditionellen Idee einer notwendigen Verknüpfung zwischen Ursache und Wirkung. Da Hume gezeigt hat, daß es sich dabei nicht um eine logische Notwendigkeit handeln kann, nimmt man heute eine nomologische Notwendigkeit an, sofern man diesen Gedanken noch akzeptiert. Unsere historische Notwendigkeit ist weder eine logische, noch eine nomologische Notwendigkeit; beide sind ja zeitunabhängig. (*) besagt nur: Im Blick auf die Umstände, die in w und τ_1 bestehen, muß E' eintreten, wenn E eintritt, egal, wie die Welt w sich weiter entwickelt. Sagen wir, E verursache E', so wollen wir in der Regel nicht behaupten, auf Ereignisse vom gleichen Typ wie E folge immer ein Ereignis vom selben Typ wie E', viel weniger, eine solche Regularität gelte naturgesetzlich. Wenn wir sagen, daß Eva auf einer Bananenschale ausgerutscht ist, sei die Ursache dafür, daß sie sich ein Bein gebrochen hat, wollen wir damit nicht implizieren, daß jeder, der auf einen Bananenschale ausrutscht, sich ein Bein bricht. Es waren vielmehr die besonderen Umstände, die in Evas Fall dazu führten, daß ihr Ausrutschen zu einem Beinbruch führte.

Das Beispiel könnte die Vermutung nahe legen, daß es für eine Verursachung von E' durch E in w nur nötig sei, daß solche Vorkommnisse von E, die in τ_1 beginnen, dem Zeitpunkt des Beginns von E in w, Vorkommnisse von E' nach sich ziehen. Die Explosion einer Bombe ist ja auch dann die Ursache von Johns Tod, wenn die Bombe ihn nicht getötet hätte, wenn sie später explodiert wäre, als er schon weg war. Wir müssen aber zwischen dem konkreten Ereignis ‚Die Explosion der Bombe' und dem abstrakten Ereignis, daß die Bombe explodierte, unterscheiden. Das erstere Ereignis tritt zu einer bestimmten Zeit ein, zu der sich John in der Nähe aufhält, das letztere kann in verschiedenen Welten zu verschiedenen Zeiten auftreten, wenn John in der Nähe ist oder wenn er sich anderswo aufhält. Daher kann das erstere Ereignis die Ursache von Johns Tod sein, das letztere hingegen nicht. Daher wollen wir in unserer Definition, in der wir Ereignisse als Sachverhalte angeben, nicht auf konkrete Ereignisse Bezug nehmen, die nur in τ_1 beginnen.

3) Daß das Eintreten von E' bis zum Eintreten von E nicht sicher war, heißt zweitens, daß es in w und τ_1 noch nicht notwendig ist, daß E' eintritt. Es muß also gelten $\neg D(E',w,\tau_1)$, und das impliziert nach (*) $\neg D(E,w,\tau_1)$, also $\neg DB(E,w)$. Der intuitive Gedanke war, daß Ursachen Ereignisse sind, die nicht eintreten müssen, die nicht determiniert sind, bevor sie beginnen. Da Ereignisse sich im Übergang von WS zu anderen WS vollziehen, können wir auch sagen, daß Ursachen im Moment ihres Beginns noch nicht determiniert sind. D10 fordert jedoch nicht nur $\neg D(E',w,\tau_1)$, sondern $\neg D(E',w',\tau'_1)$ für alle Welten w' aus $W^{w(\tau_1)}$ und Intervalle τ' mit $w'_{\tau'} \in E$. Diese Forderung ergibt sich daraus, daß man haben will:

(***) $K(w,E,E') \wedge w_\tau \in E \supset \forall w'(w' \in W^{w(\tau_1)} \cap E^0 \supset K(w',E,E'))$
– Ist E Ursache von E' in w, so ist es vom Beginn von E in w an notwendig, daß alle möglichen Vorkommnisse von E solche von E' bewirken.

Das ist keine direkte Folge der allgemeinen Idee einer Ursache, von der wir hier ausgegangen sind, intuitiv wird man aber doch sagen wollen, daß es vom Beginn von E in w an determiniert ist, daß $E\,E'$ bewirkt, welche Entwicklungen sonst immer eintreten mögen.

4) Ich interpretiere den Gedanken, daß die Wirkung sicher eintritt, wenn die Ursache eintritt, im starken Sinn so, daß E' von seinem Beginn an determiniert ist. Das wäre schon eine Konsequenz von (*), wenn wir gefordert hätten, daß die Wirkung nicht vor dem Ende der Ursache beginnt, aber das ergibt sich nicht aus D10. Ein Zufallsereignis ist ein typisches Beispiel eines Ereignisses, das nicht von seinem Beginn an determiniert ist; es soll keine Wirkung von etwas sein. Bisher könnte man aber in Übereinstimmung mit unseren Festlegungen sagen: Das Ereignis, daß ein bestimmter Wurf mit einer Münze „Kopf" ergibt, ist die Wirkung des Ereignisses, daß John die Münze in die Hand nimmt und damit „Kopf" wirft. Um derartige Fälle auszuschließen, fordern wir, daß Wirkungen von ihrem Beginn an determiniert sind. Das ergibt $DB(E',w)$. Schon das ist eine sehr starke Bedingung. Denn erstens impliziert sie, zusammen mit $\neg DB(E,w)$, daß Wirkungen nie Ursachen sein können. Zweitens bewirkt das Erhitzen eines Gases im Sinn von D10 nicht, daß es sich ausdehnt. Um solche Fälle zu erfassen, müssen wir mit David Lewis ein stückweises Bewirken einführen: E bewirkt E' Stück für Stück, wenn es zeitliche Teile $E_1, \ldots, E_n$ von E und $E'_1, \ldots, E'_n$ von E' gibt, so daß E_i Ursache von E'_i ist im Sinn von D10 ($1 \leq i \leq n$). Stückweises Verursachen muß man ohnehin für eine Analyse von Fällen von Selbstverursachung annehmen, wenn man von einer asymmetrischen Kausalrelation ausgeht, aber wir müssen sie auch in Fällen bemühen, in denen andere Theorien ohne sie auskommen.[2]

Soll unser Bewirkensbegriff die Bedingung (**) erfüllen, so müssen wir wieder die Bedingung $DB(E',w)$ zu $DB(E',w')$ verstärken, so wie das in D10 geschieht. Aus $DB(E',w')$ und $\neg D(E',w',\tau'_1)$ erhalten wir $\tau'_1 \leq \tau''_1$, so daß E' später beginnt als E in allen Welten aus $W^{w(\tau_1)}$. Das ist nicht besonders problematisch. Beispiele angeblicher Wirkungen, die ihren Ursachen vorausgehen, sind nicht recht überzeugend[3], und die Physik mindestens nimmt an, daß sich Wirkungen mit endlicher Geschwindigkeit ausbreiten. Nach D10 kann jedoch die Wirkung schon beginnen, bevor die Ursache endet. Da wir ohnehin stückweises Bewirken annehmen müssen, ließe sich auch ein späteres Beginnen der Wirkung fordern

---

[2] Für ein Beispiel der Selbstverursachung vgl. Lewis (1986), S. 172f.
[3] Für physikalische Beispiele vgl. Hesse (1961), S. 279ff. Das Standardargument für die Zulassung von Wirkungen in die Vergangenheit hinein ist das Vorhersehen künftiger Ereignisse: Eine solche Erfahrung, sagt man, sei durch das vorhergesehene, also spätere Ereignis bewirkt. Das Argument ist jedoch eine *petitio principii*, denn das Vorhersehen kann nur dann ein kausaler Prozeß ähnlich dem Sehen sein, wenn es rückwirkende Ursachen gibt. Andernfalls haben wir es als eine Art des Vorauswissens zu verstehen. Mein gegenwärtiges Wissen, daß morgen die Sonne aufgeht, wird nicht durch den morgigen Sonnenaufgang bewirkt – wenn es auch davon abhängt, da man nur Tatsachen wissen kann –, und entsprechendes müßte für das Vorhersehen künftiger Ereignisse gelten.

und wir könnten die Bedingung $DB(E',w')$ durch das stärkere $\tau'_2 \leq \tau''_1$ ersetzen. Dann könnte man nicht sagen, mein Frühstücksei sei hart, weil es 15 Minuten lang gekocht wurde, da es tatsächlich schon nach 10 Minuten hart war, aber wir könnten sagen, daß das zehnminütige Kochen die Ursache dafür war, daß das Ei hart ist. Da unser Begriff des Bewirkens ohnehin schon recht exklusiv ist, wollen wir seine Grenzen jedoch nicht noch enger ziehen. Wir wollen auch nicht fordern, daß die Wirkung nicht früher determiniert ist als die Ursache – daß sie nicht später determiniert ist, ergibt sich aus (*). Fälle kausaler Überbestimmung sollen zugelassen werden, bei ihnen kann aber eine andere Ursache und damit die gemeinsame Wirkung vor E determiniert sein.

All das zeigt, daß es einen beträchtlichen Spielraum bei der Explikation der Grundidee des Bewirkens gibt, von der wir ausgegangen sind. Wir könnten die notwendige Verknüpfung von Ursache und Wirkung auch nicht auf den Beginn der Ursache beziehen, sondern auf ihren Determinationspunkt, d.h. auf den letzten Punkt, in dem es noch möglich war, daß die Ursache nicht eintreten würde. Wir könnten ferner zu D10 die Bedingung hinzunehmen, daß das Vorkommen von E' keine logische Folge des Vorkommens von E ist. Wenn $E^0 \subseteq E'^0$ auch nicht impliziert, daß E, wenn es vorkommt, Ursache von E' ist, so sollte jedenfalls das Ereignis, daß E' eintreten wird, nicht Ursache von E' sein. Ist E' ein Ereignis, das in keiner Welt in $t_0 = 0$ beginnt, das in w und t_0 nicht determiniert ist, das aber in allen Welten aus $W^{w(\tau_1)}$, in denen es vorkommt, von Beginn an determiniert ist, so ist $F^*(E') := \{w_\tau : \tau_1 = 0 \land \exists \tau'(w_{\tau'} \in E' \land \tau_2 = \tau'_1 - 1)\}$ das Ereignis, daß E' beginnen wird, und das ist nach D10 eine Ursache von E'. Da sich dieser Mangel aber leicht beheben läßt und es uns auf eine möglichst einfache Explikation der intuitiven Idee der Verursachung als einer ersten Diskussionsbasis ankommt, lassen wir solche Modifikationen hier zunächst außer Acht.

Unsere Kausalrelation ist asymmetrisch, wie es jede brauchbare Kausalrealtion sein muß; denn Wirkungen sind von Beginn an determiniert, während das für Ursachen nicht gilt. Daher ist die Realtion auch nur in dem trivialen Sinn transitiv, daß Wirkungen keine Ursachen sind.

Ist E_w das konkrete Ereignis E, wie es (unter bestimmten Aspekten) in w vorkommt, so ist E_w eine echte Teilmenge von E. Nun folgt zwar $K(w,E_w,E')$ aus $K(w,E,E')$, aber die Umkehrung gilt nicht, und $K(w,E,E'_w)$ folgt auch nicht aus $K(w,E,E')$ oder umgekehrt. Auf der Objektebene macht das keine Schwierigkeiten, da ja die Mengen E und E_w tatsächlich verschieden sind. Auf der sprachlichen Ebene muß man dagegen sorgfältig unterscheiden, denn der Bedeutungsunterschied zwischen Sätzen der Form „Das Ereignis, daß A, bewirkt das Ereignis, daß B" und „ Das Ereignis a bewirkt das Ereignis b" tritt nicht immer deutlich hervor. Ein Name für ein Ereignis bezeichnet dieses Ereignis, so wie es sich in der betreffenden Welt vollzieht, etwa in der Welt, von der aus die Kausalrelation betrachtet wird. Drücken die Sätze A und B ereignisartige Sachverhalte aus, denen die Ereignisse E und E' entsprechen, und sind „a" und „b" Nominalisierungen von A und B, so verhalten sich die beiden angegeben Satzformen wie $K(w,E,E')$ und $K(w,E_w,E'_w)$. In unserem früheren Beispiel: Die Tatsache, daß die Bombe explodierte, ist nicht Ursache davon, daß John später starb, obwohl die Explosion der Bombe die Ursache für Johns Tod war. War es zudem von Anfang an notwendig, daß die Bombe früher oder später explodieren würde, so ist die Tatsache, daß sie explodierte, nicht einmal eine mögliche Ursache, aber die Explosion der Bombe ist eine mögliche Ursache, wenn nicht von vornherein sicher war, daß sie genau zu dem Zeitpunkt explodieren würde, zu dem sie tatsächlich explodierte.

V Diskussion

In diesem Abschnitt sollen einige Einwände gegen das vorgestellte Konzept des Verurachens betrachtet werden. Der Haupteinwand ist natürlich, daß für viele die Aufeinanderfolge von Ereignissen in deterministischen Welten das Paradigma der Verursachung schlechthin ist, während es in solchen Welten überhaupt keine Ursachen im Sin von D10 gibt. Die reale Welt ist jedoch, soweit wir wissen, indeterministisch. Abgesehen von physikalischen Theorien spricht auch unsere normale Vorstellung von menschlichem Handeln, von Freiheit und Verantwortung gegen ein deterministisches Weltbild. Ob die Welt tatsächlich indeterministisch ist oder nicht, wir brauchen jedenfalls für unsere Vorstellungen von zufälligen Ereignissen und Handlungen ein Modell indeterministischer Welten. Es gibt also keinen Mangel an Anwendungen für unseren Kausalbegriff. Andererseits können wir nicht behaupten, er würde allen Intuitionen gerecht, die bestimmen, wie wir im Alltag und in den Wissenschaften von Kausalität reden. Ich habe schon erwähnt, daß teilweise auch epistemische Aspekte eine Rolle spielen. Als Ursache weist man oft ein Ereignis aus, dessen Eintreten unbekannt oder ungewöhnlich war, das es aber plausibel macht, daß die zunächst überraschende Wirkung eingetreten ist. Diesen Gedanken verfolgt die Wahrscheinlichkeitstheorie der Kausalität, wenn man in ihr – Hume folgend – von subjektiven Wahrscheinlichkeiten ausgeht. Auch der zentrale Gedanke der Regularitätstheorien der Kausalität, Wirkungen als naturgesetzliche Folgen ihrer Ursachen zu begreifen, hat eine gewisse Plausibilität für sich. Wir sagen z.B., das Ereignis, daß die Temperatur unter den Gefrierpunkt gesunken ist, habe bewirkt, daß ein Wasserrohr geplatzt ist. Das ist jedoch keine Ursache in unserem Sinn, wenn man davon ausgeht, daß das Absinken der Temperatur seinerseits Wirkung vorhergehender meteorologischer Ereignisse war. Einwände gegen Theorien der Kausalität setzen oft fälschlich voraus, daß es nur einen einzigen Typ von Verursachung gibt, und viele Theorien verstärken ihrerseits diese Meinung durch ihren Exklusivitätsanspruch. Selbst wenn man zugesteht, daß unsere Definition nur einen Typ von Verursachung erfassen soll, rettet sie das natürlich nicht vor allen Einwänden. Der Begriff könnte ja z. B. inkohärent sein oder kontraintuitive Resultate selbst auf dem beschränkten Gebiet seiner intendierten Anwendungen liefern.

1) *Keine Kausalketten*

Da Wirkungen nach D10 keine Ursachen sein können, gibt es keine Kausalketten. Dann aber erscheint es problematisch, lange zeitliche Abstände zwischen dem Ende der Ursache und dem Beginn der Wirkung zuzulassen, wie wir das tun. Man könnte ja sagen, Wirkungen über zeitliche Entfernungen sind nur als über Kausalketten vermittelte Wirkungen vorstellbar, in denen jede Wirkung an ihre Ursache zeitlich anschließt. Ohne solche zeitliche Kontiguität kann die Ursache die Wirkung nicht erklären, denn erstens kann zwischen dem Ende der Ursache und dem Beginn der Wirkung viel passieren, und zweitens muß es einen Grund geben, warum die Wirkung genau in dem Zeitpunkt beginnt, in dem sie das tut, und nicht früher oder später. Das erste Bedenken wird jedoch durch unsere Forderung eine notwendigen Folge der Wirkung auf die Ursache beseitigt; solange noch etwas passieren kann, was den Einfluß der Ursache aufhebt, besteht keine notwendige Verbindung. Das zweite Bedenken ist ernser. Ist E Ursache von E', so ist E nicht auch Ursache davon, daß E' zu einer bestimmten Zeit eintritt. Es kann jedoch Umstände geben, die dafür verantwortlich sind. Nach einschlägigen Naturgesetzen kann sich die Wirkung verzögern. Ich stoße gegen einen Blumentopf, das ist die Ursache dafür, daß er nach einiger Zeit, die von der Höhe des Sturzes abhängt, auf dem Boden zerschellt. Die Annahme einer Kette von Ursachen und direkt auf sie folgenden Wirkungen scheint in diesem Fall nicht weniger künstlich als Aristoteles' Annahme, die umgebende Luft drücke den geworfenen Stein vorwärts, mit der er erklären wollte, warum der Stein sich immer noch bewegt, wenn er die Hand verlassen hat, die ihm den ersten Bewegungsimpuls mitteilte.

2) *Notwendige Ursachen*

Man kann $K(w,E,E')$ nicht lesen als „In w ist E die Ursache von E'." Es kann sowohl $K(w,E_1,E')$ wie $K(w,E_2,E')$ gelten, ohne daß E_1 mit E_2 identisch sein müßte. Die beiden Ursachen können nicht nur logisch, sondern auch faktisch voneinander unabhängig sein. Eine logische Abhängigkeit läge vor im Fall von $E_1 \subseteq E_2$ oder $E_2 \subseteq E_1$. Eine faktische Abhängigkeit hätten wir, wenn es am Beginn von E_1 notwendig wäre, daß E_2 eintritt, falls E_1 eintritt, oder umgekehrt. Es muß allerdings eine Überlappung von E_1 und E_2 in w geben, da E' determiniert ist, nachdem eine der beiden Ursachen beendet ist.

In der Literatur spielen „notwendige Ursachen" als Ereignisse, ohne welche die Wirkung nicht eingetreten wäre, eine wichtige Rolle. Paralyse, um ein oft verwendetes Beispiel anzuführen, stellt sich nur in 5% der Fälle einer Infektion mit Syphilis ein. Trotzdem sagen wir, sie werde durch eine Ansteckung mit Syphilis bewirkt. Da hier die Ansteckung allein nicht hinreichend, sondern nur notwendig für Paralyse ist, ist sie keine Ursache dafür in unserem Sinn. Nun bezeichnen wir aber auch nicht jede notwendige Bedingung für das Eintreten eines Ereignisses als dessen Ursache, sonst müßten wir sagen, Ursache für den Verkehrsunfall von John sei, daß er morgens das Haus verließ. Der Unterschied zwischen den beiden Beispielen liegt darin, daß im Fall der Paralyse zwischen ihr und der Ansteckung mit Syphilis nichts Außergewöhnliches zu passieren braucht. Das Ungewöhnliche ist die Ansteckung, nicht die mögliche Folgeerscheinung. In Johns Fall ist das Außergewöhnliche jedoch nicht sein Verlassen des Hauses, sondern z.B. daß er ein Vorfahrtszeichen übersehen hat. Ähnliches gilt für ein anderes Standardbeispiel: Ich gebe Maria eine Schachtel mit vergifteten Pralinen. Sie ißt eine davon und stirbt. Auch hier ist meine Handlung nicht hinreichend, sondern nur notwendig für ihren Tod – es hätte ja sein können, daß sie keine der Pralinen aß. Dennoch würde man meine Handlung als Ursache von Martias Tod bezeichnen, denn es war zu erwarten, daß Maria von den Pralinen essen würde. Ursachen, so scheint es, sind immer hinreichend für die Wirkung, oft aber nur in einem schwachen, epistemischen Sinn. Sie machen das Eintreten der Wirkung wahrscheinlicher.[4] „Normal" and „gewöhnlich" sind typische doxastische Ausdrücke, denn was wir unter den gegebenen Umständen als normal ansehen, ist das, was wir erwarten. Da wir jedoch an einem rein ontischen Begriff der Kausalität interessiert sind, haben wir keinen Anlaß solche „notwendigen Ursachen" zu berücksichtigen.

3) *Kausale Vorfahrt*

John springt aus einem Fenster im 12. Stock eines Gebäudes (E). Unten ist Asphaltboden, so daß es sicher ist, daß er tot ist (E'), nachdem er unten aufgeschlagen ist. Aber während er am 8. Stock vorüberfliegt, wird er von einem Fenster aus erschossen (E''), so daß er schon tot ist, wenn er unten ankommt. In diesem Fall würden wir sagen, Ursache von Johns Tod sei nicht E, sondern E''. Da wir jedoch angenommen haben, der Tod von John sei bereits mit E sicher, müssen wir nach D10 sagen, E sei Ursache von E'. Es macht jedoch einen Unterschied, ob wir vom konkreten Ereignis von Johns Tod reden oder von dem abstrakten Ereignis E', daß er nach dem Auftreffen am Boden tot ist. Johns Tod ereignet sich früher und ist ein Tod durch Erschießen, und daher ist seine Ursache E''

---

[4] Im Blick auf Simpsons Paradoxie gilt das nur für passende Wahrscheinlichkeiten.

und nicht E. David Lewis hat sich gegen zu konkrete („fragile") Beschreibungen von Ereignissen als Ausweg aus derartigen Problemen gewendet[5], es hängt aber zweifellos von der Wirkung ab, wo wir nach einer Ursache zu suchen haben, und in unserem Fall gibt es offensichtlich zwei verschiedene Wirkungen: E ist die Ursache von E', und der Schuß aus dem 8. Stock macht für diesen Effekt keinen Unterschied. E'' ist hingegen die Ursache von Johns Tod, so wie er sich tatsächlich ereignet hat, und der war aufgrund von E noch keineswegs sicher. Man wird daher denjenigen, der John vom 8. Stock aus erschossen hat, wegen Mordes verurteilen, selbst wenn John kurz danach ohnehin tot gewesen wäre. Man kann ihn hingegen nicht für die Folgen von E' verantwortlich machen, denn dieses Ereignis wäre auch ohne sein Zutun eingetreten.

4) *Das Kausalitätsprinzip*

Nicht jedes Ereignis hat eine Ursache. Nach D10 können nur Ereignisse, die von ihrem Beginn an determiniert sind, eine Ursache haben. Nach dieser Definition ist das Kausalitätsprinzip, nach dem jedes Ereignis eine Ursache hat, nicht nur in indeterministischen Welten ungültig, sondern auch in deterministischen, in denen es überhaupt keine Ursachen gibt. Das ist jedoch kein ernster Einwand, da unser Konzept der Kausalität von vornherein für indeterministische Welten entworfen wurde. Die Ungültigkeit des Kausalitätprinzips impliziert auch nicht, daß es unerklärliche Ereignisse gibt, denn nicht alle Erklärungen sind kausale Erklärungen; es gibt z. B. auch Erklärungen von Handlungen mit Gründen des Agenten.

Das Problem einer gemeinsamen Ursache von Ursache und Wirkung macht in Regularitätstheorien der Kausalität erhebliche Schwierigkeiten. Für unsere Theorie stellt es sich nicht, da Wirkungen keine Ursachen sind. Bleibt noch die Unterscheidung zwischen Ursachen und notwendigen Bedingungen. Für Regularitätstheorien ist auch das ein ernstes Problem.[6] Ein Kurzschluß in einem Kabel ist Ursache eines Feuers. Er konnte diese Wirkung aber nur deswegen haben, weil genug Sauerstoff vorhanden war. Warum sehen wir den Kurzschluß, nicht aber das Vorhandensein von Sauerstoff als Ursache des Brandes an? Das Vorhandensein von Sauerstoff war eine notwendige Bedingung in dem Sinn, daß der Kurzschluß ohne Sauerstoff das Feuer nicht bewirkt hätte. Lassen sich in unserem semantischen Rahmen Wahrheitsbedingungen für solche irrealen Kon-

---

[5] Vgl. sein Postscript zu „Causation" in (1986), S. 196f.
[6] Nach den Regularitätstheorien ist ein SV A Ursache von B, wenn A und B wahr sind und es eine nichtleere Menge von Naturgesetzen L und eine Menge C singulärer Bedingungen gibt, so daß B impliziert wird von L, C und A, aber nicht von L und C oder von C und A alleine. Wenn nun B nicht aus L, A und C ohne eines der Elemente, $C1$, von C folgt, so ist $C1$ auch eine Ursache von B bzgl. L und C, wenn wir in C A für $C1$ substituieren.

ditionale angeben? Das ist wichtig für eine Vervollständigung unserer Kausalitätstheorie, da jede brachbare Theorie Ursachen von notwendigen Bedingungen unterscheiden können sollte.

VI Alternativen und Strategien

Zunächst sollen jedoch Entsprechungen zwischen unserem Begriff eines Bewirkens durch Ereignisse und dem eines Bewirkens durch Agenten aufgewiesen werden. In diesem Abschnitt sollen die begrifflichen Hilfsmittel für die Definition von Handlungen angegeben werden. Er ist eine verkürzte Version meines Aufsatzes (1986).[7]

Wir fassen nun den Übergang von einem WS i zu einem direkten Nachfolger j auf als bestimmt durch die Handlungen von Agenten. In i hat jeder Agent s eine Menge $A(s,i)$ von Alternativen, die ihm offenstehen, und die Wahl je einer Alternative durch jeden Agenten bestimmt den tatsächlichen Nachfolgezustand von i. Es sei

D11: $W_i := \{j : irj\}$ – die Menge unmittelbarer Nachfolger von i.

Dann ist $A(s,i)$ eine Einteilung von W_i, d.h. eine Menge disjunkter Teilmengen von W_i, deren Vereinigung W_i ist. Wir lassen dabei den Fall $A(s,i) = \{W_i\}$ zu, in dem der Agent s keine *echten Alternativen* hat. Damit können wir auch dieselbe Menge von Agenten für jeden WS annehmen, selbst wenn nur wenige von ihnen jeweils echte Wahlmöglichkeiten haben. Der Einfachheit halber nehmen wir an, die Menge der Agenten $S = \{s_1, ..., s_n\}$ sei endlich. Wenn wir von „Agenten" and „Wahlen" reden, ist das in einem weiten Sinn zu verstehen, denn Mutter Natur soll ebenfalls ein Agent sein. Ihre „Handlungen" sind Zufallsereignisse. Die Handlungen, von denen wir im folgenden reden, sind also nicht sämtlich Handlungen im üblichen Sinn.

Baumuniversen, für die Alternativen erklärt sind, sollen *TA-Universen* heißen.

D12: Ein *TA-Universum* ist ein Quadrupel $\mathbf{UA} = \langle I, r, S, A \rangle$, so daß gilt
  1) $\langle I, r \rangle$ ist ein Baumuniversum.
  2) $S = \{s_1, ..., s_n\}$ ist eine nichtleere Menge von Agenten.
  3) Für alle $s \in S$ und $i \in I$ gilt
     a) $X, Y \in A(s,i) \wedge X \neq Y \supset X \cap Y = \emptyset$
     b) $\bigcup A(s,i) = W_i$
     c) $X_1 \in A(s_1,i) \wedge ... \wedge X_n \in A(s_n,i) \supset \exists j (X_1 \cap ... \cap X_n = \{j\})$.

---

[7] Nuel Belnap hat unabhängig sehr nah verwandte Ideen in zwei Aufsätzen von 1989 entwickelt.

Die Bedingungen (a) und (b) besagen, daß $A(s,i)$ eine Einteilung von W_i ist – $X \in A(s,i) \supset X \neq \emptyset$ ergibt sich aus (c). (c) besagt, daß daß die Wahlen aller Agenten zusammen den Nachfolger von i eindeutig bestimmen, und daß jeder Agent jede seiner Alternativen vollziehen kann, egal, was die anderen Agenten tun. Die Alternativen der Gruppe $\{s_{k1}, ..., s_{kr}\}$ von Agenten ($k_q \in \{1, ..., n\}, q \in \{1,...,r\}$) bilden dann die Menge:

D13: $A(\{s_{k1}, ..., s_{kr}\}, i) := \{X_1 \cap ... \cap X_r : X_1 \in A(s_{k1},i) \wedge ... \wedge X_r \in A(s_{kr},i)\}$.

Daraus ergibt sich $A(S,i) = \{\{j\} : irj\}$.

Eine (unendliche) *Strategie* des Agenten s in i wird definiert durch die Wahl je einer Alternative $X_i \in A(s,i)$, die Wahl einer Alternative X_j für alle $j \in X_i$, die Wahl einer Alternative X_k für jedes $k \in X_j$ und alle solche X_j, und so weiter. Sie ist also ein Teil $\mathbf{U}'$ des Baumes $\mathbf{U}$, der mit i beginnt und definiert wird durch eine Relation r', für die gilt $\{k: jr'k\} \in A(s,j)$. Eine *Strategie im weiteren Sinn* ist ein Segment $\mathbf{U}'$ von $\mathbf{U}$, das mit i beginnt und definiert wird durch eine Relation r', so daß es für alle j im Nachbereich von r' Alternativen $X_1, ..., X_r$ from $A(s,j)$ gibt mit $\{k: jr'k\} = X_1 \cup ... \cup X_r$. Eine solche Strategie legt s in jedem WS j nicht auf genau eine Alternative fest, sondern läßt es für manche oder alle WS j offen, welche Alternative s aus einer Teilmenge von $A(s,j)$ wählt. Eine Strategie ist *endlich*, wenn es in jedem Ast von $\mathbf{U}'$ einen WS k gibt, nach dem r' mit r zusammenfällt, d.h. wenn sie den Agenten nur bis k festlegt. Im folgenden wird das Wort „Strategie" immer im Sinn von „endlicher Strategie i.w.S." verstanden.

Wir können Strategien auch als Mengen von Welten darstellen. Entspricht eine Strategie dem Segment $\mathbf{U}'$ von $\mathbf{U}$, so können wir statt ihrer auch die Menge der Welten aus $\mathbf{U}$ betrachten, die zu $\mathbf{U}'$ gehören. Es sei

D14: $f(s,w,t) := \{w': w'(t+1) \in \iota X(X \in A(s,w(t)) \wedge w(t+1) \in X)\}$.

$f(s,w,t)$ ist die Menge der Welten, die durch die WS von jener Alternative X von s in $w(t)$ gehen, zu der $w(t+1)$ gehört. Für alle Gruppen S' von Agenten gilt dann $f(S',w,t) = \bigcap \{f(s,w,t): s \in S'\}$, und $f(S,w,t) = W^{w(t+1)}$. Sind $U, U', U'', ...$ Mengen von Welten, so können wir die Menge $R(s,i)$ von Strategien von s in i definieren als:

D15: $R(s,i) := \{U: \emptyset \neq U \subseteq W^i \wedge \forall w w' t (w \in U \wedge z(i) \leq t \wedge w' \in f(s,w,t) \supset \exists w''(w'' \in U \wedge w''(t+1) = w'(t+1))) \wedge \forall w(w \in U \supset \exists t(z(i) \leq t \wedge W^{w(t)} \subseteq U)) \wedge \forall w(\forall t(z(i) \leq t \supset \exists w'(w' \in U \wedge w'(t) = w(t))) \supset w \in U)\}$.

Die letzte Bedingung soll sicherstellen, daß es nicht mehr Mengen in $R(s,i)$ gibt als Teilbäume. Man könnte auf diese Bedingung verzichten, wenn man statt endlicher Strategien nur beschränkte betrachten würde, d.h. solche $U \in R(s,i)$, für die gilt

$\exists t \forall w (w \in U \supset W^{w(t)} \subseteq U)$. Auch W^i ist eine Strategie von s in i, eine, die s zu nichts verpflichtet. Ich will sie als *leere Strategie* bezeichnen. Ist U eine nichtleere Strategie von s in i, so gibt es eine andere nichtleere Strategie U' von s in i. Der Agent kann also unterlassen zu tun, was er in U tut; er kann etwas anderes tun, das andere Wirkungen haben kann. Daraus folgt nicht, daß er jeden Lauf der Dinge verhindern kann, der mit dem verträglich ist, was er in U tut. Andernfalls könnte man davon sprechen, daß sich der Agent enthalten kann, U zu tun. Die nichtleeren Strategien in $R(s,i)$ sind also die möglichen Handlungen von s in i, die er zwar unterlassen kann, derer er sich aber nicht immer enthalten kann.

Die nichtleere Strategie U von s in i entspricht eindeutig dem Ereignis $E(U)$:= $\{w_\tau : w \in U \wedge \tau_1 = z(i) \wedge \forall t(\tau_2 \leq t \equiv W^{w(t)} \subseteq U)\}$. Es sei $R^*(s,i)$ die Menge nichtleerer Strategien von s in i, dargestellt als Ereignisse. Strategien für Gruppen von Agenten sind entsprechend zu definieren. Dann erhalten wir:

(*) $E \in R^*(S,w(t)) \equiv \emptyset \neq E \wedge \forall w'\tau(w'_\tau \in E \supset w' \in W^{w(t)} \wedge \tau_1 = t \wedge$
       $\neg D(E,w',\tau_2 - 1)) \wedge \forall w'(\forall t(z(i) \leq t \supset \exists w''(w'' \in E^0$
       $\wedge w''(t) = w'(t) \supset w' \in E^0).$

VII Ereignis- und Agenskausalität

Wenn ein Agent s eine nichtleere Strategie U aus $R(s,i)$ verwirklicht, also die entsprechende Handlung vollzieht – wieder im weiten Sinn dieses Wortes –, so bewirkt s damit, daß ein Ereignis E' eintritt, wenn $E(U)$ Ursache von E' ist. Das ergibt die Definitionen:

D16 a) $A(w,s,E) := \exists \tau(w_\tau \in E \wedge E \in R^*(s,w(\tau_1)))$ – In w ist das Ereignis E eine Handlung von s,

     b) $B(w,s,E') := \exists E(A(w,s,E) \wedge K(w,E,E'))$ – In w bewirkt s, daß das Ereignis E' eintritt.

Die erste Definition ist korrekt, weil jeder Agent, wie wir gesehen haben, jede seiner Handlungen unterlassen kann, und das ist ein Merkmal von Handlungen. Die zweite Definition ist brauchbar, da wir aus $E \in R^*(s,w(t))$ erhalten $\forall w'(w' \in W^{w(t)} \supset \neg DB(E,w'))$ – $R^*(s,w(t))$ enthält nicht die leere Strategie. Die Handlungen aus $R^*(s,w(t))$ sind also mögliche Ursachen im Sinn von D10; sie sind nicht von Beginn an determiniert.[8]

---

[8] D16, b entspricht nicht genau der Definition in meinem Aufsatz (1986). – Wenn wir von Handlungstypen reden wollen, die vom selben Agenten zu verschiedenen Zeiten oder von verschiedenen Agenten zur gleichen Zeit vollzogen werden können, müssen wir zunächst *Typen von Ereignissen* einführen. Die Vorkommnisse eines solchen Ereignistyps S sind dann Ereignisse im bisherigen Sinn,

Ist $S' \subseteq S$ eine Menge von Agenten, so lassen sich die Relationen $A(w,S',E)$ und $B(w,S',E')$ entsprechend definieren. Für $S' \subseteq S'' \subseteq S$ gilt $R^*(S',i) \subseteq R^*(S'',i)$, also $A(w,S',E) \supset A(w,S'',E)$. Das sieht auf den ersten Blick mißlicher aus, als es ist, denn gilt $E \in R^*(S',i)$ und $E \in R^*(S'',i)$, so sind die Agenten, die für die Strategie E relevant sind, in beiden Fällen dieselben. Wir sagen, ein Agent s aus S' sei relevant für die Strategie E, wenn nicht gilt $E \in R^*(S'-\{s\},i)$. Für $E \in R^*(s,i)$ und $E \in R^*(s',i)$ gilt immer $s=s'$. Die Beziehungen $B(w,S',E')$ und $B(w,S'',E')$ können jedoch für verschiedene Mengen S' und S'' von Agenten gelten. Das muß auch so sein, da wir in der Definition D10 der Verursachung kausale Überbestimmungen nicht ausgeschlossen haben.

Aus D16 erhalten wir sofort:

1) Bewirkt s das Ereignis E', so gibt es eine Handlung E von s, die E' bewirkt. Ein Bewirken durch Agenten ist ein Verursachen durch Handlungen. Es gilt aber auch:
2) Jede Ursache von E' enthält eine Handlung, mit denen gewisse Agenten E' bewirken.

Denn gilt $K(w,E,E')$ und $w_\tau \in E$, so sei E_1 das Ereignis $\{w_{\tau'}: \tau'_1 = \tau_1 \land D(E, w,\tau'_2) \land \neg D(E,w,\tau'_2 - 1)\}$, d.h. das Ereignis, daß E in w eintritt und zu seinem Determinationspunkt gelangt. Dann gilt $E_1 \in R^*(S,w(\tau_1))$. Das ergibt sich direkt aus (*) am Ende des letzten Abschnitts, denn $\neg D(E_1,w,\tau_1)$ ergibt sich aus $\neg D(E,w,\tau_1)$, das sich aus D10 ergibt. Wenn es einen Zeitpunkt t gibt, in dem alle Vorkommnisse von E die in $w(\tau_1)$ beginnen, ihren Determinationspunkt erreicht haben, was sicher der normale Fall ist, können wir statt E_1 auch das weniger exklusive Ereignis $\{w_{\tau'}: \exists w'\tau''(w'_{\tau''} \in E \land w' \in W^{w(\tau_1)} \land \tau'_1 = \tau_1 = \tau''_1 \land D(E,w',\tau'_2) \land \neg D(E,w',\tau'_2 - 1))\}$ wählen, d.h. das Ereignis, daß E in $w(\tau_1)$ beginnt und zu seinem Determinationspunkt gelangt. Aus $K(w,E,E')$ erhalten wir dann $K(w,E_1,E')$. Das heißt: E bewirkt E' genau dann, wenn es eine Menge von Agenten gibt, die dadurch, daß sie tun, was sie in E tun, bewirken, daß E' eintritt. Unsere Kausalrelation hat daher einen „aktionistischen" Charakter, wenn auch

---

und verschiedene Vorkommnisse von S in derselben Welt müssen unterschieden sein. Wollen wir S als eine Menge von Weltabschnitten auffassen, so muß auf S eine Äquivalenzrelation definiert werden [die Relation, zum selben Vorkommnis von S zu gehören], so daß die Äquivalenzklassen $[w_\tau]_S$ Ereignisse sind und $w_\tau, w_{\tau'} \in S$ impliziert: $\tau = \tau'$ oder es gibt mindestens einen Punkt t zwischen τ und τ'. $F(s)$ ist eine Handlungsweise des Agenten s, wenn es ein Ereignistyp ist, für den gilt $\forall w\tau(w_\tau \in F(s) \supset [w_\tau]_{F(s)} \in R^*(s,w(\tau_1)))$. Dann können wir eine Handlungsweise als Funktion F ansehen, für die $F(s)$ Handlungsweise von s ist für alle s. s vollzieht F in w_τ, wenn $w_\tau \in F(s)$ ist. – Ein Agent kann F tun, indem er etwas anderes tut. s tut F in w_τ, indem er F' tut, wenn gilt $w_\tau \in F(s)$ und es ein Intervall τ' gibt mit $w_{\tau'} \in F'(s)$ und $[w_{\tau'}]_{F'(s)0} \subseteq [w_\tau]_{F(s)0}$. ($[w_{\tau'}]_{F'(s)0}$ ist eine Strategie aus $R(s,w(\tau'_1))$.) A. Goldman hat in (1971) zuerst auf die Bedeutung solcher Indem-Konstruktionen für die Handlungstheorie hingewiesen.

nur in einem sehr weiten Sinn, da wir auch Zufallsereignisse als „Handlungen" der Natur aufgefaßt haben. Dieser Charakter deutet sich schon im Grundgedanken von D10 an, nach dem Ursachen Ereignisse sind, die nicht eintreten müssen, zusammen mit unserer Interpretation der Weltverzweigung als Sache von Wahl oder Zufall. [9]

VIII Konditionale

Wir kommen nun auf die Frage am Ende von Abschnitt V zurück, wie sich Konditionale über Baumuniversen interpretieren lassen. Unser Ziel ist die Angabe von Wahrheitsbedingungen für einen einheitlichen Typ von Wenn-dann-Sätzen, die sich sowohl als indikativische wie als irreale Konditionale lesen lassen, je nach der Möglichkeit oder Unmöglichkeit der Antezedensbedingung. Wir schreiben $C(w,t,X,Y)$ für „In w und t gilt: Wenn es der Fall ist, daß X, so ist es der Fall, daß Y". $X, Y, \ldots$ seien SV, d.h. Teilmengen von $W \times T$. Konditionale Beziehungen bestehen ja nicht nur zwischen Ereignissen, sondern auch zwischen Ereignistypen, die in derselben Welt mehrfach vorkommen können, ferner zwischen

---

[9] Die Bezeichnung „aktionistisch" stammt von G. H. von Wright. Seine Analyse des Bewirkens in (1974) unterscheidet sich trotz einiger Parallelen von unserer. Auch er verwendet Baumuniversen und zeitabhängige alethische Modalitäten. Er definiert Kausalgesetze im wesentlichen als Behauptungen, daß auf jedes Ereignis eines Typs T_1 unmittelbar ein Ereignis vom Typ T_2 folgt, und daß das immer notwendig war. Singuläre Kausalsätze sind für ihn Instanzen solcher Kausalgesetze. Wir haben hingegen nicht gefordert, daß sie sich unter Kausalgesetze subsumieren lassen. Wie wir im Abschnitt IV sahen, hängen die Wirkungen eines Ereignisses von den Umständen ab, die bestanden, als es eintrat. Bei v. Wright kommt der Gedanke eines Aktionismus erst mit seiner Bedingung für die Überprüfbarkeit von Kausalgesetzen ins Spiel. Er führt keine Agenten mit ihren Alternativen ein, sondern zeichnet für jeden WS einen Nachfolger als den normalen aus; er soll sich ergeben, wenn alle Agenten nicht in den Lauf der Natur eingreifen. Das Wort „Agent" wird dabei im üblichen, engeren Sinn gebraucht. Nach unserer Terminologie heißt das: Die Natur hat nie eine echte Alternative, und die Alternative X von s in i ist nur dann eine *genuine* Handlung, wenn der normale WS aus W_i nicht in X ist. Jeder Agent, der echte Alternativen in i hat, hat danach auch die Alternative, nichts zu tun, nicht in den Lauf der Dinge einzugreifen. Die Einführung normaler WS (gibt es mehr als einen, so ist nur einer in jeder Alternative der Natur, und die übrigen Agenten haben je eine Alternative, die sämtliche normalen WS enthält) ist nützlich für eine Handlungstheorie, die einen Unterschied zwischen Tun und Geschehenlassen machen will. Die Bedingung für die Überprüfbarkeit eines Kausalgesetzes, nach dem auf T_1-Ereignisse notwendigerweise T_2-Ereignisse folgen, besagt, daß es ein mögliches Vorkommnis von T_1 geben muß, das normalerweise nicht auftreten würde, aber durch eine Intervention von Agenten herbeigeführt werden kann. Wenn sie es herbeiführen, können sie feststellen, ob auf dieses T_1-Ereignis auch ein T_2-Ereignis folgt, oder ob die Regularität nur für den normalen Verlauf der Dinge gilt. In v.Wrights Arbeit (1974) wird nicht behauptet, jeder Fall eines Bewirkens sei auch ein Fall des Bewirkens durch Agenten. Das würde freilich auch für unseren Ansatz nicht gelten, wenn wir nur über echte Agenten und genuine Handlungen geredet hätten.

Zuständen und zwischen ewigen SV.[10] Die Wahrheitswerte von Konditionalen hängen nicht nur von Welten ab, sondern auch von dem Zeitpunkt ihrer Äußerung. Der Satz „Wenn es regnet, wird John zu Hause bleiben" kann heute wahr, morgen aber falsch sein, je nach den Umständen.

Ein indikativischer Konditionalsatz „Wenn X, dann Y" wird üblicherweise nur dann geäußert, wenn es sowohl möglich ist, daß X gilt, als auch, daß X nicht gilt. „Möglich" kann im Sinn einer alethischen oder einer doxastischen Möglichkeit verstanden werden; X kann kontingent sein, oder es kann unbekannt sein, ob X besteht. Wenn wir auch hier von doxastischen Aspekten absehen, ist die Normalbedingung für unseren indikativischen Konditionalsatz $W^{w(t)} \cap X_t \neq \emptyset \neq W^{w(t)} \cap \overline{X}_t$. In diesem Fall sagen wir, $C(w,t,X,Y)$ gelte genau dann, wenn $W^{w(t)} \cap X_t \subseteq Y_t$, d.h. wenn $N(w,t,\overline{X} \cup Y)$. „Wenn X, dann Y" soll also wahr sein genau dann, wenn Y in allen tatsächlich möglichen Welten gilt, in denen X gilt. In der Regel sagen wir „Wenn X, dann Y" auch nur dann, wenn es unsicher ist, ob Y gilt, d.h. für $W^{w(t)} \cap Y_t \neq \emptyset \neq W^{w(t)} \cap \overline{Y}_t$. Wenn aber Y notwendigerweise nicht besteht, d.h. für $W^{w(t)} \subseteq \overline{Y}_t$, ist die Aussage „Wenn X, dann Y" falsch. Und wenn Y notwendig ist, d.h. für $W^{w(t)} \subseteq Y_t$, würden wir nur sagen „Y, auch wenn X", und das ist dann wahr für alle X, welche die Normalbedingung erfüllen. Das Ergebnis ist also:

a) $W^{w(t)} \cap X_t \neq \emptyset \neq W^{w(t)} \cap \overline{X}_t \supset (C(w,t,X,Y) \equiv W^{w(t)} \cap X_t \subseteq Y_t)$.

Ein Irrealis „Wäre es der Fall, daß X, so wäre es der Fall, daß Y" wird nur geäußert, wenn es sicher ist, daß X nicht der Fall ist. Wenn wir das wieder alethisch und im Sinn historischer Notwendigkeit verstehen, lautet die Normalbedingung $W^{w(t)} \subseteq \overline{X}_t$. Wir unterscheiden zwei Fälle: War es in w nie möglich, daß X in t bestehen würde, also für $W^{w(0)} \subseteq \overline{X}_t$, soll $C(w,t,X,Y)$ wahr sein. Das ist ein Grenzfall, so daß wir mit unserer Festlegung keine wichtigen Intuitionen verletzen. War jedoch X_t in w einmal möglich, so soll $C(w,t,X,Y)$ gelten, wenn im spätesten dieser Zeitpunkte, t'', der Satz „Wenn X in t gelten wird, so wird auch Y in t gelten" unter den Normalbedingungen für indikativische Konditionalsätze wahr ist, d.h. für $W^{w(t'')} \cap X_t \subseteq Y_t$. Es genügt jedoch zuzufordern, daß es einen solchen Zeitpunkt t' gibt, denn ist $t' < t''$ und $W^{w(t')} \cap X_t \subseteq Y_t$, so gilt auch $W^{w(t'')} \cap X_t \subseteq Y_t$ wegen $W^{w(t'')} \subseteq W^{w(t')}$; $t' \leq t$ gilt im Blick auf $W^{w(t)} \cap X_t = \emptyset$. $W^{w(t)} \subseteq \overline{X}_t$ impliziert $W^{w(t')} \cap \overline{X}_t \neq \emptyset$ für alle $t' \leq t$. Der Gedanke ist also: Wenn wir einen Irrealis „Wenn X der Fall wäre, so wäre Y der Fall" beurteilen, gehen wir auf eine vergangene Situation zurück, in der es noch möglich war, daß X in t eintreten würde. Diese Situation sollte der gegenwärtigen so ähnlich sein wie möglich, und sollte daher so nahe an der gegenwärtigen liegen, wie das mit der

---

[10] Wie in (1986) können Zustände als Mengen von WS definiert werden. Ist Z eine Teilmenge von I, so entspricht ihr der SV $\{\langle w,t \rangle : w(t) \in Z\}$.

Forderung verträglich ist, daß es noch möglich war, daß X in t gelten würde. Konnten wir in diesem Moment sagen „Wenn X in t gelten wird, so wird auch Y in t gelten", so ist der Irrealis wahr, andernfalls falsch.

Nun sagen wir normalerweise nur dann „Wenn X der Fall wäre, so wäre Y der Fall", wenn feststeht, daß Y nicht der Fall ist, d.h. für $W^{w(t)} \subseteq \overline{Y}_t$. Für $W^{w(t)} \subseteq Y_t$ würden wir eher sagen „Selbst wenn X der Fall wäre, wäre es doch der Fall, daß Y". Dieser Fall kann jedoch, ebenso wie jener, in dem es unsicher ist, ob Y in t besteht, in der gleichen Weise behandelt werden wie der normale Fall. Dann erhalten wir:

b) $W^{w(t)} \subseteq \overline{X}_t \supset (C(w,t,X,Y) \equiv W^{w(0)} \subseteq \overline{X}_t \vee \exists t'(t' \leq t \wedge \emptyset \neq W^{w(t')} \cap X_t \subseteq Y_t))$.

Ist es sicher, daß X gilt, so sagen wir weder „Wenn X der Fall ist, ..." noch „Wenn X der Fall wäre, ...". Daher können wir unsere Festlegungen beliebig vervollständigen, z.B. so:

c) $W^{w(t)} \subseteq X_t \supset (C(w,t,X,Y) \equiv W^{w(t)} \subseteq Y_t)$.

Das wäre nicht akzeptierbar, wenn wir $C(w,t,X,Y)$ lesen wollten als „Y, weil X", wenn die Prämisse von (c) gilt, aber wir wollen hier Kausalsätze nicht als Spezialfälle von Konditionalen analysieren. Zusammen ergeben (a) bis (c) die Definition:

D17: $C(w,t,X,Y) := W^{w(0)} \subseteq \overline{X}_t \vee \exists t'(t' \leq t \wedge \emptyset \neq W^{w(t')} \cap X_t \subseteq Y_t)$.

$F(X) := \{\langle w,t\rangle : \exists t'(t < t' \wedge \langle w,t'\rangle \in X)\}$ ist der SV, daß X der Fall sein wird. $P(X) := \{\langle w,t\rangle : \exists t'(t' < t \wedge \langle w,t'\rangle \in X)\}$ ist der SV, daß X der Fall war. Mit diesen Operationen können wir Konditionale ausdrücken wie „Wenn X der Fall sein wird, wird auch Y der Fall sein", „Wenn X der Fall war, wird Y der Fall sein", etc.

Meistens werden Konditionale durch Ähnlichkeitsrealtionen zwischen Welten interpretiert.[11] Die Logik für Konditionale, die sich aus D17 ergibt, ist die Standardlogik (jene von Lewis, nicht die von Stalnaker), wenn man nur schwach zentrierte komparative Ähnlichkeitssysteme verwendet, d.h. Relationen $w' \leq_w w''$ (w' ist w höchstens so ähnlich wie w'' dem w), für die nicht gilt $w \leq_w w' \supset w' = w$, sondern nur $w' \leq_w w$. Dieser Unterschied ist wichtig: Stark zentrierte Systeme machen einen Satz „Wenn A, dann B" wahr, wenn „A" und „B" beide wahr sind, und so ein Prinzip ist für indikativische Konditionale nicht brauchbar. In unserem Rahmen können wir schwach zentrierte Systeme wie folgt definieren: Es sei $S_w = W^{w(0)}$, und für alle $w',w'' \in S_w$ gelte $w' \leq_{w,t} w''$ genau dann,

---
[11] Vgl. Lewis (1973).

wenn $\forall t'(t' \leq t \wedge w' \in W^{w(t')} \supset w'' \in W^{w(t')})$. Eine Welt w'' aus S_w ist also, von t aus gesehen, der Welt w „ähnlicher" als w', wenn sie eine längere gemeinsame Geschichte mit w im Intervall *[0,t]* hat als w'. Wir nehmen an, daß t nicht der letzte aller Zeitpunkte ist, so daß also auch $t+1$ in T ist. Andernfalls fiele die Relation zusammen mit $\forall t(w' \in W^{w(t)} \supset w'' \in W^{w(t)})$, und das ergäbe ein stark zentriertes System. Endlich fordern wir: Ist w' nicht in S_w, so gilt $w' \leq_{w,t} w''$ für alle w'', und wenn w'', aber nicht w' in S_w ist, dann gelte $w' <_{w,t} w''$. Die Relationen $\leq_{w,t}$ sind transitiv und konnex.

Werden Sätze der Form „Wenn A, dann B" in der Sprache der Konditionallogik durch $C(A,B)$ dargestellt, so lauten die üblichen Wahrheitsbedingungen dafür:

*) $V_w(C(A,B)) = t$ genau dann, wenn $S_w \subseteq [\neg A] \vee \exists w'(w' \in [A] \cap S_w \wedge \forall w''$
$(w' \leq_{w,t} w'' \wedge w'' \in [A] \supset w'' \in [B]))$.

V ist die Interpretationsfunktion und $[A]$ ist die Menge der A-Welten, d.h. die Menge $\{w: V_w(A) = t\}$. Das entspricht D17, wenn wir zu Interpretationsfunktionen $V_{w,t}$ übergehen – die Wahrheitsbedingungen in (*) hängen ja von t ab – und nur ewige SV als Argumente von $C(w,t,X,Y)$ betrachten. X ist ein ewiger SV, wenn es eine Menge U von Welten gibt mit $X = U \times T$. Sind U und U' Mengen von Welten, so ergibt D17: $C(w,t,U,U') \equiv S_w \subseteq U \vee \exists t'(t' \leq t \wedge \emptyset \neq W^{w(t')} \cap U \subseteq U')$. Für $U = [A]$ und $U' = [B]$ ist das äquivalent mit (*).[12]

---

[12] Man kann auch Auswahlfunktionen statt Ähnlichkeitsrelationen verwenden. Ist $g(w,t,X)$ definiert als $X_t \cap S_w \cap \bigcap \{W^{w(t')}: t' \leq t \wedge W^{w(t')} \cap X_t \neq \emptyset\}$, so gilt $g(w,t,X) \subseteq Y_t \equiv C(w,t,X,Y)$. g erfüllt die üblichen Bedingungen für Auswahlfunktionen: $g(w,t,X) \subseteq X_t \cap S_w$, $X_t \subseteq Y_t \wedge g(w,t,X) \neq \emptyset \supset g(w,t,Y) \neq \emptyset$, $g(w,t,X) \cap Y_t \neq \emptyset \supset g(w,t,X \cap Y) = g(w,t,X) \cap Y_t$ und $w \in g(w,t,X \times T) = W^{w(t)}$. Es gilt auch: $w' \in g(w,t,W \times T) \supset g(w,t,X) = g(w',t,X)$ und $\bigcup g(w,t,X) = S_w$. Wegen $w' \in W^{w(0)} \supset W^{w'(0)} = W^{w(0)}$ hat der Begriff $N^+(w,t,X) := C(w,t,\overline{X},X) \equiv S_w \subseteq X_t$ die Eigenschaften einer S5-Notwendigkeit. Diese zusätzlichen Prinzipien ergeben Wahrheitsbedingungen für Sätze mit iterierten Anwendungen des Konditionaloperators C. Sie entsprechen jenen, die ich in (1976), 3.2 und 3.3 vorgeschlagen habe. – Soweit ich sehe entspricht die hier vorgeschlagene Interpretation von Konditionalen am ehesten jener von Richmond Thomason und Anil Gupta in (1981). Auch sie verwenden Baumuniversen und haben ein Prinzip der Dominanz der Vergangenheit, nach dem Welten um so ähnlicher sind, je länger ihre gemeinsame Geschichte ist. Ähnlichkeit aufgrund der Vergangenheit wird auch von Frank Jackson, Brian Ellis, David Lewis und Wayne Davis hervorgehoben. In seinem Aufsatz „Counterfactual dependence and time's arrow" von 1979 (abgdr. in (1986), S. 32ff.) gibt Lewis eine „Analysis 1" von irrealen Konditionalsätzen an (S. 39), der unsere sehr eng entspricht. Die Gründe, warum er sie verwirft, sind: (1) Sie funktioniert nicht bei Antezedensbedingungen wie „Wenn Känguruhs keine Schwänze hätten, …", die nicht auf bestimmte Zeiten Bezug nehmen. (2) Sie macht die Asymmetrie der konditionalen Abhängigkeit zwischen Zukunft und Vergangenheit zu einer analytischen Wahrheit. Den ersten Einwand kann man gegen unsere Definition jedoch nicht erheben, und für mich ist die Abhängigkeit der Gegenwart von der Vergangenheit, aber nicht von der Zukunft, keine empirische Frage. Was Lewis in seinem Aufsatz über die Beurteilung von Ähnlichkeiten sagt und darüber, wie kleinere oder größere Wunder ihnen abträglich sind, scheint nur eine einzige klare Konsequenz zu haben: Als Standard der Ähnlichkeit können wir verwenden,

Während die Vorstellung einer pauschalen Ähnlichkeit von Welten in den meisten Theorien extrem vage bleibt, erhält sie durch unsere Bestimmung und die Bezugnahme auf Baumuniversen schärfere Umrisse. Unsere Intuitionen über die Verzweigungen der Welten in einem Modell, mit dem ein Ausschnitt der Wirklichkeit dargestellt werden soll, sind natürlich nicht klarer als jene bzgl. der Geltung von Konditionalen über diesen Ausschnitt. Wie wir die Menge möglicher Welten für eine Interpretation eines Fragments der natürlichen Sprache im Blick darauf bestimmen, welche Sätze wir als analytisch wahr oder analytisch falsch ansehen, so müssen wir die Verzweigungen der Modellwelten im Blick auf die Konditionale bestimmen, die wir als wahr oder als falsch ansehen. Wir müssen uns fragen: Was wird unter diesen und jenen Bedingung der Fall sein und was ist möglich, und was wäre der Fall oder was wäre möglich, wenn das und das der Fall wäre. Trotzdem ist die Feststellung, ein Satz sei analytisch wahr, wenn er in allen möglichen Welten gilt, nicht nutzlos für unser Verständnis analytischer Wahrheit, und dasselbe gilt für die Interpretation von Konditionalen nach D17. Es ist nicht Aufgabe der Logik zu sagen, welche Konditionale wahr sind. Der Nutzen von Baumuniversen besteht aber auch nicht bloß darin, daß sich mit ihnen eine Logik der Konditionale angeben läßt. Sie erlauben es vielmehr auch, konditionale Abhängigkeiten in einfachen Modellen zu untersuchen, und darin sind sie hilfreicher als unspezifizierte Ähnlichkeitsbeziehungen.

Da Konditionale nur ein Nebenthema dieses Aufsatzes sind, will ich die intuitive Korrektheit von D17 nicht erörtern. Es ist jedoch noch zu betonen, daß die Verwendung von Indikativ oder Konjunktiv bei der Formulierung eines Konditionals von unseren Annahmen über die Fakten abhängt. Wir sagen „Wenn Oswald Kennedy nicht erschossen hat, so hat es ein anderer getan", wenn wir nicht sicher sind, ob Oswald der Täter war, obwohl es jetzt, wo der Mord in der Vergangenheit liegt, historisch notwendig ist, daß Oswald der Täter war, oder notwendig, daß er es nicht war, so daß unsere ontischen Normalbedingungen für indikativische Konditionale nicht erfüllt sind. Die Verwendung des Indikativs drückt hier also die subjektive Ungewißheit der Antezedensbedingung aus. Die Akzeptierbarkeit der Behauptung hängt ferner von der Annahme ab, daß Kennedy wirklich erschossen wurde. Der Irrealis „Wenn Oswald Kennedy nicht erschossen hätte, so hätte es ein anderer getan", setzt voraus, daß Oswald der Täter war. Diese Voraussetzung ist mit unserer Überzeugung verbunden,

---

was immer dem beabsichtigten Resultat entspricht, und das heißt nur, daß Ähnlichkeiten keinerlei Hilfe sind, um die Geltung von Konditionalen zu beurteilen. Irreale Konditionale können vage sein, aber doch nicht derart vage wie die Vorstellung einer pauschalen Ähnlichkeit zwischen Welten. Eine längere gemeinsame Geschichte garantiert keine größere Ähnlichkeit im üblichen Sinn. Daher tut man gut daran, in unserem Ansatz überhaupt nicht von Ähnlichkeiten zu reden. Die Länge der gemeinsamen Geschichte hat nur die formalen Eigenschaften eines Grades der Ähnlichkeit.

daß Kennedy erschossen wurde, und daher wird diese Überzeugung unter der irrealen Voraussetzung suspendiert. Das erklärt, warum wir diesen Irrealis nicht akzeptieren. Das Beispiel zeigt also nicht, daß indikativische und konjunktivische Konditionale verschiedene Wahrheitsbedingungen haben, sondern nur, daß sie verschiedene Präsuppositionen haben, die in verschiedenen epistemischen Haltungen ihnen gegenüber resultieren können.

IX Ursachen und notwendige Bedingungen

Eine brauchbare Theorie der Kausalität sollte in der Lage sein, Ursachen von notwendigen Bedingungen für das Eintreten der Wirkung zu unterscheiden, haben wir am Ende des Abschnitts V gesagt. In unserem Beispiel eines Kurzschlusses, der ein Feuer bewirkt hat, war die Anwesenheit von Sauerstoff eine notwendige Bedingung. Wir wollen hier Umstände als Ereignisse auffassen. Das ist keine starke Beschränkung der Allgemeinheit, denn das Andauern eines Zustandes in einem Zeitintervall ist ebenso ein Ereignis, wie sein Beginnen oder Enden. Wir reden meist aus der Rückschau von notwendigen Bedingungen, wenn die Ursache schon eingetreten ist und es sicher ist, daß die Wirkung ebenfalls eingetreten ist oder eintreten wird. Dann muß jede notwendige Bedingung für die Wirkung erfüllt sein. Wenn aber E'^0, das Eintreten der Wirkung, in t notwendig ist und F ein Ereignis ist, für das F^0 ebenfalls in t notwendig ist, dann ist die Aussage, daß F eintritt, wenn E' eintritt, wahr. Dieser Konditionalsatz ist also kein passender Ausdruck für eine notwendige Bedingung. Wir müssen vielmehr den Irrealis verwenden „Wenn F nicht eingetreten wäre, wäre auch E' nicht eingetreten." Wir sagen also, daß F, von w und t aus betrachtet, eine *notwendige Bedingung* für E' ist genau dann, wenn $C(w, t, \overline{F}^0, \overline{E}'^0)$.

Nun ist z.B. E' eine notwendige Bedingung für E' selbst, und eine Ursache von E' kann auch eine notwendige Bedingung für E' sein. Wollen wir der Rolle, die das Vorhandensein von Sauerstoff in unserem Beispiel spielt, gerecht werden, so können wir es also nicht einfach als notwendige Bedingung charakterisieren. Es ist vielmehr ein Ereignis, das bereits vollendet ist oder zumindest determiniert, wenn E' beginnt. Es ist, wie wir sagen wollen, eine *Vorbedingung* für E', d.h. eine notwendige Bedingung F, für die es einen Zeitpunkt t' gibt, so daß gilt $D(F,w,t') \land \neg D(E',w,t')$. Das schließt die beiden unerwünschten Fälle aus, denn wenn E eine Ursache ist von E', ist E' determiniert, sobald E determiniert ist.

Eine Vorbedingung für die Wirkung E' ist zu unterscheiden von einer notwendigen Bedingung für die Verursachung von E' durch E. Nehmen wir an, daß der Kurzschluß in einem defekten Stück eines Kabels entstanden ist. Dann ist es eine notwendige Bedingung dafür, daß der Kurzschluß den Brand auslösen konnte, daß sich in der Nähe des Kabels brennbares Material befunden hat. Das sei nun das Ereignis F. In diesem Fall ist F keine Vorbedingung für das Feuer, denn das Feuer hätte auch an einer anderen Stelle entstehen können, z.B. auch durch Brandstiftung. Eine notwendige Bedingung für die Verursachung eines Ereignisses durch ein anderes ist also nicht immer eine Vorbedingung für die Wirkung, sondern eine notwendige Bedingung dafür, daß das zweite Ereignis das erste bewirkt. Um unerwünschte Fälle auszuschließen, müssen wir wieder fordern, daß die Bedingung vor der Wirkung determiniert ist. Schreiben wir $NC(w,t,F,E,E')$ für „Von w and t aus gesehen ist F ein notwendiger Umstand dafür, daß $E\ E'$ bewirkt", so ergibt sich also die Definition:

D18: $NC(w,t,F,E,E') := C(w,t, \overline{F}^0, \{w: \neg K(w,E,E')\}) \wedge \exists t'(D(F,w,t') \wedge \neg D(E',w,t'))$.

Jede Vorbedingung von E' ist auch eine notwendige Bedingung dafür, daß E' Wirkung einer Ursache ist, die Umkehrung gilt jedoch nicht.

Diese Definition muß noch an weiteren Beispielen überprüft werden, es kam mir hier aber vor allem darauf an zu zeigen, daß der Rahmen der Baumuniversen reich genug ist, um die Formulierung von Wahrheitsbedingungen selbst so komplexer Sätze zu erlauben wie „Wenn F nicht eingetreten wäre, hätte E nicht E' bewirkt."

Literatur

Belnap, N. (1989): „Backwards and forwards in the modal logic of agency", 1993 erschienen in *Philosophy and Phenomenological Research*
Belnap, N. (1991): „Before refraining: Concepts for agency", *Erkenntnis* 34, 137–69
Goldman, A. (1971): „The individuation of action", *The Journal of Philosophy* 68, 761–74
Hesse, M. B. (1961): *Forces and Fields*, London
Jaskowski, St. (1951): „On the modal and causal functions in symbolic logic", *Studia Philosophica* 4, 71–92
Kutschera, F. v. (1976): *Einführung in die intensionale Semantik*, Berlin
Kutschera, F. v. (1986): „Bewirken", *Erkenntnis* 24, 253–81; Nr. 8 in diesem Band
Kutschera, F. v. (1993): „Sebastian's strolls", *Grazer Philosophische Studien* 45, 75–88; Nr. 11 in diesem Band
Lewis, D. (1973): *Counterfactuals*, Oxford
Lewis, D. (1986): *Philosophical Papers*, Bd. II, Oxford
Thomason, R. H. und Gupta, A. (1981): „A theory of conditionals in the context of branching time", in W. L. Harper, R. Stalnaker, G. Pearce (Hrsg.): *Ifs*, Dordrecht, 299–322
Wright, G. H. von (1974): *Causality and Determinism*, New York.

Nachwort

Die Definition D10 des Bewirkens durch Ereignisse ist, wie ich im Aufsatz schon sagte, noch genauer zu diskutieren. Es ist der große Vorteil der Modelle mit Baumuniversen, daß man sich die verschiedenen Möglichkeiten des Verhältnisses von Ereignissen gut veranschaulichen kann. Erstens ist zu erörtern, ob die Bedingung (**) aus Abschnitt IV tatsächlich unverzichtbar ist. Wenn man nicht fordern will, daß die Wirkung erst beginnt, wenn die Ursache abgeschlossen ist – was sicher zu restriktiv wäre – kann es zweitens nach D10 passieren, daß die Wirkung vor der Ursache determiniert ist, und das paßt schlecht zum Grundgedanken der Definition. Wenn man für $w \in E^0$ den Determinationspunkt $d(w,E)$ des Ereignisses E in der Welt w als den frühestens Zeitpunkt t mit $W^{w(t)} \subseteq E^0$ bestimmt, wird man also fordern, daß $d(w,E) \leq d(w,E')$ gilt, bzw. im Sinn von (**), daß das für alle Welten aus $W^{w(\tau_1)}$ gilt. $d(w,E') \leq d(w,E)$ folgt aus $W^{w(\tau_1)} \cap E^0 \subseteq E'^0$.

Den Ansatz zur Interpretation von Konditionalen im Abschnitt VIII sehe ich heute nicht mehr als allgemein brauchbar an. Der Zusammenhang zwischen den SV X und dem SV Y, aufgrund dessen wir sagen „Wenn X, dann Y" oder „Wäre X, so wäre Y" ist nicht immer historisch, er kann auch logisch oder naturgesetzlich sein, und auch auf sozialen, ökonomischen oder geographischen Gegebenheiten beruhen. Mein Ansatz erfaßt nur den historischen Fall. Der Einwand gegen Lewis' Kritik in Anmerkung 12 ist formal richtig, nicht aber material. Nimmt man an, daß Kängeruhs schon immer Schwänze hatten, so sind nach D17 alle Konditionale der Form „Wenn Kängeruhs keine Schwänze hätten, dann ..." wahr, wir würden einen Satz wie „Wenn Kängeruhs keine Schwänze hätten, dann könnten Frösche fliegen" jedoch kaum akzeptieren. Es ist freilich auch wenig überzeugend, alle sachlichen Zusammenhänge mit einer Ähnlichkeit von Welten erfassen zu wollen. Man wird vielmehr davon ausgehen, daß sie im Idealfall zusammen eine Bewertung von SV mit den formalen Eigenschaften einer Wahrscheinlichkeit definieren, so daß die Höhe der bedingten Wahrscheinlichkeit von Y aufgrund von X ein Maß für die Akzeptierbarkeit des Satzes „Wenn X, dann Y" ergibt. Dieser Gedanke ist nicht neu, bedarf aber einer sorgfältigen Explikation. Den Zwecken des Aufsatzes ist jedoch eine historische Interpretation der Konditionale gerade angemessen.

Zur modalen Theorie der Kausalität sind inzwischen mehrere Arbeiten erschienen. Ich erwähne nur:

Belnap, N. (1992): „Branching space-time", *Synthese* 92, 385–434
Belnap, N. (2002): „A theory of causation: *causae causantes* (originating causes) as inus conditions in branching space-times", Manuskript
Meixner, U. (2001): *Theorie der Kausalität*, Paderborn.

11

Sebastians Spaziergänge

Eine Darstellung von Ereignissen als Propositionen von der Art, wie sie Richard Montague in (1960) und David Lewis in (1986) entwickelt haben, ist unter vielen Aspekten am überzeugendsten. Es ist jedoch ein offenes Problem, ob und ggf. wie man grobkörnige Ereignisse in dieser Darstellung unterbringen kann. Als Propositionen sind Ereignisse zunächst einmal feinkörnig. Das Ereignis, daß Caesar starb, ist von dem Ereignis verschieden, daß er ermordet wurde. Trotzdem würden wir sagen, sein Tod und seine Ermordung seien ein und dasselbe Ereignis. Wir fassen auch die Instanzen generischer Ereignisse wie Sebastians Spaziergänge als grobkörnige Ereignisse auf. Hat Sebastian nur einen Spaziergang durch Bologna unternommen, in dessen Verlauf er Max traf, so ist sein Spaziergang in Bologna identisch mit dem Spaziergang, bei dem er Max traf, obwohl die Propositionen, daß er in Bologna spazieren ging, und daß er spazierenging und dabei Max traf, verschieden sind. In diesem Aufsatz möchte ich einen Vorschlag für eine Definition solcher grobkörniger Ereignisse im Rahmen einer propositionalen Theorie von Ereignissen machen.

1 Ereignisse als Propositionen

Das Wort „Ereignis" wird oft nur für singuläre Ereignisse verwendet wie den Tod des Sokrates, die in jeder Welt, in der sie vorkommen, nur ein einziges Mal vorkommen. Über sie will ich zuerst reden. Während Montague nur momentane Ereignisse betrachtet, die sich in einem einzigen Zeitpunkt vollziehen, wollen wir hier davon ausgehen, daß sich Ereignisse in endlichen Zeitintervallen ereignen, daß sie also eine gewisse Zeit dauern. Der Einfachheit halber betrachten wir im folgenden nur geschlossene Intervalle.

Der Rahmen für eine Definition passender Propositionen ist eine Kombination von Modal- und Zeitlogik. Wir können insbesondere $T \times W$-Rahmen benützen, wie sie Richmond Thomason definiert hat.[1] So ein Rahmen besteht aus einer nichtleeren Menge T von Zeitpunkten ($t, t', \ldots$), auf der $<$ eine Ordnungsrelation ist, und einer nichtleeren Menge W von Welten ($w, w', \ldots$). Für alle $t \in T$ soll

---
[1] Vgl. Thomason (1984), S. 146.

$w\sim_t w'$ eine Äquivalenzrelation auf W sein, die besteht, wenn w in t im gleichen momentanen Zustand ist wie w'. $w'\sim_t w$ und $t'<t$ sollen $w\sim_{t'} w'$ implizieren: Welten befinden sich nur dann im Zeitpunkt t im gleichen Zustand, wenn sie sich schon vor t immer im gleichen Zustand befunden haben.[2]

Propositionen (X, Y, ...) sind Teilmengen von $W \times T$, also Mengen von Paaren aus Welten und Zeitpunkten. Daß die Proposition X in w genau im Intervall τ besteht, wird ausgedrückt durch $L(X,w,\tau) := \forall t(\langle w,t \rangle \in X \equiv t \in \tau)$. τ_1 sei der Anfangspunkt des Intervalls τ, τ_2 sein Endpunkt. Ein *singuläres Ereignis* ist dann eine Proposition X, die folgende drei Bedingungen erfüllt: (a) $\forall w (\exists t(\langle w,t\rangle \in X \supset \exists \tau L(X,w,\tau))$, (b) $\forall ww'\tau(L(X,w,\tau) \wedge w(\tau_2) = w'(\tau_2) \supset L(X,w',\tau))$, und (c) $\forall ww'\tau\tau'(L(X,w,\tau) \wedge L(X,w',\tau') \wedge \exists t(t \in \tau \cap \tau' \wedge w(t) = w'(t)) \supset \tau_1 = \tau'_1)$. Die Bedingung (a) besagt, daß X ein singuläres Ereignis ist, das in allen Welten, in denen es überhaupt vorkommt, genau in einem Intervall vorkommt. Damit werden Ereignisse ausgeschlossen, die zeitlich verstreut sind. Nach (b) gilt: Ereignet sich X in der Welt w im Intervall τ, so ist das, was nach τ passiert, irrelevant für das Vorkommen von X. Die Bedingung (c) endlich besagt: Kommt ein Ereignis X in der Welt w im Intervall τ vor und in der Welt w' in τ' und koinzidieren w und w' in einem Moment, der zu beiden Intervallen gehört, so beginnt X in beiden Welten im gleichen Moment. Ereignet sich X in w im Intervall τ und koinzidiert w' mit w bis zu einem Zeitpunkt $t<\tau_2$ aus dem Intervall τ, so braucht sich X nicht auch in w' zu ereignen. Ersteigt John in w und τ einen Berg, so kann er z.B. auch in einer Welt w', die mit w bis hin zu t koinzidiert, beginnen, den Berg zu besteigen, aber es könnte sein, daß er in w' umkehrt, bevor er den Gipfel erreicht hat. Wenn aber John auch in w' den Berg ersteigt, wäre es kaum sinnvoll zu behaupten, daß er seine Besteigung in w' früher oder später beginnt als in w. Mit dem Beginn seiner Hinaufgehens in w tut er etwas, das zum Hinaufsteigen gehört, und da er das auch in w' tut, ist es auch Teil seines Ersteigen des Berges in w'.

Singuläre Ereignisse entsprechen Mengen von Weltsegmenten w_τ. Wenn wir eine Welt w als Funktion auffassen, die jedem Zeitpunkt t den Zustand $w(t)$ von w in t zuordnet, soll das Segment w_τ der Funktion w, beschränkt auf das Intervall τ entsprechen. Da jeder Weltzustand nur in einem einzigen Zeitpunkt vorkommt, kann man w_τ auch als Menge der Weltzustände von w in τ ansehen. Ist X ein

---

[2] $W \times T$-Rahmen entsprechen den Baumuniversen, die ich in (1986) verwendet habe, und – für diskrete Zeitordnungen – in (1993). Die Menge $\{\langle w',t'\rangle: t'=t \wedge w\sim_t w'\}$ kann als momentaner Zustand der Welt w im Zeitpunkt t angesehen werden, und Welten können auch aufgefaßt werden als Funktionen, welche die Menge T der Zeitpunkte in die Menge der Weltzustände abbilden, so daß $w(t)$ der Zustand von w in t ist. Diese Auffassung von Welten wird im folgenden verwendet. Für eine Theorie der Ereignisse ist es nicht nötig, sich auf Welten zu beschränken, die sich nur in Richtung Zukunft verzweigen, was wir dabei an formaler Allgemeinheit gewännen, verlören wir aber an intuitiver Plausibilität.

Ereignis, so genügt die Menge $E = \{w_\tau : L(X,w,\tau)\}$ der Weltsegmente, in denen X vorkommt, den Bedingungen: (d) $\forall w\tau\tau'(w_\tau \in E \wedge w_{\tau'} \in E \supset \tau = \tau')$, und (e) $\forall ww'\tau\tau'(w_\tau \in E \wedge w'_{\tau'} \in E \wedge w_\tau \cap w'_{\tau'} \neq \emptyset \supset \tau_1 = \tau'_1)$. Ist E umgekehrt so eine Menge von Weltsegmenten, so ist die Proposition $X = \{\langle w,t\rangle : \exists \tau (w_\tau \in E \wedge t \in \tau)\}$ ein Ereignis. Daher bezeichnen wir auch Mengen von Weltabschnitten, die (d) und (e) genügen, als „Ereignisse".

Einen anderen Typ von Propositionen bilden *Zustände*. Zustände sind Propositionen X, die in einer Welt w in einem Zeitpunkt t bestehen oder nicht bestehen, unabhängig von der Entwicklung von w nach t. Für sie gilt also $\forall ww't(\langle w,t\rangle \in X \wedge w(t) = w'(t) \supset \langle w',t\rangle \in X)$. Zuständen entsprechen so eineindeutig Mengen von momentanen Weltzuständen.

Unser Begriff des Ereignisses ist sehr weit. So ist es z.B. ein Ereignis, daß Sokrates stirbt und es an der Westküste Australiens regnet. „Natürliche Ereignisse" auszuzeichnen wäre jedoch eine schwierige Aufgabe, und würde uns auch bei unserem Problem wenig helfen. Wir könnten D. Lewis folgen und nur kontingente Ereignisse betrachten, also solche, die nur in einigen, nicht aber in allen Welten vorkommen, aber das ist kein wichtiger Punkt. Lewis stellt Ereignisse nicht als Mengen zeitlicher Segmente von Welten dar, sondern als Mengen raumzeitlicher Segmente.[3] Da es weniger Ereignisse gibt, die in derselben Raum-Zeitregion vorkommen als im gleichen Zeitintervall, erlaubt dieser Ansatz, bei derselben Menge von Welten, eine genauere Unterscheidung von Ereignissen. Da die Menge möglicher Welten aber so groß ist, daß sich Ereignisse in verschiedenen Regionen immer durch Welten unterscheiden lassen, in denen sie vorkommen, ist das ein schwaches Argument. Lewis betont zudem selbst, daß sich auch am gleichen Platz zur selben Zeit verschiedenes ereignen kann. Daher gibt es keinen Grund, von Montagues einfacherem Ereignisbegriff abzugehen.

Neben singulären Ereignissen gibt es auch solche, die in derselben Welt mehrfach vorkommen können. Ich bezeichne sie mit Montague als *generische Ereignisse*. Die Geburt und der Tod von Sokrates sind singuläre Ereignisse; man wird nur einmal geboren und kann nur einmal sterben. Die meisten anderen Dinge kann man jedoch wiederholt tun. Es wäre unnatürlich, Sokrates' Spaziergänge oder Gewitter nicht als „Ereignisse" zu bezeichnen, oder sie als Klassen singulärer Ereignisse darzustellen. Daher wollen wir sie hier ebenfalls als Propositionen eines bestimmten Typs auffassen, von dem singuläre Ereignisse Spezialfälle sind.

Für ihre Definition verwenden wir zwei Abkürzungen: Wir setzen $\tau/\tau' := \exists t(\tau_2 < t < \tau'_1) - \tau$ und τ' sind getrennt – und $L'(X,w,\tau) := \forall t(t \in \tau \supset \langle w,t\rangle \in X) \wedge \forall \tau'(\tau \subset \tau' \supset \exists t(t \in \tau' \wedge \neg\langle w,t\rangle \in X))$. $L'(X,w,\tau)$ besagt also, daß X in w während

---

[3] Wenn wir nicht nur dasselbe Zeitintervall für alle Welten annehmen, sondern auch denselben Ort, können wir Ereignisse nicht als Mengen von Raum-Zeit-Regionen definieren, wie Lewis das tut, sondern nur als Paare von Welten und solchen Regionen.

des ganzen Intervalls τ besteht, aber nicht durchgängig während eines größeren Intervalls. Ein *Ereignis* ist dann eine Proposition X, für die statt (a) die Bedingung gilt: (a') $\forall w\tau\tau'(L'(X,w,\tau) \land L'(X,w,\tau') \supset \tau=\tau' \lor \tau/\tau')$, und statt (b) und (c) die Bedingungen (b') and (c'), die man aus ihnen erhält, indem man L durch L' ersetzt. (a') besagt, daß verschiedene Vorkommnisse von X in derselben Welt zeitlich getrennt sind, so daß X für jede Welt die Intervalle eindeutig bestimmt, in denen dieses Ereignis in der Welt vorkommt. Für manche Fälle ist diese Forderung sicher zu stark. Zwischen den Umdrehungen eines Uhrzeigers, z.B. von 12 bis 12 Uhr, gibt es keinen Zeitpunkt, der sie trennt. Wir wollen es aber aus Gründen der Einfachheit bei unserer Definition belassen. Ereignisse entsprechen nun Mengen E von Weltsegmenten, für die (e) gilt, und statt (d) die Bedingung (d'): $\forall w\tau\tau'(w_\tau \in E \land w_{\tau'} \in E \supset \tau=\tau' \lor \tau/\tau')$.

Im wesentlichen entspricht diese Definition von Ereignissen als Mengen von Weltsegmenten jener von Montague in (1960). Er betrachtet dort allerdings nur momentane generische Ereignisse und definiert sie als Eigenschaften von Zeitpunkten. Ist E ein Ereignis in unserem Sinn, als Menge von Weltsegmenten, so ist $f_w(\tau) := w_\tau \in E$ die entsprechende Eigenschaft – $f_w(\tau)$ bedeute, daß das Zeitintervall τ die Eigenschaft f in der Welt w hat. Ist umgekehrt f eine Eigenschaft von Zeitintervallen, so ist $E = \{w_\tau : f_w(\tau)\}$ die entsprechende Menge. Wir haben also nur die Bedingungen (d') und (e) hinzugefügt, die für momentane Ereignisse überflüssig sind. Die Definition von Ereignissen als Propositionen oder Klassen von Weltsegmenten ergibt ein klares Identitätskriterium für sie: Die Ereignisse X und Y, oder die Mengen E und E' sind identisch genau dann, wenn sie dieselben Elemente haben.

2 Akzidentelle Eigenschaften von Ereignissen

Die Ermordung Caesars fand in Rom statt, an den Iden des März und unter Beteiligung von Brutus. Sie könnte sich auch außerhalb Roms ereignet haben, im April oder ohne Teilnahme von Brutus. Ereignisse haben also verschiedene Eigenschaften in verschiedenen Welten. In einem Zeitraum vorzukommen, nach einem bestimmten anderen Ereignis oder durch dieses bewirkt zu sein – das sind alles akzidentelle Eigenschaften von Ereignissen. Ein generisches Ereignis kann zudem bei verschiedenen Vorkommnissen in derselben Welt verschiedene Eigenschaften haben, und kann sich z.B. einmal an einem Ort, ein anderes Mal an einem anderen Ort ereignen. Eine Eigenschaft des Ereignisses E in w und τ ist keine Eigenschaft des Segments w_τ in E. Es wäre z.B. sinnlos zu sagen, ein solches Segment käme an einem bestimmten Ort vor, oder eine bestimmte Person sei an dem Segment beteiligt. Ob das Vorkommen von E in w und τ

Ursache eines anderen Ereignisses, E', ist, hängt auch von Vorkommnissen von E in anderen Welten ab.[4]

Eigenschaften können Propositionen unabhängig von Welten und Zeitpunkten zukommen, wie z.B. die Eigenschaft, eine bestimmte andere Proposition zu implizieren, aber auch abhängig von Welten und Zeitpunkten, wie z.B. die Eigenschaft des Bestehens oder jene, von einer bestimmten Person für wahr gehalten zu werden. Wenn wir solche letzteren Eigenschaften von Propositionen betrachten, sehen wir uns den Problemen gegenüber, auf die David Kaplan in (1983) hingewiesen hat. Da die Menge aller Propositionen als Teilmengen von $W \times T$ eine höhere Kardinalität hat als die Menge $W \times T$ selbst, gibt es keine Funktion, die $W \times T$ auf die Menge der Propositionen abbildet. Es gibt z.B. keine Eigenschaft f von Propositionen, so daß es für jede Proposition X eine Welt w und eine Zeit t gibt, so daß f in w und t genau auf X zutrifft. Diese unerwünschte Beschränkung der Eigenschaften kann man überwinden, indem man Typen von Propositionen unterscheidet. Ist $w \approx w'$ eine Äquivalenzrelation auf W, so kann man Propositionen vom Typ 1 so bestimmen, daß gilt $\forall ww't(\langle w,t\rangle \in X \wedge w \approx w' \supset \langle w',t\rangle \in X)$. Für Eigenschaften f solcher Propositionen gilt dann nicht allgemein $f_{w,t}(X) \wedge w \approx w' \supset f_{w',t}(X)$. Ist X eine Proposition des Typs 1, so kann man $\{\langle w,t\rangle : f_{w,t}(X)\}$ als eine Proposition vom Typ 2 ansehen, usf.[5] Im folgenden beschränke ich mich jedoch auf Eigenschaften von Propositionen, deren Zutreffen nur von Welten abhängt. Im Fall singulärer Ereignisse sind das Eigenschaften wie ‚an einem bestimmten Ort stattfinden' oder ‚zwei Stunden dauern'.

3 Abstrakte und konkrete Ereignisse

Caesars Tod wird meist als ein spezielleres, „dickeres" Ereignis angesehen als das Ereignis, daß Caesar stirbt. Ist E das letztere Ereignis und E^0 Caesars Tod, so ist E^0 das Ereignis E, wie es sich in unserer Welt, w, abgespielt hat. Wie und unter welchen Bedingungen sich E in w abgespielt hat, wird durch die Eigenschaften von E in w angegeben. Das legt es nahe, E^0 als jene Teilmenge von E zu bestimmen, die aus jenen Vorkommnissen von E besteht, bei denen E dieselben Eigenschaften hat wie in w. ‚Mit sich selbst identisch sein, während die Welt mit w identisch ist' ist jedoch eine Eigenschaft, die E nur in w hat. Der Ansatz würde also dazu führen, daß E^0 die Einermenge aus w_τ wäre, wo τ das Intervall ist, in dem E in w vorkommt. Caesars Tod ist aber nicht derart speziell, daß er nur in unserer Welt vorkommt, und zudem wäre E^0 dann mit jedem

---
[4] Vgl. Kutschera (1993).
[5] Für den Fall von Überzeugungen wird dieser Gedanke in Kutschera (1994) erörtert.

anderen konkreten Ereignis identisch, das ebenfalls in w_τ vorkommt. Caesars Tod wäre also z.B. identisch mit dem Gewitter, das sich gleichzeitig über Athen entlud. Der Gedanke der Bestimmung konkreter Ereignisse durch Eigenschaften des Vorkommnisses des entsprechenden abstrakten Ereignisses in unserer Welt läßt sich daher nur durchführen, wenn wir diese Eigenschaften beschränken.

Ein entsprechendes Problem stellt sich bzgl. der Zustände von Objekten. Da die Lösung hier einfacher ist, will ich zuerst dazu etwas sagen. Im Blick auf die Definition von Zuständen im Abschnitt 1 sagen wir, g sei eine *Zustandseigenschaft* von Objekten, wenn die Anwendbarkeit von g auf ein Objekt x in der Welt w im Zeitpunkt t nur vom momentanen Zustand von w in t abhängt, nicht aber von der weiteren Entwicklung von w nach t. Dann gilt: $\forall w w't(g_{w,t}(x) \wedge w'(t)=w(t) \supset g_{w',t}(x))$. Zustände von Objekten sind nichts anderes als solche Zustandseigenschaften. Daß x sich in einem bestimmten Zustand befindet, heißt, daß x eine bestimmte Zustandseigenschaft hat. Jemand befindet sich im Zustand des Betrunkenseins, wenn er betrunken ist. Die Menge G aller Zustandseigenschaften bildet eine vollständige Boolesche Algebra, d.h. mit g ist auch *nicht-g* in G, mit g und h auch *g-und-h*, und ist H eine Teilmenge von G, so ist die Konjunktion aller Eigenschaften aus H auch eine Eigenschaft in G. Nun könnte man den Zustand, in dem sich John gerade befindet, auf den ersten Blick als Konjunktion aller Zustandseigenschaften ansehen, die John (in unserer Welt) gegenwärtig hat. Ist x John, w unsere Welt und t der gegenwärtige Zeitpunkt, so wäre das die Eigenschaft $Z(x,w,t) = \bigcap\{g \in G: g_{w,t}(x)\}$. Da jedoch ‚mit sich selbst identisch sein, während y die Eigenschaft g in t' hat' für alle x, y, g, t' ebenfalls Zustandseigenschaften sind, wäre $Z(x,w,t)$ dann eine Eigenschaft, die nur auf x zutrifft, und auf x auch nur in w, denn Welten, in denen sämtliche Objekte zur gleichen Zeit die gleichen Eigenschaften haben, wird man als identisch ansehen. Wenn wir vom „Zustand, in dem sich John gerade befindet" reden, haben wir jedoch keinen derart exklusiven Zustand im Auge. Die Bedeutung dieses Ausdrucks hängt vielmehr vom sprachlichen oder konversationellen Kontext ab. Es kann damit der momentane Gesundheitszustand von John gemeint sein, aber auch seine finanzielle, berufliche oder soziale Situation. Ist H die Menge der Zustandseigenschaften, die für die Gesundheit einer Person relevant sind, wäre der Gesundheitszustand die Eigenschaft $Z(x,w,t,H) := \bigcap\{g \in H: g_{w,t}(x)\}$. Der Ausdruck „der Zustand von x" ist also vieldeutig, und dieser Vieldeutigkeit kann in der Logik, in der man den Termen normalerweise eine kontextunabhängige Bedeutung zuweist, nur dadurch Rechnung getragen werden, daß man die Abhängigkeit von einer Menge H von Zustandseigenschaften explizit angibt, also vom H-Zustand von x spricht. Man kann dann die Beschreibung eines Zustandes „abstrakt" nennen, wenn sie den Zustand als eine bestimmte Zustandseigenschaft charakterisiert, „konkret", wenn sie den Zustand durch Bezugnahme auf ein Objekt, einen Zeitpunkt und die wirkliche Welt spezifiziert, als Konjunktion der Eigenschaften einer Menge H, die das Objekt in der realen Welt zum fraglichen Zeitpunkt hat. Wenn wir auch die Zustände selbst „abstrakt" und „konkret" nennen, müssen wir im Auge behalten, daß abstrakte wie konkrete Zustände Zustandseigenschaften sind, und daß dieselbe Eigenschaft abstrakt wie konkret sein kann.

In gleicher Weise läßt sich nun auch die Unterscheidung von abstrakten und konkreten Ereignissen verstehen. Ein Ereignis wird abstrakt durch einen Aussagesatz A beschrieben, also in der Form „das Ereignis, daß A". Konkrete Beschreibungen von Ereignissen verwenden meist Nominalisierungen von Verben oder Substantive wie „Das Erdolchen Caesars" oder „Caesars Tod". Sie bestimmen das Ereignis als ein Ereignis von der Art, wie es sich in unserer Welt abspielt. Es sei E zunächst ein singuläres Ereignis, das in unserer Welt w im Intervall τ vorkommt. Wir haben schon gesehen, daß das Ereignis E, so wie es in unserer Welt vorkommt – wir haben es oben E^0 genannt –, nicht einfach als die Menge aller Weltsegmente aus E definiert werden kann, in denen sich E ebenso abspielt wie in w_τ. Wie im Fall von Objektzuständen müssen wir konkrete Ereignisse relativieren und sagen: Das Ereignis E, wie es sich in w im Blick auf die Eigenschaften aus F abspielt, ist die Menge $K(E,w,F) := \{w'_{\tau'} \in E: \forall f(f \in F \supset (f_w(E) \equiv f_{w'}(E))\}$. Dieses Ereignis spielt sich unter den F-Aspekten also in all seinen Vorkommnissen genau so ab wie in w_τ.[6] Wieder ist zu betonen, daß die Ausdrücke „abstrakte" und „konkrete Ereignisse" nur Abkürzungen sind für „abstrakt" und „konkret bestimmte Ereignisse". Dasselbe Ereignis kann sowohl abstrakt wie konkret beschrieben werden, also auch zugleich abstrakt und konkret sein.

Nach unserer Definition ist der Mord an Caesar in allen Welten, in denen er vorkommt, ein Mord an Caesar. Daß er in einer anderen Welt die Geburt Caesars sein könnte, ein Mord an Cicero oder gar ein Sonnenaufgang, wird man nicht annehmen wollen. Man könnte jedoch ein Problem darin sehen, daß dieses Ereignis sämtliche F-Eigenschaften essentiell haben soll, die es in unserer Welt nur kontingenterweise hat. Enthält F die erforderlichen Eigenschaften, so ereignet sich der Mord an Caesar notwendigerweise in Rom, durch Erdolchen und unter Beteiligung von Brutus. Wäre es nicht richtiger zu sagen, der Mord hätte sich auch außerhalb Roms, durch Vergiftung oder ohne Teilnahme von Brutus ereignen können? In einem Sinn ist das zweifellos korrekt. Caesar hätte vergiftet werden können, d.h. es gibt eine mögliche Welt w', in der das Ereignis E, daß Caesar ermordet wird, nicht die Eigenschaft f hat, eine Erdolchung zu sein. Von w' aus gesehen ist also die Ermordung Caesars, d.h. das Ereignis $K(E,w',F)$, kein Mord durch Erdolchen. Das heißt aber nicht, daß der Mord an Caesar, wie er sich wirklich vollzog, d.h. das Ereignis $K(E,w,F)$, in anderen Welten nicht die

---

[6] Da $K(E,w,F)$ eine Teilmenge von E ist, ist sie ein Ereignis, d.h. es sind die Bedingungen (d) und (e) aus Abschnitt 1 erfüllt.

Eigenschaft f hat. Tatsächlich ist Eva mit Jack verheiratet. Statt Jack hätte Eva auch John heiraten können. Daher ist Jack nicht notwendigerweise der Mann, mit dem Eva verheiratet ist. Jack ist aber notwendigerweise der Mann, mit dem Eva tatsächlich verheiratet ist – hier handelt es sich um eine dthat-Beschreibung im Sinne von David Kaplan. Die Tatsache, daß es einen möglichen Mord an Caesar durch Gift gibt, ist daher kein Argument dagegen, daß akzidentelle Eigenschaften des Ereignisses, daß Caesar ermordet wird, essentielle Eigenschaften des Mordes an Caesar sind, so wie er sich wirklich ereignet hat – Montagues and Lewis' diesbezügliche Skrupel sind also unbegründet.

Wie im Fall der Zustände ist eine Relativierung von konkreten Ereignissen auf bestimmte Aspekte nur dann adäquat, wenn sich die auch in natürlichen Sprachen findet. Der Ausdruck „Das Ereignis, das sich in Richmond am 3. Mai 1991 abspielte" hat für sich keine wohlbestimmte Bedeutung; denn am gleichen Ort haben sich am selben Tag viele verschiedene Ereignisse abgespielt. Man muß also schon die Art des Ereignisses angeben. Indem man ein Ereignis als einen Mord, ein Gewitter, einen Spaziergang oder eine Hochzeit von jemanden beschreibt, zeichnet man aber auch schon bestimmte Aspekte mehr oder minder klar aus, die man normalerweise als relevant für Ereignisse dieser Art ansieht. Im Fall eines Mordes sind das u. a. Täter, Opfer und das Mordinstrument. Daß die Rede von konkreten Ereignissen solche Aspekte stillschweigend voraussetzt, zeigt sich daran, daß sie ausgeschlossen werden können, sei es explizit, sei es wiederum durch den Kontext. Ein expliziter Ausschluß eines normalerweise relevanten Aspekts liegt z. B. vor, wenn wir sagen „Abgesehen von einer Exkursion nach Amiens war es dieselbe Reise, die er letztes Jahr gemacht hat." Auf kontextuelle Auschließungen komme ich im letzten Abschnitt zurück.

In besonderen Fällen kann die Wahl einer passenden Menge H von Eigenschaften für die Bestimmung eines konkreten Ereignisses schwierig sein, aber das ist weniger ein Problem unserer Definition als der Anwendung des definierten Begriffes. Die Konstruktion konkreter Ereignisse wäre natürlich viel einfacher, wenn es kleinste Arten von Ereignissen gäbe, deren jede eine passende Menge relevanter Eigenschaften bestimmen würde. Das würde im Effekt die Relativierung eliminieren, tatsächlich gibt es aber keine solchen eindeutigen Klassifikationen von Ereignissen, und daher spielt der sprachliche und der konversationelle Kontext eine wichtige Rolle bei der Bestimmung relevanter Aspekte und der Bedeutung von Ausdrücken für konkrete Ereignisse.

4 Grobkörnige Ereignisse

Konkrete Ereignisse sind grobkörnig, denn für verschiedene abstrakte Ereignisse E und E' können die konkreten Ereignisse $K(E,w,F)$ und $K(E',w,F)$ identisch sein. Wie fein- oder grobkörnig konkrete Ereignisse sind, hängt natürlich von den Aspekten in F ab. Der Mord durch Herrn Schmidt ist z.B. identisch mit dem Mord an Herrn Schulz, wenn Herr Schmidt Herrn Schulz ermordet hat und die relevanten Aspekte nur den Ort, die Beteiligten und die Art des Mordes umfassen, aber nicht die Eigenschaft, dem ermittelnden Detektiv bekannt zu sein, der den Täter noch nicht kennt. Johns „Hallo!"-Sagen ist identisch mit seinem laut „Hallo!"-Sagen, wenn er es tatsächlich laut gesagt hat. David Lewis' Argument gegen diese Identität ist, daß speziellere Ereignisse auch speziellere Ursachen haben.[7] Nun kann es sicher verschiedene Ursachen haben, daß John „Hallo!" sagte, und daß er es laut sagte, aber ob das gegen die Identität dieser Ereignisse spricht, hängt von den relevanten Aspekten ab, und Ursachen sind zumindest keine intrinsischen Eigenschaften von Ereignissen.

Wenn wir behaupten, E sei dasselbe Ereignis wie E', ist das auch nicht immer als Identitätsbehauptung gemeint, auch wenn E und E' konkrete Ereignisse sind. Sage ich „Ich habe dasselbe Auto wie Max", so heißt das normalerweise nicht, daß wir zusammen nur ein einziges Auto besitzen, sondern vielmehr, daß mein Auto vom gleichen Typ ist wie seines. Strikte Identitätsbehauptungen $x=y$ sind von Behauptungen über die Gleichheit von x und y bzgl. einer Menge G von Eigenschaften zu unterscheiden, die besagen, daß x und y dieselben G-Eigenschaften haben, daß also gilt: $\forall g(g \in G \supset (g(x) \equiv g(y)))$. Identität ist ein Spezialfall solcher Gleichheit mit G als Menge aller Eigenschaften. In gleicher Weise können wir sagen, ein Ereignis E sei in w, relativ zur Menge der Eigenschaften F, dasselbe Ereignis wie E', falls gilt $\forall f(f \in F \supset \forall t(f_w(E) \equiv f_w(E')))$. Wir schreiben dafür $E =_F E'$. Aus $E =_F E'$ folgt nicht, daß gilt $K(E,w,F) = K(E',w,F)$.

Wir haben das konkrete Ereignis $K(E,w,F)$ so bestimmt, daß es im allgemeinen vom abstrakten Ereignis E verschieden ist. Es sollte jedoch gelten: (*) $E =_F K(E,w,F)$, in der wirklichen Welt sollte also das abstrakte Ereignis dieselben F-Eigenschaften haben wie das konkrete Ereignis, das mit diesen Eigenschaften bestimmt wird. Dieses Prinzip gilt jedoch nicht generell. Enthält z.B. F die Eigenschaften, eine bestimmte Ursache oder Wirkung zu haben, gilt (*) nicht, wie gerade schon für den Fall von Johns „Hallo!"-Sagen erwähnt wurde. Als ein spezielleres Ereignis wird $K(E,w,F)$ oft speziellere Ursachen und Wirkungen haben als E. Wenn wir über ein Ereignis reden, wie es sich tatsächlich abgespielt hat, beziehen wir uns jedoch oft nur auf intrinsische Eigenschaften, solche, die

---

[7] Vgl. Lewis (1986), S. 255 ff.

seinen Verlauf charakterisieren, aber nicht seine Beziehungen zu anderen Ereignissen oder nicht direkt involvierten Personen oder Dingen. Die Unterscheidung intrinsischer von extrinsischen Eigenschaften ist nun zwar schwierig, um sie geht es bei unserem Problem aber auch nicht speziell. Das Prinzip (*) erfordert nicht, daß F nur intrinsische Eigenschaften enthält. Sich an einem bestimmten Ort zu ereignen ist z. B. keine intrinsische Eigenschaft. Die Ermordung Caesars könnte sich an einem anderen Ort ereignet haben, aber das konkrete Ereignis vollzieht sich am selben Ort wie das abstrakte in unserer Welt. Daher ist es am besten, (*) als Bedingung für zulässige Mengen F von Eigenschaften zu verstehen.

Zwischen den drei Aussagen: (a) $E =_F E'$, (b) $K(E,w,F) = K(E',w,F)$, and (c) $K(E,w,F) =_F K(E',w,F)$ besteht nur eine Implikationsbeziehung: (b) impliziert (c). Mit (*) folgt jedoch (a) aus (b), und (a) und (c) sind äquivalent. Intuitiv sollte sicher (a) aus (b) folgen, und das ist auch ein Grund, (*) zu akzeptieren.[8]

5 Instanzen generischer Ereignisse

Im Abschnitt 3 haben wir konkrete Ereignisse $K(E,w,F)$ nur für singuläre Ereignisse E definiert. Ist nun E ein generisches Ereignis, das in der wirklichen Welt wiederholt vorkommt, wie etwa das Ereignis, daß Sebastian einen Spaziergang unternimmt, so gibt es nur für die einzelnen Vorkommnisse von E konkrete Ereignisse. Sebastians tatsächliche Spaziergänge wollen wir als *Instanzen* des generischen Ereignisses bezeichnen, daß Sebastian spazieren geht. Meist nennt man sie „Vorkommnisse", aber diese Bezeichnung haben wir schon für die Elemente eines Ereignisses verwendet. Instanzen sind Ereignisse, nicht Weltsegmente. Auch die Einermengen solcher Segmente sind Ereignisse, Instanzen sollen aber keine derart speziellen Ereignisse sein. Sebastians Spaziergang am 3. Mai hätte sich auch dann ereignet, wenn an diesem Tag vieles hier und dort auf der Welt anders gelaufen wäre.

Kommt E in w in den Intervallen $\tau_1, \ldots, \tau_n$ vor, so gibt es genau n Instanzen von E in w, und sie kommen in diesen Intervallen vor. Wir wollen diese Instanzen hier als konkrete Ereignisse verstehen. Dazu müssen wir nun Eigenschaften f verwenden, die ein Ereignis E in einer Welt w in einem Intervall τ hat. Dafür schreiben wir $f_{w,\tau}(E)$. $K(E,w,\tau,F)$ sei nun das Ereignis, so wie es sich in w und τ bzgl. der F-Aspekte vollzieht, also die Instanz von E in w, die in τ vorkommt

---

[8] Das Postulat (*) macht die Definition konkreter Ereignisse natürlich nicht zirkulär. Diese Definition setzt (*) nicht voraus; (*) ist vielmehr nur eine Bedingung für die Auszeichnung akzeptabler unter den konkreten Ereignissen.

bei Individuierung mit den F-Aspekten. Wir setzen $K(E,w,\tau,F) := \{w'_{\tau'} \in E: \forall f(f \in F \supset (f_{w,\tau}(E) \equiv f_{w',\tau'}(E))\}$. Es gibt also eine Instanz von E für jedes Intervall, in dem E in w vorkommt. Wir können nicht generell sagen, $K(E,w,\tau,F)$ komme in w nur im Intervall τ vor; es könnte ja der Fall sein, daß gilt $\forall f(f \in F \supset (f_{w,\tau}(E) \equiv f_{w,\tau'}(E))$ für ein $\tau' \neq \tau$. Aber auch dann, wenn Sebastian, relativ zu den Aspekten in F, denselben Spaziergang an zwei verschiedenen Tagen gemacht hat, hat er nicht nur einen einzigen Spaziergang an den beiden Tagen gemacht. Unsere Definition ist daher nur dann brauchbar, wenn F hinreichend viele distinktive Eigenschaften enthält, d. h. wenn gilt

(**) $\forall \tau \tau'(w_\tau \in E \wedge w_{\tau'} \in E \wedge \forall f(f \in F \supset (f_{w,\tau}(E) \equiv f_{w,\tau'}(E))) \supset \tau = \tau')$.

Wir brauchen distinktive Eigenschaften, um die Instanzen von E zu individuieren, Eigenschaften, welche die Zeit ihres Vorkommens bestimmen, oder andere.

Die Bedingung (**) impliziert nicht, daß der Spaziergang, den Sebastian am 3. Mai 1991 unternommen hat, in einer anderen Welt nicht wiederholt vorkommen kann. Instanzen sind nicht allgemein singuläre Ereignisse. Das braucht man aber auch nicht zu fordern. Eine Instanz von E in w braucht nicht in jeder anderen Welt, in der sie vorkommt, eine Instanz von E zu sein. Wenn die Spaziergänge, die Sebastian in einer anderen Welt, w', am 1. und am 7. Mai 1991 unternimmt, sich relativ zu den F-Aspekten gerade so vollziehen wie jener Spaziergang, den er in unserer Welt am 3. Mai dieses Jahres unternimmt und der unter diesen Aspekten einzigartig ist in w, so gibt es ohne Bezugnahme auf zusätzliche Eigenschaften keinen Grund, eher den Spaziergang in w' am 1. Mai als jenen am 7. Mai mit dem Spaziergang am 3. Mai in w zu identifizieren. Instanzen eines Ereignisses E in der wirklichen Welt w werden durch bestimmte Eigenschaften individuiert, und die mögen nicht für eine Individuation in anderen Welten genügen. Daher ist die Forderung, (**) solle für alle Welten w gelten, unnötig stark.

6 Kontrafaktische Aussagen über konkrete Ereignisse

Konkrete Ereignisse können Gegenstand kontrafaktischer Aussagen sein. Da ich solche Aussagen schon oben verwendet habe, besonders im Abschnitt 3, will ich dazu noch einige Bemerkungen machen. Der Satz

1) *Die Ermordung Caesars könnte außerhalb Roms stattgefunden haben.*

beinhaltet nicht genau dasselbe wie

2) *Caesar hätte außerhalb von Rom ermordet werden können.*

Es sei E das abstrakte Ereignis, daß Caesar ermordet wird. Dann besagt (2), daß es eine Welt w' gibt und ein Intervall τ', so daß E in w' und τ' vorkommt, dort aber nicht die Eigenschaft f hat, in Rom zu geschehen. (1) kann jedoch umschrieben werden durch

3) *Die Ermordung Caesars, wie sie sich wirklich vollzogen hat – abgesehen vom Ort und den damit verbundenen Bedingungen – hätte sich außerhalb Roms ereignen können.*

(3) ist eine Aussage über das konkrete Ereignis $K(E,w,F')$, wo F' sich von F dadurch unterscheidet, daß es nicht die Eigenschaft f enthält. Sie besagt, daß es eine Welt w' und ein Intervall τ' gibt, so daß $K(E,w,F')$ in w' und τ' vorkommt, ohne dort die Eigenschaft f zu haben. Wir brauchen die Ortsbestimmung jedoch gar nicht explizit aufzuheben wie in (3), denn (1) drückt dasselbe aus, da das Absehen von der Eigenschaft f dort schon durch den Kontext impliziert wird. Solche kontextuellen Aufhebungen von Aspekten sind ein Argument dafür, Aussagen über konkrete Ereignisse relativ zu bestimmten Eigenschaften zu verstehen, selbst wenn diese nicht explizit angeführt werden. Wir könnten (1) auch so deuten, daß es eine Welt w' geben soll und ein Intervall τ', so daß E in w' und τ' vorkommt und das konkrete Ereignis $K(E,w',F)$ nicht die Eigenschaft f hat. Nach dem Postulat (*) im Abschnitt 3 wäre das jedoch äquivalent mit (2). Wenn wir über konkrete Ereignisse reden, beziehen wir uns also auch in modalen Kontexten darauf, wie sie sich in unserer Welt abspielen. Wenn wir z.B. sagen, Sebastian hätte den Spaziergang, in dessen Verlauf er Max traf, ein zweites Mal unternehmen können, meinen wir den Spaziergang, so wie er sich tatsächlich abspielte; in einer anderen Welt w' hätte Sebastian denselben Spaziergang nicht an verschiedenen Tagen unternehmen können im Sinne derselben Instanz seines Spazierengehens in w'.

Der Fall irrealer Konditionalsätze liegt etwas anders, wenn wir uns dabei auf die Analyse solcher Sätze mit Hilfe von Ähnlichkeitsrelationen zwischen Welten beziehen, wie sie z.B. Stalnaker oder Lewis verwendet haben. Die Aussage

4) *Hätte sich der Untergang der Titanic nicht in eisigem Wasser vollzogen, so wären die Verluste nicht so hoch gewesen.*

bedeutet dasselbe wie

5) *Wäre die Titanic nicht in eisigem Wasser untergegangen, so wären die Verluste nicht so hoch gewesen.*

Dieser Satz ist wahr, wenn es in allen möglichen Welten, die der realen, w, am ähnlichsten sind und in denen der Vordersatz gilt, weniger Opfer gibt als in w. Die w ähnlichsten Welten, in denen die Titanic nicht in eisigem Wasser sinkt, sind die Welten, in denen dieses Schiff, abgesehen von der Wassertemperatur, genau so untergeht wie in w. Wiederum hebt der kontrafaktische Kontext in (4) einen Aspekt auf, der bei der Bestimmung des konkreten Ereignisses normalerweise eine Rolle spielt.[9]

Literatur

Kaplan, D. (1983): „A problem in possible world semantics", *Abstracts of the 7th International Congress of Logic, Methodology and Philosophy of Science*, Salzburg, Bd. 2, 83–85

Kutschera, F. v. (1986): „Bewirken", *Erkenntnis* 24, 253–81; hier abgedruckt als Nr. 8

Kutschera, F. v. (1993): „Causation", *Journal of Philosophical Logic* 22, 563–588; hier dt. als Nr. 10

Kutschera, F. v. (1994): „Global supervenience and belief", *Journal of Philosophical Logic* 23, 103–110; hier dt. als Nr. 12

Lewis, D. (1986): „Events", in: *Philosophical Papers*, Bd. II, Oxford, 241–69

Montague, R. (1960): „On the nature of certain philosophical entities", *The Monist* 53, 159–94; abgedr. in *Formal Phiolosophy, Selected Papers of R. Montague*, hrsg. von R. Thomason, New Haven 1974

Thomason, R.H. (1984): „Combinations of tense and modality", in D. Gabbay und F. Guenthner (Hrsg.): *Handbook of Philosophical Logic*, Bd. II, Dordrecht, 135–165.

---

[9] Das englische Original enthält bei der Darstellung von Eigenschaften von Propositionen einige Unklarheiten, die ich in dieser Übersetzung beseitigt habe.

12

Globale Supervenienz und Überzeugungen

1 Kaplans Problem

David Kaplan hat in (1983) auf eine Beschränkung der Semantik möglicher Welten hingewiesen. Im Fall der doxastischen Logik hat sie die Konsequenz, daß nicht alle möglichen Sachverhalte oder Propositionen geglaubt werden können. Sei W eine Menge von Welten, auf die sich eine Interpretation einer aussagenlogischen Sprache L dieser Logik bezieht. Sätze der Form $B(A)$ von L sollen besagen, daß die Bezugsperson, deren Überzeugungen dargestellt werden – nennen wir sie Max –, glaubt, daß der Sachverhalt besteht, den der Satz A ausdrückt. Ist S_w die Menge jener Welten, die für Max in der Welt w nach seinen Überzeugungen möglicherweise die reale Welt darstellen, so soll ein Satz $B(A)$ in w genau dann wahr sein, wenn S_w eine Teilmenge der Menge $[A]$ der A-Welten ist, d.h. der Welten, in denen A bei der fraglichen Interpretation wahr ist. In der Standardversion der doxastischen Logik gibt es zwei Bedingungen für die Mengen S_w: (a) S_w ist eine nichtleere Teilmenge von W. (b) Ist w' in S_w, so ist $S_{w'}$ mit S_w identisch.[1] Enthält W mindestens zwei Elemente, so kann die Funktion S keine Abbildung von W auf die Potenzmenge von W minus der leeren Menge sein, d.h. auf die Menge aller analytisch möglichen Propositionen. Es gibt also mögliche Propositionen X, für die es keine Welt w mit $X = S_w$ gibt. Max kann auch nicht jede mögliche Proposition glauben, denn sonst müßte er jede Proposition glauben können, die nur aus einer einzigen Welt besteht. Das würde implizieren $\forall w \exists w'(S_{w'} \subseteq \{w\})$, woraus sich mit (a) und (b) ergibt $S_w = S_{w'}$ und daher $\forall w(S_w = \{w\})$. Das hätte die Konsequenz, daß die Aussage $B(A) \equiv A$ analytisch wahr wäre; ‚von Max geglaubt werden' würde mit ‚wahr sein' zusammenfallen. Gibt es n Welten in W, so gibt es 2^n-1 mögliche Propositionen. Zunächst sollte jede eine mögliche doxastische Haltung von Max darstellen, also ein mögliches S_w. Für $n > 1$ gilt jedoch $2^n-1 > n$, und für große n wird das Verhältnis $n/2^n-1$ der doxastischen Haltungen, die in Welten aus W realisiert sein können, zu den möglichen doxastischen Haltungen extrem klein.

---

[1] Zur doxastischen Logik vgl. z.B. W. Lenzen (1980).

Das heißt nun nicht, daß die Standardsysteme doxastischer Logik inadäquat wären. Ein Theorem dieser Logik ist z.B. $B(B(A) \supset A)$ – Max glaubt, daß seine Überzeugungen korrekt sind. Bzgl. einiger Sachverhalte A kann sich Max jedoch irren, so daß gilt $B(A) \wedge \neg A$. Wenn der Operator M also für analytische Möglichkeit steht, kann das Prinzip

P1*: $M(A) \supset M(B(A))$ – *Was möglich ist, wird auch möglicherweise geglaubt*

nicht generell gelten. Insbesondere gilt es nicht für alle Sätze A, die doxastische Haltungen ausdrücken. Es sollte jedoch für alle nichtdoxastischen Sachverhalte gelten – ich will sie hier als „objektiv" bezeichnen –, z.B. für physikalische Sachverhalte. Für Sätze A, die solche Sachverhalte ausdrücken sollte sogar gelten

P2*: $A \supset M(B(A) \wedge A)$ – *Jede Tatsache kann erkannt werden.*

Jede Logik, in der diese Annahme Allwissenheit impliziert, ist offenbar unbrauchbar.[2]

2 O-Interpretationen

Sätze, die objektive Sachverhalte ausdrücken, können wir nicht ohne weiteres syntaktisch als jene auszeichnen, in denen der Operator B nicht vorkommt. Auch Satzkonstanten könnten ja eine doxastische Bedeutung haben. Wir brauchen also eine semantische Auszeichnung. Da objektive Sachverhalte einen eigenen Teil der Realität ausmachen sollen, nehmen wir an, daß ihre Menge O eine vollständige Boolesche Algebra ist, d.h. mit einem Sachverhalt auch dessen Komplement enthält, und mit einer Menge von Sachverhalten auch ihren Durchschnitt. Wir könnten nun eine Äquivalenzrelation $w \sim w'$ zwischen Welten definieren, die bestehen soll, wenn in w und w' dieselben O-Sachverhalte gelten. Wir wollen jedoch umgekehrt vorgehen und O durch eine solche Äquivalenzrelation auf W erklären. L soll nun auch einen Operator O enthalten, so daß $O(A)$ besagt, daß $[A]$ ein objektiver Sachverhalt ist. Wir fügen auch noch einen Operator N für analytische Notwendigkeit hinzu. Interpretationen von L – wir nennen sie O-Modelle – lassen sich dann so festlegen:

---

[2] Normalerweise wird Wissen nicht als richtige Überzeugung definiert, sondern als richtige und fundierte Überzeugung. Für uns ist das hier aber kein wichtiger Punkt. Fundierte Überzeugungen sind weder wahrer als wahre Überzeugungen noch subjektiv sicherer. Sie können sich auch als falsch erweisen. Am besten versteht man fundierte Überzeugungen als solche, die im Einklang mit intersubjektiven Standards der Rationalität gebildet wurden. Vgl. dazu Legris (1990).

Globale Supervenienz und Überzeugungen 205

D1: Ein *O-Modell* von L ist ein Quadrupel $M = \langle W, \sim, S, V \rangle$, für das gilt:
  (1) W ist eine nichtleere Menge von Welten.
  (2) $\sim$ ist eine Äquivalenzrelation auf W.
  (3) Für alle $w \in W$:
    (a) $\emptyset \neq S_w \subseteq W$,
    (b) $w' \in S_w \supset S_{w'} = S_w$.
  (4) Für alle $w \in W$:
    (a) $V_w(A) \in \{t, f\}$, und $w \sim w'$ impliziert $V_w(A) = V_{w'}(A)$ für alle Satzkonstanten A und alle $w' \in W$.
    (b) $V_w(\neg A)$ und $V_w(A \wedge B)$ werden wie üblich definiert.
    (c) $V_w(B(A)) = t$ genau dann, wenn (gdw.) $S_w \subseteq [A]$, wo $[A] := \{w' : V_{w'}(A) = t\}$.
    (d) $V_w(N(A)) = t$ gdw. $W \subseteq [A]$.
    (e) $V_w(O(A)) = t$ gdw. $\forall w'w''(w' \sim w'' \supset V_{w'}(A) = V_{w''}(A)))$.

Alle Atomsätze sollen also objektive Sachverhalte ausdrücken, und ein Sachverhalt ist objektiv, wenn wenn er keine äquivalenten Welten unterscheidet. O, die Menge objektiver Sachverhalte ist $\{X \subseteq W : \forall ww'(w \sim w' \wedge w \in X \supset w' \in X)\}$, so daß also $w \sim w'$ genau dann gilt, wenn $\forall X(X \in O \supset (w \in X \equiv w' \in X))$.

Die Gedanken, die wir zuerst mit P1* und P2* zu fassen versucht haben, können wir nun ausdrücken durch

P1: $O(A) \wedge M(A) \supset M(B(A))$ – *Nichtkontradiktorische objektive Sachverhalte können geglaubt werden.*

P2: $O(A) \wedge A \supset M(B(A) \wedge A)$ – *Objektive Tatsachen können gewußt werden.*

In diesen Versionen haben die Postulate nicht mehr die unakzeptablen Konsequenzen von P1* und P2*.

Die Menge der Sätze, die in allen O-Modellen wahr sind, bleibt gleich, wenn wir zu D1 die Bedingung hinzunehmen:

(3c) $w \sim w' \wedge S_w = S_{w'} \supset w = w'$.

Logische Wahrheit wird also nicht tangiert, wenn wir Welten identifizieren, die objektiv äquivalent sind und in denen Max dasselbe glaubt.

Ein Satz von L, der den Operator O nicht enthält, ist in allen Standardmodellen wahr genau dann, wenn er in allen O-Modellen wahr ist. Dehnt man Standardinterpretationen so auf Sätze der Form $O(A)$ aus, daß $N(O(C))$ für alle Sätze C gilt, so ist ein Satz mit O-Vorkommnissen in allen Standardmodellen wahr, wenn der Satz A', den man aus A erhält, indem man O überall durch OO ersetzt, in allen O-Interpretationen wahr ist, denn in diesen Interpretationen ist $N(O(O(C)))$ wahr für alle Sätze C.

Im Blick auf die Korrelationen zwischen objektiven und doxastischen Propositionen können wir zwei extreme Fälle von O-Modellen $M = \langle W, \sim, S, V \rangle$ unterscheiden:

D2: M ist *maximal* gdw. $\forall ww'(w \sim w' \supset S_w = S_{w'})$. M ist *minimal* gdw.
$\forall wX(X \in O \land X \neq \emptyset \supset \exists w'(w' \sim w \land S_{w'} \subseteq X))$.

Für maximale O-Modelle gilt nach (3c) $w \sim w' \supset w = w'$. Daher sind alle Propositionen objektiv, und maximale O-Modelle fallen mit den Standardmodellen zusammen. Für minimale O-Modelle gibt es hingegen für jede Welt w und jede mögliche objektive Proposition X eine Welt w', die mit w äquivalent ist und in der Max glaubt, daß X gilt. Jede solche Proposition kann unter allen objektiven Bedingungen geglaubt werden. Es sei $[w] := \{w' : w \sim w'\}$ die Äquivalenzklasse zu w. Dann sind minimale O-Modelle solche, für die gilt
$\forall ww' \exists w''(S_{w''} \subseteq [w'] \land w'' \sim w)$. Dem entspricht das Postulat

P3: $O(A) \land O(C) \land M(A) \land M(C) \supset M(B(A) \land C)$.

Es impliziert die analytische Unabhängigkeit von Überzeugungen bzgl. objektiver Sachverhalte von diesen objektiven Sachverhalten selbst, und daher eine minimale Korrelation zwischen ihnen. Jede konsistente Menge solcher Überzeugungen ist verträglich mit jeder konsistenten Menge objektiver Sachverhalte. Darin drückt sich eine realistische Konzeption objektiver Sachverhalte aus, eine Konzeption, nach der sie unabhängig davon bestehen, was wir über sie annehmen. Wir gehen z.B. davon aus, daß aus unseren Annahmen über die physische Welt nichts bzgl. deren Beschaffenheit folgt, denn unsere Annahmen über sie können sich im Prinzip immer als falsch erweisen. Diese Art der Unabhängigkeit kann man so ausdrücken:

P3a: $O(A) \land M(B(A)) \land O(C) \land M(C) \supset M(B(A) \land C)$.

Da $M(A)$ aus $M(B(A))$ folgt, ergibt sich das aus P3. P3 ist stärker als P3a, da $M(A) \land O(A)$ nicht $M(B(A))$ impliziert.

Es gibt O-Modelle, in denen P3 gilt. Es sei W_0 eine nichtleere Menge von Welten, W_1 die Menge nichtleerer Teilmengen von W_0 und $W = W_0 \times W_1$, d.h. die Menge der Paare $\langle w, Z \rangle$. $w, w', \ldots$ seien Elemente von W_0, $Z, Z', \ldots$ Elemente von W_1 und $v, v', \ldots$ Elemente von W. Es sei $S_{\langle w, Z \rangle} = Z \times \{Z\}$ und $\langle w, Z \rangle \sim \langle w', Z' \rangle$ gdw. $w = w'$. Dann erfüllen die Mengen S_v die Bedingungen aus D1,3. Es gilt $X \in O \equiv \exists Z(Z \subseteq W_0 \land X = Z \times W_1)$ und $\forall vv' \exists v''(v'' \sim v \land S_{v''} \subseteq [v'])$. Denn ist $v = \langle w, Z \rangle$ und $v' = \langle w', Z' \rangle$, so können wir setzen $v'' = \langle w, \{w'\} \rangle$. Dann ist $v'' \sim v$ und $S_{v''} = \{w'\} \times \{\{w'\}\} \subseteq [v'] = \{w'\} \times W_1$.

3 Globale Supervenienz

Bei den Diskussionen globaler Supervenienz (kurz: GS) wird meist vorausgesetzt, daß die physikalischen Sachverhalte eine vollständige Boolesche Algebra bilden.[3] Definieren wir unsere Äquivalenzrelation $w\sim w'$ so, daß sie besteht, wenn in den Welten w und w' dieselben physikalischen Sachverhalte bestehen, so ist O die Menge dieser Sachverhalte. Ist X wieder eine Teilmenge von W, so ist $\{w: S_w \subseteq X\}$ der doxastische Sachverhalt, daß Max glaubt, daß X besteht. In w und w' gelten dieselben doxastischen Propositionen, wenn $S_w = S_{w'}$ ist. Eine *analytische* GS doxastischer bzgl. physikalischer Sachverhalte bedeutet: Unterscheiden sich zwei Welten bzgl. des Bestehens doxastischer Sachverhalte, so unterscheiden sie sich auch bzgl. des Bestehens physikalischer Sachverhalte. Das kann man so ausdrücken:

(1) $\forall w w' (w \sim w' \supset S_w = S_{w'})$.

Gilt das, so haben wir ein maximales O-Modell vor uns, jeder Sachverhalt ist objektiv und die Postulate P1 und P2 fallen mit P1* und P2* zusammen. Dann sehen wir uns aber wieder den Problemen gegenüber, von denen wir im Abschnitt I ausgegangen waren. Nach (1) kann jeder physikalische Sachverhalt z.B. nur dann gewußt werden, wenn für alle Sätze A gilt $B(A) \equiv A$. In jeder Welt, in der Max nicht allwissend ist, gibt es also physikalische Tatsachen, die er aus analytischen Gründen nicht erkennen kann, und das gilt nicht nur für wenige, sondern, wie wir gesehen haben, für die weit überwiegende Masse dieser Tatsachen. Nach (1) ist zudem jeder doxastische Sachverhalt identisch mit einem physikalischen,[4] so daß keine Unabhängigkeit physikalischer Sachverhalte von doxastischen bestehen kann. (1) ist daher unverträglich mit einer realistischen Konzeption der physischen Welt.

All das sind stark anti-intuitive Konsequenzen einer analytischen GS in der Form (1). Im allgemeinen diskutiert man die GS aber auch nicht als eine analytische, sondern als eine nomologische Relation. Es sei r eine Zugänglichkeitsrelation, so daß wrw' genau dann gilt, wenn in w und w' dieselben Naturgesetze gelten. r ist also eine Äquivalenzrelation. Es sei $r_w = \{w': wrw'\}$ die Menge der Welten, in denen dieselben Naturgesetze gelten wie in w, und w_0 sei die reale Welt. Für r_{w_0} schreibe ich auch r_0. N_0 sei ein Operator für nomologische Not-

---

[3] Der Begriff einer GS für Eigenschaften wurde von Hellman und Thompson in (1975) eingeführt, und für Sachverhalte von Haugeland in (1982). Vgl. dazu auch Kim (1984) und Kutschera (1992).

[4] Es sei $Y = \{w: S_w \subseteq Z\}$ ein doxastischer Sachverhalt. Für $X = \bigcup \{[w]: w \in Y\}$ gilt dann $X \in O$ und $X = Y$. Denn $w \in Y$ impliziert $[w] \subseteq X$, d.h. $w \in X$, und für $w \in X$ gilt umgekehrt $[w] \subseteq X$; also gibt es ein $w' \in Y$ mit $w' \sim w$. Mit (1) erhalten wir $S_w = S_{w'}$ und daher $w \in Y$. Vgl. Bacon (1986).

wendigkeit mit den Wahrheitsbedingungen: $V_w(N_0(A)) = t$ gdw. $r_w \subseteq [A]$. M_0 drücke die entsprechende nomologische Möglichkeit aus.

Eine *nomologische* GS doxastischer bzgl. physikalischer Sachverhalte besteht für

(2) $\forall ww'(w,w' \in r_0 \land w \sim w' \supset S_w = S_{w'})$.

Materialisten nehmen nicht nur eine GS doxastischer, sondern alle Sachverhalte bzgl. physikalischer Sachverhalte an. Daher sind für sie Naturgesetze immer physikalische Gesetze. Da O eine vollständige Boolesche Algebra sein soll, gilt das dann auch für die Konjunktion aller Naturgesetze, die in einer Welt bestehen. Danach ist r_w in O und wir erhalten:

(3) $\forall ww'w''(w \sim w' \supset (w \in r_{w''} \equiv w' \in r_{w''}))$.

Wegen der Symmetrie von r ist das äquivalent mit

(3a) $\forall ww'(w \sim w' \supset r_w = r_{w'})$ – *In äquivalenten Welten gelten dieselben Naturgesetze.*

Wenn man (1) zu (2) abschwächt, hat die GS immer noch anti-intuitive Konsequenzen. Wir nehmen erstens an, es gelte $O(A)$ und A' drücke die Proposition aus $\{w: w \in r_0 \land S_w \subseteq [A]\}$. Dann gilt (i) $O(A')$, (ii) $N_0(B(A) \equiv A')$ und (iii) $N(B(A') \supset B(A))$. (i) ergibt sich aus (2) und (3). (iii) ergibt sich so: Gilt $S_w \subseteq [A']$, so gibt es eine Welt w' mit $w' \in S_w$, also $S_w = S_{w'}$ und $S_{w'} \subseteq [A']$. Wegen $O(A)$ und (i) gilt $O(A' \land \neg A)$ und daher mit P1 $M(A' \land \neg A) \supset M(B(A' \land \neg A))$, und mit (iii) $M(B(A) \land B(\neg A))$. $M(A \land \neg A)$ kann also nicht gelten, so daß wir erhalten $N(A' \supset A)$ und nach (ii) $N_0(B(A) \supset A)$. Aus der Annahme, daß Max jeden möglichen objektiven Sachverhalt glauben kann (P1) ergibt sich so mit der nomologischen GS (2) die absurde Konsequenz, daß seine Überzeugungen mit naturgesetzlicher Notwendigkeit alle richtig sind.

Obwohl ferner das realistische Unabhängigkeitspostulat nomologische Korrelationen zwischen doxastischen und physikalischen Sachverhalten nicht ausschließt, führt es zusammen mit (2) zu intuitiv völlig unplausiblen Konsequenzen über analytische Restriktionen dessen, was geglaubt werden kann. Zunächst gilt, daß jede Proposition, die analytisch möglicherweise geglaubt wird, mit naturgesetzlicher Notwendigkeit geglaubt wird. Das ist

(4) $O(A) \land M(B(A)) \supset N_0(B(A))$.

Semantisch entspricht P3a die Forderung $\forall XY(X \in O \land \exists w(S_w \subseteq X) \land Y \in O \land Y \neq \emptyset \supset \exists w'(S_{w'} \subseteq X \land w \in Y))$. Daraus folgt $\forall Xw''(X \in O \land \exists w(S_w \subseteq X) \land w'' \in r_0 \supset \exists w'(w' \in r_0 \land S_{w'} \subseteq X \land w' \sim w''))$, da $w'' \in r_0$ und $w' \sim w''$ nach (3) $w' \in r_0$ implizieren. Aber aus $w',w'' \in r_0$ und $w'' \sim w'$ erhalten wir $S_{w''} = S_{w'}$

nach (2). Daher gilt $\forall X(X \in O \wedge \exists w(S_w \subseteq X) \supset \forall w''(w'' \in r_0 \supset S_{w''} \subseteq X))$, und das ist das semantische Äquivalent zu (4).

Zweitens müßte das, was in zwei möglichen Welten über die physische Welt geglaubt wird, immer miteinander verträglich sein, d.h. es müßte gelten:

(5) $O(A) \wedge O(C) \wedge M(B(A)) \wedge M(B(C)) \supset M(A \wedge C)$.

Aus dem Antezedens von (5) erhalten wir $N_0(B(A \wedge C))$ nach (4), und $M(A \wedge C)$ mit $M(B(A)) \supset M(A)$ für alle A. Da $O(A)$ $O(\neg A)$ impliziert, ist endlich

(6) $O(A) \wedge M(B(A)) \supset \neg M(B(\neg A))$

eine Folge von (5): Für keinen physikalischen Sachverhalt ist es sowohl analytisch möglich, ihn zu glauben, wie analytisch möglich, seine Negation zu glauben. Das ist nicht nur unplausibel, sondern einfach absurd. Das heißt aber, daß eine GS von Überzeugungen bzgl. physikalischer Sachverhalte im Sinn von (2) unverträglich ist mit einer realistischen Konzeption der physikalischen Realität im Sinne von P3a.

Wir haben unseren Erörterungen eine sehr enge Konzeption von Überzeugungen zugrunde gelegt. Wir haben nur eine aussagenlogische Sprache betrachtet und nur Überzeugungen einer einzigen Person. Wir haben uns auf Überzeugungen in einem festen Zeitpunkt bezogen und einen Begriff strikt rationalen Glaubens verwendet, der sich nicht für die Beschreibung tatsächlicher Annahmesysteme eignet, da diese in der Regel nicht bzgl. logischer Konsequenzen geschlossen sind. Eine Verallgemeinerung für prädikatenlogische Sprachen und die Überzeugungen mehrerer Personen würde jedoch keinen wesentlichen Unterschied machen. Wichtiger wäre die Betrachtung doxastischer und physischer Veränderungen in den verschiedenen Welten, weil sich dann auch Annahmen darüber formulieren ließen, was man möglicherweise glauben wird. Die Resultate würden aber für die These einer GS nicht weniger negativ ausfallen. Es gibt bisher keinen befriedigenden deskriptiven Glaubensbegriff; bei ihm würden sich die möglichen Glaubenshaltungen bzgl. einer gegebenen Menge physikalischer Sachverhalte aber jedenfalls noch vervielfachen. Wenn sich doxastische Haltungen endlich, nicht auf Propositionen als Mengen von Welten beziehen, sondern auf Bedeutungen, die sich etwa als Entitäten darstellen, die sich aus Objekten und ihren Attributen aufbauen, so würde die Menge der möglichen Glaubenshaltungen die der möglichen physikalischen Welten noch sehr viel weiter überragen, so daß unser Argument nur verstärkt würde.

Literatur

Bacon, J. (1986): „Supervenience, necessary coextension, and reducibility", *Philosophical Studies* 49, 163–176

Haugeland, J. (1982): „Weak supervenience", *American Philosophical Quarterly* 19, 93–103

Hellman, G., und Thompson, F. (1975): „Physicalism: Ontology, determination, and reduction", *Journal of Philosophy* 72, 551–564

Kaplan, D. (1983): „A problem in possible world semantics", *Abstracts of the 7th International Congress of Logic, Methodology and Philosophy of Science*, Salzburg, Bd. II, 83–85

Kim, J. (1984): „Concepts of supervenience", *Philosophy and Phenomenological Research* 65, 257–270

Kutschera, F.v. (1992): „Supervenience and reductionism", *Erkenntnis* 36, 333–343

Legris, X. (1990): *Eine epistemische Interpretation der intuitionistischen Logik*, Würzburg

Lenzen, W. (1980): *Glauben, Wissen und Wahrscheinlichkeit*, Wien.

Nachwort

Meine Voraussetzung (3), daß Naturgesetze generell objektive Sachverhalte sind, ist unnötig stark. Es genügt, das für die in unserer Welt geltenden Naturgesetze zu fordern, also

3') $\forall ww'(w \sim w' \supset (w \in r_0 \equiv w' \in r_0))$.

Das Postulat P1: $O(A) \land M(A) \supset M(B(A))$ beinhaltet semantisch, wie man sich leicht klar macht: (*) $\forall w \exists w'(S_{w'} \subseteq [w])$. Aus (2), (3') und P1 folgt nun, daß man bzgl. aller analytisch möglichen physikalischen Sachverhalte mit naturgesetzlicher Notwendigkeit allwissend ist. Das ist vielleicht der schlagendste Einwand gegen die Annahme einer GS nach (2), denn P1 ist als Aussage über analytische Möglichkeiten unproblematisch. Auf (3') komme ich unten noch zurück. Der Beweis sieht so aus: Aus (*) gibt es zu jedem $w \in r_0$ ein w' mit $S_{w'} \subseteq [w]$. Da S_w nach D1,3a nicht leer ist, gibt es ein $w'' \in S_{w'}$, also $S_{w''} = S_{w'}$, mit $w'' \sim w$. Nach (3') gilt dann $w'' \in r_0$, also nach (2) $S_w = S_{w''}$, so daß wir erhalten: $\forall w(w \in r_0 \supset S_w \subseteq [w])$, und daraus folgt für alle X: $X \in O \land X \neq \emptyset \supset \forall w(w \in r_0 \supset (w \in X \equiv S_w \subseteq X))$, also $O(A) \land M(A) \supset N_0(A \equiv B(A))$.

Das Gewicht meines Arguments gegen die Annahme einer nomologischen GS des Psychischen bzgl. des Physischen ergibt sich daraus, daß diese Supervenienzthese die schwächste materialistische These ist, denn die Behauptung einer schwachen Supervenienz ist trivial und aus der starken Supervenienz folgt die globale; vgl. dazu meine oben zitierte Arbeit von 1992. Nun haben allerdings D. Lewis und D. Chalmers eine angeblich materialistische These vertreten, die sich aus (2) ergibt, wenn man dort unter r_0 nicht die Menge jener Welten versteht, in denen dieselben Naturgesetze gelten wie in unserer Welt, sondern die Menge jener Welten, in der es nur natürlichen Arten und Eigenschaften gibt wie in unserer Welt. Wie oben folgt dann aber mit P1, daß Allwissenheit bzgl. dieser Welten notwendig ist.

Andreas Kamlah hat in seinem Beitrag zu W. Lenzen (Hrsg.): *Das weite Spektrum der analytischen Philosophie – Festschrift für Franz von Kutschera* (Berlin 1997) meine Annahme (3) kritisiert, und sein Einwand würde auch das schwächere (3') betreffen. Es gäbe schließlich auch psycho-physische Gesetze, wie z. B. das Weber-Fechnersche Gesetz, welche die Annahme einer nomologischen Supervenienz des Psychischen bzgl. des Physischen gerade begründeten. Nun betonen Materialisten zwar häufig, die fundamentalen Naturgesetze seien die der Physik, und alle anderen ließen sich auf sie zurückführen. Der entscheidende Einwand gegen Kamlah ist aber folgender: Es kommt für meine Argumentation nicht darauf an, daß die objektiven Sachverhalte rein physikalischer Natur sind. Wir können auch psychologische Sachverhalte dazu rechnen und Propositionen, die ihrer Korrelation mit physikalischen Sachverhalten betreffen. Der Witz ist, daß wir uns bzgl. dieser Sachverhalte dann wieder Meinungen bilden können müssen, die aus Dimensionsgründen nicht wieder zu den Sachverhalten gehören können, über die wir uns Meinungen bilden. Hinter meiner Argumentation steht die Erkenntnis, daß wir uns bzgl. jeder Menge M von Sachverhalten Überzeugungen bilden können, und daß die Menge dieser Überzeugungen immer von höherer Mächtigkeit ist als M. Ebenso wie Begriffe und Mengen bilden Propositionen eine nach oben offene Hierarchie, so daß wir nie von „allen Propositionen" reden können. Daher können wir auch nicht von der Menge aller möglichen Überzeugungen reden oder der Menge aller propositionalen Einstellungen anderer Art wie Zweifel oder Wünsche. Die Behauptung einer globalen Supervenienz der Menge aller propositionalen Einstellungen bzgl. der Menge physikalischer Sachverhalte ist daher von vornherein unsinnig, weil es die erstere Menge gar nicht gibt. Diesen Gedanken, den ich hier nur andeuten kann, habe ich genauer in *Jenseits des Materialismus* (Paderborn 2003) ausgeführt.

13
Moralischer Realismus

In der Ethik stehen sich heute zwei Positionen gegenüber, die sich schon in der Konzeption dieser Disziplin grundlegend unterscheiden: Realismus und Subjektivismus. Der Realismus ist die traditionelle Auffassung, die heute aber nur von wenigen Autoren vertreten wird. Nach ihm drücken wahre moralische Aussagen objektiv bestehende Tatsachen aus. Der Subjektivismus ist die offizielle Doktrin unserer Tage. Nach ihm handeln moralische Aussagen von subjektiven Interessen bzw. von sozialen Verhaltenskonventionen.[1] Ich will im folgenden etwas zur Verteidigung des Realismus sagen, möchte aber gleich eingangs betonen, daß ich die Kontroverse rein argumentativ nicht für entscheidbar halte.

1 Zwei Ansätze in der Ethik

Um die gegensätzlichen Positionen einigermaßen präzise beschreiben und diskutieren zu können, muß ich zunächst daran erinnern, daß es in der Ethik zwei Ansätze gibt, deren Unterschied unabhängig von jenem zwischen realistischen und subjektivistischen Positionen ist. Für *Pflichtethiken* oder *deontologische Ethiken* ist der moralische Grundbegriff jener der Pflicht oder des Gebotenseins einer Handlung. Die Grundidee ist hier, daß es in der Ethik primär um Regeln des Umgangs miteinander geht. Moralisches Verhalten wird so begriffen, daß es aus einer Einstellung gegenüber anderen hervorgeht, in der wir diese als Subjekte gleichen Rechts anerkennen, als Personen, die denselben Anspruch auf Würde, auf Leben und freie Selbstentfaltung haben wie wir selbst. Personen werden als Träger unverliehener Rechte angesehen, von elementaren Freiheitsrechten zunächst, und diese Rechte sind Ansprüche gegenüber anderen, in ihrer Ausübung nicht behindert zu werden bzw., sofern man in ihrer Wahrnehmung beeinträchtigt ist und sich selbst nicht aus dieser Notlage befreien kann, auch auf Hilfe von anderen. Diesen Rechten entsprechen Pflichten der anderen, Pflichten, uns zu geben, worauf wir ein Recht haben, was sie uns schulden. Nicht alle moralischen Pflichten

---

[1] Zum Subjektivismus rechnet man auch oft den Nichtkognitivismus. Von ihm werde ich im folgenden absehen, da er heute praktisch keine Rolle mehr spielt – selbst Richard Hare vertritt inzwischen einen Utilitarismus.

ergeben sich aus elementaren Freiheitsrechten, sie können auch aus Verträgen oder Konventionen resultieren, die den einzelnen zusätzliche Rechte übertragen. Aber die Idee ist, daß sich alle anderen Rechte aus den elementaren ergeben auf dem Weg über das fundamentale Recht, an der Bestimmung der sozialen und politischen Ordnung beteiligt zu werden, unter der man lebt.

Für *Wertethiken* oder *konsequentialistische Ethiken* sind hingegen Wertbegriffe fundamental. Man geht davon aus, daß Sachverhalte unter bestimmten moralischen Aspekten gut, schlecht oder indifferent sind, bzw. besser oder schlechter als andere. In der Regel nimmt man idealisierend an, daß sich die verschiedenen Aspekte gewichten und in eine umfassende Wertordnung integrieren lassen. Die moralische Qualität einer Handlung bemißt sich dann nach dem Wert ihrer unmittelbaren und mittelbaren Folgen, und wo diese unsicher sind, nach dem zu erwartenden Wert ihrer Folgen. Die Grundidee ist, daß wir verpflichtet sind, in jeder Situation so zu handeln, wie das im Blick auf die Folgen sämtlicher möglicher Handlungsalternativen optimal ist. Man ist also z.B. nicht generell verpflichtet, ein gegebenes Versprechen einzuhalten, egal wie die Umstände aussehen, primär geht es vielmehr darum, im konkreten Fall Gutes zu bewirken, und dabei sind nicht nur die Anliegen dessen relevant, dem wir etwas versprochen haben, sondern auch jene dritter. Bedarf also z.B. ein dritter dringend meiner Hilfe, so ist es besser, daß ich sie ihm leiste, als daß ich mit meinem Freund, wie verabredet, ins Kino gehe.

Beide Ansätze haben ihre Berechtigung in der Ethik, und keiner vermag allein allen moralischen Phänomenen gerecht zu werden. Ich will aber hier nicht näher auf ihre Grenzen und das Problem ihrer Verbindung in einer einheitlichen Ethik eingehen. Es ging mir nur um den Hinweis, daß wir es mit zwei verschiedenen Klassen moralischer Aussagen zu tun haben: Mit *Wertaussagen* und mit *normativen Aussagen* über Gebote, Verbote, Erlaubnisse, Rechte und Pflichten.

2 Thesen des Realismus

Ich will nun die Kontroverse zwischen Realismus und Subjektivismus zunächst bzgl. der Wertaussagen diskutieren. Generell geht man davon aus, daß Wertaussagen sich auf Werterfahrungen stützen. Nicht die Existenz von Werterfahrungen ist zwischen beiden Positionen strittig, sondern ihre Deutung. Die Existenz von Werterfahrungen wird eigentlich nur von denjenigen geleugnet, die sie als Erfahrungen von Ideen oder anderen abstrakten Objekten deuten, etwa in dem Sinn, in dem Platon von der Schau des Guten oder Schönen redet. Es ist natürlich fragwürdig, von der Eigenschaft, gut zu sein, zum Guten als einer Art Gegenstand überzugehen, und die Anschauung solch eines Objekts wäre sicher keine Erfahrung im normalen Sinn, sondern eine intellektuelle Anschauung. Im üblichen Sinn ist Werterfahrung aber keine Erfahrung abstrakter Objekte, kein Erleben des Guten als solchen, sondern eine Erfahrung des Inhalts, daß etwas – z. B. eine Handlung – gut ist. In diesem Sinn wollen wir die Rede von „Werterfahrung" im folgenden verstehen. Als *Wertsachverhalt* bezeichnet man einen Sachverhalt des Inhalts, daß etwas eine positive oder negative Wertqualität hat, unter einem Wertaspekt indifferent ist oder einer anderen Sache unter diesem Aspekt vorzuziehen ist. Solche Wertsachverhalte werden von „natürlichen" Sachverhalten unterschieden, die sich ohne die Verwendung von Wertbegriffen ausdrücken lassen.

Nach realistischer Auffassung sind nun Werterfahrungen Erfahrungen objektiv bestehender Wertsachverhalte. Die erste, ontologische These des Realismus ist damit:

1) *Es gibt objektive Werttatsachen, d. h. solche, die unabhängig von unserem subjektiven Fürwahrhalten und unseren subjektiven Präferenzen bestehen.*

Es gibt sie ebenso wie objektive natürliche Tatsachen, etwa die, daß der Mond rund ist. Auch Wertaussagen beschreiben daher die Realität, wenn auch unter anderen Aspekten als etwa die Aussagen der Physik. Wie diese sind sie Behauptungssätze; sie sind wahr oder falsch im Sinn des gleichen realistischen, d. h. korrespondenztheoretischen Wahrheitsbegriffs. Sie haben einen sachlichen Gehalt, einen kognitiven Sinn. Wertfragen entscheiden sich an objektiven Tatsachen, nicht an unseren Meinungen oder Interessen.

Die zweite, erkenntnistheoretische These des Realismus ist dann:

2) *Wir können Werttatsachen, jedenfalls teilweise, erkennen, und Werterfahrungen bilden die Grundlage unserer Werterkenntnis.*

Werterfahrungen sind also kognitiv relevant, in ihnen erfassen wir Aspekte der Realität. Der Realismus behauptet hingegen nicht, daß Werterfahrungen untrüglich sind, daß wir nur tatsächlich Wertvolles als wertvoll erleben, daß das, was uns aufgrund unserer Werterfahrungen als wertvoll erscheint, auch wirklich wertvoll ist. Das Insistieren auf der Objektivität der Wertsachverhalte schließt das gerade aus. Wie im Fall natürlicher Sachverhalte können wir uns in unseren Urteilen über ihr Bestehen grundsätzlich immer irren.

Die realistische Deutung betont so die Parallelen zwischen der Erfahrung im Bereich der Werte und jener im Bereich natürlicher Sachverhalte, zwischen Wertaussagen wie „Diese Handlung ist gut" und natürlichen Aussagen wie „Diese Handlung hat eine bestimmte Wirkung". Das heißt freilich nicht, daß der Unterschied zwischen beiden Formen der Erfahrung übersehen würde.

3 Thesen des Subjektivismus

Bei der Charakterisierung der subjektivistischen Deutung der Werterfahrung will ich mich auf die *Projektionstheorie* beschränken. Ihre für die neuzeitliche Philosophie maßgebliche Formulierung hat sie schon bei David Hume gefunden. Danach ist Werterfahrung nicht die Erfahrung objektiver Werttatsachen, sondern die Erfahrung natürlicher Sachverhalte im Licht unserer eigenen Präferenzen. Er spricht davon, daß wir die natürlichen Objekte vergolden oder schwärzen mit Farben, die wir unseren Gefühlen und inneren Einstellungen entnehmen.

Die erste, ontologische Grundthese des Subjektivismus ist also:

1) *Es gibt keine objektiven Wertsachverhalte. Die objektive Realität ist wertfrei.*

Danach haben Wertaussagen keine kognitive Relevanz, genauer gesagt: keine Relevanz für die Erkenntnis der Außenwelt, der objektiven Realität. Sie stellen vielmehr Aussagen über Einstellungen zur Sache dar, über ihren Wert relativ zu den subjektiven Präferenzen, den Interessen, Neigungen oder Zielen einer oder mehrerer Personen. In diesem Sinn ist etwas gut immer nur für Personen, im Sinne ihrer jeweiligen Präferenzen. Eine Handlung ist nicht als solche gut oder schlecht, sondern man kann nur sagen: Sie liegt im Interesse gewisser Leute oder sie liegt nicht in ihrem Interesse. Wenn also Wertaussagen wahr oder falsch sind, sind sie als psychologische Aussagen zu deuten.

Die zweite, erkenntnistheoretische These des Subjektivismus ergibt sich daraus:

2) *Werterfahrung läßt sich nicht als Erfahrung von Werttatsachen verstehen, denn die gibt es nicht, sondern als ein positiv oder negativ gefärbtes Erleben natürlicher Tatsachen.*

Der Fehler der realistischen Deutung besteht danach darin, daß Eigenschaften des Erlebnisakts als Eigenschaften der erlebten Sache aufgefaßt werden, daß Erfahrungen von Tatsachen, die für mich gut oder schlecht sind, als Erfahrungen guter oder schlechter Tatsachen mißdeutet werden, daß man also die eigene Einstellung auf die Sache selbst projiziert.

Es gibt verschiedene Varianten des Realismus wie des Subjektivismus. Auf sie kann ich hier nicht eingehen. Ich will nur betonen, daß man in der Regel nicht von einem „moralischen Realismus" redet, wenn Wertbegriffe im Sinn einer naturalistischen Definition gedeutet, also durch natürliche Begriffe definiert werden. Als „moralischen Reyalismus" bezeichnet man im engeren Sinn nur nichtnaturalistische Positionen, für die es neben natürlichen auch eigenständige moralische Fakten gibt. Der Subjektivismus tritt hingegen oft als Naturalismus auf, nach dem sich Wertaussagen in Aussagen über subjektive Präferenzen übersetzen lassen.

4 Antirealistische Argumente

Ihrer sprachlichen Gestalt nach unterscheiden sich Wertaussagen nicht grundsätzlich von nichtnormativen Aussagen. Im Satz „Diese Rose ist schön" fungiert das Adjektiv „schön" ebenso wie das Wort „rot" in „Die Rose ist rot". Es gibt auch kein sprachliches Indiz dafür, daß „schön" im Gegensatz zu „rot" eine verborgene Subjektabhängigkeit enthielte. Wir unterscheiden „schön sein" sehr wohl von „als schön empfunden werden" und schreiben Wertqualitäten ebenso wie natürliche Eigenschaften den Dingen selbst zu. Auch die Phänomenologie der Werterfahrung spricht für eine realistische Deutung. Wir reden davon, daß jemand die Schönheit eines Gemäldes oder die Gerechtigkeit einer Handlung erkennt, und sagen normalerweise, daß wir die Rose als schön erleben, weil sie schön ist, eine Handlung schätzen, weil sie moralisch gut ist, und nicht umgekehrt. Das ist zwar noch kein stichhaltiges Argument für den Realismus, denn das normale Verständnis der Werterfahrung, das auch unserer Sprache zugrunde liegt, könnte sich ja als falsch erweisen. Die normale Sprache und die übliche Sicht der Dinge sind nicht *eo ipso* zutreffend. Immerhin könnte man sagen, daß die Beweislast bei den Subjektivisten liegt. Auch das ist aber so nicht richtig: Unsere heutige Konzeption der Wirklichkeit ist weithin durch die Naturwissenschaften geprägt, und für diese ist die Realität wertfrei. Die herrschende ontologische Doktrin ist heute der Materialismus. So sagt z.B. David Lewis, einer der bedeutendsten analytischen Philosophen unserer Tage, ganz selbstverständlich: „Die Welt ist so, wie uns das die Physik sagt, und mehr gibt es nicht zu sagen." In dieser Realität haben Werttatsachen keinen Platz, und daher ist heute eher der moralische Realist in der Lage dessen, der eine ungewöhnliche Konzeption vertritt. Er ist es, dem meist die Beweislast zugeschoben wird. Ein Hin- und Herschieben der Beweislast ist jedoch unfruchtbar, und daher wollen wir uns den Argumenten der beiden Positionen zuwenden. Ich gehe zuerst auf die Argumente der Antirealisten ein. Die wichtigsten sind folgende:

1) *Das Relativitätsargument*

Das ist eines der ältesten Argumente, das schon in der Antike von den Sophisten verwendet wurde. Es besagt: Gäbe es moralische Tatsachen, so wäre es unverständlich, wieso derselbe Sachverhalt von verschiedenen Menschen, und insbesondere auch in verschiedenen Kulturen, moralisch unterschiedlich beurteilt wird. Ein Wandel der Ansichten findet sich zwar auch sonst, in den Naturwissenschaften ebenso wie in der Geschichtsschreibung, aber er betrifft doch kaum einfache, direkter Beobachtung zugängliche Sachverhalte. Gäbe es objektive, erkennbare moralische Tatsachen, so könnten moralische Urteile jedenfalls in einfachen Fällen nicht so stark divergieren, wie sie das tatsächlich tun. In der Wissenschaftstheorie redet man zwar heute von einer Theoriebeladenheit der Beobachtungen – das heißt: beobachtungsmäßige Feststellungen erfolgen im Licht vorgängiger Annahmen, Erwartungen oder enthalten theoriegeleitete Deutungen –, aber es gibt doch keine Theorie, in deren Licht man beobachten würde, daß Pferde nur drei Beine haben. Werterfahrungen sind dagegen auch in einfachen Fällen Beobachtungen im Licht vorgängiger Wertungen. Daß z. B. einem Dieb zur Strafe die Hand abgehackt wird, würden wir heute als brutal und unverhältnismäßig erfahren, im Mittelalter war das aber durchaus gängig und wurde als angemessene Vergeltung erlebt. Es ist auch nicht zu übersehen, daß viele Werte kulturabhängig sind. Die Kategorie ritterlichen Verhaltens hatte z. B. ihren Sitz in einer vergangenen Kultur; heute weiß man damit wenig anzufangen. Farben-, Form- oder Materialbegriffe sind hingegen nicht in diesem Maße kulturabhängig. Die beste Erklärung für die Unterschiedlichkeit von Werturteilen ist, daß sie von subjektiven Präferenzen abhängen, denn diese unterscheiden sich von Person zu Person und wandeln sich mit der Kultur.

Nun ist klar, daß wir in Werturteilen deutlich stärker divergieren als in natürlichen Urteilen. Kontrovers ist aber erstens die Frage, wie stark die Divergenzen tatsächlich sind. Es gibt auch kulturelle Invarianten in moralischen Urteilen: Aufrichtigkeit, Ehrlichkeit, Zuverlässigkeit, Tapferkeit gelten wohl in allen Kulturen als Werte. Zweitens hängen Werturteile immer von natürlichen Urteilen ab. Es ist z. B. keine rein moralische Frage, ob ein Gesetz zu einer gerechten Lastenverteilung führt, dazu muß man die konkreten Auswirkungen der Vorschrift zunächst einmal untersuchen. Unterschiedliche Annahmen über die konkreten Folgen können auch dann zu unterschiedlichen Urteilen führen, wenn man von den gleichen Wertvorstellungen ausgeht. Drittens sind Ansichten über eine Sache natürlich immer subjektiv. Daraus folgt aber nicht, daß die Sache selbst subjektiv ist. Auch der Realist wird endlich anerkennen, daß unsere Werturteile oft von unseren Interessen gefärbt sind. Moralische Urteile sind für unser Handeln direkt relevant, und das ist nach Ansicht von Thomas Hobbes der Grund, daß Fragen der Moral und des Rechts ständig umstritten sind, „sowohl mit der Feder wie mit dem Schwert", während z. B. die Fragen der Geometrie dem Streit entrückt sind. Es ist den Leuten egal, welche geometrischen Lehrsätze gelten, weil das keine Sache ist, die ihrem Ehrgeiz, Profit oder Lustgewinn im Wege steht. „Ich zweifle nicht", sagt Hobbes, „daß der Satz, daß die Winkelsumme im Dreieck zwei Rechte beträgt, ebenso angegriffen würde wie ethische Prinzipien, wenn er unseren Interessen widerspräche."

Das Relativitätsargument hat also zwar Gewicht, entscheidend ist es aber nicht.

2) *Das Argument der praktischen Effektivität*

Erkenne ich, daß von zwei Handlungsalternativen, die ich habe, die eine moralisch richtig ist, die andere dagegen moralisch falsch, so ist das für mich ein Anlaß, ein Motiv, die erste zu wählen. Es kann sein, daß ich das trotzdem nicht tue, z. B. weil massive Eigeninteressen dem entgegenstehen, oder aus Willensschwäche. Die Reaktion: „Ich sehe schon ein, daß es moralisch richtig wäre, so zu handeln, aber warum sollte ich moralisch sein?" wäre jedoch unsinnig. Ein Wert ist etwas, das uns zum Handeln bewegt. Nun wird aber unser Handeln durch unsere Präferenzen geleitet. Die praktische Kraft moralischer Einsichten läßt sich daher nur so verstehen, daß Wertungen etwas mit Präferenzen zu tun haben, wie das der Subjektivismus annimmt. Für den Realisten sind hingegen moralische Urteile Feststellungen über das Bestehen objektiver Sachverhalte, die ohne direkte Verbindung mit unserer praktischen Motivation bleiben, ebenso wie Urteile über die physische Natur einer Sache. Für den Realisten ist die Frage „Warum moralisch sein?" nicht absurd, sondern durchaus sinnvoll, und damit verfehlt er die Bedeutung und die spezifische Funktion von Werturteilen.

Nun gehört die praktische Effektivität von Werturteilen zweifellos zu ihrer Natur. Trotzdem ist der Vorwurf an den Realisten nicht gerechtfertigt. Wir reden davon, daß man sich eine Ansicht oder ein Urteil zu eigen macht. Im Gegensatz zu den Thesen der heute viel diskutierten kausalen Theorie der Erkenntnis bewirken Wahrnehmungen keine Überzeugungen, sondern wir bilden uns unsere Überzeugungen selbst. Schon in der Antike sprachen die Stoiker von einem Akt der *Synkatathesis,* der Zustimmung, durch den aus einem sinnlichen Eindruck erst das Urteil hervorgeht: „So ist es". Ebenso gehen moralische Urteile aus einem Akt der Synkatathesis hervor. Dabei bedeutet „Zustimmung" nun aber keine bloß intellektuelle Anerkennung, keine Erweiterung oder Modifikation unserer bisherigen theoretischen Annahmen, sondern eine Bestätigung oder Veränderung unserer Präferenzen, unserer Wertungen. Wenn wir etwas als wertvoll erkennen, gewinnt es auch einen Wert für uns. Man kann nicht einsehen, daß etwas objektiv wertvoll ist, ohne ihm auch subjektiv einen Wert zuzuordnen, ebensowenig wie man etwas als objektives Faktum anerkennen, es aber nicht glauben kann. Wie unsere Annahmen sind auch unsere Präferenzen offen gegenüber neuen Erfahrungen.

Das ist nun eine wichtige Ergänzung unserer Bestimmung des moralischen Realismus, ohne die er tatsächlich inadäquat wäre. Mit ihr kann der Realist dem Phänomen der praktischen Effektivität moralischer Urteile aber besser gerecht werden als der Subjektivist. Für diesen gibt es ja Werterkenntnis nur als Innewerden eigener, vorgängiger Präferenzen am Objekt. Es ist aber durchaus problematisch, ob man von zunächst unbewußten Präferenzen sprechen kann, die erst angesichts der Gegenstände deutlich werden, auf die sie sich beziehen. Darüber, welche Präferenzen man hat, kann man sich ebensowenig täuschen wie darüber, welche Überzeugungen man hat; unbewußte Präferenzen gibt es so wenig wie unbewußte Meinungen. Erkenntnis im üblichen Sinn existiert im moralischen Feld nur für den Realisten, nur ihn können also solche Einsichten zum Handeln bewegen. Nur er kann verstehen, warum wir angesichts konkreter Erfahrungen unsere Präferenzen oft ändern, manchmal sogar radikal.

Das sind also die beiden wichtigsten antirealistischen Argumente. Ich will aber noch kurz zwei weitere erwähnen, da sie heute in der Literatur eine erhebliche Rolle spielen:

3) *Das Supervenienzargument*

Schreibt man im Sinn der üblichen Redeweise, und damit im Sinn des Realismus, Werteigenschaften den Dingen selbst zu, so gehört es zur Bedeutung solcher Wertaussagen, daß z.B. zwei Handlungen, die sich in ihren natürlichen Eigenschaften nicht unterscheiden, auch in ihren Wertqualitäten nicht differieren. In diesem Sinn sagt man: Werteigenschaften sind *supervenient* bzgl. natürlicher Eigenschaften. Daraus ergibt sich aber, daß sich Wertunterschiede durch nichtnormative Unterschiede charakterisieren, Wertbegriffe also durch natürliche Begriffe definieren lassen. Die Grundidee des Realismus führt daher zu einem Naturalismus, so daß der nichtnaturalistische Realismus, wie er hier betrachtet wird, unhaltbar ist.

Dieses Argument, das sich u.a. bei John Mackie in seinem Buch *Ethics – Inventing Right and Wrong* (1977) findet, ist aber logisch unhaltbar: Eine schwache Supervenienz von Werteigenschaften bzgl. natürlicher Eigenschaften ist zwar anzunehmen, schon aus dem Grund, daß natürliche Ereignisse, die in allen natürlichen Eigenschaften übereinstimmen, identisch sind, also auch dieselben Werteigenschaften haben.[2] Man bräuchte aber für die Schlußfolgerung zumindest die starke Supervenienz, nach der z.B. zwei Handlungen, die in verschiedenen naturgesetzlich möglichen Welten vollzogen werden und dieselben natürlichen Eigenschaften haben, auch dieselben normativen Eigenschaften haben. Das allein ist schon wenig plausibel, denn die Handlungen können ja in verschiedenen Welten in ganz unterschiedlichen sozialen Kontexten stehen und daher unterschiedlich zu bewerten sein. Ferner folgt selbst aus einer starken Supervenienz normativer bzgl. natürlicher Eigenschaften nicht die Definierbarkeit der ersteren durch die letzteren. Unter gewissen Zusatzannahmen kann man nur sagen: Zu jeder normativen Eigenschaft gibt es eine natürliche, die mit ihr nomologisch extensionsgleich ist,

---

[2] Das gilt in einem ähnlichen Sinn wie für Gegenstände: Zwei physische Dinge, welche dieselben physikalischen Eigenschaften haben, sich also insbesondere zur gleiche Zeit am gleichen Ort befinden, sind identisch.

d. h. in allen naturgesetzlich möglichen Welten auf genau dieselben Objekte (z. B. auf dieselben Handlungen) zutrifft. Der Beweis dieses Satzes zeigt jedoch, daß die korrespondierende natürliche Eigenschaft so komplex ist, daß sie sich nur in einer Sprache ausdrücken läßt, die über sehr starke logische Ausdrucksmittel verfügt. Sie wird zudem durch die fragliche normative Eigenschaft bestimmt, so daß eine Definition dieser durch jene zirkulär wäre.

4) *Harmans Argument*

Gilbert Harman hat im 1. Kapitel seines Buches *The Nature of Morality* (1977) behauptet, Werterfahrungen ließen sich ohne die Annahme (objektiver) Werttatsachen rein psychologisch erklären. Während sich physikalische Beobachtungen, wie die eines Protons in einer Nebelkammer, nur durch die Realität der beobachteten Sachverhalte – im Beispiel also durch das tatsächliche Vorhandensein eines Protons – erklären lassen, genüge für die Werterfahrung der Rekurs auf die Einstellungen und das Wertesystem der betreffenden Person. Natürliche Wahrnehmungen sind Wirkungen von realen Vorgängen in unserer Umwelt, moralische Tatsachen können hingegen nicht auf unseren Wahrnehmungsapparat einwirken; sie sind kausal ineffektiv. Lassen sich aber Beobachtungen ohne Bezugnahme auf das Beobachtete erklären, so können sie keine Theorie über die beobachteten Phänomene bestätigen.

Auch dieses Argument ist unbrauchbar. Zunächst ist die kausale Theorie der Wahrnehmung nicht haltbar. Der Vorgang in der Nebelkammer allein bewirkt nach nicht, daß jemand ihn als Durchgang eines Protons erkennt; dazu bedarf es spezieller Kenntnissse und einer gründlichen Ausbildung. Ferner erklären wir auch naturwissenschaftliche Beobachtungen, sofern sie zu Urteilen führen, die wir für falsch halten, psychologisch – wie z. B. Experimente zur Phlogistontheorie. Andererseits lassen wir Phänomene für Erklärungen zu, wenn wir sie für real ansehen. Das Argument von Harman ist also insofern zirkulär, als er schon von der Nichtexistenz moralischer Tatsachen ausgeht. Erst dann sind angebliche moralische Wahrnehmungen als Illusionen anzusehen, und es stellt sich die Aufgabe, sie psychologisch zu erklären. Läßt man die Existenz moralischer Tatsachen hingegen zunächst einmal offen, so ist die beste Erklärung für Werterfahrungen oft die Annahme, daß bestimmte moralische Tatsachen bestehen. Die einfachste Erklärung dafür, daß jemand einen Akt willkürlicher Tierquälerei als moralisch verwerflich erfährt, ist zweifellos, daß dieser Akt tatsächlich verwerflich ist, und diese Erklärung wird erst dann zweifelhaft, wenn man aus anderen Gründen keine moralischen Fakten anerkennt. Wir erklären häufig auch natürliche Sachverhalte, z. B. Handlungen, mit moralischen Prämissen, etwa mit Charaktereigenschaften wie Tapferkeit, Großmut etc., und das sind wertende Bestimmungen. Harmans These, die Annahme moralischer Fakten leiste nichts für die Erklärung der physischen Natur, ist zwar richtig, aber irrelevant. Erstens gilt auch das Umgekehrte, und zweitens leisten Annahmen über mentale Zustände und Akte ebenfalls nichts für die Erklärung der physischen Welt, ohne daß wir sie deswegen als irreal ansehen.

5) *Das ontologische Argument*

Das beste Argument für den Antirealismus kommt in der Literatur eigentlich kaum explizit zur Sprache, sondern steht eher im Hintergrund. Ich sagte schon, daß unsere heutige Konzeption der Realität durch die Naturwissenschaften geprägt ist, insbesondere durch den Materialismus, der sich am Weltbild der Physik orientiert. Danach ist die Physik die fundamentale und prinzipiell auch umfassende Realwissenschaft. Da in ihr keine Werttatsachen vorkommen, haben wir keinen Grund, solche Tatsachen anzunehmen. Ihre Anerkennung würde darüber hinaus eine radikale Änderung unserer Ontologie bedeuten, und wir wüßten überhaupt nicht, wie eine kohärente und modernen Präzisionsansprüchen genügende Alternative aussehen sollte. Wie kommen Werttatsachen zustande, welche Gesetze gelten für sie, wie hängen sie mit natürlichen Sachverhalten zusammen, welche positive Funktion sollten ihre Annahmen für die Erklärung der Phänomene haben?

Dieses Argument hat zwar wiederum Gewicht, es ist aber ebenfalls nicht überzeugend. Der Materialismus scheitert schon am Problem der seelisch-geistigen Phänomene. Ich kann darauf hier nicht eingehen, meine Behauptung also auch nicht begründen.[3] Statt dessen will ich nur auf die Wandlungen des Materialismus hinweisen: Er begann seine Karriere in der analytischen Philosophie als „logischer Physikalismus", als These von der Übersetzbarkeit aller Wissenschaftssprachen in die der Physik, zog sich dann auf die Behauptung einer Reduzierbarkeit der anderen Wissenschaften auf die Physik zurück. Heute wird auch die kaum mehr vertreten, sondern man redet von einem „nicht-reduktiven Materialismus", der vor allem auf der These einer Supervenienz – in dem einen oder anderen Sinn – aller Eigenschaften bzgl. der physikalischen beruht. Diese These ist aber in manchen Versionen unhaltbar, in anderen ist sie trivial und impliziert keine der ursprünglichen Annahmen des Materialismus. Faktisch ist es dem Materialismus ähnlich wie dem Empirismus ergangen: Die ernst zu nehmenden Leute, die sich noch als „Empiristen" oder „Materialisten" bezeichnen, sind so etwas wie post-sozialistische „Sozialisten"; man verwendet diese Bezeichnungen noch als Etiketten, obwohl sie längst ihren ursprünglichen Inhalt verloren haben. Wir brauchen also ohnehin eine komplexere Ontologie als die des Materialismus.

---

[3] Vgl. dazu Kutschera (1993).

5 Ein Argument für den Realismus

Die antirealistischen Argumente, die ich besprochen habe, bleiben so ohne Beweiskraft, und das gilt auch für weitere Einwände gegen den moralischen Realismus. Damit könnten sich die Realisten nun zufrieden geben, wie sie das meist auch tun, wenn es legitim wäre, den Antirealisten die Beweislast zuzuschieben und sich darauf zu berufen, daß die eigene Position jene ist, die im Einklang mit der normalen Sprache und unserem normalen Verständnis von Werterfahrung steht. Ich habe aber schon betont, daß das nicht genügt. Es reicht im Blick auf die heute maßgebliche Realitätskonzeption nicht aus, Argumente gegen den Realismus zu widerlegen, denn daraus folgt ja noch nicht, daß er richtig ist. Um das zu zeigen, bedarf es positiver Argumente für den Realismus oder gegen antirealistische Positionen. Wenn man danach in der Literatur sucht, findet man jedoch wenig – die positiven Argumente sind fast ausschließlich Appelle an die normale Sprache und die üblichen Auffassungen. Das beste Argument für den Realismus besteht wohl darin, daß im Rahmen des Subjektivismus die Aufgabe der Ethik unlösbar wird, die sie nach traditionellem Verständnis lösen soll.

Aufgabe der Ethik ist es, in den Worten Kants, uns zu sagen, oder besser: einsichtig zu machen, was wir tun sollen. Sollen ist, wie Kant betont hat, grundsätzlich etwas anderes als Wollen. Für den Subjektivismus sind nun individuelle Präferenzen die einzige Grundlage für Wertaussagen. Aus meinen eigenen Präferenzen ergeben sich aber für mich keine Verpflichtungen. Möchte ich ein Bier trinken oder spazierengehen, so folgt daraus nicht, daß ich das tun soll. Wenn nichts entgegensteht, werde ich es ohnehin tun, so daß eine solche Norm leer laufen würde. Grundsätzlich sind meine Präferenzen kein Maßstab für das, was ich tun soll. Präferenzen bilden nur die Grundlage für hypothetische Imperative, Imperative der Klugheit, wie Kant sagt: Wenn ich ein Glas Bier trinken möchte, sollte ich in den „Goldenen Hirschen" gehen, weil das unter den gegebenen Umständen – mein Kühlschrank ist leer – der einfachste und beste Weg ist, meinen Wunsch zu erfüllen. Wenn nun schon meine eigenen Präferenzen mich zu nichts verpflichten, so erst recht nicht die anderer Leute.

Eine der verbreitetsten subjektivistischen Theorien ist der Utilitarismus. Danach ist ein Zustand x (z. B. eine soziale Regelung, eine Verteilung von Gütern etc.) moralisch besser als ein anderer Zustand, y, wenn die durchschnittliche Interessenbefriedigung aller Beteiligten in x höher ist als in y. Dieses Prinzip hat – ungeachtet seiner Probleme, auf die ich hier nicht einzugehen brauche – einen deutlich moralischen Charakter, fordert es doch von mir, in dem, was ich tue, die Interessen anderer zu berücksichtigen. Aber wie soll das utilitaristische Prinzip subjektivistisch begründet werden? Man kann nicht im Sinn eines naturalistischen Subjektivismus – behaupten, dieses Prinzip gelte analytisch, d. h. es sei eine

Bedeutungswahrheit, denn die Frage, ob es richtig ist, ist durchaus sinnvoll.[4] Im Sinn des Prinzips zu handeln wird ferner oft nicht in meinem eigenen Interesse liegen, und es mag sogar im Interesse von keinem einzigen der Beteiligten liegen – jeder würde für sich etwas anderes vorziehen. Daß die Leute gewisse Präferenzen haben, ist ein natürliches Faktum, und aus Sätzen über natürliche Fakten folgen nach dem Humeschen Gesetz keine normativen Aussagen.[5] Das utilitaristische Prinzip ist eine Aussage über eine moralische Wertordnung, nicht über subjektive Präferenzen. Es gilt unabhängig von den faktischen Präferenzen und drückt eine moralische Tatsache aus, die es für den Subjektivisten nicht geben kann. Das einzige konsequent subjektivistische Prinzip ist letztlich das des aufgeklärten Egoismus: „Tue, was auf längere Sicht deinen Interessen am besten dient", und das ist kein moralisches Prinzip, sondern eine Klugheitsregel.

6 Das Argument im Rahmen der Pflichtethik

Die Behauptung, eine Ethik im Sinn ihrer traditionellen Aufgabenstellung sei nur im Rahmen des moralischen Realismus möglich, erfordert ein Eingehen auch auf den Ansatz der Pflichtethik. In diesem Fall behauptet der Realismus, daß es objektive normative Tatsachen gibt – hier: objektive Rechte und Pflichten, insbesondere unverliehene Rechte, die jeder als Person hat. Für den Subjektivismus ergeben sich Rechte und Pflichten hingegen allein aus sozialen Konventionen und Gesetzen. Der Standpunkt des moralischen Realismus entspricht hier dem der Naturrechtslehre, jener des Antirealismus hingegen dem des Rechtspositivismus.

Im positivistischen Sinn hat jemand ein Recht, wenn er einer Gemeinschaft angehört, in der eine Regelung gilt, die ihm dieses Recht einräumt. „Gelten" heißt dabei nicht mehr, als daß die Regelung von den meisten Mitgliedern der Gemeinschaft meistens befolgt wird und Verstöße gegen sie durch Sanktionen geahndet werden. Nun ergibt sich aber aus dem Faktum, daß eine soziale Konvention oder gesetzliche Vorschrift in diesem Sinn gilt, noch keine moralische Verpflichtung, sich daran zu halten. Aus Fakten folgen nach dem Humeschen Gesetz keine Normen. Für jede Rechtsvorschrift ist die Frage sinnvoll, ob sie auch rechtens ist in einem moralischen Sinn dieses Wortes, ob sie uns auch moralisch verpflichtet. Diese Frage ist aber für den Positivisten sinnlos: Über die faktische Geltung hinaus gibt es für ihn keine rechtliche oder moralische Geltung; die einzige Grundlage von Pflichten sind bestehende Gesetze und Konventionen. Er kann daher z. B. nicht sagen, daß gewisse Vorschriften, die im nationalsozialistischen Staat in Kraft waren, schon damals nicht rechtens waren. Vom Standpunkt der Moral aus gibt es

---

[4] Vgl. dazu G. Moores Argument der offenen Frage in Moore (1903).
[5] Zum Humeschen Gesetz vgl. Kutschera (1982), 1.5, sowie ausführlicher Kutschera (1977).

hingegen Kriterien, nach denen sich beurteilen läßt, ob Gesetze und Konventionen verpflichtend sind; ihr Anspruch auf Befolgung bedarf selbst der Begründung, sie können also nicht die einzige Grundlage moralischer und rechtlicher Geltung sein.

Auch für den deontologischen Ansatz hängt also die Möglichkeit einer Ethik, die uns einsichtig macht, was wir tun sollen, an der Existenz moralischer Tatsachen, die unabhängig von uns bestehen. Es ist nun wieder heftig umstritten, ob es objektive, von positiven Regelungen unabhängige Rechte und Pflichten gibt. Die Würde der Person ist keine empirisch feststellbare Tatsache. Sie kommt in den Wissenschaften vom Menschen nicht vor, und daher werden von Biologen wie Burrhus F. Skinner oder Richard Dawkins Menschenrechte abgelehnt.[6] Was sich empirisch feststellen läßt, ist lediglich die biologische Natur des Menschen, und die unterscheidet sich nur graduell von der anderer Lebewesen. Wir teilen z. B. 99 % unserer Gene mit den Schimpansen. Es gibt daher keine wissenschaftliche Berechtigung, Menschen fundamentale Rechte zuzusprechen, sie höheren Tieren aber vorzuenthalten. Auch die prinzipielle Gleichberechtigung aller Menschen, unabhängig von ihren Fähigkeiten, Leistungen und Zielen, ist empirisch zumindest fragwürdig. Das demokratische Recht auf Mitbestimmung der politischen Ordnung, in der man lebt, empfiehlt sich nicht durch Zweckmäßigkeiten. Demokratien sind weder besonders stabil – unzählige von ihnen sind in der Geschichte kläglich gescheitert –, noch ist einzusehen, warum es für das Gemeinwohl nützlich sein sollte, auch jenen ein Stimmrecht zu geben, die von politischen und ökonomischen Dingen keine Ahnung haben und sich auch nicht einmal die Mühe machen, sich ausreichend zu informieren. Wer trotzdem für Demokratie eintritt, kann das letztlich nur mit moralischen Gesichtspunkten begründen, durch eine Bezugnahme auf objektive Rechte. Der Eindruck einer objektiven Verpflichtung entsteht nach dem Subjektivismus aber allein dadurch, daß manche soziale Konventionen vom einzelnen durch Erziehung und Gewöhnung so internalisiert werden, daß ihm ein Verhalten in ihrem Sinn als schlechthin und unbedingt richtig erscheint. Die Überzeugung eines Verpflichtetseins wird so als Illusion „entlarvt". Dann stellt sich für jeden aber nur mehr die Frage, ob es im Sinn seiner persönlichen Interessen zweckmäßig ist, sich an die Konventionen zu halten.

Die Möglichkeit einer Ethik, die uns sagt, was wir tun sollen, hängt also auch bei einem deontologischen Ansatz am Realismus: Entweder man ist Realist, oder es gibt keine moralischen Pflichten und damit auch keine moralischen Rechte. Das ist natürlich kein Argument, das den Antirealisten überzeugen wird, denn er wird sagen, eine Ethik im traditionellen Sinn sei eben tatsächlich unmöglich. Der

---

[6] Vgl. dazu Skinner (1971) und Dawkins (1986).

Wert des Arguments liegt aber darin, daß es die Implikationen des Subjektivismus deutlich macht und damit zeigt, was bei der Kontroverse auf dem Spiel steht; daß die Entscheidung für jede der beiden Alternativen weitreichende praktische Konsequenzen hat, daß es nicht nur um esoterische ontologische und erkenntnistheoretische Spitzfindigkeiten geht, die dem sprichwörtlichen Mann auf der Straße herzlich gleichgültig sein können. Für menschliches Zusammenleben ist es eben nicht gleichgültig, ob es objektive Pflichten gibt oder nur subjektive Interessen, deren Verfolgung allein durch äußere Hindernisse begrenzt ist, insbesondere durch die zu gewärtigenden Sanktionen bei Verstößen gegen gesellschaftliche oder rechtliche Regeln. Es macht einen Unterschied, ob man elementare Menschenrechte anerkennt, die unabhängig von ihrer rechtlichen Garantie bestehen, oder nicht.

7 Zwei Paradigmen

Wir stehen so vor der Situation, daß keiner der beiden Kontrahenten, weder Realismus noch Subjektivismus, Argumente vorzubringen hat, die für den anderen überzeugend wären. Der letzte Grund für den Antirealismus ist, daß wir über keine ausgearbeitete Ontologie verfügen, die Werttatsachen umfaßt, die *ultima ratio* der Realismus ist der Hinweis, daß in der Welt des Antirealisten die Ethik heimatlos wird. Die Differenzen zwischen beiden Positionen gehen so tief, daß es keine gemeinsame Basis gibt, von der aus sich die Frage argumentativ entscheiden ließe. Es handelt sich, in der Sprechweise Thomas Kuhns, um zwei *Paradigmen,* zwei völlig unterschiedliche Sichtweisen der Wirklichkeit.

Kuhn redet nur von theoretischen Paradigmen.[7] Ein Paradigma im umfassenden Sinn des Wortes ist für ihn ein System von fundamentalen Theorien, Methoden, Begründungsverfahren, Rationalitätsstandards und Erkenntniszielen. Man kann aber auch von praktischen Paradigmen sprechen, die neben theoretischen Annahmen – dazu würde insbesondere ein Menschenbild gehören – auch Verhaltensnormen enthalten, Wertordnungen und Ideale menschlichen Lebens. Auch für ein solches Paradigma gibt es dann keine Letztbegründung im Sinn des fundamentalistischen Erkenntnisideals. Es rechtfertigt sich vielmehr nur dadurch, daß es sich bewährt. Im praktischen Fall ist das eine Bewährung im Leben, die sich darin zeigt, daß sich unser Leben, wenn es sich daran orientiert, positiv entfaltet. Wir reden ja auch von einer Bewährung von Gesetzen oder Sitten in der Praxis, und die besteht darin, daß sie eine gedeihliche soziale Ordnung ergeben.

---

[7] Zum Paradigmenbegriff vgl. Kuhn (1962), zum Fundamentalismus Kutschera (1993), Kap. 5.

Nun hat Kuhn im theoretischen Fall mit dem Hinweis auf die Theoriebeladenheit der Beobachtungen Kritik am Bewährungsbegriff Karl Poppers geübt, und behauptet, man könne von Bewährung wie von Begründungen nur innerhalb eines Paradigmas reden. Obwohl seine Kritik grundsätzlich berechtigt ist, ist sie in diesem Punkt doch überzogen. Ohne eine Rechtfertigung, die es nicht immer schon voraussetzt, wäre die Wahl eines Paradigmas oder das Festhalten an ihm eine völlig irrationale Entscheidung. Theoriebeladenheit der Erfahrung bedeutet nicht, daß die Beobachtungen, die wir im Licht einer Theorie machen, schon immer durch diese determiniert sind, sie also immer nur bestätigen. Man kann im Sinn Poppers sagen: Eine Theorie hat nur dann einen empirischen Gehalt, sie sagt nur dann etwas über die Wirklichkeit aus, wenn sie an Erfahrungen scheitern kann. Würde ein Paradigma nur solche Erfahrungen ermöglichen, die es bestätigen, so hätte es danach keinen empirischen Gehalt. Es ist aber unsinnig anzunehmen, daß z.B. unsere physikalischen Theorien nicht an der Erfahrung scheitern könnten. Im Fall praktischer Paradigmen ist die Theoriebeladenheit der Erfahrung nun sicher besonders stark: Die Erfahrungen, an denen sie sich bewähren sollen, die Beobachtungen, ob sich das Leben in dieser Form positiv gestaltet, sind Werterfahrungen, und die erfolgen im Licht der Wertvorstellungen des Paradigmas selbst. Dennoch kann man auch hier nicht davon reden, daß die vorgängigen Annahmen des Paradigmas die Erfahrungen determinieren. Aussagen, wie gut eine Lebensform sich bewährt, mögen besonders schwierig sein, aber Bewährung bleibt auch hier ein echter Test. Selbst das theoretisch wie praktisch geschlossene System des Kommunismus konnte scheitern; es konnte sich im Lauf der Jahre in ihm selbst die Einsicht durchsetzen, daß es sich im Leben eben nicht bewährt.

8 Die Unverzichtbarkeit eigener Entscheidungen

Wenn im Fall der Realismus-Antirealismus-Kontroverse eine Basis gemeinsamer Überzeugungen fehlt, von der aus sich argumentativ begründen ließe, daß eine der beiden Alternativen falsch ist, bleibt nichts anderes übrig, als auf ihre Bewährung zu rekurrieren. Nun ist jedoch in diesem Fall eine neutrale Beurteilung der Bewährungsgrade beider Positionen kaum möglich, denn für den Realisten heißt Bewährung insbesondere auch: Bewährung an Werterfahrungen in seinem Sinn, und die erkennt der Antirealist nicht an. Es könnte ja z.B. sein, daß ein Realist Normen vertritt, die bzgl. der Verfolgung persönlicher Interessen eher restriktiv sind und vom einzelnen Askese und Verzicht verlangen, daß er aber meint, die Erfahrung zeige, daß auf diese Weise das individuelle wie das gemeinsame Handeln eine höhere Chance zur Verwirklichung objektiver Werte, und damit zur Sinnerfüllung in einem objektiven Sinn habe. Für den Subjektivisten wären das hingegen bloße Illusionen. Der Realist kann also weder seine Überzeugung, es gebe objektive Werttatsachen, dem Antirealisten demonstrieren, denn er kann dafür ja naturgemäß nur auf die Erfahrung solcher Tatsachen verweisen, und solche Hinweise erkennt der Antirealist nicht an. Noch kann der Realist darauf verweisen, seine Konzeption – in substantielle Normen umgesetzt – bewähre sich gut, denn hier wird ihm wieder der für ihn wesentliche Teil der Erfahrung, auf die er sich dabei stützt, vom Subjektivisten in Frage gestellt.

Angesichts dieser Situation muß die Diskussion abbrechen, weil ihr die Geschäftsgrundlage entzogen ist, d.h. einschlägige gemeinsame Überzeugungen. Es kann für den Realisten dann nur mehr darum gehen, seine eigene Position für sich selbst kritisch zu überdenken. Er kann sich eingestehen, daß der Antirealist zweifellos das einfachere und geschlossenere Weltbild hat, und daß manche seiner eigenen Werterfahrungen dem Verdacht einer naiven Projektion seiner Neigungen oder vorgängigen Wertvorstellungen ausgesetzt sind. Da die Frage theoretisch nicht entscheidbar ist, wird er sich dann – im Bewußtsein zwar, daß das keine leicht zu beurteilende Sache ist – auf die Bewährung seines Paradigmas in seinen eigenen Lebenserfahrungen verlassen müssen, und er wird seine Entscheidung, an seinem Paradigma festzuhalten, angesichts der weitreichenden praktischen Implikationen beider Positionen fällen.

Ein solcher Rückzug auf eine persönliche Entscheidung ist nichts Irrationales, kein bloßer Dezisionismus. Erstens findet dieser Rückzug in einer Situation statt, in der es keine Grundlage für eine argumentative Verteidigung der eigenen Position mehr gibt. Zweitens kommt man um Entscheidungen ohnehin nicht herum, auch nicht im theoretischen Feld und auch nicht gegenüber Argumenten. Ich habe oben von dem Akt einer *Synkatathesis* gesprochen, aus dem Urteile und Annahmen hervorgehen. Man muß die Prämissen eines Arguments als richtig akzeptieren, bevor es Überzeugungskraft gewinnt. Wir müssen auch unseren natürlichen Erfahrungen vertrauen, sie als Erfahrung objektiver Tatsachen anerkennen, damit wir ihnen etwas über die Außenwelt entnehmen können. Ein Idealist, der bestreitet, daß sich uns in unseren Erfahrungen eine äußere Realität zeigt, und die Existenz einer solchen Außenwelt infrage stellt, ist ebensowenig argumentativ widerlegbar wie der Subjektivist, der Wertidealist. Drittens ist die Entscheidung für eine Lebensform nicht willkürlich. Gibt es keine neutralen, allgemein anerkannten Gründe, so heißt das nicht, daß es gar keine Gründe gibt. Die Entscheidung für oder gegen eine Orientierung an objektiven Werten ist, wie ich betont habe, gerade nichts, was man ebenso gut so wie auch anders vollziehen könnte. Dazu sind die Implikationen viel zu gravierend. Es geht nicht um eine blinde, sondern um eine reflektierte Entscheidung. Viertens können Normen mein Handeln nur dann bestimmen, wenn ich mit meiner eigenen, wohlüberlegten Entscheidung dahinter stehe.

Mir scheint also eine argumentative Entscheidung der Kontroverse, die ich hier besprochen habe, angesichts der tiefgreifenden Unterschiede im Ansatz nicht möglich zu sein. In dieser Situation empfiehlt es sich für die Ethik, sich am theoretischen Bruder, an den neueren erkenntnistheoretischen und wissenschaftstheoretischen Konzeptionen zu orientieren. Die Einsicht, daß das fundamentalistische Erkenntnisideal dort nicht haltbar ist, sollte Anlaß sein, auch im praktischen Feld davon abzukommen, und nicht von der Ethik zu verlangen, was schon in den Wissenschaften nicht möglich ist: Eine systematische Begründung von den ersten Prinzipien bis hin zu den konkreten Details. Unsere Theorien sind in beiden Fällen kreative Entwürfe, die sich als Ganzes bewähren müssen. Man sollte auch die Existenz konkurrierender Paradigmen nicht bloß als Mangel sehen, sondern als Chance für den Erkenntnisfortschritt. Alternativen zwingen zum Nachdenken über das, was man bisher für selbstverständlich hielt, zu einer Klärung und Überprüfung der eigenen Position. Die Entscheidung für ein Paradisgma ist immer ein Wagnis, denn man kann damit an der Erfahrung scheitern, und ein Scheitern hat im Fall von Normen des Verhaltens, von Lebensidealen und Wertungen, an denen man sich bisher orientiert hat, besonders tiefgreifende Folgen. Wir müssen uns hier, wie auch sonst vielfach im Leben, in einer Situation unzureichender Kenntnis entscheiden, aber eben nicht blind, sondern im Blick auf die absehbaren Folgen der verschiedenen Alternativen.

Literatur

Dawkins, R. (1986): *The Blind Watchmaker*, New York
Harman, G. (1977): *The Nature of Morality*, Oxford
Kuhn, T. S. (1962): *The Structure of Scientific Revolutions*, Chicago, 2. Aufl. 1970
Kutschera, F. v. (1982): *Grundlagen der Ethik*, Berlin, 2. Aufl. 1999
Kutschera, F. v. (1993): *Die falsche Objektivität*, Berlin
Mackie, J. (1977): *Ethics – Inventing Right and Wrong*, Harmondsworth
Moore, G. E. (1903): *Principia Ethica*, Cambridge
Skinner, B. F. (1971): *Beyond Freedom and Dignity*, New York.

Nachwort

Meine Überlegungen zum moralischen Realismus sind oft auf zwei fundamentale Mißverständnisse gestoßen. Wenn ich den Realismus als „Paradigma" bezeichne, der sich gegenüber dem Subjektivismus argumentativ nicht mehr begründen läßt, ertönt erstens die Anklage: „Reiner Dezisionismus!" Die Ankläger sollten aber doch einmal prüfen, ob sie wirklich nicht zu folgender einfachen logischen Einsicht fähig sind: Wer eine Behauptung A leugnet und hinreichend intelligent ist, wird auch keine Behauptung akzeptieren, aus der A folgt. Damit ist er aber argumentativ nicht mehr von der Richtigkeit von A zu überzeugen, denn er erkennt die Prämissen keines schlüssigen Argumentes an, das A zur Konklusion hat. Daraus folgt natürlich nicht, daß es keine guten Gründe für A gibt und daß sich A nicht gegenüber anderen Personen argumentativ rechtfertigen läßt.

Ein moralischer Realismus bzgl. Werttatsachen behauptet zweitens nicht, moralische Tatsachen hätten nichts mit Präferenzen zu tun. In einer Welt ohne Subjekte mit Neigungen und Zielen gäbe es auch für ihn keine Werttatsachen, denn Wert hat etwas immer nur für jemanden. Das heißt aber nicht, wie der Subjektivismus meint, etwas sei grundsätzlich deswegen wertvoll, weil jemand es als wertvoll empfindet. Platon hat im *Euthyphron* die notwendige Unterscheidung für den Fall der Frömmigkeit schon vor zweieinhalb Jahrtausenden gezogen: Eine Handlung ist nicht fromm, weil sie die Göttern lieben, sondern sie wird von den Göttern geliebt, weil sie fromm ist. Was den moralischen Realismus vom Subjektivismus unterscheidet ist nicht, daß dieser eine Beziehung zwischen dem Wert der Dinge und unseren Präferenzen herstellt und jener nicht, sondern die Art der Beziehung, die beide zwischen Werten und Präferenzen annehmen. Der Realismus bestreitet auch nicht, daß der erlebte Wert einer Sache oft von vorgängigen Neigungen oder Bedürfnissen des Betrachters abhängt, er sagt vielmehr, daß das durchaus nicht immer so ist, daß es vielmehr auch echte Werterkenntnis gibt, die nicht in einer Projektion eigener Neigungen auf den Gegenstand besteht, sondern unsere Interessen auch verändern kann. Neigungen sind oft nicht Ursachen des erlebten Wertes, sondern Wirkungen des Werterlebens. Nur der Wertrealist kann dem Phänomen gerecht werden, daß sich unser Werthorizont durch Erfahrung weitet und wir durch die Fülle der Werte, die wir im Leben und in der Welt entdecken, bereichert werden. Wie Hobbes alle altruistischen Regungen wie selbstlose Liebe, Freundschaft, Mitleid, Hilfsbereitschaft oder Großmut leugnet, um seine These vom grundsätzlich egoistischen Charakter aller Antriebe zu „bestätigen", so muß der Subjektivist den unglaublich primitiven Versuch machen, die Fülle all der großen Werte, die wir im Umgang miteinander, mit Natur und Kunst erfahren, letztlich aus animalischen Bedürfnissen abzuleiten, die wir ja als einzige schon ins Leben mitbringen.

14

Drei Versuche einer rationalen Begründung der Ethik: Singer, Hare, Gewirth

In der neueren Literatur zur Ethik sind vor allem drei Autoren mit Ideen zu einer rationalen Begründung ethischer Prinzipien hervorgetreten: Marcus Singer, Richard Hare und Alan Gewirth. Ihre Ansätze spielen in der gegenwärtigen Diskussion eine gewichtige Rolle, denn eine rationale Begründung hätte den großen Vorteil, ethischen Grundprinzipien Objektivität in dem Sinn zu sichern, daß jeder rational Urteilende sie anerkennen muß. Sie würde zudem, wie besonders Gewirth betont hat, die Vorgängigkeit dieser Prinzipien vor anderen praktischen Überlegungen erklären. Die Ansätze der drei Autoren sind miteinander verwandt: Alle drei stützen sich auf das Prinzip der Universalisierbarkeit, das sich für sie aus der Inferentialität moralischer Urteile ergibt, und damit analytischen Charakter hat.

Ich will im folgenden versuchen, das logische Gerüst der drei Begründungen herauszuarbeiten. Das ist nicht ganz einfach, da die drei Rationalisten offenbar wenig von logischen Präzisierungen halten. Nun sind zwar Ideen wichtiger als logische Explikationen, aber sie erhalten doch erst in ihrer Präzisierung einen wohlbestimmten Inhalt. Meine Darstellungen haben also den Charakter von Rekonstruktionen, die dem Vorwurf ausgesetzt sind, die Intentionen der Autoren zu verfehlen. Da es aber in der Philosophie um präzise Aussagen und Argumente geht, wäre für mich nur eine Kritik relevant, die eine bessere Rekonstruktion entwickelt. Meine Einwände gegen die drei Ansätze enthalten keine wesentlich neuen Gesichtspunkte. Die Rekonstruktionen erlauben es aber, sie präziser zu fassen, als das oft geschieht.

1 M. Singers Generalisierungsargument

Singer will in (1961) sein zentrales ethisches Prinzip, das Generalisierungsargument (GA) rein rational begründen. In seiner einfachsten Formulierung lautet es: „Wenn ein Schaden entstünde, wenn alle F täten, so ist es keinem erlaubt, F zu tun". Wir schreiben $U(A)$ für „Es ist schädlich (*undesirable*), wenn A", PA für „Es ist erlaubt, daß A" und OA für „Es ist obligatorisch, daß A". Dann läßt sich Singers Argument für GA so darstellen:

1) $U(Fa) \supset \neg PFa$ — Ist es schädlich, wenn *a F* tut, so ist es nicht erlaubt, daß *a F* tut (*Principle of consequences*, C), also

2) $U(\forall xFx) \supset \neg\forall xPFx$ — Ist es schädlich, wenn alle *F* tun, so ist es nicht jedem erlaubt, *F* zu tun (*Generalized principle of consequences*, GC).

3) $\neg\forall xPFx \supset \forall x\neg PFx$ — Ist es nicht jedem erlaubt, *F* zu tun, so ist es niemandem erlaubt, *F* zu tun (*Generalization principle*, GP), also (mit (2))

4) $U(\forall xFx) \supset \forall x\neg PFx$ — Ist es schädlich, wenn alle *F* tun, so ist es niemandem erlaubt, *F* zu tun (GA).

(1) ist für Singer eine analytische Wahrheit. Ob die Aussage wahr ist, hängt aber erstens davon ab, wie *U(A)* bestimmt wird: Werden Sachverhalte, Zustände oder Ereignisse in einem absoluten Sinn als schlecht (oder auch: als sehr schlecht) bezeichnet, so kann es sein, daß in einer Situation nur (sehr) schlechte Alternativen offenstehen, wie z.B. bei Aristoteles dem Kapitän im Sturm, der nur die Wahl hat, unterzugehen oder die Ladung zu opfern. Dann wäre aber nach (1) jede Alternative verboten. Es muß also mit *U* ein Wert relativ zu den jeweiligen Alternativen gemeint sein. Ferner ist es umstritten, ob man aus Werten Ge- und Verbote ableiten kann. Es kann schlechte Konsequenzen haben, wenn man die Wahrheit sagt, und doch kann das geboten sein. Man kann also (1) kaum als analytische Wahrheit bezeichnen.

(2) folgt nicht aus (1). Das bemerkt Singer zwar selbst[1], begründet aber nicht, wie er dann von (1) zu (2) gelangt. Aus (1) folgt nur $\forall xU(Fx) \supset \forall x\neg PFx$ – aber aus $U(\forall xFx)$ folgt nicht $\forall xU(Fx)$, sonst wäre auch die Bezugnahme auf GP überflüssig – oder $\exists xU(Fx) \supset \neg\forall xPFx$ – aber aus $U(\forall xFx)$ folgt auch nicht $\exists xU(Fx)$. Man könnte nur sagen: Tun alle anderen *F*, gilt $U(\forall xFx)$ und wird der Schaden vergrößert, wenn auch *a F* tut, so darf *a* nicht *F* tun. Aber das ist nicht im Sinne der Anwendungen, die Singer von GA machen will. Auch wenn man von einem Prinzip $U(A) \supset \neg PA$ ausgeht, erhält man nur $U(\forall xFx) \supset \neg P\forall xFx$, aber aus $\neg P\forall xFx$ folgt nicht $\neg\forall xPFx$.

(3), also GP, ist für Singer wiederum eine analytische Aussage, die sich aus dem Sinn deontischer Sätze ergibt: Moralische Sätze sind objektiv, d.h. nach Singer: sie müssen begründbar sein. Ein Urteil *PFa* stützt sich also (implizit) darauf, daß *a* eine Eigenschaft *G* hat, die als Grund dafür angesehen wird, daß *PFa* gilt. Gründe sind generell, so daß auch gilt $\forall x(Gx \supset PFx)$. Nun folgt aus der

---

[1] Vgl. Singer (1961), S. 66.

Inferentialität der moralischen Eigenschaft *PFx* bzgl. der Menge *D* nichtnormativer Eigenschaften, d.h. aus $\forall x(PFx \supset \exists g(g \in D \wedge gx \wedge \forall y(gy \supset PFy)))$ – evtl. mit Zusatzbedingungen, die Trivialisierungen, also insbesondere die Wahl von $y = x$ als *gy* ausschließen – nicht GP. In der genaueren Fassung verwendet Singer daher statt GP das Prinzip

GP*: $\forall xy(\ddot{A}(x,y;F) \wedge PFx \supset PFy)$.

Dabei besage *Ä(x,y;F)*, daß *x* und *y* einander bzgl. der Erlaubnis *F* zu tun relevant ähnlich sind, d.h. sich in relevant ähnlichen Situationen befinden. GP* ist nach Singer wiederum äquivalent mit

GP**: *Ist es a erlaubt, F zu tun, so auch jedem anderen, es sei denn, es gebe spezielle Gründe, warum a F unterlassen soll.*

Die Einwände gegen GP* sind bekannt: Das Prinzip ist solange leer als nicht gesagt wird, welche Ähnlichkeiten für gleiche Obligationen bzw. Erlaubnisse relevant sind. Analog ist GP** leer, solange nicht festgelegt wird, welche Gründe eine Ausnahme rechtfertigen. Singer sagt dazu nur: Ist es *a* verboten, *F* zu tun, so muß ein Grund dafür, daß es *b* erlaubt ist, *F* zu tun, von der Art sein, daß *a* nicht für sich einen ebenso guten Grund für eine solche Erlaubnis angeben kann. „*b*" zu heißen, ist z.B. kein guter Grund, weil „*a*" zu heißen, ein ebenso guter Grund wäre. Aber für manche Obligationen ist körperliche Behinderung ein guter Grund für eine „Ausnahme", für andere nicht. Das Problem der relevanten Ähnlichkeit bleibt also auch in Form der „guten Gründe" bestehen.

Sehen wir einmal von den speziellen Problemen von GP ab, das ja so bei Singer nicht stehen bleibt, so liegt also der Hauptmangel der angegebenen Begründung von GA darin, daß C fragwürdig und der Schluß von C auf GC nicht begründet ist.

Singer modifiziert nun GA dadurch, daß er erstens die Quantoren für Personen relativiert auf Gruppen, also GA ersetzt durch: *Für alle Gruppen K gilt* $U(\forall x(Kx \supset Fx)) \supset \forall x(Kx \supset \neg PFx)$. Zweitens wird GP durch GP** ersetzt, so daß auch die Konsequenz GA nun zu lesen ist als: „Jedem Mitglied von *K* ist es verboten, *F* zu tun, es sei denn, es läge ein spezieller Grund für eine Ausnahme vor". Drittens wird gefordert, daß neben $U(\forall x(Kx \supset Fx))$ nicht auch gilt $U(\forall x(Kx \supset \neg Fx))$, daß also GA nicht „invertierbar" ist.[2] Viertens soll GA nicht „reiterierbar" sein. Singer sagt zwar, Reiterierbarkeit impliziere Invertierbarkeit[3], so daß man Nichtiterierbarkeit nicht eigens fordern müßte. Abgesehen von dem Teilgedanken der Nichtiterierbarkeit, der schon in GP** steckt, sollen damit aber

---

[2] A.a.O., S. 73.
[3] A.a.O., S. 82.

Argumente ausgeschlossen werden wie z.B. „Wenn jeder um 6 Uhr äße, würde ein Schaden entstehen; also darf keiner um 6 Uhr essen". Das ließe sich für andere Uhrzeiten iterieren und das Ergebnis wäre, daß niemand irgendwann essen darf. Was jedoch unter „Reiterierbarkeit" genau verstanden werden soll, bleibt offen. Singer sagt nur: Die Aussage $\forall x(Kx \supset Fx)$ darf nicht auf bestimmte Personen, Zeiten und Orte Bezug nehmen. Das läßt sich jedoch nach Quines Vorschlag zur Eliminierung von Individuenkonstanten immer vermeiden.

Singer will das zu GA „obverse" Prinzip: „Ist es positiv, wenn alle F tun, so ist es jedermann geboten, F zu tun" nicht akzeptieren. Schreiben wir $D(A)$ für „Es ist positiv (desirable), wenn A", so läßt sich dieses Prinzip so formulieren:

GA°: $D(\forall x Fx) \supset \forall x OFx$.

Es „folgt" aber ebenso wie GC aus C, wenn wir von

C°: $D(Fa) \supset OFa$

ausgehen. Singer lehnt C° mit dem Argument ab, wir seien nicht immer verpflichtet, Positives zu bewirken. Das ist ganz richtig, widerspricht aber – wenn man „positiv" in dem Sinn versteht, daß F-Tun die beste der verfügbaren Alternativen ist – der teleologischen Auszeichnung von Pflichten durch Werte, und damit auch dem Grundgedanken von C: Es ist auch nicht immer verboten, Schlechtes zu tun. Wie es nicht geboten ist, den eigenen Kuchen dem zu geben, der am meisten Appetit darauf hat, so ist es auch nicht verboten, ihn selbst zu essen, wenn alle anderen größeren Appetit darauf haben. C° ist also ebenso (wenig) plausibel wie C. Singer muß aber C° ablehnen, denn $D(Fa)$ ist durchaus mit $U(\forall x Fx)$ verträglich, aus $D(Fa)$ folgt mit C° aber OFa, aus $U(\forall x Fx)$ mit GA hingegen $\forall x O \neg Fx$. Singer wendet gegen GA° auch ein: Wäre es gut, wenn alle F täten, tun das aber viele nicht, so wäre es evtl. nicht positiv, allein oder zusammen mit wenigen anderen F zu tun.[4] Analog kann man aber auch gegen GA einwenden: Wäre es ein Schaden, wenn alle F täten, tun aber viele nicht F, so stiftet eine Erlaubnis, F zu tun, oft keinen Schaden. GA° ist also nicht schlechter begründet als GA.

Der Hauptpunkt der Kritik an Singer ist, daß er nicht sieht, daß GA – ebenso wie das Prinzip des negativen Regelutilitarismus, dem GA weitgehend entspricht – ein rein formales Prinzip ist, das nur einen Zusammenhang zwischen Werten und Geboten herstellt, aber keinen substantiellen Gehalt hat, solange keine Wertmaßstäbe angegeben werden, solange also nicht gesagt wird, was denn schädlich ist. Es wäre zumindest Auskunft darüber zu geben, ob diese Werte subjektiv oder objektiv zu verstehen sind. Es macht offenbar keinen Sinn zu sagen: Wenn

---

[4] A.a.O., S. 191f.

alle *F* tun, ist das für mich negativ, also darf niemand *F* tun – „Dürfen" hätte hier einen bloß subjektiven Sinn, den Sinn von „ich will nicht". Nach Singers Ausführungen müßten Wertaussagen objektiv, d. h. einer allgemeinen akzeptierbaren Begründung zugänglich sein. Wie will man aber angesichts des Humeschen Gesetzes Wertaussagen mit nichtnormativen Fakten rechtfertigen, wie sie Singer als Gründe anvisiert? Wie kann man eine Ethik als „rational" bezeichnen, deren Gebote von einer rational nicht begründeten, ja nicht einmal rational diskutierten Wertordnung abhängen?

2 R. Hares universeller Präskriptivismus

Hare geht in (1963) und (1981) von einer Analyse der moralischen Sprache aus, nach der moralische Urteile präskriptiv und universalisierbar sind. Daraus soll sich der (Akt-)Utilitarismus als moralisches Grundprinzip ergeben. Generelle Verhaltensregeln sollen dann als prima-facie-Gebote utilitaristisch ausgezeichnet werden. Im folgenden geht es nur um die Kritik des Arguments, das von den linguistischen Prämissen zum Utilitarismus führt.

A) Die Prämissen

1) *Universalisierbarkeit*

Hare betrachtet bei seinem Argument nur Sollenssätze. In ihrer nichtbedingten Form haben sie die Gestalt „Die Person *a* soll *F* tun" („Es ist geboten (obligatorisch), daß *a F* tut"). Auch er begründet die Universalisierbarkeit solcher Sätze mit der Supervenienz bzw. Inferentialität aller normativen Eigenschaften bzgl. nichtnormativer. Ist *D* wieder die Menge aller nichtnormativen Eigenschaften, so besagt die schwache Supervenienz der Eigenschaft *OFx* (die Obligation haben, *F* zu tun) bzgl. *D*: $N\forall xy(\forall g(g\in D \supset (gx \equiv gy)) \supset (OFx \equiv OFy))$. Dabei sei *N* ein Operator für Notwendigkeit. Da der Zusammenhang normativer und nicht normativer Eigenschaften sich wohl kaum aus Naturgesetzen ergibt, ist dabei an eine analytische Notwendigkeit zu denken. Ist D^+ die kleinste vollständige Boolesche Algebra, die *D* enthält, so folgt aus der Supervenienz die Inferentialität von *OFx* bzgl. D^+:

$N\forall x(OFx \supset \exists g(g\in D^+ \wedge gx \wedge \forall y(gy \supset OFy)))$. Es gilt also für alle *F* und *b*:

a) Gilt *OFb*, so gibt es eine nichtnormative Eigenschaft *g* mit *gb*, so daß gilt $\forall y(gy \supset OFy)$.

In diesem Sinn ist jedes Gebot universalisierbar. Wir wollen die Eigenschaften *g*, auf die bei der Universalisierung Bezug genommen wird, als Charakterisierungen von Situationen auffassen. Wir lesen also *gy* als „die Person *y* befindet sich in einer Situation der Art *g*".

Ein Problem liegt nun darin, daß die Supervenienz normativer bzgl. nichtnormativer Eigenschaften deswegen trivial ist, weil Personen, die (zur selben Zeit) genau dieselben nichtnormativen Eigenschaften haben, sich also z.B. zur gleichen Zeit am gleichen Ort befinden, notwendigerweise identisch sind. Die Supervenienz ist also einfach eine Folge des logischen Prinzips der Substituierbarkeit des Identischen, und die betrachteten Situationstypen sind so spezifisch, daß verschiedene Personen sich immer in verschiedenen Situationen befinden. Hare will die Universalisierbarkeit aber in einem nichttrivialen Sinn verstehen. Dazu faßt er *D* als Menge „rein qualitativer" oder „universaler" Eigenschaften auf. Die Diskussion im Zusammenhang mit der Goodmanschen Paradoxie der Induktion hat jedoch gezeigt, daß keine brauchbare Abgrenzung rein qualitativer Eigenschaften in Sicht ist. Im folgenden wollen wir von diesem Problem absehen und *g* in (a) als einen für die Obligation, *F* zu tun, relevanten Situationstyp ansehen, obwohl sich nicht allgemein ohne Zirkularität angeben läßt, welche nichtnormativen Eigenschaften für die Verpflichtung zu einer Handlung relevant sind.

Für sein Argument benötigt Hare nun aber einen stärkeren Supervenienzbegriff, denn er braucht statt $\forall y(gy \supset OFy)$ die stärkere Aussage „Für alle Personen *y* gilt: Wenn *y* in der Situation *g* ist, so ist *y* verpflichtet *F* zu tun", aus der z.B. folgt: „Wäre *c* in der Situation *g*, so hätte *c* die Obligation, *F* zu tun". Dazu könnte man z.B. den Begriff der starken Supervenienz verwenden, dessen Definition sich aus jener der Inferentialität ergibt, wenn man im Definiens den Ausdruck $\forall y(gy \supset OFy)$ durch $N\forall y(gy \supset OFy)$ ersetzt. Schreiben wir $A \rightarrow B$ für „Wenn *A*, dann *B*" im Sinn eines subjunktiven Konditionalsatzes, so erhalten wir dann statt (a):

a′) Gilt *OFb*, so gibt es einen dafür relevanten Situationstyp *g*

mit *gb*, so daß gilt $\forall y(gy \rightarrow OFy)$.[5]

2) *Präskriptivität*

Hares Aussagen über den präskriptiven Charakter von Sollenssätzen sind wenig klar.[6] Ein solcher Satz ist nach Hare kein Behauptungssatz, sondern ein Aus-

---

[5] Zu den Begriffen der starken und schwachen Supervenienz vgl. Kim (1984), zur Äquivalenz von (schwacher) Supervenienz und Inferentialität Kim (1978).

[6] Die Definition in (1981), 1.6: 21/64 ist unbrauchbar: „We say something prescriptive if and only if, for some act *A*, some situation *S* and some person *P*, if *P* were to assent (orally) to what we say, and not, in *S*, do *A*, he logically must be assenting insincerely". Danach wäre einerseits ein Satz wie „Ich will morgen spazieren gehn" – für Hare sonst ein Beispiel eines präskriptiven Satzes – nicht

druck von Präferenzen oder Absichten. Hare stellt präskriptive Sätze deskriptiven gegenüber, versteht unter „deskriptiven Sätzen" aber sowohl nichtnormative wie Behauptungssätze. Nun ist klar, daß normative Sätze keine nichtnormativen sind, so daß also gesagt wird, sie seien keine Behauptungssätze. Da für Hare Sollenssätze aber auch wahr oder falsch sein können[7] und dann einen Sachverhalt ausdrücken, können sie auch behauptenden Charakter haben, ja sie müssen generell auch Behauptungssätze sein, da sonst die Überlegungen zur Universalisierbarkeit nicht auf sie anwendbar wären. Die These ist also: Es sind keine reinen Behauptungssätze. Man kann nun entweder sagen, sie hätten neben einer, im üblichen Sinn, deskriptiven (also beschreibenden, nicht aber nichtnormativen) Bedeutung auch eine expressive Bedeutungskomponente, oder es gebe für sie Konventionen, nach denen man einen solchen Satz nur dann äußern darf, wenn man gewisse Einstellungen hat. Hares Äußerungen zielen eher in die erstere Richtung, mir scheint der letztere Gedanke fruchtbarer zu sein, auch für Hares Ansatz. Worin besteht nun die Einstellung, die der Sprecher, a, haben muß, wenn er einen Sollenssatz OA aufrichtig äußert? Hat A die Gestalt Fa, handelt es sich also um eine eigene Obligation, so kann man sagen: Nach den Regeln der Sprache äußert a den Satz OFa nur dann aufrichtig, wenn er damit zugleich seine Verpflichtung anerkennt, F zu tun. Hare drückt das so aus, daß a die Intention haben muß, F zu tun; daß er tatsächlich F tun will.[8] Sagt a, b habe die Obligation, F zu tun, so kann man a zwar keine Absichten bzgl. F zuschreiben, aber man kann doch sagen, a äußere den Satz nur dann aufrichtig, wenn er wolle, daß b F tut. Bei Äußerungen über eigene wie fremde Obligationen ist „wollen" nicht im Sinn von „wünschen" gemeint: Die Erfüllung von Pflichten, die ich mir oder anderen zuschreibe, kann meinen Neigungen durchaus widersprechen. Was ich im hier gemeinten Sinn will, schließt meine moralischen Überzeugungen schon ein. Unterscheidet man zwischen effektiven (handlungsbestimmenden) und Eigenpräferenzen (meinen persönlichen Neigungen)[9], so ist das, was ich im hier intendierten Sinn will, das, was für mich im Sinn meiner effektiven Präferenzen optimal ist.

Schreiben wir $a!A$ für „Die Person a kann den Satz A aufrichtig äußern" und $W(a,A)$ für „a will, daß A", so gilt also:

---

präskriptiv, weil ich das jetzt aufrichtig sagen kann, ohne morgen spazieren zu gehen, etwa weil sich meine Präferenzen geändert haben, ich verhindert bin oder unerwartete Umstände eingetreten sind. Andererseits wäre ein klar nichtpräskriptiver Satz wie „2 + 2 = 4" präskriptiv, weil ihm keiner aufrichtig zustimmen kann, der im nächsten Moment anders rechnet.

[7] Das hat Hare in seiner Erwiderung auf meinen Vortrag ausdrücklich betont unter Verweis auf (1976), (1986) und (1952), 7.2-7.5.

[8] Gelegentlich – vgl. die obige Definition und die Erwiderung auf Spitzley – sagt Hare auch, der Sprecher müsse F tun. Aber das ist sicher zu stark, wie wir sahen, und läßt sich auch nicht auf Äußerungen über die Obligation anderer übertragen.

[9] Vgl. dazu Kutschera (1982), S. 146.

b) $a!OA \supset W(a,A)$.

Für das folgende Argument muß aber auch gelten:

b') $a!\forall y(gy \to OFy) \supset W(a, \forall y(gy \to Fy))$.

Die symbolische Schreibweise stellt hier freilich eher eine Stenographie dar als eine Formalisierung. Eine echte Formalisierung würde eine Semantik des Prädikats W und des Operators $\to$ voraussetzen, die sich aber aus Hares Schriften nicht entnehmen läßt. Im gegenwärtigen Zusammenhang könnte man z.B. sagen, der Satz $W(a,A)$ sei in einer Welt w wahr genau dann, wenn alle Welten, die die Person a in w als für sie (effektiv) optimal ansieht, Welten sind, in denen A gilt. Das würde eine Wollenslogik ergeben, die formal der Standardlogik des Operators O entspricht. Dabei wird allerdings der Unterschied zwischen „Wollen" und „In Kauf nehmen" ignoriert.

Das Hauptproblem der Hareschen Aussagen zur Präskriptivität normativer Aussagen liegt in ihrer Unklarheit bzgl. der Frage, ob diese Aussagen, so wie sie in der Ethik hauptsächlich verwendet werden, einen Wahrheitswert haben oder nicht. Die Auskunft, normative Sätze könnten auch behauptend verwendet werden, sie hätten ein Janusgesicht und seien hybrid, läßt alles offen. Wenn die Sätze in der Alltagssprache einen so fließenden Charakter haben, muß man ihren Sinn in der Ethik eben genauer festlegen, sonst kann dabei nichts Eindeutiges herauskommen. Haben sie einen Wahrheitswert, so drücken sie Sachverhalte aus, und es ist dann die primäre Aufgabe der Ethik, wahre normative Sätze anzugeben. Auch für reine Behauptungssätze gibt es eine Konvention für aufrichtige Äußerungen: Der Sprecher muß von ihrer Wahrheit überzeugt sein. Von diesen Überzeugungen ist bei Sachfragen aber nicht die Rede. Ebenso geht es in der Ethik primär um die Sache. Das heißt nicht, daß die Akzeptierbarkeitsbedingung (b) ohne Interesse ist. Sie macht deutlich, daß wir normative Tatsachen nicht einfach konstatieren, sondern sie immer zugleich als Orientierungspunkte für unser Handeln anerkennen, wenn wir sie aufrichtig behaupten. Wir orientieren uns dann aber an Tatsachen; die sind also zunächst zu erkennen. Haben normative Aussagen in der Ethik hingegen keinen Wahrheitswert, drücken sie keine Sachverhalte aus, so gibt es auch keine normativen Tatsachen, die die Ethik aufweisen könnte. Ihre Sätze sind dann Absichtserklärungen des Sprechers, und es bleibt offen, wieso sich andere dafür interessieren sollten. Hare will doch wohl begründen, daß es tatsächlich geboten ist, im Sinn utilitaristischer Prinzipien zu handeln, und nicht nur feststellen, daß unser moralisches Sprachspiel von der Art ist, daß nur Äußerungen von Geboten solcher Handlungen aufrichtig möglich sind, die utilitaristischen Kriterien entsprechen. Sonst würde die Frage naheliegen: Warum sollen wir bei diesem Spiel mitmachen?

B) Das Argument

Schreiben wir $G(a,A)$ für „Die Person a glaubt, daß A der Fall ist", so folgt aus (a') und (b'):

c) Zu jedem F und b gibt es einen Situationstyp g, so daß gilt:
$G(a,gb) \land a!OFb \supset W(a, \forall y(gy \rightarrow Fy))$ – a kann den Satz OFb nur dann aufrichtig äußern, wenn a will, daß alle in der relevant gleichen Situation wie b F tun.

Dabei müssen wir allerdings einige zusätzliche Voraussetzungen machen: Aus $a!OFb$ und (a') folgt nicht ohne weiteres $a!\exists g(gb \land \forall y(gy \rightarrow OFy))$ – dazu bräuchte man z.B. ein Prinzip, nach dem man von $a!A$ auf $a!B$ schließen kann, falls B aus A folgt; $a!A$ wäre dann zu lesen als „a kann aufrichtig und rationalerweise sagen, daß A" –, und daraus nicht ohne weiteres: Es gibt ein g, so daß $G(a,gb) \land a!\forall y(gy \rightarrow OFy)$. Man kann aber annehmen, daß gilt $a!(A \land B) \supset a!A \land a!B$, und für Behauptungssätze A: $a!A \supset G(a,A)$. Endlich haben wir die Bedingung vernachläßigt, daß a glauben muß, daß g ein für das Gebot OFb relevanter Situationstyp ist. Die Ableitung von (c) ist also nicht sauber, aber auch daran wollen wir hier keinen Anstoß nehmen.

Ist nun allgemein einsichtig, daß gb gilt und g ein für das Gebot OFb relevanter Situationstyp ist, so gilt $a!OFb \supset W(a, \forall y(gy \rightarrow Fy))$: a kann nur aufrichtig sagen, es sei b geboten, F zu tun (oder zu erleiden), wenn a will, daß jeder, wenn er in der gleichen Situation wie b ist, F tut (oder erleidet). Und das heißt auch: a will, daß er selbst, wäre er in dieser Situation, F täte (oder erlitte). Das ist ein intuitiv plausibles Prinzip, allerdings nur dann, wenn man es wirklich nur als notwendiges, nicht aber als hinreichendes Kriterium für die Akzeptierbarkeit von Gebotsaussagen begreift. Ein „Fanatiker" könnte sich sonst sehr rigorose Normen zueigen machen, wenn er nur bereit ist, sich ihnen auch selbst zu unterwerfen.[10] Hat zudem ein Neffe ein starkes Interesse an der Ermordung seiner Erbtante, so könnte er durchaus wollen, daß alle Neffen ihre Erbtanten ermorden, da er selbst sicher nie in die Situation einer Erbtante kommt.

Den nächsten Schritt in Hares Argument bildet eine Annahme, daß alle Menschen in derselben Rolle dasselbe wollen. Es lassen sich nun (mindestens) drei Formen bedingten Wollens unterscheiden:

i) $A \rightarrow W(a,B)$ – Ist A der Fall, so will a (dann), daß B
ii) $W(a, A \rightarrow B)$ – a will (jetzt), daß B, falls A
iii) $W(a,B,A)$ – a will (jetzt), daß B, gegeben, daß A.

---

[10] Vgl. dazu z.B. (1963), Kap. 9.

Die Unterschiede zwischen diesen Aussagen lassen sich so erläutern: Bin ich betrunken, so ändern sich meine Absichten und ich will mit dem Auto nach Hause fahren (i). Jetzt will ich hingegen, daß ich nicht mit dem Auto fahre, falls ich einmal betrunken bin (ii). (Das Beispiel stammt von H.-U.Hoche.) Ich will jetzt, daß alle Verkehrsverstöße geahndet werden, also auch, daß ich bestraft werde, falls ich gegen die Verkehrsregeln verstoße (ii). Ich will jetzt aber nicht bestraft werden, gegeben, daß ich eine Verkehrsvorschrift übertreten habe (iii). $W(a,B,A)$ ist so zu deuten, daß die für a optimalen A-Welten sämtlich B-Welten sind. (Das ergibt eine Logik bedingten Wollens, die formal der Logik bedingter Obligationen entspricht.)

Hare macht klar, daß er bei hypothetischen Präferenzen (oder hypothetischem Wollen) nicht (i) meint.[11] Es ist aber unklar, ob er (ii) oder (iii) im Sinn hat. Nur mit (ii) kann man an die vorstehende Erörterung anschließen, wir werden aber sehen, daß bei einem späteren Schritt des Arguments (iii) verwendet wird. Gehen wir also zunächst von (ii) aus.

Hare nimmt nun an, daß wir, wenn wir uns in die Rolle eines anderen hineindenken, sie uns „voll repräsentieren", wir in seiner Lage dasselbe wollen würden, was er tatsächlich will. Uns klar zu machen, was die Interessen der anderen sind, ist für Hare eine Forderung der Rationalität, der Umsichtigkeit. Repräsentiert a Rolle von b, so gilt also:

d) $gb \wedge W(b,A) \supset W(a, ga \rightarrow A)$.

Dabei ist die Rolle g von b hinreichend eng zu umschreiben, da Hare annimmt, daß wir in denselben Rollen dieselben Präferenzen haben. Zur Spezifikation einer Rolle gehören dann neben dem sozialen und wirtschaftlichen Status auch Geschlecht, Begabung, Erziehung und Erfahrungen. Das Prinzip (d) ist aber nicht plausibel, selbst wenn man voraussetzt, daß wir die Rollen anderer und ihre Präferenzen immer erkennen können. Denn ist, um wieder Hoches Beispiel zu verwenden, b betrunken und will mit dem Auto nach Hause fahren, so muß nicht gelten, daß ich (a) jetzt will, daß ich, wäre ich betrunken, mit dem Auto nach Hause fahre. Plausibler wäre ein Prinzip $ga \wedge gb \supset (W(a,A) \equiv W(b,A))$ – aber Hare will ja nicht von bedingten Präferenzen im Sinn von (i) reden. Die Aussage $W(b, A \rightarrow B) \supset W(a, A \rightarrow B)$ hingegen wäre auch nicht akzeptabel, da wir in verschiedenen Rollen Unterschiedliches wollen.

Nehmen wir nun an, in einer Situation, in der neben dem Agenten a nur eine einzige weitere Person, b, beteiligt ist, gehe es für a um die Frage, ob es ihm geboten ist, b gegenüber F zu tun, ob er also den Satz $OF(a,b)$ akzeptieren kann. g_a sei die Rolle von a, g_b jene von b. a will F tun, b will hinge-

---

[11] Vgl. (1981), 5.3.

gen, daß a das nicht tut – $W(a,F(a,b))$ und $W(b,\neg F(a,b))$. Dann gilt im Sinn von (c) $a!OF(a,b)$ nur dann, wenn gilt $W(a, \forall xy(g_a x \wedge g_b y \rightarrow F(x,y)))$, also nur dann, wenn $W(a, g_b a \wedge g_a b \rightarrow F(b,a))$. Wegen $W(b,\neg F(a,b))$ gilt nach (d) aber $W(a, g_b a \rightarrow \neg F(b,a))$, also kann a den Satz $OF(a,b)$ nicht akzeptieren. a kann aber auch den Satz $O\neg F(a,b)$ nicht akzeptieren, denn sonst würde nach (c) gelten $W(a, \forall xy(g_a x \wedge g_b y \rightarrow \neg F(x,y)))$, also $W(a, g_a a \wedge g_b b \rightarrow \neg F(a,b))$, und wegen der Erkennbarkeit der Rollen von a und b durch a $W(a, \neg F(a,b))$, was $W(a,F(a,b))$ widerspricht. (Man wird ja generell das Prinzip annehmen: $G(a,A) \wedge W(a, A \rightarrow B) \supset W(a,B)$.) Die Universalisierbarkeit erfordert also in diesem Fall, daß a die Situationen $g_a a \wedge g_b b$ und $g_a b \wedge g_b a$ als relevant gleich behandelt und ohne Rücksicht darauf urteilt, wer welche Rolle innehat. Das Ergebnis ist also zunächst: Geboten ist nur, was alle Beteiligten wollen. Das heißt aber: Geboten ist nur, was zu gebieten überflüssig ist.

Um von dieser Forderung der Einstimmigkeit weg zu kommen, weist Hare nun darauf hin, daß die Universalisierbarkeit im obigen Fall zu einer Inkonsistenz dessen führt, was a will: Zunächst gilt $W(a,F(a,b))$ und $W(a, g_b a \rightarrow \neg F(a,b))$. Da a aber nur dann zu einer universellen Präskription kommt, wenn er davon abstrahiert, wer sich in welcher Rolle befindet, gilt auch $W(a, \neg F(a,b))$.[12] Es ist nun aber eine Forderung der Rationalität, seine eigenen Präferenzen in einen kohärenten Zusammenhang zu bringen. Hare sieht hier eine Parallele zu dem Fall, daß wir uns für Handlungen entscheiden müssen, ohne die konkreten Umstände zu kennen, die ihr tatsächliches Ergebnis bestimmen.[13] In der Entscheidungstheorie entspricht das der Forderung, den Erwartungswert des Nutzens zu maximieren. Sind also $g_1, \ldots, g_n$ mögliche, disjunkte Situationen für den Agenten a, so daß es für ihn sicher ist, daß eine dieser Situationen eintreten wird, so wird er eine Handlungsalternative F wählen, für die $\Sigma_i\, u_a(F \wedge g_i a) \cdot w_a(g_i a)$ maximal ist. Dabei sei u_a die Nutzensfunktion von a, w_a seine Wahrscheinlichkeitsbewertung. Nun ist der bedingte Nutzen $u_a(F,A)$ von F, gegeben daß A, gleich $u_a(F \wedge A)$, und die bedingte Nutzensfunktion $u_a(F,A)$ ergibt sich durch Metrisierung der Präferenzen $B \leq_{a,A} C \equiv A \wedge B \leq_a A \wedge C$, die a hat unter der Annahme, daß A gilt. Dem entspricht ein bedingtes Wollen in der Form (iii). Hares Rede von „hypothetischen" Präferenzen nimmt also hier eine andere Bedeutung an als oben. Er müßte statt (d) ein Prinzip:

d′) $gb \wedge W(b,A) \supset W(a,A,ga)$, bzw.

d″) $gb \wedge A \leq_b B \supset A \leq_{a,g} B$

---

[12] Hare drückt das so aus: Wegen der Universalisierbarkeit gehen wir von hypothetischen zu realen Präferenzen über. Vgl. (1981), 12.7. Zum ganzen Argument vgl. besonders (1981), 6.1 und 6.2.
[13] Vgl. (1981), 6.2.

verwenden. Das ist zwar nicht unplausibler als (d), aber damit läßt sich die obige Überlegung nicht mehr durchführen, daß sich aus der Universalität und Präskriptivität bei widerstreitenden Interessen der Beteiligten eine Inkonsistenz der eigenen Präferenzen ergibt. Die ist aber Voraussetzung für die Forderung nach einem Kohärenzprinzip.[14]

Betrachten wir nun n Personen $1, \ldots, n$, die sich in den Situationen g_i ($i = 1, \ldots, n$) befinden und nehmen wir an, daß i weiß, daß er sich in der Situation g_i befindet. Dann gilt $u_i(F \wedge g_i i) = u_i(F)$. Nach dem (d″) entsprechenden Prinzip $gb \supset u_b(A) = u_a(A \wedge ga)$ ist der zu erwartende Nutzen von F für a $U_a(F) = \Sigma_i u_i(F) \cdot w_a(g_i a)$. Sind die möglichen Rollen g_i für a gleichwahrscheinlich, so gilt $U_a(F) = 1/n \Sigma_i u_i(F)$. Nach Hare wären nun die dabei für a infrage kommenden Rollen g_i in einer Entscheidungssituation die tatsächlichen Rollen der Beteiligten. Das ist jedoch nicht haltbar, denn setzt man voraus, daß a die Rollen bekannt sind, insbesondere seine eigene, so würde gelten $U_a(F) = u_a(F)$, eine Berücksichtigung der Interessen anderer wäre also nicht möglich. Hare will, um zum Utilitarismus zu gelangen, die Interessen aller Beteiligten gleich gewichten. Dann sind die Gewichte aber keine Rollen-Wahrscheinlichkeiten, und das übliche Rationalitätskriterium für Entscheidungen unter Risiko: „Handle so, daß dein zu erwartender Nutzen maximiert wird" ist dann nicht anwendbar. Eine Gleichgewichtung der Interessen anderer, von denen ich weiß, daß ich nicht in ihrer Rolle bin, ist keine Forderung der Rationalität, sondern eine materiale moralische Forderung. Hare sagt: Die Interessen der anderen sind nach (d″) meine eigenen hypothetischen Interessen. Gut, aber der entscheidende Punkt ist, daß die Hypothesen über meine Rolle eben nicht gleichwahrscheinlich sind, sondern daß eine gewiß ist, die anderen also keine positive Wahrscheinlichkeit haben. Es führt also zunächst kein Weg zu einem Kohärenzprinzip:

e) $W(a,A)$ gdw. $1/n \Sigma_i u_a(A, g_i a)$ maximal ist,

---

[14] Um einen Anschluß an (a) und (b) zu gewinnen, müßte man dort von bedingten Obligationen und einem bedingten Wollen sprechen und statt (a) fordern:

a′)   Gilt OFb, so gibt es eine Situation g, so daß gilt $\forall y O(Fy,gy)$.

Statt (b′) wäre zu fordern

b″) $a! \forall y O(Fy,gy) \supset \forall y W(a,Fy,gy)$.

Dann erhielte man, wo a die Lage von b kennt, statt (c):

c′)   Zu jedem F und b gibt es eine Situation g, so daß gilt
$a!OFb \supset \forall y W(a,Fy,gy)$.

Mit (d′) würde sich dann für den oben diskutierten Fall der zwei Personen a und b ergeben: Gilt $a!OF(a,b)$, so $\forall xy W(a,F(x,y), g_a x \wedge g_b y)$, also $W(a,F(b,a), g_a b \wedge g_b a)$ und $W(a,F(a,b), g_a a \wedge g_b b)$. Das steht nun aber nicht mehr im Widerspruch zu $W(a, \neg F(a,b), g_b a)$ und $W(a,F(a,b), g_a a)$, denn aus $W(a,A,B)$ folgt nicht $W(a,A,B \wedge C)$.

wo g_i die Rollen der Beteiligten sind. Das gilt vielmehr nur, falls die $g_i a$ eine vollständige Zerlegung des für a sicheren Ereignisses in gleichwahrscheinliche Ereignisse darstellen. Da aber Hare Situationen betrachtet, in denen der Agent weiß, daß er in einer und nicht in anderen Rollen ist, da er keinen „Schleier des Unwissens" vor der tatsächlichen Rollenverteilung annimmt, ist (e) kein Rationalitätsprinzip.

Nun bringt allerdings Hare in (1981), 6.2, nachdem von einem rein rationalen Kohärenzprinzip die Rede war (freilich nicht von den dazu gehörigen subjektiven Wahrscheinlichkeiten), die Universalisierbarkeit noch einmal ins Spiel. Sie soll bewirken, daß a die Interessen der Beteiligten gleich gewichtet. Der Gedanke wäre dann etwa folgender: Die „Präskription" einer Handlungsalternative durch a erfordert, sofern sie moralischer Natur ist, daß a ihr einen Wert zuordnet, der unabhängig davon ist, wer von den Beteiligten welche Rolle innehat. Dann müssen die Wahrscheinlichkeiten $w_a(g_i a)$, die a seinen möglichen eigenen Rollen zuordnet, unberücksichtigt bleiben. Wir müssen also annehmen, daß sie gleich sind, und dann erhalten wir $U_a(F) = 1/n \Sigma_i u_a(F, g_i a) = 1/n \Sigma_i u_i(F)$ und kommen somit zu (e).

Dagegen ist nun einzuwenden, daß die Invarianz des Entscheidungskriteriums gegenüber Vertauschungen von Rollen, also seine Unparteilichkeit, keine Gleichwahrscheinlichkeit der Rollenverteilungen impliziert. Es gibt viele Kriterien, wie z.B. das Rawlsche Maximin-Kriterium, die der Forderung der Unparteilichkeit genügen, aber nicht utilitaristisch sind. Die Forderung der Rationalität paßt so oder so, selbst bei Voraussetzung gleicher Präferenzen in gleichen Rollen, nur unter ganz speziellen Bedingungen, wie sie Rawls und Harsanyi betrachten, nicht aber Hare, zu jener der Unparteilichkeit.

Aus (b) und (e) folgt nun:

f) $a!OA$ gilt nur dann, wenn $1/n \Sigma_i u_i(A)$ maximal ist.

Man kann also ein Gebotensein des Zustands (oder der Handlung) A nur dann akzeptieren, wenn die Realisierung von A das arithmetische Mittel der Nutzenswerte der Beteiligten maximiert. Das ist ein Prinzip mit utilitaristischem Charakter. Nach dem Utilitarismus würde freilich gelten: $P(A)$ gdw. $1/n \Sigma_i u_i(A)$ maximal ist. Denn gibt es mehrere, miteinander unverträgliche Zustände, für die das arithmetische Mittel der Nutzenswerte maximal ist, so kann man nicht gebieten, daß sie alle realisiert werden – das ergäbe eine deontische Inkonsistenz. Nur dann, wenn lediglich ein einziger Zustand erlaubt ist, ist er auch geboten. Der entscheidende Unterschied zwischen (f) und dem Utilitarismus liegt aber darin, daß dieser auch eine hinreichende Bedingung für Erlaubnisse bzw. Gebote angibt, also in jedem konkreten Fall – die notwendigen Informationen über die Präferenzen der Beteiligten vorausgesetzt –, sagt, was wir tun dürfen bzw. sollen. (f) hingegen sagt nur: Man kann ein Gebot von A nur dann akzeptieren, wenn A

utilitaristischen Kriterien genügt. Auch Hare betont, daß aus (f) nicht folgt, daß man irgendein Gebot akzeptieren muß. Auch die Haltung des „Amoralisten", der kein Gebot und kein Verbot akzeptiert, ist konsistent.[15]

Es liegt nahe, dieses Argument mit jenem von J.Harsanyi zu vergleichen. Auch Harsanyi geht davon aus, daß wir alle in denselben Rollen die gleichen Präferenzen haben, und benutzt das Prinzip (d''). Er verwendet es aber nur für einen Fall, in dem die Voraussetzungen seiner Gültigkeit erfüllt sind: In einer fiktiven Situation, in der ich noch nicht weiß, welche von den n möglichen Rollen in einer Gesellschaft, mir zukommen wird, und all diese Rollen für mich gleichwahrscheinlich sind, werde ich einen Zustand A vorziehen, der den Erwartungswert meines Nutzens maximiert, und das ist ein Zustand, bei dem das arithmetische Mittel der Nutzenswerte von A für die verschiedenen Rollen maximal ist. Harsanyi argumentiert so: Moralische Urteile müssen unparteilich sein. Die geschilderte Situation ist aber eine, die ein unparteiliches Urteil erzwingt, also müssen wir moralische Urteile hinter diesem „Schleier des Unwissens" fällen, und kommen so zum Utilitarismus. Der schreibt also vor, was vom moralischen Standpunkt aus rational ist. Auch das kann man als Versuch einer rationalen Begründung des Utilitarismus ansehen, wenn man die Forderung der Unparteilichkeit nicht als vorausgesetztes materiales ethisches Prinzip ansieht, sondern als Konsequenz des Sinns moralischer Sätze: Ein Urteil über das, was zu tun ist, könnte man sagen, ist nur dann ein moralisches Urteil, wenn es unparteilich ist; nur dann kann es Anspruch auf jedermanns Zustimmung erheben. Auch dann bleibt freilich Harsanyis Begründung unzureichend, denn es gibt erstens neben der Annahme der Gleichwahrscheinlichkeit der Rollen noch andere Annahmen, die ebenfalls Unparteilichkeit sichern, aber zu ganz anderen Konsequenzen führen, wie z. B. die Annahme einer Unsicherheit der Rollen, so daß wir ihnen keine Wahrscheinlichkeiten zuzuordnen vermögen; wird der „Schleier des Unwissens" so aufgefaßt, so ergibt sich statt des Utilitarismus das Rawlsche Maximin-Kriterium. Zweitens wären hinter dem „Schleier des Unwissens" auch Rollen zu berücksichtigen, die dann realiter niemand einnimmt – bei der engen Umschreibung der Rollen, die allein die Annahme gleicher Präferenzen in gleichen Rollen plausibel macht, ist das sehr wahrscheinlich. Dann ergibt sich aber nicht der Utilitarismus, sondern ein Prinzip, das auch die Interessen fiktiver Personen in Rechnung stellt. Hinter dem „Schleier des Unwissens" brauche ich ferner jede Rolle nur einmal in Rechnung stellen, denn ich kann nicht zweimal dieselbe Rolle innehaben. Das utilitaristische Prinzip fordert aber jeden Beteiligten separat

---

[15] Vgl. (1981), 10.7. Hare redet nicht von Akzeptierbarkeit, sondern von Akzeptanz. Da man in seinem Argument jedoch das Prinzip benötigt: „Folgt B aus A, so folgt $a!B$ aus $a!A$", so muß man den Begriff der Akzeptierbarkeit verwenden. Dann wäre ein Amoralist nicht jemand, der keine affirmativen moralischen Aussagen macht, sondern der leugnet, daß sie akzeptierbar sind.

zu berücksichtigen, auch wenn sich mehrere in derselben Rolle befinden. Ein „Schleier des Unwissens" spielt bei Hare keine Rolle. Statt dessen stützt er sich auf die Universalisierbarkeit, aus der sich aber, wie wir sahen, wiederum nur die Forderung der Unparteilichkeit ergibt, nicht ein Utilitarismus. Die Ansätze von Harsanyi und Hare sind also eng verwandt. In unserer Deutung des Arguments von Harsanyi ist die Unparteilichkeit moralischer Urteile ebenso eine analytische Tatsache wie bei Hare die Universalisierbarkeit. In beiden Fällen besteht eine Lücke zwischen dieser Prämisse und dem Utilitarismus; es gelingt nicht, ihn als rationales Entscheidungskriterium unter den Bedingungen der Unparteilichkeit bzw. Universalisierbarkeit auszuzeichnen.

Zum Abschluß noch ein Wort zum Humeschen Problem. Das ist ein Problem, dem jeder rationalistische Begründungsversuch begegnet. Ich weise nur deshalb im Zusammenhang mit Hares Theorie darauf hin, weil Hare sich seiner stärker bewußt ist als die beiden anderen Autoren. Für Hare ergibt sich der Utilitarismus, also ein substantielles moralisches Prinzip, aus einer Analyse der moralischen Sprache. Das ist erstens unplausibel, denn es würde bedeuten, daß ein Nichtutilitarist nicht Moralisch versteht. Zweitens widerspricht es dem Humeschen Gesetz. Während Hare noch in (1963) fest zum Humeschen Gesetz stand, läßt er in (1981) Ausnahmen zu. Ausnahmen sind aber zu begründen. Wichtiger als das Humesche Gesetz ist der Humesche Hinweis, daß ein Übergang von „ist"- und „ist nicht"-Aussagen zu „soll-" und „soll-nicht"-Aussagen kein logischer Schluß ist und daher einer Rechtfertigung bedarf. Neben analytischen Aussagen muß also etwas hinzukommen, damit man den Utilitarismus begründen kann, und das muß ein materiales, normatives Prinzip sein. Irgendwo hat aber jede Begründung ein Ende, und das heißt, daß man das erste oder die ersten moralischen Prämissen nur mehr so rechtfertigen kann, daß man zeigt, daß sie im Einklang mit unseren moralischen Intuitionen stehen. Das ist für Hare aber eine intuitionistische Position, die er strikt ablehnt und die auch der Idee einer rein rationalen Begründung der Ethik widerspricht. Bei Hare sieht die Sache jedoch anders aus: Was er begründet, ist ja nicht der Utilitarismus, sondern das Prinzip (f). Und das ist kein normativer Satz, denn aus $a!OA$ folgt weder OA, noch gilt die Umkehrung: $a!OA$ gilt, wenn a glaubt, daß OA, und A will; daraus folgt aber nicht, daß der Satz OA wahr ist. Und dieser Satz kann wahr sein, ohne daß a das glaubt oder A will. Insofern hat Hare recht, wenn er betont, seine Argumentation verletzte das Humesche Gesetz nicht, aber das gilt nur deswegen, weil (f) eben weder das utilitaristische Prinzip, noch überhaupt ein normatives Prinzip ist.

3 A. Gewirths Prinzip der generischen Konsistenz

Auch Gewirth will in (1978) sein oberstes moralisches Prinzip, das Prinzip der generischen Konsistenz (PGC) rein rational begründen. Das Prinzip lautet: „Act in accord with the generic rights of your recipients as well as yourself".[16] Die generischen Rechte sind 1. das Recht auf Freiheit, 2. das Recht auf „Wohlbefinden", d.h. auf gewisse Grundgüter (wie Leben, körperliche und seelische Integrität, Nahrung, Unterkunft) und auf Steigerung des Befriedigungsniveaus.

Die Begründung sieht so aus:

1) Handlungen sind frei und zielgerichtet (intentional).[17]
2) Wenn Agent a F tut (bzw. tun will), um damit E zu erreichen, so hält a E für gut.[18]
3) Hält a E für gut, so auch die notwendigen Bedingungen für das Erreichen von E.
4) Dazu gehört insbesondere seine Fähigkeit zum Handeln, alsoFreiheit und die Möglichkeit, sich eigene Ziele zu setzen (kurz: „Intentionalität").[19] (Gewirth sagt: Da jeder Zweck, den a verfolgt, für a gut sei, sei die Zweckorientiertheit für a gut![20]) Das Gut der „Intentionalität" soll die genannten Grundgüter umfassen, die für die Verfolgung eigene Ziele notwendig sind, und die Chance, sein Wohlbefinden durch Handeln zu steigern.
5) a beansprucht daher für sich ein Recht auf Freiheit und dieses Wohlbefinden, d.h. er erhebt die begründete Forderung an andere, daß sie ihn darin nicht behindern, und, wo nötig, ihn unterstützen.
6) Nach dem Universalisierbarkeitsprinzip gilt dann: Wenn a sich ein Recht auf Freiheit und dieses Wohlbefinden zuspricht, weil das für ihn notwendige Güter sind, so muß er auch allen anderen Agenten aus dem gleichen Grund ein solches Recht zusprechen.
7) Als Agent muß a also das Recht jedes Agenten auf Freiheit und Wohlbefinden anerkennen.

Zu diesem Argument ist folgendes zu sagen: (1) ist unproblematisch. Zu (2): Gewirth unterscheidet nicht zwischen „E ist gut für a" und „a glaubt, daß E gut ist". Will a E erreichen, so muß ferner E für a nicht gut sein, sondern nur relativ zu den möglichen Alternativen gut. Erst recht gilt nicht, daß a E in irgendeinem objektiven Sinn für gut halten muß. Zu (3) und (4) sagt Gewirth zwar, es gelte nicht

---

[16] Gewirth (1978), S. 135.
[17] A.a.O., S. 27.
[18] A.a.O., S. 49.
[19] A.a.O., S. 52f.
[20] A.a.O., S. 53.

generell „Wer das Ziel will, will auch die Mittel", aber er meint, das gelte jedenfalls für die nicht bloß empirisch oder praktisch erforderlichen, sondern „notwendigen" Mittel. (Ein notwendiges Mittel für *A* wäre wohl ein *B*, so daß *A* ohne *B* nicht möglich ist.) Freiheit ist nun zwar notwendig für Handeln, aber nicht für das Eintreten von gewünschten Ereignissen. Man kann nur sagen: Für jedermann ist Freiheit ein zentrales Gut (unabhängig von seinen speziellen Neigungen), weil wir (in der Regel) ohne sie nicht das erreichen können, was wir wollen. Zudem ist Freiheit auch ein intrinsischer Wert für jedermann. Ebenso kann man sagen: Für jeden ist ein gewisses Maß an den elementaren Gütern wichtig. Das kann man aber auch in Verbindung mit Freiheit bringen, indem man sagt, daß Freiheit diese Güter voraussetzt, weil ihr Fehlen Freiheit gravierend einschränken würde. Die Sache mit dem „Gut der Intentionalität (*purposiveness*)" ist höchst dubios: Freiheit ist schon die Freiheit, selbst gesetzte Ziele verfolgen zu können. Soll es um die Möglichkeit gehen, sich eigene Ziele zu setzen, also um Willensfreiheit? (Gewirth unterscheidet nicht zwischen Handlungs- und Willensfreiheit.) Aber dazu passen die Grundgüter und das Gut der Steigerung des Wohlbefindens nicht. Es geht wohl um die Möglichkeit, seine Interessen zu verfolgen, aber das liegt wie gesagt schon im Begriff der Freiheit.

Bisher haben wir also: Für jeden Agenten ist Freiheit ein zentrales (subjektives) Gut.

Zu (5): Gewirth betont, daß es in diesem Schritt noch nicht um ein moralisches Recht geht. Von „Rechten" sprechen wir auch außerhalb des moralischen und rechtlichen Bereiches, z.B. im intellektuellen.[21] Ein Recht ist also zunächst nur eine begründete Forderung, ein begründeter Anspruch. Bei dem „Recht", das hier konstatiert wird, handelt es sich also lediglich um einen subjektiven Anspruch, der nicht mehr besagt als „Ich habe Gründe zu wollen, daß ...". Entsprechend ist die „Pflicht" der anderen nur ein subjektives Sollen: „Sie sollen meine Freiheit nicht behindern" heißt „Ich will, daß sie meine Freiheit nicht behindern (und habe Gründe dafür)". Nur dann kann (5) aus (4) folgen. Gewirth meint, er könne auf diesem Wege deontische Aussagen ohne normative Prämissen begründen, aber das gilt nur in einem subjektiven Sinn von „deontisch". Daß „*b* soll *F* tun" im Sinn von „Ich will, daß *b* *F* tut" sich ohne normative Prämissen begründen läßt, ist nicht erstaunlich, denn das ist selbst keine normative Aussage.

Zu (6): Das Universalisierbarkeitsprinzip, das hier verwendet wird, ist kein moralisches Prinzip, wie Gewirth betont.[22] Es hat allgemein die Gestalt: Ist etwas ein *F*, weil es ein *G* ist, so gilt für alle *G*'s, daß sie *F*'s sind (Inferentialität). Im moralischen Fall also: Spricht sich *a* ein Recht auf ungehinderte Freiheit zu, weil Freiheit

---

[21] A.a.O., S. 69.
[22] A.a.O., S. 105.

für *a* die notwendige Bedingung des Handelns ist (und damit ein Gut für *a*), so muß *a* auch jedem anderen (prospektiven) Agenten *b* ein Recht auf ungehinderte Freiheit zusprechen, weil Freiheit für *b* die notwendige Bedingung des Handelns ist (und damit ein Gut für *b*).[23] Hier wird nun die Nichtunterscheidung von „*a* glaubt, daß *E* gut ist" und „*E* ist gut für *a*", bzw. „*a* glaubt, daß er ein Recht auf *F* hat" und „*a* will *F*", also das bereits von Frege gerühmte Prinzip der Nichtunterscheidung des Verschiedenen, kreativ genutzt: Aus „*a* will frei sein, will also, daß die anderen seine Freiheit nicht beschränken, weil seine Freiheit für ihn gut ist" folgt nur „*a* erkennt an, daß *b* frei sein will, also will, daß die anderen seine Freiheit nicht beschränken, weil *b*'s Freiheit für *b* gut ist". Daraus folgt aber in keiner Weise, daß a sich irgendwie – um den Preis einer „Inkonsistenz" – gehalten sähe, in seinem Verhalten die Freiheit von *b* zu respektieren. Was Gewirth braucht ist: „*a* glaubt, daß a ein Recht auf Freiheit hat, weil Freiheit für *a* ein (zentrales) Gut ist, also glaubt *a*, daß auch *b* ein Recht auf Freiheit hat, weil Freiheit für *b* ebenfalls ein Gut ist". Daraus würde dann im üblichen, nicht subjektiven Sinn von „Recht" folgen: „*a* glaubt, daß er die Pflicht hat, die Freiheit von *b* zu respektieren".

Der Grundfehler im Argument von Gewirth ist also, daß er aufgrund einer mangelnden Unterscheidung zwischen subjektiven Ansprüchen und objektiven Rechten von Ansprüchen zu Rechten übergeht. Auf diese Weise kann er sein Prinzip PGC rein „rational" begründen.

4 Fazit

Alle drei Versuche einer rein rationalen Begründung ethischer Prinzipien, die wir diskutiert haben, enthalten elementare begrifflich-logische Mängel. Das ist ein Indiz dafür, daß eine rein rationale Begründung materialer ethischer Normen nicht möglich ist. Eine solche Begründung hätte erstens nur dann eine Chance, wenn man die Zuständigkeit der Vernunft nicht auf die Konstatierung von Fakten beschränkt, sondern ihr im traditionellen Sinn auch die Fähigkeit zuspricht, Werte und Ziele zu bestimmen. Grenzt man Werte und Normen zunächst einmal grundsätzlich aus dem Bereich des genuin Vernünftigen aus, so lassen sie sich nur durch Zaubertricks wieder hereinbringen, die aber für das aufgeklärte Publikum doch recht durchsichtig sind.

Will man von analytischen Feststellungen über den Sinn moralischer Aussagen zu substantiellen ethischen Prinzipien gelangen, so stellt sich zweitens das Humesche Problem. Die Anerkennung solcher Prinzipien ist eine Sache praktischer Entscheidung, für die man zwar gute Gründe anführen kann, die aber

---

[23] A.a.O., S. 109.

niemandem durch linguistisch-logische Argumente abgenommen werden kann. Ich bin, aus Gründen, die ich in (1977) angeführt habe, kein Anhänger einer zu rigiden Formulierung des Humeschen Gesetzes – seine Geltung hängt entscheidend von seiner Präzisierung ab, und in manchen naheliegenden Formulierungen ist es falsch. Angesichts der inhaltlich oft stark divergierenden moralischen Grundprinzipien, die von Leuten vertreten werden, denen man keine mangelnde Sprachkompetenz vorwerfen kann, ist es aber einfach abwegig zu behaupten, eines dieser Prinzipien ergebe sich aus dem normalen Sprachgebrauch.

Neben sprachanalytischen Argumenten stellen in allen drei hier diskutierten Theorien drittens subjektive Präferenzen jene Fakten dar, auf die eine Begründung der Ethik zu rekurrieren hat. Sie reihen sich damit in die lange Kette von erfolglosen Versuchen ein, aus subjektiven Interessen objektiv geltende – zumindest intersubjektiv verbindliche – moralische Normen zu gewinnen. Man sollte endlich einsehen, daß diese Quadratur des moralischen Kreises nicht möglich ist.

Literatur

Gewirth, A. (1978): *Reason and Morality*, Chicago
Hare, R. M. (1952): *The language of Morals*, Oxford; dt. *Die Sprache der Moral*, Frankfurt a.M.
Hare, R. M. (1963): *Freedom and Reason*, Oxford; dt. *Freiheit und Vernunft*, Frankfurt a.M. 1981
Hare, R. M. (1976): „Some confusions about subjectivity", in J.Bricke (Hrsg.): *Freedom and Morality*, Lawrence/KS
Hare, R. M. (1981): *Moral Thinking*, Oxford; dt. *Moralisches Denken*, Frankfurt a.M. 1992
Hare, R. M. (1986): „A reduction ad absurdum of descriptivism", in S.Shanker (Hrsg.): *Philosophy in Britain Today*, London
Kim, J. (1978): „Supervenience and nomological incommensurables", *American Philosophical Quarterly* 15, 149–56
Kim, J. (1984): „Concepts of supervenience", *Philosophy and Phenomenological Research* 45, 153–76
Kutschera, F. v. (1977): „Das Humesche Gesetz", *Grazer Philosophische Studien* 4, 1–14; in diesem Band abgedr. als Nr. 5
Kutschera, F. v. (1982): *Grundlagen der Ethik*, Berlin, 2. Aufl. 1999
Singer, M. (1961): *Generalization in Ethics*, New York.

15

Die Vollständigkeit einer T×W-Logik

Die T×W-Logik ist eine Kombination von Zeit- und Modallogik, eine Logik für Weltgeschichten mit derselben Zeitordnung. Sie bildet die Grundlage für Logiken der Ereignis- wie der Agenskausalität und der Konditionale und ist daher ein sehr wichtiges Instrument der philosophischen Logik.[1] Semantisch ist sie u.a. von R. H. Thomason in (1984) entwickelt worden, soweit ich sehe, fehlt bisher aber noch eine adäquate Axiomatisierung.[2] Im folgenden gebe ich eine solche Axiomatisierung an, wobei ich einen Operator verwende, der Wahrheit in allen Welten ausdrückt, wie er zuerst von C. M. Di Maio und A. Zanardo in (1994) diskutiert worden ist. Seine Vollständigkeit wird mit Hilfe von D. Gabbays Irreflexivitätslemma bewiesen. Von ihm her ergibt sich der Beweis mehr oder minder direkt. Am Ende skizziere ich eine alternative Axiomatisierung, in welcher der Operator von Di Maio und Zanardo durch eine Version des Operators „Tatsächlich" ersetzt wird.[3]

1 Die Sprache L und ihre Semantik

L sei eine aussagenlogische Sprache mit vier einstelligen Operatoren $N_1, \ldots, N_4$. N_1 and N_2 sind die Zeitoperatoren G (*Es wird immer der Fall sein*) bzw. H (*Es war immer der Fall*), $N_3 = N$ drückt historische Notwendigkeit aus, und $N_4 = \square$ Wahrheit in allen Welten. $M_i A$ ist definiert durch $\neg N_i \neg A$. Für M_4 schreibe ich auch $\lozenge$.

T×W-Rahmen werden definiert wie in R. Thomason (1984):

Definition 1.1: Ein T×W-Rahmen ist ein Quadrupel $\mathbf{R} = \langle T, <, W, \sim \rangle$, so daß gilt

1) T ist eine nichtleere Menge von Zeitpunkten,

---

[1] Vgl. z. B. Kutschera (1993).
[2] Es gibt Axiomatisierungen für Weltgeschichten mit verschiedenen Zeitordnungen, vgl. Zanardo (1985) und Gabbay u.a. (1994), Theorem 7.7.11.
[3] A. Zanardo und dem Referenten danke ich für wertvolle Bemerkungen zum ersten Entwurf dieses Aufsatzes.

2) $<$ ist eine lineare Ordnung auf T,
3) W ist eine nichtleere Menge von Welten (genauer: Weltgeschichten), und
4) für alle $t \in T$ ist $\sim_t$ eine Äquivalenzrelation auf W so daß aus $w \sim_t w'$ und $t' < t$ folgt $w \sim_{t'} w'$.

Definition 1.2: Ein T×W-Modell von **L** ist ein Quintupel $\mathbf{M} = \langle T, <, W, \sim, V \rangle$, so daß gilt

1) $\langle T, <, W, \sim \rangle$ ist ein T×W-Rahmen, und
2) V ist eine Interpretationsfunktion, für die für alle $t \in T$ und $w \in W$ gilt:
   a) $V_{t,w}(p) \in \{0,1\}$ für alle Satzkonstanten (SK) p,
   b) $V_{t,w}(\neg A) = 1$ gdw. $V_{t,w}(A) = 0$
   c) $V_{t,w}(A \supset B) = 1$ gdw. $V_{t,w}(A) = 0$ oder $V_{t,w}(B) = 1$
   d) $V_{t,w}(GA) = 1$ gdw. für alle $t': t < t'$ $V_{t',w}(A) = 1$
   e) $V_{t,w}(HA) = 1$ gdw. für all $t': t' < t$ $V_{t',w}(A) = 1$
   f) $V_{t,w}(NA) = 1$ gdw. für all $w': w' \sim_t w$ $V_{t,w'}(A) = 1$
   g) $V_{t,w}(\Box A) = 1$ gdw. für all w' $V_{t,w'}(A) = 1$.

Ein Satz A ist wahr im Modell **M** (**M**⊩A) gdw. $V_{t,w}(A) = 1$ für alle $t \in T$ and $w \in W$; A is T×W-*wahr* gdw. A wahr ist in allen T×W-Modellen.

Für den Vollständigkeitsbeweis ist es einfacher, *separierte* T×W-Rahmen zu verwenden:

Definition 1.3: Ein separierter $T \times W$-*Rahmen* (STW-Rahmen) ist ein Tripel $\mathbf{R} = \langle \{T_w, <_w\}_{w \in W}, \approx, \sim \rangle$, wo

1) T_w für alle $w \in W$ eine nichtleere Menge von Zeitpunkten ist und $<_w$ eine lineare Ordnung auf T_w. Es sei $T_w \cap T_{w'} = \emptyset$ für $w \neq w'$, $T = \bigcup_{w \in W} T_w$ und $t < t' := \exists w (t,t' \in T_w \wedge t <_w t')$.
2) $\approx$ ist eine Äquivalenzrelation auf T, so daß gilt:
   a) $\forall tw \exists ! t' (t' \in T_w \wedge t' \approx t)$
   b) $t,t' \in T_w \wedge t'', t''' \in T_{w'} \wedge t \approx t'' \wedge t' \approx t''' \wedge t <_w t' \supset t'' <_{w'} t'''$
3) $\sim$ ist eine Äquivalenzrelation auf T, so daß:
   a) $t \sim t' \supset t \approx t'$
   b) $t,t' \in T_w \wedge t'', t''' \in T_{w'} \wedge t \sim t' \wedge t' \approx t''' \wedge t <_w t' \supset t' \sim t''$.

Welten werden hier als disjunkte Mengen von Zeitpunkten repräsentiert. $t \approx t'$ besagt, daß t and t' gleichzeitig sind. Dann impliziert (2), daß $\approx$ ein Ordnungsisomorphismus zwischen Welten ist. Da jeder Zeitpunkt nur zu einer einzigen Welt gehört, hat die Interpretationsfunktion nun nur einen Parameter, t.

Definition 1.4: Ein STW-Modell ist ein Quadrupel $\mathbf{M} = \langle \{T_w, <_w\}_{w \in W}, \approx, \sim, V \rangle$, so daß

1) $\langle\{T_w, <_w\}_{w \in W}, \approx, \sim\rangle$ ist ein STW-Rahmen, und
2) V ist eine Interpretationsfunktion, so daß für alle $t \in T$ gilt:
   a) $V_t(p) \in \{0,1\}$ für alle SK p.
   b) $V_t(\neg A) = 1$ gdw. $V_t(A) = 0$
   c) $V_t(A \supset B) = 1$ gdw. $V_t(A) = 0$ oder $V_t(B) = 1$
   d) $V_t(GA) = 1$ gdw. für alle $t': t < t'$ $V_{t'}(A) = 1$
   e) $V_t(HA) = 1$ gdw. für alle $t': t' < t$ $V_{t'}(A) = 1$
   f) $V_t(NA) = 1$ gdw. für alle $t': t' \sim t$ $V_{t'}(A) = 1$
   g) $V_t(\Box A) = 1$ gdw. für alle $t': t' \approx t$ $V_{t'}(A) = 1$.

Es gilt wieder **M** ⊩ A gdw. $V_t(A) = 1$ für alle $t \in T$; A is STW-wahr, wenn A wahr ist in allen STW-Modellen.

Theorem 1.1: Für jedes T×W-Modell gibt es ein äquivalentes STW-Modell, und umgekehrt.

Modelle **M** und **M**' sind äquivalent, wenn für alle Sätze A gilt: **M** ⊨ A gdw. **M**' ⊨ A.

Beweis: (a) Es sei das T×W-Modell **M** = $\langle T, <, W, \sim, V\rangle$ gegeben. Wir setzen $T'_w = \{\langle t,w\rangle : t \in T\}$, $\langle t,w\rangle <'_{w''} \langle t',w'\rangle$ gdw. $w = w' = w'' \wedge t < t'$, $\langle t,w\rangle \approx' \langle t',w'\rangle$ gdw. $t = t'$, $\langle t,w\rangle \sim' \langle t',w'\rangle$ gdw. $t = t' \wedge w \sim_t w'$, und $V'_{\langle t,w\rangle}(p) = V_{t,w}(p)$ für alle SK p und alle $t \in T$, $w \in W$. Dann ist **M**' = $\langle\{T'_w, <'_w\}_{w \in W}, \approx', \sim', V'\rangle$ ein äquivalentes STW-Modell, wie man leicht verifiziert. (b) Es sei nun umgekehrt ein STW-Modell **M** = $\langle\{T_w, <_w\}_{w \in W}, \approx, \sim, V\rangle$ gegeben. Wir setzen dann $[t] := \{t': t' \approx t\}$, $[t]/w := \iota t'(t' \in T_w \wedge t' \approx t)$ – vgl. D1.3,2a – und $T' = \{[t]: t \in T\}$. Es sei $[t] <' [t']$ gdw. $\exists w t'' t'''(t'',t''' \in T_w \wedge t'' \approx t \wedge t''' \approx t' \wedge t'' <_w t''')$, $w \sim'_{[t]} w'$ gdw. $[t]/w \sim [t]/w'$, und $V'_{[t],w}(p) = V_{[t]/w}(p)$ für alle SK p und alle $t \in T$, $w \in W$. Dann ist **M**' = $\langle T', <', W, \sim', V'\rangle$ ein äquivalentes T×W-Modell.

Wegen T1.1 fällt T×W-Wahrheit mit STW-Wahrheit zusammen.

2 Axiomatisierung

Neben den erforderlichen aussagenlogischen Axiomen soll der Kalkül **TW** folgende Axiome enthalten:

A1 a) $G(A \supset B) \wedge GA \supset GB$
   b) $H(A \supset B) \wedge HA \supset HB$
   c) $A \supset HFA$
   d) $A \supset GPA$

A2 $GA \supset GGA$

A3 a) *FA* ⊃ *G(FA* ∨ *A* ∨ *PA)*
   b) *PA* ⊃ *H(FA* ∨ *A* ∨ *PA)*

A4 a) *NA* ⊃ *A*
   b) *N(A*⊃*B)* ∧ *NA* ⊃ *NB*
   c) *MA* ⊃ *NMA*

A5 a) □*(A*⊃*B)* ∧ □*A* ⊃ □*B*
   b) ◊*A* ⊃ □◊*A*

A6: *PNA* ⊃ *NPA*

A7: □*A* ⊃ *NA*

A8 a) *P*□*A* ⊃ □*PA*
   b) *F*□*A* ⊃ □*FA*

Die Deduktionsregeln von **TW** sind der *modus ponens* und

N_iR: $A \vdash N_i A$ für $i = 2, ..., 4$.

IR: □*(¬q* ∧ *Gq)* ⊃ *A* ⊢ *A*, wo die SK *q* nicht in *A* vorkommt.

A1 bis A3 sind die üblichen Axiome der Zeitlogik für lineare Zeitordnungen. A4 und A5 charakterisieren *N* und □ als S5-Modalitäten (□*A* ⊃ *A* ergibt sich aus A7 with A4a). A7 verbindet □ und *N*, und A6 und A8 beschreiben zeitliche Eigenschaften von *N* und □. Aus A5b, A8b und A7 folgt □*GA* ⊃ *G*□*A*. Auf dieses Theorem nehme ich unten als A8c Bezug. IR ist eine Version von Gabbays Irreflexivitätsregel. Mit dieser Axiomatisierung verbindet sich kein Anspruch der Unabhängigkeit der Axiome.

TW ist semantisch widerspruchsfrei bzgl. T×W-Modellen (und daher auch bzgl. SWT-Modellen), d.h. die Axiome von **TW** sind T×W-wahr und die Deduktionsregeln vererben T×W-Wahrheit.

3 STW-Systeme

Um die Vollständigkeit von **TW** zu beweisen, zeigen wir, daß es zu jedem Satz *A*, der nicht in **TW** beweisbar ist, ein STW-System gibt, d.h. eine Menge maximal-konsistenter Satzmengen M_t (MCS), von denen eine ¬*A* enthält, das eine STW-Modell definiert mit $V_t(A) = 1$ gdw. $A \in M_t$ für alle *t*, und so zeigt, daß *A* nicht STW-wahr ist. In diesem Abschnitt beweisen wir zuerst, daß STW-Systeme STW-Modelle definieren. Konsistenz und Maximal-Konsistenz werden wie üblich definiert bzgl. **TW**. *M, M',* ... seien im folgenden MCS. Setzen wir $N_i(M) := \{A : N_i A \in M\}$ und $MR_i M' := N_i(M) \subseteq M'$ (wir schreiben auch R_G für R_1 etc.), haben wir für alle nichtleeren Mengen von MCS:

Theorem 3.1
a) R_1 ist transitiv und linear bzgl. Vorgängern und Nachfolgern, d.h.
$M'R_1M \wedge M''R_1M \supset M'R_1M'' \vee M''R_1M' \vee M'' = M'$ und
$MR_1M' \wedge MR_1M'' \supset M'R_1M'' \vee M''R_1M' \vee M'' = M'$.
b) $MR_1M' \equiv M'R_2M$.
c) R_3 *und* R_4 sind Äquivalenzrelationen.
d) $R_3 \subseteq R_4$.

Für (a) und (b) vgl. z. B. J. P. Burgess (1984). (c) folgt aus A4 und A5 in Verbindung mit A7, (d) aus A7.

Definition 3.1: Ein STW-System ist ein Paar $\mathbf{S} = \langle \{M_t\}_{t \in T}, \{T_w\}_{w \in W} \rangle$,[4] so daß
1) W ist eine nichtleere Menge von Indices.
2) Die T_w sind nichtleer und disjunkt, und $T = \bigcup_{w \in W} T_w$.
3) Für alle $t \in T$ ist M_t ein MCS.
4) Für alle $w \in W$, $t \in T_w$ mit $M_iA \in M_t$ gibt es ein t' mit $M_tR_iM_{t'}$ und $A \in M_{t'}$ (mit $t' \in T_w$ *für* $i = 1, 2$).
5) Für $t, t' \in T_w$: $M_t = M_{t'} \vee M_tR_1M_{t'} \vee M_{t'}R_1M_t$.
6) Für jedes $t \in T$ gibt es eine SK q: $\Box(\neg q \wedge Gq) \in M_t$.
7) Für alle w, w' und alle $t \in T_w$ gibt es ein $t' \in T_{w'}$ mit $M_tR_\Box M_{t'}$.

Für $t <_w t' := t, t' \in T_w \wedge M_tR_1M_{t'}$, $t \sim t' := M_tR_NM_{t'}$ und $t \approx t' := M_tR_\Box M_{t'}$ zeigen wir:

Theorem 3.2: Ist $S = \langle \{M_t\}_{t \in T}, \{T_w\}_{w \in W} \rangle$ ein STW-System, so ist $\mathbf{R} = \langle \{T_w, <_w\}_{w \in W}, \approx, \sim \rangle$ ein STW-Rahmen

Beweis: Zur Bezeichnung: Bedingung (n) bezieht sich auf D3.1, (n') auf D1.3.

(1')   folgt aus (5),[5] (2') aus T3.1,c.

(2a')   Die Existenz von t' ergibt sich aus (7). Die Eindeutigkeit erhält man so: Ist $t', t'' \in T_w \wedge t' \approx t''$, so $M_{t'} = M_{t''}$. Sonst erhielte man aus (5) $M_{t'}R_GM_{t''}$ oder $M_{t''}R_GM_{t'}$. Für $\Box(\neg q \wedge Gq) \in M_{t'}$ nach (6) gilt im ersten Fall $q \in M_{t''}$, wegen $\Box \neg q \in M_{t'}$ und $t' \approx t''$ also $\neg q \in M_{t''}$, im Widerspruch zu (3). Ebenso im zweiten Fall.

(2b')   Es sei $t, t' \in T_w$, $t'', t''' \in T_{w'}$, $M_tR_\Box M_{t''}$, $M_{t'}R_\Box M_{t'''}$ und $M_tR_GM_{t'}$. Würde $M_{t''}R_GM_{t'''}$ nicht gelten, so nach (5) entweder $M_{t''} = M_{t'''}$. Dann hätten wir aber

---
[4] Beachte, daß die M_i Modaloperatoren sind, während die M_t MCS sind.
[5] Daß die Menge $\{M_t\}$ von MCS durch T indiziert wird, wird hier so verstanden, daß jede MCS nur einen einzigen Index t aus T hat.

für $\Box (\neg q \wedge Gq) \in M_t$ $\neg q \in M_{t''}$, andererseits $\Box Gq \in M_t$, also $G\Box q \in M_t$, nach A8c, und $\Box q \in M_{t'}$ und $q \in M_{t''}$, im Widerspruch zu (3). Oder es würde gelten $M_{t'''} R_G M_{t''}$. Wenn wieder gilt $\Box (\neg q \wedge Gq) \in M_t$ und daher $\neg q \in M_{t''}$, so nach A2 $\Box GGq \in M_t$, also $G\Box Gq \in M_t$ nach A8c und daher $\Box Gq \in M_{t'}$, $Gq \in M_{t'''}$ und $q \in M_{t''}$, im Widerspruch zu $\neg q \in M_{t''}$.

(3′) ergibt sich aus T3.1,6, (3a′) mit A7.

(3b′) Es sei $t,t' \in T_w$, $t'',t''' \in T_{w'}$, $M_t R_N M_{t''}$, $M_{t'} R_\Box M_{t'''}$ und $M_t R_G M_{t'}$. Dann gibt es ein $t^o \in T_{w'}$ mit $M_t R_N M_{t^o}$. Es sei $\Box (\neg q \wedge Gq) \in M_{t'}$, $NA \in M_{t'}$ und $C = A \wedge \neg q \wedge Gq$. Dann ist $NC \in M_{t'}$ nach A7. Wegen $M_t R_G M_{t'}$ haben wir $PNC \in M_t$ und im Blick auf A6 $NPC \in M_t$. Daher wegen $M_t R_N M_{t''}$: $PC \in M_{t''}$. Dann gibt es nach (4) ein $t^o \in T_{w'}$ with $C \in M_{t^o}$ und $M_{t^o} R_G M_{t''}$; daher $A \in M_{t^o}$. Aber dieses t^o ist dasselbe für alle A. Daher gilt $M_{t'} R_N M_{t^o}$, und daher $M_{t'} R_\Box M_{t^o}$. Aber wegen $t^o, t''' \in T_{w'}$, $M_{t'} R_\Box M_{t'''}$ und (2a′): $M_{t^o} = M_{t'''}$, und daher $M_{t'} R_N M_{t'''}$.

Theorem 3.3: Ist $\mathbf{S} = \langle \{M_t\}_{t \in T}, \{T_w\}_{w \in W} \rangle$ ein STW-System, so ist $\mathbf{M} = \langle \{T_w, <_w\}_{w \in W}, \approx, \sim, V \rangle$ mit $V_t(p) = 1$ gdw. $p \in M_t$ für alle $t \in T$ und alle SK p ein SWT-Modell mit $V_t(A) = 1$ gdw. $A \in M_t$ für alle $t \in T$ und alle Sätze A.

Nach T3.2 ist $\langle \{T_w, <_w\}_{w \in W}, \approx, \sim \rangle$ ein STW-Rahmen. Also ist $\mathbf{M}$ ein STW-Modell, und man zeigt durch Induktion nach dem Grad von A, daß $V_t(A) = 1$ gdw. $A \in M_t$. Der Beweis stützt sich auf (4).

4 Die Konstruktion von STW-Systemen

Um die Vollständigkeit von **TW** bzgl. der T×W-Modelle zu beweisen, müssen wir zeigen: Ist A nicht in **TW** beweisbar, so gibt es ein STW-System $\mathbf{S} = \langle \{M_t\}_{t \in T}, \{T_w\}_{w \in W} \rangle$ und ein $t \in T$ mit $\neg A \in M_t$. $\mathbf{S}$ wird mit Hilfe des Irreflexivitätslemmas von D. Gabbay in (1981) bewiesen, das, angepaßt an unsere Regel IR, besagt:[6]

Theorem 4.1: Ist A nicht in **TW** beweisbar, so gibt es eine Menge $\mathbf{S}' = \{M_t\}_{t \in T}$ und ein $t^o \in T$, so daß gilt

1) $\neg A \in M_{t^o}$.
2) M_t ist ein MCS für alle $t \in T$.
3) Zu jedem M_t gibt es eine SK q mit $\Box (\neg q \wedge Gq) \in M_t$.
4) Für alle M_t und B mit $M_i B \in M_t$ gibt es ein $M_{t'}$ mit $B \in M_{t'}$ und $M_t R_i M_{t'}$. (Die R_i seien auf $\mathbf{S}'$ in der üblichen Weise definiert.)

---

[6] Für die Äquivalenz von IR mit Gabbays ursprünglicher Irreflexivitätsregel in (1981) vgl. Gabbay u.a. (1994), Theorem 3.2.4 und S. 210 und 215.

Die Vollständigkeit einer T×W-Logik   257

5) Für $MRM' := MR_1M' \vee ... \vee MR_4M'$ gibt es für alle M_t eine Zahl $k \geq 0$ mit $M_t \circ R^k M_t$.

Um **S** aus **S'** zu konstruieren, brauchen wir eine Bestimmung der T_w. Es sei $M_t\, r\, M_{t'} := M_t = M_{t'} \vee M_t\, R_1 M_{t'} \vee M_{t'} R_1 M_t$. Dann ist r eine Äquivalenzrelation auf **S'** – r ist offensichtlich reflexiv und symmetrisch, und die Transitivität ergibt sich aus T3.1,a.

Es seinen T_w die Äquivalenzklassen bzgl. r, und W sei eine Indexmenge für sie. Dann gilt:

Theorem 4.2: $\mathbf{S} = \langle \{M_t\}_{t \in T}, \{T_w\}_{w \in W} \rangle$ ist ein STW-System.

Beweis: Die Bedingungen (1) und (3) von D3.1 gelten nach Definition der T_w und T4.1,2. (4) folgt aus T4.1,4, (5) aus der Definition von r, und (6) aus T4.1,3. Für (7) zeigen wir:

a) $M_t R^{\geq 0} M_{t'}$ für alle t, t'. Denn nach T4.1,5 gilt $M_t \circ R^{\geq} M_t$ und $M_t \circ R^{\geq 0} M_{t'}$. Da $R^{\geq}$ trivialerweise transitiv ist, und auch symmetrisch (da das für R gilt, vgl. T3.1,b,c) erhalten wir $M_t R^{\geq} M_{t'}$.

b) Für $t, t'' \in T_w$, $M_t R_i M_{t''}$, $M_{t''} R_\square M_{t'''}$ ($i = 1,2$) und $t''' \in T_{w'}$ gibt es ein $t' \in T_{w'}$, so daß $M_t R_\square M_{t'} \wedge M_{t'} R_i M_{t'''}$. Denn ist $i=1$ und $\square(\neg q \wedge Gq) \in M_t$, so gilt für $\square A \in M_t$ und $C = A \wedge \neg q \wedge Gq$, $\square C \in M_t$, also $P \square C \in M_{t''}$ und daher $\square PC \in M_{t''}$ (A8a), also $PC \in M_{t'''}$. Nach D3.1,4 gibt es ein $t' \in T_{w'}$, so daß $M_{t'''} R_2 M_{t'}$ und daher $M_{t'} R_1 M_{t'''}$ und $C \in M_{t'}$. t' ist derselbe Zeitpunkt für alle A. Für $i=2$ verwendet das entsprechende Argument A8b statt A8a.

c) Es seien $t \in T_w$, $t' \in T_{w'}$ und $M_t R_{1/2} M_{t'} := M_t R_1 M_{t'} \vee M_t R_2 M_{t'}$. (a) ergibt $M_t R^{\geq 0} M_{t'}$. Nach T3.1,c,d gilt entweder $M_t R_\square M_{t'}$ oder es gibt Zahlen $m_1, m_2 \in \{0,1\}$, $n_1, ..., n_q > 0$ und $t_1, ..., t_r, s_1, ..., s_q$ mit $t_i, s_i \in T_w$ so daß

$M_t R_\square^{m_1} M_{t_1} \wedge M_{t_1} R_{1/2}^{n_1} M_{s_1} \wedge M_{s_1} R_\square M_{t_2} \wedge M_{t_2} R_{1/2}^{n_2} M_{s_2} \wedge ... \wedge M_{t_q} R_{1/2}^{n_q} M_{s_q}$
$\wedge M_{s_q} R_\square^{m_2} M_{t'}$.

Nach (b) können wir die $R_\square$ schrittweise vor die $R_{1/2}$ setzen und erhalten $t'_i \in T_w$, für die im ersten Schritt gilt $M_t R_\square^{m_1} M_{t_1} \wedge M_{t_1} R_\square M_{t'_2} \wedge M_{t'_2} R_{1/2}^{(n_1+n_2)} M_{s_2} \wedge ...$, im nächsten Schritt $M_t R_\square^{m_1} M_{t_1} \wedge M_{t_1} R_\square M_{t'_2} \wedge M_{t'_2} R_\square M_{t'_3} \wedge M_{t'_3} R_{1/2}^{(n_1+n_2+n_3)} M_{s_3} \wedge ...$, usw. So erhalten wir endlich ein $t'' \in T_{w'}$ mit $M_t R_\square M_{t''} \wedge M_{t''} R_{1/2}^{(n_1+...+n_q)} M_{t'}$, d.h. ein $t'' \in T_{w'}$ mit $M_t R_\square M_{t''}$.

Damit ist der Beweis von T4.2 beendet. Für jeden nicht in **TW** beweisbaren Satz A gibt es ein STW-System $\mathbf{S} = \langle \{M_t\}_{t \in T}, \{T_w\}_{w \in W} \rangle$ und ein $t^\circ \in T$ mit $\neg A \in M_{t^\circ}$. Wegen T3.3 gibt es dann ein STW-Modell und, nach T1.1, ein T×W-Modell, in dem A nicht wahr ist.

5 Eine Alternative zu □

Eine Axiomatisierung der T×W-Logik mit Hilfe von □, einem Operator, der in Theorien, die sich auf die T×W-Logik stützen, sonst nicht verwendet wird, ist nicht recht befriedigend. Daher ist es von Interesse, daß eine Axiomatisierung der T×W-Logik auch möglich ist mit einem Operator für „tatsächlich", der auch in anderen Kontexten eine Rolle spielt, wenn auch in erster Linie in prädikatenlogischen Systemen. Ich schreibe *TA* for „Tatsächlich *A*" und interpretiere diesen Ausdruck der Einfachheit halber nicht genau im üblichen Sinn. Ein *zentrierter T×W-Rahmen* ist ein Quintupel $\mathbf{R} = \langle T, <, W, \sim, w_0 \rangle$, wo $\langle T, <, W, \sim \rangle$ ein T×W-Rahmen im Sinne von D1.1 ist und w_0 die reale Welt, in ist. Zentrierte T×W-Modelle werden definiert wie in D1.2, wobei (2g) ersetzt wird durch

2g′) $V_{t,w}(TA) = 1$ gdw. $V_{t,w0}(A) = 1$.

Wahrheit in einem Modell und (zentrierte) T×W-Wahrheit werden wie oben definiert. $TA \equiv A$ ist also kein Theorem, sondern nur $T(TA \equiv A)$, die Regel N₄R vererbt aber weiterhin Gültigkeit. Die notwendigen Modifikationen von D1.3 und D1.4 liegen auf der Hand. Die Bedingung (2g) von D1.4 wird zu: $V_t(TA) = 1$ gdw. $V_{t'}(A) = 1$ für $t' \in T_{w_0}$ und $t' \approx t$.

Im Axiomensystem ersetzen wir □ in der Regel IR durch *T* und ersetzen A5, A7 und A8 durch

T1: $T(A \supset B) \wedge TA \supset TB$

T2: $T\neg A \equiv \neg TA$

T3: $T(TA \equiv A)$

T4: $TA \supset NTA$

T5: $TGA \equiv GTA$

T6: $THA \equiv HTA$.

Der Vollständigkeitsbeweis folgt eng dem oben angegebenen. Wir definieren MQM' durch $\exists M''(MR_T M'' \wedge M'R_T M'')$. Diese Relation ist symmetrisch und transitiv, und für $\exists M'(MR_T M')$ gilt MQM and $M_{R_N} M' \supset MQM'$. $MR_T M'$ impliziert $I(TA \equiv A) \in M'$ für alle Sätze *A*, wobei *IB* (*Immer B*) durch $HB \wedge B \wedge GB$ definiert ist. Denn $TG(TA \equiv A)$ und $TH(TA \equiv A)$ sind Theoreme des modifizierten Systems **TW**. STW-Systeme werden wie in D3.1 definiert, wobei □ in (6) durch *T* ersetzt wird und in (7) $R_\square$ durch *Q*. Es läßt sich leicht zeigen, daß es ein $w_o \in W$ gibt, so daß T_{w_0} die Menge aller $t \in T$ ist mit $I(TA \equiv A) \in M_t$. Durch $t \approx t' := M_t Q M_{t'}$ definiert nun ein zentriertes STW-System wie zuvor einen zentrierten STW-Rahmen und damit auch ein zentriertes STW-Modell mit $V_t(A) = 1$ gdw. $A \in M_t$ für alle $t \in T$ und alle Sätze *A*.

Im Blick auf T1 und $N_T R$ können wir wieder Gabbays Irreflexivitätslemma verwenden und wie oben zeigen, daß die Menge S' von T4.1 ein STW-System definiert. Zum Beweis von Bedingung (7) von D3.1 stellen wir erstens fest, daß es für jedes $t \in T_w$ ein $t' \in T_{w_0}$ gibt mit $M_t R_T M_{t'}$. Das gilt wegen der Bedingungen (3) und (4) von T4.1, und weil aus $M_t R_T M_{t'}$ folgt $I(TA \equiv A) \in M_{t'}$ für alle Sätze A. Zweitens gibt es zu jedem $t' \in T_{w_0}$ und jedem w' ein $t'' \in T_{w'}$ mit $M_{t''} R_T M_{t'}$, also $M_t Q M_{t''}$. Ist $t''' \in T_{w'}$, so gibt es ein $t^o \in T_{w_0}$, so daß $M_{t'''} R_T M_{t^o}$. Aus $t', t^o \in T_{w_0}$ erhalten wir $M_{t^o} = M_{t'}$ oder $M_{t^o} R_G M_{t'}$ oder $M_{t'} R_G M_{t^o}$. Im ersten Fall gilt $M_{t'''} R_T M_{t'}$. Im zweiten Fall sei $T(\neg q \wedge Gq) \in M_{t'}$. Im Blick auf $t' \in T_{w_0}$ gilt dann $\neg q \wedge G_q \in M_{t'}$. Ist $A \notin M_{t'}$, so $\neg A \in M_{t'}$ und daher gilt für $C = \neg A \wedge \neg q \wedge Gq$ $C \in M_{t'}$. Daher gilt $FC \in M_{t^o}$ und $TFC \in M_{t'''}$, da aus $MR_T M'$ und $B \in M'$ folgt $TB \in M$ für alle B (vgl. T2). Daher gilt $FTC \in M_{t'''}$ (T5) und es gibt ein $t'' \in T_{w'}$ mit $TC \in M_{t''}$, d.h. $T \neg A \in M_{t''}$. Mit T2 erhalten wir $\neg TA \in M_{t''}$ und daher $TA \notin M_{t''}$. Für alle A mit $A \notin M_{t'}$ muß $M_{t''}$ dieselbe Menge sein, so daß wir $M_{t''} R_T M_{t'}$ erhalten. Im Fall $M_{t'} R_G M_{t^o}$ verläuft das Argument analog, wobei man T6 statt T5 verwendet.

Literatur

Burgess, J. P. (1984): „Basic tense logic", in Gabbay und Guenthner (1984), 89–133

Di Maio, M. C. und Zanardo, A. (1994): „Synchronized histories in Prior-Thomason representation of branching time", in. D.M.Gabbay und H.J.Ohlbach (Hrsg.): *Temporal Logic* (Proceedings of the First International Conference, ICTL '94), Berlin

Gabbay, D. (1981): „An irreflexivity lemma with applications to axiomatizations of conditionson tense frames", in U. Mönnich (Hrsg.): *Aspects of Philosophical Logic*, Dordrecht, 67–89

Gabbay, D. und Guenthner, F. (Hrsg.) (1984): *Handbook of Philosophical Logic*, Bd. II, Dordrecht

Gabbay, D., Hodkinson, I., and Reynolds, M. (1994): *Temporal Logic*, Bd. I, Oxford

Kutschera, F. v. (1993): „Causation", *Journal of Philosophical Logic* 22, 563–88; hier abgedr. als Nr. 10

Thomason, R. H. (1984): „Combinations of tense and modality", in Gabbay und Guenthner (1984), 135–65

Zanardo, A. (1985): „A finite axiomatization of the set of strongly valid Ockamist formulas", *Journal of Philosophical Logic* 14, 447–468.

16

Pragmatische Sprachauffassung, Bedeutungen und semantische Antinomien

Unter den semiotischen Paradigmen ist das realistische weitaus am besten entwikkelt. Obwohl es sich für viele Zwecke gut verwenden läßt, bleibt es in mancher Hinsicht doch unbefriedigend. So lassen sich z.B. die Undefinierbarkeit sprachlicher Bedeutungen (im Unterschied zu jener von Extensionen und Intensionen) und die Entstehung semantischer Antinomien in ihm nicht befriedigend erklären. Ich möchte im folgenden einen pragmatischen Ansatz skizzieren und zeigen, daß er mit diesen beiden Problemen besser fertig wird.

1 Grundgedanken pragmatischer Sprachauffassung

Geht man von der Unterscheidung Ferdinand de Saussures von *langue* und *parole* aus, von Sprache als System und Sprechen als Aktivität, so begreift das realistische Paradigma Sprache als System. Dieses System wird syntaktisch wie semantisch bestimmt. Syntaktisch wird ein Vorrat von Grundzeichen angegeben und es werden wohlgeformte Ausdrücke der Sprache, speziell Namen, Prädikate und Sätze ausgezeichnet – noch ohne jeden Rekurs auf Bedeutungen. In der Semantik interpretiert man die wohlgeformten Ausdrücke und ordnet den Namen Objekte eines Grundbereichs zu, den Prädikaten z.B. Attribute, die für diese Objekte erklärt sind, und den Sätzen Sachverhalte. Dabei beginnt man mit den einfachen Ausdrücken und gibt dann Regeln an, nach denen sich die Bedeutungen der komplexen Ausdrücke aus den Bedeutungen ihrer Teilausdrücke ergeben. Unter dem Titel *Pragmatik* werden in der realistischen Semiotik Äußerungen diskutiert, die Verwendung von Sätzen in konkreten Situationen. Dabei geht es um die Abhängigkeiten ihrer Bedeutungen von der Situation ihrer Äußerung, z.B. vom Sprecher und vom Zeitpunkt der Äußerung. Äußerungen werden als Paare von Ausdrücken und *Bezugspunkten* (*points of reference*) aufgefaßt. Pragmatik stellt sich so vom realistischen Ansatz her dar als Semantik mit Zusatzparametern.

Der allgemeine Grundgedanke pragmatischer Semiotiken ist es hingegen, nicht von Sprache als System von Ausdrücken auszugehen und Sprechen als Verwendung solcher Ausdrücke aufzufassen, sondern umgekehrt mit der Aktivität des Sprechens zu beginnen und von daher dann zur Sprache als System zu kommen. Der bekannteste pragmatische Ansatz ist wohl die Gebrauchstheorie der Bedeutung von Ludwig Wittgenstein, in mancher Hinsicht ist aber die Bedeutungstheorie von Paul Grice konsequenter pragmatisch.[1] Es gibt jedenfalls mehrere ganz verschiedene semiotische Theorien, die vom Sprechen als Aktivität ausgehen.

In dem Ansatz, den ich hier skizzieren will, kommt zu dem ersten Grundgedanken ein zweiter hinzu: die Einheit von Sprechen und Denken. Darüber ist viel diskutiert worden. Klar ist, daß wir beim (intelligenten) Sprechen etwas denken, z. B. urteilen oder schließen. Daß umgekehrt auch alles Denken sich in sprachlichen Formen vollzieht, daß Denken ein „stilles Sprechen" ist, hat schon Platon im *Theätet* behauptet. Dort läßt er Sokrates sagen: „Denken ist eine Unterredung der Seele mit sich selbst, bei der sie sich selbst fragt und antwortet, bejaht und verneint."[2] Wilhelm von Humboldt hat nachdrücklich die Auffassung vertreten, Sprechen diene nicht nur dem Ausdruck oder der Mitteilung von Gedanken, sondern ihrer Formierung. Sprache war für ihn das „bildende Organ des Denkens".[3] „Denken" ist freilich ein Obertitel für sehr vielfältige mentale Aktivitäten, vom wahrnehmungsmäßigen Unterscheiden über Vorstellen und Erinnern bis hin zum Urteilen und Folgern. Offensichtlich kann nicht alles Denken in diesem weiten Sinn sich in sprachlichen Formen vollziehen, denn um Sprache zu erlernen, muß man ja Laute und Situationen unterscheiden und korrelieren können. Begriffliches, propositionales Denken hingegen vollzieht sich sicher in sprachlicher Form – das ist schon fast tautologisch. Wilfried Sellars sagt: „Thinking at the distinctly human level ... is essentially verbal activity".[4] Exakt ist auch das nicht; die These von der Einheit von Denken und Sprechen ist also jedenfalls mit einem Körnchen Salz zu nehmen. Ich will sie hier aber weder genauer präzisieren noch rechtfertigen, denn mir geht es vor allem um ihre Konsequenzen für die Semiotik.

Der Gedanke von der Einheit von Denken und Sprechen ist zunächst unabhängig von der pragmatischen Grundidee. Er ist aber jedenfalls nicht mit einer realistischen Semiotik verträglich, die ja Sprache erst durch Zuordnungen zwischen Denkinhalten und Ausdrücken entstehen läßt, Denken also der Sprache vorausgehen läßt.

---

[1] Vgl. die einschlägigen Aufsätze in Grice (1989), sowie die Darstellung in Meggle (1997).
[2] *Theätet* 189e6–190a2. Vgl.a. *Sophistes* 263e3–5.
[3] Humboldt (1903), VI, S. 179f. und VII, S. 53.
[4] Sellars (1973), S. 82.

2 Pragmatische Bedeutungen

Ein Sprechakt hat zwei Seiten: eine sprachliche Form und einen gedanklichen Inhalt.[5] Wir können zwischen beiden unterscheiden, weil sich derselbe Inhalt oft in verschiedenen Formen ausdrücken läßt und sprachliche Formen gelegentlich inhaltlich mehrdeutig sind. Grundsätzlich ist aber die Verbindung von Form und Inhalt nichts Nachträgliches, nachträglich ist vielmehr die Unterscheidung der beiden Seiten, ihre Abstraktion aus der ursprünglichen Einheit.

Wenn ich z. B. etwas behaupte, urteile ich damit, daß ein Sachverhalt besteht. Das ist die inhaltliche Seite der Behauptung. Ich urteile aber, indem ich etwas sage, eine Lautfolge produziere, und diese Lautproduktion ist die sprachliche Form der Behauptung. Die Behauptung als ganze bedeutet nicht das Urteil, sondern ist es. Eine Funktion des Bedeutens kann man nur der sprachlichen Form zuschreiben; das Verb „bedeuten" beschreibt das Verhältnis von Form und Inhalt.

In der realistischen Semantik legt man fest, was Ausdrücke der drei Kategorien Satz, Name und Prädikat bedeuten. Im pragmatischen Ansatz ist Entsprechendes zu tun für die drei Sprachhandlungsformen Aussagen, Nennen und Prädizieren.[6] Beginnen wir mit der Bedeutung vollständiger kommunikativer Akte, mit selbständigen sprachlichen Äußerungen. Zu ihrer Bedeutung gehört auch ihre illokutionäre Rolle. Es macht einen Unterschied für die Bedeutung einer „Es ist schon spät"-Äußerung, ob sie eine Information darstellt, daß die Zeit schon fortgeschritten ist, oder eine Aufforderung an den Adressaten, endlich zu gehen. Der Kürze wegen will ich mich hier auf Behauptungen beschränken. Äußerungen der Gestalt von Behauptungen kommen als Teile größerer Sprechakte aber auch ohne behauptende Kraft vor, wie z. B. „Es regnet" in „Wenn es regnet, wird die Mütze naß". Man benötigt daher auch illokutionär neutrale Formen, die ich *Aussagen* nennen will. Mit ihnen bilden wir einen gedanklichen Inhalt, eine *Auffassung* von einem Sachverhalt. Man kann auch von einer *Proposition* reden, dieses Wort erhält dann aber in unserem Kontext einen neuen Sinn: Propositionen oder Auffassungen sind für uns Akte (genauer: Typen von Akten) des Proponierens bzw. Auffassens von Sachverhalten.[7] Ein Urteil ist dann das Akzeptieren einer Auffassung. Da die Bedeutung als semantischer Inhalt Teil der Aussage ist, wird man weniger von der Aussage selbst, als von ihrer sprachlichen Form sagen, sie

---

[5] Hier und im folgenden mache ich der Kürze wegen keinen Unterschied zwischen Laut- und Schriftsprache oder zwischen lautem und stillem Sprechen.
[6] Die Unterscheidung zwischen Handlungen als konkreten Ereignissen und Handlungsformen setze ich im folgenden voraus, ohne sie jeweils deutlich zu machen.
[7] Frege spricht von „Gedanken" statt „Propositionen", meint damit aber nicht Akte des Denkens, sondern intentionale Inhalte des Denkens. Unserem „Auffassen" entspricht sein „Fassen eines Gedankens". Vgl. dazu Kutschera (1989), 5.2 und 10.2.

bedeute die Proposition. Ich will mir hier aber nicht zu viele terminologische Fesseln anlegen, und das Wort „Aussage" sowohl für die Form allein wie auch für das Ganze aus Form und Inhalt verwenden, ähnlich wie man mit „Satz" sowohl die reine Lautgestalt bezeichnet als auch die Einheit von Lautgestalt und Bedeutung. Ein Aussagesatz als sprachliches Objekt ist Produkt eines Aussagens. Auch von ihm kann man dann sagen, er bedeute eine Proposition.

Indem ich ein Objekt X *nenne,* referiere ich auf X. Indem ich die Lautfolge M-a-x ausspreche, nehme ich auf Max Bezug. Der semantische Inhalt des Nennens ist das Referieren auf X, nicht X selbst. Das Objekt X kann man, wie üblich, als *Bezug* des Namens bezeichnen. Der Name als Gegenstand ist, pragmatisch gesehen, wieder etwas Sekundäres, das phonetische oder graphische Produkt des Nennens.

Indem man etwas von einem Objekt X *prädiziert*, begreift man X als eine bestimmte Eigenschaft habend. Rotsein von X prädizieren, heißt, X als rot begreifen. Ein *Begriff* ist eine Form des Begreifens, des Begreifens von Objekten als Objekte mit einer bestimmten Eigenschaft. Das Begreifen ist die inhaltliche Seite des Prädizierens. Dessen sprachliches Produkt ist dann das Prädikat als phonetisches oder graphisches Objekt. Entsprechendes gilt für Prädikationen, mit denen man etwas von zwei oder mehreren Objekten prädiziert und diese als in einer gewissen Beziehung zueinander stehend begreift.

Die Konzeption von sprachlichen Ausdrücken und ihrer Bedeutungen, die ich damit ganz grob umrissen habe, unterscheidet sich von der realistischen Semantik vor allem in drei Punkten: Erstens bilden nicht Sätze, Namen und Prädikate als syntaktische Objekte den Ausgangspunkt, sondern Typen sprachlicher Akte. Diese Akte haben zweitens eine formale und eine inhaltliche, eine phonetische und eine konzeptuelle Seite. Die Beziehung zwischen Ausdrücken und ihren Bedeutungen wird nicht durch Zuordnung zweier eigenständiger Entitäten hergestellt, sondern sprachliche Ausdrücke und ihre Bedeutungen werden umgekehrt durch Abstraktion aus dem Ganzen sprachlicher Handlungen gewonnen. Daher werden Propositionen und Begriffe als sprachliche Bedeutungen drittens nicht als Entitäten einer äußeren Realität verstanden – etwa im Sinn des Universalienrealismus –, sondern als Typen mentaler Akte, die wir aussagend oder prädizierend vollziehen. Bedeutungen gehören also zum Bereich des Konzeptuellen. Um die Fruchtbarkeit unseres pragmatischen Ansatzes zu belegen – ich bezeichne ihn im folgenden auch kurz als *operativ* –, ist zu zeigen, daß diese Unterschiede positive Folgen haben.

3 Die Unterdeterminiertheit von Bedeutungen

Von der Extension, dem Umfang eines Prädikats kann man nur relativ zu einem *universe of discourse*, einem Gegenstandsbereich reden, denn der Umfang des Prädikats „Logiker" hängt ja z.B. davon ab, ob ich nur die gegenwärtig lebenden Menschen betrachte oder auch Verstorbene einbeziehe. Zwei Prädikate haben sicher nur dann die gleiche Bedeutung, wenn sie in allen Gegenstandsbereichen dieselbe Extension haben.[8] Das wäre äquivalent mit der Bedingung, daß sie im Bereich aller Objekte überhaupt dieselbe Extension haben. Die Menge aller Objekte gibt es aber nicht, wie die Mengenlehre zeigt; zu jeder Menge von Objekten gibt es vielmehr Objekte – z.B. die Menge selbst –, die nicht in ihr enthalten sind. Daher kann eine exakte Semantik, der immer ein bestimmter *universe of discourse* zugrunde liegen muß, die Bedeutungen nicht vollständig erfassen, die wir intuitiv mit den Prädikaten verbinden. Das gilt insbesondere für universelle Prädikate, deren Umfang nicht schon ihrem Sinn nach auf eine bestimmte Menge begrenzt ist (wie z.B. „Schmetterling" auf die Menge aller Insekten), sondern sich bei Erweiterungen des Gegenstandsbereichs immer erweitern kann. Beispiele sind die Elementschaftsrelation in der Mengenlehre oder der Wahrheitsbegriff in Systemen formaler Semantik. Für den semantischen Realisten, der auch Universalienrealist ist, sind Eigenschaften und Beziehungen ebenso objektiv wohlbestimmte Entitäten wie Objekte, und daher bleibt für ihn unverständlich, wieso es nicht gelingt, die Bedeutungen von Prädikaten präzise zu definieren, ähnlich z.B. wie ihre Intensionen und jedenfalls so, daß sich daraus für jeden Objektbereich die Extension des Prädikats in diesem Bereich ableiten läßt. Im pragmatischen Sinn sind Prädikatbedeutungen hingegen nicht irgendwelche objektiv gegebenen Entitäten, sondern Weisen des Begreifens von Objekten als Dinge mit einer bestimmten Beschaffenheit. Darauf beruht ihre Unterdeterminiertheit bzgl. aller Objektbereiche. Wir können z.B. für die Unterscheidung der Objekte einer Menge U verschiedene Begriffe bilden. Das führt aber über deren Umfänge in U zu neuen Objekten und einem größeren Objektbereich U', auf dem sich die Begriffe nun fortsetzen lassen. Daß ein Prädikat F eine feste, bereichsunabhängige Bedeutung hat, heißt nun, daß die Fortsetzung des Begriffs jeweils eindeutig ausgezeichnet ist. Durch all seine Extensionen ist die Bedeutung von F also unterdeterminiert, und es läßt sich nicht einmal eine Funktion angeben, die jedem Objektbereich U die Extension von F in U zuordnet, denn diese Funktion wäre wieder ein Objekt, für das F nun neu zu definieren wäre. Die Bedeutung von F ist für den pragmatischen Ansatz eine Tätigkeit und über das Prädikat F

---

[8] Genauer müßte man sagen: ... in allen Gegenstandsbereichen *und allen Welten* dieselbe Extension haben. Davon sehen wir hier aber ab.

verfügen heißt nicht, etwas kennen, wofür es steht, sondern die Kompetenz haben, es richtig zu gebrauchen.

Mit seinem Problem der Fortsetzung von Prädikaten hat auch Wittgenstein den Gedanken verdeutlicht, daß ein Prädikat nicht für etwas stehen muß, um bedeutungsvoll zu sein. In den *Philosophischen Untersuchungen* (1953) illustriert er es an der Frage der „richtigen" Fortsetzung einer Zahlenreihe, wie z. B. 1, 4, 9, 16, ..., von der nur endlich viele Anfangsglieder gegeben sind. Da es unendlich viele Funktionen gibt, die natürlichen Zahlen wiederum Zahlen zuordnen, gibt es auch unendlich viele Fortsetzungen der gegebenen Reihe; diese zeichnet also keine bestimmte Funktion aus. Welche gemeint ist, läßt sich nur erraten – im Beispiel liegt es nahe, x^2 als intendierte Funktion anzusehen. Nun erlernen wir Prädikate durch endlich viele Beispiele (und Gegenbeispiele) ihres Gebrauchs, und die Schwierigkeit ist auch hier, daß die Beispiele keine generelle Gebrauchsweise festlegen. Es gibt immer unendlich viele Gebrauchsweisen, die mit den endlich vielen Beispielen verträglich sind, unendlich viele Möglichkeiten, ein Prädikat F über die Klasse der Beispiele hinaus „fortzusetzen". Die Gebrauchsweise von F ließe sich nur dann zureichend beschreiben, wenn es ein synonymes Prädikat G gäbe, so daß wir sagen können „F wird ebenso verwendet wie G". Wittgenstein sagt: „Einem der, sagen wir, nur Französisch spricht, werde ich diese Wörter durch die entsprechenden französischen erklären. Wer aber diese *Begriffe* noch nicht besitzt, den werde ich die Worte durch *Beispiele* und durch *Übung* gebrauchen lehren. – Und dabei teile ich ihm nicht weniger mit, als ich selber weiß".[9] Entscheidend ist der letzte Satz des Zitats: Der Lehrende selbst, der den Gebrauch eines Prädikats beherrscht und weiß, was es bedeutet, kann seinen Sinn nicht zureichend beschreiben. Er hat eine Kompetenz, aber weder einen vollständigen Katalog von möglichen Anwendungen – die Kompetenz besteht ja gerade darin, es in immer neuen Fällen korrekt zu gebrauchen –, noch kennt er eine Regel, die den korrekten Gebrauch des Wortes beschreibt.

Als semantischer Realist kann man nun freilich auch Konzeptualist sein und Prädikatbedeutungen als Begriffe ansehen, die Konstrukte unseres Denkens sind. Wenn man insbesondere eine Variante des Konzeptualismus vertritt, nach der Begriffe Tätigkeiten des Begreifens sind, so ist man unserem pragmatischen Ansatz sehr nahe und kann die offene Fortsetzbarkeit des Prädizierens ähnlich verstehen. Mit einer Ausnahme freilich: Für den semantischen Realisten hat Begriffsbildung nichts mit Sprache zu tun. Sprachliche Ausdrücke bilden eine vorgegebene, definierbare Menge von Objekten, und Prädikate sind nur Marken für Begriffe. Daher gibt es keine Hierarchie der Sprachmittel, die jener im Bereich der konzeptualistisch verstandenen Begriffe und Mengen entspricht. Es bleibt so

---

[9] Wittgenstein (1953), § 208.

insbesondere unerklärlich, wieso es keine semantisch geschlossene Sprache gibt, warum sich eine Sprache, die syntaktisch so konstruiert ist, daß sie Ausdruckmittel für Aussagen über ihre eigenen Ausdrücke und deren Extensionen bereit hält, nicht konsistent interpretieren läßt.

4 Hierarchien sprachlicher Ausdrücke

Das führt uns zu den semantischen Antinomien. Sie treten in semantisch geschlossenen Sprachen auf, in denen es Namen für die Ausdrücke der Sprache selbst gibt sowie einen Term für die Beziehung zwischen Ausdrücken und ihren Extensionen, z. B. ein Wahrheitsprädikat. Die Widersprüche konfrontieren uns zunächst einmal mit der Tatsache, daß die Bedeutungszuordnungen – es geht dabei lediglich um Extensionen – nach den semantischen Regeln nicht rekursiv sind, wie sie es sein sollten. Für eine Sprache S hat man zunächst syntaktische Regeln, die angeben, wie man aus einfacheren wohlgeformten Ausdrücken von S komplexere enthält. Die Regeln stellen rekursive Definitionen der Mengen der Sätze und Terme von S dar, und der Induktionsparameter dieser syntaktischen Definitionen ist im wesentlichen die Länge der Ausdrüke. Im Idealfall entspricht jeder syntaktischen Bildungsregel eine semantische Regel, nach der sich die Extension des komplexeren Ausdrucks aus den Extensionen seiner Teile bestimmt, aus denen er nach der syntaktischen Regel gebildet wird. Regeln wie „Ein Satz der Form $t \in \{x: A[x]\}$ ist wahr gdw. der Satz $A[t]$ wahr ist" – das Abstraktionsprinzip der Mengenlehre –, oder „Ist a ein Name für den Satz A, so ist der Satz $W(a)$ genau dann wahr, wenn A wahr ist" – die Wahrheitskonvention von Tarski – entsprechen diesem Ideal nicht. Denn der Ausdruck $A[t]$ kann (wie im Fall der Antinomie von Russell) länger sein als $t \in x: A[x]$, und A kann (wie im Fall des *Lügners*) länger sein als $W(a)$. Die Zuordnung von Extensionen nach beiden Regeln ist also nicht rekursiv nach der Länge der Ausdrücke. Die Relation $r(x,y)$, die zwischen zwei Ausdrücken von S, x und y, genau dann besteht, wenn nach den semantischen Regeln für S die Zuordnung einer Extension zu y voraussetzt, daß x bereits eine Extension hat, ist daher nicht *fundiert*, d. h. es gibt unendliche r-Ketten ... $r(x_{n+1},x_n)$, ..., $r(x_1,x_0)$ (wobei x_0, x_1, ... nicht verschieden zu sein brauchen). Nach R. Carnap erhält man z. B. aus der Definition „a" $:=$ „„¬ $W(a)$"" (der Buchstabe „a" soll also ein Name für den Satz „¬ $W(a)$" sein) einen Widerspruch, und es gilt hier $r(¬ W(a), W(„¬ W(a)"))$, $r(W(a),¬ W(a))$ und $r(W(„¬ W(a)"), W(a))$. Für eine korrekte, induktive Zuordnung der Extensionen benötigt man also einen passenden Induktionsparameter, für den z. B. gilt: Ist a ein Name für den Satz A, so hat a – selbst wenn das eine einfache Konstante ist – einen höheren Parameterwert als der Satz A – wie komplex A auch immer sei.

Von der realistischen Semantik her bietet sich kein brauchbarer Induktionsparameter an. Man kann ihn nur durch Sprachschichtungen künstlich einführen. Die operative Sprachauffassung ergibt hingegen ganz zwanglos eine Hierarchie. Ich will dafür nur zwei Prinzipien angeben:

1) *Das Nennen eines Objekts setzt dieses Objekt voraus.*

Ich kann ein Objekt ja nur dann nennen, nur dann darauf referieren, wenn es dieses Objekt schon gibt. Bei der Aussage des *Lügners* „Dieser Satz ist nicht wahr" gibt es z.B. den Satz, auf den der Ausdruck „Dieser Satz" referieren soll, noch gar nicht unabhängig von dem Satz, von dem der Kennzeichnungsterm einen Teil bildet. Daher ist die erste Reaktion auf die Aussage auch: „Welcher Satz?" Da der Name als Produkt des Nennens den Akt des Nennens voraussetzt, und das Nennen das genannte Objekt, kann man auch sagen: *Ein Name setzt seinen Träger voraus.*

2) *Ein Prädizieren setzt jene Objekte voraus, von denen etwas (positiv oder negativ) prädiziert wird.*

Das kann man dann für Prädikate als Objekte wieder so formulieren: *Jedes Prädikat setzt die Objekte voraus, auf die es angewendet wird.* In der Antinomie von Kurt Grelling, zum Beispiel, wird das Prädikat „heterologisch" so definiert, daß ein (einstelliges) Prädikat genau dann heterologisch ist, wenn ihm selbst die Eigenschaft fehlt, die es ausdrückt. Das Prädikat „heterologisch" selbst kann also nicht zum Bereich seiner intendierten Anwendung gehören. Definiere ich das Prädikat für eine Menge M von (einstelligen) Prädikaten, so gehört es nicht zu M. Erweitere ich M zur Menge M', indem ich „heterologisch", bezogen auf M, hinzunehme, so gehört „heterologisch", bezogen auf M' nicht dazu, usf.

In unserem pragmatischen Rahmen ergibt sich also auf ganz natürliche Weise eine konstruktive Hierarchie sprachlicher Ausdrücke, da sie nicht als syntaktische Objekte aufgefaßt werden.

5 Semantik und Mengenlehre

Die Gedanken zu Bedeutungen und semantischen Antinomien lassen sich durch Hinweis auf die Mengenlehre ergänzen, denn es gibt deutliche Parallelen zwischen universalien-realistischer, d.h. naiver Mengenlehre und realistischer Semantik, zwischen axiomatischer Mengenlehre und operativer Semantik, sowie zwischen logischen und semantischen Antinomien. Für die naive Mengenlehre existieren Mengen unabhängig vom menschlichen Denken; sie geht daher von einer fertigen Gesamtheit aller Mengen aus. Dann ist nicht einzusehen, warum das Komprehensionsprinzip nicht unbeschränkt gelten soll, das zu den Antinomien Anlaß gibt. Es ergibt sich kein Ansatz für eine Hierarchie der Mengen und eine fundierte Elementschaftsrelation. Ganz anders bei einem konzeptualistischen Ansatz, nach dem Mengen Konstruktionen menschlichen Denkens sind, z.B. Kollektionen, die ihre Elemente voraussetzen.[10] Aus ihm ergibt sich die axiomatische Mengenlehre. Ihren *universe of discourse* – wir denken hier an ein mit **ZFF** äquivalentes System – bildet die von Neumannsche Hierarchie.

Der naiven Mengenlehre entspricht eine realistische Semantik, für die die Gesamtheit möglicher Bedeutungen – hier einfach: der Extensionen – fertig vorgegeben ist. Von ihr aus ergibt sich, wie wir sahen, ebenfalls kein Anhaltspunkt für eine hierarchische Ordnung sprachlicher und nichtsprachlicher Objekte und für eine fundierte Bezeichnungsrelation. Ein intuitiv überzeugender Weg dazu, und damit zur Vermeidung der semantischen Antinomien, wird erst von der operativen Auffassung von Sprache und sprachlichen Bedeutungen über Prinzipien wie (1) und (2) gewiesen.

Die Mengenlehre bildet den begrifflichen Rahmen realistischer Semantiken, in denen von Mengen von Ausdrücken, Mengen von Objekten, von Interpretationsfunktionen etc. die Rede ist. Während wir bei der Angabe von Syntax und Semantik der Aussagenlogik und der Prädikatenlogik jeweils stärkere Logiken verwenden, ist die Mengenlehre die stärkste logische Theorie, die wir haben; sie könnte daher auch reich genug sein, um in ihr über ihre eigene Sprache – das sei S – reden zu können. Dazu kann man entweder nach Kurt Gödel eine Arithmetisierung der Syntax von S vornehmen, oder man kann die Grundzeichen von S als Individuen zulassen und nach W. V. Quine ein dreistelliges syntaktisches Prädikat M als neues Grundprädikat in S einführen.[11] Diese beiden Wege sind gleichwertig und machen für unsere Zwecke keinen Unterschied. Ich setze hier das Gödelsche Verfahren als das bekanntere voraus. φ sei dann die (metasprachlich bestimmte) Arithmetisierungsfunktion, $\varphi(A)$ also die natürliche Zahl, die der Formel A von S zugeordnet ist. Dann läßt sich rekursiv eine Operation $E(x,y)$ auf der Klasse aller Mengen definieren, deren Wert $E(\varphi(A),y)$ die Extension von A in der Menge y ist. Ist $A = A[x_1, ..., x_n]$ eine Formel mit Konstanten, die Elemente von y bezeichnen, sind $x_1, ..., x_n$ genau die freien Variablen von A und ist A^y der Ausdruck, der aus A durch Beschränkung aller Quantoren auf y entsteht, so ist die Klasse aller n-Tupel $\langle a_1, ..., a_n \rangle$ aus y, für die $A[a_1, ..., a_m]$ wahr ist, die Extension von A in y. Die Extension von A in y ist also die Extension, die A hätte, wenn y der *universe of discourse* wäre.[12]

---

[10] Vgl. dazu z.B. G. Boolos (1971).
[11] Vgl. Gödel (1931) und Quine (1951), § 54.
[12] Vgl. dazu z.B. Krivine (1971), Kap. V. Enthält S auch Klassenterme $x:A[x]$, so ist deren Beschränkung auf y $\{x: x \in y \wedge A[x]\}$.

Für uns sind vor allem zwei Punkte wichtig, da sie die Parallelität zwischen dem intuitiven, pragmatischen Ansatz und der axiomatischen Mengenlehre unterstreichen:

1)   Eine *beschränkte* Formel, eine Formel also, in der sämtliche Quantoren auf Mengen $y_1,\ldots, y_n$ beschränkt sind, hat eine absolute Extension: Ist $V_0, V_1, \ldots, V_\alpha, \ldots$ die v.Neumannsche Hierarchie der Mengen und α eine Ordinalzahl, so gibt es ein α mit $y_i \subseteq V_\alpha$ für alle $i = 1, \ldots, n$, das zugleich die Designata der Parameter von A enthält. Für alle $\beta > \alpha$ gilt dann $E(\varphi A, V_\beta) = E(\varphi A, V_\alpha)$. Das kleinste solche α kann man als Ordnung von A bezeichnen, und für $W(A) := E(\varphi A, V_\alpha) = 1$ erhält man so einen absoluten Wahrheitsbegriff für beschränkte Sätze. Für nicht beschränkte Formeln hingegen gibt es im allgemeinen keine absoluten, sondern nur relative Extensionen. Ein Satz kann seinen Wahrheitswert bei Erweiterung des Grundbereichs ändern. Ist A ein Satz mit Parametern nur für Objekte aus der Menge y, und ist $\varphi A = a$, so gilt: $E(a,y)=1$ genau dann, wenn A^y. Das ist nun die Entsprechung zur Wahrheitskonvention von Tarski. Man kann daher entweder im Sinne der Sprachstufenunterscheidung nach Tarski den Wahrheitsprädikaten Ordinalzahlen α zuordnen und setzen: $W_\alpha(A)$ gdw. $E(\varphi A, V_\alpha)=1$.[13] Oder man kann einen einzigen, absoluten Wahrheitsbegriff verwenden, der allerdings nur auf beschränkte Sätze anwendbar ist, denen sich Stufen zuordnen lassen.

2)   Der Sinn eines Prädikats A – im Blick auf die betrachteten extensionalen Sprachen ein sehr weit gefaßter Sinn – liegt fest, wenn die Extension von A in jedem Objektbereich festliegt; er wird also durch die Operation $E(\varphi A, y)$ beschrieben. Das ist jedoch im allgemeinen keine Funktion, keine Menge, also kein Objekt des *universe of discourse* der Mengenlehre. Das entspricht unserer These von der Unterdeterminiertheit sprachlicher Bedeutungen im Fall von Prädikaten. Die Grundprädikate „$x \in y$" und „$x=y$" haben in allen möglichen Erweiterungen des *universe of discourse*, auf allen Stufen der v.Neumannschen Hierarchie, einen konstanten Sinn, der läßt sich aber auf keiner Stufe als Objekt darstellen.

Beim Vergleich mit den intuitiven Überlegungen im Abschnitt 4 ist zu beachten, daß dort eine Hierarchie *bedeutungsvoller* Ausdrücke angegeben wurde. Bedeutungsvolle Ausdrücke lassen sich in der Mengenlehre als Paare von Zeichenfolgen und ihren Extensionen auffassen. Stützt man sich dann auf die mengentheoretische Relation des Voraussetzens, nach der die Menge y die Menge x voraussetzt, wenn x durch eine Elementschaftskette mit y verbunden ist, so gelten die beiden im Abschnitt 4 genannten Prinzipien.

Der *Lügner* nach Carnap tritt nicht mehr auf, denn gehen wir von „$\neg W(a)$" zu „$E(a,y) \neq 1$" für ein festes y über, so gilt für $a = \varphi(\text{„}E(a,y) \neq 1\text{"})$: $E(a,y) =$

---

[13] Vgl. dazu z.B. den (auf finite Ordinalzahlen) beschränkten Ansatz von G.Mar in (1985).

$E(\varphi(\text{„}E(a,y) \neq 1\text{"},y))$. Da „$E(a,y) \neq 1$" mit „$y$" einen Namen für ein Objekt enthält, das nicht Element von y ist, ist die Tarski-Konvention nicht anwendbar. Für die Antinomie nach Grelling müßte man, wo H das Prädikat „heterologisch" sei, setzen: $H(x) := \neg x \in E(\varphi(x),y)$, wo y ein fester Parameter ist. Wieder ist die Tarski-Konvention nicht anwendbar, da der Ausdruck „$\neg x \in E(\varphi(x),y)$" mit y eine Konstante enthält, die kein Element von y bezeichnet. In der Mengenlehre lassen sich also die semantischen Antinomien auch ohne zusätzliche pragmatische Prinzipien nicht rekonstruieren, denn hier haben wir eine mengentheoretische Hierarchie, aus der sich, zusammen mit der Darstellung bedeutungsvoller Ausdrücke als Paare, schon eine semantische Hierarchie ergibt. Die pragmatischen Prinzipien sind aber insofern allgemeiner, als sie auch auf Sprachen anwendbar sind, die nicht von Mengen handeln.

Literatur

Boolos, G. (1971): „The Iterative Concept of Set", *Journal of Philosophy* 68, 215–32
Gödel, K. (1931): „Über formal unentscheidbare Sätze der Principia Mathematica und verwandter Systeme I", *Monatshefte für Mathematik und Physik* 38, 173–98
Grice, P. (1989): *Studies in the Way of Words*, Cambridge/Mass.
Humboldt, W. v. (1903): *Gesammelte Werke*, hrsg. v. d. Kgl. Preussischen Akademie der Wissenschaften, Berlin 1903 ff.
Krivine, J.-L. (1971): *Introduction to Axiomatic Set Theory*, Dordrecht
Kutschera, F. v. (1989): *Gottlob Frege, Eine Einführung in sein Werk*, Berlin
Mar, G. (1985): *Liars, Truth-Gaps, and Truth: A Comparison of Formal and Philosophical Solutions to the Semantical Paradoxes*, University Microfilm International: Ann Arbor/Michigan, Dissertation UCLA
Meggle, G. (1997): *Grundbegriffe der Kommunikation*, Berlin, 2. Aufl.
Quine, W. V. (1951): *Mathematical Logic*, Cambridge/Mass., 2. Aufl.
Sellars, W. (1973): „Conceptual Change", in G. Pearce und P. Maynard (Hrsg.): *Conceptual Change*, Dordrecht
Wittgenstein, L. (1953): *Philosophische Untersuchungen*, hrsg. G. E. M. Anscombe und R. Rhees, Oxford.

17

Teile von Ideen – Zu Platons ‚Parmenides'

Unter Platons Dialogen ist es wohl der *Parmenides*, zu dem man am schwersten Zugang findet. Das gilt vor allem für den zweiten Teil, die Übung des Parmenides. Mit ihr will er dem jungen Sokrates jene Kompetenzen vermitteln, die erforderlich sind, um mit den Schwierigkeiten der Ideenlehre fertig zu werden, die im ersten Teil aufgewiesen wurden. Da die Übung aus einem dichten Netz von Widersprüchen besteht, die zudem oft mit absurden Argumenten abgeleitet werden, sieht man jedoch nicht, wie sie ihren angeblichen Zweck erfüllen kann.

Die Ratlosigkeit des Lesers spiegelt sich in der Vielzahl divergierender Interpretationen, die seit der Antike vorgeschlagen wurden. Die Übung soll danach entweder ein bloßer Witz sein, oder eine Karikatur eleatischer Argumentationen, eine Formulierung ernsthafter Probleme der Ideenlehre, für die Platon selbst keine Lösung hatte, eine Vorwegnahme von Gedanken des Neuplatonismus oder der Hegelschen Dialektik, oder eine bloß oberflächlich paradoxe, bei richtiger Lesart hingegen konsistente Darstellung tiefer philosophischer Einsichten, die dann freilich wiederum ganz unterschiedlich geortet wurden.

Die Aussichten für eine überzeugende Interpretation des Dialogs sind also nicht rosig. Da er im Werk Platons jedoch eine zentrale Stellung hat, kann man sich nicht mit einem *ignorabimus* begnügen. Platon nimmt sowohl im *Theätet* (183e-184a) wie im *Sophistes* (217c) auf den *Parmenides* Bezug, und Sokrates sagt im *Theätet*, er habe damals Parmenides als einen Mann von seltener geistiger Tiefe erlebt und er habe ganz treffliche Argumente vorgebracht. Auch im *Philebos* erinnert die Passage 15b-c an die zentrale Fragestellung unseres Dialogs. Sokrates sagt dort: Dieses Problem der Einheit und Vielheit der Ideen ist der Grund aller Aporie, wenn man es falsch auffaßt, aber auch der Grund aller Euporie – einer Fülle von Einsichten –, wenn man es richtig begreift. Das und die vielen inhaltlichen Rückbezüge in diesen Dialogen auf den *Parmenides* zeigen, wie wichtig Platon selbst die Thematik dieses Dialogs war.

1 Der Aufbau des Dialogs

Der Dialog besteht aus zwei Teilen: Der erste Teil (127d6–137c3) hat die Funktion einer Einleitung. Er beginnt nach der Rahmenerzählung (126a1–127d5). Nach ihr soll ein denkwürdiges Gespräch zwischen dem alten Parmenides, Zenon und dem jungen Sokrates berichtet werden, das nach den Angaben etwa 450 v.Chr. in Athen stattgefunden hätte. Der Bericht beginnt, als Zenon die Vorlesung seiner Schrift beendet hat. Sokrates behauptet, die Paradoxien Zenons ließen sich leicht auflösen, wenn man Ideen annähme und sie von ihren empirischen Instanzen unterschiede. Daraufhin weist Parmenides Sokrates auf Schwierigkeiten seiner Vorstellungen von Ideen und der Teilhabe empirischer Dinge an ihnen hin.

Von seinen Einwänden will ich hier nur den ersten erwähnen (130e4–131e7), weil ihm nach meiner Interpretation des zweiten Teils eine zentrale Bedeutung zukommt. Wenn ein Ding X an einer Idee F teilhat, so muß X einen Teil von F oder die ganze Idee F in sich haben, sagt Parmenides. Im letzteren Fall wäre dieselbe Idee zugleich in all ihren räumlich getrennten Instanzen, was nicht sein kann. Ist jedoch nur ein Teil von F in jeder F-Instanz, so ergeben sich folgende Absurditäten: Da es viele große Dinge gibt, hätte erstens jedes von ihnen nur einen kleinen Teil der Größe in sich, wäre also groß kraft etwas Kleinem. Fügt man einem Ding zweitens einen Teil der Kleinheit hinzu, so wird es dadurch größer, nicht kleiner, denn das Ganze ist größer als seine echten Teile. Drittens gibt es viele gleiche Dinge. Sie haben also jeweils nur einen Teil der Gleichheit in sich. Haben aber zwei gleiche Dinge weniger als die ganze Gleichheit in sich, so sind sie weniger als gleich, also ungleich.

Dieser und die weiteren Einwände des Parmenides, wie z.B. das Argument vom *Dritten Menschen*, lassen den jungen Sokrates zunächst ratlos. Für Parmenides sind sie jedoch keine Widerlegungen, sondern nur Schwierigkeiten der Ideenlehre. Er selbst hält die Annahme von Ideen für unverzichtbar. Daher gibt er Sokrates den Rat – das ist nun die Überleitung (135c5–137c3) zum zweiten Teil – sich erst einmal gründlich in der Philosophie zu üben. Als geeignete Gymnastik schlägt er jenes Verfahren vor, mit dem Zenon in seiner Schrift Hypothesen durch die Herleitung von Folgerungen aus ihnen geprüft hat. Parmenides entwickelt das generelle Schema einer Übung, die eine Idee F zum Thema hat:

A) Annahme: F ist. Was folgt daraus
   1) für F für sich (πρὸς ἑαυτό),
   2) für F in Beziehung zu anderem (πρὸς ἄλλον),
   3) für die anderen für sich,
   4) für die anderen in Beziehung zu F?
B) Annahme: F ist nicht. Was folgt daraus
   (1)–(4) ebenso.

Da der junge Sokrates – wie auch der Leser – mit diesem Schema zunächst wenig anzufangen weiß, bittet er Parmenides um ein Beispiel. Nach einigem Zögern findet der sich bereit, das „mühsame Spiel" zu spielen und wählt als Beispiel das Eine. Als Gesprächspartner sucht er sich den jungen Aristoteles aus – er gehörte 404–403 v.Chr. zu den 30 Oligarchen –, weil der am wenigsten Schwierigkeiten machen wird. Tatsächlich ist er für Parmenides nicht mehr als ein Sparringspartner, der sämtliche Argumente und Ergebnisse widerspruchslos schluckt.

Der zweite Teil des Dialogs (137c4–166c5) besteht aus der Übung des Parmenides. Hat der erste Teil noch den uns von anderen aporetischen Dialogen Platons her vertrauten Charakter, so ist der zweite Teil von völlig anderer Art und hat bei Platon sonst keine Parallele. Parmenides bezieht sich auf Eigenschaften aus einer Liste von Gegensatzpaaren, die auch bei Zenon eine Rolle spielen, wie *Einheit – Vielheit*, *Teilbar – Unteilbar*, *Begrenzt – Unbegrenzt*, *Bewegt – Unbewegt*, *Identisch – Nichtidentisch*, *Ähnlich – Unähnlich*, *Gleich – Ungleich*, und zeigt:

A) Existiert das Eine, so gilt:
   1) Für sich betrachtet hat es keine dieser Eigenschaften (137c4–142a8).
   2) In Beziehung auf anderes betrachtet hat es sämtliche Eigenschaften (142b1–157b5).
   3) In Beziehung auf das Eine haben die anderen ebenfalls sämtliche dieser Eigenschaften (157b6–159b1).
   4) Für sich haben die anderen keine dieser Eigenschaften (159b2–160b4).

B) Existiert das Eine nicht, so gilt:
   5) In Beziehung zu den anderen hat es alle Eigenschaften (160b5–163b6).
   6) Für sich hat es hingegen keine (163b7–164b4).
   7) Die anderen scheinen in Beziehung zum Einen sämtliche Eigenschaften zu haben (164b5–165c1).
   8) Für sich haben sie hingegen keine und scheinen auch keine zu haben (165c2–166c2).

Es handelt sich also um ein kunstvoll geknüpftes Netz von Widersprüchen. Das Ergebnis jeder der acht Hypothesen für sich ist absurd, denn es ist ja z.B. nicht nur ein Widerspruch, daß etwas sowohl teilbar wie unteilbar ist, sondern auch, daß es weder teilbar noch unteilbar ist. Zenon wird noch überboten, denn während der nur aus der Annahme, das Eine (des historischen Parmenides) existiere nicht, sondern nur Vieles, absurde Folgerung ableitete und diese Annahme damit widerlegte, wird hier auch die Annahme widerlegt, das Eine existiere. Die Zusammenfassung der Ergebnisse durch Parmenides am Ende des Dialogs lautet: „So sei denn dies gesagt und [damit] auch, daß anscheinend, ob das Eine nun ist oder nicht ist, gilt: Es selbst wie die anderen sind, sowohl für sich wie in

Beziehung aufeinander, alles auf alle Weise und sind es nicht, und scheinen es zu sein und scheinen es nicht zu sein" (166c2–5).

Was soll dieses Geflecht von Absurditäten, die teilweise mit offensichtlich falschen und auch von Platon kaum ernst gemeinten Argumenten konstruiert werden? Was soll es insbesondere zur Auflösung der Probleme der Ideenlehre leisten, die Parmenides im ersten Teil aufgewiesen hatte?

2 Der mäeutische Charakter der Übung

Der zweite Teil wird von Parmenides als eine Übung charakterisiert, die dem jungen Philosophieaspiranten Sokrates helfen soll, jene dialektischen Fähigkeiten zu erwerben, die Voraussetzung für eine erfolgreiche Beschäftigung mit den höheren Disziplinen der Philosophie, insbesondere der Ideenlehre, sind. In dieser Übung werden die Adressaten, also auch die Leser, mit Paradoxien konfrontiert und sind aufgefordert, die Fehler zu finden, aus denen sie entstehen – Mehrdeutigkeiten der Terme, falsche Prämissen und Schlußfehler, sowie die unterschiedlichen Hinsichten, in denen zwei einander widersprechende Aussagen gelten. Das Ganze ist aber zweifellos mehr als ein Logik-Quiz. Das Ziel ist vielmehr, wie ich glaube, die Vermittlung neuer logischer Einsichten. Die muß sich der Leser selbst erarbeiten; er muß sie aus dem, was Parmenides sagt, rekonstruieren. Dieser spielt also in unserem Dialog gegenüber dem jungen Sokrates, die mäeutische Rolle, die dieser später selbst übernommen hat.[1]

Diese Art, Einsichten zu vermitteln, ist uns zunächst völlig fremd. Es ist uns unverständlich, warum jemand, der glaubt, wichtige neue Erkenntnisse gewonnen zu haben, diese nicht möglichst klar und eindeutig darstellt, sondern sich darauf verläßt, der Hörer oder Leser könne sie aufgrund versteckter Andeutungen selber finden. Daß Platon in anderen Dialogen so vorgeht, ist aber unbestreitbar.[2] Auch wir würden sagen, man müsse sich von der Richtigkeit einer Lehre selbst überzeugen, bevor sie zu eigener Erkenntnis wird. Platon war darüber hinaus aber der Ansicht, echte Erkenntnis sei letztlich immer nur eine selbst gefundene Einsicht – ein Kind, das man selbst geboren hat. Daher belehrt bei ihm der Gesprächsführer seinen Partner nicht, sondern hilft diesem nur, selbst Einsichten zu gewinnen. Auch Parmenides entwickelt in unserem Dialog keine Theorie der Ideen und ihrer Verbindungen, sondern fordert Sokrates – und den Leser – auf,

---
[1] Im *Menon* (84a–e) bezeichnet sich Sokrates als Zitterrochen, der seine Gesprächspartner durch seine Argumente lähmt. Auch diese Rolle exerziert ihm der Parmenides unseres Dialogs vor.
[2] Vgl. dazu z. B. die Interpretation des *Kratylos* von Ernst Heitsch in (1985).

sich selbst aus diesem Netz von Paradoxien zu befreien und sich dadurch die notwendigen Einsichten zu erarbeiten.[3]

Der *Parmenides* ist ein außerordentlich vielschichtiger Dialog, der sich auch im zweiten Teil nicht einfach als Abhandlung lesen läßt. An der Oberfläche wird ein Netz von Paradoxien geknüpft, darunter begegnen wir aber ganz neuen Gedanken und Einsichten. Oberflächlich ununterschieden wechseln konstruktive mit kritischen Passagen, Ernst und Spaß, korrekte Argumente mit schlichten Sophismen. Gelegentlich hat man auch den Eindruck, daß sich Platon über seine Leser lustig macht. Mit dieser Vielschichtigkeit, die sich ja auch in vielen anderen Dialogen findet, muß der Interpret von vornherein rechnen. Sie erschwert sein Geschäft erheblich, denn Platon selbst bleibt ganz im Hintergrund. Er läßt seine Figuren Thesen und Argumente vorbringen; was er selber meinte, kann man nur vermuten.[4]

3 Ideenverbindungen

Die Interpretation des *Parmenides*, die ich nun in ihren Grundgedanken skizieren will, geht davon aus, daß das zentrale Thema des *Parmenides* die κοινωνία ἰδεῶν, die Verbindung der Ideen ist. Seine Bedeutung wird später vor allem im *Sophistes* (251a–253e) betont, wo die Verbindung der Ideen als Hauptgegenstand der Dialektik und damit der Philosophie bezeichnet wird. In den früheren Dialogen wurden Ideen meist in Isolation betrachtet. Die Aussage, sie seien μονοειδές, einartig, kann man so verstehen, daß das Gerechte nichts ist als gerecht, das Schöne nur schön, usf. Nur an wenigen Stellen wurde diskutiert, ob Gerechtigkeit nicht z. B. auch fromm ist. Eine Verbindung von Ideen kommt nur in Definitionen vor, explizit wird darauf aber erst in den methodologischen Erörterungen zur Dihairesis im *Sophistes* und *Politikos* reflektiert. Eine Hierarchie der Ideen deutet sich nur im *Staat* an, wo das Gute als Ursprung alles Seienden, auch der anderen Ideen, erscheint.

Im *Sophistes* wird betont, daß wir in jeder Aussage Begriffe miteinander verknüpfen und daß es Aufgabe der Dialektik ist, zu untersuchen, welche Begriffe bzw. Ideen sich miteinander verbinden lassen und welche nicht. Es geht dabei

---

[3] Platon läßt Sokrates in mehreren Dialogen aus dem Umkreis des *Parmenides* den Sinn der Konstruktion von Aporien erläutern. Im *Theätet* (138e–151d) wird das Verfahren als mäeutisch charakterisiert: Die erste Hilfe zur eigenen Einsicht ist die Befreiung von der Illusion, die Antwort auf ein Problem schon zu kennen. Im *Sophistes* (229e–230e) wird der Elenchos, die Widerlegung, als einzige fruchtbare Form der Vermittlung philosophischer Einsichten bezeichnet, als die bedeutendste und herrlichste Katharsis der Seele von Unwissenheit.
[4] Vgl. dazu E. Heitsch (1992).

um eine Untersuchung von Begriffsverhältnissen, und dazu gehört insbesondere auch die Teilhabe einer Idee an einer anderen. Darauf beziehen sich schon die Erörterungen des *Parmenides*. Schon hier vollzieht sich also der Übergang von einer isolierten Betrachtung der Ideen zur Untersuchung von Ideenverbindungen.

Grundlage für die Diskussion von Ideenverbindungen ist eine Logik. In ihr sehe ich den wichtigsten Schlüssel zum Verständnis des Dialogs. Meine zentrale These ist, daß Platon im *Parmenides* eine Logik der Begriffsverhältnisse in Gestalt einer Mereologie verwendet. Offensichtlich ist zunächst, daß im zweiten Teil ständig von Teilen von Ideen die Rede ist und Teilhabe als eine mereologische Relation aufgefaßt wird. Hätte Platon diesen Gedanken nicht ernsthaft vertreten, sondern vom Leser erwartet, daß er ihn als unbrauchbar erkennt, so bestünde die Botschaft des zweiten Teils lediglich in der Feststellung, daß die Rede von „Teilen" im Zusammenhang mit Ideen unsinnig ist, und das widerspricht den Aussagen in späteren Dialogen, speziell dem *Sophistes*, und ließe zudem die Länge des zweiten Teils als unverständlich erscheinen. Die mereologische Theorie der Begriffsverhältnisse ist freilich eher Hilfsmittel der Darstellungen als ihr Thema. Mereologische Prinzipien werden nicht diskutiert, sondern verwendet, und wo sich Parmenides explizit auf sie bezieht, werden sie vorausgesetzt und nicht begründet. Da zudem nur einige wenige Prinzipien angegeben werden, ist die Rekonstruktion der Logik, die Platon verwendet hat, schwierig und unsicher. Unsicher bleibt auch die Deutung der *Methexis*, der Teilhabe. Eine spezielle Interpretation kann sich also nur darauf stützen, daß sie dem Text insgesamt am besten entspricht.

Diese logische Mereologie wird nun im Dialog gegenüber einer physischen Deutung abgegrenzt, indem aus dieser Paradoxien abgeleitet werden. Platon geht dabei freilich oft nicht streng deduktiv vor, sondern verwendet auch durchsichtig sophistische Argumente. Er karikiert diese Auffassung so oft mehr, als daß er sie widerlegt. Das Ganze ist eben eine Übung, bei der Leser zwischen wahr und falsch unterscheiden soll, und keine systematische Darlegung. Für Platon waren Ideen keine Gegenstände in Raum und Zeit. Weder sie selbst noch Teile von ihnen können so physische Teile der Dinge sein, die an ihnen teilhaben. Die Zeitlosigkeit und Transzendenz der Ideen wird nicht nur in den mittleren Dialogen betont, sondern an ihr wird noch im *Timaios* festgehalten. Wenn die Mereologie eine positive Funktion bei Platon hat, kann die räumliche und zeitliche Deutung der Ideenteile, zu der der Parmenides des Dialogs immer wieder übergeht, also nur in kritischer Absicht vorgenommen werden. Auch der historische Parmenides hat die Zeitlosigkeit des Seins betont (vgl. B8,2–21), und das empfahl ihn Platon vermutlich als Gesprächsführer.

Eine körperliche Immanenz der Eigenschaften in den Dingen hat Eudoxos von Knidos angenommen. Daher ist zu vermuten, daß dessen Ideenlehre das Ziel der

Kritik Platons ist.[5] Eudoxos wird zwar nicht erwähnt, aber seine Gedanken waren in der Akademie bekannt und sind dort wohl intensiv diskutiert worden.

4 Teilhabe und Prädikation

Die Mereologie ist die Lehre vom Ganzen und den Teilen. Sie ist im 20. Jahrhundert von St. Lesniewski begründet und von A. Tarski, H. S. Leonard und N. Goodman ausgebaut worden.[6] Ihre Grundgedanken wurden aber schon in der Antike entwickelt.[7] Die elementare Merologie, in der es keine unendlichen Summen und Produkte gibt, entspricht einer Booleschen Algebra ohne Nullelement, die volle Mereologie der vollständigen Booleschen Algebra ohne Nullelement, die eine sehr starke Theorie ist. Im folgenden bedeute $S<P$: S ist (echter oder unechter) *Teil von P*, $S \ll P$: S ist *echter Teil* von P (d.h. $S<P$ und nicht $S=P$), $S°P$: S und P *überlappen sich* (d.h sie enthalten einen gemeinsamen Teil), S/P: S und P sind *getrennt*, (d.h. sie haben keinen Teil gemeinsam). $S+P$ sei die *Summe* von S und P (mit der sich alles überlappt, was sich mit S oder mit P überlappt), $S \times P$ das *Produkt* von S und P (die alles als Teil enthält, was Teil von S und von P ist – es existiert nur für $S°P$), und $\overline{S}$ das *Komplement* von S (es enthält nur Teile, die von S getrennt sind, und existiert, wenn etwas gibt, das von S getrennt ist). In der elementaren Mereologie kann man die Satzformen der aristotelischen Syllogistik so darstellen: ‚Alle S sind P' als $S<P$, ‚Einige S sind P' als $S°P$, ‚Kein S ist ein P' als S/P, und ‚Einige S sind nicht P' als *nicht* $S<P$. Wir verwenden hier die Teilbeziehung im extensionalen Sinn, so daß $S<P$ besagt, daß der Umfang von S in jenem von P enthalten ist. Platon gebraucht den Ausdruck „Teil" immer im Sinn von „echter Teil".

Platon hat insbesondere die Teilhabe (*Methexis*) der Idee S an der Idee P als eine mereologische Relation aufgefaßt. Da der Parmenides des Dialogs keine explizite Definition der Teilhabe angibt, muß man von seiner zunächst so anstößigen Aussage im ersten Teil, 131a ausgehen: Eine Idee ist ganz oder teilweise in ihren Instanzen enthalten. Denn es zeigt sich, daß er in seinen Argumentationen im zweiten Teil ständig auf dieses Prinzip zurückgreift. Auf die Frage, warum Parmenides, der ja im ersten Teil diese Auffassung der *Methexis* widerlegt hatte, das tun kann, gehe ich unten ein.

Zunächst bieten sich verschiedene Präzisierungen an, unter denen man erst aufgrund weiterer Prinzipien, die Parmenides verwendet, eine auszeichnen kann

---

[5] Zur Ideenlehre des Eudoxos vgl. Aristoteles *Metaphysik I*, 991a 13–18, sowie die Fragmente aus περὶ ἰδεῶν, 185–189 in Rose (1886). Dazu die kritischen Anmerkungen von K. v. Fritz in (1927).
[6] Vgl. Tarski (1937) sowie Leonard und Goodman (1940).
[7] Vgl. den Artikel *Part/Whole* I in H. Burkhardt und B. Smith (1991).

– wenn auch nicht eindeutig, wie wir sehen werden. Schreiben wir $S\mu P$ für „S hat teil an P" (S μετέχει τοῦ P) und übersetzen „X ist in S" mit $X<S$, so erhalten wir zunächst $S\mu P$ genau dann, wenn (im folgenden abgekürzt als gdw.) es ein X gibt mit $X<S$ und $X<P$, also $S\mu P$ gdw. $S°P$.

Man kann aber „X ist in S" auch durch $X \ll S$ wiedergeben. Ferner kann statt „*Irgendein* Teil von P ist echter Teil von S" auch gemeint sein „*Der* Teil von P, der in S ist, ist echter Teil von S". Mit dem mereologischen Produkt $S \times P$, das dem Durchschnitt (der Konjunktion) der Begriffe S und P entspricht, ist das durch $S \times P \ll S$ wiederzugeben. Das ist äquivalent mit $S°P$ *und nicht-*$(S<P)$ Diese Deutung wird durch ein Prinzip bestätigt, das im zweiten Teil unseres Dialogs eine wichtige Rolle spielt – wir bezeichnen es unten als P3. Wir entscheiden uns also für

P1a: $S\mu P$ gdw. $S°P$ *und nicht* $S<P$.

Nun verwendet Parmenides das Wort „ist" nicht nur im Sinne der Teilhabe. Er spricht z. B. davon, daß S aufgrund seiner eigenen Natur P sei. Es läge zunächst nahe, das im Sinn von $S<P$ zu deuten, denn das kann man als „P ist ein Merkmal (ein Oberbegriff) von S" lesen. Das paßt jedoch nicht zu dem gerade erwähnten Prinzip. Das legt vielmehr die Annahme nahe, daß der Ausdruck „S ist aufgrund seiner eigenen Natur P" für $S=P$ steht. Schreiben wir $S\varepsilon P$ für „S ist P", so erhalten wir also:

P1b: $S\varepsilon P$ gdw. $S\mu P$ *oder* $S=P$.

An einigen Stellen des *Parmenides* (vgl. besonders 142b8–c2 und 158a3–6) wird deutlich zwischen Identität und Methexis unterschieden und behauptet, für $S=P$ gelte nicht $S\mu P$. Das ist das Prinzip

P2:   Gilt $S=P$, so nicht $S\mu P$.

Das folgt aus P1 – mit P1 beziehe ich mich im folgenden immer auf P1a und P1b.

Aus P1a ergibt sich nun: Gilt $S\mu P$, so enthält S einen echten Teil – der *Methexis* sind nur Ideen fähig, die echte Teile haben. Damit folgt aus P1b:

P3:   Gilt $S\varepsilon P$ und nicht $S=P$, so hat S mindestens einen echten Teil.

Dieser echte Teil ist $S \times P$. Dieses Prinzip spielt wie gesagt im zweiten Teil eine zentrale Rolle – am klarsten wird es in 140a1–3 formuliert. Daher ist $S\mu P$ in jedem Fall so zu deuten, daß es gilt.

Nach P1 gilt auch $S\varepsilon S$. Es gilt jedoch nicht $S\mu S$. Aussagen der Gestalt „S μετέχει τοῦ S" kommen bei Platon, soweit ich sehe, aber auch nicht vor. Mit P1 wird also die Selbstprädikation zwar beibehalten, zugleich aber auch trivialisiert: $S\varepsilon S$ gilt wegen $S=S$.

Es stellt sich nun die Frage, warum denn Parmenides, der ja im ersten Teil gegen das Prinzip P1 argumentiert hatte, es im zweiten Teil seiner Übung zugrunde legen kann. Zwei Antworten bieten sich an: Parmenides hat im ersten Teil das Prinzip nur für den Fall der *Methexis* von empirischen Dingen an Ideen widerlegt, während es im zweiten Teil um die *Methexis* von Ideen an anderen Ideen geht. Das ist zwar richtig; da Platon keinen kategorialen Unterschied zwischen Objekten und Ideen macht, bleibt es aber für die Analyse der Teilhabe ohne Bedeutung. Die zweite Antwort ist plausibler: Parmenides hat seine Einwände nicht als stichhaltig angesehen. Platon läßt Parmenides hier so verfahren wie den Sokrates anderer Dialoge, der den Gesprächspartner durch falsche Argumente von einer richtigen Antwort auf das Problem ablenkt und so den Eindruck einer Aporie erzeugt. Das erste der oben im 1. Abschnitt referierten Argumente besagte: Hat die Idee F mindestens zwei getrennte Instanzen X und Y, so kann F nicht als Ganzes Teil von X wie Y sein. Das gilt auch mereologisch: X/Y ist mit $F<X$ und $F<Y$ unverträglich. Zwei der drei Einwände gegen die These, für $X\mu F$ sei ein (echter) Teil von F in X, setzen jedoch eine räumliche Auffassung von Teilen voraus. Nur für sie gilt das Prinzip „Das Ganze ist größer als jeder seiner echten Teile". Ist G die Idee des Großen, so ist kein Teil von G klein, denn ist K die Kleinheit, so kann es wegen G/K keinen Teil X von G geben mit $X\mu K$. Ist also Y groß, d.h. gilt $Y\mu G$, so daß es einen Teil von Y gibt, der auch Teil von G ist, so ist dieser nicht klein, X ist also nicht wegen etwas Kleinem groß. Besteht ferner X aus zwei Teilen, Y und Z, von denen Z ein Teil der Kleinheit ist, so wird Y durch das Hinzukommen von Z nicht größer. Die Unhaltbarkeit des dritten Einwands, daß zwei gleiche Dinge X und Y, wenn sie weniger als die gesamte Idee der Gleichheit in sich hätten, weniger als gleich wären, liegt auf der Hand, denn Gleichheit ist eine Beziehung, keine Eigenschaft.[8] Bei einem logischen Verständnis der Rede von „Teilen" entfallen also die anfangs gegen P1 angeführten Einwände.

Das zweite Problem des Prinzips P1 besteht darin, daß die Deutung von „S ist P" als $S\varepsilon P$ wie auch im Sinn einer anderen mereologischen Relation abwegig ist. Die Prädikation „S ist P" ist ja nur dann sinnvoll, wenn P ein Begriff höherer Stufe ist als S, während in $S\varepsilon P$ S und P von derselben Stufe sein müssen. Daß *Pferd* ein biologischer Artbegriff ist, besagt nicht, daß einige Pferde biologische Artbegriffe sind – eine solche Aussage wäre völlig sinnlos. Sind umgekehrt einige Pferde braun, so heißt das nicht, der Begriff *Pferd* sei braun. Platon hat aber nicht zwischen Begriffen verschiedener Stufe unterschieden. Für ihn sind Ideen Gegenstände und keine Begriffe in unserem Sinn.[9] Die Unterscheidung geht

---

[8] Platon unterscheidet Eigenschaften und Relationen z.B. im *Phaidon*, 102 b-c, im *Sophistes*, 255 c12-13, und im *Politikos*, 283e 8-12.
[9] Für Aristoteles war die Auffassung der Universalien als Individuen der Grundfehler der Platonischen Ideenlehre, vgl. *Metaphysik I*, 991b 1-4.

zudem erst auf Frege zurück. Auch moderne Nominalisten wie Nelson Goodman deuten die Relation „*S* ist *P*" im Sinn einer Teilrelation, so daß man Platon mit einer mereologischen Konzeption der *Methexis* keine krasseren logischen Fehler unterstellt als ihnen. Sie deuten „*S* ist *P*" meist im Sinn von $S<P$, so daß die Prädikation zu einer transitiven Relation wird. Aus „Fido ist ein Hund" und „*Hund* ist ein biologischer Artbegriff" ergibt sich danach der unsinnige Satz „Fido ist ein biologischer Artbegriff". Da die mereologische Deutung der *Methexis* im zweiten Teil eine zentrale Rolle spielt, steht man vor der Alternative, daß Platon sie entweder akzeptiert hat – dann öffnet sich damit das Tor zum Verständnis der Theorie, die hinter der Übung des Parmenides steht –, oder daß er es durch die Paradoxien, die sich daraus ergeben, *ad absurdum* führen wollte. Im letzteren Fall hätten aber wohl ein oder zwei Paradoxien ausgereicht, und der zweite Teil wäre dann nur eine weitere Ausführung jener Widerlegung, die Parmenides schon im ersten Teil gegeben hatte.

Das dritte Problem ist, ob Parmenides im zweiten Teil *Methexis* tatsächlich im Sinn von P1 auffaßt. Es wäre z. B. möglich, daß er doch für die erste der beiden im ersten Teil diskutierten Alternativen optiert und setzt:

P1*) $S\varepsilon P$ gdw. $P<S$, und $S\mu P$ gdw. $P \ll S$.

Das macht Sinn, wenn man die Aussage $P<S$ im Sinne der *intensionalen Teilbeziehung* versteht, d. h. so, daß *P* ein Merkmal von *S* ist. Für diese Deutung spricht, daß sie intuitiv vernünftig ist, falls man sich auf die Betrachtung der Teilhabe von Gegenständen an Begriffen 1. Stufe beschränkt und einen Gegenstand *A* als einen Individualbegriff auffaßt, der als Merkmale sämtliche Eigenschaften von *A* hat. Schon Aristoteles kennt den Gebrauch des Wortes „Teil" im intensionalen Sinn, d. h. im Sinn eines Oberbegriffs,[10] und im Neuplatonismus hat man die Teilhabe eines Gegenstandes *A* am Begriff *P* als „*P* ist (intensionaler) Teil des Individualbegriffs von *A*" beschrieben.[11] Man könnte dann sagen: Parmenides hat im ersten Teil bei der Widerlegung der Annahme „Hat *S* an *P* teil, so ist die ganze Idee *P* in *S*" den jungen Sokrates absichtlich in die Irre geführt, indem er eine extensionale und physische Deutung der logischen Teilrelation verwendet hat. Nur in dieser Deutung sind z. B. verschiedene Menschen mereologisch getrennt, während sie im intensional-logischen logischen Sinn nicht getrennt sind; der Individualbegriff jedes Menschen enthält ja das Menschsein als Merkmal.

Da *P* genau dann intensionaler Teil von *S* ist, wenn *S* extensionaler Teil von *P* ist, entspricht P1*, ausgedrückt mit einer extensionalen Teilrelation, wie sie bisher verwendet wurde, $S<P$ und damit der Aussage „Alle *S* sind *P*". Die Prinzipien P2

---

[10] Vgl. dazu *Metaphysik V*, 1023b 12–26.
[11] Vgl. die *Isagoge* von Porphyrios, § 1 über das Genus, sowie den Kommentar von Boethius dazu. Zu Boethius vgl. a. U. Meixner (1991), S. 144 f.

und P3 gelten nach P1* ebenfalls. Für diesen Vorschlag spricht, daß er eine intuitiv plausiblere Erklärung von „S ist P" liefert. Es gilt z. B. nach P1, nicht aber nach P1*, daß nicht nur Sokrates Anteil am Menschsein hat, sondern auch das Menschsein an Sokrates: Aus $S\mu P$ und $nicht\text{-}(P<S)$ folgt $P\mu S$. Die Teilhaberelation ist nach P1 oft symmetrisch. Grob gesagt entspricht eben $S\mu P$ nach P1* der Aussage „Einige S sind P". Nach P1* gilt ferner: Ist S P, so ist S nicht *nicht-P*, nach P1 gilt jedoch: Hat S an P teil, so auch an *nicht-P*. Ist S ein empirisches Objekt, so paßt damit P1, im Gegensatz zu P1*, allerdings zur Aussage von Sokrates im ersten Teil, dasselbe empirische Ding könne an gegensätzlichen Ideen Anteil haben – einer Aussage, die Parmenides dort anerkannt hatte. Dort (129b1–3, b6–c3) sagt Sokrates, erstaunlich wäre es, wenn jemand zeigen könnte, daß dasselbe auch für Ideen gilt. Diese Herausforderung nimmt Parmenides nach unserer Deutung im zweiten Teil an. In der Beschränkung auf die Teilhabe von Objekten an Begriffen 1. Stufe ist P1 im übrigen ebenso brauchbar wie P1*: Ein Objekt A ist dann als mereologische Summe aller Produkte $A \times P$ aufzufassen, für die gilt $A\mu P$. Ohne diese Beschränkung sind beide Ansätze gleich unbefriedigend, wie wir sahen.

Gegen P1* spricht nun aber erstens, daß Platon außerhalb des *Parmenides* nie einen intensionalen, sondern immer nur einen extensionalen Teilbegriff verwendet. Teile von Ideen sind für ihn vor wie nach dem *Parmenides* Unterbegriffe, nicht Oberbegriffe.[12] Zweitens behauptet Parmenides (z.B. 144b,d), eine Idee sei in ihren Instanzen zerteilt, und das paßt nicht zu P1*. Die Ausführungen in der 2. Hypothese beruhen darauf, daß das Eine unendlich viele Teile hat, und das wird damit begründet, daß es unendlich viele Einheiten gibt. Wollte man dieses Argument als absichtliche Irreführung durch Parmenides ansehen, bliebe für die Rekonstruktion einer positiven Doktrin kaum mehr Raum. Mit P1* kommt man nur dann durch, wenn man zusätzlich annimmt, daß Parmenides das Wort „Teil" manchmal im intensionalen und manchmal im extensionalen Sinn verwendet. Da $S\varepsilon P$ nach P1* gilt, falls S extensionaler Teil von P ist, kann man dann sagen: Das Eine hat keine (echten) intensionalen Teile – davon ginge die 1. Hypothese aus –, es hat aber extensionale Teile – das wird am Beginn der 2. Hypothese begründet. Nun ist das Ergebnis der 2. Hypothese aber, daß das Eine gegensätzliche Eigenschaften hat. Will man dieses Ergebnis als richtig ansehen, so kann man nicht von P1* ausgehen. Denn danach folgt aus $S\varepsilon P$ die Negation von $S\varepsilon P'$, wo P und P' konträre Begriffe sind. Während also nach P1* die Merkmalslosigkeit des Einen impliziert, daß sich keine von ihm verschiedene Idee von ihm prädizieren läßt, folgt aus der Tatsache, daß alles extensionaler Teil des Einen ist, nach P1* nicht, daß es widersprüchliche Eigenschaften hat. Das ergibt sich nur mit P1.

---

[12] Vgl. z.B. *Phaidros*, 265e und *Politikos*, 262b–263b und 287c.

Im *Sophistes* wird „Teilhabe" als synonym mit „Verbindung" (κοινωνία) verwendet. Der letztere Ausdruck paßt besser zu P1. Dort wird z.B. gesagt (256a–b), die Bewegung verbinde sich sowohl mit der Identität wie mit der Verschiedenheit. Das ist auch ein Indiz dafür, daß Platon von P1 ausging. Obwohl ich glaube, daß mehr für die Deutung der Teilhabe nach P1 als für jene nach P1* spricht, wird man die Möglichkeit im Auge behalten müssen, daß Parmenides das Wort „Teil" sowohl im intensionalen wie im extensionalen Sinn verwendet und *Methexis* im Sinn von P1* versteht.

5 Hinweise auf stärkere mereologische Prinzipien

Wenn man Platon die Verwendung der elementaren Mereologie als logisches Instrument zuschreiben muß – und das jedenfalls ist angesichts des *Parmenides* meines Erachtens zwingend –, so ist schon das eine faszinierende Sache und erfordert eine Revision unserer bisherigen Vorstellungen vom Beginn der Geschichte der Logik mit Aristoteles. Weit faszinierender noch ist aber die Tatsache, daß Platon den Parmenides des Dialogs offenbar auch eine abgeschwächte Form der vollen Mereologie verwenden läßt, und das ist eine weit stärkere Logik als alle Systeme, die man bis hin zu Leibniz entwickelt hat.

Bei der Interpretation der 2. Hypothese kommt man nicht mehr mit der elementaren Mereologie aus, denn das Eine zeigt sich hier als ein Ganzes aus unendlich vielen Teilen. Unendliche Summen und Produkte werden in der vollen Mereologie eingeführt. Die Summe $\sum \{X: F(X)\}$ aller Objekte mit der Eigenschaft F existiert, falls F auf mindestens ein Objekt zutrifft. Das Produkt $\prod \{X: F(x)\}$ aller Objekte mit der Eigenschaft F existiert, wenn es ein Objekt gibt, das Teil aller Gegenstände mit der Eigenschaft F ist. Man kann jedoch nicht annehmen, daß Platon eine volle Mereologie im modernen Sinn verwendet hat. Da die Griechen kein aktual Unendliches annahmen, waren für ihn, wie für die Mathematik seiner Zeit, unendliche Gesamtheiten, Summen oder Folgen keine realen Objekte.[13] Wir fassen die unendliche Summe $\sum_{n=1}^{\infty} x_n$ als Grenzwert der endlichen Summen $\sum_{n=1}^{m} x_n$ für wachsende m auf. Es ist z.B. $\sum_{n=1}^{\infty} \frac{1}{2^n} = 1$ und $\sum_{n=1}^{\infty} 1/n! = e$. ($e$ ist die Basis der natürlichen Logarithmen, $n!$ ist das Produkt $1 \times 2 \times 3 \times \ldots \times n$.) Jede unendliche Summe von Zahlen, bei der die endlichen Teilsummen einem Grenzwert zustreben, ist eine reelle Zahl. Die Griechen haben jedoch reelle Zahlen nicht eingeführt. Für sie entsprechen solchen unendlichen Summen keine realen Objekte. Man nahm aber zumindest eine partielle Vergleichbarkeit solcher Summen und Produkte untereinander und mit

---

[13] Es gibt in unserem Text freilich Hinweise dafür, daß Platon zumindest gewisse unendliche Gesamtheiten als real ansah.

realen Objekten an. Die Summe $\sum_{n=1}^{\infty} \frac{1}{2}^n$ ist kleiner als die Zahl x, wenn es eine (rationale) Zahl $\varepsilon > 0$ gibt, so daß für alle m gilt $\sum_{n=1}^{m} \frac{1}{2}^n < x - \varepsilon$. Und sie ist größer als x, wenn es eine Zahl m gibt mit $\sum_{n=1}^{m} \frac{1}{2}^n > x$. Diese Relationen sind im Endlichen definiert. Bestimmt man Ungleichheit als größer oder kleiner sein, so ist sie also auch für unendliche Summen und Produkte bestimmt. Aus „nicht ungleich" folgt dann jedoch nicht „identisch", wie das für uns gilt, denn aus der Identität einer unendlichen Summe mit einer finiten Zahl wie *1* würde sich ja ergeben, daß die Summe realiter existiert. Würde man manche unendliche Summen als reale Objekte ansehen, so läge es nahe, alle beschränkten unendlichen Summen mit positiven Gliedern, also auch z.B. $\sum_{n=1}^{\infty} \frac{1}{2}^n$, als real anzusehen, und dann ist man bei den reellen Zahlen. Die Redeweise, eine unendliche Summe sei nicht ungleich einem realen Objekt, aber auch nicht mit ihm identisch, ist nun zwar für Demokrit belegt, nicht aber für Eudoxos. Sie kommt auch in Euklids *Elementen* nicht vor. Dennoch ist die Vermutung von Imre Toth plausibel, diese Unterscheidung sei auch für Eudoxos anzunehmen.[14] Sieht man nun unendliche Summen oder Produkte als zumindest partiell mit realen Objekten vergleichbar an, so behandelt man sie im Effekt doch wie Gegenstände. Ich will sie daher als *indefinite Objekte* bezeichnen. Damit soll ausgedrückt werden, daß sie formal als Gegenstände erscheinen, über die man etwas aussagen kann, daß sie aber von realen, definiten Gegenständen zu unterscheiden sind. Die Behauptung, zwei Gegenstände könnten weder identisch noch verschieden sein, begegnet uns in der 2. Hypothese (vgl. 146b2–5). Da sie außerhalb der angedeuteten mathematischen Überlegungen keinen Sinn macht, kann man sie als Bestätigung der Tothschen Vermutung ansehen.

Überträgt man diese mathematischen Vorstellungen in die Mereologie, so kann man nicht einfach von einer vollen Mereologie ausgehen, sondern muß diese beschränken. Man wird nur solche Summen und Produkte von Objekten mit einer Eigenschaft F zulassen, bei denen F nur auf definite Objekte zutrifft. Neben der üblichen Identität = muß man ferner eine exklusivere Identität =. einführen, die nicht zwischen definiten und indefiniten Objekten besteht. Für definite Objekte soll sie mit = zusammenfallen. In einer solchen Mereologie mit indefiniten Objekten kann man auch eine zusätzliche Relation echten Enthaltenseins einführen – wir schreiben dafür $x \ll. y$ –, indem man z.B. fordert, sie solle bestehen, wenn gilt $x < y$, aber nicht $x =. y$. Die Aussage, x sei nicht mit y identisch, aber auch nicht von y verschieden, ist dann durch „nicht $x =. y$, und $x = y$" wiederzugeben.

---

[14] Vgl. Toth (1991), S. 92–95. Wenn Aristoteles wiederholt betont, was nicht ungleich sei, sei deshalb noch nicht gleich, so kann man das nicht als mathematische Anspielung auffassen, denn im gleichen Kontext bringt er andere Beispiele für verstärkte Negationen wie den Unterschied zwischen „nicht unschön" und „schön". Vgl. z.B. *Erste Analytiken*, 51b28 und *Metaphysik X*, 1055b10.

In 146b2–5 geht Parmenides ohne weitere Begründung von folgendem Prinzip aus: „Alles verhält sich zu allem so, daß es entweder dasselbe (ταὐτόν) ist oder verschieden (ἕτερον); oder, wenn es weder dasselbe noch verschieden wäre, wäre es (echter) Teil von jenem, wozu es sich so verhält, oder es wäre das Ganze im Verhältnis zum Teil". Das wird man zunächst so ausdrücken: $x=x$ oder nicht $x=y$ oder $x \ll y$ oder $y \ll x$. Das gilt zwar, macht aber insofern wenig Sinn, als ja schon gilt $x=y$ oder $nicht$-$x=y$. Der Fall, daß weder $x=y$ noch $nicht$-$x=y$ gilt, kann nicht vorkommen. An dieser Passage hat jedoch, so weit ich sehe, bisher kein Interpret Anstoß genommen. Nach der obigen Deutung ist das Prinzip so darzustellen:

P4: $x =. y$ oder nicht $x=y$ oder $x \ll. y$ oder $y \ll. x$.

Die angegebene Definition von $\ll.$ ist zwar wenig befriedigend, denn es gilt danach ja stärker: Ist nicht $x =. y$ und $x=y$, so gilt $x \ll. y$ und $y \ll. x$. Zudem ist die Relation $\ll.$ nicht transitiv. Für eine interessantere Rekonstruktion gibt der Text aber zu wenig her. Das gilt auch für Passagen wie z. B. 144e–145e, wo ebenfalls offensichtlich nichtelementare mereologische Prinzipien verwendet werden, die sich aber nur teilweise aufhellen lassen.

6 Übersicht über den Inhalt der acht Hypothesen

Ich will jedenfalls kurz andeuten, wie sich der wesentliche Inhalt der acht Hypothesen bei meiner Interpretation darstellt. Von vielen interessanten Nebenthemen sehe ich dabei ab:

1) Das Eine, für sich betrachtet, ist eine einfache, teillose Idee und hat daher nach P3 keine Eigenschaften außer jener, eins zu sein. Teile einer Idee lassen sich eben erst mit Hilfe anderer Ideen unterscheiden. Daß das Eine nicht existiert, wird mit dem Prinzip gewonnen:

Was existiert, existiert in Raum und Zeit,

das Platon sicher nicht akzeptierte. Daß das Eine auch nicht eins ist, folgt dann aus seiner Nichtexistenz mit dem Prinzip, das Platons Ansichten entspricht:

P5: *Was Eigenschaften hat, existiert auch.*

2) Das Eine, in Beziehung zu anderen betrachtet, d. h. als teilhabend an anderen Ideen, hat Teile. Da jedes Seiende eins ist (144e1–2), gibt es unendlich viele Einheiten (Individuen). Als Summe seiner Teile läßt sich das Eine dann entweder als Ganzheit (ὅλον) oder als „all seine Teile" (πάντα τὰ μέρη) auffassen – als indefinites Objekt, wie wir sagten. Es gibt also zwei Bestimmungen des Einen,

und durch systematische Ausnutzung der Verschiedenheit dessen, was im Text ambig als „das Eine" bezeichnet wird, leitet Parmenides dann die Widersprüche ab. Er hätte sie auch aus P3 gewinnen können.

3) Ebenso verfährt Parmenides in der 3. Hypothese: Die Anderen werden hier einmal als vom Einen verschiedene Individuen betrachtet, einmal in Abstraktion von ihrer Einheit. Im ersten Sinn sind sie Ganze, im zweiten Sinn unbestimmbare ἄπειρα.

4) Die Anderen für sich sind die Anderen in Abstraktion vom Einen; da sie keine (individuellen) Teile haben, haben sie auch keine Eigenschaften.

5) In den Hypothesen (5) und (6) nutzt Parmenides eine Unterscheidung von zwei Begriffen des Nichtseins aus, die er schon in unserem Dialog und ausführlicher dann im *Sophistes* macht: Ist X in keiner Weise, d.h. existiert X nicht, so hat X nach P5 auch keine Eigenschaften und ist daher unerkennbar. Dieser Teil der These des historischen Parmenides wird beibehalten. In dessen Lehrgedicht heißt es: „Denn weder sagbar noch erkennbar ist Nichtseiendes" (B8,8–9) und „Denn niemals kann erzwungen werden, daß Nichtseiendes ist. Sondern von diesem Weg des Suchens halte du den Gedanken fern" (B7,1–2). Die letztere Stelle wird im *Sophistes* zweimal zitiert. Es gibt aber auch einen relativen Begriff des Nichtseins: F ist nichtseiend relativ zu X, wenn F dem X nicht zukommt. In der 5. Hypothese wird nun das Eine als nur relativ nichtseiend betrachtet. Es existiert dann und hat an konträren Ideen teil.

6) In der 6. Hypothese wird das Eine hingegen als nichtexistent behandelt und hat dann nach P5 auch keine Eigenschaften.

7) Gibt es das Eine nicht, so sind die Anderen in Abstraktion vom Einen aufzufassen, also nicht als Individuen. Sie könne daher auch keine individuellen Teile haben, also nach P1 auch keine Eigenschaften. Der Übergang zum Scheinen ist dadurch motiviert, daß die Anderen aus Symmetriegründen in diesen Hypothesen mit dem Titel „In Beziehung auf anderes" alle Eigenschaften haben müssen.

8) Da auch gilt: „Was existiert, ist eines" (vgl. wieder 144e1–2), gibt es bei Nichtexistenz des Einen nichts. Die Anderen haben also auch keine Eigenschaften, nicht mal die, scheinbar Eigenschaften zu haben.

Diese kurze Zusammenfassung zeigt: Das Interesse des Dialogs liegt weniger in den Ergebnissen der acht Hypothesen als in den Argumentationen und der Logik, die sie verwenden. Der inhaltliche Reichtum des Dialogs ergibt sich aber auch aus Gedanken, die nur nebenher erwähnt werden, wie jene zu Zenons Paradoxie vom *Fliegenden Pfeil* (156c1 ff.).

7 Probleme dieser Interpretation

Die Interpretation des Dialogs, deren Grundgedanken hier skizziert wurden, verbindet kompatibilistische Gedanken mit rejektionistischen. Sie nimmt einen Teil der Argumente von Parmenides ernst und sieht in ihnen den Ausdruck einer positiven Doktrin, anderen Argumenten – insbesondere jenen, die von einer körperlichen Auffassung der Teilrelation ausgehen – spricht sie hingegen nur die Funktion zu, daß der Leser die falschen Voraussetzungen durchschauen soll. Eine solche Kombination ist vom Ansatz her wohl auch am plausibelsten. Ein reiner Rejektionismus müßte die zentrale Bedeutung des Prinzips P1 für den zweiten Teil anerkennen, Platon jedoch keine Unterscheidung einer körperlichen und einer logischen Konzeption des Teilbegriffs zuschreiben und so das Anliegen des zweiten Teils darin sehen, daß dieses Prinzip als falsch erwiesen werden soll. Das ist im wesentlichen die Position von R. E. Allen in (1983). Gegen ein bloßes Spiel mit Paradoxien spricht jedenfalls die Aussage des Eleaten im *Sophistes*, 259d: „Aber vom Selben behaupten, es sei auch irgendwie verschieden [ohne die Hinsicht anzugeben, in der es verschieden sein soll], das Verschiedene sei dasselbe, das Große klein und das Ähnliche unähnlich, und sich freuen, wenn man nur Widersprechendes vorbringen kann in seinen Argumenten, das ist kein echter *Elenchos*, sondern offenbar ein unreifes Gerede von jemand, der das Seiende noch kaum berührt hat". Eine rein kompatibilistische Deutung der Ausführungen im zweiten Teil, die allen Thesen und Argumenten einen korrekten Sinn gibt, scheint mir ebenfalls unmöglich zu sein. Bisher jedenfalls hat noch niemand eine Lesart aufgezeigt, bei welcher der gesamte Text, nicht nur die Ergebnisse der Hypothesen oder einzelne andere Stellen, eine sinnvolle und korrekte Doktrin ergibt, bzw. eine, die man Platon guten Gewissens zuschreiben kann.

Andererseits ist gerade eine Interpretation, die rejektionistische mit kompatibilistischen Gedanken verbindet, besonders gravierenden Einwänden ausgesetzt. Darauf hat insbesondere R. Robinson in (1953) hingewiesen. Die Gefahr ist, daß man fast jede Interpretation rechtfertigen kann, wenn man je nach Bedarf manche Aussagen des Textes als ernst gemeint, andere hingegen als absichtliche Irreführungen durch den Autor erklärt. Diesen Bedenken kann nur eine sorgfältige und detaillierte Analyse des Dialogs begegnen, der es gelingt, Sinn in dem aufzuzeigen, was zunächst als ein Meer von Unsinn erscheint.

Hier will ich daher nur etwas zu der zunächst ja wenig plausiblen Annahme sagen, Platon habe über eine Logik in Gestalt einer Mereologie verfügt. Diesbezüglich stellen sich vor allem drei Fragen:

1) Wie konnte Platon schon am Beginn aller Logik, jedenfalls im Ansatz, ein derart leistungsfähiges System entwickeln?

Zu Platons Zeit gab es eine hoch entwickelte Mathematik. Daß er mit ihr gut vertraut war, ist unbestritten. Nun setzt eine solche Mathematik zwar keine expliziten logischen Theorien voraus, aber doch eine beachtliche logische Kompetenz ihrer Vertreter, eine Sicherheit im Umgang mit komplexen Begriffen und Aussagen. Auch Platon kann man also logische Kompetenzen nicht absprechen, die der logischen Theoriebildung weit voraus waren. Mereologische Begriffe und Prinzipien spielen schon in der Geometrie eine wichtige Rolle. Strecken, Flächen oder Körper sind z.B. ineinander enthalten, überlappen sich oder sind getrennt. Bei der Exhaustionsmethode zur Bestimmung etwa von Kreisumfang und Kreisfläche wurden auch unendliche Summen und Produkte betrachtet. Eudoxos hat ferner in seiner Lehre von den Größenverhältnissen, die im Buch V der *Elemente* von Euklid erhalten ist, von der Natur der Größen abstrahiert. Von einer allgemeinen Theorie extensiver Größen zu einer logischen Deutung der Mereologie ist zwar noch ein großer Schritt, er bestand aber doch vor allem in der Übertragung vorhandener Begriffsbildungen auf ein neues Gebiet. Der mathematische Hintergrund der Ausführungen von Parmenides wird auch durch Verwendung von Definitionen und Prinzipien aus der Größenlehre deutlich, z.B. in 140c–d, 153d, 154b,d und 155a–b. Endlich ist nicht anzunehmen, daß Platon schon über eine explizite logische Theorie verfügte, wie sie später Aristoteles entwickelt hat. Es handelte sich wohl eher um einen informellen Ansatz, der – das legen manche Argumente in unserem Dialog nahe – auch nicht in allen Einzelheiten ausgereift war. Wir wissen wenig von der Ideenlehre des Eudoxos. Er hat sicher den Gedanken einer Immanenz der Ideen in ihren Instanzen vertreten und *Methexis* zumindest räumlich, wenn nicht, wie Aristoteles behauptet, sogar physisch aufgefaßt. Es wäre auch möglich, daß er in diesem Zusammenhang selbst schon eine Mereologie der Ideen entwickelte und Platons Beitrag nur darin bestand, sie von ihrer raum-zeitlichen Deutung zu befreien und zu einem rein logischen Instrument umzubilden.

2) Warum hat diese logische Mereologie in der weiteren Entwicklung der Logik, insbesondere bei Aristoteles, keine Spuren hinterlassen?

Man würde ja annehmen, daß Aristoteles als langjährigem Mitglied der Akademie die Gedanken Platons vertraut waren und daß er ihre Bedeutung hätte erkennen müssen. Aristoteles redet zwar von extensionalen und intensionalen Teilen von Begriffen und die Beziehung Teil – Ganzes spielt bei ihm eine wichtige Rolle, er versteht sie aber nicht als eine logische Relation.[15] Nun ist unklar, wie weit

---

[15] Vgl. wieder den Artikel *Part/Whole I: History* in Burkhardt (1991), Bd. 2, S. 663 ff..

Platon selbst gegenüber Mitgliedern der Akademie seine Einsichten und Gedanken offenbart hat.[16] Es hat oft den Anschein, als hätte auch Aristoteles seine Ansichten über Platons Philosophie vorwiegend aus den Dialogen gewonnen. Zudem paßt die Mereologie besser zur Ideenlehre Platons als zur Auffassung von Begriffen als Universalien bei Aristoteles. Schon das wäre für diesen ein Grund gewesen, die Logik neu zu begründen.

3) Warum spielt die Mereologie in den späteren Dialogen Platons kaum mehr eine Rolle?

Auch im *Theätet*, *Sophistes*, *Politikos* und *Philebos* ist von „Teilen" von Ideen die Rede, und damit sind, wie in den früheren Dialogen, Unterbegriffe gemeint.[17] Im *Sophistes*, 253d–e wird auch gesagt, eine Idee könne sich durch andere hindurch erstrecken, andere umfassen oder von ihnen getrennt sein, und *Methexis* wird dort mit der Verbindung von Ideen identifiziert[18], die als Gegensatz zum Getrenntsein als Überlappung zu verstehen ist. Elementare mereologische Begriffe werden also durchaus verwendet. Es fehlen hingegen komplexere Prinzipien wie P3 und P4.[19] Es ist nun durchaus möglich, daß Platon nach dem *Sophistes* die Problematik einer Darstellung der Prädikationstheorie im Rahmen der Mereologie bewußt geworden ist. Vor allem sind aber wohl andere Probleme ins Zentrum seines Interesses gerückt, für deren Behandlung die Mereologie nicht brauchbar war. Im *Politikos* und *Philebos* geht es um die Frage, die schon in der 3. Hypothese unseres Dialogs angesprochen wird, wie im Unbegrenzten durch das Eine oder andere Ideen Objekte entstehen. Das Unbestimmte ist aber kein Thema der Mereologie, die es nur mit eindeutig unterscheidbaren Objekten zu tun hat; auch indefinite Objekte haben definite Teile.

Ich habe meinen Vorschlag zur Deutung des zweiten Teils des *Parmenides* hier nur in den Grundgedanken skizzieren können. Wie brauchbar er ist, kann, wie gesagt, nur eine detaillierte Analyse des Texts zeigen. Dafür muß ich auf mein Buch über den Dialog verweisen. Eine Interpretation kann nur dann überzeugen, wenn sie Licht in das Ganze bringt, nicht nur in einzelne Teile.

---

[16] Vgl. dazu H. Cherniss (1962).
[17] Vgl. z. B. *Sophistes*, 257c–258e, *Politikos*, 263b, *Philebos*, 16b ff.
[18] Vgl. etwa 251d5 ff.
[19] Im *Theätet*, 201e–202b wird allerdings auch angenommen, teillose Entitäten hätten keine Eigenschaften; das entspricht P3. Vgl. dazu Burkhardt (1991), Bd. 2, S. 664.

Literatur

Allen, R. E. (1983): *Plato's Parmenides*, Minneapolis
Burkhardt, H. und Smith, B. (Hrsg.) (1991): *Handbook of Metaphysics and Ontology*, München
Cherniss, H. (1962): *The Riddle of the Early Academy*, New York
Fritz, K. v. (1927): „Die Ideenlehre des Eudoxos von Knidos und ihr Verhältnis zur platonischen Ideenlehre", *Philologus* 82, 1–26
Heitsch, E. (1985): „Platons Sprachphilosophie im *Kratylos*", *Hermes* 113, 44–62
Heitsch, E. (1992): *Wege zu Platon*, Göttingen
Kutschera, F. v. (1995): *Platons ‚Parmenides'*, Berlin
Leonhard, H. S. und Goodman, N. (1940): „The calculus of individuals and its uses", *Journal of Symbolic Logic* 5, 45–55
Meixner, U. (1991): *Axiomatische Ontologie*, Regensburg
Robinson, R. (1953): *Plato's Earlier Dialectic*, Oxford, 2. Aufl.
Rose, V. (1886): *Aristotelis dialogorum fragmenta*, Leipzig
Tarski, A. (1937): Anhang E zu J. H. Woodger: *The Axiomatic Method in Biology*, Cambridge
Toth, I. (1991): „Le probléme de la mesure dans la perspective de l'être", in: R. Rashed (Hrsg.): *Matématiques et philosophie de l'antiquité à l'âge classique*, Paris

18

Was ist eine Menge?

Wie Freges Mengenbegriff so modifiziert werden kann, daß einerseits die mengentheoretischen Antinomien verschwinden und sich andererseits eine philosophisch befriedigende Konzeption ergibt, ist eine immer noch lebendige Frage. In einem kurzen Aufsatz kann ich sie natürlich nicht angemessen erörtern, sondern lediglich die Skizze einer Antwort geben. Auf sie führe ich im folgenden in zwei Schritten hin: Ich stelle zuerst den Fregeschen Mengenbegriff dar und dann Geoge Boolos' iterative Konzeption. Obwohl meine Erörterungen primär philosophisch sind, kann ich formale Details nicht völlig weglassen, denn nur durch die Übersetzung in ein formales System lassen sich in diesem Feld Begriffe präzisieren.

1 Die klassische Konzeption

Die klassische Konzeption einer Menge ist die eines Begriffsumfangs. Frege hat die Unterschiede zwischen Mengen in diesem Sinn und Kollektionen, Aggregaten oder Ganzheiten in seinem Brief an Bertrand Russell vom 28.7.1902[1] und in seinen *Grundgesetzen der Arithmetik*, Bd. II, S. 150, sehr klar dargestellt. Die wichtigsten Punkte seiner Unterscheidung sind: Ein Begriffsumfang kann leer sein, während es keinen Sinn macht, von leeren Kollektionen zu reden. Und während Teil oder Konstituent von etwas sein eine transitive Relation ist, ist die Elementschaftsrelation (die Relation, zum Umfang eines Begriffes zu gehören oder Instanz des Begriffes zu sein) nicht transitiv.

Das Komprehensionsaxiom und das Extensionalitätsaxiom der klassischen Mengenlehre ergeben sich direkt aus dieser Konzeption von Mengen. Erstens hat jeder einstellige Begriff erster Stufe, also jede Eigenschaft von Objekten, einen Umfang. Das Komprehensionsaxiom:

C: $\exists x \forall y (y \in x \equiv A[y])$

besagt nicht genau dasselbe, sondern nur, daß jeder Begriff, der durch ein Prädikat der mengentheoretischen Sprache ausgedrückt wird, einen Umfang hat.

---

[1] *BW*, S. 222f.

Zweitens sind Mengen, welche genau dieselben Elemente enthalten, identisch. Wenn wir nur an Mengen als Objekte denken, wird dieser Gedanke durch das Extensionalitätsaxiom ausgedrückt:

E: $\forall z(z \in x \equiv z \in y) \supset x = y$.

C und E bilden zusammen ein komplettes Axiomensystem für die klassische – oder wie man im Blick auf die Antinomien auch sagt: für die naive – Mengenlehre.

Wenn ich gesagt habe, daß die beiden Axiome sich unmittelbar aus der Bestimmung von Mengen als Begriffsumfängen ergeben, ist das bei genauerem Zusehen jedoch nicht völlig korrekt. Die Axiome sind in einer Sprache über einem einzigen Gegenstandsbereich formuliert, der Klasse aller Mengen, wie ihn z. B. Typentheorien nicht annehmen.[2] Ferner wird stillschweigend vorausgesetzt, daß Mengen unserem Denken vorgegeben und nicht etwa Konstrukte unseres Denkens sind. Das entspricht einer realistischen oder platonistischen Konzeption von Mengen. Das war auch Freges Position[3], ebenso die von Georg Cantor[4] und von Kurt Gödel. Gödel schrieb: „Classes and concepts may ... be conceived as real objects ... existing independently of our definitions and constructions. ... It seems to me that the assumption of such objects is quite as legitimate as the assumption of physical bodies and there is quite as much reason to believe in their existence. They are in the same sense necessary to obtain a satisfactory theory of mathematics as physical bodies are necessary to obtain a satisfactory theory of sense perceptions ..."[5]

Wir werden sehen, daß es genau dieser Realismus ist, der, zusammen mit der klassischen Konzeption einer Menge als des Umfangs eines Begriffs, geradewegs in die Antinomien führt. Sind alle Mengen vorgegeben, so gibt es keinerlei Grund dafür, nicht auch die Existenz der Allmenge anzunehmen und mit einer Menge auch die Existenz ihrer Potenzmenge, und daher gibt es auch keinen Ausweg aus der Cantorschen Antinomie.

---

[2] Gegen Russells Vorschlag (vgl. seinen Brief vom 8.8.1902 in *BW*, S. 226) bestand Frege darauf, daß Mengen Objekte sind, und daß eine Unterscheidung von Stufen von Objekten keine Grundlage hat, während die Unterscheidung von Begriffen verschiedener Stufen natürlich ist. (Vgl. Freges Antwort auf Russells Brief vom 23.9.1902 in *BW*, S. 227f.) – In den *Grundlagen der Arithmetik* glaubte Frege noch, man könne statt der Begriffsumfänge die Begriffe selbst verwenden (vgl. (1884), S. 80, Anmerkung). Er hat diese Annahme aber schon bald danach aufgegeben.
[3] Vgl. Kutschera (1989), 10.2.
[4] Cantors Mengenbegriff war nicht sehr klar umrissen. Für eine Interpretation seiner Aussagen vgl. z. B. I. Jané (1995).
[5] Gödel (1944), S. 137.

2 Die iterative Konzeption von Mengen

2.1 Ein intuitiver Zugang

Wie George Boolos in seinem Aufsatz *The iterative concept of set* (1971) betont hat, muß jedes befriedigende System der Mengenlehre von einer intuitiv überzeugenden Konzeption einer Menge ausgehen, die durch die Axiome ausgedrückt und so in ein formales System übersetzt wird. Die klassische Mengenlehre entspricht diesem Ideal, wie wir gesehen haben – mit der einen Ausnahme, daß auf intuitiver Ebene zumindest ihr Realismus sich schlecht mit ihrem Mengenbegriff verträgt: Sind Mengen Umfänge von Begriffen, so impliziert ein Realismus bzgl. der Mengen einen Realismus bzgl. der Begriffe. Begriffe sind für uns aber normalerweise Konstruktionen unseres Geistes, etwas, das wir uns bilden, nicht etwas, das wir vorfinden. Die natürliche Auffassung von Begriffen ist daher der Konzeptualismus, nicht ein Realismus. Wenn man am Realismus bzgl. Mengen festhalten will, muß man so die Verbindung zwischen Begriffen und Mengen lockern, wie das etwa in der axiomatischen Mengenlehre geschieht, wo das Komprehensionsaxiom abgeschwächt wird.

Wie man sich Mengen vorstellen kann, wenn man sie als Begriffsumfänge begreift und Begriffe wiederum als geistige Konstrukte, soll im nächsten Abschnitt skizziert werden. Hier will ich zunächst Boolos' Mengenkonzeption vorstellen als einen ersten Schritt in die richtige Richtung. Seine Vorstellung ist im wesentlichen konzeptualistisch; Mengen sind für ihn nicht vorgegeben, sondern werden erzeugt. Die Mengenbildung beginnt mit einer Klasse, V_0, von gegebenen Individuen (Nicht-Mengen). In der reinen Mengenlehre ist diese Klasse leer, für eine heuristische Darstellung wollen wir jedoch annehmen, es gebe Individuen. In einem ersten Schritt können wir Kollektionen von Objekten aus V_0 bilden. Diese Kollektionen werden als neue Objekte aufgefaßt, und damit wird V_0 zu V_1 erweitert. Jede mögliche Kollektion von Objekten aus V_0 ist also ein Element von V_1. Da eine Kollektion eindeutig durch ihre Elemente bestimmt ist, gilt das Extensionalitätsaxiom **E**, das jedoch im Blick auf die Individuen so modifiziert werden muß, daß zwei *Mengen* identisch sind, wenn sie dieselben Elemente haben.

Ist $P(X)$ die Potenzmenge von X, d.h. die Menge aller Teilmengen von X, so gilt also

a) $V_1 = V_0 \cup P(V_0)$.

Solange V_1 unser Gegenstandsbereich ist, ist V_1 keine Menge, sondern, wie wir sagen können, nur eine *Klasse*.

Dieser Konstruktionsschritt kann wiederholt werden, so daß wir dann allgemein haben

b) $V_{n+1} = V_0 \cup P(V_n)$.

Werden die V_n so für alle natürlichen Zahlen n definiert, d.h. für alle endlichen Ordinalzahlen, so können wir im nächsten Schritt die Klasse V_ω als the Vereinigung aller V_n bilden – ω ist die kleinste transfinite Ordinalzahl. Wir setzen also

c) $V_\omega = \bigcup_{\alpha<\omega} V_\alpha$.

In V_ω als neuem Gegenstandbereich erhalten wir also keine neuen Objekte. Neue Objekte ergeben sich erst, wenn wir von V_ω nun wieder zu $V_{\omega+1}$ übergehen, usf. Im folgenden seinen α, β, γ, ... Ordinalzahlen und λ, λ', ... Limeszahlen, d.h. Ordinalzahlen, die keinen unmittelbaren Vorgänger haben. Wir nehmen nun ferner an, daß V_0 leer ist. Dann gilt

$V_{\alpha+1} = P(V_\alpha)$ und $V_\lambda = \bigcup_{\alpha<\lambda} V_\alpha$.

Das Resultat ist eine kumulative Hierarchie, die durch die Theoreme charakterisiert wird

$\alpha \leq \beta \supset V_\alpha \subseteq V_\beta$

$\alpha < \beta \supset V_\alpha \in V_\beta$

$V_\alpha \in V_\beta \vee V_\beta \in V_\alpha \vee V_\alpha = V_\beta$. ($\in$ ist auf der Klasse S der V_α konnex)

$x \in V_\alpha \supset x \subseteq V_\alpha$ ($\in$ ist transitiv auf S).

2.2 Die allgemeine Konzeption einer iterativen Konstruktion der Mengen

Aus der Hierarchie der Klassen V_α erhalten wir eine Hierarchie aller Mengen in V. Ist $O(x)$, die *Ordnung* der Menge x, die kleinste Ordinalzahl α mit $x \in V_\alpha$, so gilt $x \in y \supset O(x) < O(y)$. Alle Mengen in V sind ferner *fundiert*. Fundiertheit wird definiert durch

$G(x) := \forall y(x \in y \supset \exists z(z \in y \wedge z \cap y = \emptyset))$.

Das Definiens impliziert, daß es keine unendliche Folge $x_1, x_2, \ldots$ gibt mit $x_{n+1} \in x_n$.

Für jede iterative Mengenkonzeption in dem allgemeinen Sinn, daß Mengen Schritt für Schritt gebildet werden, wobei jeder Schritt, außer dem ersten, die Existenz von Objekten voraussetzt, die bereits gebildet worden sind, muß es umgekehrt eine irreflexive und tranistive Relation $x<y$ geben, die besteht, wenn die Konstrution von y die Existenz von x voraussetzt. Diese Relation muß fundiert sein, d.h. es darf keine unendliche Folge $x_1, x_2, \ldots$ von Objekten geben mit $x_{n+1}<x_n$. Es müssen also Anfangsobjekte existieren, die keine anderen voraussetzen, und mit ihnen beginnend können wir jeder Menge x eine Ordnung $O(x)$

zuordnen als die kleinste Ordinalzahl, die größer ist als alle Zahlen $O(y)$ für $y<x$. Dann können wir wieder eine Hierarchie kumulativer Klassen $V_\alpha = \{x: O(x) \leqq \alpha\}$ definieren. Nach der kollektiven Konzeption von Mengen als einer speziellen iterativen Konzeption gilt $x<y$ genau dann, wenn $x \in y$ oder $\exists z(x \in z \wedge z \in y)$ or ..., i.e. genau dann, wenn $x \in^{>0} y$. $\in^{>0}$, die Relationskette zweiter Art zu $\in$, ist fundiert für $\forall x(x \in V \supset G(x))$.

2.3 Das formale System $\pmb{\Sigma}$ der axiomatischen Mengenlehre

Da Ordinalzahlen erst in der Mengenlehre definiert werden, können wir sie in den Axiomen der Mengenlehre noch nicht verwenden. Die voraufgegangenen Überlegungen haben daher nur eine heuristische Funktion. Ich kann hier ein passendes axiomatisches Syxstem nur ganz kurz beschreiben, nachdem der wesentliche Punkt von Boolos' Aufsatz aber darin besteht, daß sich die Zermelo-Fraenkelsche Mengenlehre (**ZFF**, also Zermelo-Fraenkel mit dem Fundierungsaxiom, um genau zu sein) als eine Übersetzung seiner iterativ-kollektiven Mengenkonzeption erweist, kann ich die Axiomatik nicht ganz beiseite lassen.

Es sei **S** unsere mengentheoretische Sprache. Ich verwende hier eine freie Logik, für welche Mengen existierende Klassen sind – generell existierende Objekte, wenn wir keine Individuen zulassen. Da sich ergibt, daß nur Elemente existieren, entspricht das System jenem von v. Neumann-Bernays-Gödel, mit dem Unterschied, daß wie hier nur über Mengen quantifizieren; die Sprache der NBG-Mengenlehre ist im Effekt die einer Prädikatenlogik 2. Stufe, während wir eine prädikatenlogische Sprache erster Stufe verwenden. Wir führen eine Konstante V ein, so daß $x \in V$ unser Existenzprädikat ist. Dann gilt $\forall x A[x] \wedge y \in V \supset A[y]$, und eine prädikatenlogische Regel $A \wedge x \in V \supset B[x] \vdash A \supset \forall x B[x]$. Das Abstraktionsprinzip

M1: $s \in \lambda x A[x] \equiv s \in V \wedge A[s]$

ist unser erstes Axiom. Ferner soll gelten

M2: $s \in t \supset s \in V$ – *Elemente sind Mengen (sie existieren)*
M3: $\forall x(x \in s \equiv x \in t) \supset s=t$ – *Extensionalität.*

Um eine hierarchische Ordnung auf V zu bestimmen, ohne Ordinalzahlen vorauszusetzen, folgen wir einem Gedanken von Dana Scott in (1974) und führen eine Konstante S ein. Intuitiv besagt $x \in S$, daß x eine der Klassen V_α ist. Die Eigenschaften der S-Mengen werden bestimmt durch die Axiome

M4: $\forall x(x \in S \supset \forall y(y \in x \equiv \exists z(z \in S \wedge z \in x \wedge (y \in z \vee y \subseteq z))))$
   – *Kumulierungsaxiom*

Dieses Axiom entspricht $V_\alpha = \bigcup_{\beta<\alpha} V_\beta \cup \bigcup_{\beta<\alpha} P(V_\beta)$. Das *Axiom der Beschränkung*:

M5: $t \in V \equiv \exists x(x \in S \land t \subseteq x)$

besagt, daß jede Menge ein Element (oder, äquivalent, eine Teilmenge) einer S-Menge ist.

Bis hin zu **M5** sind die Axiome direkte Konsequenzen einer kollektiven Auffassung von Mengen. **M1** bis **M5** implizieren noch nicht, daß es Mengen gibt. Existenzaxiome sind:

M6: $\emptyset \in S$

M7: $\forall x \exists y (y \in S \land x \subseteq y \land \forall x_1 \ldots x_n \, (x_1 \in y \land \ldots \land x_n \in y \supset (A^y [x_1, \ldots, x_n] \equiv A[x_1, \ldots, x_n])))$.

Hier sollen $x_1, \ldots, x_n$ die einzigen freien Variablen in $A[x_1, \ldots, x_n]$ sein, und $A^y[x_1, \ldots, x_n]$ soll sich aus $A[x_1, \ldots, x_n]$ ergeben durch Beschränkung aller Quantoren auf die Menge y, d. h. indem man $\exists z \cdots$, $\forall z \cdots$ and $\lambda z \cdots$ ersetzt durch $\exists z(z \in y \land \cdots)$, $\forall z(z \in y \supset \cdots)$ und $\lambda z(z \in y \land \cdots)$. **M7**, Scotts Reflexionsaxiom, impliziert daher, daß es zu jedem Satz A und jede S-Menge x eine S-Menge y gibt mit $x \subseteq y$, also ein partielles Universum, in dem A genau dann gilt, wenn A im gesamten Universum V gilt. Auch für jeden Term s ohne freie Variablen und jedes $x \in S$ soll es ein $y \in S$ geben mit $x \subseteq y$, so daß s, beschränkt auf y, also s^y, dieselbe Klasse bezeichnet wie $s \cap y$ im ganzen Universum. **M7** ist keine Folge der Konzeption von Mengen als iterativen Kollektionen. Die allein besagt nicht, welche S-Mengen es gibt, wie weit also die Hierarchie der V_α-Universen reichen soll. **M7** ist ein sehr starkes Existenzaxiom, das freilich noch weiter gehende nicht ausschließt. Die Axiome **M1** bis **M7** bilden das System Σ.

3 Mengen als Prädikatumfänge

3.1 Die Grundidee

Um die schrittweise, iterative Konstruktion von Mengen zu rechtfertigen, müssen wir uns Kollektionen als Ergebnisse von Akten des Kolligierens denken. Ich glaube aber nicht, daß es eine derartige Tätigkeit gibt, daß ihre Ergebnisse wohlbestimmt sind und von der Art, wie wir das angenommen haben – es sei denn, wir charakterisieren Kollektionen durch Begriffe. Wir können Freges Argumente gegen Mengen als Aggregate auch gegen Kollektionen richten, und daher ist es intuitiv überzeugender, zu so etwas wie Mengen als Begriffsumfängen zurückzukehren. Was wir an seiner Konzeption ändern müssen, sind nur zwei Punkte: Erstens müssen wir den Begriffsrealismus aufgeben und Begriffe als etwas ansehen, das wir bilden. Zweitens sollten wir von Umfängen von Prädikaten reden statt von Umfängen von Begriffen. Meine Gründe für den zweiten Vorschlag habe ich an anderer Stelle genauer dargestellt.[6] Kurz gesagt ergeben sie sich aus einer pragmatischen Theorie der Sprache in Verbindung mit der alten platonischen Idee des Denkens als eines stillen Sprechens.[7] Es ist jedenfalls plausibel anzunehmen, daß wir Begriffe zusammen mit den entsprechenden Prädikaten bilden, und diese Ansicht ergibt zudem den einzigen natürlichen Ansatz, um Bildungsregeln für Begriffe zu gewinnen. Endlich beschränkt man sich bereits im klassischen Komprehensionsaxiom auf die Bildung von Mengen zu Begriffen, die durch Prädikate ausgedrückt werden. Dieser Ansatz ergibt eine andere Mengentheorie als die von Boolos. Sie verhält sich, grob und etwas dunkel gesagt, zu **ZFF** wie eine kumulative Verzweigte Typentheorie zu einer kumulativen Einfachen Typentheorie.

3.2 Heuristik

Wie im Abschnitt 2.1 will ich das System zunächst intuitiv beschreiben. L_0 sei nun eine Klasse von Individuen, die in der reinen Mengenlehre dann wieder leer ist. Während nun in der kollektiven Mengenlehre die Klasse $V_{\alpha+1}$ einfach die Potenzmenge $P(V_\alpha)$ war – oder, für $V_0 \neq \emptyset$, die Menge $V_0 \cup P(V_\alpha)$ – können wir in $L_{\alpha+1}$ nur Mengen aufnehmen, die mit Prädikaten von **S** auf L_α definierbar sind. Ist $A[x]$ ein Prädikat von **S**, das auf L_α erklärt ist, so können wir nicht behaupten, daß der Term $s = \lambda x A[x]$ ein Objekt von $L_{\alpha+1}$ bezeichnet, da die Quantoren mit dem Schritt von L_α zu $L_{\alpha+1}$ als neuem Gegenstandsbereich ihre Bedeutung ändern. Daher müssen wir s^α, d.h. s, beschränkt auf L_α, als Namen eines Objekts in $L_{\alpha+1}$ ansehen.

Die Schwierigkeit liegt in einer Definition der Klasse $D(L_\alpha)$ aller über L_α definierbaren Mengen s^α, wo s ein Klassenterm ist, der nur freie Variablen y mit $y \in L_\alpha$ enthält. Zum Glück hat Kurt Gödel dieses Problem schon in (1940) gelöst.[8] Man kann $D(L_\alpha)$ entweder auf dem Weg über eine Arithmetisierung der mengentheoretischen Sprache bestimmen oder durch die Gödeloperationen, mit denen man z.B. Paare und Tripel von Mengen bilden kann, Mengenprodukte, Differenzen und Vereinigungen.

Es gilt $D(x) \subseteq P(x)$, und wir können setzen

$L_{\alpha+1} = L_\alpha \cup D(L_\alpha)$, oder, für $L_0 = \emptyset$, $L_{\alpha+1} = D(L_\alpha)$, und

$L_\lambda = \bigcup_{\alpha < \lambda} L_\alpha$.

Für $L = \bigcup_\alpha L_\alpha$ ist L die Klasse aller definierbaren Mengen.

---

[6] Vgl. Kutschera (1998a) und (1998b).
[7] Vgl. Platons *Theätet*, 189e6–190a2.
[8] Vgl. Jech (2000), Kap. 13.

Wir können wieder jeder Menge x eine Ordinalzahl $O(x)$ zuordnen, das kleinste α mit $x \in L_\alpha$. Dann haben wir wieder $x \in y \supset O(x) < O(y)$, aber $O(x)$ ist jetzt nicht, wie beim kollektiven Ansatz, die kleinste Ordinalzahl, die größer ist als alle Ordnungen von Elementen von x. Es kann ja Teilmengen von L_α geben, die keine Elemente von $L_{\alpha+1}$ sind, sondern nur Elemente von Mengen L_β mit Ordinalzahlen β, die viel größer sind als $\alpha+1$. Die Ordnung $O(x)$ hängt daher nicht nur von den Ordnungen der Elemente von x ab – die Elemente sind für $x \subseteq L_\alpha$ von Ordnungen $\leq \alpha$, $O(x)$ kann jedoch größer als $\alpha+1$ sein.

3.3 Unterschiede und Verbindungen

Ein Axiomensystem für diese Mengenlehre läßt sich in enger Entsprechung zu **Σ** angeben; ich will es **Ω** nennen. Ich werde es hier nicht erörtern, sondern nur auf einige Beziehungen zwischen beiden Systemen hinweisen.

Zunächst gilt offensichtlich $L_\alpha \subseteq V_\alpha$ und $L_\alpha = V_\alpha$ für alle $\alpha \leq \omega$. Nach ω werden jedoch die Mengen L_α immer kleinere Teile der V_α. In **Ω** gelten das Teilmengenaxiom und das Fundierungsaxiom; man kann Vereinigungen, Paarmengen und große Vereinigungen bilden. Das Potenzmengenaxiom

P: $x \in V \supset P(x) \in V$

gilt aber nicht generell. Man kann in **Ω** auch das Unendlichkeitsaxiom beweisen und das Ersetzungsaxiom, so daß der entscheidende Unterschied darin besteht, daß das Potenzmengenaxiom in **Ω** nicht gilt.

Andererseits kann man in **Σ** (**ZFF**) Gödels Konstruktibilitätsaxiom

K: $V = L$

nicht beweisen, das ein Theorem von **Ω** ist. Gödel hat jedoch gezeigt, daß **K** mit **ZFF** (**Σ**) verträglich ist, d.h. daß die Axiome von **ZFF** sich über der Klasse L konstruierbarer Mengen erfüllen lassen.

Σ + **K** ist äquivalent mit **Ω** + **P**.[9] **P** ergibt sich, wie wir sahen, nicht aus **Ω**, der Gedanke, daß es für jedes L_α ein $\beta > \alpha$ gibt, so daß jede Teilmenge von L_α sich in einem L_γ für $\alpha < \gamma \leq \beta$ konstruieren läßt, ist aber nicht unplausibel. Er bildet keinen Teil der konstruktiven Mengenkonzeption, die Annahme ist ihr aber auch nicht fremd, daß sich zu jedem L_α alle Klassen aus $P(L_\alpha)$ konstruieren lassen, wenn man nur weit genug in der Hierarchie hinaufgeht. Vom Standpunkt der konstruktiven Mengenlehre läßt sich also **P** als ein höheres Existenzaxiom auffassen, ein höheres Unendlichkeitsaxiom, während sich **K** für die kollektive Mengenlehre als ein Beschränkungsaxiom darstellt.

---

[9] Die Verträglichkeit von **Σ** with **K** (falls **Σ** konsistent ist) rechtfertigt von einem konstruktivistischen Standpunkt aus nicht die Verwendung von **Σ**, da sich das Argument für die Verträglichkeit auf **Σ** stützt.

3.4 Ontologische und semantische Fundierung

Ich möchte diese Überlegungen mit einem Hinweis auf zwei Argumente beschließen, die dafür sprechen, die konstruktive Mengenkonzeption der kollektiven vorzuziehen.

Das erste, Fregesche Argument habe ich schon erwähnt: Wir wissen, wie Briefmarken oder Münzen zu sammeln sind, aber wir wissen nicht, wie man Mengen aus ihren Elementen zusammensammeln soll. Wie lassen sich insbesondere unendliche Mengen durch Sammeln bilden? Es ist ferner alles andere als evident, daß das Ergebnis solchen Sammelns das ist, was man für eine Mengenlehre braucht. Wie kann ein bestimmtes Objekt entstehen, wenn man nichts sammelt? Und wie etwas von einem Pfennigstück Verschiedenes, wenn man nur dieses Pfennigstück sammelt? Und warum sollte eine Kollektion zweier Kollektionen von dem verschieden sein, was man erhält, wenn man einfach die Elemente beider Kollektionen zusammensammelt? Offenbar ist die Bildung von Mengen, indem man sie nach ihren Qualitäten von anderen unterscheidet, ein weit besser definiertes Verfahren.

Das zweite Argument ist semantischer Natur. Um sicherzustellen, daß allen unendlich vielen wohlgeformten Ausdrücke einer logischen Sprache Bedeutungen – in unserem Fall geht es nur um Extensionen – zugeordnet werden, müssen wir induktiv vorgehen. In unserer mengentheoretischen Sprache gibt es jedoch keinen passenden Induktionsparameter. Die Länge eines Ausdrucks oder sein Grad, d.h. die Anzahl der Vorkommnisse logischer Operatoren in ihm, sind dafür unbrauchbar, da wir u.a. eine semantische Regel brauchen, die dem Abstraktionsprinzip entspricht, eine Regel (*), daß die Formel $s \in \lambda x A[x]$ genau dann wahr ist, wenn $A[s]$ wahr ist. Der Satz $A[s]$ kann aber länger sein oder von höherem Grad als der Ausdruck $s \in \lambda x A[x]$, der durch ihn interpretiert werden soll. Ist r die Russellsche Klasse, d.h. $\lambda x \neg (x \in x)$, so ist nach der Regel (*) $r \in r$ genau dann wahr, wenn $\neg (r \in r)$ wahr ist; das ist nach der Negationsregel wahr genau dann, wenn $r \in r$ falsch ist. Damit solche semantischen Zirkel ausgeschlossen sind, muß die Relation $\varrho(\varphi,\psi)$ zwischen wohlgeformten Ausdrücken φ und ψ von **S**, die genau dann besteht, wenn die Extension von ψ nach den semantischen Regeln von **S** von der Extension von φ abhängt, fundiert sein. Es muß also gelten $\forall S'(\emptyset \neq S' \subseteq \mathbf{WF}(\mathbf{S}) \supset \exists \psi(\psi \in S' \land \varrho[\psi] \cap S' = \emptyset)$, wo **WF(S)** die Klasse der wohlgeformten Ausdrücke von **S** ist und $\varrho[\psi] = \{\varphi : \varrho(\varphi,\psi)\}$. Die Fundiertheit von ϱ besagt wegen der Transitivität wieder, daß es keine unendliche Folge von (nicht notwendig voneinander verschiedenen) Ausdrücken $\varphi_1, \varphi_2, \ldots$ gibt mit $\varrho(\varphi_{n+1},\varphi_n)$, und das schließt semantische Zirkel aus.

Wie wiederum Gödel gezeigt hat, läßt sich eine Funktion $E(\varphi A,x)$ in **ZFF** rekursiv definieren: die Extension des wohlgeformten Ausdrucks A in der Menge x, wo φA die Gödelzahl von A ist. $E(\varphi A,x)$ ist also die Extension von A

relativ zu *x*, d.h. die Extension, die *A* hätte, wenn *x* der Gegenstandsbereich, der *universe of discourse* wäre. Absolute Extensionen lassen sich im allgemeinen nur für beschränkte Formeln und Terme definieren; andernfalls wäre es möglich, die semantischen Paradoxien in **ZFF** zu rekonstruieren.

Vom konstruktiven Standpunkt aus ist die Existenz relativer Extensionen alles, was man erwarten kann. Ein Prädikat hat eine Extension nur bzgl. eines schon existierenden Bereichs von Objekten – in der heuristischen Konstruktion definierbarer Mengen: nur bzgl. einer der L_a-Mengen. Relative Extensionen sind ferner alles, was man braucht, wenn alle Mengen definierbar sind, da eine definierbare Menge durch einen beschränkten Klassenterm ausdrückbar ist. Indem man die immer größeren *universes of discourse* L_a schrittweise aufbaut, wird auch eine Folge dazu passender Sprachen aufgebaut, für die eine rekursive Funktion die Extensionen wohlgeformter Ausdrücke bestimmt.

Von einem realistischen Standpunkt würde man hingegen absolute Extensionen erwarten und benötigen. Und bei einem kollektiven Ansatz ohne das Konstruktibilitätsaxiom brauchen wir endlich unbeschränkte Terme wie $P(L_a)$, die nicht generell induktiv interpretiert werden können. Auch die Grenzen der Interpretierbarkeit von Sprachen sprechen also für einen konstruktivistischen Ansatz.

Literatur

Boolos, G. (1971): „The iterative concept of set", *Journal of Philosophy* 68

Frege, G. (*BW*): *Wissenschaftlicher Briefwechsel*, hrsg. G. Gabriel, H. Hermes, F. Kambartel, C. Thiel, A. Veraart, Hamburg 1976

Frege, G. (1884): *Grundlagen der Arithmetik*, Breslau, Neudruck Darmstadt 1961

Gödel, K. (1940): „The consistency of the axiom of choice and the generalized continuumhypothesis with the axioms of set theory", *Annals of Mathematics Studies* no. 3, Princeton

Gödel, K. (1944): „Russell's mathematical logic", in P. A. Schilpp (Hrsg.): *The Philsophy of Bertrand Russell*, Evanston

Jané, I. (1995): „The role of the absolute infinite in Cantor's conception of set", *Erkenntnis* 42, 375–402

Jech, T. (2000): *Set Theory*, London, 3. Aufl. Berlin 2002

Kutschera, F. v. (1989):*Gottlob Frege – Eine Einführung in sein Werk*, Berlin

Kutschera, F. v. (1998a): *Die Teile der Philosophie und das Ganze der Wirklichkeit*, Berlin

Kutschera, F. v. (1998b): „Pragmatische Sprachauffassung, Bedeutungen und semantische Antinomien", in P. Weingartner, G. Schurz, G. Dorn (Hrsg.): *The Role of Pragmatics in Contemporary Philosophy*, Wien, 122–131, hier abgedr. als Nr. 16

Scott, D. (1974): „Axiomatizing set theory", *Proceedings of Symposia in Pure Mathematics*, Bd. XIII, Teil II: *Axiomatic Set Theory*, Providence.

19

Intervenierende Beobachtungen und die Quantenmechanik

Vom Beginn der Quantenphysik an hat man es als charakteristisch für ihren Geltungsbereich angesehen, daß Beobachtungen mit Störungen des beobachteten Systems verbunden sind. Von dieser Tatsache geht die Interpretation der Theorie aus, die im folgenden entwickelt wird. Ich zeige, wie sich aus dem intervenierenden Charakter der Beobachtungen eine Inkommensurabilität von Observablen ergibt, daraus deren sekundärer Charakter, und daraus wiederum eine Konzeption quantenmechanischer Zustände, nach der sie nur durch Wahrscheinlichkeiten für die Ergebnisse von Messungen bestimmt sind. Der Rahmen der Quantentheorie (im folgenden kurz QT) läßt sich auf diesem Weg als Logik intervenierender Beobachtungen verstehen.

1 Intervenierende Beobachtungen

Die Überlegungen sollen an Hand einfacher Systeme verdeutlicht werden. Als Beispiel eines klassischen Systems dient ein *deterministisches diskretes Zustandssystem*, S_D. Es soll schrittweise in ein qt System transformiert werden. Diskrete Zustandssysteme können in diskreten Zeitpunkten $t_0, t_1, \ldots$ nur abzählbar viele Zustände $z_0, z_1, \ldots$ annehmen. Sie werden vollständig beschrieben durch Angabe des Anfangszustandes und der Übergangsregeln $z_i \rightarrow z_k$, die besagen, in welchen Zustand z_k sie im Zeitpunkt $t+1$ übergehen, wenn sie in t im Zustand z_i waren. Wir nehmen an, daß der Zustand unseres Systems in jedem Moment dadurch bestimmt ist, ob es die Eigenschaften f und g hat oder nicht hat. Es gibt also vier mögliche Zustände von S_D, die wir durch die Vektoren $z_i = (z_{i1}, \ldots, z_{i4})$ eines 4-dimensionalen Raums darstellen, wo $z_{ik} = \delta_{ik}$ ist ($i, k = 1, \ldots, 4$, und $\delta_{ik} = 1$ für $i=k$ und sonst $\delta_{ik} = 0$). Die Vektoren $z_1, \ldots, z_4$ sollen, in dieser Reihenfolge, die Zustände *f-und-g, nicht-f-und-g, nicht-f-und-nicht-g, f-und-nicht-g* darstellen. Die Übergangsregeln für S seien, nur um ein Beispiel zu geben, $z_i \rightarrow z_{i+1}$, wo die Zahlen modulo 4 zu verstehen sind. Sie werden durch die Übergangsmatrix zusammengefaßt:

$$P = (p_{ik}) = \begin{pmatrix} 0 & 0 & 0 & 1 \\ 1 & 0 & 0 & 0 \\ 0 & 1 & 0 & 0 \\ 0 & 0 & 1 & 0 \end{pmatrix}. \text{ Es gilt also } P \cdot z_i = z_{i+1}.[1]$$

Ist der Anfangszustand des Systems z. B. $z(t_0) = z_1$, so ist der Zustand $z(t_0 + n)$ von S_D in $t_0 + n$ dann $P^n \cdot z(t_0)$. Unsere Observablen sind nur die beiden Eigenschaften f und g.

Bei einem *indeterministischen Automaten* sind die Übergangsregeln stochastischer Natur und besagen, mit welcher Wahrscheinlichkeit p_{ik} der Zustand z_k in den Zustand z_i übergeht. Wegen $\Sigma_i \, p_{ik} = 1$ ergeben sie eine stochastische Matrix $P = (p_{ik})$, die nun die Entwicklung des Systems beschreibt. Sind die p_{ik} zeitlich konstant, so daß eine homogene Markoffkette vorliegt, so gilt $z(t+m) = P^m \cdot z(t)$. Auch bei indeterministischen Automaten befindet sich das System in jedem Zeitpunkt in einem *definiten* Zustand, d.h. in einem der vier Zustände z_1 bis z_4. Statistisch wird ein Zustand hingegen durch einen Vektor $p = (p_1, \ldots, p_4)$ beschrieben mit $\Sigma_i p_i = 1$, wo p_i für $i = 1, \ldots, 4$ die Wahrscheinlichkeit dafür ist, daß sich das System im Zustand z_i befindet.

Der entscheidende Schritt der QT über die klassische Physik hinaus war die Einsicht, daß in hinreichend kleinen Dimensionen all unsere Beobachtungen den Zustand des beobachteten Systems verändern. Die Messung des Impulses eines Partikels verändert z.B. seinen Ort, und umgekehrt. Für Werner Heisenberg war das der Ausgangspunkt seiner Deutung der QT in (1927), soweit ich sehe wurden die Konsequenzen dieser Einsicht jedoch nie systematisch verfolgt. Ich möchte zeigen, daß sie direkt zum allgemeinen Rahmen der QT führen.

Interventionen können deterministisch sein, also zusammen mit dem Zustand des beobachteten Systems den resultierenden Zustand eindeutig bestimmen, oder indeterministisch. Eine *deterministische* Intervention in den Ablauf eines deterministischen Systems kann man durch einen Operator darstellen, der Zustandsvektoren in Zustandsvektoren transformiert, also durch eine Matrix. Nun ist nicht jede Intervention eine Beobachtung. Eine Beobachtung darf den Zustand des Systems in Bezug auf die zu beobachtende Eigenschaft nicht verändern. Eine intervenierende Beobachtung wird also den Zustand bzgl. einer anderen Observablen verändern. Wir betrachten wieder das System S_D. F sei ein Beobachtungsverfahren für die Eigenschaft f und G ein Beobachtungsverfahren für g. F und G werden durch Matrizen dargestellt. Eine Anwendung von F soll also den f-Zustand von S_D nicht verändern. Daß sich z_i und z_k ($i,k = 1, \ldots, 4$) nicht bzgl. f unterscheiden – kurz $z_i =_f z_k$ – besagt nach unserer Bestimmung der

---

[1] Vektoren z sind in Produkten $P \cdot z$ als Spaltenvektoren zu denken, selbst wenn wir sie als Zeilenvektoren schreiben.

Zustände z_i von S_D, daß gilt $i,k \in \{1,4\}$ oder $i,k \in \{2,3\}$. Entsprechend gilt $z_i =_g z_k$ für $i,k \in \{1,2\}$ oder $i,k \in \{3,4\}$. Unsere Bedingungen für F und G lauten also $Fz =_f z$ und $Gz =_g z$. Wenn nun die Anwendung von F eine Intervention in den Ablauf von S_D ist, muß es Zustände z geben mit $Fz \neq z$, und im Blick auf $Fz =_f z$ muß gelten $Fz \neq_g z$. Wegen $Gz =_g z$ haben wir dann $GFz \neq_g Gz$. Gilt umgekehrt dies, so gilt auch $Fz \neq_g z$. Eine F-Beobachtung kann also das Resultat einer nachfolgenden G-Beobachtung verändern. Wenn nun F- und G-Beobachtungen sich gegenseitig stören, sind F und G inkommensurabel. Wir sagen daher zunächst – „gdw." steht für „genau dann, wenn":

F und G sind kommensurabel gdw. für alle Zustände z gilt $Fz =_g z$ und $Gz =_f z$.

Sie sind also inkommensurabel, wenn es Zustände z gibt mit $Fz \neq_g z$ oder $Gz \neq_f z$. Meist redet man von Inkommensurabilität freilich in dem stärkeren Sinn, daß das für alle Zustände gilt. Auch im folgenden wird es um Fälle gehen, in denen jede Messung von f mit einer Störung des g-Zustandes verbunden ist, und umgekehrt. Üblicherweise setzt man Kommensurabilität auch mit Vertauschbarkeit gleich, wobei man sagt: *F und G sind vertauschbar gdw. FG = GF.*

In unserem gegenwärtigen Formalismus impliziert jedoch Vertauschbarkeit nicht Kommensurabilität. Vertauschbarkeit hat ihren Platz bei Zustandsdarstellungen in einem Hilbert-Raum, und dort fällt sie mit Kommensurabilität zusammen, wie wir sehen werden.

Beispiele für deterministische Interventionen sind

$$F = \begin{pmatrix} 0 & 0 & 0 & 1 \\ 0 & 0 & 1 & 0 \\ 0 & 1 & 0 & 0 \\ 1 & 0 & 0 & 0 \end{pmatrix} \text{ und } G = \begin{pmatrix} 0 & 1 & 0 & 0 \\ 1 & 0 & 0 & 0 \\ 0 & 0 & 0 & 1 \\ 0 & 0 & 1 & 0 \end{pmatrix}.$$

Hier gilt $FG = GF$, also Vertauschbarkeit, und für alle z $Fz =_f z$ und $Gz =_g z$, aber $Fz \neq_g z$ und $Gz \neq_f z$.

Kommensurabel und inkommensurabel sind zunächst nicht die Eigenschaften f und g, sondern Beobachtungsverfahren für diese Eigenschaften, die wir durch die Matrizen F und G dargestellt haben. Gibt es verschiedene Beobachtungsverfahren für f und g, so muß man sagen: f und g sind kommensurabel, wenn es Beobachtungsverfahren für sie gibt, die kommensurabel sind. Wann aber sind zwei Beobachtungsverfahren F und F' Beobachtungsverfahren für dieselbe Eigenschaft f? Dazu reicht es nicht hin, daß F und F' die f-Zustände nicht verändern, denn das gilt auch für g-Zustände, wenn ein Beobachtungsverfahren G für g mit F und F' kommensurabel ist. In unserem Darstellungsrahmen läßt sich die Frage nicht angemessen erörtern,[2] wir wollen vielmehr davon ausgehen, daß F

---
[2] Eine Diskussion müßte u.a. auch darauf eingehen, daß empirische Eigenschaften vielfach durch

und F' nur dann Beobachtungsverfahren für dieselbe Eigenschaft sind, wenn sie identisch sind. Eine Eigenschaft ist ja auch durch ihre Beziehungen zu anderen Eigenschaften bestimmt, die sich z.B. in den Bewegungsgleichungen für die verschiedenen Systeme ausdrücken. Wir wollen also im folgenden annehmen, daß es für jede Eigenschaft nur ein Beobachtungsverfahren gibt, und können dann einfach von *dem* Beobachtungsverfahren für eine Eigenschaft reden, und sagen: Zwei Eigenschaften sind kommensurabel, wenn das für ihre Beobachtungsverfahren gilt.

Die Ergebnisse *indeterministischer Interventionen* in den Ablauf des deterministischen Systems S_D sind Wahrscheinlichkeiten für die Zustände $z_1, ..., z_4$. Daher verwenden wir wie bei indeterministischen Automaten nun statistische Vektoren $p = (p_1, ..., p_4)$ zur Beschreibung der Zustände von S, wo p_i wieder die Wahrscheinlichkeit von z_i ist. Als Beobachtungen müssen F und G die Wahrscheinlichkeiten von f bzw. g unverändert lassen. Daher besagt $p =_f p'$ nun $p'_1 + p'_4 = p_1 + p_4$, und $p =_g p'$ beinhaltet $p'_1 + p'_2 = p_1 + p_2$. Es muß wieder gelten $Fp =_f p$ und $Gp =_g p$. Zustand z_1 – also $(1, 0, 0, 0)$ – wird durch F in einen Vektor $(a, 0, 0, 1-a)$ transformiert, wo a die Wahrscheinlichkeit von g ist $(0 < a < 1)$. Dieser Vektor beschreibt die Disposition des Systems, wenn es im Zustand z_1 einer F-Beobachtung unterzogen wird, mit Wahrscheinlichkeit a in z_1 überzugehen, und mit Wahrscheinlichkeit $1-a$ in z_4. F und G sind stochastische Matrizen der Form

$$F = \begin{pmatrix} a & 0 & 0 & 1-a \\ 0 & c & 1-c & 0 \\ 0 & 1-c & c & 0 \\ 1-a & 0 & 0 & a \end{pmatrix}, \quad G = \begin{pmatrix} b & 1-b & 0 & 0 \\ 1-b & b & 0 & 0 \\ 0 & 0 & d & 1-d \\ 0 & 0 & 1-d & d \end{pmatrix}.$$

mit $0 < a, b, c, d < 1$. Es gilt $Fz \neq_g z$ und $Gz \neq_f z$, und $FG = GF$ für $a = c$ und $b = d$.

Die deterministischen Systeme, die wir betrachtet haben, befinden sich in jedem Zeitpunkt in einem der vier definiten Zustände $z_1, ..., z_4$. Bei Beobachtungen, die indeterministische Interventionen sind, ergibt eine F-Beobachtung, daß das System im Zustand f ist (also in z_1-oder-z_4) oder im Zustand *nicht-f* (also in z_2-oder-z_3). Das Ergebnis einer F-Beobachtung ist also ein Vektor der Form $(r,0,0,1-r)$ oder $(0,r,1-r,0)$, ein nur bzgl. f eindeutiger Zustand. Ein solches Beobachtungsergebnis ist vom Resultat der Anwendung von F auf eine statistische Zustandsbeschreibung p zu unterscheiden.

Beobachtungsverfahren festgelegt werde. Ein klassischer Fall dafür ist die Bestimmung der Gleichzeitigkeit in der Relativitätstheorie.

Es ist $Fp = (ap_1 + (1-a)p_4, cp_2 + (1-c)p_3, (1-c)p_2 + cp_3, (1-a)p_1 + ap_4)$, also eine Überlagerung der beiden definiten f-Zustände. Daher gilt ein *Projektionspostulat*, nach dem bei einer F-Beobachtung des Systems im statistischen Zustand p dieser in einen definiten f-Zustand transformiert wird. Ist der Zustand des Systems nur statistisch bestimmt, so stellt sich das Meßergebnis, der definite f-Zustand, als Zufallsereignis dar, das nicht durch den beobachteten Zustand p und die Art der Intervention, d.h. F, bestimmt ist. p und F bestimmen nur Wahrscheinlichkeiten für die beiden möglichen Beobachtungsresultate.

Die Inkommensurabilität von f und g wurde bisher einfach so bestimmt, daß gilt $Fp \neq_g p$, also $(Fp)_1 + (Fp)_2 \neq p_1 + p_2$, und $Gp \neq_f p$, also $(Gp)_1 + (Gp)_4 \neq p_1 + p_4$. Stört eine F-Beobachtung den g-Zustand in indeterministischer Weise, so wird darüber hinaus aber gelten, daß jede Zunahme an Information über den f-Zustand des Systems einem Verlust an Information über den g-Zustand verbunden ist, und umgekehrt. Insbesondere soll eine F-Beobachtung, bei der sich ein bestimmter Wert (*Ja* oder *Nein*) von f ergibt, zu einer völligen Unkenntnis über den g-Zustand führen, und umgekehrt. Allein auf diese spezielle Annahme kommt es im folgenden an.

Den allgemeinen Zusammenhang zwischen f- und g-Informationen für beliebige Zustände drückt man in der QT dadurch aus, daß das Produkt der Streuung von f- und g-Werten einen Mindestbetrag nicht unterschreitet. Ein übliches Maß für die Streuung ist die Standardabweichung. Ist $h(z)$ eine metrische Größe, deren Wert vom Zustand z abhängt und $x_1, \ldots, x_n$ betragen kann, und ist $w(x_i,z)$ für $i = 1, \ldots, n$ die Wahrscheinlichkeit des Wertes x_i im Zustand z, so ist $E(h,z) = \Sigma_i x_i \cdot w(x_i,z)$ der Erwartungswert von $h(z)$ und $\sigma_h^2(z) := \Sigma_i (x_i - E(h,z))^2 \cdot w(x_i,z)$ die Varianz von $h(z)$. $\sigma_h(z)$ ist dann die Standardabweichung von $h(z)$. Im Fall unserer Eigenschaften f und g, die nur die Werte 0 und 1 annehmen können, ist $\sigma_f^2(p) = (p_1 + p_4)(1 - p_1 + p_4) = (p_1 + p_4)(p_2 + p_3)$ und $\sigma_g^2(p) = (p_1 + p_2)(p_3 + p_4)$. Es ist also $0 \leq \sigma_f(p) \leq \frac{1}{2}$, und ebenso für $\sigma_g(p)$. Wenn nun gelten soll $\sigma_g(Fp) > \sigma_g(p)$ für $\sigma_g(p) \neq \frac{1}{2}$ und $\sigma_f(Gp) > \sigma_f(p)$ für $\sigma_f(p) \neq \frac{1}{2}$, so kann man das z.B. durch die Forderung $\sigma_f(z) + \sigma_g(z) \geq \frac{1}{2}$ sicherstellen. Im folgenden benötigen wir aber, wie gesagt, nur den Spezialfall $\sigma_g(z) = \frac{1}{2}$ für $\sigma_{f(z)} = 0$, und $\sigma_f(z) = \frac{1}{2}$ für $\sigma_g(z) = 0$.

2 Von intervenierenden Beobachtungen zu sekundären Observablen

Als *sekundäre Qualitäten* bezeichnet man Eigenschaften, die sich nicht Objekten selbst zu- oder absprechen lassen. Als Grund dafür wird meist ihre Beobachtungsabhängigkeit angesehen. *Warm* gilt z.B. als sekundäre Qualität, weil oft dasselbe Objekt dem einen warm, dem anderen hingegen kalt erscheint, obwohl es selbst doch nicht zugleich warm und kalt sein kann. Diese Konzeption beobachtungsabhängiger Eigenschaften ist insofern problematisch, als sie keine Objekteigenschaften sind, sondern Relationen zwischen Objekten und Beobachtungen bzw. Beobachtern; die Beziehung ‚als warm empfinden' läßt sich nicht einem Objekt selbst zuschreiben, sondern nur je zwei Objekten.

Es gibt jedoch noch einen anderen Grund, eine Eigenschaft f als sekundär anzusehen: Daß nämlich alle Beobachtungsverfahren für f intervenierenden Charakter haben, oder – wenn wir der Einfachheit halber wie im letzten Abschnitt von nur einem Beobachtungsverfahren für jede empirische Eigenschaft ausgehen – daß *das* Beobachtungsverfahren F für f intervenierenden Charakter hat. Dann gibt es eine Eigenschaft g, die mit f inkommensurabel ist, und wir können einem Objekt nur entweder beide Eigenschaften zu- oder absprechen oder keine von beiden – Inkommensurabilität ist ja eine symmetrische Relation. Wir können dem Objekt aber nicht beide zu- oder absprechen, denn sonst wären die kombinierten Eigenschaften *f-und-g, nicht-f-und-g, nicht-f-und-nicht-g* und *f-und-nicht-g* ebenfalls für das Objekt selbst definiert. Das sind jedoch keine empirischen Eigenschaften, denn wegen der Inkommensurabilität von f und g lassen sie sich nicht beobachten.[3]

Obwohl sich eine sekundäre Eigenschaft f und ihre Negation einem Objekt x nicht selbst zuschreiben läßt, gibt es eine zugeordnete Eigenschaft, die für x selbst definiert ist. Reden wir von einer *Beobachtung* von x in t, so heißt das, daß das Ergebnis nicht allein durch die Tätigkeit des Beobachters erzeugt wird, sondern vom Zustand von x in t abhängt. Daher können wir x in t jedenfalls in Bezug auf ein Beobachtungsverfahren F für f eine dispositionelle Eigenschaft zuschreiben, die Disposition nämlich, bei F-Beobachtungen von x in t mit der und der Wahrscheinlichkeit ein positives Resultat zu ergeben. $p_{F,x,t} = r$ – oder, falls der Bezug auf das Objekt x und die Zeit t klar ist, einfach $p_F = r$ – soll besagen: Bei einer F-Beobachtung von x in t ist die Wahrscheinlichkeit eines positiven Resultats gleich r. Ich will diese Wahrscheinlichkeit hier als eine *relative Wahrscheinlichkeit* bezeichnen, um eine Verwechslung mit einer bedingten oder gar absoluten Wahrscheinlichkeit zu vermeiden. $p_{F,x,t}$ ist *nicht* die bedingte Wahrscheinlichkeit des Sachverhaltes, daß x in t die Eigenschaft f hat, falls x in t einer F-Beobachtung unterzogen wird. Eine derartige Wahrscheinlichkeit ist gar nicht definiert, denn erstens ist dieser Sachverhalt nicht erklärt, wenn f eine sekundäre Qualität ist, die sich x nicht selbst zuschreiben läßt, und zweitens ist der Bedingung, daß x

---

[3] Wie ein Verfahren nur für bestimmte Objekte ein Beobachtungsverfahren für die Eigenschaft f sein oder intervenierenden Charakter haben kann, so kann eine Eigenschaft auch nur für bestimmte Objekte sekundär sein. Der Einfachheit halber sehe ich von solchen Fällen hier jedoch ab; es ist ja auch klar, wie die Definitionen entsprechend zu beschränken wären.

in t einer F-Beobachtung unterzogen wird, keine Wahrscheinlichkeit zugeordnet. Wahrscheinlichkeiten, mit denen das beobachtete System beschrieben wird, besagen nichts über Wahrscheinlichkeiten von Beobachtungen als externen Aktivitäten. Aus den relativen Wahrscheinlichkeiten p_F und p_G lassen sich daher keine relativen Wahrscheinlichkeiten für Kombinationen der Subskripte ableiten, also keine Wahrscheinlichkeiten $p_{F-und-G}$, $p_{nicht-F-und-G}$ etc.[4]

Wir können dem Begriff der sekundären Qualität den der *sekundären Größe* zur Seite stellen. Eine empirische Größe wie die Länge ist eine Funktion, die Objekten reelle Werte zuordnet. Eine sekundäre Größe f ist eine, die sich nicht Objekten selbst zusprechen läßt. Ein Grund dafür ist wieder, daß eine Messung F von f intervenierend ist, also inkommensurabel mit der Messung einer anderen empirischen Größe. Die Begriffe sind in diesem Fall ganz analog zu definieren und die Argumentation verläuft entsprechend. Zu jeder sekundären Größe f gibt es wieder eine primäre, nämlich die Disposition, bei einer F-Messung dies oder das Ergebnis mit der und der Wahrscheinlichkeit zu ergeben. Diese Wahrscheinlichkeiten sind wieder relativ, also Wahrscheinlichkeiten für mögliche Werte von f *bei einer F-Messung*.

Observablen sind im folgenden empirische Eigenschaften oder Größen, und ich rede allgemein auch dann von der *Messung* einer Observablen, wenn es sich um eine Eigenschaft handelt, also eigentlich eine Beobachtung gemeint ist. Eine primäre Observable ist nach unseren Überlegungen eine, für die es ein nichtintervenierendes Meßverfahren gibt. Wir können äquivalent auch sagen: eine Observable, die mit allen anderen kommensurabel ist, denn wie sich aus dem intervenierenden Charakter von F-Messungen die Inkommensurabilität von f mit einer anderen Observablen ergibt, so tritt Inkommensurabilität umgekehrt auch nur bei intervenierenden Messungen auf.

---

[4] J. Sneed spricht in (1966) von einer „dispositionalen Interpretation von Systemzuständen", wie in (1970) deutet er jedoch die realtiven Wahrscheinlichkeiten als bedingte Wahrscheinlichkeiten. Es gibt auch relationale Interpretationen der QT, die den Observablen nur relativ zu etwas Werte zuordnen; dieses etwas sind für sie aber nicht Beobachtungen, sondern andere physikalische Systeme, mit sie in Wechselwirkung stehen, wie z. B. Meßinstrumente. Vgl. dazu C. Rovelli und F. Laudisa (2002). A. Fines Interpretation der QT in (1973) beruht darauf, daß es zu zwei Wahrscheinlichkeitsmaßen über verschiedenen Ereigniskörpern nicht immer eine gemeinsame Wahrscheinlichkeit auf dem Produkt-Körper gibt, läßt aber die Frage offen, warum es die in qt Fällen nicht gibt. Einer der Ursprünge der Quantenlogiken war, daß man den relativen Charakter entsprechender Wahrscheinlichkeiten in der QT übersehen hat

3 Von sekundären Observablen zum Formalismus der QT

Wir müssen nun eine Darstellung intervenierender Beobachtungen für den Fall finden, daß sich einem System nur sekundäre Eigenschaften und Größen zuordnen lassen. Im Abschnitt 1 wurden auch bei intervenierenden Beobachtungen für das System S_D und seine indeterministische Variante die bzgl. f wie g definiten Zustände z_i als möglich angesehen. Nach den Überlegungen im letzten Abschnitt ist das aber nur dann zulässig, wenn sich f und g auf irgendeine andere Weise nichtinterventorisch beobachten lassen. Für das folgende wollen wir nun annehmen, daß F- und G-Beobachtungen die einzigen Möglichkeiten sind, die f- und g-Zustände des Systems zu ermitteln, daß diese Beobachtungen den Zustand des Systems verändern und das auf indeterministische Weise tun. Die letztere Voraussetzung des indeterministischen Charakters der Beobachtungen wird später (im Abschnitt 5) mit der ersten Voraussetzung ihres interventorischen Charakters begründet, bis dahin fungiert sie aber als unabhängige Annahme.

Die Zustände des neuen Systems – es heiße S_Q – lassen sich also nicht mehr durch f und g beschreiben, sondern nur durch mehr durch die relativen Wahrscheinlichkeiten p_F und p_G, ein positives Resultat bei einer F- bzw. G-Beobachtung zu erhalten. Wir müssen daher die möglichen Zustände von S_Q erstens in einem 2-dimensionalen Vektorraum darstellen, während die Zustände von S_D in einem 4-dimensionalen Raum repräsentiert wurden; die Zustände z_1, ..., z_4 von S_D sind nicht mehr mögliche Zustände von S_Q. Die Zustände von S_Q werden vielmehr durch Paare (p_F, p_G) von relativen Wahrscheinlichkeiten charakterisiert.

Wir wollen aber zweitens die Systemzustände nicht direkt als Paare (p_F, p_G) charakterisieren, sondern einen eleganteren Weg wählen. Wir gehen dazu von zweidimensionalen Zustandsvektoren $z, u, v, \ldots$ aus, die wir erst später mit den Wahrscheinlichkeiten p_F und p_G in Verbindung bringen. $\{e_1, e_2\}$ sei eine orthonormale Basis unseres Zustandsraums, d.h. e_1 und e_2 seien orthogonal und von der Länge *1*. Für zwei Vektoren z und z' sei (z, z') ihr skalares Produkt.[5] Die entsprechenden Koordinaten eines Vektors z sind dann $z_1 = (e_1, z)$ und $z_2 = (e_2, z)$, und es gilt $(z, z') = z_1 \cdot z'_1 + z_2 \cdot z'_2$. Es muß nun mindestens vier Systemzustände geben, die den definiten Zuständen f, *nicht-f*, g und *nicht-g* entsprechen. Nach den Überlegungen am Ende von Abschnitt 1 sind die bzgl. f maximal bestimmten Zustände bzgl. g minimal bestimmt, und umgekehrt. Daraus ergibt sich, daß es nur vier definite Zustände gibt. Jeder von ihnen wird durch einen Vektor dargestellt. v_1 sei der Zustand, in dem S_Q die Eigenschaft f (mit Wahrscheinlichkeit *1*) hat, v_2 der Zustand, in dem S_Q nicht die Eigenschaft f

---

[5] Man beachte, daß (z, z') für Vektoren z und z' als skalares Vektorprodukt eine Zahl ist, während (a, b) für Zahlen a und b ein Paar ist, z.B. ein Vektor.

hat; in v_3 habe S_Q die Eigenschaft g, und in v_4 nicht die Eigenschaft g. Diese vier Zustände sind die möglichen Resultate von f- bzw. g-Beobachtungen. Es sei $v_1 = (a_1, a_2)$, $v_3 = (b_1, b_2)$ und $a_1^2 + a_2^2 = b_1^2 + b_2^2 = 1$, so daß diese beiden Vektoren die Länge 1 haben. Auf v_2 und v_4 komme ich gleich zurück.

f-Beobachtungen sollen durch die Matrix F dargestellt werden. Daher muß gelten $Fz =_f z$. Da ferner v_1 und v_2 die einzigen definiten f-Zustände sind, müssen sie Eigenvektoren von F zu den Eigenwerten 1 und 0 sein. F ist dann eine Projektion auf v_1 und es gilt $F^2 = F$. Analog sind v_3 und v_4 Eigenvektoren von G zu den Eigenwerten 1 und 0 und es gilt $G^2 = G$. v_2 muß demnach orthogonal zu v_1 sein, d.h. $(v_1, v_2) = 0$, und v_4 zu v_3, d.h. $(v_3, v_4) = 0$. Das gilt z.B. für $v_2 = (-a_2, a_1)$ und $v_4 = (-b_2, b_1)$. Es gilt also $F \cdot v_1 = 1 \cdot v_1$, $F \cdot v_2 = 0 \cdot v_2$, $G \cdot v_3 = 1 \cdot v_3$ und $G \cdot v_4 = 0 \cdot v_4$,

und wir erhalten:

$$F = \begin{pmatrix} a_1^2 & a_1 a_2 \\ a_1 a_2 & a_2^2 \end{pmatrix} \text{ und } G = \begin{pmatrix} b_1^2 & b_1 b_2 \\ b_1 b_2 & b_2^2 \end{pmatrix}.$$

Es gilt $(z, Fz) = (v_1, z)^2$. Das fassen wir nun viertens als die Wahrscheinlichkeit für ein positives Resultat einer f-Beobachtung von S_Q im Zustand z auf, also als die relative Wahrscheinlichkeit $p_F(z)$ dafür, im Zustand z die Eigenschaft f zu beobachten. Entsprechend sei $(z, Gz) = (v_3, z)^2$ die Wahrscheinlichkeit $p_G(z)$. $p_F(z)$ ist danach das Quadrat der Projektion von z auf v_1, und $p_G(z)$ ist das Quadrat der Projektion von z auf v_3.

Diese Festlegungen sind nicht notwendig, aber bequem; notwendig ist nur, daß jeder Zustandsvektor z die beiden Wahrscheinlichkeiten p_F und p_G bestimmt, und daß umgekehrt mit den Werten p_F und p_G auch z eindeutig festliegt; das ist aber bei unserer Darstellung der Fall. Eine F-Beobachtung von S_Q im Zustand z zeigt, ob S_Q die Eigenschaft f hat oder nicht, d.h. sie ergibt die Zustände v_1 oder v_2. Ist z von diesen beiden definiten Zuständen verschieden, so auch $Fz = (v_1, z)v_1$. Das Resultat einer F-Beobachtung von S_Q im Zustand z wird daher nicht durch Fz angegeben, sondern durch v_1 oder v_2. Fz liefert nur Wahrscheinlichkeiten für diese beiden Zustände. Daher ergibt sich das Projektionspostulat: Bei einer F-Beobachtung von S_Q im Zustand z wird der Vektor z in den Eigenvektor von F transformiert, der zum beobachteten Eigenwert gehört. Entsprechend für g-Beobachtungen.

F- und G-Beobachtungen sollten Interventionen sein. Da wir es in unserem Beispiel nur mit diesen beiden Observablen zu tun haben, müssen sie inkommensurabel sein. Im Rahmen unserer Darstellung gilt $z =_g z'$ gdw. $(z, Gz) = (z', Gz')$, und daher $Fz =_g z$ gdw. $(z, Gz) = (Fz, GFz)$ (*), und entsprechend $Gz =_f z$ gdw. $(z, Fz) = (Gz, FGz)$ (**). F und G sind daher kommensurabel gdw. (*) und (**) gelten. Das ist aber genau dann der Fall, wenn F und G vertauschbar sind, d.h. für $FG = GF$. Denn man erkennt leicht, daß sowohl (*) und (**) wie auch $FG = GF$ genau dann gelten, wenn F und G dieselben Eigenvektoren haben. In dem Darstellungsrahmen, den wir nun verwenden, verschwindet also der Unterschied zwischen Kommensurabilität und Vertauschbarkeit. Kommensurabilität heißt auch, daß f und g simultan beobachtet werden können. Da die Eigenvektoren von F und G die beobachtbaren Zustände von S_Q sind, ist eine simultane Beobachtung von f und g möglich, wenn die Eigenvektoren von F und G zusammenfallen; dann sind aber F und G kommensurabel.

Sind F und G inkommensurabel, so müssen die vier Vektoren $v_1, \ldots, v_4$ paarweise verschieden sein. Es gilt

$$FG - GF = (v_1, v_3)(v_2, v_3) \begin{pmatrix} 0 & 1 \\ -1 & 0 \end{pmatrix} \text{ und das ist } \neq 0 \text{ für } 0 \neq (v_1, v_3) \neq 1.$$

Ist also $z = (z_1, z_2)$ ein Zustandsvektor, so ist $(FG-GF)(z_1, z_2) = (v_1, v_3)(v_2, v_3)(z_2, -z_1)$, so daß die Resultate von f- und g-Beobachtungen von der Reihenfolge abhängen, in der diese vorgenommen werden.

Wir können endlich ein Maß für die Unschärfe angeben, mit der sich die f- und g-Zustände von S_Q bestimmen lassen. Dieses Maß ergibt sich aus dem Wert $(v_1, v_3)(v_2, v_3)$, also der Projektion von v_3 auf v_1 und auf v_2; daraus erhält man auch $(v_1, v_4) = -(v_2, v_3)$ und $(v_2, v_4) = (v_1, v_3)$. Setzen wir z.B. $a_1 = 1$, $a_2 = 0$, $b_1 = b_2 = 1/\sqrt{2}$, so ist $(v_1, v_3)(v_2, v_3) = \frac{1}{2}$ und es ist $\sigma_f(z) = |z_1 \cdot z_2|$ und $\sigma_g(z) = \frac{1}{2}|z_2^2 - z_1^2|$, also $0 \leq \sigma_f(z), \sigma_g(z) \leq \frac{1}{2}$ für normierte z, und $\sigma_f(z) + \sigma_g(z) \geq \frac{1}{2}$. Ist also z ein bzgl. f definiter Zustand, so ist $\sigma_f(z) = 0$, und daher $\sigma_g(z) = \frac{1}{2}$: z ist bzgl. des g-Zustandes maximal unbestimmt, die Wahrscheinlichkeit eines positiven Resultats einer G-Beobachtung ist $\frac{1}{2}$. Das haben wir oben schon benützt, als wir sagten, es gebe nur zwei definite f-Zustände, einen mit $p_F = 1$ und einen mit $p_F = 0$.

Die Eigenbewegung von S_Q, die durch die Matrix D beschrieben werde, kann z.B. wieder eine Drehung gegen den Uhrzeigersinn darstellen. Eine Drehung um 45° wird dargestellt durch

$$D = \sqrt{1/2} \begin{pmatrix} 1 & -1 \\ 1 & 1 \end{pmatrix}.$$

Der Anfangszustand sei etwa v_1. Die Gleichung für die Eigenbewegung unseres Systems lautet $z(t_0 + n) = D^n(t_0)$, wo t_0 der Zeitpunkt des Anfangszustandes ist.

4 Eine Logik intervenierender Beobachtungen

Das System S_Q weist bereits wesentliche Züge eines qt Systems auf. Das erkennt man, wenn man die Prinzipien der *Quantenmechanik* kurz Revue passieren läßt:

1) Die möglichen Zustände eines physikalischen Systems S werden durch Vektoren eines Hilbertraumes dargestellt. Ein Hilbertraum ist ein komplexer Vektorraum mit abzählbar vielen Dimensionen, in dem ein skalares Produkt *(x, y)* der Vektoren definiert ist, und der vollständig und separierbar ist.[6] Bzgl. einer orthonormalen Basis $\{e_1, e_2, ...\}$ mit $(e_i, e_k) = \delta_{ik}$ kann jeder Vektor z durch die Folge seiner Koordinaten *(e_i, z)* dargestellt werden. Dann ist *(z, z')* $= \Sigma_i \, \bar{z}_i \cdot z'_i$.[7]

2) Den Observablen entsprechen hermitesche Operatoren, d.h. Matrizen $A = (a_{ik})$, für die gilt $a_{ki} = \bar{a}_{ik}$. Nur die Eigenwerte von A sind mögliche Resultate einer Messung der Observablen, also jene Werte α, für die es (Eigen-)vektoren a gibt mit $A \cdot a = \alpha \cdot a$. Die fundamentalen Observablen der Quantenmechanik sind die Koordinaten von Raum und Impuls P_i und Q_i.

3) Für die fundamentalen Observablen gelten Vertauschungsprinzipien. Für $[A, B] := AB - BA$ lauten sie $[P_i, Q_k] = (h/2\pi i) \cdot \delta_{ik} \cdot E$, wo E die Einheitsmatrix (δ_{ik}) ist und h die Plancksche Konstante, sowie $[P_i, P_k] = 0$ und $[Q_i, Q_k] = 0$.

4) Die Eigenbewegung eines Systems wird (im Schrödinger-Bild) durch eine Gleichung für die Veränderung des Zustandsvektors *z(t)* in der Zeit beschrieben. Für mechanische Systeme gilt *∂z(t) / ∂t = − (2πi/h) Hz(t)*, wo H der Hamiltonoperator für das System ist.

5) Nach Bohrs Korrespondenzprinzip ist der Hamiltonoperator H eine entsprechende Funktion der P_i und Q_i wie im klassischen Fall der Orts- und Impulskoordinaten p_i und q_i.

6) Das Projektionspostulat besagt: Liefert eine Messung der Observablen A im Zustand z den Eigenwert α von A, so geht z in einen Zustand über, der ein Eigenvektor von A zu α ist.[8]

7) Die Zustandsvektoren z des Systems sind so bestimmt, daß *(z, Az)* der Erwartungswert der Observablen A bei einer Messung ist.

---

[6] Diese Forderungen beinhalten, daß die Grenzwerte konvergenter Folgen von Elementen eines Raums H in H sind, und daß es in H eine Folge von Elementen gibt, die überall dicht ist, so daß es für jedes Element von H eine Unterfolge gibt, die gegen es konvergiert. Beide Bedingungen garantieren, daß sich alle Operationen, die für reelle Funktionen definiert sind, auch für Vektoren definieren lassen.

[7] $\bar{a}$ ist die konjugiert komplexe Zahl zu a, ist also $a = a_1 + i a_2$, so ist $\bar{a} = a_1 - i a_2$.

[8] Obwohl in der philosophischen Literatur heftig umstritten ist das Projektionspostulat bis heute ein fester Bestandteil der QT der Physiker, vgl. z.B. Schwabl (1998), S. 41.

Der *allgemeine Rahmen der QT*, um den es in diesem Aufsatz geht, wird durch die Aussagen (1) bis (7) festgelegt, wenn alle Bestimmungen eliminiert werden, die für die Mechanik spezifisch sind. Die fundamentalen Observablen brauchen also nicht die Raum- und Impulskoordinaten zu sein, und sie müssen nicht den speziellen Vertauschungsregeln nach (3) genügen. Zu fordern ist nur, daß es in der Menge fundamentaler Observabler zu jeder eine mit ihn inkommensurable gibt. Auch der Operator, der die Eigenbewegung des Systems bestimmt, muß endlich nicht einer Hamiltonfunktion der klassischen Mechanik entsprechen, sondern soll nur eine Funktion der Observablen sein.

Die Überlegungen der Abschnitte 1 bis 3 legen nun eine Interpretation der QT nahe, nach welcher der allgemeine Rahmen der QT nichts anderes ist als eine Logik intervenierender Beobachtungen. Unter einer solchen Logik verstehe ich eine allgemeine Form der Darstellung von Systemen, die durch eine Menge von Observablen beschrieben werden, deren Messung in das beobachtete System eingreift, und Prinzipien, die unter diesen Bedingungen gelten. In diesem Abschnitt gebe ich nur eine partielle Rechtfertigung dieser These, da ich auch voraussetze, daß die Interventionen indeterministischen Charakter haben. Diese Voraussetzung soll dann im Abschnitt 5 mit jener vom intervenierenden Charakter der Beobachtungen begründet werden. Die folgenden Überlegungen sind einfach Generalisierungen unserer Überlegungen für das System S_Q im letzten Abschnitt.

1) *Die Wahl eines Hilbertraums zur Darstellung.* Es sei S ein System, das durch eine Menge O von Observablen beschrieben wird. Die Zustände von S lassen sich allgemein als Vektoren eines Vektorraums H darstellen. Auf ihm muß ein skalares Produkt definiert sein, so daß man Projektionen, Koordinaten und Längen von Vektoren angeben kann und Beziehungen zwischen ihnen wie z. B. Orthogonalität. Enthält O nur n Eigenschaften, so kommen wir mit einem n-dimensionalen Raum aus. Enthält O jedoch Größen mit unendlich vielen möglichen Werten, zu denen unendlich viele linear unabhängige Vektoren gehören – vgl. (3) –, so muß H unendlich viele Dimensionen haben. Die Forderung, H solle ein Vektorraum über komplexen Zahlen sein, ergibt sich aus rein mathematischen Überlegungen. So können z. B. auch Matrizen, die nur reelle Zahlen enthalten, komplexe Eigenwerte und Eigenvektoren haben, so daß es für generelle Aussagen über die Existenz von Eigenvektoren angezeigt ist, komplexe Zahlen zu verwenden. Sind P und Q ferner hermitesche Operatoren, so ist für $[P, Q] = \alpha \cdot E$ die Zahl α rein imaginär. Ich sehe die Situation also ähnlich wie in der Algebra, wo die allgemeine Geltung des Fundamentalsatzes, daß jedes Polynom eine Nullstelle hat, den Übergang zu komplexen Zahlen erzwingt. Aus dem intervenierenden Charakter der Beobachtungen der Observablen folgt also nicht, daß man einen Hilbertraum zur Darstellung der Systeme verwenden muß, diese Darstellung ist aber hinreichend allgemein und sie ergibt keine zusätzlichen Bedingungen für die Systeme.

2) *Die Interpretation der Vektoren.* Nach den Überlegungen im Abschnitt 2 sind die Observablen aus O sekundäre Eigenschaften oder Größen, da sie sich nicht ohne Störung des Systems messen lassen. Da die Messungen ferner indeterministische Prozesse sein sollen, muß ein Zustandsvektor Wahrscheinlichkeiten für die möglichen Resultate bei Messungen der Observablen festlegen. Wir können die Vektoren z nun ohne Beschränkung der Allgemeinheit so bestimmen, daß (z, Az) der Erwartungswert der Größe A bei einer Messung von S im Zustand z ist.[9]

3) *Operatoren für die Observablen.* Wir nehmen an, daß Messungen einer Observablen a den Zustand des beobachteten Systems verändern. Daher müssen sie durch eine Matrix A dargestellt werden, die aus Vektoren von H andere erzeugen. Da eine Messung durch A die zu messende Größe a nicht verändern darf, muß zunächst einmal gelten $Az =_a z$ für alle Zustände z, und ebenso $Az =_b z$ für alle mit a kommensurablen Größen b. Stellt z ferner einen bzgl. a definiten Zustand dar, so muß nach der Überlegung am Ende von Abschnitt 1 z ein Zustand maximaler Unbestimmtheit von mit a inkommensurablen Observablen sein. Da es nur einen solchen Zustand gibt, muß also z ein Eigenvektor von A sein. Der gemessene Wert ist der entsprechende Eigenwert. Es gilt also das Projektionspostulat: Durch eine A-Messung von S im Zustand z wird z in den Eigenvektor transformiert, der zum gemessenen Wert als Eigenwert gehört. Da die Eigenwerte einer Observablen als mögliche Meßresultate reell sein müssen und ihre Eigenvektoren eine Basis des Hilbertraums H bilden müssen, sind Observablen durch hermitesche Operatoren darzustellen.[10]

4) *Inkommensurabilität.* Hierzu kann man argumentieren wie im Abschnitt 3: Da die Messungen aller Observablen in O Interventionen sein sollen, gibt es zu jeder von ihnen eine, die mit ihr inkommensurabel ist. Man zeigt die Äquivalenz von Kommensurabilität und Vertauschbarkeit im Rahmen von (1) bis (3) wie oben und erhält so: Zu jeder Observablen A in O gibt es eine andere, B, mit $[A, B] = \alpha \cdot E$ und $\alpha \neq 0$. Daraus ergibt sich, daß das Produkt der Standardabweichungen für die beiden Größen $\geq \frac{1}{2} \cdot |\alpha|$ ist.[11]

5) *Eigenbewegung.* Die Veränderungen von S ohne Messungen oder andere Eingriffe von außen werden durch einen Operator $P(t)$ beschrieben, so daß gilt $z(t') = P(t'-t) \cdot z(t)$ bzw. $dz(t)/dt = P(t) \cdot z(t)$. Da die Observablen aus O zur

---

[9] Daraus erhalten wir auch Wahrscheinlichkeiten für die einzelnen Meßwerte. Ist α_i der Eigenwert, der zum Eigenvektor a_i von A gehört, so ist $(a_i, Aa_i) = \alpha_i \cdot (a_i, a_i)$ der Erwartungswert von A im Zustand a_i, und das ist α_i, wenn a_i normalisiert ist auf die Länge 1.

[10] Vgl. z.B. Bosch (2001), S. 262, Korollar 4. Die Eigenvektoren einer Observablen A müssen eine Basis von H bilden, denn sonst gäbe es Zustandsvektoren z in H, die orthogonal zu ihnen allen sind, so daß (z, Az) keinen Erwartungswert von A bestimmen würde.

[11] Vgl. z.B. v.Neumann (1932), S. 123.

Beschreibung von *S* ausreichen sollten, muß *P* eine Funktion dieser Observablen sein.

Wir können also sagen, daß der allgemeine Rahmen der QT sich einfach als Folge der Annahme darstellt, daß alle Observablen, die ein System beschreiben, nur durch indeterministisch intervenierende Messungen erfaßt werden können. Die Wahl eines Hilbertraums zur Darstellung von Systemzuständen und die entsprechende Beschreibung von Messungen durch Matrizen ist dabei nicht notwendig, sondern nur zulässig, weil sie die Allgemeinheit des Ansatzes nicht beschränken. In diesem Sinn also ist der Rahmen der QT nichts anderes als eine Logik intervenierender Beobachtungen, oder, wie man auch sagen kann, eine Logik der Inkommensurabilität. Da der intervenierende Charakter der Beobachtungen der Angelpunkt dieser Interpretation der QT ist, will ich sie als *Intervenierende-Beobachtungs-Interpretation*, kurz: *IO-Interpretation* bezeichnen.

5 Messung, Indeterminismus und die Rolle des Subjekts

Man hat auf verschiedenen Wegen zu beweisen versucht, daß die QT wesentlich indeterministisch ist und es keine verborgenen Parameter geben kann, mit denen sich die Zufallsereignisse wegerklären ließen.[12] Nach der IO-Interpretation der QT ergibt sich der indeterministische Charakter aus dem Projektionspostulat als einem unverzichtbaren Prinzip der klassischen QT. Dieses Postulat ist nur dann sinnvoll, wenn wir Beobachtungen entweder als indeterministische Prozesse ansehen oder von einer subjektiven Deutung der Wahrscheinlichkeiten für Beobachtungsresultate ausgehen. In einer statistischen Beschreibung einer Gesamtheit von ähnlichen Systemen, deren jedes deterministisch abläuft, hätte ein Projektionspostulat keinen Platz; denn in jedem einzelnen Fall ergibt eine Beobachtung ein definites Resultat, eine Reduktion einer statistischen Beschreibung solcher Resultate wäre aber einfach inkorrekt. Bei einer subjektivistischen Deutung drücken die Wahrscheinlichkeiten Vermutungen über die Meßresultate aus. Wenn die tatsächlichen Ergebnisse dann in Rechnung gestellt werden, ändern sich die Wahrscheinlichkeiten im Sinn der Bildung bedingter Wahrscheinlichkeiten. Daher brauchen wir hier kein zusätzliches Projektionspostulat. Gegen eine solche subjektivistische Deutung spricht jedoch, daß sie aus der QT so etwas wie eine psychologische Theorie macht, eine Theorie nicht über die Welt, sondern

---

[12] Der erste Beweisversuch stammt von J. v. Neumann in (1932). Er wurde von Kochen und Specker in (1967) kritisiert. Heute sieht man die Annahme verborgener Parameter oft als auf dem Weg über die Bellsche Ungleichung experimentell widerlegt an. Für Argumente dagegen vgl. z.B. T.Maudlin (1994), S. 19.

über das, was wir von der Welt annehmen. Das Projektionspostulat läßt sich also nur so verstehen, daß Messungen indeterministische Interventionen sind.

Um einzusehen, warum das so ist, müssen wir etwas über den Prozeß der Messung sagen. Für eine Messung brauchen wir ein System S als ihren Gegenstand, ein Instrument I, mit dem die Messung vorgenommen wird, und einen Beobachter, M, der abliest, was I anzeigt. Der *Schnitt* zwischen dem Beobachteten und dem Beobachter liegt zwischen S und $I+M$. Wir können nun den Schnitt verschieben und von dem Schnitt $S/I+M$ zum Schnitt $S+I/M$ übergehen. Hier ist $S+I$ das beobachtete System, das qt beschrieben werden soll. Man analysiert die Situation oft so: Eine Beobachtung von $S+I$ besteht einfach im Ablesen des Ergebnisses, das I anzeigt. Registriert I das Ergebnis automatisch, z.B. auf einem Film, so ist die Aufzeichnung ein Makroobjekt, so daß man die Störung durch bloßes Betrachten vernachlässigen kann. Daher kann man die Störung von S als einen inneren Prozeß im System $S+I$ untersuchen und so den Meßprozeß nicht als Prozeß zwischen physikalischen Systemen und menschlichen Beobachtern betrachten, sondern als einen Prozeß zwischen zwei Teilen eines physikalischen Systems. Sind aber Messungen physikalische Prozesse innerhalb eines Systems, so können sie durch die Gleichung für die Eigenbewegung der Systeme beschrieben werden. Das Projektionspostulat ist daher überflüssig, und die Rolle des Subjekts besteht nur im Erkennen der Meßresultate, ebenso wie in der klassischen Physik. Der unstetige Übergang vom Zustandsvektor zum Eigenvektor des Meßresultats nach dem Projektionspostulat betrifft nur die Information eines Subjekts, nicht den physikalischen Prozeß.[13]

Dieser Argumentation ist entgegenzuhalten, daß wir das Instrument I nicht einerseits als Teil eines qt Systems behandeln, andererseits aber behaupten können, Beobachtungen würden den Zustand des Instruments nicht stören. Qt Objekte sind als Objekte definiert, die sich nicht störungsfrei beobachten lassen. Daher können wir I nicht als Teil des qt Systems $S+I$ ansehen und zugleich als ein makroskopisches Objekt, das genau in einem seiner möglichen Zustände sein muß, in denen es die verschiedenen definiten Meßresultate anzeigt; die Interferenzterme zwischen diesen Zuständen können nicht vernachlässigt werden. Unabhängig von seiner Größe ist das, was die QT beschreibt, ein Mikroobjekt, und etwas zu vernachlässigen ist kein Teil der Eigenbewegung eines qt Systems.[14]

Werner Heisenberg schrieb: „Die Teilung der Welt in das beobachtende und das zu beobachtende System verhindert ... die scharfe Formulierung des Kau-

---

[13] Das hat z.B. G. Ludwig wiederholt behauptet, vgl. etwa (1954), Kap. V.
[14] Eine solche Verletzung des Prinzips, daß man den Kuchen nicht zugleich essen und behalten kann, läßt sich z.B. bei G. Süßmanns Analyse des Meßprozesses in (1958), S. 9, feststellen.

salgesetzes."[15] Wieso ist der Schnitt verantwortlich für den Indeterminismus der QT? Nach der IO-Interpretation ist der Anwendungsbereich der QT dadurch definiert, daß Beobachtungen eines Systems sich als Eingriffe von außen darstellen. Der Schnitt trennt das Innen vom Außen, das Beobachtete vom Beobachtenden mit seinen Meßinstrumenten, das, was als Mikrowelt behandelt wird, von der Makrowelt. Über diesen Schnitt hinweg verlaufen Wirkungen in beide Richtungen, denn es muß ja eine Korrelation zwischen den möglichen Anzeigen des Meßinstruments I und den gemessenen Zuständen des Systems S geben. Die Anzeigen werden durch Zustände des Systems bewirkt, und das Instrument zwingt das System in einen der definiten Zustände, die angezeigt werden können. Die Natur dieser Wechselwirkung zwischen S und I wird durch den Schnitt jedoch ausgeblendet. Wir müssen I als Makroobjekt behandeln um definite Anzeigen zu erhalten, und dadurch entziehen wir es einer detaillierten qt Beschreibung. Die wäre aber erforderlich, um genau zu sehen, wie die Messung S beeinflußt. Die möglichen Ursachen der Reduktion des Zustandsvektors des Systems auf den beobachteten Eigenzustand eines Werts der beobachteten Observablen bleiben so unscharf, und daher stellt sich die Reduktion als Zufallsereignis dar, als Ereignis ohne zureichenden Grund. Der Schnitt ist unvermeidlich. Wenn wir S beobachten wollen, müssen wir es in Kontakt mit einem Meßinstrument I bringen. Damit I als Meßinstrument dienen und definite Resultate liefern kann, muß es als Makroobjekt behandelt werden. Diese Behandlung von I verhindert aber eine exakte Analyse der Wechselwirkung zwischen I und S; sie verbirgt den kausalen Mechanismus, der sich mit der Zustandsreduktion verbinden mag, und führt so Zufallsereignisse in die QT ein.[16] Das also ist, im Rahmen der IO-Interpretation, die Erklärung, warum die QT wesentlich indeterministisch ist. Mit dieser Erklärung befreien wir uns nun auch von der Annahme des indeterministischen Charakters der Interventionen durch Beobachtungen als einer zusätzlichen Voraussetzung neben jener, daß Beobachtungen überhaupt Interventionen sind.

Da die QT die Systemzustände lediglich durch Erwartungswerte für Meßresultate charakterisiert, sind Beobachtungen nicht aus der QT eliminierbar, ebensowenig wie Zahlen aus der Zahlentheorie. Da es keine Beobachtungen ohne Beobachter gibt, spielen auch Subjekte eine wesentliche Rolle in der QT. Diese Konsequenz ist jedoch stark umstritten. Man weist darauf hin, daß Beobachter nicht Personen sein müssen, sondern auch automatische Meßapparate sein können, welche die Meßergebnisse registrieren. Beobachtungen im Sinne der

---

[15] Heisenberg (1930), 4. Aufl., S. 44. Vgl. auch Heisenberg (1958), S. 53f.
[16] Ich nehme hier keine verborgenen deterministischen Prozesse an, sondern behaupte nur, daß wir, was immer bei einer Messung genau vorgehen mag, keine hinreichenden Gründe für den Kollaps finden können. Daher müssen wir ihn als Zufallsereignis ansehen.

QT, sagt man, sind keine bewußten Erkenntnisse, sondern Veränderungen in Makroobjekten. Dazu ist zu sagen: Ein automatisch ermitteltes und registriertes Meßresultat ist natürlich komplett, unabhängig davon, ob ein Subjekt Notiz davon nimmt. Wir haben hier Zustandsreduktionen auch nicht als Reduktionen subjektiver Wahrscheinlichkeiten gedeutet, sondern als Veränderungen des Systems im Meßprozeß. Subjekte spielen aber dennoch eine entscheidende Rolle in der QT. Ein Meßinstrument ist ja nur das, was wir Menschen zu Meßzwecken verwenden können, nur, was wir als makroskopische Subjekte ablesen können. Für mikroskopische Beobachter könnte das Problem intervenierender Beobachtungen erst in viel kleineren Dimensionen auftreten, und für mega-makroskopische Beobachter könnte es schon in weit größeren Dimensionen auftreten. Es muß einen Standard für Beobachtbarkeit geben, und der sind wir selbst, da die QT unsere Theorie ist. Der Schnitt zwischen Makro- und Mikroobjekten, zwischen nichtintervenierenden und intervenierenden Beobachtungen läßt sich nicht absolut, sondern nur mit Bezug auf uns selbst rechtfertigen.

Die QT beschreibt die Ausschnitte der Realität, die sie untersucht, in Beziehung zu einer anderen Realität, die außerhalb ihres Blickfeldes bleibt. Sie bestimmt die Zustände ihrer Systeme nur durch Wahrscheinlichkeiten für mögliche Meßresultate, durch ihre möglichen Wirkungen auf Makroobjekte. Das Universum als Ganzes ist daher, wie schon Heisenberg betont hat, kein mögliches Objekt ihrer Beschreibungen. Mit äußeren Beobachtern würde auch eine Realität verschwinden, die sich qt beschreiben läßt.[17]

6 Quantentheorie und Realismus

Es gibt viele Formen eines Realismus bzgl. der physischen Welt. In einem sehr allgemeinen Sinn nimmt dieser Realismus aber an, daß die physische Realität eine objektive Beschaffenheit hat, die unabhängig ist von menschlicher Erfahrung. Der Sinn physikalischer Aussagen soll nicht von Subjektivem, insbesondere nicht von Beobachtungen und Annahmen abhängen – kausal können Beobachtungen die physische Welt natürlich beeinflussen.[18] Danach muß es Attribute und Größen geben, mit denen sich diese objektive Beschaffenheit physikalischer Systeme charakterisieren läßt. Da sich nun Aussagen über solche Systeme nur durch Beobachtungen begründen lassen, läßt sich die objektive Natur dieser Systeme nur so weit erkennen, als sie sich direkt oder indirekt durch primäre Observable

---

[17] Vgl. Heisenberg (1930), S. 44.
[18] Dieser starke Realismus ist von der schwächeren These zu unterscheiden, daß jede konsistente Menge physikalischer Sachverhalte mit jeder konsistenten Menge psychologischer Sachverhalte analytisch verträglich ist. Vgl. dazu Kutschera (2003), 3.1.

beschreiben läßt.[19] Wenn jedoch sämtliche Observablen sekundär sind, wie das nach der IO-Interpretation im Anwendungsbereich der QT der Fall ist, läßt sich überhaupt keine objektive Natur der physischen Realität angeben. Nun ist zwar die Behauptung sicher zu stark, im Bereich der QT seien sämtliche Beobachtungen Interventionen, also alle Observablen sekundär. In der Quantenmechanik werden ja oft Eigenschaften wie Zahl und Art der Partikel oder ihre Ladung als beobachtungsunabhängig behandelt, also wie primäre Eigenschaften. Auch sie können sich in anderen Kontexten aber als beobachtungsabhängig erweisen. Wenn ich hier philosophische Implikationen der QT in der IO-Interpretation erörtere, setze ich Systeme voraus, die allein durch sekundäre Qualitäten oder Größen beschrieben werden. Für sie gilt dann unsere Behauptung, daß sich ihnen keine objektive Natur zuschreiben läßt, keine Beschaffenheit, die sich mit Termen beschreiben läßt, die nicht auf Beobachtungen Bezug nehmen, sondern lediglich relative Wahrscheinlichkeiten für die Werte der Observablen bei Messungen.

Danach läßt sich im Geltungsbereich der QT ein *starker Realismus* von der Art, wie ich ihn gerade skizziert habe, nicht halten. Nach der OI-Interpretation muß man sagen: Soweit wir sie erkennen können, wird die Natur physikalischer Systeme durch Prädikate oder Funktionsterme beschrieben, die sich auf Beobachtungen beziehen. Das ist nun ein sehr viel schwächerer Realismus als der, von dem ich ausgegangen bin. Für ihn gibt es keine Natur der physischen Dinge, die von Beobachtungen konzeptuell unabhängig wäre, keine Beschaffenheit, die sie auch dann hätten, wenn man von Beobachtern völlig absehen würde. Für diesen *schwachen Realismus* ist die physische Realität – so, wie wir sie erkennen können – nicht etwas an sich, sondern nur etwas für uns. Sie ist als jene Realität bestimmt, die uns in unseren Erfahrungen begegnet, und ohne Bezug auf unsere Erfahrungen, als etwas an sich, läßt sie sich nicht beschreiben.

Der Übergang zum schwachen Realismus wird durch die Annahme erzwungen, daß alle Observablen sekundär sind. Daß man nicht alle Qualitäten, die wir an den Dingen beobachten, ihnen an sich zuschreiben können, haben schon Demokrit und Platon behauptet, die zuerst primäre und sekundäre Qualitäten unterschieden haben. Für sie wie auch für Descartes und Locke, die am Beginn der Neuzeit diese Unterscheidungen aufgenommen haben, waren die primären Qualitäten die fundamentalen Eigenschaften, welche die Physik verwendet. Da der starke Realismus sich vor allem auf den primären Charakter von Raum und Zeit stützte, begann George Berkeley seinen Angriff dagegen, indem er zu zeigen versuchte, daß auch raum-zeitliche Observable sekundär seien. Sein Gedanke war: Die Annahme einer objektiven physischen Welt würde sich als bloße Fiktion erweisen, wenn sich zeigen ließe, daß es keine primären Observablen gibt, mit

---

[19] Theoretische Terme erhalten nur durch ihre Verbindung mit Observablen einen empirischen Sinn.

denen man sie beschreiben kann. Abgesehen von der Schwäche seiner Gründe für den sekundären Charakter raum-zeitlicher Bestimmungen ist sein Argument für den Idealismus jedoch unhaltbar: Auch wenn sich alle Observablen als sekundär erweisen, ist die Konsequenz nicht ein Idealismus, sondern nur ein schwacher Realismus.

Gegen den Idealismus spricht auch, daß die klassische Physik und der starke Realismus von der QT her gesehen jedenfalls approximativ gelten. Sie gelten, wo der Einfluß der Beobachtungen auf das beobachtete System vernachläßigt werden kann. Die Annahme praktisch nichtintervenierender Beobachtungen, d. h. einer Makrowelt im Sinn des Abschnitts 5, ist sogar eine Voraussetzung der QT und der Auffassung der physischen Welt im Sinn des schwachen Realismus. Denn wir müssen die Objekte qt Untersuchungen auf makroskopischer Ebene identifizieren und die Meßinstrumente zur Makrowelt zählen, da unsere Ablesungen ihre Anzeigen nicht beeinflussen sollen. Unsere Beschreibung der Mikrowelt setzt also eine Makrowelt voraus, bzgl. der ein starker Realismus zumindest annähernd richtig ist.

Die hier vorgeschlagene IO-Interpretation hätte schon vor 70 Jahren entwickelt werden können, als Johann von Neumann in (1932) die Axiome der Quantenmechanik angegeben hatte. Auf die außerordentlich umfangreiche Literatur zur Interpretation der QT, die seither erschienen ist, habe ich kaum Bezug genommen. Würde diese Literatur eine Erfolgsgeschichte dokumentieren, so wäre das unverzeihlich, bisher hat sie aber keine wirklich befriedigende Deutung der QT hervorgebracht. Der Hauptgrund dafür ist wohl dies: Während die Väter der QT durchaus gesehen haben, daß sich ihre Theorie dadurch grundlegend von allen klassischen physikalischen Theorien, wie auch von der Relativitätstheorie, unterscheidet, daß sie nicht die physische Natur an sich beschreibt, so wie sie sich gewissermaßen dem Auge Gottes darstellt, sondern so, wie wir sie erfahren, und daß sie nicht von der Außenwelt allein handelt, sondern auch von unseren Beziehungen zu ihr, haben die meisten Philosophen den untauglichen Versuch unternommen, die QT als eine klassische Theorie zu deuten, in welcher Beobachter keine Rolle spielen. Während die QT in der Physik seit fast 80 Jahren von Erfolg zu Erfolg eilt, ist die Quanten-Philosophie daher bisher kaum voran gekommen. Der naive Realismus, der in ihr vorherrscht, hat ihr den Zugang zur epistemologisch sophistizierteren QT verbaut. Auch der heute unter Philosophen weithin herrschende Materialismus mag sich retardierend auf das Verständis ausgewirkt haben, denn wenn sich Subjekte aus der QT als einer fundamentalen physikalischen Theorie nicht eliminieren lassen, harmoniert das schlecht mit der materialistischen These von der Reduzierbarkeit des Mentalen auf das Physische. Man beschäftigt sich daher mehr mit einer Umdeutung der QT als mit einer Deutung so, wie sie ist.

Literatur

Bosch, S. (2001): *Lineare Algebra*, Berlin
Fine, A. (1973): „Probability and the interpretation of quantum mechanics", *The British Journal for the Philosophy of Science* 24, 1–37
Heisenberg, W. (1927): „Über den anschaulichen Inhalt der quantentheoretischen Kinematik und Mechanik", *Zeitschrift f. Physik* 43, 172–198
Heisenberg, W. (1930): *Physikalische Prinzipien der Quantentheorie*, 4. Aufl., Mannheim 1958
Heisenberg, W. (1958): *Physics and Philosophy*, New York
Kochen, S. und Specker, E. P. (1967): „The problem of hidden variables in quantum mechanics", *Journal of Mathematics and Mechanics* 17, 59–87
Kutschera, F. v. (2003): *Jenseits des Materialismus*, Paderborn
Ludwig, G. (1954): *Die Grundlagen der Quantenmechanik*, Berlin
Maudlin, T. (1994): *Quantum Non-Locality and Relativity*, Oxford
Neumann, J. v. (1932): *Mathematische Grundlagen der Quantenmechanik*, Berlin
Rovelli, C. and Laudisa, F. (2002): *Relational Quantum Mechanics*, Stanford Encyclopedia of Philosophy, http://plato.stanford.edu/entries/qm-relational
Schwabl, F. (1998): *Quantenmechanik*, Bd. I, 5. Aufl.
Sneed, J.D. (1966): „Von Neumann's argument for the projection postulate", *Philosophy of Science* 33, 22–39
Sneed, J. (1970): „Quantum mechanics and classical probability theory", *Synthese* 21, 34–64
Süßmann, G. (1958): *Über den Meßvorgang*, Abh. d. Bayer. Akad. d. Wissenschaften, Math.-Naturw. Klasse, Heft 88, 5–41.

20

Jenseits des Materialismus

Die Philosophie ist mit dem Materialismus groß geworden. Schon Platon hat sich mit ihm auseinandergesetzt. In seinen späten Dialogen hat er in der Klärung des Verhältnisses von Geistigem zu Physischem sogar die wichtigste Aufgabe der Philosophie überhaupt gesehen, denn er hat erkannt, daß unsere Antwort darauf unser Selbstverständnis wie unser Weltbild entscheidend prägt. Im *Sophisten* (246a4) bezeichnet Platon den Streit um die richtige Konzeption als „Gigantomachie". Griechische Mythen erzählen vom siegreichen Kampf der olympischen Götter gegen die Giganten – langhaarige, bärtige, Schlangenschwänze tragende Ungeheuer –, die ihre Herrschaft bedrohten. Die Gigantomachie ist dieser weltgeschichtlich entscheidende Kampf, der Aufstand von Barbarei, Gewalt und Chaos gegen Kultur, Recht und Ordnung. Bei Platon steht dieses mythische Bild für den Kampf der Materialisten, der „Erdgeborenen", der Leute, die nur an das glauben, was sie anfassen können, gegen die „Ideenfreunde", die Wirklichkeit und Bedeutung des Geistigen anerkennen.

Die Bedeutung, die Platon der Auseinandersetzung mit dem Materialismus zumißt, wenn er sie als „Gigantomachie" bezeichnet, ergibt sich daraus, daß der Materialismus keine bloß theoretische Überzeugung ist, sondern gravierende praktische Konsequenzen hat. Er eliminiert die Ideale, die uns bisher geleitet haben: Für ihn gibt es keine Freiheit, keine besondere Menschenwürde, keine unverliehenen und unverlierbaren Menschenrechte. Er eliminiert moralische Verpflichtungen, denn für ihn können Normen nichts anderes sein als Konventionen. Alle Prozesse folgen Zufall und Notwendigkeit, so daß es keinen Sinn und kein Ziel der Geschehens gibt. Auch der Mensch ist ein zufälliges Produkt kosmischer Entwicklungen, ohne Freiheit und ohne Hoffnung, einen größeren Sinn für sein Leben zu finden. Deswegen kann man auch heute die wichtigste Aufgabe der Philosophie darin sehen, sich mit dem Materialismus auseinanderzusetzen, zumal er gegenwärtig die unter Philosophen und Wissenschaftlern herrschende Weltanschauung ist.

Im folgenden will ich aber nicht von seinen praktischen Konsequenzen her gegen den Materialismus argumentieren, sondern ihn auf rein theoretischer Ebene erörtern. Seine theoretische Attraktivität liegt vor allem darin, daß er ein einfaches und geschlossenes Bild der Wirklichkeit anbietet. Wenn ich in diesem Vortrag Ihren Blick über den Materialismus hinaus lenken will, muß ich also zunächst einmal sagen, warum wir uns denn mit dieser einfachen und weithin akzeptierten Weltanschauung nicht zufrieden geben sollten. Das will ich im ersten Teil der Vorlesung tun. Die besteht also aus zwei Teilen: einer Kritik des Materialismus in den Abschnitten 1 bis 6, in der ich zeigen will, daß der Materialismus unhaltbar ist, und dem Aufweis einer Alternative in den Abschnitten 7 bis 10.

1 Der Materialismus als Position zum Leib-Seele-Problem

Was der Materialismus beinhaltet, hat David Lewis in großartiger Simplizität so formuliert: „Die Welt ist so, wie die Physik sie beschreibt, und mehr gibt es nicht zu sagen."[1] Alles Wirkliche ist danach in letzter Analyse physischer Natur, folgt physikalischen Gesetzen und ist prinzipiell physikalisch erklärbar.

Wer das behauptet, sieht sich zwei großen Problemkreisen gegenüber. Der erste ist eine physikalische Erklärung der Funktionalität im Bereich des Lebendigen. Bei allen Lebewesen beobachten wir zahlreiche Zweckmäßigkeiten ihrer Organisation und ihres Verhaltens, während in der Physik Ziele und Zwecke nicht vorkommen und sie die Erscheinungen nicht final, d. h. mit Zielen und Zwecken erklärt, sondern kausal aus ihren Entstehungsbedingungen. Dieses Problem ist jedoch mit der Evolutionstheorie grundsätzlich gelöst worden. Sie hat gezeigt, daß sich Zweckmäßigkeiten mit zufälligen Mutationen und Selektion kausal erklären lassen.

Heute entscheidet sich der Erfolg oder Mißerfolg des Materialismus am zweiten Problem: Lassen sich seelisch-geistige Phänomene als physikalische erkennen, auf sie reduzieren und physikalisch erklären, oder gehören sie, im Sinn dualistischer Theorien, zu einer andersartigen, eigenständigen, nichtphysischen Realität? In dieser Frage nach dem Verhältnis von Physischem und Psychischem besteht das Leib-Seele-Problem im weiteren Sinn; im engeren Sinn ist es die Frage nach Möglichkeit und Natur psychophysischer Wechselwirkungen.

Ich kann mich hier nicht auf lange Begriffsklärungen einlassen. Für das folgende genügt der Hinweis, daß ich von Geistigem und Psychischem im gleichen Sinn rede, und damit das im Auge habe, was im Englischen als „mental" bezeichnet wird, also Zustände oder Akte eines Subjekts, die ihm bewußt sind, und, anders als etwa Handlungen, nicht auch essentielle physische Aspekte haben.[2]

---

[1] Lewis (1983), S. 361.
[2] Damit soll natürlich keine nicht-physische Natur des Psychischen behauptet und so das Ergebnis der Diskussion des Materialismus vorweggenommen werden.

2 Was spricht für den Materialismus?

Für den Materialismus spricht, wie ich schon sagte, zunächst einmal seine *Einfachheit*. Er bietet ein grundsätzlich einfaches und einheitliches Bild der Wirklichkeit an. Genau genommen ist das Weltbild der Physik, auf das er sich bezieht, natürlich alles andere als einfach, und es gibt wohl nur ganz wenige Materialisten, die es wirklich verstehen. Hinzu kommt, daß es *das* Weltbild der Physik nicht gibt, sondern nur zahlreiche Theorien, die ganz verschiedene Bilder von der physischen Realität entwerfen. Trotzdem ist das Weltbild des Materialisten insofern einfach, als Dualisten ja neben dieser komplexen physischen Realität noch eine zweite, ihr wesensfremde Wirklichkeit annehmen, und sich damit, zumindest im Cartesischen Dualismus, das Problem des Zusammenhangs dieser beiden Teilwelten einhandeln. Für den Materialisten bilden psycho-physische Wechelwirkungen hingegen keine Schwierigkeit, denn in letzter Analyse sind sie nur spezielle physio-physische Wechselwirkungen.

Für den Materialismus spricht zweitens das *Evolutionsargument*. Am Beginn der Welt, beim Urknall, und noch etwa 10 Milliarden Jahre danach gab es nur Physisches, weder Leben noch Bewußtsein. Alles, was in der Welt entstanden ist, ist aber aus dem entstanden, was schon da war. Also muß alles, was es in unserer Welt gibt, physischer Natur sein. Auch der Geist fiel nicht vom Himmel. Geistige Leistungen sind Leistungen des Gehirns, und das Gehirn ist ein Produkt der biologischen Evolution, also ein physisches System, dessen Leistungen sich daher auch physikalisch verstehen lassen müssen.

Für den Materialismus sprechen drittens auch die *Fortschritte der Neurophysiologie*, die immer engere Korrelationen zwischen psychischen und neuronalen Vorgängen aufweist. Von einer Eigenständigkeit des Psychischen, sagt man uns, kann daher heute nicht mehr die Rede sein: Alle psychischen Vorgänge sind mit neuronalen verbunden, und können nicht ohne diese stattfinden.

Für den Materialismus spricht endlich auch die kausale Geschlossenheit der physischen Welt, welche die Physik nach verbreiteter Meinung voraussetzt: Alles physikalische Geschehen hat hinreichende physikalische Ursachen und läßt sich daher rein physikalisch erklären. Mentales, das sich nicht auf Physisches reduzieren ließe, bliebe so kausal ineffektiv, jedenfalls was physische Wirkungen betrifft. Es gäbe z.B. keine psychischen Ursachen von Handlungen. Damit wäre aber das Geistige eine Schattenwelt ohne Einfluß auf das reale empirische Geschehen.

3 Der Materialismus als weltanschaulicher Proteus

Auf diese Argumente für den Materialismus will ich hier nicht weiter eingehen, sondern mich gleich den vier wichtigsten Argumenten gegen ihn zuwenden. An die ersten beiden kann ich wieder nur kurz erinnern, die letzten beiden will ich dagegen ausführlicher erörtern. Das erste Argument ist der *proteische Charakter des Materialismus*. In der pauschalen Formulierung „Es gibt nur Physisches" ist er offensichtlich falsch, denn zur Wirklichkeit zählt eben nicht nur Physisches, sondern dazu gehören auch Gedanken, Gefühle und Absichten, und die sind nichts Physisches im normalen Sinn dieses Wortes. Abgesehen vom Eliminativen Materialismus will der Materialismus aber nicht behaupten, daß es das Psychische nicht gibt, was offenbar schlichter Unsinn wäre, sondern, daß sich das Psychische in irgendeinem Sinn auf das Physische reduzieren läßt oder daß es bzgl. des Physischen supervenient ist. Aber in welchem Sinn? In ihren Antworten auf diese Frage unterscheiden sich die Materialisten, und nachdem alle Präzisierungen, die sie vorgeschlagen haben, auf handfeste Einwände gestoßen sind, präzisieren sie ihre Behauptung nun gar nicht mehr, so daß es schwierig ist, sie zu fassen. Wie Menelaos den Meergott Proteus nicht fassen konnte, weil der ständig seine Gestalt wechselte, so hat man Schwierigkeiten, Materialisten auf eine bestimmte Behauptung festzulegen.[3] Widerlegt sind die Thesen des logischen Physikalismus von einer Definierbarkeit psychologischer Begriffe durch physikalische, widerlegt die Behauptungen von einer generischen oder singulären Identität psychischer mit neuronalen Zuständen, und damit auch die Thesen von einer starken und einer lokalen Supervenienz.[4] Eine schwache Supervenienz besteht trivialerweise und wird auch von Dualisten angenommen. Die Behauptung einer globalen Supervenienz endlich ist so schwach, daß man bezweifeln kann, ob es sich dabei überhaupt noch um eine materialistische These handelt. Auch von ihr sind zudem wiederum mehrere Versionen im Umlauf, auf die sich die einzelnen Autoren ungern festlegen lassen, weil sie wissen, daß sie dann zur sicheren Beute der Kritik werden. Der Materialismus, der einst zeigen wollte, daß psychische Zustände und Vorgänge bei genauer Analyse nichts anderes sind als spezielle physikalische Zustände und Vorgänge, ist lange widerlegt, und in seinen Rückzugsgefechten hat er sich bis zur Unkenntlichkeit verändert.

---

[3] Selbst Autoren, die sich sonst um Präzision bemühen und genau wissen, daß es ganz verschiedene Begriffe von Supervenienz gibt, reden ohne nähere Erläuterung von einer Supervenienz des Psychischen bzgl. des Physischen, und erwecken damit den Verdacht, sie wollten sich kritischem Zugriff entwinden. Vgl. z. B. D. Lewis a. a. O. und D. Chalmers in (1996), S. 40 f. und Anmerkungen dazu.

[4] Vgl. dazu Kutschera (2003a), 1.4, zu den Supervenienzbegriffen (1992).

4 Die Unableitbarkeit des Bewußtseins

Das zweite Argument ist die *Unableitbarkeit des Bewußtseins*. Schon Leibniz hat betont, daß selbst genaueste Kenntnisse über die physiologische Funktionsweise unseres Gehirns nichts über die Art aussagen würden, wie wir die Welt und uns selbst erfahren.[5] Thomas Nagel hat diesen Gedanken aufgenommen und gesagt, noch so vollständige physiologische Kenntnisse über Fledermäuse könnten uns keine Auskunft darüber geben, wie es ist, eine Fledermaus zu sein.[6] F. Jackson hat in (1982) und (1986) argumentiert, ein Blinder, der alles über die Art und Weise weiß, wie optische Reize im Gehirn verarbeitet werden, könne trotzdem nicht wissen, wie es ist, zu sehen. Was immer wir über das menschliche Gehirn erfahren, die Korrelationen zwischen bewußtem Erleben, Denken, Fühlen und Erinnern und bestimmten neuronalen Vorgängen werden bloß kontingente Fakten bleiben, Bewußtsein wird immer physikalisch unerklärbar bleiben.

5 Die Offenheit des Geistigen

Zwei weitere Argumente will ich etwas ausführlicher darstellen. Dabei müssen wir uns kurz auf logische Überlegungen einlassen. Die spielen in der Diskussion des Materialismus aber eine wichtige Rolle, so daß man nicht um sie herum kommt, wenn man sich ernsthaft mit der Sache beschäftigen will. Das erste Argument stützt sich auf die *Offenheit des Geistigen*. Der psychische Bereich unterscheidet sich vom physischen unter anderem dadurch, daß es in ihm Attribute gibt, die sich auf Propositionen beziehen, insbesondere Attribute für propositionale Einstellungen, d.h. Einstellungen von Personen zu Sachverhalten, wie ‚glauben, daß …', ‚wahrnehmen, daß …', ‚prüfen, ob …', ‚bezweifeln, daß …', ‚wünschen, daß …' usf.[7] Während es zu einer festen Menge von Objekten und einer festen Menge von Objekt-Attributen auch eine wohlbestimmte, abgeschlossene Menge von Sachverhalten des Zutreffens oder Nichtzutreffens dieser Attribute auf die Objekte gibt, gilt das nicht mehr, sobald unter den Attributen solche sind, unter deren Argumente Sachverhalte sind. Denn jeder Sachverhalt des Zutreffens oder Nichtzutreffens solcher Attribute auf irgendwelche Sachverhalte ist wieder ein mögliches Argument solcher Attribute und führt damit wieder zu neuen Sachverhalten. So ergibt sich eine nach oben offene Hierarchie von Propositionen. Ist z.B. eine Menge von physikalischen Sachverhalten gegeben, so kann ich zu jedem von ihnen die Propositionen bilden, daß eine bestimmte Person, sagen

---

[5] Vgl. Leibniz, *Monadologie*, §17.
[6] Vgl. Nagel (1974).
[7] Ich verwende hier die Ausdrücke „Proposition" und „Sachverhalt" synonym.

wir Eva, ihn glaubt bzw. nicht glaubt. Zu diesen Glaubenssachverhalten erster Stufe kann ich dann solche zweiter Stufe bilden, solche, daß Eva glaubt, daß sie einen der physikalischen Sachverhalte glaubt, oder daß sie glaubt, ihn zu glauben, falls ein anderer physikalischer Sachverhalt besteht. Diese Konstruktion von Propositionen immer höherer Stufe läßt sich beliebig fortsetzen. Die Menge der Propositionen ist hier also nicht begrenzbar. *Die Menge aller Propositionen gibt es nicht.* Nimmt man sie an, so gerät man sofort in Alfred Tarskis *Antinomie der selbstanwendbaren Sätze*.[8] Für Propositionen lautet sie so: Eine universelle Proposition wie ‚Alles, was Max sagt, ist falsch' heiße „selbstanwendbar" genau dann, wenn das, was sie von allen Propositionen behauptet, auch auf sie selbst zutrifft – im Beispiel also, wenn, falls Max sagt, alles, was er sage, sei falsch, auch diese Aussage falsch ist. Ist die Proposition, alle Propositionen seien nicht selbstanwendbar, nun selbstanwendbar? Ist sie selbstanwendbar, so ist sie es ihrem Inhalt nach nicht; ist sie hingegen nicht selbstanwendbar, so ist sie es.[9]

Analoges gilt für Begriffe und Mengen. Auch die Gesamtheit der Begriffe und jene der Mengen lassen sich nicht begrenzen. Es gibt weder die Menge aller Begriffe noch die Menge aller Mengen. Nähme man sie an, so würde man in ganz entsprechende Widersprüche geraten wie im Fall der Propositionen, nämlich in Tarskis Antinomie der Erfüllungsrelation bzw. Russells Antinomie.[10]

Diese Offenheit der geistigen Zustände, insbesondere der propositionalen Einstellungen, meine ich, wenn ich von der Offenheit des geistigen Bereichs spreche. Aus ihr folgt nun unmittelbar die Unhaltbarkeit materialistischer Thesen: Der Materialismus behauptet, alle psychologischen Sachverhalte seien nichts anderes als physikalische, sie seien mit diesen identisch, ließen sich auf diese reduzieren oder seien bzgl. ihnen supervenient. Solche generellen Aussagen wären aber nur dann sinnvoll, wenn es die Menge aller psychologischen Sachverhalte gäbe. Diese Menge gibt es aber nicht. Das ist eine logische Tatsache, und Neurophysiologen können noch solange nach psycho-physischen Korrrelationen forschen, dieses logische Faktum werden sie nicht aus der Welt schaffen.

---

[8] Tarski (1949), S. 80, Anm. 11.
[9] Geht man von einer Hierarchie der Propositionen aus, löst sich der Widerspruch so auf: Haben wir eine Menge *M* von Propositionen, so können wir Aussagen über alle Propositionen aus *M* machen. Die Bildung solcher Aussagen setzt jedoch die Elemente von *M* voraus; die Aussagen können also nicht selbst Elemente von *M* sein. Erweitern wir nun *M* um diese Aussagen oder Propositionen zu einer Menge *M'*, so ändert sich der Sinn des Wortes „alle". Eine Aussage wie „Alle Propositionen von *M* sind nicht selbstanwendbar" gehört also nicht zu *M*. Sie spricht nicht über sich selbst, und damit verschwindet der Widerspruch.
[10] Vgl. dazu Kutschera (2001).

6 Das Dimensionsargument

Als letztes Argument gegen den Materialismus will ich das *Dimensionsargument* anführen. Auch das ist ein logisches Argument.[11] Es sei S eine Menge von Sachverhalten, die in dem Sinn vollständig ist, daß mit einem Sachverhalt auch seine Negation in S ist, und mit jeder Folge von Sachverhalten auch ihre Konjunktion.[12] Wir betrachten nun mögliche doxastische Einstellungen zu den Sachverhalten aus S. Der Einfachheit halber nehme ich an, daß es sich um Einstellungen ein und derselben Person handelt – nennen wir sie wieder Eva – und um Einstellungen zu ein und demselben Zeitpunkt, etwa wiederum dem jetzigen. Die doxastischen Sachverhalte, auf die wir abzielen, sind Sachverhalte, daß Eva jetzt diesen oder jenen Sachverhalt aus S glaubt oder nicht glaubt. Die informativsten derartigen Sachverhalte, die wir auch als *doxastische Haltungen* bezeichnen, lassen sich durch die Mengen aller S-Sachverhalte darstellen, die Eva jeweils glaubt. Die Menge E dieser doxastischen Haltungen ist also die Potenzmenge von S, d. h. die Menge der Teilmengen von S.[13]

Nun hat Georg Cantor, der Begründer der Mengenlehre, den Satz bewiesen, daß die Potenzmenge einer Menge immer mehr Elemente enthält als die Menge selbst. Wir können also festhalten: *Es gibt mehr doxastische Sachverhalte, die sich auf die Sachverhalte einer Menge S beziehen, als Sachverhalte in S.* Ist also S die Menge aller physikalischen Sachverhalte, so gibt es mehr diesbzgl. doxastische Sachverhalte, so daß sie nicht alle physikalische Sachverhalte sein können.

In seiner schwächsten Form behauptet der Materialismus eine *globale Supervenienz* psychologischer bzgl. physikalischer Sachverhalte. Ist S wieder die Menge physikalischer Sachverhalte und P die Menge psychologischer Sachverhalte, so besagt diese Behauptung: *Stimmen zwei Welten physikalisch überein, d. h. bestehen in ihnen genau dieselben S-Sachverhalte, so stimmen sie auch psychologisch überein, d. h. in ihnen gelten auch genau dieselben P-Sachverhalte.* Reden wir allgemein

---

[11] Gelegentlich hat man daran Anstoß genommen, daß eine metaphysische Frage logisch entscheidbar sein soll. Die höhere Logik, in der es um die Existenz von Propositionen oder Mengen geht, ist jedoch eine Theorie geistiger Konstrukte, also Teil einer Theorie des Geistes, um den es beim Leib-Seele-Problem geht.
[12] S sei also eine vollständige Boolesche Algebra.
[13] Doxastische Sachverhalte lassen sich allgemein durch Mengen von Haltungen darstellen. – In der doxastischen Logik, die sich mit dem Glaubensbegriff befaßt – vgl. dazu etwa Lenzen (1980) – unterscheidet man einen *deskriptiven* und einen *rationalen* Glaubensbegriff. Während es für den letzteren logische Prinzipien gibt, die z. B. besagen, daß jeder mit einem Sachverhalt auch das glaubt, was daraus logisch folgt, und daß er nicht zugleich einen Sachverhalt und dessen Negation glaubt, gibt es für den ersteren, auf den ich mich hier beziehe, solche Prinzipien nicht. Mit solchen Prinzipien läßt sich jede doxastische Haltung zu den S-Sachverhalten durch eine einzige nichtleere Menge von W-Welten darstellen, im Fall des deskriptiven Glaubens gilt das nicht.

von *analytisch* möglichen Welten, so handelt es sich um die Behauptung einer *analytischen* globalen Supervenienz. Danach ist jeder *P*-Sachverhalt mit einem *S*-Sachverhalt identisch. Diese Behauptung ist nach unseren Überlegungen zur Größe der Mengen *E* und *S* einfach falsch.[14]

Plausibler ist die Annahme einer *nomologischen* globalen Supervenienz, bei der man nur *nomologisch* mögliche Welten betrachtet, d.h. Welten, in denen dieselben Naturgesetze gelten wie in der wirklichen Welt.[15] Danach fällt jeder *P*-Sachverhalt, sofern er nomologisch möglich ist, mit einem *S*-Sachverhalt zusammen. Dadurch wird die Zahl der naturgesetzlich möglichen doxastischen Einstellungen zu *S*-Sachverhalten drastisch beschränkt. Ich habe in (1994) gezeigt, daß daraus und aus der evidenten Aussage, daß es für jeden nomologisch möglichen Sachverhalt analytisch möglich ist, ihn zu glauben, die absurde Behauptung folgt, daß man mit naturgesetzlicher Notwendigkeit allwissend ist.[16] Dazu muß man nur voraussetzen, daß die Konjunktion aller Naturgesetze ein physikalischer Sachverhalt ist. Materialisten nehmen aber an, daß alle fundamentalen Naturgesetze rein physikalische Gesetze sind. Will man das nicht voraussetzen und mit psychophysischen Grundgesetzen rechnen, dann kann man so argumentieren: Da es die Menge aller psychologischen Sachverhalte nicht gibt, gibt es im Sinn des Abschnitts 5 eine maximale Stufe psychologischer Propositionen, die in den psychophysischen Gesetzen vorkommen. Dann sollen die psychologischen Propositionen bis zu dieser Stufe zusammen mit den physikalischen Sachverhalten als Supervenienzbasis dienen. Gilt eine nomologische Supervenienz der psychologischen Sachverhalte bzgl. der physikalischen im ursprünglichen Sinn, so auch bzgl. der so erweiterten Basis, und die letztere Behauptung läßt sich dann wieder in der angegebenen Weise *ad absurdum* führen.

Wir können die drei letzten Einwände gegen den Materialismus so zusammenfassen: Der Materialismus scheitert daran, daß er die Eigenart des Geistigen

---

[14] In (1994), wo ich das Dimensionsargument zuerst dargestellt habe, habe ich einen rationalen Glaubensbegriff verwendet und dafür gezeigt: Die Annahme einer analytischen globalen Supervenienz führt dazu, daß man aus der evidenten Annahme, daß wir nicht aus analytischen Gründen allwissend sind, darauf schließen kann, daß es analytisch unmöglich ist, jeden möglichen *S*-Sachverhalt zu glauben.

[15] David Lewis vertrat eine dritte Variante globaler Supervenienz, die man als *generisch* bezeichnen kann. Dabei sind *w* und *w'* generisch mögliche Welten, d.h. Welten, in denen es keine natürlichen Arten wie Engel gibt, also rein sprituelle Wesen, die es nicht auch in unserer realen Welt gibt. Diese These sieht sich jedoch ganz analogen Einwänden gegenüber wie jene einer analytischen globalen Supervenienz, und daher gehe ich hier nicht näher darauf ein.

[16] Vgl. (1994), S. 107. Da ich hier einen deskriptiven Glaubensbegriff verwende, muß ich genauer sagen: Es ergibt sich, daß man *potentiell* allwissend ist, d.h. etwas weiß, woraus alle Wahrheiten folgen.

verkennt, seinen bewußten Charakter ebenso wie seine Offenheit. Wir werden später sehen, daß er auch die Eigenart der physischen Wirklichkeit verkennt.

7 Ein Dualismus als Alternative

Was ist nun die Alternative zum Materialismus? Bzgl. des Verhältnisses von Physischem und Psychischem, gibt es drei mögliche Positionen: Die Reduzierbarkeit des Psychischen auf das Physische: den Materialismus, die Reduzierbarkeit des Physischen auf das Psychische: den Idealismus, und die wechselseitige Irreduzibilität beider Bereiche: den Dualismus. Den Materialismus haben wir widerlegt, der Idealismus wird heute kaum mehr vertreten und begegnet nicht weniger gravierenden Einwänden als der Materialismus. Bleibt also nur der Dualismus. Nun richten sich freilich auch gegen den Dualismus massive Einwände, es gibt aber verschiedene Versionen des Dualismus, und es kommt darauf an, eine zu finden, die der Kritik standhält.

Der gemeinsame Kern dualistischer Positionen ist die These von der wechselseitigen Irreduzibilität des Physischen und des Psychischen. Da die meisten dualistischen Theorien naturgesetzliche psychophysische Zusammenhänge annehmen, ist dieser gemeinsame Kern als These einer analytischen Unabhängigkeit zu formulieren: *Aus psychologischen Sachverhalten folgen analytisch keine physikalischen, und umgekehrt.* Oder: *Jede konsistente Menge psychologischer Sachverhalte ist mit jeder konsistenten Menge physikalischer Sachverhalte verträglich.*[17]

Bei dieser Formulierung müssen wir uns auf *rein psychologische* und *rein physikalische* Sachverhalte beschränken, also z.B. auf Sachverhalte des Glaubens oder Wünschens einerseits und Sachverhalte des Bestehens aus bestimmten Materialien oder der raum-zeitlichen Lage andererseits, und Sachverhalte des Sagens, Tuns oder Wahrnehmens ausschließen, die beide Komponenten enthalten.[18] Viele Dualismen vertreten weit stärkere Thesen über die Eigenständigkeit und Unabhängigkeit der beiden Bereiche. Schon die These, daß aus rein mentalen Sachverhalten auch induktiv keine rein physikalischen Sachverhalte folgen und umgekehrt, erweist sich jedoch als falsch.

Jene dualistische Position, die ich als Alternative zum Materialismus vorschlage, läßt sich nun nicht nur durch das Bestehen oder Nichtbestehen bestimmter Unabhängigkeitsthesen hinreichend charakterisieren. Vielmehr muß auch ihre Konzeption der seelisch-geistigen wie der physischen Realität deutlich gemacht

---

[17] Daraus folgt, daß keiner der beiden Bereiche bzgl. des anderen analytisch supervenient ist.
[18] Man kann die These auch als Definition der rein psychologischen und der rein physikalischen Sachverhalte ansehen, diese also bestimmen als solche psychologischen Sachverhalte, aus denen keine physikalischen folgen und umgekehrt.

werden – wir werden sehen, daß sich auch die letztere nicht von selbst versteht. Ferner ist ihr Verhältnis eingehender zu bestimmen als durch die genannten Thesen. Diesen Aufgaben wenden wir uns nun zu.

8 Psychisches

Träger psychischer Zustände und Vorgänge sind *Subjekte*. Im Rahmen unserer kurzen Skizze genügt es, Subjekte als *Betrachter* und als *Agenten* zu charakterisieren. Subjekte empfinden etwas, nehmen etwas wahr, erkennen etwas. Sie nehmen doxastische Einstellungen zu Sachverhalten ein, begreifen etwas, bilden Begriffe und Urteile. Sie sind sich bestimmter Tatsachen bewußt, welche die Außenwelt oder sie selbst betreffen. Sie können auf ihre eigenen Zustände und Akte reflektieren und so z.B. die Hierarchie der Propositionen bilden, von der oben die Rede war. Schon in diesem mentalen Bereich sind Subjekte Agenten, die selbstbestimmter, freier Tätigkeiten fähig sind, die sich selbst Urteile bilden und sich dies oder das überlegen können. Agenten sind sie aber auch in ihrer äußeren Tätigkeit, als Handelnde, insbesondere auch als Redende. Das Psychische besteht also vor allem in den bewußten Zuständen und Akten von Subjekten. Es ist, mit einem Schlagwort gesagt, das Reich von Bewußtsein, Aktivität, Kreativität und Freiheit, und damit wesensverschieden vom Physischen.[19]

Im Cartesischen Dualismus wird das Geistige als eine Art zweiter, objektiver Natur angesehen. Demgegenüber will ich hier betonen, daß das Psychische als das Subjektive keine gegenständliche Realität ist, sondern das Gegenüber einer solchen Realität. Als Subjekte sind wir nicht Teil der physischen Natur, sondern ihre Zuschauer. Als Agenten sind wir nicht in die natürlichen Abläufe eingebunden, sondern greifen handelnd in sie ein. Wir sind, in einem Bild, Zuschauer des Geschehens auf der Bühne der Natur, gelegentlich auch Regissseure, die von außen in den Lauf dieses Geschehens intervenieren.

Dieses Bild vom Zuschauer und Regisseur ist leider noch zu einfach, denn wir existieren ja in der physischen Natur. Wir sitzen nicht in einem Zuschauerraum, getrennt vom Geschehen auf der Bühne, sondern befinden uns selbst auf der Bühne und spielen im Geschehen unsere Rollen. Der Cartesische Dualismus war ein *Substanzendualismus* und nahm neben physischen, körperlichen Substanzen, auch Seelen als rein spirituelle, unkörperliche Substanzen an, die nur kontingenterweise mit einem Körper verbunden waren. Nach dieser Konzeption ist die Seele tatsächlich so etwas wie ein externer Zuschauer und Agent. Sehr viel

---

[19] Vgl. dazu ausführlich Kutschera (1993), wo ich insbesondere auf Freiheit als Voraussetzung unseres Selbstverständnisses und unseres Verständnisses von unserem Denken, Sprechen und Handeln eingehe.

näher liegt aber die Auffassung von uns selbst nicht als Doppelwesen, als einer Verbindung einer Seele mit einem Körper, sondern als eines Subjekts, das sowohl psychologische wie physikalische Eigenschaften hat. Wir sagen ja nicht „Meine Seele denkt an Wien" und „Mein Köprer schwitzt", sondern „Ich denke an Wien" und „Ich schwitze." Es ist dasselbe Subjekt, das beide Arten von Eigenschaften hat. Nur aufgrund unserer körperlichen Eigenschaften haben wir einen Ort in Raum und Zeit, nur durch sie können wir in der Welt handeln und uns über sie verständigen.

Mit diesem *Eigenschaftsdualismus* tauschen wir jedoch die Doppelnatur des Substanzendualismus für ein Doppelverhältnis zur physischen Welt ein: Wir stehen ihr als Zuschauer und freie Agenten gegenüber, und sind doch andererseits auch Teil von ihr. Daraus vor allem ergeben sich die Schwierigkeiten des Leib-Seele-Problems.

Der Eigenschaftsdualismus, den ich hier vertrete, soll nicht besagen, daß die Menge aller Eigenschaften, die ein Subjekt haben kann, in die Menge rein psychologischer Eigenschaften, die Menge rein physikalischer Eigenschaften und die Menge von aus beiden kombinierten Eigenschaften zerfällt. Es gibt zahlreiche psychophysische Eigenschaften, die sich nicht als Konjunktionen von rein mentalen und rein körperlichen Eigenschaften darstellen lassen, wie z.B. ‚sehen', ‚spüren', ‚mitteilen', ‚sich zu Wort melden', ‚nach Larisa gehen', usw. Psychologische Eigenschaften und Aktivitäten sind daher vielfach genuine, irreduzible psychophysische Eigenschaften und Aktivitäten.

Daraus ergibt sich nun ein erster Aspekt, unter dem Psychisches wesentlich auf Physisches bezogen ist. Ohne unsere physische Natur könnten wir nicht sehen, sinnlich empfinden, nicht handeln oder sprechen. Unser propositionalen Einstellungen beziehen sich zweitens zum großen Teil auf die physische Natur, und physikalische Sachverhalte bilden die Basis der Hierarchie der Propositionen, der gedanklichen Inhalte, von der oben die Rede war. Eine gegenständliche Welt wie die physische brauchen wir aber drittens auch zur Kommunikation miteinander: eine gemeinsame, gegenständliche Welt, in der wir handeln können.[20] Wir können also sagen: *Kein Subjekt ohne eine gegenständliche Welt.*

9 Physisches

Diese Aussage ist uns vertraut. Ganz ungewohnt ist jedoch die Umkehrung: *Keine physische Welt ohne Subjekte.* In diesem Satz drückt sich eine völlig andere Konzeption der physischen Realität aus, als sie dem Materialismus zugrunde liegt,

---

[20] Vgl. dazu ausführlicher Kutschera (2003a), 6.4.

aber auch dem Cartesischen Dualismus. Auf den ersten Blick ist sie auch ganz unplausibel, denn die physische Welt gab es nach unseren heutigen kosmologischen Vorstellungen ja schon 13 Milliarden Jahre bevor die ersten Menschen, die ersten Subjekte in unserem Sinn, entstanden sind.

Mein Argument für die These stützt sich auf Einsichten der Quantentheorie. Auf diese Theorie brauche ich hier nicht weiter einzugehen,[21] für das folgende kommt es nur auf einen einzigen Punkt an: Schon Werner Heisenberg, einer der Begründer der Quantenmechanik, hat hervorgehoben, daß sich der Geltungsbereich der Quantentheorie dadurch auszeichnet, daß alle Beobachtungen mit Störungen des beobachteten Systems verbunden sind. So verändert etwa die Messung des Ortes eines Teilchens dessen Impuls, und umgekehrt. Das hat nun weitreichende erkenntnistheoretische Konsequenzen: Beschränken wir uns der Einfachheit halber auf Eigenschaften, so muß die Beobachtung einer Eigenschaft F über das F-Sein des Systems S im beobachteten Zustand zuverlässig Auskunft geben, darf also das F- oder *Nicht-F-Sein* von S nicht verändern. Ist die Beobachtung von F eine Störung, so muß sie daher eine andere Eigenschaft des Systems verändern, sagen wir G. Da F und G dann inkommensurabel sind, d.h. sich nicht zugleich beobachten lassen, hängt das F-Sein wie das G-Sein von dem ab, was wir beobachten. Wir können also die beiden Eigenschaften nicht dem System selbst zuschreiben, sie kommen ihm vielmehr nur bei Beobachtungen zu. Was sich dem System selbst zuschreiben läßt, sind lediglich Dispositionen, bei einer F-Beobachtung bzw. bei einer G-Beobachtung mit der und der Wahrscheinlichkeit ein positives Resultat zu ergeben. Die Systemzustände sind allein durch diese Dispositionen bestimmt. Daher sind die Eigenschaften F und G nicht als primäre Eigenschaften des Systems anzusehen, sondern nur als sekundäre Eigenschaften.

Wenn in der Mikrowelt, dem Geltungsbereich der Quantentheorie, alle Beobachtungen Interventionen sind, ist damit George Berkeleys Behauptung, alle empirischen Eigenschaften seien sekundär, nachträglich gerechtfertigt. Berkeley hat aus dieser Behauptung einen idealistischen Schluß gezogen: Sind alle empirisch ermittelbaren Eigenschaften der Dinge sekundär, so können wir ihnen keine objektive Beschaffenheit zuordnen, die ihnen an sich, unabhängig von Beobachtungen zukäme. Ohne objektive Beschaffenheit aber keine objektive Wirklichkeit. Die physische Welt erweist sich somit als ein bloßes Konstrukt aus Eindrücken.

Die Erkenntnis, daß alle empirischen Eigenschaften sekundär sind, führt jedoch nicht zu einem solchen Idealismus. Sie besagt vielmehr: Wir können den Dingen selbst zwar eine Beschaffenheit zuordnen, aber nur in Form von Dispositionen, bei Beobachtungen mit gewissen Wahrscheinlichkeiten bestimmte Ergebnisse zu liefern. Damit läßt sich die Natur der physischen Welt für uns

---

[21] Vgl. dazu Kutschera (2003b).

nur soweit erkennen, als sie essentiell auf Beobachtungen und damit auf uns als Beobachter bezogen ist.

In diesem Sinn gilt die Behauptung: *Keine physische Welt ohne Subjekte*. Nicht nur die geistige Welt ist also essentiell auf die physische bezogen, sondern auch umgekehrt die physische auf die geistige; deswegen spreche ich auch von einem *polaren Dualismus*. Wenn das aber so ist, dann ergibt sich daraus ein weiterer entscheidender Einwand gegen den Materialismus – ein Einwand übrigens, der dem von Platon in den *Gesetzen* entspricht: Subjekte können nicht zugleich Voraussetzungen der physischen Welt sein und deren Produkte.

10 Eine immanente Sicht der Wirklichkeit

Folgt man diesen Überlegungen, so ergibt sich ein deutlich komplexeres Bild der Wirklichkeit als im Materialismus. Diese Komplexität ergibt sich einmal daraus, daß der polare Dualismus der Eigenart und Eigenständigkeit des Geistigen gegenüber dem Physischen Rechnung trägt, sie hat aber auch damit zu tun, daß er erkenntnistheoretisch weniger naiv ist als der Materialismus. Der entwirft ein Bild der Wirklichkeit wie von einem externen Standpunkt aus, ein Bild, wie es sich einem jenseitigen Betrachter darbieten würde: Es zeigt die empirische Wirklichkeit, wie sie an sich ist, ohne Behinderungen durch die Unvollkommenheiten unseres menschlichen Wahrnehmungs- und Denkapparats. Nach dem Materialismus bietet uns insbesondere die Physik eine objektive Ansicht der physischen Welt, so wie sie an sich ist. Diese Ansicht ist unabhängig von den Schranken unserer sinnlichen Wahrnehmungsfähigkeit, da es gelingt, diese mit unseren Meßapparaten zu überspielen. Wir haben auch keinen Grund, die physikalischen Begriffe, mit denen wir die Welt beschreiben, etwa die raum-zeitlichen Bestimmungen, nicht als objektive, primäre Beschaffenheiten der physischen Dinge anzusehen, nur weil sie auch empirisch feststellbar sind. Diese objektiv erkennbare physische Realität umfaßt aber nach dem Materialimus die gesamte empirische Realität. Wir können insbesondere uns selbst als Teil der physischen Realität erkennen, und mit unserer physischen Natur auch die Funktionsweise unseres Wahrnehmens und Denkens. Wir verstehen ihre Leistungen und können ihre Grenzen überwinden. Wäre der Materialismus tatsächlich in der Lage, dieses Programm durchzuführen und Seelisch-Geistiges physikalisch lückenlos zu erklären, so wäre es zwar immer noch nicht ausgeschlossen, daß unser gesamtes Weltbild nicht der objektiven Realität entspricht, tatsächlich würde diese dann rein akademische, grundsätzlich unbeweisbare Möglichkeit aber doch wohl kaum jemanden bekümmern. Vielmehr wäre die Annahme sehr plausibel, daß es uns, obwohl wir nur ein winziger Teil des Universums sind, trotz der Schranken unserer kognitiven Organisation gelungen ist, unsere natürlichen kognitiven Grenzen zu überwinden und zu erkennen, wie die Wirklichkeit an sich beschaffen ist.

Wie ich zu zeigen versucht habe, scheitert dieser Münchhausensche Versuch, sich an den eigenen Haaren aus dem Sumpf zu ziehen. Die geistige Welt ist kein Teil der physischen, und die Physik zeigt uns die physische Wirklichkeit nicht so, wie sie an sich ist, sondern allein so, wie sie für uns ist und sich uns in unseren Beobachtungen zeigt. Der polare Dualismus, den ich hier skizziert habe, trägt der erkenntnistheoretischen Grundeinsicht Rechnung, daß es für uns keinen externen Standpunkt gibt, von dem aus wir, unabhängig von den Schranken unserer kognitiven Fähigkeiten, die Wirklichkeit so erblicken können, wie sie an sich ist. Für ihn können unsere Vorstellungen von uns selbst und von unserer Umwelt allein Resultat einer immanenten Auslegung unserer Erfahrungen sein. Die beginnt bereits dort, wo wir unsere sinnlichen Eindrücke als Erfahrungen eines Subjekts von einer gegenständlichen Welt auslegen. Dabei unterscheiden wir subjektive Momente, Eigenschaften des Beobachtungsakts, von objektiven Momenten, Eigenschaften des Beobachteten. Wir bestimmen, grob gesagt, das Subjektive als das Nichtobjektive, und das Objektive als das Nichtsubjektive. Normalerweise vollzieht sich diese Differenzierung automatisch und folgt mehr oder minder festen Regeln. Nur selten werden wir uns bewußt, daß es sich dabei um eine aktive Interpretationsleistung handelt. Wie klar aber die Kriterien der Scheidung auch insgesamt sein mögen, die gegenständliche, physische Welt bleibt doch stets auf die subjektive, psychische Welt bezogen, und umgekehrt. Der polare Dualismus nimmt nicht an, daß wir auf dem Weg zu einem immer genaueren Bild von uns selbst und von unserer Umwelt irgendwann diese beiden Teilbereiche so erfassen werden, wie sie an sich sind. So, wie wir sie empirisch allein bestimmen können, sind diese beiden Realitätsbereiche vielmehr wesentlich aufeinander bezogen. Daher bleibt für diesen Dualismus die Frage nach der Beschaffenheit der Wirklichkeit an sich offen. Er ist sich bewußt, daß sie für uns eine Grenzfrage bleibt, eine Frage, die wir prinzipiell nicht beantworten können.

Literatur

Chalmers, D. J. (1996): *The Conscious Mind*, Oxford
Jackson, F. (1982): „Epiphenomenal qualia", *Philosophical Quarterly* 32, 127–136
Jackson, F. (1986): „What Mary didn't know", *Journal of Philosophy* 83, 291–295
Kutschera, F. v. (1992): „Supervenience and reductionism", *Erkenntnis* 36, 333–343
Kutschera, F. v. (1993): *Die falsche Objektivität*, Berlin
Kutschera, F. v. (1994): „Global supervenience and belief", *Journal of Philosophical Logic*, 23, 103–110; dt. als Nr. 12 in diesem Band

Kutschera, F. v. (2001): „Concepts of a set", in A. Newen, U. Nortmann, R. Stuhlmann-Laeisz (Hrsg.): *Building on Frege*, Stanford, 319–327; dt. als Nr. 18 in diesem Band

Kutschera, F. v. (2003a): *Jenseits des Materialismus*, Paderborn

Kutschera, F. v. (2003b): „Intervenierende Beobachtungen und die Quantenmechanik", Vortrag 2003, als Nr. 19 in diesem Band

Lenzen, W. (1980): *Glauben, Wissen und Wahrscheinlichkeit*, Wien

Lewis, D. (1983): „New work for a theory of universals", *Australasian Journal of Philosophy* 61, 343–377

Nagel, T. (1974): „What is it like to be a bat?", *Philosophical Review* 83, 435–50

Tarski, A. (1949): „The semantic conception of truth and the foundations of semantics", in H. Feigl und W. Sellars (Hrsg.): *Readings in Philosophical Analysis*, New York.

21

Philosophie und die Wissenschaften

Im Lauf des 19. Jahrhunderts ist die Philosophie, die bis dahin unbestritten einen zentralen Platz im System der Wissenschaften einnahm, in eine Legitimationskrise geraten, deren Ausläufer bis in unsere Tage hinein reichen. Der erste gewählte Rektor der 1810 neu gegründeten Berliner Universität war ein Philosoph, Johann Gottlieb Fichte, und nach seinem Tod 1814 folgte ihm 1818 Georg Wilhelm Friedrich Hegel auf dem Lehrstuhl wie im Amt des Rektors nach, das er bis zu seinem Tode 1831 innehatte. Das Rektorat dieser beiden Männer an der Humboldtschen Universität war der letzte Höhepunkt im öffentlichen Ansehen der Philosophie, nicht nur in Deutschland. Mit den überzogenen Ansprüchen des Deutschen Idealismus enthielt er aber schon den Keim der nachfolgenden Krise. Für Fichte war Philosophie „Wissenschaft der Wissenschaften", und das nicht etwa im Sinn moderner Wissenschaftstheorie, sondern einer apriorischen Begründung der fundamentalen Theorien sämtlicher Einzelwissenschaften. Hegel sah sie als ein allumfassendes, wiederum apriori begründetes, wissenschaftliches System, so daß sie, wie er sagte, nunmehr „den Namen der Liebe zum Wissen ablegen kann und zum wirklichen Wissen wird". Für Schelling endlich war Philosophie schlicht „Wissenschaft vom Absoluten". Diese übersteigerten Ansprüche standen in einem krassen Mißverhältnis zu den erbrachten Leistungen – selbst wenn man insbesondere Hegel zu den großen Gestalten der Philosophie zählt, muß man das so sagen –, und auf Dauer konnte das nicht verborgen bleiben.

Das Scheitern einer philosophischen Richtung allein – wenn es auch die am Beginn des 19. Jahrhunderts maßgebliche war – kann jedoch nicht als der eigentliche Grund für die Krise der Philosophie angesehen werden. Das waren vielmehr die enormen Fortschritte der Einzelwissenschaften, speziell der Naturwissenschaften, deren Erfolge sich in ihren technischen Anwendungen für alle sichtbar manifestierten. Was Francis Bacon am Beginn der Neuzeit programmatisch verkündet hatte: eine Wissenschaft, die das Leben der Menschen erleichtern und endlich einen sicheren Fortschritt von Wissen und Naturbeherrschung garantieren sollte, schien nun Wirklichkeit zu werden. Die Wissenschaften hatten gegenüber der Philosophie von nun an den Erfolg auf ihrer Seite. In ihnen gibt es nicht mehr den endlosen Meinungsstreit und die immer neue Diskussion alter Probleme über Jahrhunderte hinweg, sondern definitive Entscheidungen von Fragen und einen rapiden Fortschritt gesicherten Wissens. Der Grund dieses Erfolges schien klar: Sie hatten den Ballast philosophischer Spekulationen abgeworfen und orientierten sich strikt an der Erfahrung, wie das schon Bacon gefordert hatte. Über die Beschaffenheit der Wirklichkeit, so war man sich nun einig, kann nicht bloßes Denken Auskunft geben, sondern allein Erfahrung. Da Philosophie keine Erfahrungswissenschaft ist, war so von ihr auch kein Erkenntnisgewinn zu erwarten.

Ein dritter Grund für die Krise der Philosophie war ihre thematische Auszehrung. Für Aristoteles waren alle Einzelwissenschaften Teile der Philosophie[1], und noch zur Zeit von Descartes und Hobbes stand „Philosophie" für den Inbegriff der Wissenschaften. Mit der Zunahme der Kenntnisse auf den verschiedenen Gebieten, mit der Ausbildung spezieller Begriffssysteme und Methoden haben sich dann fast alle Einzelwissenschaften, Natur- wie Geisteswissenschaften, aus dem Verband der Philosophie emanzipiert – lediglich Mathematik, Medizin, Geschichtsschreibung und Philologie sind nie Teile der Philosophie gewesen. Bei ihrem Abschied hat jede Disziplin ein Stück der Realität als ihren spezifischen Gegenstandsbereich für sich reklamiert, bis endlich die Wirklichkeit unter sie aufgeteilt war und die Philosophie ohne eigene Sachzuständigkeit zurückblieb. Welchen Fragen sich ein Philosoph nun auch immer zuwendet, er sieht sich in der Rolle des Amateurs, der mit der Kompetenz des Fachmanns nicht ernsthaft konkurrieren kann. Dem allgemeinen Bewußtsein gilt Philosophie zwar nicht nur als gemeinsame Vergangenheit der Wissenschaften, sondern als Einzelfach neben anderen, als Fachdisziplin spielt sie aber eine unglückliche Rolle. Ihr fehlt eben ein spezieller Anteil an der Realität als Gegenstandsbereich, und damit eine besondere Zuständigkeit. Manche ihrer Vertreter haben versucht, diesem Mangel dadurch abzuhelfen, daß sie ihr als Thema ihre eigene Geschichte zuwiesen. Ein Fach, dessen einziges Thema seine eigene Geschichte ist, könnte jedoch wegen Stoffmangels offenbar nie in Gang kommen, da seinem Anfang eben keine eigene Geschichte vorausliegt, und es wird mangels neuen Stoffs auch bald an ein Ende kommen. Die Bestimmung würde zudem die Marginalität von Philosophie nur unterstreichen. Noch unglücklicher ist es, wenn man, in der Nachfolge Ludwig Wittgensteins, ihre Aufgabe darin sieht, ihre eigene Sprache kritisch zu durchleuchten oder die intellektuellen Beulen zu heilen, für die sie mit ihren Verwirrungen selbst verantwortlich ist.[2]

Für die im 19. Jahrhundert wachsende Überzeugung, Philosophie sei eine Sache der Vergangenheit, die modernen Erkenntnisansprüche nicht mehr befriedigen könne, ist das Dreiphasenmodell von Auguste Comte charakteristisch. Danach ist die Zuständigkeit für weltanschauliche Fragen von der Religion zunächst auf die Philosophie und von ihr dann auf die Wissenschaften über-

---

[1] Vgl. *Metaphysik* IV,2.
[2] Vgl. dazu Wittgenstein (1953), §§ 109,118,119.

gegangen. Eine Deutung der Welt gaben zuerst die Mythen, die nicht als Ergebnisse menschlicher Spekulation, sondern als göttliche Offenbarungen verstanden wurden. Die Musen verkünden Homer und Hesiod, was der Mensch aus eigener Erfahrung nicht wissen kann, insbesondere den Ursprung der Welt und der Götter, und damit auch ihr Wesen. Mit der Emanzipation des Individuums, seinem Insistieren auf der Einsichtigkeit dessen, was es als wahr akzeptieren soll, wurde solche Offenbarung suspekt: Die Frage, warum wir eine Aussage als göttliche und damit wahrheitsgemäße Offenbarung akzeptieren sollen, eine andere hingegen nicht, läßt sich offenbar nicht wieder durch Verweis auf Offenbarungen beantworten. Wir müssen selbst entscheiden und dabei auf unsere eigene Vernunft vertrauen. Lassen wir aber nur das als Offenbarung gelten, was sich als wahr erkennen läßt, so spielt sie als eigenständige Erkenntnisquelle keine Rolle mehr. Die weltanschauliche Kompetenz ging damit an die Philosophie als Inbegriff vernünftiger Überlegungen über. Mit dem Entstehen der Wissenschaften wurde nach Comte dann aber auch die Philosophie obsolet. Denn ihre unsicheren Spekulationen können mit zuverlässigen empirischen Untersuchungen nicht konkurrieren. Die Philosophie hat, wie gerade hervorgehoben wurde, zunehmend auch ihre speziellen Gegenstandsbereiche und sachlichen Zuständigkeiten an die Einzelwissenschaften verloren. Vor allem aber gibt es in den Wissenschaften nun endlich handfeste Resultate. Auch in ihnen sind zwar einzelne Erklärungen, Methoden und Theorien eine Zeit lang umstritten, aber man kann doch von den gesicherten und im Fach allgemein anerkannten Ergebnissen z.B. der Physik oder der Biologie reden. In der Philosophie kann man hingegen nur von den Meinungen dieses oder jenes Fachvertreters sprechen; es gibt nichts allgemein Akzeptiertes, keine Ergebnisse *der* Philosophie. Die Zahl konkurrierender philosophischer Theorien und Schulen hat sich gerade im 18. und 19. Jahrhundert vervielfacht, und mit dem Erwachen des Interesses für die Geschichte der Philosophie im Deutschen Idealismus trat auch ihre historische Vielfalt neu ins Bewußtsein. Von ihr Auskunft in wichtigen Fragen zu erhalten, schien nun aussichtslos, denn auf jede Frage antwortet ein unverständliches Stimmengewirr.

Nach alldem scheint die Philosophie nicht mehr kompetent zu sein für solide Auskünfte zu den Fragen, die uns interessieren. Da die Wissenschaften die Erfolge, den Erkenntnisfortschritt, den Reichtum der Informationen auf ihrer Seite haben, erwartet man diese Auskünfte nun von ihnen. Diese Sicht der Dinge hat bewirkt, daß das öffentliche Ansehen der Philosophie stark gesunken ist und selbst Fachvertreter vom Ende der Philosophie geredet haben.[3] Comtes

---

[3] Dieses Thema ist – oder war – vor allem eine Domäne deutscher Philosophie, vgl. z.B. Adorno (1963), sowie die Aufsätze in Lübbe (1978) und Baynes u.a. (1987).

Dreiphasenmodell ist aber doch recht naiv. Tatsächlich hat weder die Philosophie die Religionen verdrängt, noch haben die Wissenschaften die Philosophie obsolet gemacht. Daß sie heute noch existiert, liegt auch nicht nur am Beharrungsvermögen von Institutionen, sie ist vielmehr sehr lebendig. Es wächst nicht nur die Zahl der Fachvertreter, der Institute und Fachzeitschriften, sondern in der Spitze ist auch das qualitative Niveau sehr hoch.

Wieso hat sich die Philosophie auch im Milieu prosperierender Wissenschaften halten können? Der Erfolg der Wissenschaften beruht auf einer Beschränkung, die der Philosophie ihren Raum gibt. Wissenschaft kommt in Gang, wo sich auf einem Gebiet allgemein akzeptierte Methoden und Theorien herausbilden. Das erlaubt es einem Forscher, auf den Ergebnissen anderer aufzubauen, da sie mit Voraussetzungen und nach Kriterien gewonnen wurden, die auch er selbst anerkennt. Wissenschaft wird damit zu einem gemeinschaftlichen Unternehmen, und das ermöglicht einen wesentlich rascheren und auch verläßlicheren Erkenntnisfortschritt, als ihn der einzelne erzielen kann. Das gilt auch für die Arbeitsteilung durch Spezialisierung: Jede Wissenschaft beschäftigt sich nur mit einem Realitätsausschnitt, einem Bereich miteinander zusammenhängender Phänomene, und kommt aufgrund dieser Konzentration zu sehr viel detaillierteren Aussagen, als wenn sie immer das Ganze im Blick behalten würde. Philosophie ist in diesem Sinn keine Wissenschaft. Sie muß zwar den Mindestanforderungen wissenschaftlichen Redens genügen, den Anforderungen von Verständlichkeit und Einsichtigkeit rationaler, sach- und wahrheitsorientierten Diskurse, aber sie definiert sich nicht durch gemeinsame Voraussetzungen. Wenn Philosophie auch nicht in das Spektrum der Einzelwissenschaften gehört und es keinen Teil der Realität gibt, für dessen Erforschung sie exklusiv zuständig wäre, ist sie doch nicht der leere Kokon, der mit dem Ausschlüpfen der Einzelwissenschaften seine Daseinsberechtigung verloren hätte. Zwei Zuständigkeiten sind der Philosophie geblieben: Die Reflexion auf die Grundlagen und der Blick aufs Ganze. Das erstere können die Einzelwissenschaften als *Wissenschaften* nicht leisten, das zweite nicht als *Einzel*-Wissenschaften.

Fast zu jeder Fachdisziplin gibt es eine entsprechende philosophische Teildisziplin. Es gibt eine Philosophie der Sprache, der Mathematik, der Psychologie, eine Philosophie des Rechts, der Kunst, der Religion usf. Die Grenze zwischen Mathematik und Philosophie der Mathematik z.B. ist nicht scharf. In der letzteren geht es zwar nicht um jene Probleme, für die sich Mathematiker gewöhnlich interessieren, sondern etwa um den ontologischen und erkenntnistheoretischen Status abstrakter Objekte wie Zahlen oder Mengen. Es geht aber auch um die Grundlagen der Mengenlehre, einer zentralen mathematischen Disziplin, und um beweistheoretische und modelltheoretische Fragen, für die sich Mathematiker in der Regel zwar ebenfalls nicht erwärmen, ohne jedoch leugnen zu können, daß z.B. die Theoreme von Kurt Gödel über die Unvollständigkeit formaler Systeme der Arithmetik oder die Verträglichkeit der Generellen Kontinuumshypothese mit dem mengentheoretischen System von Zermelo und Fraenkel von fundamentaler Bedeutung für die Mathematik selbst sind. Philosophie der Mathematik und Mathematik selbst überschneiden sich also thematisch.

Da Konzeptionen von Mengen durch mengentheoretische Axiome expliziert und durch deren Implikationen überprüft werden müssen, benötigt ein Philosoph, der auf diesem Gebiet arbeiten will, jedenfalls gewisse mathematische Kompetenzen. Umgekehrt bleibt die Diskussion der starken Unendlichkeitsaxiome der Mengenlehre ohne Einbeziehung philosophischer Aspekte fruchtlos. Die Mathematik ist eine exakte Wissenschaft, die Diskussion ihrer Grundlagen bietet aber genau dasselbe Bild wie philosophische Diskussionen, denn sie ist eben nichts anderes als eine philosophische Erörterung. Auch dabei stehen sich radikal verschiedene, miteinander unverträgliche Positionen gegenüber, und oft sind es heute dieselben wie vor fast zweieinhalb Jahrtausenden – ebenso wenig und ebenso viel Fortschritt also wie in der Philosophie. Mathematik kümmert sich in ihrer normalen Praxis nicht um diese Fragen, aber das heißt nicht, daß sie sich das leisten könnte, weil sie festen Boden unter den Füßen hätte. Die Reflexion auf ihre Grundlagen ist der Sache, nicht der fachlichen Zuständigkeit nach, eine Angelegenheit der Philosophie.[4]

Wie vor allem Thomas Kuhn durch seine wissenschaftsgeschichtlichen Analysen belegt hat, gehen die Wissenschaften ihren sicheren Gang nur im Rahmen eines Paradigmas, in dem sie von Annahmen und Theorien ausgehen und Methoden verwenden, die nicht Gegenstand, sondern Mittel ihrer Untersuchungen sind. Solange sich die bei der Erklärung der empirischen Phänomene und bei Prognosen hinreichend gut bewähren, sieht man keinen Anlaß, sie zu problematisieren. Häufen sich jedoch Beobachtungen, die nur schwer mit ihnen zu vereinbaren sind, dann werden endlich auch die Theorien in die Diskussion einbezogen. Es werden neue Paradigmen entwickelt, und in einer solchen Phase wissenschaftlicher Revolution gibt es kein methodisch gesichertes Fortschreiten mehr.[5] Dann stellen sich Grundlagenfragen und die Diskussion wird philosophisch, weil sich diese Fragen nicht mehr aufgrund von allgemein akzeptierten Annahmen oder durch Experimente entscheiden lassen – mit den fundamentalen Theorien steht ja auch die Art und Weise in Frage, wie Beobachtungen zu interpretieren sind und was sie implizieren.

Nun wird man einwenden, daß die Wissenschaften auch in revolutionären Phasen nicht auf den Rat von Philosophen angewiesen sind. Die Grundlagendiskussion werde vielmehr von den Fachleuten selbst geführt, die auch allein die

---

[4] Das sagt schon Platon. Vgl. z.B. das Gleichnis von der geteilten Linie im *Staat* 509d–511e: Der Philosoph begnügt sich nicht mit der Evidenz geometrischer Axiome, sondern hinterfragt sie.
[5] Vgl. dazu Kuhn (1962).

notwendigen Kenntnisse hätten, insbesondere über die Daten, denen eine neue Theorie gerecht werden muß. Der Streit zwischen verschiedenen Paradigmen werde ferner nicht durch philosophische Argumente entschieden, sondern durch die Einfachheit und Leistungsfähigkeit neuer Theorien bei der Beschreibung und Erklärung von Phänomenen, und dafür seien wiederum die Fachwissenschaftler zuständig. Dieser Einwand beruht jedoch auf einer falschen Voraussetzung: Philosophische Fragen sind nicht jene, die von berufs- und gewerbsmäßigen Philosophen diskutiert werden und für die sie eine exklusive Zuständigkeit hätten, es sind vielmehr Fragen einer bestimmten Art, Fragen für deren Beantwortung es keine allgemein anerkannten Prämissen oder Methoden gibt. Je konkreter eine solche Frage in ein Fachgebiet eingreift, desto stärker muß natürlich auch die fachliche Kompetenz dessen sein, der eine brauchbare Antwort darauf finden will. Die Philosophen, die sich z. B. mit Physik befassen, benötigen physikalische Kenntnisse und haben sie in der Regel auch. Umgekehrt braucht der Physiker, der sich mit der Interpretation der Relativitätstheorie oder der Quantenmechanik beschäftigt, philosophische Kompetenzen, und Einstein und Heisenberg hatten sie auch. Beide sahen sich veranlaßt, ihre neuen Konzeptionen durch philosophische Überlegungen abzusichern. Auf dem Gebiet der Grundlagen der Wissenschaften gibt es sie also tatsächlich noch, die Verbindung von Philosophie und Wissenschaften. Philosophie – nicht als Fachdisziplin, sondern als Suche nach Erkenntnis auf noch ungebahnten Wegen – ist also für die Grundlagenprobleme in den Wissenschaften relevant, und daher kann man nicht behaupten, sie sei durch diese obsolet geworden.

In den Schriften des Buddhismus wird von einem König berichtet, der alle Blindgeborenen seiner Residenz im Hofe des Palasts versammelte. Er ließ ihnen einen Elefanten vorführen und sagte: „Das ist ein Elefant." Dabei ließ er die einen den Kopf betasten, andere ein Ohr, einen Stoßzahn, den Rüssel, den Rumpf, einen Fuß, das Hinterteil, den Schwanz oder die Schwanzhaare. Dann fragte er sie: „Wie ist ein Elefant beschaffen?" Da sagten jene, die den Kopf betastet hatten: „Er ist wie ein Topf", die das Ohr betastet hatten: „Wie ein geflochtener Korb zum Schwingen des Getreides", die einen Stoßzahn betastet hatten: „Wie eine Pflugschaar", die einen Fuß betastet hatten: „Wie ein Pfeiler", und jene, die es mit den Schwanzhaaren zu tun gehabt hatten: „Wie ein Besen". Darüber gerieten sie dann in Streit und mit dem Ruf: „Der Elefant ist so und nicht anders!" schlugen sie sich gegenseitig mit den Fäusten – zum Ergötzen des Königs, wie es heißt.

Die Einzelwissenschaften definieren sich durch spezielle Zuständigkeiten. Sie alle handeln zwar von der einen Wirklichkeit, haben es aber ausschließlich mit bestimmten Teilen oder Aspekten von ihr zu tun. Diese Spezialisierung ist zwar unvermeidlich und hat auch viele Vorteile, andererseits bewirkt die Verselbständigung der Wissenschaften eine zunehmende Entfernung voneinander, die zum Teil sogar soweit geht, daß ihre Theorien nicht mehr zueinander passen. Von einer Einheit des wissenschaftlichen Weltbildes, einer einheitlichen Landkarte der Wirklichkeit, deren verschiedene Regionen durch die einzelnen Disziplinen ausgefüllt werden, kann nicht die Rede sein. Wir haben viele, oft sehr detaillierte Kartenausschnitte, aber sie fügen sich manchmal so wenig zusammen wie Stücke verschiedener Puzzles. Die Theorien sind eben zur Beschreibung und Erklärung ganz verschiedener Phänomenbereiche entworfen worden, und für den einen Bereich kann sich eine Hypothese empfehlen, die für den anderen nicht paßt. In den Geisteswissenschaften und im Recht gehen wir z.B., ebenso wie im praktischen Leben, von menschlicher Freiheit aus; ohne die Annahme von Freiheit wären die Fragestellungen und Antworten dieser Disziplinen kaum sinnvoll. Im Weltbild der Naturwissenschaften ist aber für Freiheit kein Platz. Folgt man der Biologie und Physiologie, so ist der Mensch ein komplexer biologischer und letztlich physikalischer Apparat. Das paßt aber nicht zu dem erkennenden, planenden, handelnden Wesen, von dem Sprach- und Kulturwissenschaften reden.

In theoretischen Fragen, welche die Außenwelt betreffen, können wir eine Zeitlang mit mehreren miteinander unverträglichen Hypothesen leben in der Hoffnung, es werde sich später schon herausstellen, welche von ihnen richtig ist. Wo es um unser Selbstverständnis geht und um praktische Entscheidungen, die jetzt anstehen, ist das aber unmöglich. Wir können uns nicht als Zufallsprodukt der Evolution begreifen und zugleich eine besondere Würde des Menschen beanspruchen; wir können nicht Entscheidungsfreiheit leugnen und zugleich an die Verantwortung oder den Gerechtigkeitssinn anderer appellieren – wir können es nicht, wenn wir auch nur soviel Rationalität für uns beanspruchen wollen, wie sie die Blindgeborenen bewiesen, als sie sich um die Wahrheit ihrer jeweiligen Vorstellungen vom Elefanten prügelten. Für ein kohärentes Verständnis des Ganzen bleibt also der Philosophie eine wichtige Aufgabe. Die Einzelwissenschaften können sie nicht erfüllen, denn ihre besondere Zuständigkeit für ihr Spezialgebiet wird mit ihrer Unzuständigkeit für alles andere erkauft.

Die beiden thematischen Richtungen der Philosophie: Grundlagen der Wissenschaften und das Ganze der Wirklichkeit, hängen zusammen. Grundlagenfragen sind in der Regel Fragen von hoher Allgemeinheit, und die Antworten einer Disziplin haben oft Implikationen, die weit über deren Gegenstandsgebiet hinausgehen. Interpretationen der Quantenmechanik stellen z.B. die Vorstellungen von Substanz und Kausalität infrage, die uns auf anderen Gebieten unverzichtbar erscheinen. In der Kopenhagener Deutung spielt ferner der Beobachter eine wichtige Rolle, der sich nicht als physikalisches System beschreiben läßt, das mit dem beobachteten System in Wechselwirkung steht. Das widerspricht der verbreiteten Auffassung vom Menschen als einem komplexen physikalischen System. Daher vor allem ist diese Interpretation bis heute umstritten, nicht wegen innerphysikalischer Schwierigkeiten. Die Autonomie der Einzelwissenschaften findet also ihre Grenze darin, daß ihre Konzeptionen zueinander passen und sich in ein

Gesamtbild der Realität fügen müssen, und dazu kann und soll philosophische Grundlagenkritik beitragen.

Schließlich ist auch die Rede von einer sachlichen Auszehrung der Philosophie durch die Emigration der Einzeldisziplinen mit einem Körnchen Salz zu nehmen. Sicher, Philosophen lesen heute nicht mehr, wie Kant es noch tat, über „Den Krokodyll" oder „Die Krankheiten des Kopfes", aber manche sachlichen Zuständigkeiten sind ihr doch geblieben, so z.B. in der Logik (wenn die auch teilweise in die Mathematik abgewandert ist) und in der Erkenntnistheorie. Vor allem gilt das für die praktische Philosophie, die sich – in einem weiten Sinn verstanden – mit Werten und Normen befaßt, mit Werterfahrung im moralischen wie ästhetischen Feld, und mit der Begründung normativer Aussagen. Für dieses Gebiet ist Philosophie allein zuständig. Es ist freilich heftig umstritten, ob das wirklich eine sachliche Zuständigkeit ist. Eine sachliche Kompetenz besteht nur für den moralischen oder ästhetischen Realismus, der eigenständige Werttatsachen und normative Tatsachen annimmt. Für den Subjektivismus, die offizielle Doktrin in der gegenwärtigen Ethik, gehören diese Tatsachen hingegen in das Gebiet von Psychologie oder Soziologie. Setzen wir hier einmal einen Wertrealismus voraus, so bilden Werttatsachen einen irreduziblen Teil der Realität, mit dem sich allein die Philosophie befaßt, denn alle anderen Fächer bekennen sich ja zur Wertfreiheit der Wissenschaft, sehen von Wertfragen also prinzipiell ab. Der ganze Bereich dessen, was man „Orientierungswissen" nennt, ist der Philosophie also verblieben. Man kann daher wirklich nicht behaupten, systematisch gäbe es für sie nichts mehr zu tun.

Obwohl sie bemüht ist, die Grundlagen tiefer zu legen und die Aufbauten der Einzelwissenschaften unter einem gemeinsamen Dach zu vereinigen, will Philosophie doch keine Superwissenschaft sein, die tiefer ansetzt und höher hinaus will. Gerade weil sie tiefer gräbt, waren ihre Ansprüche von Anfang an erheblich bescheidener. Im wissenschaftlichen Normalbetrieb geht man – trotz des Bekenntnisses zum prinzipiell hypothetischen Charakter empirischer Theorien – davon aus, daß man im wesentlichen auf festem Boden steht und daß das Fach in seinen grundlegenden Theorien über gesichertes Wissen verfügt. Die Philosophie hingegen erhebt seit Sokrates und Platon gerade keinen Anspruch auf gesichertes Wissen. Diogenes Laertius berichtet, als erster habe sich Pythagoras als „Philosoph" bezeichnet, als Freund der Weisheit, denn kein Mensch sei weise, sondern allein die Götter.[6] Die Deutung der ersten Wortkomponente *philein* im Sinn

---

[6] Diogenes Laertius *Leben und Meinungen berühmter Philosophen* I,13. Der Gedanke, über Erkenntnis verfügten allein die Götter und wir Menschen könnten nichts wissen, sondern nur herumraten und dabei vielleicht einmal zufällig das Wahre treffen, war in der älteren griechischen Dichtung weit verbreitet. Theognis sagt: „Vergeblich raten wir herum, wissen aber nichts."

von „streben nach" statt „vertraut sein mit" stammt aber wohl erst von Platon.[7] Im *Phaidros* (278d3–6) sagt Sokrates von dem, der sich um wahre Erkenntnis bemüht und nicht glaubt, sie in Abhandlungen finden oder niederzulegen zu können:

> ,Weise' [,gelehrt', ,wissend'], Phaidros, scheint mir als Bezeichnung zu groß zu sein und allein Gott zuzukommen. Doch Liebhaber der Weisheit oder etwas dergleichen dürfte eher für ihn passen und auch angemessener klingen.

Und im *Symposion* (204a1–b5) sagt Diotima:

> Kein Gott philosophiert oder strebt nach Erkenntnis, denn er hat sie. Noch philosophiert sonst jemand, der schon im Besitz von Wissen ist. Ebensowenig philosophieren die Unverständigen oder streben nach Wissen. Denn das ist eben das Arge am Unverstand, daß er, ohne schön und gut und vernünftig zu sein, doch sich selbst genug zu sein dünkt. Wer aber den eigenen Mangel nicht spürt, begehrt auch nicht, wessen er nicht zu entbehren glaubt.

Die Philosophen stehen also zwischen den Wissenden und den Unverständigen in der Mitte (204b5). *Sophia* war zunächst allgemein Wissen, Bildung und Können – zu den Sieben Weisen zählten auch Staatsmänner wie Solon und Periander. Das Wort nahm erst gegen Ende des 5. Jahrhunderts die Bedeutung von „Gelehrtheit" an, und bis zu Sokrates wurden Philosophen meist als *Sophoi* bezeichnet. Sokrates wandte sich gegen die für ihn oberflächlichen Wissensansprüche der Gelehrten und nahm für sich selbst nur eine einzige Form von Weisheit in Anspruch: das Bewußtsein des eigenen Nichtwissens. Darin wußte er sich den Gelehrten in ihrer vermeintlichen Sicherheit überlegen.[8] Geistesgeschichtlich gesehen geht es um nicht weniger als die Ablösung der Vorstellung von Wissen als Informiertsein über etwas durch ein neues Wissensideal: das Ideal des begründeten Wissens, das man mit Argumenten gegen Einwände und Zweifel zu verteidigen weiß – ein Ideal, das sich zuerst wohl in der Mathematik durchgesetzt hatte, die bei den Griechen zu einer beweisenden Wissenschaft geworden war. Platon, und offenbar auch dem historischen Sokrates, war Wissen in diesem Sinn das zentrale Anliegen der Philosophie. Für Platon war die Reinigung der Seele von falschen Wissensansprüchen die höchste Form der *Katharsis* – dieses Wort hat dabei noch durchaus religiöse Konnotationen – und die Vorbedingung für echte Erkenntnis.[9] Nur wer sich bewußt ist, über eine Sache nicht – oder doch nicht gründlich – Bescheid zu wissen, sucht nach weiterer Einsicht, und ernsthaftes Suchen ist die Vorbedingung des Findens. Ein Philosoph ist kein Gelehrter,

---

[7] Vgl. dazu E. Heitsch (1993), S. 65 und 80. Bei Platon vgl. z. B. *Symposion* 204a1–b5 und Phaidros 278d3–6.
[8] Vgl. Platons *Apologie* 21a–22e.
[9] Vgl. *Sophistes* 230d.

sondern ein Forscher, jemand, der Erkenntnis nicht besitzt, sondern sich um sie bemüht. Diese kritische Haltung gegenüber Wissensansprüchen ist nicht mit einer Erkenntnisskepsis zu verwechseln. Sie geht nicht davon aus, daß Erkenntnis unerreichbar ist, sondern daß sie oft schwer zu erreichen ist – insbesondere in den Fragen, für die sich die Philosophie interessiert.

Philosophie ist also seit Sokrates eine wissenschaftskritische Instanz. Nun sieht sich heute fast jeder Esel als ‚kritischen Denker', echte Kritik beginnt aber zunächst einmal bei sich selber. Daher ist das eingangs zitierte Hegel-Wort so ärgerlich, Philosophie könne nun – nach ihrer Reformation durch Hegel – den Namen der Liebe zum Wissen ablegen und zum wirklichen Wissen werden. Philosophie sieht ihre Aufgabe immer wieder auch darin, das, worüber sich alle einig sind, was allgemein akzeptiert wird, was als selbstverständlich gilt oder als gesichertes wissenschaftliches Resultat, zu hinterfragen. Sie versucht, der verbreiteten Tendenz zur einseitigen Betrachtung entgegenzuwirken und das zu beleuchten, was jeweils auf der Nachtseite des allgemeinen Bewußtseins liegt. Sich wie Sokrates unter die Scharen der Gelehrten und Experten zu mischen, sie an der Jacke festzuhalten und ihnen begreiflich zu machen, wie wenig sicher das eigentlich ist, was sie als gesicherte Forschungsergebnisse ausgeben, erfordert allerdings viel Mut zur Unpopularität.[10] Heute prägen wissenschaftliche Theorien und Prognosen unser Leben und Handeln sehr viel stärker als im alten Athen, und daher ist die Mahnung an die Experten zu selbstkritischer Haltung noch viel nötiger als damals. Auch heute wissen sehr viele Gelehrte sehr viel weniger, als sie zu wissen meinen, heute kann das aber weit schlimmere Folgen haben als damals. Würde sie nichts anderes tun, als an der Selbstsicherheit der *Sophoi* ein bißchen zu sägen und zu kratzen, so wäre die Existenzberechtigung der Philosophie schon erwiesen.

Die kritische Haltung der Philosophie gilt, wie gesagt, nicht nur den anderen, sie ist vor allem auch Selbstkritik, ein Bewußtsein eigenen Nichtwissens. Der historische Sokrates hat wohl keine eigenen Theorien entwickelt.[11] Für ihn war daher das Bewußtsein des Nichtwissens leichter durchzuhalten als für Platon mit seinen weitreichenden theoretischen Entwürfen. Im *Phaidon*, der Erzählung vom letzten Gespräch des Sokrates mit seinen Freunden vor der Hinrichtung, läßt Platon ihn vier Beweise für die Unsterblichkeit der Seele vortragen.[12] Drei dieser Argumente sind neu und man hat sie über Jahrhunderte hinweg immer

---

[10] Vgl. *Apologie*, 22e–23a.
[11] Er vertrat nur ein neues Ideal des Wissens, das sich aus der Kenntnis vom Wesen der Dinge ergibt und sich dialektisch rechtfertigen läßt.
[12] Vgl. *Phaidon*, 69e–107a.

wieder intensiv diskutiert.[13] Sokrates sieht sie im Dialog aber keineswegs als endgültig, als definitiv entscheidend an. Er schließt sich vielmehr (85c–d) der Maxime des Simmias an, wo Sicherheit nicht zu erlangen sei, solle man die sicherste Hypothese akzeptieren und darauf, wie auf einem Floß, die Reise des Lebens wagen:

> Denn eins muß man doch in diesen Dingen erreichen, entweder erkennen, wie es damit steht, oder, wenn das unmöglich ist, jedenfalls die beste und unwiderlegbarste Meinung der Menschen nehmen, um darauf wie auf einem Floß die gefährlichen Strömungen des Lebens zu durchschwimmen. (85c–d).

Und nach dem abschließenden Mythos über das Schicksal der Seele nach dem Tod sagt Sokrates:

> Daß sich nun dies alles genau so erweist, wie ich es auseinandergesetzt habe, wird kein vernünftiger Mensch behaupten. Daß es sich jedoch so ähnlich verhalte mit unseren Seelen und ihren Wohnungen, wenn doch die Seele etwas Unsterbliches ist, das anzunehmen, glaube ich, ziemt sich gar wohl und lohnt das Wagnis zu glauben, es verhalte sich so. Denn es ist ein schönes Wagnis. (114d).

Im 6. Buch der *Politeia* findet sich Sokrates nach einigem Zögern bereit, etwas über die höchste Idee des Guten zu sagen. Er vergleicht sie mit der Sonne, die zugleich Quelle des Lebens aller Gestalten ist wie ihrer Erkennbarkeit, und sagt – ein Gedanke, der dann für den Neuplatonismus grundlegend wurde –, das Erkennbare habe Sein und Wesen vom Guten, „das selbst kein Seiendes ist, sondern über alles Seiende an Würde und Kraft hinausreicht" (509b). Diesen höchsten Aufschwung des Gedankens unterbricht Glaukon mit großem Gelächter – μάλα γελοίως (509c). Dieses Lachen ist hier nicht, wie sonst manchmal, Urlaut des Unverstandes. Glaukon war ein Bruder Platons, einer von den vielen außerordentlich begabten jungen Leuten, die sich um Sokrates scharten. Platon unterbricht sich mit dem Lachen des Glaukon vielmehr selbst. Er nimmt sich mit diesem Gelächter zurück, nachdem er bis an die Grenze dessen gegangen ist, was er in einem Dialog glaubte, sagen zu können.

Das fröhliche Gelächter der athenischen Jugend ist lange verklungen. Als Ausdruck des Bewußtseins der Unzulänglichkeit ihres Denkens und Redens würde es der Philosophie aber auch heute weit besser anstehen als der übliche prätentiöse akademische Ton. Wenn man sich die letzten Fragen zum Thema macht, ja das Ganze der Wirklichkeit, sollte man das Gefühl für die Komik dieses Unterfangens nicht völlig verlieren. Den Fragen nach den Grundlagen unseres Wissens und nach dem Ganzen der Wirklichkeit können wir nicht ausweichen. Wir müssen

---

[13] Der Beweis über eine Deutung der Erkenntnis als Wiedererinnerung, jener mit der Geistigkeit der Seele und der Ewigkeit des Geistigen, sowie der ideentheoretische Beweis (102a–107d).

Antworten wagen, aber wir sollten uns auch bewußt bleiben, daß wir unter Bedingungen unzureichender Kenntnis und, was schlimmer ist, auch unzureichender Intelligenz urteilen müssen. Humor ist Sinn für das Inkommensurable, und daher kommt Philosophie nicht ohne ihn aus.

Literatur

Adorno, T. W. (1963): „Wozu noch Philosophie?", in Adorno: *Eingriffe – Neun kritische Modelle*, Frankfurt a.M., 11–28
Baynes, K., Bohman, J. und McCarthy, T. (Hrsg.) (1987): *After Philosophy – End or Transformation*, Cambridge/Mass.
Heitsch, E. (1993): *Platons ‚Phaidros' – Übersetzung und Kommentar*, Göttingen
Kuhn, T. (1962): *The Structure of Scientific Revolutions*, Chicago, 2. Aufl. 1970
Lübbe, H. (Hrsg.) (1978): *Wozu Philosophie?*, Berlin
Wittgenstein, L. (1953): *Philosophische Untersuchungen*, hrsg. G. E. M. Anscombe und R. Rhees, Oxford.

Schriftenverzeichnis

Bücher

1) *Über das Problem des Anfangs der Philosophie im Spätwerk Edmund Husserls*, Münchener Dissertation, München 1960
2) *Die Antinomien der Logik – Semantische Untersuchungen*, Freiburg (K. Alber) 1964
3) *Elementare Logik*, Wien/New York (Springer) 1967
4) *Einführung in die moderne Logik*, Freiburg/München (K. Alber) ^{1}1971,^{7}2000, Holländ. *Inleiding tot de moderne Logica*, Utrecht, ^{1}1972, ^{2}1978
5) *Sprachphilosophie*, München (W.Fink) ^{1}1971, ^{2}1975. Engl. *Philosophy of Language*, Dordrecht (Reidel) 1975. Span. *Filosofia del Lenguaje*, Madrid (Gredos) 1979
6) *Wissenschaftstheorie*, 2 Bde., München (W.Fink) 1972
7) *Einführung in die Logik der Normen, Werte und Entscheidungen*, Freiburg (K. Alber) 1973
8) *Einführung in die intensionale Semantik*, Berlin (W. de Gruyter) 1976
9) *Grundfragen der Erkenntnistheorie*, Berlin (W. de Gruyter) 1981
10) *Grundlagen der Ethik*, Berlin (W. de Gruyter) ^{1}1982, 2. völlig neu bearbeitete Aufl. 1999. Span. *Fundamentos de Etica*, Madrid (Catedra) 1989 (Übers. Maria Teresa Hernán Pérez). Ital. *Fondamenti dell' Etica*, Mailand (Franco Angeli) 1991 (übers. Antonella Corradini) (Übersetzung eines Entwurfs zur 2. Aufl., der dann aber für die deutsche Version noch einmal überarbeitet wurde)
11) *Der Satz vom ausgeschlossenen Dritten. Untersuchungen über die Grundlagen der Logik*, Berlin (W. de Gruyter) 1985
12) *Ästhetik*, Berlin (W. de Gruyter) ^{1}1988, ^{2}1998
13) *Gottlob Frege – Eine Einführung in sein Werk*, Berlin (W. de Gruyter) 1989
14) *Vernunft und Glaube*, Berlin (W. de Gruyter) 1990
15) *Die falsche Objektivität*, Berlin (W. de Gruyter) 1993
16) *Platons „Parmenides"*, Berlin (W. de Gruyter) 1995
17) *Die Teile der Philosophie und das Ganze der Wirklichkeit*, Berlin (W. de Gruyter) 1998
18) *Die großen Fragen*, Berlin (W. de Gruyter) 2000
19) *Platons Philosophie*, 3 Bde., Paderborn (mentis) 2002
20) *Jenseits des Materialismus*, Paderborn (mentis) 2002

Aufsätze

Die hier abgedruckten bzw. übersetzten Aufsätze sind mit einem Stern gekennzeichnet.

1) „Zum Deduktionsbegriff der klassischen Prädikatenlogik erster Stufe", in: *Logik und Logikkalkül*, hrsg. F. v. Kutschera und M. Käsbauer, Freiburg (K. Alber) 1962, S. 211–236
2) „Das Verhältnis der modernen zur traditionellen Logik", *Philosophisches Jahrbuch* 71 (1964), S. 219–229
3) „Zur semantischen Begründung der klassischen und der intuitionistischen Logik", *Notre Dame Journal of Formal Logic* 7 (1966), S. 20–47
4) „Zwei Theorien über den Gegenstand der Logik", *Studium Generale* 19 (1966), S. 169–175
*5) „Freges Begründung der Analysis", *Archiv für mathematische Logik und Grundlagenforschung* 9 (1967), S. 102–111. Abgedr. in M. Schirn (Hrsg.): *Studien zu Frege*, Bd. 1, Stuttgart (frommann-holzboog) 1976
*6) „Die Vollständigkeit des Operatorensystems $\{\neg, \wedge, \vee, \supset\}$ für die intuitionistische Aussagenlogik im Rahmen der Gentzensemantik", *Archiv für mathematische Logik und Grundlagenforschung* 11 (1968), S. 3–16
7) „Zur Problematik der naturwissenschaftlichen Verwendung des subjektiven Wahrscheinlichkeitsbegriffs", *Synthese* 20 (1969), S. 84–103
*8) „Ein verallgemeinerter Widerlegungsbegriff für Gentzenkalküle", *Archiv für mathematische Logik und Grundlagenforschung* 12 (1969), S. 104–118
9) „Gebrauch und Bedeutung exemplarisch eingeführter Prädikate", *Philosophisches Jahrbuch* 77 (1970), S. 355–377
*10) „Eine logische Analyse des sprachwissenschaftlichen Feldbegriffs", *Studia Leibnitiana*, Sonderheft 3 (1973), S. 71–84
11) „Induction and the Empiricist Model of Knowledge", in: *Logic Methodology and Philosophy of Science IV*, hrsg. P. Suppes, L. Henkin, Gr. C. Moisil, A. Joja, Amsterdam (North Holland) 1973, S. 345–356
12) „Ein offenes Problem der subjektiven Wahrscheinlichkeitstheorie", *Ratio* 15 (1973), 236–245, engl. S. 247–255
13) „Intensionale Logik und theoretische Linguistik", in J. Simon (Hrsg.): *Aspekte und Probleme der Sprachphilosophie*, Freiburg (K. Alber) 1974, S. 111–136
14) „Indicative Conditionals", *Theoretical Linguistics* 1 (1974), S. 257–269
15) „Normative Präferenzen und bedingte Gebote", in H. Lenk (Hrsg.): *Normenlogik*, Pullach b. München (Dokumentation) 1974, S. 137–165
16) „Partial Interpretations", in E. Keenan (Hrsg.): *Formal Semantics of Natural Language*, Cambridge (UP) 1975, S. 156–174
17) „Semantic Analyses of Normative Concepts", *Erkenntnis* 9 (1975), S. 195–218
18) „Nelson Goodman: Das Neue Rätsel der Induktion", in J. Speck (Hrsg.): *Grundprobleme der großen Philosophen*, Philosophie der Gegenwart III, Göttingen (Vandenhoeck) 1975, ²1984, S. 51–86

19) „Intensional Semantics for Natural Languages", In G. H. Müller, A. Oberschelp und K. Potthoff (Hrsg.): *Logic Conference Kiel 1974*, Berlin (Springer) 1975, S. 445–459
20) „Conventions of Language and Intensional Semantics", (übersetzt von A. Hurkmans), *Theoretical Linguistics* 2 (1975), S. 255-283
21) „Epistemic Interpretation of Conditionals", in A. Kasher (Hrsg.): *Language in Focus: Foundations, Methods and Systems, Essays in Memory of Yehoshua Bar-Hillel*, Dordrecht (Reidel) 1976, S. 487-501
22) „Grundzüge einer logischen Grammatik", in S.J. Schmidt (Hrsg.): *Pragmatik* II, München 1976, S. 122-157
23) „Subjective Preferences, Rationality, and Justice", *Erkenntnis* 11 (1977), S. 97-111
24) „Die logischen Antinomien in sprachphilosophischer Sicht", in *Logik, Ethik, Theorie der Geisteswissenschaften, XI. Deutscher Kongreß für Philosophie*, hrsg. G. Patzig, E. Scheibe und W. Wieland, Hamburg (F. Meiner) 1977, S. 58-69
*25) „Das Humesche Gesetz", *Grazer Philosophische Studien* 4 (1977), S. 1-14
*26) „Goodman on Induction", *Erkenntnis* 12 (1978), S. 189-207
27) „Grundbegriffe der Metaphysik von Leibniz im Vergleich zu Begriffsbildungen der heutigen Modallogik", *Studia Leibnitiana* 1979, Sonderheft 8, S. 93-107
28) „Grundbegriffe der Handlungslogik", in H.Lenk (Hrsg.): *Handlungstheorien interdisziplinär*, Bd. 1: *Handlungslogik, Formale Theorien der Handlungen und Sprechhandlungen*, München (W. Fink) 1980, S. 67-106
29) „Plädoyer für eine intuitionistische Ethik", in: *Ethik – Grundlagen, Probleme und Anwendungen*, hrsg. E. Morscher und R. Stranzinger (Akten des 5. Internationalen Wittgenstein-Symposiums Kirchberg a.Wechsel 1980), Wien Hölder-Pichler-Tempsky) 1981, S. 108-114
30) „Generalisierbarkeit und Unparteilichkeit", in: *Logik, Ethik und Sprache, Festschrift für R. Freundlich*, hrsg. W. Weinke, Wien (Oldenbourg) 1981, S. 118-124
31) „Criteria for Justice", *Grazer Philosophische Studien* 12/13 (1981), S. 267-280
32) „Intensional Semantics and Natural Language", in P. Scheurer und G. Debrock (Hrsg.): *New Languages in Scientific Evolution*, Nijmeegse Studies in de Filosofie van de Natur en haar Wetenschappen 2, Nijmegen 1982, S. 57-78
33) „Remarks on Action-Theoretic Semantics", *Theoretical Linguistics* 10 (1983), S. 1-11
34) „Valuations for direct propositional logic", *Erkenntnis* 19 (1983), S. 253-60
*35) „Das Fragment 34 von Xenophanes und der Beginn erkenntnistheoretischer Fragestellungen, in: *Erkenntnis- und Wissenschaftstheorie* (Akten des 7. Internat. Wittgenstein Symposiums in Kirchberg a. Wechsel) Wien (Hölder-Pichler-Tempsky) 1983, S. 19-25
36) „Eine Logik vager Sätze", *Archiv für mathematische Logik und Grundlagenforschung* 24 (1984), S. 101-118
37) „Moritz Schlick on Self-Evidence", *Synthese* 64 (1985), S. 307-315
*38) „Bewirken", *Erkenntnis* 24 (1986), S. 253-281
*39) „Zwei modallogische Argumente für den Determinismus: Aristoteles und Diodor", *Erkenntnis* 24 (1986), S. 203-217

40) „Der Wandel der Weltsicht im Spiegel der Philosophiegeschichte", in: *Wie sieht und erfährt der Mensch seine Welt?* Schriftenreihe der Universität Regensburg, Bd. 14, Hrsg. H. Bungert, Regensburg 1987, S. 29–42
41) „Empirische Grundlagen der Ethik", in: *Metaphysik nach Kant? Stuttgarter Hegelkongreß 1987*, hrsg. D. Henrich und R.-P. Horstmann, Stuttgart (Klett-Cotta)1988, S. 659–670
42) „Bemerkungen zur gegenwärtigen Realismus-Diskussion", in: *Traditionen und Perspektiven der analytischen Philosophie, Festschrift für Rudolf Haller*, hrsg. W. L. Gombocz, H. Rutte und W. Sauer, Wien (Hölder-Pichler-Tempsky) 1989, 490–521
43) „Wissenschaftstheorie und Logik", in: P. Koslowski (Hrsg.): *Orientierung durch Philosophie*, Tübingen 1991, S. 263–75
44) „Carnap und der Physikalismus", *Erkenntnis* 35 (1991), S. 305–23
45) „Kripke's doubts about meaning", in: G. Schurz und G. Dorn (Hrsg.): *Advances in Scientific Philosophy, Festschrift für Paul Weingartner*, Amsterdam (Rodopi) 1991, S. 367–378
46) „Metodi formali nelle indagini filosofiche", (übers. von A. Corradini) *Epistemologia* XV (1992), S. 77–94
47) „Supervenience and reductionism", *Erkenntnis* 36 (1992), S. 333–343
48) „Der erkenntnistheoretische Realismus", in H. J. Sandkühler (Hrsg.): *Wirklichkeit und Wissen. Realismus, Anti-Realismus und Wirklichkeitskonzeptionen in Philosophie und Wissenschaften*, Frankfurt a.M. 1992, S. 27–40
*49) „Causation", *Journal of Philosophical Logic* 22 (1993), S. 563–588
*50) „Sebastian's Strolls", *Grazer Philosophische Studien* 45 (1993), S. 75–88
51) „Zwischen Skepsis und Relativismus", *Analyomen 1, Proceedings of the 1st Conference „Perspectives in Analytical Philosophy"*, hrsg. G. Meggle und U. Wessels, Berlin (W. de Gruyter) 1994, S. 207–224
52) „Reasons and causes of beliefs", in P. Weingartner (Hrsg.): *Scientific and Religious Belief*, Dordrecht (Kluwer) 1994, S. 27–36
*53) „Global supervenience and belief", *Journal of Philosophical Logic* 23 (1994), S. 103–110
*54) „Moralischer Realismus", *Logos* 1 (1994), S. 241–258
55) „Die Frage nach dem Absoluten in Metaphysik und Religion", in: P. Ehlen (Hrsg.): *Der Mensch und seine Frage nach dem Absoluten, Ein deutsch-russisches Symposion*, München (P. Kindt) 1994, S. 13–33
56) „Zwei Formen des Realismus" in H. Lenk und H. Poser (Hrsg.): *Neue Realitäten – Herausforderung der Philosophie. XVI. Deutscher Kongreß für Philosophie 1993*, Berlin (Akademie Verlag) 1995, S. 445–459
*57) „Drei Versuche einer rationalen Begründung der Ethik: Singer, Hare, Gewirth" in C. Fehige und G. Meggle (Hrsg.): *Zum moralischen Denken*, Bd. 1, Frankfurt a.M. (suhrkamp)1995, S. 54–77
58) „Values and duties", in C. Fehige und U. Wessels (Hrsg.): *Preferences*, Berlin (W. de Gruyter) 1998, S. 163–171
59) „Frege and natural deduction", in M./,Schirn (Hrsg.): *Frege: Importance and Legacy*, Berlin de Gruyter) 1996, S. 301–304

*60) „T×W Completeness", *Journal of Philosophical Logic* 26 (1997), S. 241–250
61) „Kohelet: Leben im Angesicht des Todes", in L. Schwienhorst-Schönberger (Hrsg.): *Das Buch Kohelet*, Berlin (W. de Gruyter) 1997, S. 363–376
*62) „Pragmatische Sprachauffassung, Bedeutungen und semantische Antinomien", in P. Weingartner, G. Schurz und G. Dorn (Hrsg.): *The Role of Pragmatics in Contemporary Philosophy*, Wien (Hölder-Pichler-Tempsky) 1998, S. 122–31
*63) „Parts of forms, An essay concerning Plato's *Parmenides*", *Philosophiegeschichte und logische Analyse* 1 (1998), S. 57–74; ins Engl. Übers. von U. Meixner
64) „Unsere Schwierigkeiten mit dem Geistigen", *Erkenntnis* 48 (1998), S. 71–182
65) „Das ontologische Argument gegen den Moralischen Realismus", in J. Nida-Rümelin (Hrsg.): *Rationalität, Realismus, Revision – Vorträge des 3. internationalen Kongresses der Gesellschaft für Analytische Philosophie vom 15. bis zum 18. September in München*, Berlin 1999, S. 567–571
66) „Probleme der Identität", *Facta Philosophica* 1 (1999), S. 3–19
67) „Glauben und Erkennen", in P. Weingartner (Hrsg.): *Evolution als Schöpfung? – Ein Streitgespräch zwischen Philosophen, Theologen und Naturwissenschaftlern*, Stuttgart (Kohlhammer) 2001, S. 21–35
68) „Eine offene Welt", in: W. Lenzen: *Zur Naturalisierung des Geistes: Laudatio auf Franz v. Kutschera*, F. v. Kutschera: *Die offene Welt*, Schriften der Universität Leipzig 1999
*69) „Concepts of set", in A. Newen, U. Nortmann, R. Stuhlmann-Laeisz (Hrsg.): *Building on Frege – New Essays on Sense, Content, and Concept*, Stanford (CSLI) 2001, 319–327
70) „Rationality and reason", in G. Brüntrup und R. Tacelli (Hrsg.): *The Rationality of Theism*, Dordrecht (Kluwer) 1999, S. 255–269
71) „Das Wissen des Wissens, Zur Argumentation in Platons *Charmides*, 164d4–175d5", in E. Heitsch, F. v. Kutschera: *Zu Platons Charmides*, Akademie der Wissenschaften und der Literatur Mainz, Abhandlungen der Geistes- und sozialwissenschaftlichen Klasse, Jahrgang 2000, Nr. 7, Stuttgart (Franz Steiner) 2000, S. 35–50
72) „Thomas S. Kuhn: Die Struktur wissenschaftlicher Revolutionen", in W. Erhart und H. Jaumann (Hrsg.): *Jahrhundertbücher – Große Theorien von Freud bis Luhmann*, München (C.H.Beck) 2000, S. 297–312
73) „Aus Platons Papierkorb", *Philosophiegeschichte und logische Analyse* 4 (2001), S. 21–34
74) „Explanation and understanding of actions", in G. Meggle (Hrsg.): *Actions, Norms, Values – Discussions with Georg Henrick von Wright*, Berlin (W. de Gruyter) 1999, S. 85–88
75) „Platon: Der Vorrang des Geistigen", in U. Meixner und A. Newen (Hrsg.): *Seele, Denken, Bewußtsein*, Berlin (W. de Gruyter) 2003, S. 1–19
76) „Kunst und Erkenntnis", erscheint in C. Jäger und G. Meggle (Hrsg.): *Kunst und Erkenntnis*, Paderborn (mentis) 2004
77) „Frege und das Ende des Platonismus", in *Grenzen und Grenzüberschreitungen, XIX. Deutscher Kongress für Philosophie, Vorträge und Kolloquien*, hrsg. von Wolf-

ram Hogrebe in Zusammenarbeit mit Joachim Bromand, Berlin (Akademie Verlag) 2003, S. 505–514
*78) „Intervenierende Beobachtungen und die Quantenmechanik", Vortrag München 2003
79) „Reflection", Vortrag Mailand 2003
*80) „Jenseits des Materialismus", Vortrag Münster 2003
*81) „Philosophie und die Wissenschaften", Regensburger Abschiedsvorlesung 1998.